U0906953

北京科技大学年鉴

YEARBOOK OF UNIVERSITY OF SCIENCE AND TECHNOLOGY BEIJING

- 2020 -

《北京科技大学年鉴》编辑委员会 编

中国大百科全书出版社

图书在版编目（CIP）数据

北京科技大学年鉴. 2020 / 《北京科技大学年鉴》编辑委员会编. —北京：中国大百科全书出版社，2021.1

ISBN 978-7-5202-0892-5

I. ①北… II. ①北… III. ①北京科技大学－2020-年鉴 IV. ①G649.281-54

中国版本图书馆CIP数据核字（2021）第001130号

编　　者：《北京科技大学年鉴》编辑委员会
责任编辑：程忆涵
责任印制：邹景峰
出　　版：中国大百科全书出版社
地　　址：北京阜成门北大街17号　　邮编：100037
网　　址：http://www.ecph.com.cn　Tel：010-88390718
印　　刷：北京建宏印刷有限公司
字　　数：850千字
印　　数：1～500
印　　张：31.75　插页：13
开　　本：889mm×1194mm　　1/16
版　　次：2021年2月第1版
印　　次：2021年2月第1次印刷
书　　号：ISBN 978-7-5202-0892-5
定　　价：88.00元

▲10月24日，教育部党组书记、部长陈宝生来校调研指导工作

▲10月18日，中央第十一巡回督导组组长、十九届中央委员、十三届全国政协经济委员会副主任宋秀岩来校调研“不忘初心，牢记使命”主题教育开展情况

◀5 月 31 日，教育部党组成员、副部长孙尧来校参加调研座谈

▶5 月 19 日，教育部党组成员、副部长翁铁慧（左三）来校调研“双一流”建设情况

◀7 月 16 日，教育部党组成员、副部长钟登华（左三）来校调研科技创新工作并出席 2019 年青少年高校科学营全国开营式

▶3 月 5 日，科技部副部长、党组成员徐南平来校考察调研国家板带生产先进装备工程技术研究中心建设情况

◀7 月 12 日，人力资源和社会保障部副部长、党组成员、全国博士后管理委员会主任汤涛（右二）来校参加人社部留学人员和专家服务中心－北京科技大学联合主题党日活动

▶5 月 31 日，北京市副市长隋振江来校出席北京科技大学党的政治建设座谈会

◀3 月 7 日，召开 2019 年春季党委（扩大）会议，签订二级单位领导班子任期目标责任书，部署 2019 年学校工作

▶3 月 29 日，召开 2019 年全面从严治党工作会议，部署 2019 年学校全面从严治党主要工作

◀3 月 29 日，召开第八届教职工代表大会第六次会议

▶4 月 25 ~ 27 日，校长杨仁树（前排左二）、副校长臧勇（前排左一）一行赴甘肃省秦安县调研脱贫攻坚帮扶工作

◀9 月 10 日，召开 2019 年教师节庆祝暨表彰大会，首次为教职工颁发职业荣誉奖

▲9 月 12 日，召开"不忘初心、牢记使命"主题教育动员部署会，全面启动主题教育各项工作

◀9 月 24 日，学校党委理论学习中心组成员前往中共中央北京香山革命纪念地开展“不忘初心，牢记使命”主题党日

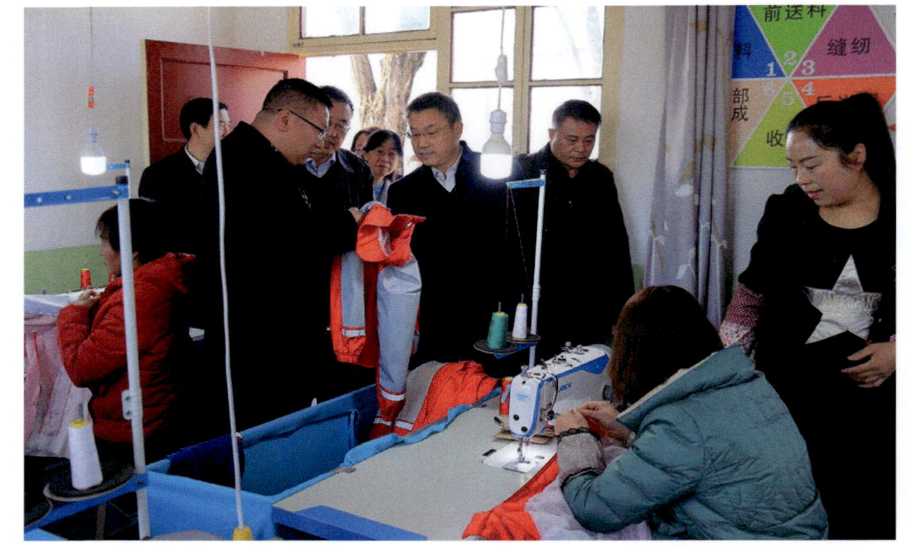

▶11 月 7 ～ 8 日，党委书记武贵龙（右二），纪委书记戴井岗（右一），学校校友、中国光华科技基金会党委副书记、秘书长石新明赴甘肃省秦安县开展定点扶贫调研及督促指导工作

◀12 月 19 日，召开领导班子“不忘初心，牢记使命”主题教育专题民主生活会情况通报会

◀2 月，全球高等教育研究机构 QS 发布 2019 年度世界大学学科排名，学校 8 个学科入围世界前 500，材料科学首次进入世界前 100

◀6 月 26 日，上海软科教育信息咨询有限公司发布 2019 "世界一流学科排名"，学校共有 17 个学科进入世界前 500，数量居国内高校第 34 位

北京高校高精尖学科建设名单

（按学校代码顺序）

……

北京航空航天大学：网络空间安全、人工智能、先进无人飞行器

北京理工大学：数字表演与创意学、空天智能信息网络科学与技术、光机电微纳制造科学与技术

北京科技大学：安全科学与工程、人工智能科学与工程

首都医科大学：口腔医学、临床医学、基础医学

北京中医药大学：中医生命科学、系统中药学

北京师范大学：认知神经学、陆地表层学、文化遗产与文化传播

……

▲5 月 9 日，安全科学与工程学科、人工智能科学与工程学科入选"北京高校高精尖学科"建设名单

北京市首批重点建设马克思主义学院名单

（共 8 所）

中央财经大学马克思主义学院

北京科技大学马克思主义学院

中国政法大学马克思主义学院

北京交通大学马克思主义学院

北京航空航天大学马克思主义学院

北京理工大学马克思主义学院

中国农业大学马克思主义学院

首都经济贸易大学马克思主义学院

▲11 月，学校马克思主义学院成功入选北京市首批重点建设马克思主义学院

▲9 月 5 日，召开"双一流"建设中期自评专家评议会议

◀10月15日，引进中国工程院院士毛新平（左）到校全职工作

◀11月22日，张跃（右）当选中国科学院院士

▲11月，刘新华①获国家杰出青年科学基金资助

▲2月，尹升华②、刘新华、张立峰③、罗海文④、贺威⑤、秦明礼⑥、焦树强⑦入选“万人计划”科技创新领军人才，陈坤龙⑧入选“万人计划”青年拔尖人才

▲6月，焦树强获第十五届“中国青年科技奖”

▲2月，刘新华、贺威、秦明礼入选“中青年科技创新领军人才”

◀10 月，王荣明入选“国家百千万人才工程”人选名单，并被授予“有突出贡献中青年专家”荣誉称号

▲8 月，王丽君①、庞晓露②、路新③获国家自然科学基金优秀青年科学基金资助

▲12 月，范慧俐④、姚琳⑤获第十五届北京市高等学校教学名师奖

▶3 月，李晓刚⑥获美国国际腐蚀工程师协会 2019 年最高学术奖 W.R.Whitney 奖

▶10 月，万向元⑦获第十三批“北京市有突出贡献的科学、技术、管理人才”荣誉称号

▲10月，邢奕①、侯新梅②获第九届中国金属学会冶金青年科技奖

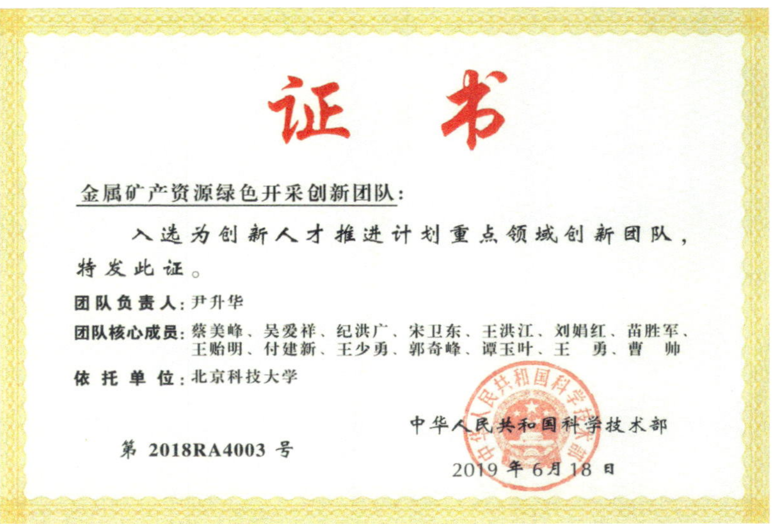

证 书

金属矿产资源绿色开采创新团队：

入选为创新人才推进计划重点领域创新团队，特发此证。

团队负责人：尹升华

团队核心成员：蔡美峰、吴爱祥、纪洪广、宋卫东、王洪江、刘娟红、苗胜军、王贻明、付建新、王少勇、郭奇峰、谭玉叶、王　勇、曹　帅

依托单位：北京科技大学

中华人民共和国科学技术部

第 2018RA4003 号

2019年6月18日

▲6月，尹升华教授团队“金属矿产资源绿色开采创新团队”入选2018年“创新人才推进计划重点领域创新团队”，实现了学校在重点领域创新团队零的突破

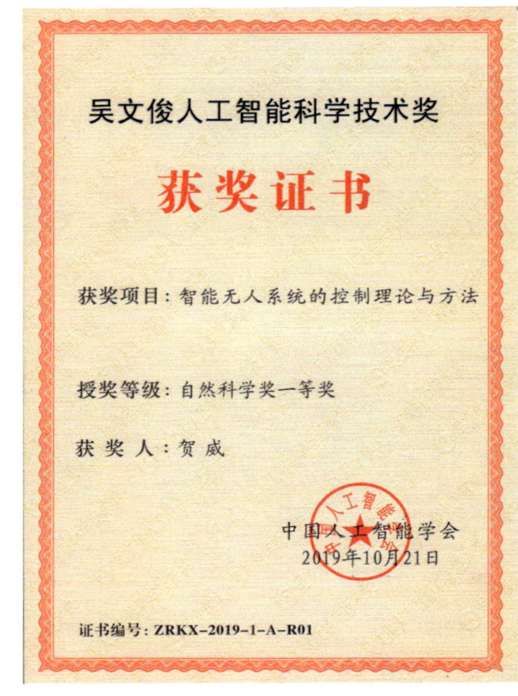

吴文俊人工智能科学技术奖

获奖证书

获奖项目：智能无人系统的控制理论与方法

授奖等级：自然科学奖一等奖

获奖人：贺威

中国人工智能学会

2019年10月21日

证书编号：ZRKX-2019-1-A-R01

▲10月，贺威教授团队牵头完成的“智能无人系统的控制理论与方法”项目成果获第九届吴文俊人工智能自然科学奖一等奖

◀9月，孙晓丹（左五）获评第十一届全国高校辅导员年度人物

▶1 月 8 日，2018 年度国家科学技术奖励大会在北京隆重举行，学校 7 项科研成果获得国家科学技术奖励，位居全国高校第八位，其中第一完成单位 3 项，位居全国高校第 13 位

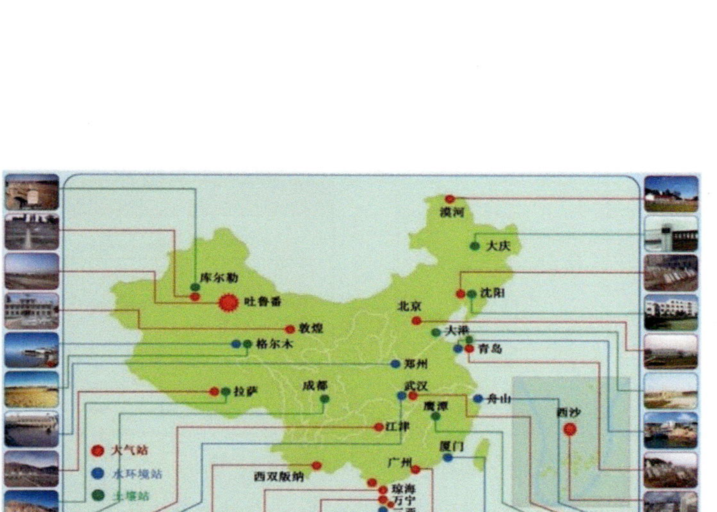

◀6 月，学校承担的“国家材料腐蚀与防护科学数据中心”正式成为 20 个国家科学数据中心之一

2019 年教育部工程研究中心建设项目立项名单

序号	工程中心名称	依托单位
1	骨与关节精准医学	北京大学
2	公共安全与应急管理	清华大学
3	金融计算与数字工程	中国人民大学
4	智能技术与教育应用	北京师范大学
5	园艺作物新品种选育与良种繁育	中国农业大学
6	智能超算融合应用技术	北京科技大学
7	国家金融安全	中央财经大学

2019 年教育部野外科学观测研究站名单

序号	野外站名称	依托单位
1	塞罕坝森林草原过渡带教育部野外科学观测研究站	北京大学
2	“一带一路”东南亚环境材料腐蚀与防护教育部野外科学观测研究站	北京科技大学
3	天津材料环境腐蚀教育部野外科学观测研究站	北京科技大学
4	首都圈森林生态系统教育部野外科学观测研究站	北京林业大学
5	重庆三峡库区森林生态系统教育部野外科学观测研究站	北京林业大学
6	黑龙江九三土壤侵蚀教育部野外科学观测研究站	北京师范大学
7	黄河口湿地生态系统教育部野外科学观测研究站	北京师范大学

▲10 月，获批“智能超算融合应用技术教育部工程研究中心”“‘一带一路’东南亚环境材料腐蚀与防护教育部野外科学观测研究站”“天津材料环境腐蚀教育部野外科学观测研究站”

▲10 月，学校主办的 *International Journal of Minerals, Metallurgy and Materials* 连续四年累计第五次入选“中国最具国际影响力学术期刊”(Top 5)，《工程科学学报》第四次入选“中国国际影响力优秀学术期刊”(Top 10)

新设博士后科研流动站名单

设站学科	设站单位	设站学科	设站单位
马克思主义理论	北京科技大学	工商管理	北京科技大学
	电子科技大学		北京师范大学
	河南师范大学		贵州财经大学
	华南理工大学		海南大学
	江西财经大学		河南大学
	湘潭大学		上海外国语大学

▲10 月，获批增设“工商管理”“马克思主义理论”2 个博士后科研流动站

▲2019 年共举办 3 期“中国材料名师讲坛”报告会

▲2019 年共举办 2 期“工程技术名家讲台”

▲5 月 23 ～ 24 日，与中国钢铁工业协会在江苏省张家港市组织召开 2019 年重点钢铁企业科技工作负责人座谈会暨北京科技大学－钢合组织第九届钢铁冶金新技术发展论坛

▲9 月 22 日，举办纪念于学馥先生百年诞辰岩石力学学术研讨会

▲11 月 9 日，隆重举行第五届“魏寿昆科技教育奖”颁奖典礼

▶4 月 10 日，与中国印刷博物馆签署战略合作协议

◀4 月 11 日，与海南矿业股份有限公司签署战略合作协议

▶10 月 15 日，与宝山钢铁股份有限公司签署全面合作框架协议

◀10 月 23 日，与中国国家博物馆签署战略合作协议

▶11 月 12 日，与中国一重集团有限公司签署战略合作协议

◀11 月 18 日，与中国地质大学（北京）、中国黄金集团签署联合培养博士后协议，成立博士后科研工作站

▲11 月 21 日，与中国有色工程有限公司签署战略合作协议

▲12 月 10 日，与江苏永钢集团有限公司签署战略合作协议

▲12 月 22 日，与北京市平谷区人民政府共同成立北京中智生物农业国际研究院

▲9月21日，举办中国－德国高水平大学校际合作40周年纪念会暨北京科技大学－亚琛工业大学学术研讨会

▶11月19日，举办第16届北京科技大学－北海道大学学术研讨会

◀11月20日，举办第2届东亚创新推进论坛

▲2 月 25 日，英国埃塞克斯大学校长 Anthony Forster（后排左六）来校访问并签署校际合作协议

▲3 月 9～16 日，党委副书记、副校长薛庆国（右三）率团参加第 148 届美国矿业、金属和材料协会（The Minerals, Metals and Materials Society, TMS）会议，并访问伊利诺伊理工学院

▲3 月 17～24 日，党委副书记权良柱（左二）率团访问英国德蒙福特大学、英国莱斯特大学、英国剑桥大学李约瑟研究所、挪威科技大学，与德蒙福特大学联合召开第五届孔子学院理事会会议，共庆孔子学院成立 5 周年

▲3 月 29 日，副校长吕昭平（左二）率团参加 2019 年大学社会责任国际论坛

▲5 月 14 日，多米尼加圣多明各自治大学荣誉校长 Roberto Santana（左三）来校访问

▲6 月 10 日，乌克兰教育与科技部副部长罗曼·格列巴（左八）率团来校访问

▲6 月 16 ～ 22 日，副校长王维才（前排左一）率团出访德国、比利时，与德国亚琛工业大学、慕尼黑大学及比利时鲁汶大学开展校际交流

▲6 月 17 日，美国加州州立大学长滩分校自然科学与数学学院副院长 Kris Slowinski（右六）来校访问

▲10 月 18 日，亚洲理工学院校长翁以登（右三）来校访问

▲10 月 23 ～ 30 日，副校长臧勇（前排左三）率团参加美洲国际教育年会（论坛及教育展）、第三届中墨大学校长论坛、中美大学校长研讨会，访问哥伦比亚、墨西哥和美国高校

▲11 月 4 日，日本法政大学常务理事近藤清之（左七）来校交流访问

▲11 月 28 日，与乌克兰国立技术大学签署校际合作协议

慕尼黑大学

伊利诺伊大学香槟分校

多伦多大学

新加坡国立大学

▲与 4 所排名全球前 2% 的高校新建合作关系

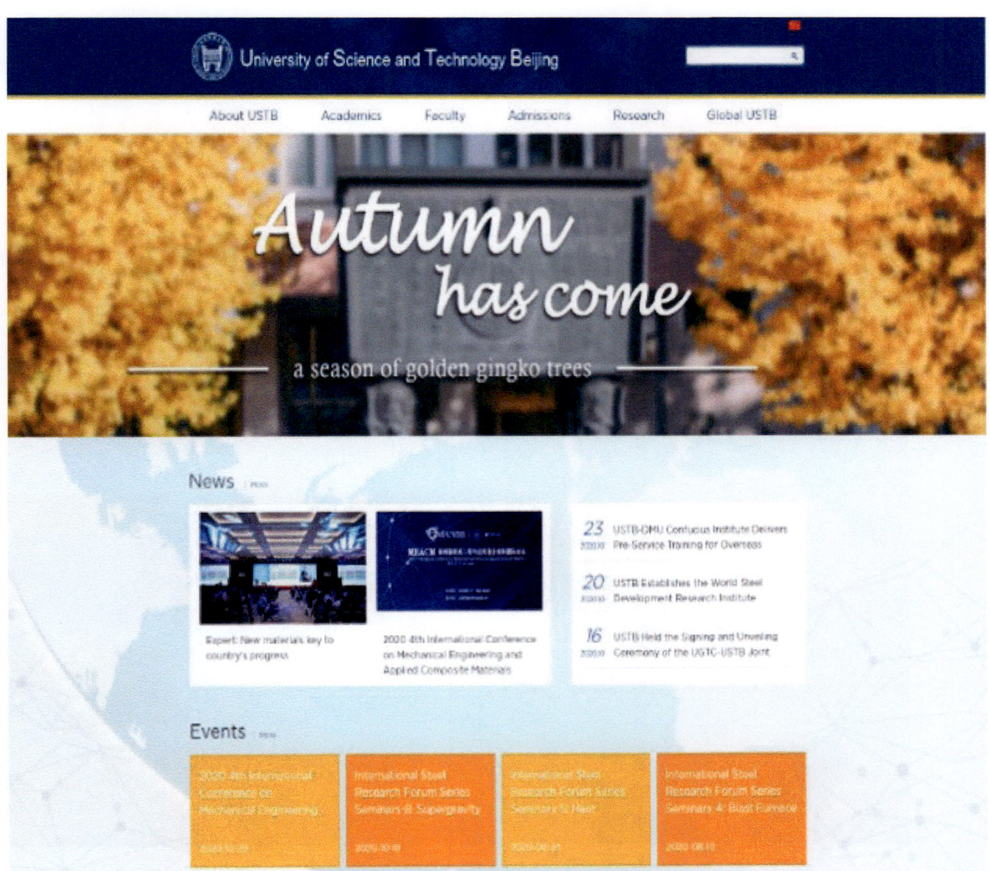

▲9 月 29 日，学校新版英文网站（http://en.ustb.edu.cn）全面升级上线试运行

▲10 月 1 日，学校 1212 名群众游行参与者（上）、82 名广场合唱参与者（中）、400 名广场联欢参与者（下）、432 名集结疏散和餐饮保障志愿者参加新中国成立 70 周年庆祝活动

◀6 月 27 日，召开 2019 年本科教育教学工作会议

▶7 月 3 ～ 10 日，举办“绿色、人文、智慧”城市——2019 北京科技大学海峡两岸青年科学研习营

◀7 月 17 ～ 20 日，2017 级应用物理专业王晓帅同学在第五届全国大学生物理实验竞赛中获得基础实验项目 B 组一等奖（排名第 4）

▶8 月 8 ～ 10 日，在第十二届全国大学生节能减排社会实践与科技竞赛中获特等奖 1 项、一等奖 1 项、二等奖 1 项、三等奖 8 项

◀8 月 27 日，在第十三届“西门子杯”中国智能制造挑战赛全国总决赛中获特等奖 2 项、一等奖 1 项、二等奖 3 项

▶11 月 15～17 日，在第十三届 iCAN 国际创新创业大赛中国总决赛中获中国赛区五强，大赛特等奖 1 项、一等奖 1 项、二等奖 2 项、三等奖 4 项

◀12 月 12 日，召开 2019 年本科生全程导师制工作研讨会

▲4 月 21 日，与中央电视台军事频道合作举办纪念五四运动 100 周年主题活动，航天英雄杨利伟、著名军旅歌唱家阎维文等来校参加活动

▶5 月 15 日，亚洲文明对话大会在北京开幕，学校遴选 200 名学生志愿者参与亚洲文化嘉年华活动

◀5 月 16 ～ 19 日，在第 57 届首都高校田径运动会中获得甲组（高水平组）女子团体总分、男女团体总分第三名

▶5 月 31 日，“蛟龙号”海试原总指挥，中国大洋协会主任、秘书长，矿机 79 级校友刘峰来校，做题为“中国正走向国际深海舞台的中央”的报告

▲6 月 21 日，举行 2019 届学生毕业典礼暨学位授予仪式

▲9 月 2 日，举行 2019 级本科新生开学典礼

▲11 月 15 日，举办毕业生大型双选会

《北京科技大学年鉴》（2020）编辑委员会

《北京科技大学年鉴》（2020）编辑部

编辑说明

《北京科技大学年鉴》（2020）全面反映了北京科技大学 2019 年落实立德树人根本任务、全面深化改革、强化内涵发展、推进“双一流”建设的发展进程，记述了学校在人才培养、学科建设、教学改革、科学研究、对外交流、校园建设等各方面的最新成就。

《北京科技大学年鉴》（2020）以文章和条目为基本体裁。全书分《学校概况》《特载》《2019 年大事记》《机构与干部》《院系情况》《教育教学与学科建设》《科学研究与产业开发》《科研基地及研发平台》《管理与服务》《党建与思想政治工作》《人物》及《附录》等基本栏目。

本年鉴选题的时间范围为 2019 年 1 月 1 日～ 2019 年 12 月 31 日，根据实际情况，部分内容在时限上前后略有延伸。

2019 年，学校深入学习宣传习近平新时代中国特色社会主义思想和党的十九大精神，贯彻落实习近平总书记关于教育的重要论述，推进“双一流”建设，学校师生参与庆祝中华人民共和国成立 70 周年活动，学校深入开展“不忘初心、牢记使命”主题教育，庆祝中国 – 德国高水平校际交流 40 年。本年鉴为此设置特载一栏加以记述。

本年鉴收录的各学院资料基本上按照概况、师资队伍、人才培养、学科建设、科学研究、学术交流、党建与学生工作等条目编写。收录的各职能部处、直属单位的资料根据各自工作性质和特点，条目及内容安排相对灵活。本年鉴有关统计资料附在相关内容之后。

本年鉴所刊内容由各单位专人负责提供，并经本单位负责人审定。

《北京科技大学年鉴》（2020）由北京科技大学党委办公室、校长办公室组织编写，在编写过程中得到了学校领导和全校教职员工的大力支持，在此谨表衷心感谢。

《北京科技大学年鉴》编辑部

2020 年 6 月

目　录

学校概况

特　载

北京科技大学 2019 年大事记

机构与干部

院系情况

教育教学与学科建设

科学研究与产业开发

科研基地及研发平台

管理与服务

党建与思想政治工作

人　物

附　录

索　引

Table of Contents

University Overview

Featured Contents

Major Events at USTB in 2019

Organization and Leadership

Schools and Departments

Education and Discipline Development

Scientific Research and Enterprise Development

Scientific Research and Development Platform

Administration and Services

CPC Building and Ideological Work

Profiles

Appendix

Index

北京科技大学概况

北京科技大学于1952年由天津大学（原北洋大学）、清华大学等6所国内著名大学的矿冶系科组建而成，现已发展成为以工为主，工、理、管、文、经、法等多学科协调发展的教育部直属全国重点大学，是全国首批正式成立研究生院的高等学校之一。1997年5月，学校首批进入国家“211工程”建设高校行列。2006年，学校成为首批“985工程”优势学科创新平台建设高校。2014年，学校牵头的，以北京科技大学、东北大学为核心高校的“钢铁共性技术协同创新中心”成功入选国家“2011计划”。2017年，学校入选国家“双一流”建设高校。2018年，学校获批国防科工局、教育部共建高校。

建校67年来，学校逐步形成了“学风严谨，崇尚实践”的优良传统，为社会培养各类人才20余万人，其中许多人已成为国家政治、经济、科技、教育等领域尤其是冶金、材料行业的栋梁和骨干。党和国家领导人罗干、刘淇、徐匡迪、黄孟复、范长龙、郭声琨、刘晓峰等都曾在校学习，另有39名校友当选为中国科学院或中国工程院院士，一大批校友走上了省长、市长的领导岗位，一大批校友担任中国一重、宝武集团、河钢集团、中国铝业、中国五矿、中国钢研等国家特大型企业的董事长或总经理。学校被誉为“钢铁摇篮”。

学校本部位于高校云集的北京市海淀区学院路，全校占地约80.39万平方米，校舍建筑总面积97万平方米。学校现有1个国家科学中心，1个“2011计划”协同创新中心，2个国家重点实验室，2个国家工程（技术）研究中心，2个国家科技基础条件平台，1个国家科技资源共享服务平台，2个国家级国际科技合作基地，56个省、部级重点实验室、工程研究中心、国际合作基地、创新引智基地等。特别是2007年，学校作为第一所教育部直属高校牵头承担了国家重大科技基础设施项目——重大工程材料服役安全研究评价设施，并负责筹建国家材料服役安全科学中心。图书馆实体馆藏236万余册（件）。定期出版 *International Journal of Minerals, Metallurgy and Materials* 及《工程科学学报》《思想教育研究》《北京科技大学学报（社会科学版）》《物流技术与应用》《粉末冶金技术》《金属世界》等重要学术刊物。

学校由土木与资源工程学院、冶金与生态工程学院、材料科学与工程学院、机械工程学院、能源与环境工程学院、自动化学院、计算机与通信工程学院、数理学院、化学与生物工程学院、东凌经济管理学院、文法学院、马克思主义学院、外国语学院、高等工程师学院，以及研究生院、体育部、管庄校区、融合创新研究院、天津学院、顺德研究生院、新金属材料国家重点实验室、钢铁冶金新技术国家重点实验室、新材料技术研究院等组成。现有20个一级学科博士学位授权点，30个一级学科硕士学位授权点，80个二级学科博士学位授权点，138个二级学科硕士学位授权点，另有15个硕士专业学位授权点，17个博士后科研流动站，53个本科专业。学校冶金工程、材料科学与工程、矿业工程、科学技术史4个全国一级重点学科学术水平蜚声中外（2017年进入国家世界一流学科建设行列；在第四轮学科评估中，冶金工程、科学技术史获评A+，材料科学与工程获评A），安全科学与工程、环境科学与工程、控制科学与工程、动力工程与工程热物理、机械工程、计算机科学与技术、土木工程、化学、外国语言文学、管理科学与工程、工商管理、马克思主义理论等一批学科具有雄厚实力，力学、物理学、数学、信息与通信工程、仪器科学与技术、纳米材料器件、光电信息材料与器件等基础学科与交叉学科焕发出勃勃生机。2019年，安全科学与工程、人工智能科学与工程入选北京高校高精尖学科建设行列。

截至2019年底，全日制在校生2.5万余人，其中本专科生13662人，各类研究生11042人（其中硕士生7570人、博士生3472人），国际学生900人；学历继续教育学生40570人。在站博士后270人。已形成研究生教育、全日制本科、高职教育和继续教育多层次、较完整的人才培养体系。

学校拥有一支治学严谨的师资队伍。教职工总数3389人，具有正高级专业技术职务的教职工556人，具有副高级专业技术职务的教职工798人，其中专任教师1861人。现有中国科学院院士6人（双聘3人），中国工程院院士8人（双聘4人），国务院学位委员会学科评议组成员4人，国家973项目首席科学家3人，国家级有突出贡献专家15人，省部级有突出贡献专家10人，“国家杰出青年科学基金”获得者20人，“万人计划”领军人才14人、青年拔尖人才4人，国家级教学名师2人，国家百千万人才工程人选18人，国家优秀青年科学基金获得者18人，北京市教学名师34人，教育部跨世纪/新世纪优秀人才103人。

学校的科研实力十分雄厚。1978年至2019年底，共申请专利8963项，授权专利5523项；有2000余项科研成果获国家、省、部委级等各种奖励，其中国家级奖励181项。1999年教育部编辑的《中国高等学校科技50年高校获奖重大成果一览表》中收录北京科技大学12项重大科研成果，在全国高校中名列前茅。据教育部统计，1978～2011年，学校获国家科技进步一等奖4项，列全国高校第4。学校“块体非晶合金的结构和强韧化研究”“一维氧化锌的界面调控及其应用基础研究”的科研成果在基础研究和应用基础研究领域，做出了重大科学贡献。近五年学校“露天转地下高效转型建设大型数字化地下金属矿山的研究与实践”“电弧炉炼钢复合吹炼技术的研究应用”“复杂组分战略金属再生关键技术创新及产业化”“高性能特种粉体材料近终形制造技术及应用”等大批科研成果在国民经济建设中发挥了重要作用，获得了巨大的经济效益和社会效益。

学校不断拓展社会服务领域和发展空间，与国内160多个省市区政府、大型企事业单位签署了全面合作协议。同时，学校瞄准世界前沿，加强国际合作，先后与德国亚琛工业大学、日本东京工业大学、英国牛津大学、美国伊利诺伊大学香槟分校和乌克兰国立技术大学等近220所国际大学和科研机构建立了合作关系，并开展了实质性的合作。

以培养德智体美劳全面发展的社会主义建设者和接班人为根本任务，学校注重学生综合素质和创新、创业能力培养。学校每年被评为全国高校社会实践先进单位，学校学生在历年国家及北京市的各种竞赛中多次获得殊荣。特别是学生团队在“互联网+”大学生创新创业大赛、“挑战杯”全国大学生科技学术竞赛、“创青春”全国大学生创业大赛、全国大学生智能汽车竞赛、全国大学生机器人大赛、全国大学生节能减排与社会实践大赛等竞赛中屡创佳绩，MEI机器人团队、智能车队先后获评大学生“小平科技创新团队”称号。学校积极营造“科学与艺术共融，人文与创新并存”的校园氛围，学生艺术团屡获佳绩，原创校史话剧《绽放》获得校园戏剧最高奖。学校高度重视学生思想品德教育，努力营造培养学生爱国主义、集体主义和社会主义精神的校园文化氛围，先后被授予“北京市文明校园”“北京市思想政治工作优秀单位”“北京市党建和思想政治工作先进普通高校”及“首都文明单位标兵”等荣誉称号。2018年，学校入选教育部首批“三全育人”综合改革试点高校。

学校的体育竞技水平和群众性体育活动在北京乃至全国享有盛誉，涌现了一批以李敏宽、楼大鹏为代表的国家优秀运动员、教练员和体育官员。学生田径代表队在全国及北京市高校竞赛中数度折桂；女篮代表队在北京市高校联赛中连续12次夺冠，并于2005年挺进CUBA全国八强。学校目前拥有约8.2万平方米的现代化体育场地。学校体育馆作为2008年奥运会、残奥会竞赛场馆，圆满完成了北京奥运会柔道、跆拳道，残奥会轮椅篮球、轮椅橄榄球四项赛事，学校体育馆团队被党中央国务院授予“北京奥运会、残奥会先进集体”荣誉称号。

今天，北京科技大学全体师生正满怀信心，迈着坚定的步伐，向着“把北京科技大学建设成为以工为主，工、理、管、文、经、法等多学科协调发展，规模适度，特色突出，国内一流，国际知名的高水平研究型大学”的目标而奋进。

【2019 年主要工作】

2019 年，学校党委以习近平新时代中国特色社会主义思想为指导，深入贯彻党的十九大和十九届二中、三中、四中全会精神，深入学习习近平总书记关于教育的重要论述，用“四个意识”导航，用“四个自信”强基，用“两个维护”铸魂，坚持党对学校的全面领导，坚持把立德树人作为根本任务，坚持社会主义办学方向，坚持扎根中国大地办大学，聚焦内涵发展，聚力提高人才培养质量，全面深化综合改革，加快“双一流”建设，团结带领全校师生员工不忘初心、牢记使命，推动学校各项事业科学稳步发展。

一、坚持党对学校的全面领导，提升领导班子治校理教能力

坚持党的领导是办好中国特色社会主义大学的根本保证。学校党委切实履行管党治党、办学治校的主体责任，把学校建设成为坚持党的领导的坚强阵地。

（一）坚持以政治建设为统领，把党的领导贯彻到学校工作全过程各方面

坚定不移贯彻习近平总书记重要讲话和重要指示批示精神，不折不扣落实党中央各项决策部署，不断增强推进学校党的政治建设的政治自觉、思想自觉和行动自觉。按照社会主义政治家、教育家目标要求，严守政治纪律和政治规矩，发扬斗争精神，增强斗争本领，强化问题导向，开展专项整改，提升推进党的政治建设的自觉性和实效性。坚持重点难点工作亲自把关、亲自协调、亲自督办，保证党的路线方针政策及上级党组织决定落实到办学治校各领域、教育教学各环节、人才培养各方面。

（二）牢记初心使命，做习近平新时代中国特色社会主义思想的坚定信仰者和忠实实践者

把“不忘初心、牢记使命”作为永恒课题、终身课题常抓常新。一是做实做深主题教育。构建个人自学、专家导学、集体辩学、全体践学的“四学”工作机制，带头讲党课、讲思政课，以党的创新理论滋养初心、引领使命。领导班子凝练调研主题 14 个，深入师生广泛调研，召开成果交流会，提出解决问题的真招实招。开好“不忘初心、牢记使命”专题民主生活会，坚持以刀刃向内的自我革命精神检视问题，推动整改落实工作取得成效。班子梳理列出的 39 项问题，有 21 项完成整改、相关措施长期坚持，其余 18 项需要持续整改。二是抓实抓常理论学习。党委理论中心组围绕《习近平新时代中国特色社会主义思想学习纲要》、党的十九届四中全会精神等组织理论学习 20 次，切实把握核心要义、精神实质、丰富内涵、实践要求，在学思用贯通、知信行统一上走在前列、做出表率。三是加强加深理论研究。弘扬理论联系实际学风，及时把实践经验上升固化为理论成果，班子成员在《光明日报》《中国高等教育》《思想教育研究》等刊物发表理论文章，为深化学校改革发展提供理论支撑。

（三）坚持和完善党委领导下的校长负责制，为全面贯彻党的教育方针提供坚强的组织保证

贯彻执行民主集中制，巩固党委统一领导、党政分工合作、协调运行的工作机制。健全完善学校领导班子议事决策制度，着手修订学校“三重一大”实施办法和党委全委会、党委常委会会议和校长办公会议议事规则，进一步规范议事内容、程序和要求，推进决策的科学化、规范化和民主化。全年共组织召开 41 次党委常委会、35 次校长办公会和 6 次专题会、务虚会。进一步完善督查督办机制，推行“下发督办表—跟踪督办—挂牌督办”三层递进督查督办程序，强化办结审核，狠抓工作落实，切实贯彻中央重大决策部署。

（四）以担当实干锤炼过硬作风，落实全面从严治党“两个责任”

坚持知责、明责、履责、尽责，贯彻落实全面从严治党要求。一是将学校“党风廉政建设领导小组”调整为“党的建设和全面从严治党工作领导小组”，对学校党的建设和全面从严治党工作实施统一领导、统筹规划和推动落实。党委书记切实履行第一责任人职责，校长履行“党政同责”，纪委书记履行协助职责和监督执纪问责职责，班子其他同志按照“一岗双责”要求，带头抓好分工范围内的从严治党工作，确保任务到人、责任到岗。二是严格落

实中央八项规定及实施细则精神，进一步规范班子成员参加研讨会和论坛活动要求，打好作风建设持久战。把力戒形式主义、官僚主义作为重要任务，校级会议、文件、督查检查较上年分别减少31%、34%、35%，切实为基层松绑减负。三是践行一线规则。班子成员带头前移一线，与师生“结对子”，深入基层联系学生，坚持党建工作联络点及联系学院制度，深入一线解决实际问题，提升管理服务水平。

二、贯彻新时代党的建设总要求，持续提升党建和思想政治工作水平

学校党委始终坚持和加强党对学校的领导，坚持社会主义办学方向，为培养德智体美劳全面发展的社会主义建设者和接班人提供坚强保证。

（一）发扬钉钉子精神，打好党的政治建设攻坚战

自觉对标对表党中央和北京市委关于加强高校党的政治建设有关要求，细化分解100项落实措施，进一步明确了加强学校党的政治建设的总要求、任务书、施工图、时间表和责任人。坚定政治信仰，坚持理论学习“六个纳入”，做好校院两级党委理论中心组学习，落实领导干部上讲台制度，为各二级党组织定向配备理论学习导师，全年举办校级理论宣讲24场、院系宣讲100余场，推进学习贯彻习近平新时代中国特色社会主义思想往深里走、往心里走、往实里走。巩固马克思主义在高校意识形态领域的指导地位，落实意识形态工作责任，重视层层分解、三级延伸，落实“每学期学院自查、每学年学校检查、日常专项督察”的工作检查和考核机制。加强阵地管理，严格落实哲学社会科学类活动审批制度，落实常态化舆情监控。强化对学生社团的领导，修订《学生社团管理办法》，实施二级分类管理模式，社团管理体制机制不断优化。

（二）聚焦主题主线，推进“不忘初心、牢记使命”主题教育

按照“守初心、担使命、找差距、抓落实”总要求，严格落实不分阶段、贯穿始终，推进主题教育走深走实。抓好学习教育，坚持原原本本学，集中研讨学，融会贯通学，推动学思践悟、知行合一，学校处级及以上领导班子成员讲专题党课188人次。抓好调查研究，聚焦重点难点问题，处级以上干部深入一线开展专项调研285项。抓好整改落实，认真开好专题民主生活会，切实站稳师生立场，推进优化办学空间、筹建校内幼儿园、理顺科研管理体制机制等师生关切问题的整改工作。各二级党组织细化确定的530项问题，其中已经完成整改落实的有455项、正在持续推进的有75项。认真开好专题民主生活会，扎实开展二级党组织的成效评估。截至目前，学校25个二级党组织已全部完成评估工作，主题教育的成效得到进一步显现，相关工作得到中央第十一巡回督导组、教育部第一巡回指导组肯定。

（三）推进依法治校，加快推进学校治理体系和治理能力现代化

贯彻党的十九届四中全会精神，完善现代大学治理体系。深入推进以学校章程为核心的规章制度体系的立、释、改、废，严格规章制度管理，清理规章制度83项。出台学校《机构设置、干部职数管理办法》，优化诉讼和仲裁事务管理机制，提升学校内部治理水平。健全学术委员会制度体系，出台《学术委员会工作细则》《预防与处理学术不端行为办法》，成立专门委员会、学术分委员会，完善学术委员会组织架构。

（四）持续推进质量提升，加强基层党组织建设

提升基层党组织组织力，突出政治功能，完善基层党组织决策体系和协作运行机制，绘制决策运行示意图和重要事项决策流程图，完善把好政治关的内容、机制和办法，持续强化基层党组织的政治领导。实施“一院一品”基层党建创新项目培育计划（13个），创建“基层党组织书记工作室”（7个），打造学校基层党建品牌。持续加强党支部规范化建设，排查整顿软弱涣散党支部10个。研究制定《进一步严格党员教育管理工作的意见》，严格党内政治生活和党员教育管理。2019年，1项成果获北京高校党的建设和思想政治工作优秀成果；1个案例入选中组部、教育部《基层党组织书记案例选编（高校版）》；2个支部入选“全国党建工作样板支部”。

（五）健全完善选育管用，加强干部队伍建设

贯彻新时代党的组织路线，实施干部任期目标，研究制定《关

于进一步激励广大干部新时代新担当新作为的实施意见》，坚持大胆地用、实在地奖、坚决地调、该容的容，建立健全干部年资补贴增长机制，做实激励保障。制定《干部队伍建设规划（2019—2023）》《优秀年轻干部发现培养选拔工作实施办法》，开展年轻干部调研，通过点名调训、点名调挂强化年轻干部培养。修订学校《处级领导干部选拔任用工作条例》，出台《干部、教师校外挂职管理办法》，不断完善干部工作制度体系和选人用人机制。年内，调配处级干部47人次，其中提任26人，交流任职13人次。研究制定实施方案，贯彻落实全国干部教育培训规划，着力提高干部教育培训的针对性实效性。2019年，选派32名干部赴国家部委、地方政府、对口扶贫地区和兄弟高校等进行挂职锻炼，依托中央党校举办中层正职干部示范培训班。

（六）坚持不懈正风肃纪，强化监督、严肃执纪问责

压实主体责任，召开全面从严治党工作会议，制定工作任务分工，增强全面从严治党责任自觉，切实做好加强党的建设以及贯彻落实全面从严治党主体责任情况检查。严格落实中央八项规定及实施细则精神，强化作风建设，进一步规范领导干部参加研讨会和论坛活动要求。制定《贯彻落实一线规则工作方案》，增强服务师生、关心师生的自觉性和主动性。强化政治巡察，年内对7个二级党组织、3个机关党支部单位开展政治巡察，汇总印发共性问题清单，做好巡察整改和成果运用，问责党组织1个、干部5人。全面推进学校纪检体制改革，构建大监督工作格局。截至12月底，纪委受理信访件38件，已办结37件，在办1件。其中，查办案件8件，结案8件。给予党纪政纪双重重处分2人，党纪重处分3人，党纪轻处分3人，党内问责党组织1个、党员领导干部5人，组织处理1人，诫勉3人，谈话函询3人。强化内部审计，重视事前审计，发挥审计监督作用，防范风险隐患。

（七）强化师德师风建设，做好教师思想政治工作

修订《师德建设长效机制实施细则》，完善师德建设制度体系，建立宣传、教育、培养、激励、考核、监督与奖惩相结合的师德建设长效机制。制定《师德失范行为处理和师德考核实施细则（试行）》，健全师德考核惩处机制，将师德表现作为教师评聘的首要条件，运用综合手段科学考核教师师德。创新师德宣传，制定《新时代教师职业行为十项准则》，加强典型选树，强化警示教育，抓好每周四教职工理论学习，开展青年教师暑期学校、名师面对面、师德大讲坛等品牌活动，引导广大教师以德立身、以德立学、以德施教、以德育德。

（八）落实立德树人根本任务，提升学生思想政治工作实效性

推进思想政治理论课改革创新，制定本科生思政课实践教学新方案，修订“形势与政策”教育教学实施意见，制作慕课专题10个、上线学习近4万人。加快“课程思政”改革步伐，完成首批“课程思政”典型案例征集和“示范课堂”遴选工作。发挥学生党建引领作用，创新设计“四个融入”日常思政教育模式，红色“1+1”活动结项总量位居北京高校榜首。强化“心理、学业、资助、就业”多维关爱，学生学习与发展指导中心通过市级示范中心年检，心理育人、资助育人实效性显著增强，职业生涯规划教育体系不断完善，234名毕业生奔赴祖国西部建功立业，1名辅导员获评全国“高校辅导员年度人物”。完善“第二课堂”成绩单制度，深化落实“第二课堂”人才培养方案，组织学生投身社会实践、志愿服务累计超过140万工时，学生团队获第十二届中国青年志愿者优秀组织奖。

贯彻落实《新时代爱国主义教育实施纲要》，围绕新中国成立70周年、五四运动100周年，开展“青春告白祖国”等系列活动。全力做好国庆庆祝活动筹备工作，组织2271名师生投入到国庆群众游行、广场联欢、服务保障等工作，圆满完成了党和国家交给学校的光荣使命，获评“北京市筹备和服务保障中华人民共和国成立70周年庆祝活动先进集体”。

深入实施“三全育人”综合改革，坚持以学生为中心，抓好队伍建设、机制改革、标准建设三项关键任务，统筹开展共识、融入、协同、评价四项攻坚行动，推进五大“星火北科”育人计划落实见效，推动思政工作融入人才培养各环节。工作方案中100项清单任务正在逐一落实，截至目前已基本完成81项，按照原计划总体进度在有序推进。

（九）加强民主政治建设，充分发挥统战群团作用

加强党对统战工作的领导，聚力强化党外知识分子思想政治引导，民主党派参政议政水平不断提高。“对标强心”提升共青团组织力，开好二级单位团代会，推进全国学校共青团研究中心新型智库建设。落实离退休职工工作领导责任，充分发挥老同志传帮带作用。着力发挥以教代会为基本形式的民主管理和民主监督作用，召开八届六次、七次教代会，有效提升教职工的向心力和凝聚力。制定《教职工申（投）诉处理办法（试行）》，不断完善教职工权益保障机制，促进和谐校园建设。推动学生会、研究生会“代表性、服务型”职能建设，做好学生权益工作，推进校园民主。

三、聚焦新时代中国特色社会主义大学建设，以奋进姿态推进学校各项事业高质量发展

学校党委始终坚持扎根中国大地办大学，落实高等教育“四个服务”，努力书写学校各项事业高质量发展的“奋进之笔”。

（一）加快推进“双一流”建设，进一步优化学科布局

打造“双一流”建设新高地，积极推动学科交叉融合发展，谋划实施“大安全”融合战略，稳步推进人工智能研究院实体化建设，创新性设立青年教师学科交叉研究培育项目。圆满完成“双一流”建设中期自评工作，对照问题深入整改，不断提升学科建设水平。在QS发布的2020世界大学排名中，学校位列第462位，内地高校第20位。17个学科进入“软科世界一流学科”榜单，其中冶金工程学科排名蝉联世界第一。学校环境/生态领域首次进入ESI排名前1%。人工智能、安全科学与工程2个学科入选北京高校高精尖学科建设名单。马克思主义学院获批北京市首批重点建设马克思主义学院。

（二）深化教育教学改革，实现新时代人才培养新作为

坚持以本为本、推进四个回归，召开本科教育教学工作会议，实施一流本科教育行动计划。加快传统优势专业升级，在采矿工程、矿物加工工程和冶金工程3个专业实施本硕贯通人才培养，支持新兴专业建设，新增人工智能、机器人工程、大数据管理与应用等3个本科专业，限额申报首批国家级一流本科专业建设点13个全部获批，获批2个北京高校“重点建设一流专业”。推进工程教育专业认证，完成土木工程等4个专业认证、安全工程等2个专业再认证。进一步规范课程建设标准，着力打造“金课”。深入推进本科生全程导师制，明确主责任务和工作要求，学校1360名专任教师担任大一至大三10638名本科生的导师，全方位指导学生成长发展。探索建立智慧型教学实验室，成立“鼎新实验室”建设平台，拓展实验教学深度。科学规范编制招生计划，稳步推进大类招生改革。实施本科生毕业设计（论文）查重全覆盖，进一步把严人才培养质量关。

深化研究生培养机制改革，修订研究生招生计划分配办法，建立研究生招生计划动态调整机制。扩大研究生短期访学规模，推进海外学者短期讲学课程建设，设立基金资助博士研究生参与国际会议，推进研究生国际化培养。加强对硕士学位论文质量监控，试点学位论文盲评。顺德研究生院正式启用，第一批研究生顺利入驻。深化管庄校区体制机制改革，持续强化学历继续教育质量。天津学院顺利完成各项工作任务。

注重学生实践创新能力培养，学生参加各类学科竞赛获国际、国家级奖励665人次，较2018年增长23%。积极促进创新创业与专业教育融合，创新创业教育质量稳步提升，获评“全国创新创业典型经验高校”。截至2019年10月31日，学校整体就业率达96.88%，进入高质量单位就业的毕业生1410人，较2018年增长23.5%。

（三）大力实施“人才强校”战略，师资队伍建设成效显著

坚持“党管人才”，落实党委联系服务专家制度，积极推进人事制度改革，做好新一轮岗位聘任，制定教职工荣誉体系实施办法，初步建立职业荣誉体系。加强青年教师队伍建设，推行项目导师制，实施青年教师“双走”战略，鼓励青年骨干教师出国研修，改革完善博士后管理制度，获批“工商管理”“马克思主义理论”2个博士后科研流动站。

持续推进“人才强校”战略，深化“人才特区”建设，推进融合创新研究院建设。引育并举建强师资队伍，年内，张跃教授当选中国科学院院士，全职引进毛新平院士来校工作，刘焕明教授当选加拿大工程院院士，新增双聘院士1人。此外，新增国家“杰

青”1人、“万人计划”领军人才7人、国家百千万人才1人、“四青”人才6人，北京市教学名师3人、青年教学名师2人，教师整体水平和竞争力持续提高。

（四）持续推动创新引领发展，科研和产业再上新台阶

着力培育大平台、大团队、大项目、大成果，科研工作不断实现新突破。学校承担建设的“国家材料腐蚀与防护科学数据中心”正式获批国家科学数据中心，推进应急管理部“金属冶炼重大事故防控技术支撑基地”项目建设，牵头发起北京中智生物农业国际研究院，新增省部级科研基地6个，服务国家重大战略北京科创中心建设能力不断增强。首次获批国家自然科学基金创新研究群体项目1项。“金属矿产资源绿色开采创新团队”入选科技部重点领域创新团队，实现学校在重点领域创新团队零的突破。获批军委科技委基础重大项目1项、教育部哲学社科重大课题攻关项目1项，新增国家自然科学基金重大项目1项、国家重点研发项目3项。获国家科技奖3项、教育部高等学校科学研究优秀成果一等奖3项。新增科研合同1732项，当年到校科研经费首次突破10亿元，较去年增长25%，创历史新高。《矿物冶金与材料学报（英）》入选“2019中国最具国际影响力学术期刊”，2篇论文入选2018年中国百篇最具影响国际学术论文，入选数并列全国高校第10位。学校SCI学科影响因子前10%论文共625篇，排名全国高校第27位，较2018年上升10位。稳步推进校地、校企合作，面向行业面向国民经济主战场，新增中国一重、中国有色、国家博物馆等11个战略合作伙伴。全面深化所属企业体制改革，大力推进科技成果转移转化工作，发起成立“中关村不锈及特种合金新材料产业技术创新联盟”，积极构建分析检验中心品牌体系，不断提升“北科检测”“北科标样”“北科仪器”三大品牌影响力。

（五）不断深化对外交流合作，全面推进国际化建设步伐

持续推进国际化发展战略，拓展全球合作空间，举办中国－德国高水平大学校际合作40周年纪念会暨北京科技大学－亚琛工业大学学术研讨会，与慕尼黑大学、伊利诺伊大学香槟分校等4所排名全球前2%的高校新建合作关系。与乌克兰国立技术大学签署校际合作协议，积极服务国家“一带一路”倡议。与剑桥大学、多伦多大学等顶尖高校联合申报获批4项国家创新型人才国际合作培养项目，获得年度满额立项，超历年之和，位居全国高校之首。打造多元化高水平引智体系，获批国家级引智项目20项、经费支持逾千万。助推师生海外经历拓展，教师因公出访和学生赴外交流人数达1668人次。上线新版英文网站，提升学校国际形象。举办北京科技大学－德蒙福特大学孔子学院成立5周年庆祝活动，推广汉语国际教育，开设28个教学点，1个孔子课堂，学员达5852人次。不断提高国际学生培养质量，成功入选首批“中非友谊”奖学金项目院校。

（六）加强特色校园文化建设，着力提升办学软实力

坚持文化育人，举办第三届“礼敬中华•文溢满井”传统文化节和第二届“感动北科”新闻人物评选活动，开展中国材料名师讲坛、工程技术名家讲坛、理学之美、星期四人文讲座等精品活动。举办专场文艺演出10场，展示原创作品7部。以提升师生健康素养为目标，不断提高学校体育育人水平。圆满组织校庆周及校友值年返校系列活动，进一步提升在校师生、校友对学校的认同感与自豪感。构筑立体化宣传格局，强化媒体融合，增强新媒体传播影响力，获评北京高校宣传工作先进单位，作品入选“全国高校全媒体优秀案例”“2019教育政务新媒体年度优秀案例”。全年受到新华社、中央电视台、《人民日报》《光明日报》等各类媒体报道653条次，位列人民网高校网络舆论影响力排行第6名。

（七）改进管理服务质量，切实提升师生获得感

不断改善办学条件，工程实践基地（一期）项目按计划完工，预计2020年9月正式投入使用。如期完成昌平创新园西区地上三层建设任务。国家材料服役安全科学中心正式迁入昌平创新园区。加强现有办学用房资源统筹，推进部分用房向教学科研用房功能转化，缓解教学科研用房不足和住宿缺口。成立招标与采购管理中心，构建统一采购工作体制机制。着力提升学校信息化建设水平，上线运行新版“电子政务平台”，完成建设“协同办公平台”，研发线上合同管理信息系统。启动校级数据中心建设，完成与人事、教务、科研等12个主流业务

数据的对接工作，28 个业务子系统接入校级统一平台。强化学校经济活动内部控制体系建设，努力增收节支、提质增效，接受捐赠金额较 2018 年增长 29.7%。专利信息服务取得突破，入选首批高校国家知识产权信息服务中心。进一步提升档案馆、体育馆等服务效能，落实家庭医生签约工作，提高教职工体检补贴标准，改善教职工子女“入园难”问题，顺利完成家属区物业改革，推进节能改造，荣获“海淀区节能先进单位”称号。深入实施“平安校园”建设提升工程，强化实验室安全管理，维护学校和谐稳定。大力推进对甘肃省秦安县的定点扶贫工作，投入和引进资金 697.7 万元，培训人员 1807 人，“一对一”持续资助贫困学生 405 名，消费扶贫 687 万元，助力秦安县完成减贫 3.25 万人，贫困发生率下降到 0.76%，精准扶贫成效显著。

学校师生参与庆祝中华人民共和国成立70周年活动

北京科技大学党委高度重视，精心部署，认真贯彻落实中央和北京市委关于国庆70周年庆祝活动的指示精神，精益求精、全力以赴，圆满完成国庆群众游行、志愿服务、广场联欢等各项工作任务，组织工作得到上级部门高度赞扬，师生彩排训练、活动现场以及参与感想等得到中央电视台《新闻联播》、中国教育电视台、北京电视台、新华网、人民网、光明网等主流媒体的广泛传播，为学校创造了良好的社会声誉。

以高度的使命感构建一体化工作格局

北京科技大学党委成立国庆庆祝活动工作领导小组，由党委书记、校长任组长，统筹推进各项工作。根据北京市庆祝大会服务保障和群众游行指挥部安排，北京科技大学作为群众游行"希望田野"方阵主责单位承担方阵组织训练任务，校党委成立国庆群众游行第10方阵总队，党委书记武贵龙任总队长，党委副书记、副校长薛庆国任常务副总队长，针对具体工作任务，成立了综合协调处、组织训练处、保障联络处、安保应急处、集散交通处五个专门工作机构，确保国庆群众游行工作领导有力，组织有序，分工到人，责任明确，运转高效。同时，根据北京市第五分指、第四分指、志愿者保障指挥部和学校工作领导小组的总体要求，由校团委承担国庆期间广场合唱、广场联欢和志愿者服务三大模块任务。此外，学校国际学生中心组织了40名国际学生和6名教师，圆满完成了"人类命运共同体"方阵群众游行任务。

以强烈的责任感开展科学化训练工作

此次国庆庆祝活动中，北京科技大学承担了包括群众游行方阵（"希望田野""人类命运共同体"两大群众游行方阵）、群众联欢、广场合唱和大会保障服务在内的五项重大任务，共组织2271名师生参与其中，形成了隆重盛大的活动组织局面。

精心准备，做好前期准备工作。在人员选拔上，按照"自愿报名、优中选优"的原则，选拔政治素质高、日常表现好的学生，政治站位高、责任心强的教师参加各项活动。训练前对参加相关活动的师生进行保密安全教育，组织全体参与师生签订保密协议书。在内容表达方案设计上，多次组织研讨，精心设计动作，相关负责同志反复打磨，形成最终方案。

科学训练，确保中期训练效果。游行方阵方面，从基础训练、提升训练、集散演练、应急演练，到边框稳定性、情绪表达、行进速度、人车配合训练，第10方阵全体参训师生群众进行了近3个月的训练。在训练中坚持科学施训，通过建立教练演示团队和标兵团队，实现以点带面、以区块带动整体，逐渐凝聚了"能打100分，坚决不打99分"的参训理念。从分散训练到海淀、良乡机场合练，从阅兵村训练到三次长安街彩排，直到国庆当天走过天安门，第10方阵为新中国70华诞献上完美的"希望田野"，被总指、分指评为"最佳纪律作风"方阵。合唱方阵方面，共组织训练70余次，累计训练时长近400小时。顺利完成校内声乐集训、体能仪态集训；在清华大学、中国传媒大学、北京建筑大学、联合军乐团训练基地等地进行了3次分指配合集训、4次联合训练和6次全要素演练，从不会唱、唱不好变为唱得响、唱得美；广场联欢方阵共组织训练67次，累计训练时长273小时。不惧风吹日晒，全身心投入动作学习、校内合练、海淀合练和全市合成四个阶段的训练，以高度的组织纪律性完成了全部训练任务；志愿者们进行了理论学习、技能培训和体能训练，培训及服务10次，累计训练时长近100小时，岗位修改20余次，完成好良乡机场合练的服务保障工作和3次全市模拟演练工作。

加强合作，体现主责意识。与其他方阵不同，第十方阵由学校师生与来自昌平、丰台和房山的农民共同组成。训练中学校党委充分尊重农民代表实际，调动参训积极性，强化纪律要求。坚持师生先训一步做标兵，严格要求做表率，逐步从陌生、抱怨到同心协力。在合成训练中，方阵坚持零误差，按照“开局不慢、中间不乱、结尾不散”的要求，从把握节奏、流畅行进、稳定边框、处突演练、集体合唱五个维度重点训练，方案责任到人、分工到表、落实到图，被分指树立为合练方案的“北科大样本”。

以深厚的爱国情怀
开展主题教育活动

学校党委依托各组织单位成立了14个临时党支部和48个临时团支部，以“不忘初心，牢记使命”主题教育和“我和我的祖国”主题教育为主线开展主题教育活动，通过“学起来”“唱起来”“讲起来”“做起来”的具体举措，激励参训师生坚定理想信念，厚植爱国情怀，担当时代重任。

以坚定的信念“学起来”。邀请教育部高等学校社会科学发展研究中心主任王炳林讲授“新中国70年的成就和经验”专题报告会。邀请中国农业大学林万龙教授讲授“中国三农问题”专题报告会。邀请国庆60周年相关活动的专家、老师开展心得分享会、交流座谈会，用真人真事激励支部成员，让榜样精神入脑入心。学校党委还组织全校教职员工通过网络或电视等平台集中观看学习总书记国庆重要讲话。

以满腔的热情“唱起来”。举办“砥砺奋斗70载”千人同唱一首歌活动，共同唱响方阵背景歌曲《在希望的田野上》。开展“最美歌声”拉歌比赛，同学们在拉歌比赛中唱响主旋律，表达炽热的爱国情感。

以诚挚的情怀“讲起来”。游行方阵组织中队同学参观中国农业博物馆，观看《历史转折中的邓小平》《十八个手印》等影视作品，为同学们讲述中国农村发展的历史故事。开展“最美训练日记”评选，参训同学通过文创作品讲述训练感人故事和内心体会，抒发爱国之情；联欢方阵开展“我和我的祖国”主题演讲交流活动；志愿者方阵邀请学校思政课教师、北京市先锋志愿者与同学们共同开展“我和我的祖国”“不忘初心、牢记使命”主题教育活动，将国庆活动与思政课实践教学相结合，引导青年学生增进将个人梦融入中国梦的使命自觉。

以奋进的姿态“做起来”。组织“三比三看”队列评比。训练场上绘制“最美笑容，精彩‘70’”主题微笑墙；开展“我为祖国献支花”主题拉练活动，用计步软件走出“玫瑰花朵”形状轨迹，为祖国献花。组织参训同学拼图组字，拼成“I ❤ China”，向祖国深情告白。国庆当天，学校举办同升一面国旗活动，组织千余名师生在庄严的国歌声中将五星红旗冉冉升起。仪式结束后，师生们纷纷在心形背板上留言用“心”告白祖国。

以优异的服务意识
做好精准保障工作

学校党委坚持高站位谋划、高标准要求、高效率执行，全面为学校参与国庆各项庆祝工作保驾护航。

做好安全应急工作，确保万无一失。学校按照“方案周全、规范管理、配强力量、万无一失”的标准，在日常训练和深夜集结两个方面做好安保应急工作。日常训练中，在训练场关键点位安排经验丰富的安保人员，保障群众各训练场安全和封闭。配备经验丰富的医护人员和必要的医疗药品，能够第一时间应对突发状况，进行应急处理。深夜集结中，学校成立深夜集结安全工作小组，全面保障全体人员人身安全。在集结点每隔20米安排安全保障员，组织有序集结并即时处理突发问题。在各个候车区域安排安保人员并设置围挡，保证登车不受外界影响。在登车区域入口组织安检，对全体人员进行严格安检，严禁携带危险、违禁物品。

做好集散交通工作，确保高效有序。学校紧紧围绕“任务精确落案、工作精确到人、场地精确到米、行程精确到分、服务精确到位”的“五个精确”的原则，高效有序完成集结疏散任务。任务精确落案。精准设计“一集散一方案、一表多图全程贯穿”的工作流程。制定人员分工、路线规划、车辆停放方案。制作分发乘车、往返路线、演练场集结示意图，确保参与人员精准到位。工作精确到人。严格落实“车长第一责任人”制度，明确车长职责，保证“方案明确、路线清晰、指令畅通、安全行进”。实行起床报告制度，确保全部人员按时集结。场地精确到米。合理规划“整队区域－备检区域－安检区域－停车区域”，对每一块区域进行精确测量，精准到米。行程精确到分。在每次集结疏散前后3次进行实地踏勘，确保行进时间精确到分。注重同警方、安稳处、保障处做好内部协同配合，确保出发和到达时间分分不差。服务精确到位。提前清理集结点障碍，做好天气预报，为队伍准备急救包、药品、雨衣和餐包，为每一车辆配送训练道具。

做好服务保障工作，确保细致周到。学校按照“以人为本、科学高效、细致周到”的标准，全方位做好群众游行服务保障工作，单列1000万元专项资金，用以组织训练、后勤保障、思想教育活动等。组织物资供应专项工作小组，“专人专项”负责物资保障工作。为每位参训人员精心设计制作训练T恤、遮阳帽、雨衣、随身挎包和训练道具。在训练场上搭建训练棚，发放小马扎，为参训师生提供休息场地。训练时准备充足的矿泉水、能量饮料和充饥食品；集结时，为所有参与人员准备急救物品和餐包。在体能训练中，免费提供羽毛球场、篮球场等运动场地。

以饱满的热情做好宣传思想引导工作

学校高度重视参与国庆庆祝活动中的宣传工作，将宣传教育工作贯穿训练始终。

挖掘先进典型，为训练营造良好氛围。在训练过程中，学校积极挖掘典型人物，发挥优秀典型的示范带动作用，营造积极向上的团队氛围。成员中涌现“带着奶奶的嘱托去游行的学社骨干”“曾经的‘逆火英雄’，退伍大学生士兵的爱国心”等多位学生典型。感人的事迹汇集成方阵思想教育的生动教材，激励游行师生以高度责任感和使命感完成各项任务。

重视宣传推广，为学校赢得良好声誉。群众游行方阵认真做好宣传简报撰写，在二分指的8期简报中学校报送的简报被采用13篇，位列二分指各方阵第一名，多次受到表扬。在9月29日游行方阵最后一次合并训练时，多家媒体到训练现场进行拍摄采访，相关新闻和典型事迹被刊登在中央电视台、北京电视台、央广中国之声、《人民日报》《光明日报》《经济日报》《中国青年报》、新华社、人民网、中国新闻网、光明网、《北京日报》《新京报》《北京周报》等10余家媒体平台上，为学校赢得了良好声誉。10月1日当天，中国教育电视台走进学校，多维度报到了学校师生集中观看国庆庆典和学习总书记重要讲话精神的实况。当晚，学校师生代表在广场联欢活动结束时接受央视记者的采访并登上央视新闻；十一当天在学校官方微信平台推送的《精精益求精，国庆游行第10方阵完美演绎“希望田野”，北科师生接受检阅！》，在师生、家长、校友间传递满满的正能量，点击量突破10万+。

扩展引导坐标，持续深化思想引领覆盖面。学校党委以“不忘初心、牢记使命”主体教育为主线，分别开展“我和我的祖国”和“70年再出发”主题党团日活动，有力推动习近平总书记国庆讲话精神在学校落地生根，进一步推动全校师生以高度的行动自觉践行爱国主义伟大情怀。全校各级党委、党支部纷纷响应，策划和开展了一系列主题教育活动。新材料技术研究院部分研究生参与了国庆游行方阵，在央视采访中结合专业所学，以70年再出发，科研报国守初心，争做民族复兴追梦人为题，登上《新闻联播》；能源与环境工程学院开展“国庆归来话使命”活动，参与师生亲身讲述参加国庆盛典的感受，激发学生爱国情怀，激励学生守初心担使命；外国语学院开展“青春•爱国之讲好中国故事——‘青年传习社’走进北京科技大学”活动，邀请国防部原新闻发言人、新闻局原局长杨宇军等与师生分享如何讲好中国故事；机械工程学院开展“我和我的祖国”主题党日活动——VR带你看阅兵，活动结合学科专业优势和技术特长，对开国大典阅兵现场进行的“场景再现”，生动地展示了红色文化，让爱国主义教育活起来。相关内容也受到了央视《新闻联播》《新闻直播间》和《人民日报》《光明日报》等主流媒体的关注和点赞。

学校深入开展“不忘初心、牢记使命”主题教育

学校党委坚持深入学习贯彻习近平总书记关于“不忘初心、牢记使命”主题教育的重要论述，在教育部党组的坚强领导和第一巡回指导组的悉心指导下，扎实开展“不忘初心、牢记使命”主题教育。坚持立足“守初心、担使命，找差距、抓落实”，切实把主题教育作为增强“四个意识”、坚定“四个自信”、做到“两个维护”的政治检验，作为推动学校事业发展再上新台阶的有利契机。严格落实不分阶段、贯穿始终要求，扎实推进理论学习常态化、调查研究机制化、检视问题制度化、整改落实具体化，不断加强党对学校的领导，不断深入推进专项整治工作，不断提升师生的获得感、幸福感。

一、狠抓组织领导，一以贯之用有效举措和务实作风确保主题教育高标准高质量推进

学校党委切实主动靠前、履职尽责，坚持将开展好主题教育作为重大政治任务抓紧抓好，坚持把开展主题教育同中心工作有机结合，做到两不误、两促进。

一是坚持主动靠前，早谋划、早入手，第一批主题教育开展期间，通过举办领导班子暑期读书班、中层正职集中培训班等形式先学起来、先查起来，为开展主题教育做好理论热身、打下坚实基础。直属高校主题教育动员部署会召开以后，精心设计工作方案，迅速启动主题教育，二级党组织直接动员部署到基层党支部和党员。

二是坚持以上率下，成立由党委书记任组长，校长、分管校领导任副组长，班子成员共同组成的主题教育领导小组，召开6次校级主题教育专题推进会议，班子成员切实带头学带头改，在做好自身教育的基础上，亲自抓、深入抓，以务实的作风推动主题教育走深走实。

三是坚持分类指导，设立主题教育领导小组办公室，成立校内主题教育指导组，组织召开二级党组织主题教育推进会5次，深入二级党组织开展指导检查，从严从实加强督促指导，及时发现和解决问题，推动各项部署落地见效。

四是坚持融会贯通，以处级及以上领导班子和领导干部为重点，构建“个人自学”“专家导学”“集体辩学”“全体践学”的“四学”工作机制，以“学”字贯穿全程，坚持真学深悟、真学细研、真学严查、真学实改，不断提升对初心、使命的认识和体会。

五是坚持聚焦中心，切实把开展主题教育同推动中心工作结合起来，对标落实立德树人根本任务、提升“四个服务”能力和加快“双一流”建设需要，引导党员干部把焕发出来的热情转化为攻坚克难、干事创业的实际成果，为提升办学治校水平做出贡献。

二、狠抓学习教育，一以贯之推动学习贯彻习近平新时代中国特色社会主义思想走深走实走心

学校党委坚持把学习贯彻习近平新时代中国特色社会主义思想作为主题教育的根本任务，以党的创新理论滋养初心、引领使命，做到入脑入心、知行合一。

一是静下心、沉下来，深读精读学。坚持组织引导党员师生读原著、学原文、悟原理，邀请孙熙国、姜辉、罗平汉等专家做专题辅导报告，常学党章和《准则》《条例》必修课，用好周四理论学习固定时间，对二级党组织书记、师生党支部书记、党员开展轮训，精心设计“三会一课”、主题党班团日，加深对习近平新时代中国特色社会主义思想核心要义、精神实质、丰富内涵、实践要求的理解。

二是盯主题、描主线，集中研讨学。按照一人领学、集体辩学的方式，围绕“办好中国特色社会主义大学”“全面提升育人质量”“着力加强学校党的建设”三个专题进行集中研讨，在思考交流中统一思想认识、查找差距不足。坚持融入思想学、带着问题学、提升本领学，开展立德树人根本任务“大学习、大讨论、大落实”，不断增强为党育人、为国育才的政治自觉、思想自觉和行动自觉。

三是建机制、得实效，及时跟进学。坚持理论学习“六个纳

入”，理论学习中心组及时跟进学习习近平总书记讲话和党的十九届四中全会精神，推进常委会办公会议事规则修订，进一步推进治理体系与治理能力现代化。开展思政课教师集体备课，及时将党的创新理论融入课堂教学，建立思政课教师联系二级党组织定向指导理论学习机制。创新设计“四个融入”日常思政教育模式，围绕建国70周年重大契机，深入开展爱国主义教育与革命传统教育，学校2271名师生投入到国庆群众游行、广场联欢、服务保障等工作。

三、狠抓调查研究，一以贯之对标一线规则强化与师生群众的紧密联系

学校党委坚决落实一线规则，深入基层开展调查研究，摸清问题、找准痛点，不断强化以师生为中心的政治立场。

一是察实情，做到深入调研、知难知短。结合前期上级点、群众提的问题的整改落实情况，聚焦改革发展中的重点难点问题，领导班子成员凝练确立调研主题14个，处级干部开展专项调研271项，通过座谈会、走访、调查问卷等形式，深入师生员工中间开展调研，召开调研成果交流会，切实把情况摸清楚、把症结分析透。调研期间，领导班子成员主持召开座谈会21场，实地走访54次，发放问卷3000余份，形成14篇约4.6万字的专题调研报告。

二是改问题，做到立说立改、边查边改。紧盯调研中师生群众关注和反映强烈的重点难点问题，列出问题清单，对于能够当下整改的，立即整改到位；对于不能快速完成的，理清问题表现、问题原因，将其作为深入整改问题列入工作安排，做好后续工作。调研期间，先后完成“为各二级党组织配备理论学习导师”“通过点名调挂的形式选派优秀年轻干部进行岗位培养”“教学区无线覆盖全面完成”“英文网站上线”等30余项立行立改事项。

三是讲党课，做到讲实讲好、走心入心。领导班子成员在深入学习理论和扎实开展调研的基础上，紧密结合岗位实际和学习收获，带头深入基层，上讲台、讲党课，深刻阐释个人对初心使命的理解和感悟，把专题党课讲实、讲活、讲细，让党员师生在全程参与、直观感受中悟初心、守初心、践初心。学校处级及以上领导班子成员共讲授专题党课188人次，党支部书记讲党课或分享学习体会全覆盖，在笃学笃信笃行上持续用力。

四、狠抓检视问题，一以贯之以正视问题的自觉、刀刃向内的勇气把问题根源找准找深找实

学校党委坚持从思想、政治、作风、能力、廉政等方面，通过“自己找、群众提、集体议、上级点”等方法，查准、找实存在的问题，切实把问题原因剖析透彻。

一是对照党章党规找差距，在认真学习党章和《准则》《条例》的基础上，严格对标对表，广泛征求意见建议，对照专项整治工作8个方面问题、《北京高校党的政治建设问题清单》列出的问题和主题教育的5个方面着力重点，逐条对照“18个是否”，全面查摆问题，深刻剖析原因。学校处级及以上干部召开对照党章党规找差距专题会议33场。

二是对照检视剖析要求找问题，严格按照“四个对照”“四个找一找”要求，广泛听取意见建议，一条一条找准找实问题，特别是在主观上思想上做到深刻检视。召开专题民主生活会，坚持把自己摆进去、把职责摆进去、把工作摆进去，不断从理想信念、宗旨意识、担当精神、作风纪律等方面问初心、认责任。

三是对照查找问题确定整改清单，把检视整改工作贯穿主题教育全过程，经过认真梳理汇总，学校领导班子共列出问题39项，其中重点解决的突出问题25项；各二级党组织细化确定整改问题530项。学校党委坚持问题导向、目标导向，不断细化问题表现与整改措施，为整改提供精准靶向，切实理出整改思路。

五、狠抓整改落实，一以贯之聚焦守初心、担使命扎实推进问题整改

学校党委坚持奔着问题去、揪住问题改，积极营造推进整改的氛围，压实落实整改的责任，把解决实际问题的成效作为衡量标准，清单化履责、台账式整改。坚持突出重点、抓住关键，建立党委常委会定期研究整改落实工作机制，截至2019年底常委会办公会研讨相关议题79次，切实推动学校整改落实工作取得实实在在的成效。

一是聚焦习近平总书记重要指示批示精神抓好整改，加强党对学校的全面领导。进一步完善

贯彻落实习近平新时代中国特色社会主义思想和习近平总书记重要指示批示精神的体制机制，扎实开展党的政治建设专项整治，制定党的政治建设100项落实措施，推行重要指示批示“下发督办表—跟踪督办—挂牌督办”三层递进督查督办程序，切实将中央要求不折不扣贯彻落实到管党治党、办学治校全过程。实施基层党建质量提升强基、铸魂、领航、头雁四项工程，完善基层党组织决策体系和“4+1+10”协作运行机制，不断提升二级党组织书记、基层党支部书记履职能力。按照“层层压实、事事落细、处处融入”的思路，月度专项研判意识形态工作，强化哲学社会科学类活动审批及过程监管，做好热点问题、突发事件网上舆论引导。将学生社团工作纳入党委重要议事日程，修订《学生社团管理办法》，实施社团负责人“求实计划”，不断提升社团建设规范化程度。

二是聚焦专项整治抓好整改，凝心聚力作用进一步显现。制定干部队伍建设规划，完善激励干部担当作为机制，坚持大胆地用、实在地奖、坚决地调、该容的容，加大对管理业绩突出干部的奖励力度，做实激励保障。主题教育期间，全校处级干部梳理重点解决突出问题754项，上线新版电子政务平台，启动科研财务管理职能由科研院划归财务处统一管理进程，启动校级数据中心建设，让师生少跑路。落实中央八项规定及实施细则精神，出台《领导人员参加各类研讨会和论坛管理办法》，切实解决形式主义突出问题，精简公文，加强会议统筹，减少督查检查，推动为基层减负走深走实。构建大监督工作格局，不断提高“三转”后重点领域监督的精准度，深化政治巡察，印发共性问题清单，帮助二级党组织早发现、早整改、早见效。不断推进新时代高校党建示范创建和质量创优工作，着力整顿软弱涣散党支部，加强教师党支部书记“双带头人”建设。

三是聚焦群众关切抓好整改，为提升师生获得感幸福感出真招实招。制定《贯彻落实一线规则工作方案》，通过领导干部讲课听课、联系学院和学生、党建联络、本科生导师制等方式切实将一线规则落实落地。推进机关工作作风建设制度化、规范化、常态化、长效化，设立党员先锋岗，落实机关工作“首问负责制”。着力破解空间瓶颈制约，稳步筹划新校区建设；推进现有办学用房统筹工作，制定部分可利用空间使用规划，理清办学空间配置管理思路；开展学院路校区西北角与昌平创新园西区规划调整工作，努力推进存量土地充分利用。聚焦师生学习工作需要，推进老旧教学实验楼暖气改善、通宵自习室设立、教师休息座椅设置、部分食堂窗口供餐时间延长等。围绕师生医疗、出行等身边事儿，推进提高教师体检标准、安装新能源充电桩、改造学生宿舍卫生间，启动校内幼儿园改建等等，着力提升师生满意度与幸福感。

四是聚焦中心工作抓好整改，学校事业发展取得新突破。再次对“三全育人”综合改革方案中涉及的100项清单任务逐一对标、深化落实，创新思政课教学方法，加快课程思政改革步伐，提升课堂吸引力与研究阐释能力，加快推进本科生全程导师制，不断提升本科生导师、班主任、辅导员等队伍的育人合力。加快传统优势专业升级改造，制定《本科生规范课程评定实施办法》，提升规范化课堂津贴标准，稳步推进“金课”建设。积极推进人事制度改革，强化高层次人才引育，加大青年人才培养支持力度，提升青年教师待遇，努力构建更有活力的人事管理体制机制与更为科学、合理、公平、有序的收入分配关系。进一步推进学科交叉融合，设立青年教师学科交叉研究培育项目，实体化建设人工智能研究院，推进应急管理部“金属冶炼重大事故防控技术支撑基地”项目建设，打造学科发展新高地。主题教育期间，毛新平院士全职来校工作，张跃教授入选中国科学院院士，新增ESI排名前1%领域1个、省部级科研基地3个、博士后科研流动站2个。

学校党员师生严格落实习近平总书记要求，聚焦理论学习有收获，党员干部的理论水平进一步提高；聚焦思想政治受洗礼，党员干部的理想信念进一步坚定；聚焦干事创业敢担当，党员干部的履责热情进一步高涨；聚焦为民服务解难题，党员干部的群众观念进一步树牢；聚焦清正廉洁做表率，党员干部的政治本色进一步增强。学校主题教育得到中央第十一巡回督导组、教育部第一巡回指导组和广大师生的肯定，受到社会媒体的广泛关注，被中央新闻联播、新华社、《人民日报》

《光明日报》《中国教育报》等专门报道 30 余条次。

下一步，学校将持续推动“不忘初心、牢记使命”这个永恒课题、终身课题常抓常新。坚持以学习党的十九届四中全会精神为重点，不断把学习贯彻习近平新时代中国特色社会主义思想引向深入，巩固主题教育形成的“四学”机制，深刻认识新时代推进国家治理体系和治理能力现代化的总体要求、总体目标和重点任务，努力把学习成果转化为践行初心使命的不竭动力，转化为建功新时代、争创新业绩的实际行动。坚持以师生满意为最高标准，全力抓好主题教育后续整改工作，善始善终、善作善成，以实实在在的整改成效体现主题教育的效果，切实解决好联系服务师生“最后一公里”“最后一步路”的问题。坚持以抓好学校“立德树人、科教兴邦”具体实践为导向，推动把不忘初心、牢记使命融入党的政治建设、思想建设、组织建设、作风建设和纪律建设的各个方面，建立健全不忘初心、牢记使命的长效机制。坚持以主题教育为新的起点，增强“四个意识”、坚定“四个自信”、做到“两个维护”，始终保持奋斗精神和革命精神，重整行装再出发，扎实推进学校“十三五”事业的圆满收官和“十四五”事业的顶层谋划，努力开创学校“双一流”建设新局面。

学校举行中国－德国高水平大学校际合作 40 周年纪念活动

2019 年 9 月 21 日，中国－德国高水平大学校际合作 40 周年纪念会暨北京科技大学－亚琛工业大学学术研讨会在学校教职工活动中心召开。教育部原副部长、全国总督学、中国教育国际交流协会会长、欧美同学会副会长刘利民，教育部原副部长、中国工程院院士、亚琛工业大学的杰出校友韦钰，科技部外专司副司长徐晧庆，德国驻华大使馆文化处副主任米星辰，亚琛工业大学校长乌尔里希•鲁迪格，北京科技大学党委书记武贵龙、校长杨仁树，党委副书记、副校长薛庆国，副校长王维才、何民庆、臧勇、吕昭平等出席会议。

杨仁树在致辞中提到，北京科技大学与亚琛工业大学的合作源远流长，自 1979 年建立合作以来，两校在教育、科技、人文等领域成果丰硕，两校在合作中不断加深了解，建立了深厚的友谊与互信。此次纪念会不仅是北科大与亚琛工大友谊的丰碑，更是中国与德国高校教育的合作交流的见证。展望未来，希望两校精诚合作，披荆斩棘，再创辉煌。

乌尔里希•鲁迪格在致辞中表示，两校自 1979 年达成的合作有着历史性的重要意义，亚琛工大为能够成为中国大学自改革开放以来与外方大学合作的第一个学校而深感骄傲。也为能与北科大和中国保持深厚友谊而感到自豪。两校的伙伴关系促进了中德两国的友好合作和相互理解。同作为两国的精英大学，他表示，相信两校还会发掘更多共同点，深化合作，促进教育、科技和文化的交流学习。

刘利民指出，1979 年两校签订的合作协议，奏响了中德两国高水平大学开启教育合作和文明互鉴的动人乐章。北京科技大学与亚琛工业大学两校强强联合，不仅为我国培养了大量的优秀人才，更树立了新时期共和国高等教育扩大对外开放的榜样。站在新的历史起点上，希望双方以合作 40 周年为契机，以中德高级别人文交流对话机制为基础，继续携手深化合作，将多元融合激发的创新灵感，转化为两国教育发展和科技创新的磅礴力量；继承和发扬优良传统，将合作交流积攒的长久友谊，转化为两国人民友好、共同发展的永续动力。

在回顾分享的致辞环节，北京科技大学原校长杨天钧教授和亚琛工业大学原副校长考普教授带领在场师生走进历史的年轮，回顾往昔岁月，分别从两校早期科研合作、师生互访、文化交流等方面动情地回首了两校合作发展历程。他们精彩的分享赢得了现场阵阵掌声，也激励着在场师生带着两校合作的美好回忆，投身于合作交流事业的美好未来中。

米星辰表示，中德文化交流源远流长，从16世纪的来华传教士汤若望至今，中德文化交流硕果累累。改革开放是中德两国开展高等教育合作的一个契机，北科大与亚琛工大正是这个良好的开端与典范。四十年中国取得翻天覆地的发展，北科大和亚琛工大也取得日新月异的进步。她希望两校继续延续良好的合作关系，并代表德国驻华大使馆祝愿两校合作取得更丰硕的成果，也祝愿活动圆满成功。

科技部外专司副司长徐晧庆在致辞中表示，两校不仅在科研合作上取得成功，也培养了大量正在国际科技舞台上努力开创成果的国际性工业人才。他指出，在全球化的背景下，推进加深中德高校之间的合作势不可挡。多年来，北京科技大学－亚琛工业大学学术研讨会已成为中德高校间的重要交流平台，期望双方在师生交流交换、工业人才培养、全球智能发展等领域继续深入合作，共创辉煌。

随后，在全场400余师生的共同见证下，杨仁树校长和乌尔里希•鲁迪格校长代表两校签署了合作协议。参与助签的嘉宾分别是中方代表韦钰院士、武贵龙书记、徐晧庆副司长、王维才副校长、包燕平教授和冯强处长，德方代表考普教授、布雷克教授、森克教授、舒万伯格教授和芬斯特布什处长。签约环节结束后，两校校长代表学校互赠了纪念礼品。此外，杨仁树还向乌尔里希•鲁迪格赠送了记录两校合作发展历史的早期档案摘选集。

纪念会后，两校师生代表前往冶金楼前参加了友谊树栽种仪式。两校老、中、青三代教师代表在“钢魂”纪念石旁共同种下一株李树。这棵李树与身旁的桃树一起，象征着“桃李芬芳、教泽绵长”之意，更蕴含着期望两校情谊悠久绵长的祝福。

北京科技大学与德国亚琛工业大学于1979年正式建立合作关系，在我国高等教育的国际交流史册上写下了浓墨重彩的一笔。作为改革开放后中德两国最早开展高等教育校际合作的高校，40年来，两校在创建卓越大学之路上互惠互助，共进共赢，从教师互访到学生交流，从科研攻关到学术研讨，两校合作交流硕果累累。一大批学术科研骨干或在各自科研领域取得卓越成绩，或正担负着政府部门、高等教育和国家特大型企业管理者的重任。一大批科研技术合作取得重大进展，有效助推经济社会的发展和行业技术的革新。

截至2019年9月，已有近400名北科大学生赴亚琛工大深造，亚琛工大已派遣超过15批近200名亚琛工大学生来学校进行实习和文化交流。以与亚琛工大的合作交流为肇始，学校国际化发展之路愈行渐宽，目前已经形成全方位、多层次、宽领域、有重点的国际合作交流格局，与牛津、剑桥、橡树岭实验室等全球近200所知名高校、机构建立了合作关系，培养来华国际学生总数达到8000余人。

本次纪念会以“中国－德国高水平大学开启校际合作40周年”为主题，举办了包括纪念大会、学术研讨会、教育论坛在内的一系列活动。以此次活动为契机，北京科技大学将继续携手亚琛工业大学，进一步密切合作关系，拓展合作领域，丰富合作内容，不断开创两国教育合作新局面，共同谱写中德友谊新篇章。本次纪念活动的成功举办，不仅谱写了一段“不忘初心、科技强国”的壮丽篇章，更奏响了一曲“牢记使命、合作共赢”的雄浑赞歌，进一步激励广大师生校友继续投身于教育发展和科技创新的伟大事业中，在实现中华民族伟大复兴和构建人类命运共同体的伟大进程中接续奋进，为祖国70周年华诞献礼。

参加庆典活动的还有亚琛工业大学代表团其他成员，来自中国矿业大学、中国人民大学、中山大学、东南大学、北京理工大学、北京工业大学等兄弟院校教师代表，曾在亚琛工业大学学习深造的校友、新闻媒体朋友以及北京科技大学师生代表400余人。

北京科技大学 2019 年大事记

一月

1日　朱荣教授主持的“二氧化碳在炼钢的资源化应用技术”入选“2018年世界钢铁工业十大技术要闻”。

4日　召开学校二级党组织书记抓基层党建工作述职评议考核会。

7日　广州市人大常委会主任陈建华到学校顺德研究生院调研建设情况，佛山市委常委、顺德区委书记郭文海陪同调研。

8日　学校7项科研成果获得2018年度国家科学技术奖励，位居全国高校第八位，其中第一完成单位3项，位居全国高校第十三位。张跃教授主持完成的“一维氧化锌的界面调控及其应用基础研究”获国家自然科学二等奖；吕昭平教授主持完成的“块体非晶合金的结构与强韧化研究”获国家自然科学二等奖；张深根研究员主持完成的“复杂组分战略金属再生关键技术创新及产业化”获国家技术发明二等奖。张欣欣教授等人参与完成的“清洁高效炼焦技术与装备的开发及应用”获国家科学技术进步一等奖；谢振家老师参与完成的“基于M3组织调控的钢铁材料基础理论研究与高性能钢技术”获国家技术发明二等奖；刘国权教授参与完成的“超大型水电站用金属结构关键材料成套技术开发应用”获国家科学技术进步二等奖；段小丽教授参与完成的“区域环境污染人群暴露风险防控技术及其应用”获得国家科学技术进步二等奖。

11日　召开学校2018年度校领导考核暨干部选拔任用工作民主评议会，全体校领导、近期退出领导岗位的校领导、党委委员、纪委委员、中层干部及相关代表参加会议。

11日　举办北京科技大学2019届春季研究生毕业典礼暨学位授予仪式，授予205位研究生博士学位、1653位研究生硕士学位。

16日　举办2018年度表彰大会，对2018年度人才工作、教育教学工作、科研工作、党建和思想政治工作、机关管理服务工作等领域的先进集体和优秀个人进行表彰。

16～17日　举办第一届全国炼铁青年学者论坛。

1月　学校5项成果获2018年度高等学校科学研究优秀成果奖，其中一等奖1项、二等奖2项。

1月　钟日晨、胡斌、刘永畅、焦克新、李华芳等5名青年教师入选第四届“青年人才托举工程”（2018～2020年度），学校入选人数全国排名第5位。

二月

25日　校长杨仁树、副校长吕昭平会见英国埃塞克斯大学校长安东尼•福斯特一行。双方签署合作协议。

28日　召开2019年纪委（扩大）会议，传达十九届中央纪委三次全会、北京市纪委十二届四次全会精神，并部署2019年学校纪检工作。

2月　8个学科入围QS2019年世界大学学科排行榜，材料科学首次进入世界前100。

2月　刘新华、张立峰、罗海文、秦明礼、焦树强、贺威、尹升华等7名教师入选第四批国家“万人计划”科技创新领军人才，陈坤龙入选“万人计划”青年拔尖人才。

三月

5日　科技部副部长徐南平来校考察调研国家板带生产先进装备工程技术研究中心建设情况。

7日　召开2019年春季党委（扩大）会议，部署2019年学校工作，签订二级单位领导班子任期目标责任书。全体校领导、党委委员、各二级单位（党委）主要负责人参加会议。

9～16日　党委副书记、副校长薛庆国率团参加第148届美国矿业、金属和材料协会（The Minerals, Metals and Materials Society，TMS）会议，并访问伊利诺伊理工学院。

10日　十三届全国政协委员、旭日集团副董事长兼总经理、真维斯国际（香港）有限公司董事长杨勋来校，做题为“创业与守业”的报告。

15日　召开文化遗产保护产学研合作座谈会，中国文化遗产研究院院长、党委书记柴晓明来校出席。

17～24日　党委副书记权良柱率团访问英国德蒙福特大学、英国莱斯特大学、英国剑桥大学李约瑟研究所、挪威科技大学，与德蒙福特大学联合召开第五届孔子学院理事会会议，共庆孔子学院成立5周年。

19日　中国工程院院士、重庆大学国家镁合金材料工程技术研究中心主任、重庆市科学技术协会主席潘复生来校，做题为“镁合金材料及先进加工技术若干新进展”的报告。

21日　召开学校党委理论学习中心组专题会议，学习习近平总书记在学校思想政治理论课教师座谈会上的重要讲话精神。

22日　学校顺德研究生院正式启用。佛山市委副书记、市长朱伟，佛山市委常委、顺德区委书记郭文海，校长杨仁树、副校长臧勇出席启用仪式。

27日　与艾默生过程控制有限公司、艾默生仪表（北京）有限公司签署战略合作协议。

29日　召开2019年全面从严治党工作会议，传达习近平总书记在十九届中央纪委三次全会上的重要讲话、中纪委三次全会精神，北京市纪委十二届四次全会精神，学习教育部、北京市教育系统全面从严治党工作会议精神，部署2019年学校全面从严治党主要工作。全体校领导，党委委员、纪委委员，全体中层干部，民主党派和统战团体负责人，二级党组织纪检委员，学校党风廉政监督员及部分单位科级干部参加会议。

29日　召开第八届教职工代表大会第六次会议。

29日　国家材料服役安全科学中心（筹）入驻昌平创新园区。

29日　副校长吕昭平率团赴台湾朝阳科技大学参加该校25周年校庆典礼并出席该校2019年大学社会责任国际论坛。

3月　李晓刚教授获美国国际腐蚀工程师协会2019年最高学术奖W.R.Whitney奖。

四月

1～3日　在第十三届中国国际核电工业展览会上参展亮相，成为在京3所参展行业高校之一。

8日　校长杨仁树，副校长吴爱祥、何民庆会见中国恩菲工程技术有限公司党委书记、董事长、学校80级校友陆志方，党委副书记、总经理伍绍辉一行。

10日　与中国印刷博物馆签署战略合作协议。

10～11日　校长杨仁树、副校长何民庆一行赴海南矿业股份有限公司调研，双方签署战略合作协议。

17～21日　IFI-NAO机器人足球队在2019Robocup机器人世界杯中国赛中获得仿真3D组三等奖第一名和标准平台组二等奖。

20日　举行99届校友毕业20周年值年返校纪念活动。

21日　与中央电视台军事频道合作举办纪念五四运动100周年主题活动，录制《军营大舞台》“军歌进校园”节目。航天英雄杨利伟、著名军旅歌唱家阎维文等来校参加活动。

22日　党委常委会、校长办公会研究部署领导干部深入基层联系学生和矿冶学科本硕贯通人才培养改革工作。

25～27日　校长杨仁树、副校长臧勇一行赴甘肃省秦安县调研，推进脱贫攻坚帮扶工作。

26日　举办第58届学生运动会暨第41届教职工运动会。

27日　举行89届校友毕业30周年值年返校纪念活动。

30日　学校党委理论学习中心组全体成员集中收看纪念五四运动100周年大会直播并学习习近平总书记重要讲话精神，学校全体师生热切关注大会盛况。

五月

8～9日　副校长吕昭平赴复旦大学、上海交通大学、同济大学开展研究生教育、国际合作与交流、来华留学教育专题调研。

9日　安全科学与工程学科、人工智能科学与工程学科入选“北京高校高精尖学科”建设名单。

10日　与欧冶云商股份有限公司签署战略合作协议。

13日　中国工程院院士干勇做客“工程技术名家讲坛”第五讲，做题为“制造业强国新材料发展战略”的报告。

14日　副校长吕昭平会见多米尼加圣多明各自治大学荣誉校长罗伯托•桑塔纳（Roberto Santana）一行。

15日　亚洲文明对话大会在

北京开幕，学校遴选 200 名学生志愿者开展亚洲文化嘉年华活动服务保障工作。

16 ～ 19 日　学校在第 57 届首都高校田径运动会上获 1 枚金牌、3 枚银牌和 8 枚铜牌、甲组（高水平组）女子团体总分、男女团体总分第三名，并获评“体育道德风尚奖”和“突出贡献奖”。

18 日　举办“新时代党内监督的理论与实践创新”学术研讨会，来自清华大学、北京大学、中国人民大学等高校 60 余位专家学者参会。

19 日　教育部党组成员、副部长翁铁慧，教育部学位管理与研究生教育司司长洪大用来校调研“双一流”建设情况。

19 日　举办“贸易变局与中国经济发展：北科大 •2019• 经管年度论坛”活动。

21 日　党委副书记权良柱赴甘肃参加甘肃省深度贫困地区脱贫攻坚现场推进会，并深入秦安县西川镇调研精准扶贫及教育均衡化情况。

23 ～ 24 日　与中国钢铁工业协会在江苏张家港市组织召开 2019 年重点钢铁企业科技工作负责人座谈会暨北京科技大学－钢合组织第九届钢铁冶金新技术发展论坛，科技部、宝武集团、鞍钢等 40 家单位负责人参会，校长杨仁树、副校长吴爱祥参加论坛活动。

25 日　举办“具身语言——人工智能时代的语言科学”国际会议。

25 ～ 26 日　举办 2019 冶金工程未来发展国际会议。

29 日　中国电子信息产业集团有限公司党组副书记、总经理张冬辰来校，做题为“新时代、新国企、新青年”的报告。

31 日　召开党的政治建设座谈会，北京市副市长隋振江、市教委副巡视员葛巨众出席。

31 日　“蛟龙号”海试原总指挥，中国大洋协会主任、秘书长，矿机 79 级校友刘峰来校，做题为“中国正走向国际深海舞台的中央”的报告。

六月

6 日　清华大学马克思主义学院林泰教授来校做题为“中国共产党对社会思潮的引领”的报告。

10 日　校长杨仁树、副校长吕昭平会见乌克兰教育与科技部副部长罗曼 • 格列巴一行。

12 日　中国工程院院士、中国计量科学研究院首席研究员李天初来校，做题为“国际基本单位定义量子化和中国计量院的应对研究”的报告。

12 ～ 13 日　校长杨仁树参加 2019 国际产学研用合作会议（南昌），并在中乌大学校长论坛上做题为“深化合作内涵，实现互惠共赢”的报告。

17 日　副校长吕昭平会见美国加州州立大学长滩分校自然科学与数学学院副院长克里斯 • 斯洛文斯基 (Kris Slowinski) 一行。

20 日　举办第五届国际青年学者论坛。

21 日　刘焕明教授被增选为加拿大工程院院士。

21 日　举办 2019 届学生毕业典礼暨学位授予仪式，授予 212 位研究生博士学位、920 位研究生硕士学位、3296 位本科生学士学位。

26 日　共有 17 个学科进入软科 2019“世界一流学科排名”世界前 500，数量居国内高校第 34 位。

27 日　召开 2019 年本科教育教学工作会议。

29 日　焦树强教授获第十五届“中国青年科技奖”。

6 月　学校承担的“国家材料腐蚀与防护科学数据中心”正式成为 20 个国家科学数据中心之一。

七月

3 日　举行“中国材料名师讲坛”第 100 讲，北京航空航天大学校长、中国工程院院士徐惠彬来校，做题为“先进航空发动机与关键材料技术”的报告。

5 日　与广东广青金属科技有限公司、广东广青金属压延有限公司签署产学研合作协议。

5 日　中国工程院院士胡正寰做客“工程技术名家讲坛”第六讲，做题为“高效绿色轴类零件轧制技术——研究、开发与产业化”的报告。

5 ～ 8 日　副校长臧勇率团赴甘肃省秦安县开展“送教下乡”教师培训及定点帮扶工作调研。

8 日　与森特士兴集团股份有限公司签署战略合作协议。

12 日　与人力资源和社会保障部留学人员和专家服务中心联合开展“不忘初心、牢记使命，更好为高层次人才服务”党日活动，人力资源和社会保障部副部长、党组成员、全国博士后管理委员会主任汤涛来校参加活动。

14～19日　在中央党校举办“不忘初心、牢记使命”中层正职干部示范培训班。

16日　教育部党组成员、副部长钟登华、科学技术司副司长李楠、基础教育司副司长王岱来校调研科技创新工作。

16日　举办2019年青少年高校科学营全国开营式暨北京营开营仪式。

17～20日　学校学生王晓帅在第五届全国大学生物理实验竞赛中获得基础实验项目B组一等奖（排名第4），实现历史性突破。

19～20日　副校长臧勇率团考察北京科技大学烟台科技园、北科（烟台）新材料孵化器建设情况。

7月　副校长王维才率团出访德国、比利时，与德国亚琛工业大学、慕尼黑大学及比利时鲁汶大学开展校际交流，并拜访中国驻慕尼黑总领事馆。

八月

8～10日　学校学生在“首钢京唐杯”第十二届全国大学生节能减排社会实践与科技竞赛中获特等奖1项、一等奖1项、二等奖1项、三等奖8项，学校获优秀组织奖。

22日　山东能源集团副总经理张希诚一行来校访问。

23～26日　举办第10届中日固体废物处理与资源循环国际会议（CJJC 2019）在学校举办。

27日　学校学生在第十三届“西门子杯”中国智能制造挑战赛全国总决赛中获特等奖2项、一等奖1项、二等奖3项。

27～30日　举办第15届智能无人系统国际会议（ICIUS 2019）。

8月　尹升华教授团队“金属矿产资源绿色开采创新团队”入选2018年“创新人才推进计划重点领域创新团队”，实现了学校在重点领域创新团队零的突破。

8月　刘新华研究员、贺威教授、秦明礼研究员入选“中青年科技创新领军人才”。

8月　获评2019年度“全国创新创业典型经验高校”。

九月

1日、5日　分别召开“双一流”建设工作汇报会暨党委理论学习中心组专题学习（扩大）会、“双一流”建设中期自评专家评议会议。

2日　举行学校2019级本科新生开学典礼，招收3451名本科生。

6日　举行学校2019级研究生新生开学典礼，招收博士新生637名、硕士新生3246名、国际学生新生416名。

10日　召开2019年教师节庆祝暨表彰大会，首次为教职工颁发职业荣誉奖。

12日　召开“不忘初心、牢记使命”主题教育动员部署会，全面启动主题教育各项工作。

20日　北京大学马克思主义学院教授、博导，北京大学习近平新时代中国特色社会主义思想研究院常务副院长孙熙国来校做“不忘初心、牢记使命”主题教育辅导报告。

21日　举办中国－德国高水平大学校际合作40周年纪念会暨北京科技大学－亚琛工业大学学术研讨会。

22日　举办纪念于学馥先生百年诞辰岩石力学学术研讨会。

23日　马克思主义学院辅导员孙晓丹获“第十一届高校辅导员年度人物”。

24日　学校党委理论学习中心组成员前往中共中央北京香山革命纪念地开展“不忘初心、牢记使命”主题党日，教育部第一巡回指导组成员一同参加。

27日　中国社会科学院党组成员，当代中国研究所所长（副部长级）、党组书记、马克思主义研究院院长姜辉研究员来校做“不忘初心、牢记使命”主题教育辅导报告。

29日　举行“不忘初心、牢记使命”主题教育领导班子成员对照党章党规找差距专题会。

29日　学校新版英文网站（http://en.ustb.edu.cn）上线试运行。

9月　学校5类棋种队伍在第二十二届国际计算机奥林匹克锦标赛中获金牌两枚、银牌一枚、铜牌一枚。

十月

1日　庆祝中华人民共和国成立70周年大会在北京天安门广场隆重举行。当日晚，天安门广场举行庆祝中华人民共和国成立70周年联欢活动。学校1212名群众游行参与者、82名广场合唱参与者、400名广场联欢参与者、432名集结疏散和餐饮保障志愿者参加新中国成立70周年庆祝活动。

3 日 校友巩立姣在 2019 多哈田径世锦赛女子铅球决赛上以 19 米 55 的成绩夺得冠军，成功卫冕。

11 ～ 13 日 学校学生在中国大学生计算机博弈大赛暨第十三届中国计算机博弈锦标赛中获一等奖 6 项、二等奖 6 项，其中包括冠军 1 项、亚军 2 项、季军 3 项。.

15 日 举行与宝山钢铁股份有限公司签署全面合作框架协议并聘任毛新平院士全职来校工作。

15 日 邢奕教授、侯新梅教授获第九届中国金属学会冶金青年科技奖。

16 日 校长杨仁树，党委副书记、副校长薛庆国赴中国钢铁工业协会开展交流访问。

18 日 中央第十一巡回督导组组长，十九届中央委员，十三届全国政协经济委员会副主任宋秀岩率中央主题教育第十一巡回督导组来校调研主题教育开展情况。

18 日 校长杨仁树会见亚洲理工学院校长翁以登一行。

18 ～ 19 日 与德国斯图加特应用技术大学联合主办 2019 北京国际环境技术大会。

19 日 举办“流光甲子、共谱华章”自动化学院 60 年纪念大会。

22 日 万向元教授获第十三批“北京市有突出贡献的科学、技术、管理人才”荣誉称号。

23 日 与中国国家博物馆签署战略合作协议。

24 日 教育部党组书记、部长陈宝生来校调研指导工作。

29 日 校长杨仁树、副校长吴爱祥会见印尼西努沙登加拉省省长 Zulkieflimansyah Ungang Rante 一行。

10 月 王荣明教授入选“国家百千万人才工程”，并获评“有突出贡献中青年专家”荣誉称号。

10 月 贺威教授团队牵头完成的“智能无人系统的控制理论与方法”项目成果获第九届吴文俊人工智能自然科学奖一等奖。

10 月 获批“智能超算融合应用技术教育部工程研究中心”“天津材料环境腐蚀教育部野外科学观测研究站”“‘一带一路’东南亚环境材料腐蚀与防护教育部野外科学观测研究站”。

10 月 获批增设“工商管理”“马克思主义理论”2 个博士后科研流动站。

10 月 学校主办的 *International Journal of Minerals, Metallurgy and Materials* 连续四年累计第五次入选“中国最具国际影响力学术期刊”(Top 5)，《工程科学学报》第四次入选“中国国际影响力优秀学术期刊”(Top 10)。

10 月 副校长臧勇率团参加美洲国际教育年会（论坛及教育展）、第三届中墨大学校长论坛、中美大学校长研讨会，访问哥伦比亚、墨西哥和美国高校。

十一月

1 ～ 3 日 学校作品“高炉炼铁生产工艺流程虚拟仿真教学资源建设”“基于虚拟现实（VR）的热连轧机排故实训系统”获全国高校教师教学创新大赛 3D/VR/AR 数字化虚拟仿真主题赛项总决赛一等奖。

3 日 中国工程院院士、学校 64 级校友刘玠来校，做题为“走进冶金自动化世界”报告。

4 日 党委副书记、副校长薛庆国会见日本法政大学常务理事近藤清之一行。

6 日 与京东数字科技控股有限公司签署战略合作协议。

7 ～ 8 日 党委书记武贵龙，纪委书记戴井岗，学校校友、中国光华科技基金会党委副书记、秘书长石新明赴甘肃省秦安县开展定点扶贫调研及督促指导工作。

9 日 隆重举行第五届“魏寿昆科技教育奖”颁奖典礼，钢铁研究总院名誉院长、冶金部原副部长殷瑞钰院士，中国工程院何季麟院士，北京科技大学周国治院士、毛新平院士，中国检验检测创新联合体主席张晓刚，宝武集团技术业务专家、参事张丕军，鞍钢集团总工程师张大德，攀钢集团钢铁研究院有限公司副总经理胡鸿飞，首钢集团技术研究院院长朱国森，中南大学副校长郭学益，中南大学校长助理李劼，中南大学冶金与环境学院副院长王万林，魏寿昆院士之子、北京工业大学教授魏文宁出席典礼。中南大学教授、中国工程院院士刘业翔荣获“魏寿昆冶金奖”，攀钢集团钢铁研究院高级工程师邹明与北京科技大学教授、长江学者、杰出青年基金获得者张立峰荣获“魏寿昆冶金青年奖”。

12 日 与中国一重集团有限公司签署战略合作协议。

15 日 学校环境 / 生态学科进入 ESI 全球机构学科排名的前 1%。

15 日 党委书记武贵龙主持

召开党的十九届四中全会精神专题学习研讨会，学校党委理论学习中心组全体成员参加。

15日　全国政协常委、中国科协副主席、中国科学院院士袁亚湘来校，做题为“从瞎子爬山到优化方法”的报告。

15～17日　学校8支团队获第十三届iCAN国际创新创业大赛中国总决赛“中国赛区五强”、大赛特等奖1项，一等奖1项，二等奖2项，三等奖4项，获历史最佳成绩。杨健被评为“2019iCAN教育之星”，学校获“优秀组织单位奖”。

16日　国防大学战略教研部教授金一南少将来校讲授“形势与政策”课，做题为“新时代中美关系战略博弈及关系走向”的报告。

18日　与中国地质大学（北京）、中国黄金集团签署联合培养博士后协议，成立博士后科研工作站。

18日　学校6支队伍在2019年全国大学生数学建模竞赛中获一等奖1项，二等奖5项。

19日　举办第16届北京科技大学－北海道大学学术研讨会。

20日　校长杨仁树、副校长臧勇会见中国石油化工集团有限公司党组成员、副总经理刘中云，中石化新气管道公司副总经理罗东明等一行。

20日　举办第二届东亚创新推进论坛。

21日　与中国有色工程有限公司签署战略合作协议。

21日　昌平区委书记于长辉到学校昌平创新园区国家科学中心调研。

22日　材料科学与工程学院张跃教授当选中国科学院技术学部院士。

28日　与乌克兰国立技术大学签署校际合作协议。

11月　刘新华研究员获2019年度“国家杰出青年科学基金”资助。

11月　张少青副教授的 *Over 14% Efficiency in Polymer Solar Cells Enabled by a Chlorinated Polymer Donor*、贺威教授的 *Adaptive Fuzzy Neural Network Control for a Constrained Robot Using Impedance Learning* 入选2018年中国百篇最具影响国际学术论文，学校入选数并列全国高校第10位。

11月　学校马克思主义学院成功入选北京市首批重点建设马克思主义学院。

11月　在首届“全国高校思想政治理论课教学展示活动”中，马克思主义学院教师杨兴业在“马克思主义基本原理概论”课组获得一等奖，魏佳在“毛泽东思想和中国特色社会主义理论体系概论”课组获得一等奖，安静在“形势与政策”课组获得一等奖，穆阿妮在“中国近现代史纲要”课组获得二等奖。

十二月

3日　校长杨仁树、副校长吴爱祥会见鞍钢集团公司总工程师张大德一行。

5日　召开校级领导班子“不忘初心、牢记使命”专题民主生活会。

10日　与江苏永钢集团有限公司签署战略合作协议。

10日　姚琳、范慧俐等2名教师获“北京市高等学校教学名师奖”，李娜、石志国等2名教师获“北京市高等学校青年教学名师奖”。

12日　召开2019年本科生全程导师制工作研讨会。

15日　举行2019年学生表彰大会。

16日　召开“不忘初心、牢记使命”主题教育专题民主生活会情况和整改情况通报会。

20日　河钢集团塞尔维亚钢铁公司总经理、钢88级校友赵军来校，做题为“担当时代使命，在实现中国梦的伟大奋斗中成就人生精彩”的报告。

20日　安全1602班在2019年北京高校“我的班级我的家”优秀班集体创建评选活动中获北京高校“十佳示范班集体”。

20～21日　与 *Cell* 旗舰子刊 *Molecular Plant* 共同主办“生物技术与现代农业前沿论坛”。

22日　获2019年度高等学校科学研究优秀成果奖（科学技术）一等奖3项，在全国高校中排名第7。

22日　由北京科技大学、平谷区政府共同主办的北京中智生物农业国际研究院启动仪式在北京市平谷区农业科技创新示范区举行。北京市人民政府副秘书长陈蓓、北京市平谷区区委书记王成国等出席启动仪式。

12月　张跃院士团队项目“亚十纳米二维材料范德华异质结构与半导体器件”获2019年“国家自然科学基金重大项目”资助。

机构与干部

学校领导

党委书记　　武贵龙
校　　长　　杨仁树
党委副书记　　杨仁树　　权良柱　　戴井岗　　薛庆国
副 校 长　　王维才　　薛庆国　　吴爱祥　　何民庆　　臧　勇　　吕昭平
纪委书记　　戴井岗（兼）

中共北京科技大学第十一届委员会常务委员会委员名单

武贵龙　　杨仁树　　权良柱　　戴井岗　　薛庆国　　王维才　　吴爱祥　　何民庆　　臧　勇
吕昭平

中共北京科技大学第十一届委员会委员名单

（按姓氏笔画排序）

于成文　　马　飞　　王维才　　尹兆华　　尹怡欣　　权良柱　　吕昭平　　刘杰民　　孙景宏
杨仁树　　吴爱祥　　何　进　　何民庆　　宋　波　　张　颖　　张卫冬　　张欣欣　　武贵龙
罗维东　　金龙哲　　彭庆红　　臧　勇　　薛庆国　　戴井岗　　戴淑芬

中共北京科技大学第十一届纪律检查委员会组成人员名单

（按姓氏笔画排序）

书　　记　　戴井岗（兼）
副 书 记　　吴豪伟　　章东辉
委　　员　　刘　立　　杨　平　　吴豪伟　　张俊燕　　张敬源　　季淑娟　　赵　雨　　贾水库
　　　　　　曹光远　　章东辉　　韩　经　　戴井岗

北京科技大学第十六届工会委员会组成人员名单

（按姓氏笔画排序）

主　　席　戴井岗
常务副主席　贾水库
专职副主席　赵智杰（～ 2019.10）　张　娟　黄爱霞（2019.10 ～）
兼职副主席　刘明珠
委　　员　马永春　王小宁　艾　茹　朱宝善　刘　焱　刘雨芙　刘明珠　李　芊
张　娟　张百年　张武军　陈　旭　郈永红　罗明刚　段晓芳　耿倩男
贾水库　郭　强　黄爱霞　章东辉　景志红　曾　芳　戴井岗

共青团北京科技大学第二十三届委员会组成人员名单

（按姓氏笔画排序）

书　记　苏　栋
副书记　王　鹏（女）　闫奎铭　陈　凯　邵丽华（女）　于宝库　张朝磊　李晓彤（女）
常　委　于宝库　王　鹏（女）　闫奎铭　苏　栋　李晓彤（女）　张朝磊　陈　凯
邵丽华（女）

学校党群机构及负责人

序号	单位	正职	副职
1	党委办公室	郑安阳	赵　萌　郭志恒　张　毅　郝　媛（兼）
2	组织部	权良柱（兼）	黄武南（常务）　史立伟（兼）　肖晓玲 刘　伟（2019.09~）
3	党校	武贵龙（兼）	史立伟（常务）
4	宣传部	臧　勇（兼）	于成文（常务）　李　洁　邢华超
	教师工作部	于成文	赵立英　易红宏（兼）
5	统战部	王维才（兼）	张　颖（常务）　郝　媛
6	纪委办公室	吴豪伟	杜　伟
7	巡察工作办公室	吴豪伟（兼）	牛　珩
8	监督检查室	杜　伟（兼）	
9	学生工作部	盛佳伟	马　聪　景　鹏　陈大鹏　潘红涛 马永春（兼）　张晓媛（兼）
	武装部	盛佳伟	王小宁
10	保卫保密部	刘兴德	王文刚　王　晨　王占奎 田　斌（综合治理办公室副主任，~2019.11） 杨　建（综合治理办公室副主任，2019.11~）
11	土木与资源工程学院党委	纪洪广	金龙哲　耿倩男　邓　波
12	冶金与生态工程学院党委	张建良	张立峰（~2019.09）　张百年　王　斌
13	材料科学与工程学院党委	李　帅（~2019.01） 孙景宏（2019.01~2019.04） 吴春京（2019.04~）	王鲁宁　郎永红　王海波
14	机械工程学院党委	马　飞	景志红　李　鹏
15	能源与环境工程学院党委	董春阳	邢　奕（2019.12~）　耿　华　孔德雨
16	自动化学院党委	李　擎	陈　旭　程海雨
17	计算机与通信工程学院党委	蒋　韬	李　宁　杨　健（~2019.11）　田　斌（2019.11~）
18	数理学院党委	张俊燕	陈　骏　刘雨芙　刘冬阳
19	化学与生物工程学院党委	曾　芳	孟菲菲　苏　靖
20	东凌经济管理学院党委	武　森	闫相斌　温　雅　倪　宇
21	文法学院党委	魏增产	章东辉　张武军　杨　雄
22	马克思主义学院党总支	段晓芳	彭庆红　杨兴业
23	外国语学院党委	张秋曼	武冠雄　郭侃俊（~2019.01）　王英辉（2019.04~）
24	高等工程师学院党总支	张　甜	赵志毅　刘　娜
25	体育部直属党支部	张孔军	阎　姝（2019.11~）
26	新金属材料国家重点实验室党委	夏秀芹	林均品　王　佳
27	新材料技术研究院党委	吴春京（~2019.04） 李　芊（2019.04~）	曲选辉　李　芊（~2019.04）　高晓丹 蔡爱惠（2019.06~）
28	工程技术研究院党委	陈雨来	何安瑞　米振莉　梁治国
29	机关党委	耿小红	孟兆磊（兼，~2019.03）　张　毅（兼，2019.03~） 牛　珩（兼，2019.03~）

续表

序　号	单　位	正　职	副　职
30	离退休职工党委	乔　哲	刘淑红　段凤英　孙　铁
31	后勤党委	孟兆磊	张东平（兼）
32	科技产业集团党委	高　杰	陈兴禹（兼，2019.05~）
33	昌平创新园区党委	宗燕兵	张晓媛（2019.04~）
34	管庄校区党委	何　进	宁晓钧（2019.05~）　马永春
35	天津学院党委	丁煦生	叶振楠　牛　犁　白　亮（~2019.11）

学校行政机构及负责人

序　号	单　位	正　职	副　职
1	校长办公室	郑安阳	赵　萌　郭志恒　张　毅　郝　媛（兼）
2	监察室（~2019.12）	吴豪伟（兼）	杜　伟
3	学生工作处	盛佳伟	马　聪　景　鹏　陈大鹏　马永春（兼）　潘红涛 张晓媛（兼，2019.04~）
4	学生学习与发展指导中心	盛佳伟（兼）	景　鹏（兼）　宁晓钧（兼）
5	保卫保密处	刘兴德	王文刚　王　晨 田　斌（综合治理办公室副主任，~2019.11） 王占奎 杨　建（综合治理办公室副主任，2019.11~）
6	发展规划处［学术委员会办公室（秘书处）］	林　林	胡晓军　金剑苞
7	新校区建设办公室	郭景文（~2019.12） 林　林（兼，2019.12~）	
8	人事处	孙景宏	刘　伟　朱宝善　易红宏　郭艳琳
9	人才工作办公室	孙景宏（兼）	刘　伟（兼）　郭东旭（正科，~2019.04） 韩宁宁（正科，　2019.04~）
10	教务处	宋　波	罗　熊　宁晓钧　陈　建　张　甜（~2019.04） 赵鲁涛（2019.04~）
11	教师（教学）发展中心	薛庆国（兼）	宋　波
12	自然科学基础实验中心	袁文霞	张　涛
13	研究生院	刘杰民	韩　经（正处）　尚新生　姚志浩　马　聪（兼）
14	科学技术研究院	刘雪峰	李　林　唐晓龙　王文瑞　苗胜军　张晓锋 董　亮（兼）
15	沿海协同创新研究院	何新波	
16	平谷生物农业研究院	万向元（校聘）	
17	财务处	曹光远	陈雪松　管　耘　严冬梅
18	审计室	孙亚东	纪国东
19	资产管理处	金仁东	孟兆磊（~2019.04）　柯红岩　白　亮（2019.04~）
20	招标与采购管理中心（2019.04~）	金仁东（兼）	李　帅　孟祥国（兼）　仇安兵（兼）
21	招生就业处	尹兆华	孙长林　刘晓杰
22	创新创业中心	尹兆华（兼）	王丽红　闫奎铭（兼）　陈　建（兼）

续表

序号	单位	正职	副职
23	国际合作与交流处	冯　强	赵宝永（兼） 班晓娟 李　贝
24	国际学生中心	赵宝永	李宝铭
25	基建管理处	冯建明（~2019.09） 孟祥国（2019.10~）	武绍杰 孟祥国（~2019.10） 朱文亮 冯建明（正处级，2019.09~）
26	后勤管理处（后勤集团）	张文平	仇安兵 张东平 鲍　博 杨绮雯 丁煦生（~2019.04） 张同华（2019.04~）
27	信息化建设与管理办公室	杨德斌	钱大益 雷雪梅
28	离退休职工工作处	乔　哲	刘淑红 李霞飞
29	校友会、基金会办公室	吕朝伟	杨志国
30	扶贫工作办公室	吴豪伟（~2019.03） 沈　崴（2019.03~）	蒋灵斌（2019.04~）
31	人口和计划生育办公室	赵智杰（兼，~2019.07） 黄爱霞（2019.07~）	曹红丽（正科）
32	学校共青团研究中心	薛庆国（兼）	秦　涛（常务）
33	人文素质教育中心	薛庆国（兼）	王　鹂（常务，~2019.06） 章东辉（常务，2019.06~） 韩学周 潘红涛 陈　建

学校直属机构及负责人

序号	单位	正职	副职
1	北京科大资产经营有限公司（产业集团）	王会中	刘　临 陈兴禹
2	图书馆	王　瑜	罗明书 刘恩涛
3	校医院	李素君	张　英 刘明明
4	档案馆	杨　峰	纪　伟（正科，2019.04~）
5	期刊中心	季淑娟	蒋　伟（正科）
6	体育馆管理中心	邹华东	鞠　洋（正科）
7	基础教育管理中心	张　娜	宋玉梅（正科） 刘建玲（正科） 李广民（兼）
8	社区服务管理中心	褚　洪	殷官朝 谢　芳（正科）

教学科研单位及负责人

单位	院长	副院长
土木与资源工程学院	金龙哲	李长洪 宋卫东 尹升华 乔　兰 耿倩男 邓　波
冶金与生态工程学院	张立峰（~2019.09）	焦树强（主持工作，2019.12~） 王成彦 张新房 刘晓明 张百年 王　斌
材料科学与工程学院	王鲁宁	曹文斌 董文钧 李静媛 郎永红 王海波

续表

单　位	院　长	副 院 长
机械工程学院	乔　红（~2019.12） 马　飞（2019.12~）	李洪波　孙朝阳　郑莉芳　景志红　李　鹏
智能机器人创新研究院		
能源与环境工程学院	邢　奕（2019.12~）	邢　奕（主持工作，~2019.12）　夏德宏　冯妍卉 耿　华　孔德雨　段小丽（2019.03~）
自动化学院	张朝晖	彭开香　贺　威　李希胜　陈　旭　程海雨
计算机与通信工程学院	隆克平	王建萍　宁焕生　殷绪成　李　宁 杨　健（~2019.11）　田　斌（2019.11~）
数理学院	陈　骏	丁红胜　陈艳萍　刘雨芙　刘冬阳 陈章华（~2019.04）　刘　宇（2019.04~）
化学与生物工程学院	李正平	温永强　范慧俐　曹艳秋　孟菲菲　苏靖
精准医疗与健康研究院	张欣欣（兼） 张学记（执行）	万向元（常务）
东凌经济管理学院	闫相斌	范小华　黄晓霞　温　雅　倪　宇 谷　炜（2019.06~）
文法学院	章东辉	王雺霞　许　斌　张武军　杨　雄
马克思主义学院	彭庆红	刘丽敏　宋　伟　杨兴业　刘　冰（兼，2019.06~）
外国语学院	陈红薇	郭侃俊（~2019.01）　武冠雄　王　娜 王英辉（2019.04~）　范一亭（2019.10~）
高等工程师学院	赵志毅	吕庆功　贺东风　刘　娜
体育部	张孔军	罗明刚　窦海波　阎　姝
新金属材料国家重点实验室	林均品	吴　渊　王　辉　王　佳
钢铁冶金新技术国家重点实验室	郭占成	王春义　李　晶（~2019.06）　刘　青（~2019.06） 焦树强（2019.06~）　左海滨（2019.06~） 张延玲（2019.06~）
新材料技术研究院	曲选辉	张深根　董超芳　张志豪　高晓丹　孙建林（兼） 李　芊（~2019.04）　蔡爱惠（2019.06~）
工程技术研究院	何安瑞	米振莉　张勇军　梁治国
科技史与文化遗产研究院	潜　伟	章梅芳　陈坤龙　王祎炜
人工智能研究院	隆克平（校聘，~2019.12） 贺　威（2019.12~）	贺　威（常务，校聘，~2019.12） 曹建国（校聘，~2019.12） 马惠敏（校聘，~2019.12） 张海君（2019.12~）
一带一路发展研究院	张欣欣（兼）	罗　勇（执行院长）
钢铁共性技术协同创新中心	薛庆国（兼，~2019.10） 毛新平（校聘，2019.10~）	徐　科　孙彦辉
北京材料基因工程高精尖创新中心	谢建新	乔利杰　高旭辉　冯　强（兼）　曲选辉（兼） 王鲁宁（兼）
材料科学与工程学部	王鲁宁（兼）	曲选辉（兼）　林均品（兼）　孙建林
昌平创新园区管理委员会	张卫冬	王志强　王文刚（兼）　杨绮雯（兼）
国家材料服役安全科学中心	张卫冬（兼）	汪林兵（主持工作）　金　莹　陆永浩　蔡爱惠 彭笑艳（2019.07~）
管庄校区	何　进（~2019.05） 宁晓钧（2019.05~）	赵桂娟　马永春　张军凌　安　璐
融合创新研究院	杨仁树（兼，~2019.07） 臧　勇（兼，2019.07~）	王荣明　孙景宏（兼）　宁晓钧（兼，2019.05~）

续表

单　位	院　长	副　院　长
顺德研究生院	周贤伟（校聘，~2019.05） 张晓彤（校聘，2019.05~）	董　亮
天津学院	王　斌	叶振楠（学生处长） 牛　犁（人事处长） 白　亮（综合办公室主任，~2019.11）

学院（研究院）系、所、中心设置及负责人

学院	系、所、中心	正　职	副　职
土木与资源工程学院	资源工程系	金爱兵	李国清　赵怡晴　付建新　王贻明
	土木工程系	苗胜军（~2019.09） 李长洪（兼，2019.09~）	谭文辉（常务）　刘　洋　刘彩平 许　镇（2019.09~）　李　远（2019.09~）
	安全科学与工程系	张英华	黄国忠　黄志安　刘　建
	矿物加工工程系	孙春宝	傅平丰　李正要
	建筑环境与设备工程系	朱维耀	刘兰斌　吴延鹏　宋洪庆
	实验中心	宋卫东（兼）	张延凯　张　磊　徐承焱（2019.12~） 欧盛南（2019.12~）
	应用力学研究所	朱维耀	
冶金与生态工程学院	钢铁冶金系	张家泉	贺东风（~2019.03）　唐海燕　刘征建（2019.03~）
	物理化学系	闫柏军	于然波　杨占兵
	有色金属冶金系	刘凤琴	曹战民
	生态科学与工程系	李素芹	
	实验中心	王成彦（兼，）	何　涛（~2019.03）　韩丽辉（2019.03~）
材料科学与工程学院	材料学系	强文江	郭翠萍　郑　磊　叶荣昌
	材料加工与控制工程系	宋仁伯	李静媛（~2019.11）　石章智　陈树海　张　鸿
	无机非金属材料系	曹文斌（兼，~2019.10） 陈俊红（2019.10~）	陈俊红（~2019.10）　李　妍　赵海雷 鲁启鹏（2019.10~）
	材料物理与化学系	刘泉林	李立东　齐俊杰　庞晓露
	核能与新能源系统材料研究所	葛昌纯	燕青芝　周张健
机械工程学院	机械工学系	韩建友	陈　平　杨光辉
	机械电子工程系	冯　明	阳建宏　肖会芳
	机械装备及控制工程系	孙朝阳（~2019.11） 尹忠俊（2019.11~）	秦　勤　韩　天　陈　兵
	机械制造及自动化系	李　疆	黄明吉（~2019.11）　刘北英　王　津（2019.11~）
	物流工程系	贺可太	钮建伟　吴秀丽
	工业设计系	覃京燕	郑　阳　李　淳　王晓慧（2019.11~）
	车辆工程系	杨　珏	杨耀东　康翌婷
	零件轧制中心	胡正寰	王宝雨（常务）　刘晋平
	实验中心	范　云（~2019.11） 孙朝阳（兼，2019.11~）	孙　浩（常务，2019.11~）毕　佳　吕震光

续表

学院	系、所、中心	正　职	副　职
能源与环境工程学院	热科学与能源工程系	姜泽毅	童莉葛　尹少武　刘训良
	环境科学与工程系	李子富	宋　波　段小丽（~2019.05）　马鸿志（2019.05~） 陈辉伦（2019.05~）
	环境可持续排水技术研究中心	李子富	
	实验中心	俞爱辉	
自动化学院	控制科学与工程系	丁大伟	邵立珍　郭　金　袁　立　董　洁
	仪器科学与技术系	蓝金辉	侯庆文　肖文栋　赵小燕
	电工电子技术系	史雪飞	尤　佳　伍春洪
	智能科学与技术系		王粉花　刘冀伟
	自动控制研究所	陈先中	王丽君　杨　旭
	导航与控制研究所	贺　威（兼）	余　瑶
	教学实验中心	李希胜（兼）	鲁亿方　王尚君（~2019.04）　徐银梅（2019.04~） 崔家瑞（2019.04~）
计算机与通信工程学院	计算机科学与技术系	孙昌爱	朱　岩　李建江　何　杰
	通信工程系	阳小龙	马忠贵　王丽娜　张海君
	物联网与电子工程系	王志良（~2019.11） 马惠敏（2019.11~）	解　仑　石志国　皇甫伟
	信息基础科学系	姚　琳（~2019.11） 汪红兵（2019.11~）	万亚东　汪红兵（~2019.11）
	软件工程与网络空间安全研究所	孙昌爱（兼）	朱　岩（兼）
	教学实验中心	王建萍（兼）	郑　榕　于　泓　金　波　王　睿（~2019.11） 魏　星（2019.11~）
数理学院	应用数学系	刘　宇（~2019.06） 司新辉（2019.06~）	魏海瑞　朱　婧（~2019.03）　司新辉（~2019.06） 曹丽梅（2019.03~）　陈学慧（2019.06~）
	信息与计算科学系	张志刚	臧鸿雁　徐　岩　赵鲁涛（~2019.06） 李　娜（2019.06~）
	物理系	顾　强	倪晓东　孟凡研　万初斌（2019.07~）
	应用力学系	魏培君	肖久梅　陈学军（~2019.06）　刘冬欢（2019.06~）
	应用物理系	王凤平	王云良　宋玉军（~2019.04）　郑新和（~2019.06） 徐　美（2019.04~）　孙颖慧（2019.06~）
	现代物理技术研究中心	王荣明（兼）	宋玉军　于广华（兼）
	应用物理研究所	陈难先	申　江
	应用数学研究所	林　平	
	实验中心	吴　平	阴津华　张孝芳　刘秀芹
化学与生物工程学院	化学与化学工程系	陈飞武	车　平　李新学　孙长艳（2019.03~）
	生物科学与工程系	闫　海	魏　巍　罗　晖（~2019.03）　杜宏武（~2019.03） 刘　洋（2019.03~）　刘晓璐（2019.03~）
	生物与农业研究中心	万向元	安学丽（常务）　刘冬成　谢　科
	生物工程与传感技术研究中心	张学记	苏　磊　董海峰
东凌经济管理学院	管理科学与工程系	杨建华	葛泽慧
	工商管理系	张　剑	姚　卿
	经济贸易系	冯　梅	马建峰

续表

学院	系、所、中心	正　职	副　职
东凌经济管理学院	财务与会计系	肖　明	寇明婷
	金融工程系	王未卿	刘祥东（~2019.04）
	工程管理与技术经济系	马风才	王震勤
	实验信息中心	张俊光	
	管理科学与工程研究所	张　群	
	电子商务研究所	李铁克	
	企业与产业发展研究所	何维达	
	教育部工程研究中心	李铁克	
	期货证券研究中心	闫相斌（兼）	
	复杂系统故障预测和管理研究所（~2019.01）	闫相斌（兼）	
	大数据与系统科学研究所（2019.01~）	闫相斌（兼）	
	MBA 中心	李晓静	
	公共关系办公室	秦艺芳	
文法学院	公共管理系	吴群芳	马胜强　黄耀杰
	法律系	侯登华	张家盛　徐铭勋
	社会学系	时立荣	许　斌　郁建立
	艺术教育中心	张　健	
	MPA 教学管理中心	孙雍君	唐德龙
	实验中心	米　浩	
	法律硕士教育与管理中心	魏增产（兼）	崔俊贵
	专业学位办公室	王　伟	
	教育经济与管理研究所	曲绍卫	
	知识产权研究中心	徐家力	张武军（兼）
马克思主义学院	思想政治教育研究所	左　鹏	鲁春霞
	马克思主义原理研究所	马晓燕	
	马克思主义中国化研究所	张红霞	赵　静
	历史与文化研究所	张北根	
	科技与社会研究所	刘文霞（~2019.01） 潘建红（2019.01~）	
外国语学院	英语语言文学系	范一亭（~2019.11） 扬　子（2019.11~）	王　琰
	大学英语系	秦晓惠	赵秋荣　陈娟文 (2019.05~)　刘荣君（2019.06~）
	研究生英语系	何中清	
	日语语言文学系	王书玮	高西峰
	德语语言文学系		王绪梅
	外国语言文学研究所		
	培训中心	孙　浩	
	实验中心	张秋曼（兼）	陈光浦

续表

学院	系、所、中心	正　职	副　职
外国语学院	功能语言学研究中心		
	当代语言科学研究中心	张敬源（兼）	
	世界文学文化研究中心	陈红薇（兼）	
高等工程师学院	金工实习基地	王建武	邹　静　董焕波
	电子实习基地	周　珂	白艳茹
	虚拟仿真平台	吕庆功	秦　子
体育部	第一教研室	陈　孺	
	第二教研室	俁德群	
	体质健康测试中心	曹庆雷	
新材料技术研究院	腐蚀与防护中心	乔利杰	孟惠民　王德仁
	功能材料研究所	田建军	李成明
	先进制备与加工技术研究所	张志豪（兼，~2019.10） 刘新华（2019.10~）	
	粉末冶金研究所	郭志猛	林　涛　秦明礼
	实验测试中心	孙建林（兼）	熊小涛（常务，~2019.12） 薛润东（常务，2019.12~）　毛璟红 孟　晔（2019.12~）　黄　鹏　（2019.12~）
科技史与文化遗产研究院	科学技术与文明研究中心	权良柱（兼）	梅建军（常务）
工程技术研究院	国家板带生产先进装备工程技术研究中心	杨　荃	臧　勇（兼）　张清东（兼）　冯俊小（兼）　梁治国
	高效轧制国家工程中心	何安瑞（兼）	陈雨来（兼）　郭　强　米振莉（兼）　张勇军（兼）

土木与资源工程学院

【概况】 土木与资源工程学院下设5个系：资源工程系、土木工程系、矿物加工工程系、安全科学与工程系、建筑环境与设备工程系；1个实验中心；4个研究所：空间遥感与GIS应用研究所、矿井避险技术研究中心、尾矿膏体处置技术研究中心、应用力学研究所；1个省部级重点实验室：金属矿山高效开采与安全教育部重点实验室；1个北京市重点实验室：城市地下空间工程北京市重点实验室。

2019年，学院共招收本科生12个班332人（含外国留学生12人），其中土木大类187人（含外国留学生9人）、矿业工程86人（含外国留学生3人）、安全工程59人；招收学术型普通硕士研究生132人（含外国留学生7人），应用型专业学位硕士研究生162人，非全日制工程硕士9人，博士研究生52人（含外国留学生2人）。毕业本科生235人，深造率51.49%，综合就业率98.30%；毕业硕士研究生263人，毕业博士研究生53人，综合就业率100%。至年底，学院共有在校生2645人，其中本科生1161人（含外国留学生56人）、硕士研究生1058人（含外国留学生20人）、博士研究生426人（含外国留学生11人）。

（耿倩男、邓　波）

【师资队伍】 学院共有教职工176人，其中专任教师141人（教授45人、副教授53人、讲师43人）。有博士生导师52人，其中兼职博导9人。具有博士学位137人，占教师总数的97%。有中国工程院院士1人，国务院学位委员会学科评议组成员2人，“长江学者”1人，“长江学者青年学者”1人，“国家杰出青年科学基金”获得者2人，全国教学名师1人，全国模范教师1人，“新世纪百千万人才工程”国家级人选4人，中国青年科技奖获得者2人，全国优秀科技工作者2人；教育部“跨世纪优秀人才培养计划”入选者2人，教育部“新世纪优秀人才支持计划”入选者7人，教育部创新团队1个，北京市教学名师3人，北京市优秀教学团队1个，北京市优秀教师2人，北京市高等学校青年学科带头人2人，北京市优秀青年骨干教师4人；宝钢教育基金优秀教师4人。新进教学科研岗13人，其中教授1人、副教授2人、讲师3人、教师博士后7人；新进实验技术岗1人、辅导员1人。4人晋升教授，7人晋升副教授，3人晋升高级工程师。8名教师博士后通过出站考核，其中1人获校级优秀博士后称号。尹升华入选“万人计划”科技创新领军人才，张英华获宝钢教育基金优秀教师奖，许镇入选北京市科技新星，宋大钊获得北京市应急管理领域“青年学科带头人”称号，汪澍入选北京市科协青年人才托举工程，郝子棋获评校“十佳辅导员”。学院4个博士后流动站全年进站22人，出站23人，至2019年底，在站博士后共46人。

（金龙哲、耿倩男）

【人才培养】 本科生培养工作。①积极推进学院第二轮专业认证工作，矿物加工工程、土木工程专业顺利通过认证；采矿工程、安全工程、矿物加工工程入选国家级“双万计划”一流本科专业建设名单。②探索新形势下传统优势专业的新工科建设，扎实推进本科生导师制，实施矿业学科本硕贯通式培养，获校级教改首批重大项目1项、面上项目6项。③加强师资队伍建设，提高教师教育教学水平，成立土资学院教师发展中心，获得学校十一届青年教师教学基本功比赛一等奖1项、二等奖1项、三等奖2项。④开辟国际化学习通道，暑假学期邀请8名外国专家来校为本科生上课，安全专业的学生前往韩国参加为期1周的首尔大学暑期研修项目，采矿专业的学生前往芬兰参加为期1个月的智能采矿夏令营活动。⑤强化学院对学科竞赛与科技创新项目的管理，本科生获国家及省部级竞赛奖项131人次，科技创新SRTP项目覆盖率超过80%，通过率提高至90%以上；深入开展学风建设，本科生就业率为98.3%，深造率为51.49%，2名学生获评北京市优秀毕业论文。

研究生培养工作。①研究生教育与培养国际化水平显著提高。通过“创新人才培养”和“国家建设高水平大学公派研究生项目”积极推进研究生培养国际化水平，派出学生参加国际学术交流、短期出国访学、赴国外联合培养。招收外国留学研究生9名，国家公派研究生项目博士联合培养15人，研究生出国参加国际会议23人。②加强多渠道招生和就业宣传，推进矿业工程暑期学术夏令营，扩大对外影响力。邀请62家企业来院举办专场招聘会，研究生就业率列全校第一。2019年，学院多名教师先后赴山东、山西、河南、湖北、辽宁等多地进行招生宣传，通过现场咨询、集中宣讲等形式介绍学院的学科优势、特色专业及招生规模等，吸引大批优质生源报考学校；组织开展北京科技大学第二届矿业工程学术夏令营，吸引来自21所高校的46名学生报名，最终选拔32名营员参与为期4天的夏令营活动。通过宣传讲解、现场参观、主题报告、面试选拔等形式与营员进行全面交流，宣传学院办学特色的同时吸引优势生源报考学院。③完善制度体系，不断提高培养质量。持续推进研究生中期检查、学位论文盲评制度，研究生发表学术论文数量、质量显著提高，1人获校长奖章，2人获十佳学术之星提名奖，2个团队分获研究生科技服务与挂职锻炼标兵团队、优秀团队称号。1人获得研究生论文指导优秀奖。④研究生师资队伍建设。规范了新教师授课资格认定和项目导师制，通过新教师获得助课、授课资格，充实了学院师资队伍和研究生导师队伍。注重科学研究，鼓励教师参与课题研究。2019年，全院共承担了7项研究生教育发展基金项目，涉及课程建设、教材建设，总金额26万元。⑤组织各专业进行培养方案修订，完善课程体系。自2019级起，硕士研究生学制为3年，博士研究生学制为4年，针对学制变化，各专业培养方案做出了相应调整。同时，在教学内容、教学要求、课堂组织、教材建设方面，按照学术型研究生与应用型研究生不同的培养目标和培养计划，各专业开展了一系列教学研究和配套改革。

（尹升华、李长洪）

【学科建设】 学院学科总体情况如下：5个一级学科（包含13个二级学科）：矿业工程（采矿工程、矿物加工工程）、安全科学与工程、土木工程（岩土工程、结构工程、桥梁与隧道工程、市政工程、供热供燃气通风及空调工程、防灾减灾工程及防护工程）、力学（工程力学、流体力学）、地质学（矿物学岩石学矿床学、地球化学）；其中1个一流学科（矿业工程）、3个国家重点学科（采矿工程、矿物加工工程、安全科学与工程）、2个北京市重点学科（工程力学、岩土工程）。5个本科专业：采矿工程、土木工程、安全工程、矿物加工工程、建筑环境与能源应用工程。5个一级学科硕士点（包含13个二级学科硕士点）：矿业工程（采矿工程、矿物加工工程）、安全科学与工程、土木工程（岩土工程、结构工程、桥梁与隧道工程、市政工程、供热供燃气通风及空调工程、防灾减灾工程及防护工程）、力学（工程力学、流体力学）、地质学（矿物学岩石学矿床学、地球化学）。2个工程硕士领域：土木水利、资源与环境。4个一级学科博士点（包含11个二级学科博士点）：矿业工程（采矿工程、矿物加工工程）、安全科学与工程、土木工程（岩土工程、结构工程、桥梁与隧道工程、市政工程、供热供燃气通风及空调工程、防灾减灾工程及防护工程）、力学（工程力学、流体力学）。4个博士后流动站：矿业工程、力学、安全科学与工程、土木工程。

以“双一流”建设为统领，围绕学院“十三五”规划，全面开展“在深部岩体力学等方向达到世界领先水平，使矿业工程学科进入世界一流行列，同时带动安全科学与工程、土木工程学科进入国内同领域前列”的学科建设。7月召开“深部矿产资源开发与安全”“双一流”学科建设中期自评估工作会，建设成果得到专家组一致好评，学科建设总体进度正常进行。11月完成“双一流”动态监测指标的收集和填报工作。12月“矿业工程”学科获批国家留学基金委“2020年创新型人才国际合作培养项目”。承担建设深部岩体原位力学行为研究平台建设，建成了以岩石超动态应变场监测与三维图像分析系统为代表的实验平台。安全科学与工程北京市“高精尖”学科建设项目第一批建设经费落实并开始实施建设，申报“教育现代化推进工程”建设项目，成功举办纪念于学馥先生诞辰一百周年学术研讨会。

（乔 兰）

【科研服务】 科学研究方面。①科研经费到款突破1亿，科研项目持续增加。科研经费到款10567万元，其中纵向经费4422万元，横向经费6145万元。新增科研合同217项，合同金额11612万元，其中纵向项目45项，项目经费1997万元，横向合同172项，项目经费9615万元。②注重基础研究，积极组织各类项目申报。申请国家自然基金88项，获批20项，经费总额1313万元。其中重点项目2项，面上项目9项，青年科学基金项目6项。获批国家重点研发计划重点专项2项，获博士后科学基金面上资助6项。③加强科研队伍建设，人才培养取得成效。入选“万人计划”科技创新领军人才1人，入选北京市科技新星计划1人，获批北京市优秀人才培养资助青年拔尖个人项目1项。④加大科研奖励力度，科研成果数量和质量大幅提高。学院获科技奖励28项，较去年获奖数量翻一番。其中省部级科学技术特等奖1项，一等奖11项，二等奖9项，三等奖5项。高等学校科学研究优秀成果奖一等奖1项、二等奖1项，北京市发明专利奖一等奖1项。授权发明专利32项，实用新型22项，软件著作权26项。发表SCIE论文130篇，EI论文130篇。

实验室管理方面。结合“不忘初心，牢记使命”主题教育活动，实验中心成立了领导班子，开展了实验教学督导及整改工作。制定了实验仪器设备开放共享及使用收费管理办法，积极推进学院实验仪器设备开放与共享。配合各专业完成了教育部工程教育认证工作，配合完成了“一流学科”引导专项建设项目（480万元），完成了2019年度改善基本办学条件建设项目（312万元）。2019年度全年全院实验室无安全运行事故。

（宋卫东）

【交流与合作】 ①学生交流情况：76名学生赴国（境）外参加学术交流，其中本科生35人，博士研究生33人，硕士研究生8人。国家建设高水平大学公派研究生项目博士联合培养15人，研究生出国参加国际会议23人，矿业本科生赴芬兰参加为期四周的“智能采矿”暑期矿山实习12人，安全专业本科生赴韩国参加首尔大学暑期研修项目13人，大一本科生赴日本参加北京科技大学－日本东北大学大学生创新国际交流项目4人。②教师交流情况：49人次教师短期因公出国交流（其中30人次参加国际学术会议），6名青年教师通过国家公派访问学者项目出国（境）留学，占学院教师比例32%。矿业学科具有较强的国际影响力，李仲学教授等7人次在国际学术机构任职，谭卓英教授等8人次担任国际学术期刊编委，国际岩石力学学会、国际矿山科学与工程委员会、亚洲太平洋国际流体包体学会挂靠学院。③国际合作项目情况：2019年积极申报高等学校学科创新引智计划（111引智基地）“深地资源智能化开采”（负责人：尹升华），已进行答辩。申请外国文教专家引智项目5项，获批1项，金额13万。吴爱祥、宋洪庆、孙春宝三位教授新签订国际合作项目3项，合同金额达689万元。李佳洁，张思齐、常自勇三名教师博士后获得“博士后国际交流计划”引进项目资助，连续两年共计180万元。④主办国际会议情况：举办一带一路安全与防灾国际学术论坛2019、2019北京科技大学&MTS岩石力学研讨会、第四届中国膏体充填采矿国际学术研讨会、第五届城市防灾减灾国际学术研讨会等4个国际会议。⑤外国大学来访交流情况：邀请外国专家学者来学院交流讲学64人次。继续欢迎各方来访交流，积极参与学校组织的交流接待活动，致力于开展学生“2+2”“3+1+1”“国际夏令营”“短期实习”等项目的交流合作，分别接待了美国北达科他州立大学、捷克共和国奥斯特拉法科技大学、蒙古国科技大学、新南威尔士大学矿业本科生、德国波鸿应用科技大学校长一行的来访交流。

（金龙哲、耿倩男）

【党建与学生工作】 基层党组织建设方面。①深入学习贯彻习近平新时代中国特色社会主义思想和党的十九大精神，围绕庆祝新中国成立70周年以及“不忘初心、牢记使命”主题教育，开展形式多样、内容丰富的学习实践活动。选派258名学生参加服务保障国庆70周年庆祝活动，并组建青年宣讲团。②以学生党建公众号“北科土资先锋”为窗口开展党建课堂，展示支部风采，坚守思想阵地，强化思想引领。③积极推进“三全育人”工作有序开展和“两学一做”学习教育常态化、制度化，加强“三型”党支部建设，开展“双带头人”培育工程。研究制定学院党委理论学习中心组及教职工理论学习计划，严格保证每周四下午理论学习时间，所有党支部开展支部书记讲党课活动，落实党支书述职和学生党员述责测评工作，以支部推荐、学院答辩的形式评选学生党员履责模范，树立先进典型。举办第320期入党积极分子业余党校，组织党支书和党员培训共10期。④2019年，学院发展学生党员120名，截至2019年底，学院党委共有党员833人，其中学生党员594人，教工党员133人，组织关系滞留学生党员106人。⑤学院党支部开展基层党组织活动立项的参加率和完成率均达到100%，学院党委获优秀组织奖。⑥28个学生党支部完成“红色1+1”共建，支部参加率达90%，土硕1802党支部获北京高校“红色1+1”示范活动三等奖，土本土木一支部、土硕1803党支部获评北京市优秀奖。

学生工作方面。①合力推进学风建设。建立完善“学辅小屋”工作机制，紧抓学业辅导队伍，打造“普式化”学业辅导模式。协同本科生全程导师、大小班主任、辅导员持续深化专业认知教育。打造“追寻榜样的足迹”宣讲会、“五四薪火，激扬百年”青年知识竞赛、金牌讲师评选、最美笔记等学院特色品牌活动。组织学术论坛、“博学汇”博士生沙龙，举办于学馥和童光煦先生百年诞辰纪念活动和系列学术活动，近5000人次参与。2人获研究生“十佳学术之星”提名奖，研究生学术三分钟演讲比赛中获1个金奖、2个银奖。②深化组织育人功能。成立青年教师团工委及青年教师领航工作站。在第一届“诚信建设万里行”主题演讲比赛中，1人获校级一等奖并推荐参加北京市比赛。2人获北京市三好学生，1人获“校长奖章”，1人获“87级校友基金优秀学生干部”。安全1602团支部获评“全国钢铁行业五四红旗团支部”；安全1602班获评北京市“我的班级我的家”十佳示范班集体，系首个学院班级获此殊荣；2个本科生班级和2个研究生集体获评校级标兵集体；1个党支部获评标兵学生党支部。③发挥实践育人作用。暑期社会实践组团数全校第一，5个团队获得金奖；寒假社会实践2019级本科生全员参加，队伍数全校第一；1个团队获研究生科技服务标兵团队。建立挂牌志愿服务基地3个，组建志愿服务队5支，招募志愿者983名，提供工时超过6000个；开展“志愿周报”系列推送，加大对志愿活动的宣传。打造特色校园文化，激发学生创新思维。举办纪念一二•九混合接力跑、毕业生晚会、研究生合唱文化节、团学感恩庆典、师生综合运动会等活动，学院足球队荣获学校三好杯足球赛和新生杯足球赛冠军，十佳歌手2人，十佳主持人2人。承办2019年全国青少年科学营北科大分营活动；与多学院共同举办“梦想挑战青春，激情创想未来”挑战杯竞赛国奖经验分享会；与北京建工土木公司合办建筑结构挑战赛，探索校企合作协同育人新模式。96人次获国家级学科竞赛奖项，35人次获省部级奖项。④稳步推进就业工作。稳定总量、改善结构、提升质量，抓好重点群体就业工作。与多家企业签订战略合作框架协议，邀请62家企业进驻学院双选会。本科生就业率较2018届提升2.5个百分点，研究生就业率达100%，本研就业率均列全校第一，学院荣获2019年度总就业率优胜奖。年内，学院获“学业辅导”“学生基层组织建设”“研究生科技服务与挂职锻炼”三项学生工作校级专项奖，郝子棋获得“十佳辅导员”称号。

宣传工作方面。加强网络阵地建设，提升宣传工作的实效性。微信公众号“土资风云”“北科土资研会”和“北科土资先锋”切实发挥引领作用，提高信息资讯传播效率，阅读量逐年提升，在校级新媒体平台评选中一直名列前茅。学院英文网站正式上线运行，助力双一流建设。

（纪洪广、邓　波）

冶金与生态工程学院

【概况】 冶金与生态工程学院下设4个系：钢铁冶金系、物理化学系、有色金属冶金系、生态科学与工程系；2个省部级实验平台：冶金工程实验教学示范中心、稀贵金属绿色回收与提取北京市重点实验室；1个实验技术中心：冶金实验技术中心。

2019年，学院共招收学生335人，本科生4个班108人；学术型普通硕士研究生75人，应用型专业学位硕士研究生91人，非全日制工程硕士4人，博士研究生57人。毕业本科生146人，深造率65.75%，综合就业率90.41%；毕业全日制硕士研究生107人，非全日制工程硕士研究生1人，博士研究生57人，综合就业率99.17%。截至2019年底，学院共有在校生1211人，其中本科生482人，硕士研究生424人，博士研究生305人。

（张建良、张百年、王　斌）

【师资队伍】 学院拥有一支学风严谨、崇尚实践、师德高尚、业务精良的师资队伍。共有教职员工114人，其中专任教师89人。有博士生导师41人，其中兼职博导7人。具有博士学位85人，占教师总数的95.50%。实验中心14人，党务行政人员9人。有中国科学院院士1人，国务院学位委员会学科评议组成员1人，国家级突出贡献专家2人，“国家五一劳动奖章”获得者1人，省部级突出贡献专家2人，“长江学者奖励计划”特聘教授2人，国家杰出青年科学基金获得者2人，国家“百千万人才工程”入选者2人，万人计划科技领军人才1人；北京市教学名师3人，教育部新世纪优秀人才13人，北京市科技新星2人，冶金青年科技奖获得者3人；宝钢教育基金优秀教师特等奖1人、优秀奖3人，魏寿昆科技教育奖获得者1人，中国科协托举计划4人，“博新”计划2人。

（张百年）

【人才培养】 研究生培养方面。2018年共招收博士研究生56人（含联合培养9人）、全日制硕士研究生154人；共授予博士学位76人次、全日制硕士学位207人次、工程硕士学位116人次，同等学力学位1人次，其中8人获校级优秀博士论文奖、15人获校级优秀硕士论文奖；硕士、博士学位论文查重、盲审全部合格。学院与承钢、宣钢、青钢、天津钢厂、韶钢等企业合作培养工程硕士研究生。为提高研究生优质生源比例，加大研究生招生宣传，开展暑期夏令营活动，来自全国17所院校的55名营员参加了本次学术夏令营活动，其中9人次保研，接收推免硕士研究生25人次。以科研到账经费以及SCI/EI论文为主要测算依据的研究生招生计划动态调整指标体系分配博导、硕导研究生招生指标。博士生招生改革推行博士申考制。加强国际化培养与交流，研究生参加国际会议7人、博士生短期访学4名、1位外国专家来学院短期讲学，公派留学生6人。修订2018版研究生培养方案。

本科生培养方面。学院共开设133个讲台，其中教授开设70个，副教授开设33个，共占总讲台数的77.4%，所有教授均为本科生上课。开设全英文课6门（冶金传输原理、冶金物理化学、钢铁冶金学Ⅰ、钢铁冶金学Ⅱ、纯净钢冶炼、有色生物冶金），制定了学院《关于加强全英文课程建设的办法》，邀请国外教授讲授1门。大力推进“本科生导师制”，覆盖了从大一至大三的所有本科生，并制定了《冶金与生态工程学院本科生导师考核办法（试行）》。立项32组本科生科技创新项目，其中国家级4组、市级6组、校级22组。组建冶金工程专业6个实习队，分赴柳钢、中天钢铁、唐钢、安钢、三门峡中原黄金、东营方圆开展生产实习。出台了《关于鼓励师生参与本科招生宣传活动的办法（试行）》《关于鼓励师生参与大学生学科或科技竞赛的办法（试行）》等院发文件，从招生和培养等方面鼓励老师投入本科教育教学，提高人才培养的质量。组织申报并成功获批冶金工程“国家级一流本科专业建设”。为适应“新工科”改革，顺利完成《2019版教学大纲及培养方案》修订，制定了《2017级冶金工程专业本硕贯通人才培养方案》，有37名2017级本科生进入“本硕贯通班”。出版了3本教材，申报并立项了6项校级规划教材（讲义）项目，其中全英文教材一门。1人获“北京科技大学青年教学骨干人才”，评选“寿昆教学名师”1名。成立了冶金与生态工程学院教师发展中心。

（张新房、刘晓明）

【学科建设】 学科设1个本科专业：冶金工程；1个普通硕士学科点：冶金工程；1个工程硕士授权领域：冶金工程；1个一级学科博士点：冶金工程；1个博士后流动站：冶金工程。在全国第四轮学科评估中，冶金工程学科获得A+。开展冶金工程学科学术学位授权点以及专业学位授权点自评估以及国际评估。制定冶金工程“一流学科”建设方案以及项目实施方案，并就一流学科建设进行工作汇报，推动“十三五”建设方案落实。

（张新房）

【科学研究】 学院年度到款科研经费总额7285万元，其中纵向经费3413万元，横向经费3872万元；新增科研项目206项，合同金额11290万元，其中纵向项目60项，项目经费4443万元，横向合同146项，合同金额6847万元。新增纵向科研项目包括国家自然科学基金15项，总金额937万元（重点项目1项面上项目8项、青年科学基金项目6项）；参与国家重点研发计划（重点专项）项目7项、万人计划2项、省部级各类科研项目18项。学院获国家科技进步二等奖1项，省部级科技奖5项，其中一等奖2项、二等奖1项、三等奖2项。学院申请专利95项（发明专利75项、实用新型9项、软件著作权11项），授权专利50项（发明专利41项、实用新型9项）。学院出版专著5部。发表SCI、EI论文共452篇，其中SCIE论文402篇、EI论文50篇（不含SCI、EI同时检索部分）。

（王成彦、张　霞）

【实验室管理】 在教学方面，按教学计划完成了冶金工程专业本科实验课教学内容，保证实验开出率100%；同时完成了本学院本科生和研究生的安全教学课内容；完成了2019年改善基本办学条件项目，改善了实验教学环境和实验教学仪器设备。修订了《冶金工程实验技术》和《冶金工程虚拟仿真实验》两门实验课的教学大纲，并完成了2020年改善基本办学条件项目的申报工作。在实验室安全方面，加强实验室安全防控建设，2019年中心完成了安装实验室新风系统、完善安全监控系统及整理各实验室安全管理技术资料等工作，确保了安全事故零发生，并有1人获得学校“安全管理先进个人”，1个实验室获得学校“安全管理先进实验室”。在分析检测服务方面，不断提高分析检测水平和设备共享管理水平，稳步提高了科研服务工作量及社会服务比例，同时严格遵守学校关于仪器设备开放共享方面的各项规定，2019年中心获得国家标准1项、实用新型专利授权1项，以及1台设备进行了CMA及CNAS实验室认证。在资产管理方面，完成资产清查收尾工作，所有设备实现了责任到人的互联网管理模式。在学科建设方面，进一步加强冶金工程“双一流”学科建设及国家级实验教学示范中心建设，按计划完成了大型设备论证、招标、采购等相关工作。2019年完成了500万以上大型设备“高精度微焦点X射线三维检测系统（简称工业CT机）”的安装调试工作以及“电子探针微区分析仪”的采购工作。

（王成彦、韩丽辉）

【交流与合作】 全院42%的教师具有留学经历，51%的教师具有境外进修的经历，有28人次在国际组织、国际刊物任职；2019年学院教师16人赴境外参加学术会议，19人赴境外讲学，6人赴境外合作研究，出境教师共占全院教师的47%。学院共有19名本科生赴外交流，占2019年新入学本科生比例16%，39名硕士博士研究生赴外交流，占新入学研究生比例18%。中外联合发表论文43篇，邀请国外学者举办学术讲座21场。新增1个北京市国际科技合作基地：先进制造用品质钢铁材料开发与智能制造。学院作为主办单位，于5月25日至5月26日在北京举行成功召开了首届“冶金工程未来发展国际会议”。制定了《关于加强冶金与生态工程学院国际化建设的办法》，对国际化建设工作在岗位聘任中予以认定。完善了冶金与生态工程学院英文网站，制作完成了学院英文宣传彩页和学院英文PPT介绍。学院2019“鼎新北科”国际化平台建设工作获评优秀。

（张新房、詹　纯）

【党建与学生工作】 基层党组织建设方面：学院党委严格规范党员培养程序，组织3次全院党支书培训、1次党支部书记述职，举办2期学生业余党校，参加培训学员人数283人，培养入党积极分子200人左右。发展学生党员74人，至年底，学院共有党员716人，其中教职工党员127人、学生党员589人。共有党支部51个，其中教职工党支部8个、梯队党支部5个、学生党支部38个。大力开展“不忘初心，牢记使命”主题教育，处级干部与党支部书记带头讲党课，每位党员原原本本通读相关书目，领悟党的初心使命，增强党员意识，坚定共产主义理想信念。科技史硕士党支部获评2019年北京科技大学标杆学生党支部，冶本17党支部获评优秀党支部。在红色“1+1”示范活动评选中，冶本17党支部、科技史博士党支部获得北京市三等奖。在基层党组织活动立项中，钢冶系党支部、炼铁新技术科研梯队第一党支部获得校“优秀基层党组织活动”二等奖，冶硕1805党支部获得三等奖。

学生工作方面：增强思想引领效果，通过主题班会、报告会等形式，将社会主义核心价值观体现到学生日常的学习生活中。指导班级和团支部探索活动新形式，培养学生树立钢铁强国梦，开展主题班团日144场。187名师生参与国庆服务保障工作，其中，群众游行90人、国庆联欢59人、合唱2人、志愿服务36人，学院发现并推荐一名典型——16级本科生姚永豪，接受中央电视台等多家媒体采访。加强学风建设，学院学生学习与发展指导中心开展学业辅导活动40余场，各班级定期开展学风座谈会，学院整体挂科率稳中有降。1人获得全国大学生数学竞赛一等奖，1人获得二等奖，2人获得全国大学生英语竞赛一等奖，2人获得二等奖，2人获得三等奖，1人获北京市大学生物理竞赛二等奖。举办第十二届钢铁模拟冶炼大赛、研究生学术论坛系列活动，开展学术三分钟、贝壳学术汇等活动增强学术交流，1人获评校级十佳学术之星，1人获得校学术三分钟演讲比赛金奖。学院共有286名本科生与研究生获优秀三好学生、三好学生、优秀学生干部、优秀团干部等各类校级荣誉称号，2人获北京市三好学生，1人获北京市优秀学生干部。集体荣誉评优中，获评北京市先进班集体1个，校级班级先进班集体、优秀团支部标兵2个，校级先进班集体、优秀团支部3个，校级研究生标兵集体1个、优秀研究生集体1个。本年度学院被认定为家庭经济困难的学生共142人，累计发放助学金46.6万元，其中国家助学金45.1万元，社会资助类助学金1.5万元，继续实现助学金对贫困生100%全覆盖。设立勤工助学固定岗位35个，每月累计发放勤工助学岗位补贴11700元。搭建社会实践基地平台，推动辽宁省丹东市杨林村、山西省吕梁市庞家庄村社会实践基地建设，共组织暑期社会实践队伍7支，产生金奖团队1支，银奖团队1支，铜奖团队2支。推进精品志愿服务项目建设，依托4支志愿服务队，开展6个长期项目，累积组织744人次开展志愿服务，发放工时2030个，平均每名本科生参与1.5次，获得7个工时。获评校十佳志愿者3人、百优志愿者7人。举办第十二届钢铁摇篮文化节、第三届冶金青年熔炼计划、第二十四届学院运动会暨冶金嘉年华、第十九届“振冶杯”篮球赛、第七届宿舍文化节、“馥郁满井，倚梦前行”2019届毕业晚会等品牌活动。获得校“三好杯”男篮比赛四强，新生运动会乙组男子团体第五名。组织学生参加“互联网+”等各类学术科技竞赛，30余位同学在各类校级以上竞赛中获奖。学院获2019年度北京科技大学学生党建、日常思想政治教育、学生基层组织建设专项奖。学院团委获2019年度共青团志愿服务专项奖，院学生会获评先进院学生会奖。

（张建良、王　斌、张百年、陈怡凌）

材料科学与工程学院

【概况】 材料科学与工程学院下设4个系：材料物理与化学系、材料学系、材料加工与控制工程系、无机非金属材料系；1个研究所：核能与新能源系统材料研究所。2019年，学院共招收学生740人。招收本科生14个班361人，其中材料科学与工程335人、材料科学与工程（国际班）26人；招收研究生421人，其中学术型普通硕士研究生155人、应用型专业学位硕士研究生169人、博士研究生97人。

学院2019届毕业生共有722人，其中本科生406人，就业率92.12%；研究生共毕业316人，就业率99.05%。至年底，学院共有在校生3057人，其中本科生60个班1657人（含外国留学生2人）、硕士生933人、博士生527人（含外国留学生11人）。

（吴春京、王鲁宁）

【师资队伍】 学院现有教师166人（教授74人，副教授49人，讲师33人，师资博士后10人），兼职教授10人。具有博士学位154人（占99%）；45岁以下83人，100%具有博士学位；学缘结构方面，本校毕业65人，国内外校91人，国外高校40人。有中国科学院院士2人、中国工程院院士2人（含双聘1人）、“长江学者”2人、“国家自然科学基金杰出青年基金”获得者3人、国家“973”项目首席科学家1人、国家级教学名师1人、“国家自然科学基金优秀青年基金”3人。年内，张跃教授当选中国科学院院士，庞晓露教授入选“国家自然科学基金优秀青年基金获得者”，陈吉堃副教授获评北京市科技新星，博士后郭涛入选2019年度博士后创新人才支持计划；博士后郭涛和陈凯旋分别获得中国博士后基金面上资助一、二等级奖，司浩楠获2019年校优秀博士后；在北京高校第十一届青年教师教学基本功大赛中，石章智老师获工科类A组一等奖，张铮老师获工科类A组三等奖；在北京科技大学第十一届青年教师教学基本功比赛中，石章智、张铮获工科组一等奖，张虎、郑新奇获工科组二等奖，顾新福、陈树海获工科组三等奖；赵海雷、强文江、余永宁三位教授获评“我爱我师——我心目中最优秀的老师”；李静媛教授获得“第六届研师亦友——我最喜爱的导师”称号；李娟、臧佳获评校十佳辅导员；谢锡善、韩静涛教授获得2018年“感动北科”新闻人物。

根据学院师资结构、学科发展的切实需要，通过学院“遴选委员会”，以严谨求实的态度，为学院人才引进工作建立组织依托。加大高层次人才引进和宣传力度，引进三层次人才5人；年内晋升正高5人、副高8人；国家留学基金全额资助2人，3人通过学校“青骨1∶1”配套资助；完成了全院各类人员的岗位考核和岗位聘任工作。

（王鲁宁、邰永红）

【人才培养】 本科生教学方面。①学院秉持“高水平、创新型、国际化”的人才培养目标，稳步提升人才培养质量。进一步推进“本科生导师制”，导师覆盖全校材料学科，为全院本科生生配备导师；②贯彻“以本为本”，扎实做好专业建设。2个专业（材料科学与工程、材料物理）获批国家“双万”计划，1个专业（材料科学与工程）获批“北京市重点建设一流专业”（4000万）；材料成型及控制工程专业接受工程教育认证现场考察；③鼓励创新，积极搭建实践育人平台，共113支团队申报本科生科技创新创业项目，项目数与学生数突破新高，学生参与率达95.2%，第十届首都“挑战杯”获二等奖1项、三等奖3项，第五届“互联网+”创新创业大赛（北京赛区）获三等奖2项，获校“优秀组织奖”，学院捧得第二十届“摇篮杯”。成功举办了北京科技大学第九届金相实验技能大赛。联合清华、北航成功举办了北京市第二届3D打印大赛，科技创新的实际育人效果显著。

研究生教学方面。①加强研究生招生宣传力度，先后3批次赴各省市开展研究生招生宣讲，收效显著；2019年博士硕士研究生总招生人数421人：硕士研究生招生324人，其中学术型硕士155人（含推免生57人），专业型硕士169人（含推免生2人）。博士研究生共招生97人（其中定向13人，联合培养4人）；②坚持公平性，全面推进博士生招生申请－考核制，加强（本）硕博一贯式培养研究生和硕博连读研究生培养模式改革；③学院作为校材料科学与工程一级学科的主要人才培养基地，本年度共举办大型学术活动40余场，累计参加人数超过4000人次。全院研究生共发表学术论文385篇，评选出第十五届研究生学术论坛优秀论文13篇；各类特奖获得者39人；2019年研究生十佳学术之星获得者3名。第四届研究生“学术三分钟”演讲比赛1人获得金奖、1人获得银奖。

（曹文斌、董文钧）

【学科建设】 学院设有1个本科专业：材料科学与工程；1个普通硕士一级学科点：材料科学与工程；1个工程硕士授权领域：材料工程；1个一级学科博士点：材料科学与工程；材料物理与化学、材料学、材料加工工程3个二级学科，均为国家重点学科。1个博士后流动站：材料科学与工程。材料科学学科在ESI评估中各指标持续增长，论文发表数量和被引次数排名继续居世界前1‰。

①对标日本东北大学、俄亥俄州立大学、多伦多大学、亚琛工业大学和麻省理工学院，学科建设达到同一研究水平。正式建立“北京科技大学－日本东北大学双边联合培养博士研究生”关系。②推进学科“跨尺度、多维度及多场耦合”测试表征平台建设，已经完成扫描电镜、XPS等大型设备的安装与调试工作，进一步提升学科自主创新能力和实践教学实效，进一步落实大型仪器的开放应用，提高实验资源的利用率和科研效率，着重对球差电镜进行了校外调研和设备选型等工作。③邀请国内外院士及专家学者10余人，举办中国材料名师讲坛、青年科学家论坛等大型学术活动40余场，隆重举办名师讲坛第100讲，进一步提升了学科的国际的知名度。

（王鲁宁、董文钧）

【科学研究】 ①学院到校科研经费1.3742亿，比2018年增长31%，创历史新高。其中纵向1.0074亿、横向3668万。新立项212项，合同额1.3亿，其中纵向76项，合同额9715万，横向136项，合同额5148万。②大批具有显示度的科研课题获批。张跃院士牵头国家重点研发计划项目——石墨炔高效能量转换与催化研究，专项经费总额2245万；王守国教授牵头国家重点研发计划项目——高性能磁传感器及编码伺服驱动一体化关键技术研究，专项经费总额1286万元。国家自然科学基金共获批27项，直接经费合同额2177万，其中张跃院士获批国家自然科学基金重大基础研究项目——亚十纳米二维材料范德华异质结构与半导体器件，项目直接经费合同额1999.51万；姜勇教授获得国家重大科研仪器研制项目——多场环境下工作的高分辨率磁力显微镜和高精度电输运测量的组合系统，直接经费合同额717万。郑磊、田文怀教授各牵头1项军工“一条龙”项目，项目经费总额分别为3920万和1800万，实现学校该类项目零突破。③王自东教授牵头的“原位纳米增强增韧金属材料的理论及关键技术”获2019年中国机械工业技术发明一等奖；学院教师全年申请国家专利142项，授权国家发明专利65项；全年发表SCI论文360余篇。④与企业签订了2项专利权转让合同、1项专利实施许可合同；推动与企业的合作，完成北京森特士兴集团股份有限公司400万元捐赠事宜，目前已到位资金200万元。

（王鲁宁、李静媛）

【交流与合作】 ①合作平台建设方面，学院提高思想站位，全力整合资源，积极组织材料学部师生与国外合作高校进行交流。与日本东北大学在人才培养、师资交流以及科研合作等方面，取得了实质性的进展。双方师生全年交流近60人次。积极推进与西班牙塞维利亚大学的合作。与国立乌克兰科技大学签署了材料科学及高新技术国际联合实验室意向协议书。②加强引智工作，构建国际化师资力量。日本东北大学副校长村松淳司教授率团8位教授组成讲授团，先后来学院为博士新生讲授《材料科学与工程前沿课》（博士生必修课）（其中，村松淳司教授两次来学院授课）。为学生、青年教师带来了世界先进的研究前沿，开阔了视野，充分拓展了双方的交流深度和广度。共有6名来自世界各地的材料名师为本科生讲授小学期专业选修课课程。③3月，学院主办第21届北京科技大学－日本东北大学本科生创新研讨会。此为该项目举办的第11年。学院近四年已有近30名师生参与到此项目中。6月，学院组织材料学部共28名研究生赴日本参加第18届21世纪材料科学与工程研讨会。与来自日本、韩国、新加坡以及中国香港、中国台湾的材料学科师生交流。该论坛完全由博士生主办，由亚洲材料名校构成，学校是中国大陆唯一应邀参加联盟的高校。旨在加深材料领域青年学生之间的了解和联系，助力职业生涯的发展。

（王鲁宁、曹文斌）

【党建与学生工作】 党建方面。①学习贯彻新时代精神，加强政治建设，促进学科发展。学院党委组织全院师生，学习一种方法：《吃透精神而不照抄照搬》“不唯上，不唯书，只唯实”，加强政治建设，落实基层党建重点任务，增强师生“四个意识”，坚定“四个自信”，落实“两个维护”，促进学科发展。扎实推进主题教育，做好顶层设计，加强检视整改，开展调研座谈会、调查问卷等形式查问题、找差距，解决困扰学院发展和师生关注的实际问题，科学设计学生党支部主题教育工作方案。开展理论中心组学习9次，坚持班子成员轮流主讲，通过学院理论中心组学习、全体教师专题学习、积极分子党校平台完成3次“书记讲党课”。②筑牢阵地守土有责，强化院党委政治核心作用。抓《党委会议事规则》《党政联席会议事规则》《系务工作会议制度》的落实，突出党的领导和党政共同负责，全年召开党政联席会19次，党委会9次，围绕学院改革发展稳定和涉及师生切身利益的重大事项统筹谋划、科学决策。严格落实意识形态工作责任制，签订各级《意识形态工作责任书》，组织召开师生意识形态专题研讨会，严格“一会一报”“一事一报”制度，提升宣传思想工作实效性，维护好校园的安全稳定。在教职工评聘考核、干部选拔提任等问题中，严格执行“三必”程序，“必听”党支部意见，“必找”党支书谈话，“必经”党支部审核，发挥好党支部政治把关作用。党委严把党员发展“入口关”，坚持党员发展“360度”环评体系，全年共发展学生党员135名。③坚持立德树人，加强思政工作。坚持明确教师评聘考核的首要标准，大力宣传获得感动北科新闻人物的谢锡善和韩静涛，强化师德榜样作用。组织青年教师赴红色基地实践，举行入职仪式、教学科研培训，开展“青椒”沙龙2期，培育青年教师归属感和教学科研能动力。构建“本科生导师＋班主任＋辅导员＋引航学长”四位一体的育人工作模式，构建学院本科生导师制“五有”体系（制度、资源、平台、管理、配合）。④加强基层组织建设，构筑坚强战斗堡垒。坚持支部建在连上，推行本科生中低年级党支部在年级、高年级党支部在班级，研究生中按照研究室建立支部，硕士新生在分校区成立临时支部的学生党支部建立制度。实行学生党支部“双导师制”，实现青马导师导学、理论导师促学、党支部书记领学、党建辅导员督学的“四维促学”党支部组织生活新模式。开展研究生党支部书记“成材计划”培养工程，开展党支部书记“学习强国”学习班，举办“先锋课堂”竞赛并成立学生讲师团。学院共59个支部100%参加基层党组织立项活动，5个支部获评优秀基层党组织活动，6个支部参加北京市“红色1+1”优秀活动候选，学生党员“承诺践诺评诺”完成率100%，2个学生支部获评校级“标兵党支部”。⑤加强党风廉政建设，全面落实从严治党主体责任。建立健全横向到边、纵向到底的主体责任体系，履行“一岗双责”。落实联系基层制度，主动与班子成员谈心谈话，结合学院廉政风险防控管理工作，制定学院落实主体责任的实施细则，严格遵守中央八项规定精神。统战工作协调发力一致，李立东当选北京归侨委员、北京党外高知联谊会理事；郑裕东获致公党北京市委参政议政先进个人。

学生工作方面。①紧密围绕重大历史契机，扎实开展主题教育活动，做好青年思想引领和价值引领。制定“五四精神传薪火，青春奋斗献祖国”纪念五四运动100周年系列活动方案，共组织252名青年师生参与新中国成立70周年群众游行、合唱及广场联欢活动，组成国庆宣讲团开展30余场宣讲活动，在团支部中广泛开展“青春告白祖国”主题教育活动。②狠抓学风建设，打造优质班风。3名研究生获校十佳学术之星，1名研究生获“学术三分钟”演讲比赛金奖及最佳风采奖，产生了1个北京高校优秀基层组织，1个“87校友基金最佳团队”，3个首都大学、中专院校“先锋杯”优秀团支部，1个研究生北京市优秀班集体、团支部，1个北京科技大学“最佳团队”等。通过精心组织学院层面评审会、答辩会，典型榜样宣传引领班风、学风。

③以鲜明主题强化社会实践导向，引领学生承担社会责任。共组织400余名本科生深入基层开展暑期社会实践活动，208名同学参与寒假社会实践活动开展招生宣传。组建了“赴厦门金鹭实践团”等10支研究生社会实践团队，参与研究生107人，博士生比例超过20%，3个团获评校“实践标兵候选团队”，促进3家实践单位来校交流，达成了科研合作、人才培养多项协定。④做好教育引导工作，提升就业工作质量。2019届本科毕业生深造率66%（理工科学院首位）、研究生就业率99%，获“本科生深造率”“研究生签约率”“就业市场建设”三个奖项。⑤加强学院党委对宣传阵地和宣教工作的管理和领导。着力发展新媒体建设，打造“金小象”全媒体运行中心的宣传工作新模式，完善“材子风华”微信公众号等新媒体平台，讲好材苑故事；精心打造材料学部官方宣传片、动画宣传片。

（吴春京、邰永红、王海波）

机械工程学院

【概况】 机械工程学院下设7个系：机械工学系、机械制造及自动化系、机械电子工程系、机械装备与控制工程系、车辆工程系、物流工程系和工业设计系；2个中心：实验中心和零件轧制研究中心；1个国家级工程中心：国家板带生产先进装备工程技术研究中心；4个省部级中心和重点实验室：教育部零件近净轧制成形工程研究中心、教育部先进板带生产装备及控制工程研究中心、北京市高等学校实验教学示范中心和金属轻量化成形制造北京市重点实验室；3个北京市高等学校人才培养基地：北京现代校外人才培养基地、北京二七轨道交通装备有限责任公司校外人才培养基地和机械与能源科技创新实践基地校内人才培养基地；1个研究院：北京科技大学智能机器人创新研究院；4个研究所：机械工程研究所、冶金机械研究所、物流工程研究所和车辆工程研究所；以及主轴技术工程中心、微机电设计与测试等54个实验室。

2019年，学院共招收本科生16个班433人，其中机械大类382人、视觉传达设计39人、双培班12人；招收全日制硕士研究生279人，其中学术型普通硕士生121人、应用型专业学位硕士生158人；招收全日制博士研究生38人。毕业本科生401人，就业率95.01%，深造率51.86%。毕业研究生283人，授予学术型硕士学位119人，专业型硕士学位146人（其中全日制116人、非全日制30人），工学博士学位18人，研究生综合就业率为99.6%。至年底，学院共有在校学生2894人，其中本科生1698人（含留学生18人），研究生1196人（含留学生10人），包括全日制硕士生815人、非全日制专业硕士生162人、博士研究生209人。

（乔　红、景志红）

【师资队伍】 学院共有教职工170人，其中专任教师139人（正高级职称37人、副高级职称59人、讲师33人、教师博士后10人），教辅和行政人员32人。有博士生导师32人。有中国工程院院士1人，国家杰出青年科学基金获得者1人，国家级突出贡献专家3人，北京市突出贡献专家3人，教育部“新世纪优秀人才”4人，北京市教学名师3人，北京市青年教学名师1人，北京市“科技新星”1人，“宝钢优秀教师”特等奖1人、优秀奖5人，享受政府特殊津贴人员6人，国家优秀教学团队1个，入选新一届教学指导委员会委员2人。新进教职工10人，调出1人，退休4人；6人晋升正高级职称，6人晋升副高级职称，通过教师资格认定青年教师10人。

（景志红）

【人才培养】 本科生教学方面。①学院共开设课程176门，教授开课率达100%。②“机械工程”专业获批国家级一流本科专业建设点。③《工业产品设计与表达（第三版）》获批北京高校优质本科教材课件（重点项目）。④“无人驾驶车人工智能与创新设计仿真实践教学”获批北京市级虚拟仿真实践教学项目，并完成国家级虚拟仿真实践教学项目申报。⑤“机器人工程”专业完成培养方案制定及首届招生工作。⑥完成2019级447名本科生的全程导师选配工作；完成2018级406名机械类本科生的分专业工作。⑦5个项目获学校教育教学改革建设项目立项；9本教材（讲义）获校级规划教材建设项目立项；2门课程获精品在线开放课建设项目立项；1门课程获全英文教学示范课建设项目立项；1门课程入选课程思政案例选编。⑧成立学院教师（教学）发展中心，并举办机械名师讲堂等系列活动。

研究生教学方面。①学院共开设研究生课程53门。②2018级28名研究生入驻顺德研究生院。③获北京科技大学研究生论文指导优秀奖2项，教学优秀奖1项。④与河北省石家庄市新华区政府和河北优控新能源科技有限公司共建研究生教育基地。

（郑莉芳、李洪波）

【学科建设】 学院设有6个本科专业：机械工程、车辆工程、机器人工程、物流工程、工业设计、视觉传达设计；3个学术型学位类别硕士学位授权点：机械工程、物流工程、设计学；2个专业学位类别硕士学位授权点：机械、工程管理（物流工程与管理）；2个学术型学位类别博士学位授权点：机械工程、物流工程，其中机械工程为一级学科博士点；1个博士后流动站：机械工程。建设有机械工程、设计学两个一级学科，机械工程完成双一流建设情况中期自评。参与筹建国家“金属冶炼重大事故防控技术支撑基地”，有力支撑冶金机械优势学科方向建设。

（李洪波）

【科学研究】 ①学院年新增科研合同经费4927万元，其中纵向2471万元，横向2456万元，百万级以上项目10项；到校经费4498万元，其中纵向2310万元，横向2188万元，较去年增长19.3%。②组织完成国家重点研发计划项目申报，作为项目牵头单位和项目负责人获批1项，累计获批项目负责人项目3项；依托顺德研究生院获批广东省联合基金重点项目1项、顺德研究生院科技创新专项资金项目11项。③胡正寰院士领衔的高效零件轧制团队成功入选北京市“2019科技盛典”创新团队。④获冶金科学技术奖二等奖1项、中国物流与采购联合会科技进步奖一等奖1项。⑤申请发明专利46件，授权发明专利40件；发表SCI论文112篇，其中中科院一区以上13篇，二区以上39篇，IF≥3论文28篇，论文数量和质量均大幅提高。⑥组织申报国家科技进步奖1项。

（孙朝阳）

【实验室建设】 ①依托“双一流引导专项”资金支持，完成机械工程学科“智能机器人创新实验平台”和设计学学科“人机工程与用户研究实验平台”平台建设。②依托“修购专项”资金支持，完成“先进制造技术基础与工艺创新实践平台”“机械制造精度与质量评价分析实践平台”建设。③至年底，学院实验中心拥有实验教学设备总值10696万余元，其中10万元以上设备171台套，价值40万元以上大型设备37台（套）。④实验教学中心面向全校8个专业，接待实验学生1000余人，实开本科生实验课程45门，实验项目108个，全年完成实验3.28万人时。

（孙朝阳）

【交流与合作】 ①邀请欧洲科学院、英国帝国理工大学、弗吉尼亚理工大学、德国锡根大学、加拿大滑铁卢大学等境外高校（科研院所）10多位含院士在内的知名学者开展短期讲学或学术交流。②教师15人次赴美国、英国、德国等地从事合作研究或参加学术会议、交流考察等，7位教师以访问学者身份到美国、英国、澳大利亚、加拿大等国进行半年至一年研修；完成访学任务按期回国6人。③2019年组织派出70名学生赴境外交流学习。其中7名博士生赴美国、韩国、英国等国参加境外学术会议，4名博士生参加2019年国家建设高水平大学公派研究生项目，2名研究生参加短期境外科研项目。4名本科生赴英国伯明翰大学、澳大利亚莫纳什大学等高校进行3+1+1联合培养项目，3名本科生赴台湾中原大学、台北科技大学参加台湾交换生项目，42名本科生赴英国牛津大学、德国亚琛工业大学、新加坡国立大学、新加坡南洋理工大学等参加短期学习调研项目，6名本科生赴美国、日本进行社会调研，1名本科生参加美国加州大学伯克利分校访学项目，1名本科生赴美国参加学术会议。

（郑莉芳）

【党建与学生工作】 发挥党委政治核心作用方面。①提高政治站位，强化“四个意识”，加强党的思想理论学习。以习近平新时代中国特色社会主义思想为指导，认真学习贯彻党的十九大和十九届四中全会精神，全年共组织学院党委会学习5次，党委理论学习中心组专题学习10余次，教职工集中理论学习10次，外出实践学习2次，为师生讲授主题党课8次，实现理论学习全覆盖。②认真组织开展“不忘初心、牢记使命”主题教育。学院班子聚焦主题主线，扎实推进主题教育各项工作，开展专题学习10余次，组织召开院党委会、党政联席会6次专题研究调研问题的整改落实工作，完成调研报告7篇，梳理整改问题27项，确定相应整改措施48条；解决群众急难愁盼问题3项，完成整改11项，其余16项持续整改。③落实从严治党主体责任，不断加强作风建设。切实履行“一岗双责”，与班子、系所班子成员分别签订党风廉政责任书，强化领导干部的廉政自律意识。严格执行中央八项规定和党务院务公开，定期研讨意识形态和统战工作，重视民族宗教问题，严守意识形态阵地。年内组织开展廉政和意识形态教育活动10余次，未出现违反廉洁纪律方面问题。获校“纪检委员履职典型案例征集”一等奖1项。

基层党组织建设方面。①强化建设“党建＋志愿服务／科技创新／组织育人”等平台，拓展育人空间。扎实推进党支部“双带头人”培育，获批建设校“一院一品”计划1项，“设计＋党建”党支部书记工作室1项（全校7个）。基层党组织活动立项100%，获校“道德风尚奖”1项，2名学生党员获校长奖章，学院党建工作成果被《北京教育•德育》专题报道。②深入开展主题教育，推进“两学一做”常态化制度化。制定《关于加强和改进学生党建工作的意见》，落实入党积极分子述责展示和培养积分制，着力提升党员发展质量；创新党员教育模式，举办“我和我的祖国”主题微党课比赛，“VR带你看阅兵”党日活动被校第15期主题教育简报报道；基层党支部100%全覆盖组织开展“我和我的祖国”和“不忘初心、牢记使命”主题党日活动，3个支部获校先进党支部，2个支部获校优秀学生党支部，5个学生支部参评北京市红色“1+1”示范活动；学院党员献爱心为秦安学生捐赠过冬用品。③至年底，学院设有党支部43个，其中教职工党支部10个，研究生党支部26个，本科生党支部7个。共有党员676人，其中教职工党员124人，学生党员552人（研究生党员363人，本科生党员155人）。年内举办327、335两期学生业余党校，262名学生通过党校学习和考核，获得结业证书；共发展党员130人。其中研究生30人，本科生100人。④学生党支部共申报“红色1+1”活动19项，机本18党支部获北京市三等奖，机本16党支部、机械零件梯队党支部、车辆博士党支部、物流系统规划梯队党支部获北京市优秀奖，工业设计梯队党支部、车辆博士党支部获“优秀基层党组织活动”二等奖，物流系统梯队党支部获“优秀基层党组织活动”三等奖，以学生党员为核心的“太阳村”志愿服务团队荣获北京科技大学“道德风尚奖”“十佳志愿服务项目”。⑤成功召开共青团北京科技大学机械工程学院第二次代表大会；2个团支部获北京市“先锋杯”优秀团支部，1个团支部获“全国钢铁行业五四红旗团支部”，学院团委获“北京科技大学五四红旗团委”。

学生工作方面。①学院2019年共评选出国家奖学金及各类奖学金获得者共计571人，金额95.8万元，评选出包括先进班集体、标兵宿舍在内的集体荣誉称号87个，其中视传1702班获“87级校友基金最佳团队”。评选出个人荣誉称号417个，其中2名学生荣获“校长奖章”，2名学生荣获“北京市三好学生”称号，3名学生获首都“先锋杯”优秀团员，1名学生获首都“先锋杯”优秀团干部，1名学生获得“十佳班长”荣誉称号，1名学生获得“87校友基金优秀学生干部”荣誉称号，1名辅导员获“北京科技大学2019年度十佳辅导员”荣誉称号。②完成2019年度立项的本科生科技创新项目验收，市级以上项目12项通过验收，其中国家级4项；院级项目18项通过验收。2020年本科生创新创业训练完成立项，总计76项，其中拟推国家级项目5项、市级项目11项。③学生在各类学科竞赛获奖总数586人次（国家级92人次、省部级121人次）。获2019年全国大学生物理竞赛一等奖1人、二等奖1人、三等奖19人；获2019年全国大学生英语竞赛二等奖5人、三等奖5人；获2019年全国大学生数学竞赛一等奖4人、二等奖13人，三等奖15人。获第十二届

“全国大学生先进成图技术与产品信息建模创新大赛”机械类团体二等奖，个人获机械类一等奖5项，机械类二等奖4项，机械类三等奖5项。获第十九届全国大学生机器人大赛一等奖8人。获2019年科研类全国航空航天模型锦标赛二等奖2项。获第十一届全国大学生广告艺术大赛二等奖1项、优秀奖1项。在第十四届全国大学生“恩智浦”杯智能汽车竞赛全国总决赛中，获得无线节能组亚军、变形金刚三轮组第五名，三项国家级一等奖的好成绩。

宣传工作方面。①建设网站、微信平台、多媒体电视、展板区“四位一体”宣传主渠道，形成“老师为引导、学生为主体”的网络思政“朋友圈”。②深耕新媒体产品创作，坚持“内容为王、用户至上”的工作思路，“机械学子”微信平台全年发布文章295期，总浏览量超过11万，在“北京科技大学”官方微信头条发布文章6篇；在做好微信平台建设的同时，以短视频为突破口，全年制作“我和我的祖国”“青春告白祖国”“校友返校纪实”“我的贝壳时光”等六部短视频作品，不断提升文化育人时代感和吸引力。③扎实做好5470网、北科大新闻网等平台的信息报送工作，全年撰写报送新闻437篇，将师生鲜活事迹、团学动态、“不忘初心、牢记使命”主题教育等信息传播到校内外。④积极拓展社会宣传渠道，机器人专业被中国网向考生推介，《光明日报》头版报道胡正寰院士奋进科研路，工业设计系毕业设计展被凤凰网、搜狐新闻、网易新闻、今日头条等媒体同步报道，大大拓展思想育人的广度和深度。

（马　飞、李　鹏）

能源与环境工程学院

【概况】 能源与环境工程学院下设2个系：热科学与能源工程系、环境科学与工程系；4个省部级工程中心、实验教学示范中心和重点实验室：北京市高校节能与环保工程研究中心、北京高等学校实验教学示范中心（环境）、冶金工业节能减排北京市重点实验室、工业典型污染物资源化处理北京市重点实验室；2个研究中心：北京科技大学新能源研究中心、北京科技大学智慧能源研究中心；4个基地：国家环境与能源国际科技合作基地、教育部和外专局工业节能与能效经济创新引智基地、城市和生活污染物处理与资源化北京市国际科技合作基地、北京市校外人才培养基地。

2019年，学院共招收本科生9个班，能源动力类262人；招收全日制硕士研究生168人，其中学术型普通硕士生78人（含留学生13人）、应用型专业学位硕士生90人；全日制博士研究生37人（含留学生7人）。毕业本科生163人，就业率为94.74%，深造率为55.79%；毕业研究生143人，授予学术型硕士学位67人、专业型硕士学位61人、工学博士学位15人，研究生综合就业率为100%。至年底，学院共有在校学生1625人（含留学生69人），其中本科生933人（含留学生15人），研究生692人（含留学生54人），包括全日制硕士生464人、工程硕士31人、博士研究生197人。

（邢　奕、耿　华）

【师资队伍】 至年底，学院共有教职工100人，其中专任教师81人（正高级职称30人，副高级职称32人，讲师19人，其中教师博士后6人），教辅和行政人员19人。有博士生导师27人，其中兼职博导2人，项目博导2人。有国家“973”首席科学家1人，“863”主题专家1人，“万人计划”领军人才2人，国家优秀青年基金获得者2人，教育部新（跨）世纪优秀人才计划入选者4人，中科院“百人计划”入选者1人，全国优秀教师1人，北京市高等学校教学名师3人，北京市青年教学名师1人，北京市优秀教师3人，北京市科技新星获得者3人，中青年科技创新领军人才2人，北京市优秀教学团队1个，北京市师德榜样1人，新聘双聘院士1人。学院新增教职工6人，其中特聘副教授1人，讲师3人，辅导员2人，调出4人；3人晋升正高级职称，7人晋升副高级职称；7人通过教师资格认定；2名师资博士后通过出站考核顺利入职。

（耿　华）

【人才培养】 本科生教学方面。①组织“环境工程”“能源与动力工程”专业申报并成功获批国家级一流本科专业建设点，“能源与动力工程”专业获批北京高校“重点建设一流专业”。②修订了4个专业的本科培养方案，增加了“生态环保”“能源技术”“跨学科信息与材料”交叉知识模块，并制定了学院的本科教学奖励制度。③获批北京市教改创新项目1项，校级重大教改立项1项，面上项目3项，申报获批校级精品在线开放课程建设2门，申报课程思政案例、课程思政特色示范课程建设项目共计12项，获批校级规划教材（讲义）建设立项8项。④推进教师能力培养，开展“能环名师讲堂”系列活动3场，推荐支持2名教师参加北京科技大学“全英授课教师教学发展”（EMI）培训项目，其中1人获推参加纽卡斯尔大学访学项目。⑤继续加强学生创新训练，组织学生参加学科竞赛与国（境）内外校际交流，获得“第十二届全国大学生节能减排大赛”特等奖1项，一等奖1项，二等奖1项，三等奖8项，获批2020年本科生科技创新创业项目（SRTP）61项，29名学生参加各类国（境）内外交流生项目（境外22人，国内7人）。

研究生教学方面。①新增硕士生导师3人。②新增项目硕导5人，新增项目博导2人。③获校级“十佳学术之星”称号1人，“学术三分钟演讲”金奖1人、最佳风采奖1人；获校级优秀博士论文2人，校级优秀硕士论文7人。④为进一步科学合理的设置学位申请条件，结合学院实际情况，制定了《关于硕士研究生申请学位条件调整方案的通知》，自2019级9月入学的研究生开始执行。⑤研究生论文指导优秀奖1人，国际学生（研究生）优秀指导教师1人。

（冯妍卉、段小丽）

【学科建设】 学院设有4个本科专业：能源与动力工程、环境工程、环境科学、新能源科学与工程；2个普通硕士学科点：动力工程及工程热物理、环境科学与工程，均为一级学科硕士点；2个工程硕士授权领域：动力工程、环境工程；2个博士学科点：动力工程及工程热物理、环境科学与工程，均为一级学科博士点；2个博士后科研流动站：动力工程及工程热物理、环境科学与工程。

①根据工作需要，环境工程系更名为环境科学与工程系。②为进一步完善校院两级学术组织体系建设，规范院级学术事务管理，成立院学术分委员会，并制定院学术委员会章程。③制定环境科学与工程一级学科博士学位授权点合格评估抽评工作方案。④为确保按照建设方案按期、高质量完成各项建设和改革任务，开展“双一流”建设中期自评工作，撰写各学科自评报告。⑤调整学院学位评定分委员会成员。⑥根据学院“十三五”规划的建设目标和主要任务，进行自查与梳理，结合新的发展形势，依据学院实际情况，就“十三五”发展指标、任务做出调整。

（段小丽）

【科学研究】 ①学院年到款经费总额6490万元，其中纵向经费4723万元，横向经费1767万元；新增科研合同103项，合同金额6391万元，其中纵向项目39项，项目经费3984万元，横向项目64项，项目经费2407万元。②积极组织动员全院教师组成优势团队联合申报国家重大项目，成功申报“十三五国家重点研发计划”负责课题2项、子课题3项；获批国家自然科学基金6项、中国博士后科学基金面上资助项目3项、北京市自然基金4项、北京市科技计划项目4项、其他省部级项目11项；全力筹备国际合作项目和国家科技创新2030重大项目申报。③申请发明专利53件，实用新型10件；授权发明专利21件，实用新型5件；发表SCI/EI论文187篇，其中SCI论文165篇（TOP一区论文34篇，二区论文70篇），1人入选高被引科学家；主持和参与出版教材（著作）8部，国家标准1部，行业标准1部；获得中环协环境技术进步奖一等奖1项，四川省科学技术奖二等奖1项，湖北省科学技术进步奖二等奖1项，北京市科学技术奖三等奖1项。

（夏德宏）

【实验室建设】 ①完成中央高校改善基本办学条件项目“能源与环境工程学院本科实验教学平台建设（2020）”申报，金额396.9万元。完成“能源与环境工程学院本科实验教学平台建设（2019）”建设任务，新购置设备253.4万元。“环境工程专业改善基本办学条件建设五年规划（2016）”建设项目通过验收，新购置设备76.3万元。②至年底，学院拥有实验教学设备总值10374.4万元，其中10万元以上设备179台套、价值40万元以上大型设备31台套。③年内，学院面向全校11个专业，实开本科生实验课程17门，实验项目72个，完成实验20762人时。

（夏德宏）

【交流与合作】 ①2019年，学院成功申请国家“外国文教专家聘请计划”项目4项，含国家级外专项目高等学校学科创新引智计划（即“111计划”）1项，项目经费226万元。学院邀请美国哥伦比亚大学、密歇根大学、加拿大西安大略大学等海外知名高校、研究机构的34位专家学者来校讲学和学术交流。②学院招收国际学生共26人，其中本科新生10人，博士生6人，硕士生10人。③2019年学院成功主办“第10届中日固体废物处理与资源循环国际会议（CJJC 2019）”和“2019（北京）环境技术国际会议（2019BIETC）”，教师参与短期国际交流37人次，选派青年教师赴国外知名大学（帝国理工学院、诺丁汉大学、萨里大学、麦克马斯特大学、弗莱贝格工业大学）进行为期6个月以上深造共5人次。④2019年共计22名本科生前往美国、英国、日本等国家参加交换项目、暑期研修项目；22名研究生（博士15名、硕士7名）前往美国、英国等国家参加国际会议或短期学术交流；4名研究生成功入选2019年国家建设高水平大学公派研究生项目赴美国耶鲁大学、英国伯明翰大学、日本北海道大学进行继续深造。

（段小丽）

【党建与学生工作】 基层党组织建设方面。①根据时政热点话题，组织党支部开展专题学习讨论，内容包括五四运动100周年、建国70周年专题学习等。围绕“不忘初心、牢记使命”主题教育，举办“厚植爱国主义，传递红色精神”先锋课堂竞赛，成立主题宣讲团1支；开展“国庆归来话使命”主题宣讲20余场，覆盖全部本科生班团支部和16个学生党支部，共计约1500余人；精心组织开展专题学习，切实增强党员理论水平。②至年底，学院共有党员383人，其中教职工党员81人、学生党员292人（研究生党员210人、本科生党员82人）。设有党支部20个，其中教职工党支部4个、研究生党支部13个、本科生党支部3个。年内共发展党员78人，其中研究生16人、本科生62人；预备党员转正47人。③深入开展“不忘初心、牢记使命”主题教育，贯彻落实习近平新时代中国特色社会主义思想和习近平总书记关于教育工作的重要论述，精心组织学院主题教育活动，开展党委理论学习中心组学习15次，形成自学、领学、导学、辩学的学习模式；切实落实一线规则，班子成员以普通党员身份参加基层支部生活，担任学生启蒙党校导师和本科生导师，深入一线开展各类调研50余次，深入基层讲党课100%；以刀刃向内的勇气和钉钉子的精神抓整改落实，切实解决办公空间紧张、人才引进困难、青年教师培养力度不足、执纪问责不严等师生反应强烈和制约学院发展的问题。④建立完善党委相关制度，学院出台了《能源与环境工程学院党委基层党组织换届工作办法》《能源与环境工程学院关于推进“课程思政”建设的指导意见》《能源与环境工程学院关于教职工参加集中理论学习和“三会一课”的纪律规定》等文件制度，进一步夯实党委主体责任，规范基层党支部建设。⑤整合各方资源，完善“入党启蒙党校——积极分子党校——学校重点发展对象培训班”三级入党教育体系。深度改革入党启蒙党校，加大实践教育比重。举办能源与环境工程学院第3、4期入党启蒙党校，共224名学生参加培训；举办第321期学生业余党校暨入党积极分子培训班，共135名学生参加培训；组织党支部书记培训2期。⑥学院基层党支部活动100%立项，其中热科学与能源工程系党支部获校级二等奖；学生党支部“红色1+1”活动100%申报，其中环境可持续排水技术党支部获北京市“红色1+1”三等奖，固体废物资源化党支部和能环本16、17党支部获北京市优秀奖。⑦环境生物技术与材料开发团队党支部获评2019年北京科技大学标兵党支部，固体废物资源化党支部获评2019年北京科技大学优秀党支部。⑧学院开展党支部书记年终述职工作，11名教师、学生党支部书记参加现场述职，所有党支部均递交工作总结，学院评选优秀党支部5个。

学生工作方面。①完成2019年度立项本科生科技创新项目验收，2项市级项目通过验收，30项校级项目通过验收。2020年本科生创新创业训练完成立项，总计61项，其中拟推荐国家级项目6项、市级项目8项。②学生参加科技竞赛获得国家和省部级奖项30项，获奖人数达48人次。获2019年全国大学生英语竞赛二等奖2人、三等奖3人；获2019年全国大学生数学竞赛一等奖4人，二等奖7人，三等奖8人；获2019年第十二届全国大学生节能减排社会实践与科技竞赛特等奖1项、一等奖1项、二等奖1项、三等奖8项，学校获得优秀组织奖。③在2019年寒假社会实践中，学院获校银奖4项、铜奖7项，获得学校优秀组织奖；暑期社会实践中，获得银奖3项、铜奖2项；1位教师获暑期社会实践“先进工作者”；1位教师获暑期社会实践“优秀指导教师”，1名学生被评为2019年暑期社会实践“十佳标兵”，12名学生被评为2019年学生暑期社会实践“先进个人”，学院获得社会实践优秀组织奖。④2019年学院本科生获各类奖学金405人次（含学院奖学金），4名博士、8名硕士获得研究生国家奖学金，2名博士、1名硕士获得中天钢铁奖学金，1名博士获特种奖学金（三晋奖学金）。⑤学院获日常思想政治教育、学生资助、研究生学风建设工作专项奖；学院团委获北京科技大学社会实践工作专项奖。

（董春阳、孔德雨）

自动化学院

【概况】 自动化学院下设4个系：控制科学与工程系、仪器科学与技术系、电工电子技术系、智能科学与技术系；3个研究所：自动控制研究所、导航与控制研究所、机器人研究所；3个中心：教学实验中心、智能控制与无人系统研究中心、智能感知与知识自动化研究中心；2个省部级科研基地：工业过程知识自动化教育部重点实验室、北京市工业波谱成像工程技术研究中心；1个省部级教学示范中心：北京高等学校实验教学示范中心；1个共建省部级创新实践基地：信息工程北京市高等学校示范性校内创新实践基地；2个共建研究院：人工智能研究院、智能机器人创新研究院。

2019年，学院共招收本科生13个班364人，其中自动化大类招生334人、机器人大脑方向双培生16人、医疗设备制造方向双培生14人；招收全日制学术型普通硕士研究生76人，专业学位硕士研究生113人，非全日制专业学位硕士研究生8人，博士研究生23人。毕业本科生301人，深造率63.12%，综合就业率98.01%；毕业全日制硕士研究生143人（其中学术学位硕士研究生69人、专业学位硕士研究生74人）、非全日制专业学位硕士研究生9人、博士研究生15人，综合签约率93.55%，综合就业率100%。至年底，学院共有在校学生2143人，其中本科生1514人、硕士研究生505人、博士研究生124人。

（陈　旭、王振花）

【师资队伍】 学院共有教职工118人，其中专任教师91人（具有正高级专业技术职务23人、副高级专业技术职务45人）、实验人员12人、行政人员15人（含非在编职工3人）；有兼职教授6人、兼职辅导员5人；具有博士学位教师85人（获得国外博士学位12人），占教师总数的93%；45岁以下教师55人，占教师总数的60%。有博士生导师21人。有国家“万人计划”领军人才1人，“优秀青年科学基金”获得者1人，教育部“新世纪优秀人才”2人，“宝钢优秀教师奖”获得者1人，北京市教学名师2人，北京市优秀教师1人，北京市优秀人才青年骨干1人。年内，引进教授1人，副教授2人，特聘副教授2人，新增讲师和师资博士后4人，晋升教授6人，研究员1人，副教授5人，高级讲师1人，高级工程师1人；推荐青年拔尖人才1人、宝钢优秀教师奖1人、霍英东基金项目及青年教师奖各1人，通过师资博士后出站考核2人、回国考核8人、期满考核4人，完成教师资格认定12人，获得本科课堂主讲资格12人，获得优秀博士后荣誉称号2人，获得院长奖章3人。

（陈　旭、王振花）

【人才培养】 本科生教学方面。①自动化专业进入国家一流专业建设名单。②人工智能专业成为全国首批35个招收本科生的专业之一，已形成完备的人工智能本科生课程体系和培养方案。③2019届本科毕业生共计301人，自动化专业179人，其中出国21人，保研41人；测控技术与仪器专业55人，其中出国8人，保研6人；智能科学与技术专业67人，其中出国15人，保研13人。④2019届本科校级优秀毕业设计（论文）14份，北京市级优秀论文3份。⑤2019年本科生科技创新立项41项，其中国家级7项，北京市级2项，校级32项。结题验收合格26项，其中国家级6项，北京市级2项，校级18项。⑥加强班导师管理工作，共召开7场分年级班导师工作述职和研讨会，高海、胡艳艳荣获2019年度优秀班导师称号。⑦获批各类本科教学工程项目11项，资助经费34万元。其中教育教学改革与研究项目4项（重点专项1项、面上项目3项），资助经费16万元；全英文教学示范课2项，资助经费6万元。校级规划教材建设项目5项（重点项目1项，一般项目2项，讲义2项），资助经费12万元。其他本科教学工程项目：课程思政特色示范课程申报立项14项。在线精品课程立项申报4项。优质本科教材立项申报2项，优质本科课程立项申报2项。国家级一流本科课程立项申报1项。⑧李擎获北京高校优秀本科教学管理人员。⑨教育教学奖励：省部级精品课程1项；教育部教指委组织的各类教学比赛获省部级二等奖6项；教育教学研究论文4项；校级教材出版1项；校级青年教师教学基本功比赛二等奖2项、三等奖2项。⑩学院承办的学科、科技竞赛获奖情况。第十三届“西门子杯”中国智能制造挑战赛获奖情况：国家级特等奖2项、一等奖1项、二等奖3项；省部级特等奖4项、一等奖5项、二等奖5项。第九届“华为杯”中国大学生智能设计竞赛国家级特等奖1项。

研究生教学方面。①通过学院学位论文盲审系统，实现了高效、绿色办公，专家分派的随机性保障了评审质量。②积极参与学校顺德研究生院建设工作并开展相关实验室建设工作。③2019年，自动化学院1位博士留学生顺利完成学业。新入学留学生博士1位，硕士5位。④完善了新的硕士研究生毕业论文评审、答辩细则，进一步提高了研究生毕业论文的质量。⑤2019年博士研究生招生23人，控制科学与工程17人（本科直博1人，硕博连读3人，留学生1人），仪器科学与技术6人（硕博连读3人）。⑥2019年全日制硕士研究生招生189人，仪器科学与技术14人（推免1人），控制科学与工程62人（推免21人，留学生5人），仪器仪表工程16人（推免1人），控制工程97人（推免16人），非全日制控制工程8人。⑦7月份硕士招生使用推免预报名系统，采取线上面试的方式，积极招收有意向报考且优秀的学生。⑧2019年博士研究生控制科学与工程专业毕业15人，全日制硕士研究生毕业143人，仪器科学与技术9人，控制科学院与工程60人，仪器仪表工程9人，控制工程65人；非全日制硕士研究生9人。⑨制定了2019版新的研究生培养方案。⑩根据《关于设立北京科技大学研究生教育发展基金的决定》（校发〔2002〕34号）文件精神，经过学校研究生教育奖评审组评审，王玲老师获得研究生论文指导优秀奖。

（李希胜、贺　威）

【学科建设】 学院设有3个本科专业：自动化、测控技术与仪器、智能科学与技术，其中自动化专业是教育部CDIO特色专业，测控技术与仪器专业获北京市教委共建项目资助；2个普通硕士一级学科点：控制科学与工程、仪器科学与技术；2个工程硕士授权领域：控制工程、仪器仪表工程；2个一级学科博士点：控制科学与工程、仪器科学与技术；5个二级博士学位授权点：控制理论与控制工程，检测技术与自动化装置，模式识别与智能系统，系统工程，导航、制导与控制；1个博士后流动站：控制科学与工程；1个国家重点（培育）学科和北京市重点学科：控制理论与控制工程。全国第四轮学科评估中，学院控制科学与工程为B+，位于前20%。学院依托工业过程知识自动化教育部重点实验室和北京市工业波谱成像工程技术研究中心两个省部级平台，重点建设控制科学与工程、仪器科学与技术、人工智能科学与工程三个学科。

在保持传统冶金行业特色的基础上，紧密结合北京市科技中心建设，规划具有前瞻性和可持续发展性的研究方向。以大团队建设为抓手，年内实现国家自然科学基金重点项目、重点研发项目课题、省部级科技成果奖新突破。目前学院已形成以贺威教授、彭开香教授、陈先中教授为学科带头人的三大学科团队。优化学科建设经费使用办法，重点支持人工智能相关方向的平台建设。基于学术业绩和鼓励青年教师的研究生分配办法已经制定完成，将于2020年上半年讨论后实施。这些举措必将有力促进“控制科学与工程”和“仪器科学与技术”两个一级学科的快速发展。控制科学与工程博士点顺利通过合格评估。

“人工智能科学与工程”北京高校高精尖学科于2019年5月成功获批，其中学院承担着智能控制与机器人、智能制造两个特色研究方向的研究工作；配合学校制定《实体化推进人工智能研究院建设方案》，明确建设目标、建设内容、研究团队；在学校大力推动下，人工智能研究院已开展实体化建设，为人工智能高质量发展提供了有力支撑。

（贺 威）

【科学研究】 ①学院年到款科研经费总额3386.74万元，其中纵向经费2160.16万元、横向经费1226.58万元；共申请国家自然科学基金各类项目29项，获批10项，其中重点项目1项，面上项目3项，青年项目6项，获批率为34.5%，获资助经费总额643万元；国家重点研发计划（重点专项）课题牵头2项，分别为“高精度高响应伺服电机驱动控制”“企业产品设计与推理”，军委装备发展部领域基金获批1项；获批装备预研重点实验室基金2项；新签纵向项目19项，合同额969万元，新签横向合同54项，合同额2284万元，其中百万以上横向项目8项，合同额1272万元。

② 获科技奖励3项，以第一完成单位获吴文俊人工智能自然科学奖一等奖1项，获北京市科学技术进步一等奖1项、国防科学技术进步二等奖1项。发表高水平SCIE检索论文100篇（中科院一区论文27篇、二区论文44篇）。申请各类专利及软件著作权65件，其中发明专利37件；本年度授权发明专利22件、实用新型专利7件。

③ 以学院60周年庆为契机，牵头联合中南大学、东北大学成立“冶金自动化学术共同体”合作交流平台；组织了“自动化名家讲坛”27讲，邀请自动化领域国内外名师讲座；召开了“工业过程知识自动化教育部重点实验室”与“北京市工业波谱成像工程技术研究中心”2个科研基地的学术委员会，并完成实验室/工程中心共10项开放课题实施。

④ 与安阳钢铁股份有限公司、ABB传动等10余家国内外企业签订合作协议，进一步加强科研合作与交流；与北京天行远景科技股份有限公司等公司共建了联合研究开发中心，本年度新签专利转让合同2项。

（彭开香）

【交流与合作】 ①2019年，学院有3位博士研究生、1位硕士研究生成功申请并获得了国家留学基金委的公派留学项目的资助；21位研究生、22位教师参加了IEEE IROS、IEEE CDC、IEEE ICARM、ICIUS等高水平国际学术会议并于会上做了学术报告。②完成了自动化学院英文网站建设、英文宣传册、PPT，塑造学院国际化形象，进行海外宣传。③成功举办第15届智能无人系统国际会议（ICIUS 2019）网站（网址：icius2019.org），邀请来自17个国家和地区的200余名知名专家学者出席会议。④2019年科技部外专局引智项目全校批复20项，自动化学院共3项：《机器人智能控制理论与应用研究》（负责人：贺威，90万）、《一种新型浮式海浪能量转换系统的智能控制研究》（负责人：张爽，37万）、《面向扑翼飞行器的视觉避障研究》（负责人：付强，31万），总金额158万，经费占比24%，全校二级单位排名第一。⑤成功举办北京科技大学第五届国际青年学者论坛自动化前沿技术分论坛，邀请到来自欧、美、澳等地知名高校的10名青年学者参会。⑥邀请了20余位国际知名专家学者来学院访问交流，代表性的专家有加拿大工程院院士、加拿大阿尔伯塔大学黄彪教授，国际智能无人系统协会（ISIUS）主席、韩国建国大学Hoon Cheol Park教授，美国波士顿大学Christos G. Cassandras教授，加拿大康考迪亚大学张友民教授，*Journal of The Franklin Institute*杂志主编、墨西哥新莱昂州自治大学Michael V. Basin教授，IEEE Fellow、美国韦恩州立大学王乐一教授等。

（贺 威）

【实验室管理】 ①3月，获批教育部产学合作协同育人新工科建设项目1项。②9月，获批自动化类教指委高等教育教学改革研究课题项目1项。③12月，《工业自动化生产线》课程设计获北京高校优质本科课程。④12月，获第五届全国高等院校工程应用技术教师大赛全国二等奖3项。⑤首次在CSSCI期刊《高等工程教育研究》发表实验教学研究论文，并在《实验技术与管理》《实验室研究与探索》和学校奖励期刊发表实验教学研究论文7篇。⑥获北京高教学会技术物资分会优秀论文二等奖、三等奖各1项。⑦指导学科竞赛获国家级二等奖2项、省部级特等奖1项、一等奖3项、二等奖6项等。⑧认真落实执行实验室技术安全管理各项规章制度，继续坚持开展每周一次的安全、卫生检查，发现事故隐患及时整改。⑨顺利完成本科修购项目394.962万元。

（李希胜）

【党建与学生工作】 基层党组织建设方面。①2019年9月24日至2020年1月14日，学院党委组织开展“不忘初心、牢记使命”主题教育。②2019年4月25日至5月24日，中共北京科技大学委员会第四巡察组对自动化学院党委开展了巡察。学院党委根据巡察反馈意见开展整改。③履行党建主体责任，推进“两学一做”学习教育常态化制度化。年内组织中心组学习21次，严格落实学院及三级单位教职工理论学习制度、党支部委员培训制度、党委委员和学院领导班子联系基层制度，规范监督决策流程。④扎实开展党员教育培养工作。截至2019年底，学院共有党员392人，其中教职工党员89人，学生党员288人。⑤强化基层党组织政治功能，履行基层党建工作责任，发挥政治引领作用。基层组织立项、红色“1+1”活动立项覆盖率与完成率均为100%。自本低年级党支部、自硕1801党支部获北京市红色“1+1”示范活动三等奖，自硕1803党支部、自硕1804党支部获北京市红色“1+1”示范活动优秀奖；自本低年级党支部、自硕1801党支部荣获北京科技大学优秀党支部；机关党支部获北京科技大学优秀基层党组织活动一等奖、自本低年级党支部获二等奖、学院党委获优秀组织奖；获批教师党支部书记“双带头人”培育专项和“基层党组织书记工作室”各1项。⑥全院共223名师生参与到国庆70周年服务保障活动，深入开展“青春告白祖国”系列活动。⑦举办第318期、第330期学生业余党校，毕业学员共324人，年内共发展学生党员70名。⑧实施“党员先锋引领计划”，开展“助学零距离”活动，本科生党员参与率100%，帮扶学业困难学生45人。

学生工作方面。①以本科生导师制为切入点，健全“本科生全程导师＋班主任＋辅导员＋小班主任”全员育人体系。②在各类竞赛中获省部级及以上奖励269人次。16级本科生宋广轩团队“睿羹”项目斩获第十三届iCAN国际创新创业大赛中国赛区总决赛特等奖。在2019年第十三届“西门子杯”中国智能制造挑战赛全国总决赛中，学院学子斩获特等奖两项。学院在北京科技大学第二十届“摇篮杯”竞赛中荣获“优胜杯”，在第五届中国“互联网+”大赛校级赛中荣获“优秀组织奖”。③开展第十五届研究生学风建设系列活动。以名家讲坛为依托，邀请国内外知名专家学者举办专家报告会20余场，覆盖全院研究生达1500余人次。开办“赛博论坛”，内容涉及论文写作、求职就业、心理辅导等。活动期间共评选出优秀论文5篇。2018级硕士薛程谦获得北京科技大学学术三分钟银奖。包头科技服务与挂职锻炼实践团在校级评审中以第一名成绩荣获实践标兵团队称号，北方华创科技服务团、唐山科技服务团荣获北京科技大学优秀实践团队荣誉称号。④截至2019年8月31日，研究生就业率100%，签约率93.67%，本科生深造率63.12%，本科生就业率98.01%。学院荣获总就业率、本科生深造率、研究生签约率和就业市场建设优胜奖。⑤学院统筹各方资源，构建包含辅导员、全程导师、班导师、任课教师以及学生骨干的全方位立体心理素质安全教育工作网络，时刻关注学生的心理健康，积极深入网络阵地，抓好安全稳定工作。⑥积极开展具有实效的学生勤助工作，加强对学生的励志教育、诚信教育、感恩教育。2019年学院共认定233名申请家庭经济困难的学生。家庭经济困难学生受资助覆盖率连续六年100%。共有143名受助学生获得奖学金、各类荣誉称号，占比61.4%；共有15名2016级受助学生已成功保研；6人荣获北京科技大学“勤工助学先进个人”荣誉称号；1人荣获“诚信建设万里行”主题演讲比赛校内赛三等奖。同时，学院引入校友资源，设立校友专项资助基金，每年共资助学生183000元，重启“孙一康奖学金”，举办“自动化95”奖学金和“刘芹奖学金”颁奖及揭牌仪式，获捐亿智基金100万元。⑦举办丰富多彩的科技文体活动。结合校友资源，首次筹备举办第一届北京科技大学“亿智杯”人工智能创新大赛。强化团系合作，持续举办单片机应用大赛和传感器创新大赛。加强院企合作，举办索奥创新创业论坛。举办“时光熠玖AI在未来”自动化学院2019届毕业生晚会。在第五十八届校学生运动会中取得乙组男子团体项目冠军、女子团体项目冠军和男女混合团体项目冠军的佳绩，并获得体育道德风尚奖和团体操表演三等奖。⑧筹备召开了自动化学院第一次团代会，成立了自动化学院青年教师团工委，凝心聚力贡献青春力量。⑨设计制作学院吉祥物小自，依托学院团委新闻宣传部，成立“小自视频”工作室，积极探索网络思政新模式，切实提升思想政治教育亲和力。⑩宋广轩、樊芳获“北京市三好学生”称号，自1602班获得北京市优秀班集体、87校友基金最佳团队，自硕1802班获得研究生标兵班集体，自1603班团支部、智能1603班团支部获首都大学、中专院校“先锋杯”优秀团支部称号，秦昕获首都大学、中专院校“先锋杯”优秀团干部称号，柳思思、辛昱呈获首都大学，中专院校“先锋杯”优秀团员称号；24人获国家奖学金，其中本科生12人，硕士研究生9人，博士研究生3人。⑪举办“榜样自动化”——自动化学院2019年学生表彰大会。⑫辅导员开展集体学习研讨11次。6人次参加教育部和北京市的专题培训学习。

（李　擎、程海雨）

计算机与通信工程学院

【概况】 计算机与通信工程学院下设4个系：计算机科学与技术系、通信工程系、物联网与电子工程系、信息基础科学系；1个教学实验中心；4个研究所：计算机与系统科学研究所、知识工程研究所、先进网络技术与新业务研究所、软件工程与网络空间安全研究所；5个省部级科研基地：材料领域知识工程北京市重点实验室、北京市融合网络与泛在业务工程技术研究中心、赛博（网电空间）北京市国际科技合作基地、北京市网络空间数据分析与应用工程研究中心（联合单位）、智能超算融合应用技术教育部工程研究中心；2个省部级教学基地：北京市高等教育教学实验示范中心、北京高等学校示范性校内创新实践基地。

2019年，学院共招收本科生12个班359人，全日制硕士研究生248人（其中学术型研究生120人、专业型研究生128人），博士生31人。毕业本科生440人，就业率为95.23%，深造率为50.36%。毕业硕士研究生210人，博士研究生29人，综合就业率为100%。至年底，学院共有在校学生2523人，其中本科生1598人（含留学生47人），硕士研究生709人（含留学生48人），博士研究生216人（含留学生32人）。

（隆克平、李　宁）

【师资队伍】 学院共有教职工149人，其中专任教师105人（教授33人，副教授50人），博士生导师25人。有“长江学者”特聘教授1人，国家杰出青年科学基金获得者1人，国家优秀青年科学基金获得者1人，教育部新世纪优秀人才3人，市级教学名师2人，校级教学名师1人。引进各层次人才2人，补充专任教师6人，引进“海外名师”IEEE Fellow 1人（美国籍）。6人晋升教授职称，5人晋升副教授职称，1人晋升高级讲师职称。6人次在国际学术组织任职，15人次在国际高水平SCI期刊担任编辑和客座编辑，赴国外高水平学院访学交流31人次。成立教师教学发展中心，通过“名师讲堂”“领航计划”，多措并举助力教师成长。

（隆克平、李　宁）

【人才培养】 本科生教学方面。完成通信工程专业第二轮工程教育专业认证专家入校考察。积极落实本科生导师制，全面统筹推进。1名教师获北京市高等学校教学名师奖、1 名教师获北京市高等学校青年教学名师奖、1 名教师获“谭浩强计算机教育基金杰出教师奖”暨“计算机基础教育优秀教师奖”。获批校级精品在线开放课程建设立项 6 项；全英文教学示范课立项 1 项；“三全育人”综合改革研究课题 1 项；校级规划教材重点项目 1 项。

研究生教学方面。加强招生宣传，注重过程管理，研究生培养质量进一步增强。开展“学院教授与梯队研究生招生宣讲会”“暑假夏令营”等活动，提升生源质量。加强研究生培养过程的管理，提升研究生创新能力培养，举办“研究生国奖获得者报告会”“研究生国奖获得者论文写作交流会”等活动。2019 年，学院研究生就业率 100%，研究生培养质量持续提升。

（王建萍、殷绪成）

【学科建设】 学院设有 5 个本科专业：计算机科学与技术(首批国家级特色专业)、通信工程、信息安全、物联网工程(国家级特色专业)、电子信息工程（2014 年停止招生）；2 个普通硕士一级学科点：计算机科学与技术、信息与通信工程；2 个工程硕士授权领域：计算机技术、电子与通信工程；2 个一级学科博士点：计算机科学与技术、信息与通信工程；5 个二级学科博士点：计算机系统结构、计算机应用技术、计算机软件及理论、通信与信息系统、信号与信息处理；2 个博士后流动站：计算机科学与技术、信息与通信工程；2 个北京市重点学科：计算机系统结构、通信与信息系统。

深入分析学科在师资队伍与资源、科研平台与奖励、社会服务与学科声誉等方面的优势和不足。明确学科建设方向和建设目标，从学科评估各项指标入手，制定学科建设规划具体措施，并稳步扎实地开展工作。围绕学院一流学科建设，特别是大数据、人工智能、5G 通信时代背景下计算机与通信学科内涵建设与持续发展实际问题，举行了多次学科建设专题研讨会和教授访谈会。持续建设紧跟学科前沿、融合学校优势的计算机与通信学科方向，在智能与超算、工业网络与信息处理等方向，学院初步形成了国内一流的北京科技大学计算机与通信科学特色。

计算机科学学科自 2018 年 7 月进入 ESI 前 1% 以来，连续一年多稳居 ESI 全球机构学科排名前 1%，且排名持续稳步上升。

（隆克平、殷绪成）

【科学研究】 ① 2019 年累计到账科研经费 4053.71 万（纵向经费 3089.63 万，横向经费 964.08 万），获国家自然科学基金 10 项（其中 1 项重点专项），国家重点研发计划课题（任务）5 项，获军口项目 8 项（经费 99.2 万）。②高水平论文翻一番，科技奖励成绩喜人。发表 JCR 一区二区论文 65 篇（较上年增加 47.69%），授权发明专利 36 项，成果转化 1 项，科学技术成果鉴定 1 项。获天津市科技进步奖 1 项（人员牵头）、青海省科技进步奖二等奖 1 项（人员排名 6）、中国电子学会科技进步奖三等奖 1 项（牵头），另牵头申报了北京市科技进步奖 2 项。③稳步推进省部级基地建设，获批“智能超算融合应用技术教育部工程研究中心”。

（宁焕生）

【交流与合作】 ①培养拥有境外学习经历的本科生和研究生 58 名，培养来华留学生 106 名。②执行引智项目 6 项（5 项学校特色项目，1 项校级高端项目），并与美国普林斯顿大学、美国福特汉姆大学、美国里海大学、希腊亚里士多德大学、意大利斯图加特大学、首尔国立大学、伦敦大学玛丽皇后学院、悉尼科技大学等建立了合作与交流。③全年出国（境）参加各类学术会议或进行合作研究的教师人数 31 人次，赴境外访学教师 8 人。培养 1 名外籍青年教师，并获得科技部“国际杰青”称号。签约 IEEE Fellow Kaveh Pahlavan 教授，作为学院高层次外籍教师。④学院学生在第十三届 iCAN 国际创新创业大赛中国总决赛获得二等奖一名，三等奖两名；北科超算队在 2019ASC 世界大学生超级计算机竞赛 (ASC19) 中荣获二等奖；在 2019 计算机博弈锦标赛等国际比赛中摘得金银铜奖。组织学生赴美国密苏里大学堪萨斯市分校、英国贝尔法斯特阿尔斯特大学开展暑期实践交流活动。⑤创建并举办“2019 国际网络空间大会（2019 Cyberspace Congress）”，成功承办“第 28 届无线与光通信国际会议（WOCC 2019）”。⑥与奥斯特大学洽谈签订合作谅解备忘录，就联合科研，本科、硕士及博士生联合培养，科研交流访问等达成一致意见，推动两校合作发展。⑦在学校“鼎新北科”国际化平台建设评估中，学院被评为“优秀”。

（宁焕生）

【党建与学生工作】 基层党组织建设方面。①扎实开展“不忘初心、牢记使命”主题教育。聚焦主题主线，开展学习教育。主动深入群众，开展调查研究。突出问题导向，解决实际困难。坚持贯穿结合，推动问题整改。②全力配合校内政治巡察，认真开展自查整改。把自查整改与科学管理和学院事业发展紧密结合，针对巡察组提出的四个方面、六个突出问题，开展对照检查、列出清单、建立台账，层层传导压力，确保通过整改取得实际效果。③固本强基，夯实基层组织队伍建设。加强支部规范化建设，实施“5271”党员发展模式，全年发展党员99人；成立专题指导组，指导各党支部完成主题教育，并实现党支部组织生活全覆盖。④坚持特色，支部战斗堡垒作用成绩突出。教工、学生党支部立项、学生党支部红色“1+1”活动参与率100%；研186党支部入选全国党建样板支部（全国1000个）；本17、18联合党支部获北京市红色“1+1”示范活动一等奖，另有4个党支部获北京市红色“1+1”示范活动优秀奖；学院党委“抓实抓常‘四个一’，切实提升组织力”案例入选中组部、教育部《基层党组织书记案例选编（高校版）》。

学生工作方面。①紧密围绕人才培养根本任务和校院事业发展大局，强化“以党建为龙头、以学风为关键、以创新为亮点、以队伍为依托、以安全为基础、以就业为导向、以团学为辅助、以勤助为保障”的工作思路，坚持“育人为本、德育为先”，全面助力学生成长成才。②270名师生参与庆祝新中国成立70周年活动，增进学生爱国主义情怀和民族自豪感、认同感。③加强对团学组织、党支部、班团的指导力度，1个班级获评北京市先进班集体，4个班级获评校级先进班集体、优秀团支部标兵，9个班级获学校先进班集体、优秀团支部；1个班级获评校级研究生标兵集体，2个班级获校级研究生优秀集体；4支队伍获校级科技服务与挂职锻炼优秀实践团队。④开展双创教育，继续做好“满井谷互联网+前沿技术论坛”系列讲座，先后邀请华为、高德地图、神州泰岳及中公教育等知名企业工程师来院开展了7次前沿技术培训，参与人数2000余人次；举办“超级焊将”电焊技能培训、Python培训、单片机培训、WEB技术培训、多媒体技术系列培训等10余次，参训800余人次。⑤组织学生参加各级各类科技竞赛30余项，获国家级奖项142人次、市级奖项240人次，获奖总数位列全校前茅。⑥举办模拟求职大赛、校友话就业、“IT名企求职坊”等活动，引导学生强化求职意识、提升求职能力。开展“IT名企行”活动，走访中国航信、神州信息、浪潮等业内知名企业。全年举办专场招聘会23场，新引进单位14家，走访企业13家。⑦学院2019届毕业生总就业率96.92%，研究生签约率91.71%，就业率100%；本科生深造率50.36%。学院获评2019年度北京科技大学“优秀就业市场建设奖”。

（蒋　韬、杨　健、田　斌）

数理学院

【概况】 数理学院下设5个系：应用数学系、信息与计算科学系、物理系、应用物理系、应用力学系；3个中心：现代物理技术研究中心、绿色创新中心、实验中心；2个研究所：应用数学研究所、应用物理研究所。学院拥有1个国家级教学平台：国家工科物理课程教学基地；4个省部级教学科研平台：实验教学（物理）北京市示范中心、磁光电复合材料与界面科学北京市重点实验室、弱磁检测及应用北京市工程技术研究中心、科技部材料模拟设计实验室。

2019年学院数学按大类招生4个班，应用物理学招生3个班，理科试验班招生3个班，共招收本科生291人、硕士研究生141人（其中非全日制软件工程硕士33人）、博士研究生29人。毕业本科生203人，深造率61.58%，就业率 91.13%；毕业博士研究生 12 人、硕士研究生 92 人（不包含非全日制软件工程硕士），就业率 98.08%。至年底，学院共有在校生 1467 人，其中本科生 1042 人、硕士研究生 297 人、博士研究生 128 人。

（陈　骏）

【师资队伍】 学院共有教职工 167 人，其中专任教师 140 人（含正高级职称教师 38 人、副高级职称教师 57 人）。教师中具有博士学位的有 121 人，占教师总数的 86%，其中 11 人具有国（境）外博士学位。聘请中国科学院院士 2 人担任顾问，拥有加拿大工程院院士 1 人、国家杰出青年基金获得者 1 人、国家百千万人才工程“有突出贡献中青年专家”1 人、全球 ESI 高被引科学家 1 人、全国五一劳动奖章获得者 1 人、国务院政府特殊津贴专家 2 人、全国高校青年教师教学基本功比赛一等奖获得者 3 人、国家基金委优秀青年基金获得者 1 人、“长江学者奖励计划”青年学者 1 人、北京市教学名师 5 人、北京市青年教学名师 2 人、北京市优秀教师 1 人、教育部新世纪优秀人才 4 人、北京市科技新星 1 人、首都劳动奖章 2 人。

2019 年学院从人员补充、人才引进、岗位聘任、师资队伍规划以及培育等方面加强师资队伍建设工作。①加强高端潜质人才引育工作。引进特聘教授 1 人、特聘副教授 2 人，补充师资 8 人，入站学科博士后 3 人；晋升正高级专业技术职务 4 人，晋升副高级专业技术职务 4 人；入选国家公派出国项目 4 人，长期公派出国 11 人，回国 6 人。新增博士生导师 1 人、硕士生导师 7 人。刘焕明入选加拿大工程院院士，王荣明入选国家百千万人才工程被授予“有突出贡献中青年专家”荣誉称号，申亚男、郑连存荣获北京高校优秀本科育人团队。数学教研工作室被授予“北京市工人先锋号”。13 人荣获学校首届“教师职业荣誉奖”。②加强师德师风建设。发挥院系两级党组织把好“政治关、师德关”作用，积极落实“师德师风”一票否决制，树立“师德师风不好就是不合格教师”、增强“不触犯师德师风负面清单”的底线意识，学院师德师风优良，涌现大批优秀教师。李娜荣获第三届北京市青年教学名师称号，王荣明荣获北京科技大学第五届教学名师称号，储继迅、胡志兴、臧鸿雁荣获北京科技大学“我爱我师——我心目中最优秀的老师”公共课奖，李泉水、郑新和、王丹龄荣获北京科技大学“我爱我师——我心目中最优秀的老师”专业课奖。③加强考核聘任及规划培养工作。完成各类人员年度考核工作。开展聘期考核及聘任工作，完成 2016 聘期考核和 2019 聘期岗位聘任工作，扎实开展编制核算、岗位设置、竞聘条件及岗位职责设置、竞聘答辩等工作，制定《2019 聘期各类岗位聘任实施细则》，岗位聘任首次实施以教育教学、科学研究、学科发展、社会服务为主要内容的量化考核体系。推进师资队伍引育规划，制定《2019 聘期人才引进计划》《2019 聘期人才培育规划》《2019 聘期师资队伍培育工作方案》；推进青年教师培养，组织“相识数理”新入校教职工座谈会，推动各学科人才培养，助其通过“教学关、科研关”。

（陈　骏、刘雨芙）

【人才培养】 2019 年，学院 300 多个本科生讲台运行平稳，课程教学相关事宜圆满完成；本科生融入导师的研究生团队，2019 级 346 名学生全部配备导师，全校遴选理科试验班本科生导师；完成每学年的班导师选任、考核；完成本科生毕设和本科生 SRTP 申报。保证教学各项事宜顺利完成。改组学院督导组，由田跃、陈章华、苏永美、卫宏儒四位教学经验丰富的老师担任新一届督导组成员，督导青年教师课堂，使他们顺利通过教学关。为不断提升教学水平，提高人才培养质量，加强教师在教学方面的交流和研讨，数学学科成立数学教学中心及教研室。数学教研工作室被授予“北京市工人先锋号”，荣获 2019 年“北京高校优秀本科育人团队”。

学院联合中科院半导体所、中芯国际集团探索产学研创新人才培养新模式，实现高校、研究院所间本科生、研究生无缝接续培养及跨高校、企业间的人才培养对接模式。逐步推进与中芯国际合作协议的签订、兼职导师聘任、联培硕士生、合作指导本科毕业设计、就业等工作，显著提升研究生培养质量；中科院半导体所为“黄昆班”优秀学生设立奖学金，2019 年有 5 人获得黄昆特等奖学金（5000 元 / 人），有 21 人获得黄昆奖学金（2000 元 / 人）；继续推进“闵嗣鹤数学精英计划”，2 名学生获得闵嗣鹤奖学金。2 名博士生获校级优秀博士学位论文，1名博士研究生获学校学术之星提名奖。

教学成效显著。李娜获第三届北京市青年教学名师奖；王荣明获评第四届北京科技大学教学名师；刘白羽和曹丽梅获得第十一届“北京市高校青年教师教学竞赛”理科组一等奖；朱婧获2019年度青年教学骨干人才；李娜获学校2019年度本科教育教学改革与研究重点项目；张师平、张俊燕、王彩凤、王丹龄、赵东红、明春英获学校2019年度本科教育教学改革与研究面上项目；《线性代数》获北京高校优质本科教材；卫宏儒、李为东、徐岩、朱婧、沈政伟、牛敏、赵鲁涛、廖福成、李泉水、吴平、陈艳萍、柳祝红获学校2019年度“十三五”规划教材（讲义）立项；沈政伟、王彩凤获学校2019年度全英文示范课程建设项目；白敬获第四届“全国高校数学微课程教学设计竞赛”一等奖。

学院教师指导本科学生参加2019年全国第十届大学生数学竞赛及北京市第三十届大学生数学竞赛，学院学生共有60人获奖，其中市级一等奖5名、二等奖9名、三等奖12名，国家级一等奖5名、二等奖12名、三等奖17名。指导本科学生参加2019年全国大学生数学建模竞赛，1支参赛队荣获全国一等奖，1支参赛队荣获全国二等奖，2支参赛队荣获全国三等奖，3支参赛队获得优胜奖。

（刘　宇、丁红胜、刘冬阳）

【学科建设】 学院设有4个本科专业：数学与应用数学、信息与计算科学、应用物理学、理科试验班；1个一级学科博士点：物理学；2个二级学科博士点：固体力学、一般力学与力学基础；2个一级学科硕士点：数学、统计学。

完成磁光电功能材料制备与表征平台（二期）和高性能交叉运算平台（二期）建设。顺利完成物理学一级学科博士学位授权点教育部合格评估，统计学一级学科硕士授权点北京市合格评估，并以评估发现的学科建设中存在问题为导向，有针对性地实施促进学科发展与改革的办法与举措。

优化学科团队，凝练学科方向，结合人才引进加强二级学科建设；加强“北京市弱磁检测及应用工程中心”和“磁光电复合材料与界面科学”北京市重点实验室建设。在最新QS世界大学学科排名中，数学、物理近三年连续入围世界400强，数学位列全球第251—300位、内地高校第17位，物理学位列全球第351—400位、内地高校第20位。

（陈　骏、丁红胜）

【科学研究】 ①2019年，学院获批国家自然科学基金12项（面上基金8项、青年基金3项、国际合作1项），获批项目数位列校内二级单位第四位，获批国家重点研发计划重点专项1项516万元。学院获批北京市自然科学基金2项（面上1项、青年1项）。2019年学院总经费约为1707.3万元，其中纵向经费到账金额约为1455.6万元。

论文质量稳步提升。2019年，共发表SCI论文189篇，其中JCR分区一区和二区论文97篇。青年教师赵伟峰在数学顶级期刊SIAM系列期刊发表论文，青年教师冯致程在国际著名数学杂志 *Compositio Mathematica* 发表论文。尚新春教授荣获2019年高等学校科学研究优秀成果奖（科学技术进步奖）一等奖（排名第19）；陈明文教授获2019年中国机械工业科学技术奖（技术发明奖）一等奖（排名第9）；青年教师王建军荣获2019年高等学校科学研究优秀成果奖（自然科学奖）二等奖（排名第5）；青年教师樊登贵荣获第五届中国力学学会自然科学二等奖（排名第2）。②组织“理学之美”名师讲坛4次、前沿论坛29次、青年论坛9次，共计42次。邀请全国政协常委、中国科协副主席、中科院院士袁亚湘，北京大学数学科学学院教授、中科院院士张继平等4位教授做客名师讲坛；邀请俄罗斯Vladimir I.Belotelov教授、英国Martin Dove教授等30余位专家做客前沿论坛、青年论坛。

（陈　骏、陈艳萍）

【交流与合作】 推动交流与合作，增强学术影响力和学科实力。2019年8月23日至27日，学院承办第七届中印日韩生物数学国际会议。来自印度理工学院、日本东京大学、韩国釜山国立大学等高校的近60位学者和来自中国科学院等机构的近130位国内学者参加会议。获批1项外专引智项目，经费20.8万元；获批3项国家自然科学基金国际（地区）合作与交流项目，总经费313.18万。推进国际合作人才培养，选派学生到圣三一学院联合培养。

（陈　骏、陈艳萍）

【党建与学生工作】 固本强基，加强党的政治建设。①完善党政联席会和党委会制度，召开党政联席会23次、党委会12次；完成业务副院长、系班子、教工党支部换届；推进“两学一做”学习教育常态化制度化，开展理论中心组学习13次，全院18个党支部开展支部组织生活累计二百余次；发展学生党员73名，预备党员转正42名，发展教师党员1名；深化领导班子联系基层，召开座谈会10余次，班子成员与师生一对一谈话百余次；加强学生党员教育管理，举办学生党支部书记培训5次、全体学生党员培训2次、新生启蒙党校1次、积极分子培训班2期；以党建带团建，在团支部开展“对标强心”工程，召开学院第一次团代会，举办一期团校培训班，两次团学骨干述责测评，结合新中国成立七十周年、校庆等重要时间节点开展活动，组织班会、团日等活动累计170余场，第二课堂“到梦空间”发布活动590个，参与7429人次。年内，数理本科15级第三党支部获红色“1+1”示范活动北京市三等奖、校级一等奖；数理本科15第二党支部开展马连洼街道助学活动获北京市优秀奖；数理大二大三联合党支部、数理本16第三党支部获北京市优秀奖，数理大二大三联合党支部获“北京市基层组织项目优秀奖”。②紧扣主题，高质量开展主题教育。深入学习，认真调查研究。制定“不忘初心、牢记使命”主题教育工作方案、召开动员部署会、开展集中学习研讨、进行了7个专题的领学和辩学；专题调研10次并进行成果交流；班子成员讲党课7次；师生党支部组织党员开展学习、座谈50多场，召开专题组织生活会；检视问题，整改落实。召开对照党章党规找差距专题会；召开专题民主生活会，检视问题22项，18项完成整改，4项持续整改；召开主题教育成效评估通报会及总结报告会。③创新形式，强化基层党组织政治功能。构建学院荣誉体系。制作党员荣誉银牌、金牌16块颁发给入党整十年、二十年、三十年的党员；召开两优一先表彰大会，表彰校、院级优秀党务工作者、优秀党员11人次，先进基层党组织1个；加强师德师风建设，开展“三全育人”大讨论，举办“守初心、担使命，深化‘三全育人’，让思政之星在课程中闪光”课程思政教学比赛；开展爱国主义教育，开展“我和我的祖国”主题党日，组织师生党员参观展览、红色教育基地、观看爱国电影、观看国庆70周年庆典、“我与祖国共奋进主题宣讲活动”、国庆群众游行等活动。④强化管理，严格落实意识形态工作责任制。强化意识形态工作研判，研判教师意识形态工作2次、学生3次；与各支部签订意识形态工作责任书；梳理意识形态风险点7条，制定防范措施；加大对教师意识形态工作的管理，对有问题的教师严格处理；完善出国师生的行前、出国期间、归国教育机制；加强对学生意识形态工作的摸排和管理；加强对挂靠学院学生社团的管理，强化指导教师责任；加强意识形态阵地管理，严格落实会议室“谁借用、谁负责”制度。⑤守土尽责，深化落实全面从严治党主体责任。深入调研，全面从严治党。在全院所有教师党员中进行全面从严治党专题调研，召开教师党支部纪检委员、教师党支部书记及党员代表、学生党支部书记及党员代表座谈会，检视问题，进行整改；加强党风廉政建设，主要负责人与班子成员、三级机构签订党风廉政建设责任书；梳理学院党风廉政建设风险点28项，制定防控措施；传达中央对全面从严治党、党风廉政建设和反腐败工作的部署，观看廉政视频；组织全体党员学习《中国共产党问责条例》；邀请学校纪委副书记进行“讲政治、明纪律、守规矩”讲座；采取多形式多渠道开展党务公开、信息公开工作。⑥明确职责，突出履行基层党建工作责任。严把人才引进、教师评奖评优等重大事项的政治关，实行师德师风一票否决，学院党委对新引进教师政审把关30人次；抓好党员教育管理，提升党员战斗力，将“学习强国”学习情况纳入学生业余党校结业考核；学院党委书记、院长10月为全体教师党员、全体学生党员和入党积极分子讲党课；加强对工会的领导，开展丰富多彩的活动，做好暖心工程，开展文体活动月，组织纪念建国70周年教职工文艺汇演，开展“教职工新年联欢会”，做好凝聚工程；为家庭困难教职工发放福利慰问，开展冬季服务月，做好暖心工程。⑦落实责任，加强网格化安全管理。制定《数理学院“平安校园”建设提升工程网格化安全管理工作方案》，建立网格化安全管理组织体系，明确网格划分，确定院系两级格长、副格长及工作组人员，梳理安全管理内容；根据网格化安全管理人员变化，相应调整学院消防安全组织机构成员；强化公房安全责任教师及安全员的责任意识，学院与三级单位、三级单位与教师个人逐级签订安全责任书；加强月度安全检查，强化实验室安全管理，重点开展危化品安全检查和整改；组织消防、治安、交通等安全讲座，组织开展消防疏散演习和灭火器材使用培训，实现安全零事故。⑧关爱老同志，做好老同志服务慰问工作。陪同老同志重阳节集体祝寿，为老同志精心选购礼品；组织探望慰问高龄老同志，将温暖送到家里送到病房；协助组织离世老同志告别仪式，协助做好家属抚慰工作；组织“离退休教职工新年联欢会”，通报学院工作情况，和老同志共度新年、心手相牵；协助开展老同志生平调研，整理撰写“校园纪事”。

学生工作方面。①重视基础教育，加强学风建设，做好学业辅导工作。依托学业辅导工作室“学业帮棒堂”，开展朋辈辅导5门课程，“英才论坛”发展交流会7场，定点帮扶学业困难重点关注学生16人，累计受益学生800余人次，大一、大二年级挂科率和转专业率均有所下降。注重特色培养，召开理科试验班专业讲解会、直博报告会17场。②着力提升学生创新能力。鼓励学生本院深造，发放院长奖学金5万元，奖励学生5人。组织本科生参加SRTP立项50项，理科试验班参与率达100%；年内，207人次在校级、市级、国家级竞赛中获奖，物理1601获“87级校友基金”最佳团队；张明同学荣获第十届全国大学生数学竞赛决赛一等奖；王晓帅同学荣获第五届全国大学生物理实验竞赛一等奖；本16级国防生包揽“砺剑奖学金”全部奖项。③促进学术交流，拓展研究生视野。学院举办第十四届研究生学术论坛，组织开展“理学之美”名师讲坛、青年论坛、学术沙龙等活动，为学生精选有益内容，开展专业讲座33场，评选产生4位学院学术之星，其中1名获评校级“十佳学术之星”提名奖。组织学生参加学校第三届研究生学术三分钟演讲比赛，获金奖1人、银奖1人。年内，19名学生参加国内外交流活动。④加强基层组织建设，设计多种主题的班团一体化活动，开展主题班团日134场。为新生班级配备小班主任，协助辅导员做好学生专业引导。开展新生教育系列活动逾84场。加强高年级班级建设指导和表彰宣传，努力以良好的班风带动学风，物理1601荣获“87级校友基金”最佳团队，数学171班荣获校级先进班集体、优秀团支部标兵，数理硕1804荣获校级研究生先进班集体标兵。⑤加强学生心理素质教育工作。坚持月度研讨制度、“一人一档”重点学生追踪方案。加强对“意识形态”类别学生的关注和管理，广泛搜集相关情况，适当进行正向对冲教育引导。认真完成春秋两季心理排查及研判，全年长期重点关注学生40余人，建立院级心理危机事件预案，支持辅导员参加心理健康教育培训。辅导员参与《大学生心理健康》授课36个学时。⑥持续完善学生资助工作体系。2019年加强资助工作信息细节随访等方面，对137名本科生进行家庭经济困难认定，与困难认定学生家庭定期联络。学院共计4人成功申请校园地助学贷款。严格按照学校要求建立学院、年级、班级的三级评选小组，评出各类助学金获得者139人次，实现困难学生100%覆盖。⑦将“精准就业”作为目标和方向。2019年，举办3场院级宣讲会、1场新生职业生涯规划讲座，通过网络平台长期推送就业信息。开展就业动员会、政策宣讲会、简历指导等活动，覆盖200余人次，带领50余名学生走访2家企业。同时，学院动员专业教师、优秀校友等为就业困难学生推荐工作。⑧加强征兵宣传工作，深入学生群体动员和讲解政策。2019年学院参军任务数2人，参军报名共8人，实际走兵数3人，完成当年征兵任务。

宣传工作方面。在北科大新闻网发布新闻81篇，其中新闻导读8篇。维护“数理动态”学院微信平台、“学业帮棒堂”学业辅导平台。“数理动态”平台总关注人数为4398，全年共推送337篇，总阅读量210250次，转发次数2310次。

（张俊燕、刘雨芙、刘冬阳）

化学与生物工程学院

【概况】 化学与生物工程学院设2个系：化学与化学工程系、生物科学与工程系；3个省部级重点实验室：生物工程与传感技术北京市重点实验室、功能分子与晶态材料科学与应用北京市重点实验室、北京科技大学农药残留与环境毒理实验室（农业部农药登记残留试验认证单位）；1个挂靠单位：生物工程与传感技术研究中心。2018年成立北京科技大学生物与农业研究中心，为融合创新研究院三级机构，接受融创院和化生学院双重管理。2019年，学院共招收本科生4个班118人，其中应用化学58人、生物技术60人；招收硕士研究生128人、博士研究生39人。毕业本科生104人，深造率57.69%；毕业硕士研究生108人，毕业博士研究生24人，综合就业率96.86%。至年底，学院共有在校生802人，其中本科生432人，硕士研究生256人，博士研究生114人。

（曾　芳、李正平）

【师资队伍】 学院现有教职工117人，其中专任教师100人。专任教师中教授36人（博士生导师26人）、副教授30人、讲师34人。教育部"长江学者"特聘教授2人，国家杰出青年基金项目获得者3人，"万人计划"领军人才3人（其中，百千万工程领军人才1人，科技创新领军人才1人，科技创业领军人才1人），国家优秀青年科学基金获得者1人。享受国务院政府特殊津贴3人，入选教育部新世纪优秀人才资助计划8人，北京市科技新星6人。范慧俐教授荣获第十五届北京市高等学校教学名师奖。张少青副教授于2018年和2019年连续入选科睿唯安"高被引科学家"名录，2019年同时入选材料科学与化学学科双领域，其被引频次位于同学科前1%。万向元教授荣获第十三批"北京市有突出贡献的科学、技术、管理人才奖"。年内，晋升正高职称2人、晋升副高职称3人，新增博新计划2人。专任教师中具有高级职称的教师比例为66%，具有博士学位的教师比例为97%，非本校毕业的教师比例为75%。2019年，学院成立教师发展中心，为大力提升教师教育教学能力，培养高素质教师队伍提供平台，并依托教师发展中心举办首届化生学院青年教师学术论坛。

（曾　芳、孟菲菲）

【人才培养】 本科教学方面。①推进落实学校"三全育人"综合改革试点工作。继续坚持"以本为本，推进四个回归"，完善本科教学质量保障体系，坚持内涵式发展，提升本科教学水平。②进一步落实本科生导师制，推进育人效能。修订《北京科技大学化学与生物工程学院本科生导师制工作实施办法（试行）》和《北京科技大学化学与生物工程学院本科生导师制考核细则（试行）》，充分发挥导师在学业辅导、学术引导、规划指导等方面的作用。采取有效措施推动各方育人主体的良性互动。③2018—2019学年度全院教师共承担98个讲台、4786学时的课堂教学和10740学时的实验教学；指导105名本科生（含双学位1人）毕业设计（论文）。④在北京科技大学2019年度本科教育教学改革面上项目评审中，车平老师的"普通化学课程思政教育模式研究"、周花蕾老师的"微课和慕课背景下《无机化学B》课程多元教学方法的研究"和闫红亮老师的"《化学与社会》教学内容整合与微课建设"获得学校资助。⑤学生积极参加各类学科竞赛，2019年获得：第十届"挑战杯"首都大学生课外学术科技作品竞赛一等奖1队；第三届全国大学生生命科学竞赛二等奖1队；第五届北京市大学生生物学竞赛团队一等奖2队，三等奖1队。1人获得第五届北京市大学生生物学竞赛个人一等奖，6人获二等奖，12人获三等奖；5个团队获得北京市大学生化学实验竞赛二等奖。

研究生教学方面。①大力推进研究生招生、培养工作。制作研究生招生宣传学科（化学，生物）版和学院版宣传册，试行"推免生预报名系统"，调整硕士生招生考试考核内容，加强研究生复试过程管理，制定《化学与生物工程学院2019年硕士研究生招生考试复试与录取工作方案》《化学与生物工程学院研究生复试工作人员遴选办法》《化学与生物工程学院研究生复试小组工作基本规范》《化学与生物工程学院研究生招生考试涉密工作人员安全保密责任书》等相关文件，对参加命题、阅卷、复试教师进行集中纪律培训，同时购置保险柜及录像机，保证招生录取工作公平、公正开展。制定《化学与生物工程学院研究生申请学位条件》，逐步实现硕博论文全部参加匿名评审，保证研究生培养质量。②制作《研究生研究记录册》，规范硕博研究生科研过程，将科研诚信教育落到实处。③积极鼓励研究生参与海外学术培养与交流，多渠道动员导师支持，制度保障海外交流补贴，提高研究生培养国际化程度。2019 年学院 2 人入选“国家建设高水平大学公派研究生”项目，7 人次进行海外学术交流。④ 2019 年获评优秀博士论文 1 篇，硕士论文 2 篇；按照北京市教委反馈的硕士学位论文抽检通讯评议结果，学院抽评 4 本硕士论文都达到较好水平。⑤鼓励教师申报“北京科技大学研究生教育奖”，学院教师李文军、王明文分别获得教学优秀奖、论文指导优秀奖。

（范慧俐、曹艳秋）

【学科建设】 学院设有 2 个本科专业：应用化学、生物技术；5 个硕士学科点：化学、化学工程与技术、化学工程、生物、生物工程；1 个博士学科点：化学；1 个牵头共建北京市重点交叉学科：光电信息材料与器件；1 个博士后流动站：化学。化学学科自 2012 年起连续 8 年进入 ESI 排名世界前 1%，排名逐年上升。化学、化学工程和生物科学进入 QS 世界大学学科排名前 500，化学学科提升明显，进入前 250，化学工程进入第 251—300 位，生物学科首次进入榜单。

积极助力学校“双一流”建设，推进落实学院“十三五”事业发展规划。学院以国家创新驱动发展战略和“双一流”建设为指引，贯彻落实《北京科技大学综合改革方案》，凝练学科方向、加强工理协同、促进化学、生物、冶金、新材料、信息、新能源、环境等学科技术交叉融合。完成了新工科专业申报，积极申报“健康检测工程”新工科专业，不断打造学科建设新的增长点。完成“化学工程”专业到“材料与化工”专业，“生物工程”专业到“生物与医药”专业调整所需的专业领域设置建议的讨论与汇总。

（李正平、范慧俐）

【科学研究】 2019 年到账科研经费 3196.67 万元。申报国家自然科学基金 60 项、北京市自然科学基金 16 项，9 个项目获得国家自然科学基金资助。② 学院继续保持高水平论文发表的良好势头。2019 年发表 SCI 学术论文 119 篇，16 篇论文在 *Chem. Soc. Rev.*、*Adv. Mater.*、*Adv. Energy. Mater.*、*Nat. Commun.*、*J. Am. Chem. Soc.*、*Angew. Chem. Int. Ed.* 等高水平杂志发表。陈飞武教授团队在 *Journal of Computational Chemistry* 上发表的论文入选“2009—2019 我国高被引论文中被引用次数最高的 10 篇国际论文”，高居第三名。该论文自发表以来，十年间已被引用 3797 次。张少青副教授论文入选 2018 年中国百篇最具影响国际学术论文（2019 年评选）。③ 2019 年申请发明专利 20 项、实用新型专利 4 项，2 项科技成果获得转化。④ 查俊伟、王东瑞等教授参与的“电极化储能复合电介质材料结构性能联调的基础理论与方法”项目获“2019 年度高等学校科学研究优秀成果奖自然科学奖”一等奖；姜建壮教授参与的“磁性、催化功能分子材料体系的构筑及结构性质研究”项目获“山东省科技进步奖”三等奖；万向元教授团队主持的“玉米多控不育技术体系建立及其育种和制种应用测试”入选 2019 年“第十一届大北农科技奖”。⑤ 北京中智生物农业国际研究院在平谷正式落地启动，首任院长由学院万向元教授担任，是北京市在生物农业领域重点打造的新型研发机构。

（李正平、温永强）

【交流与合作】 ①加强宣传。制作并上线学院英文网站，制作英文版学院宣传册及 PPT 材料供出国（境）教师宣传使用；制作学院学生联合培养项目信息一览表并多渠道宣传；在本科新生教育环节中首次开展国际交流宣传，建立多个国际交流沟通师生群，提高服务针对性。②制定《化学与生物工程学院鼎新北科经费使用办法》，确保鼎新北科经费服务教师科研交流合作、学生境外交流与培养，实现与境外高校合作科研项目的突破。③ 2019 年，学院教师有 35 人次赴国（境）外进行学术交流或参加国际会议并做报告；共邀请境外专家 12 人次来校讲学、交流；学院有 12 名学生出境学习、交流或参加国际会议，其中有2名博士生做报告，本科生交流比例比去年提高5个百分点。④2019年，学院在读留学生18人，其中本科6人（分别在应用化学与生物技术专业）、硕士4人（分别在化学工程与技术、化学、生物化学与分子生物学专业）、博士8人（化学专业），毕业博士1名、硕士1名。⑤学院温永强教授团队与台北科技大学杨永钦教授成功申报合作项目《具有高效驱动力的智能纳米药物载体的制备及应用》。⑥协调组织姜建壮、董海峰、查俊伟老师科研团队联合申报外专引智项目2项，成功获批1项。⑦学院新增 *Chemical Communications*（《化学通讯》）、*Inorganic Chemistry Frontiers*（《无机化学前沿》）等国际期刊编委教师1人。

（曹艳秋）

【实验室管理】 ①大力推进执行“北京市危化品管理规范的地标文件”，不断加强和改进实验室危险废弃物分类存放的规范管理。组织全院师生参加地标文件的学习培训会议，邀请专家解读政策要求，提高全院师生的实验室安全意识和实验室安全知识。②推进科研资源共享服务。2019年新购进及安装科研设备4台套，现拥有扫描电镜、透射电镜、小角度X射线衍射仪、激光共聚焦扫描荧光显微镜等80余台套，价值2700余万元。实验人员积极提高业务能力、服务水平，改善科研条件，全年公共平台电镜服务机时达2800小时。③制订完善《化学与生物工程学院实验室技术安全管理办法》《化学与生物工程学院实验室突发事件应急预案》《化学与生物工程学院实验室准入制度》《化学与生物工程学院安全教育培训制度》等各项实验室安全管理制度。全院2019年无重大安全事故发生，通过了教育部、北京市等上级组织的安全检查工作。④重视实验室安全培训制度的实施，对2019级研究生和博士开展了实验室安全准入培训，组织全院教师进行实验室安全管理工作的培训；学院重视实验室安全事故应急演练，邀请保卫保密处在化生楼对全院师生进行了消防演习。⑤每月积极开展安全检查治理工作，对排查出的隐患、问题进行整改，并协助老师改造部分设备设施、补充安全防护用品。

（温永强）

【党建与学生工作】 ①在学院全体党员中扎实开展“不忘初心、牢记使命”主题教育。分别制定了学院领导班子、各党支部两个层面的主题教育工作方案和详细工作安排，坚持把学习教育、调查研究、检视问题、整改落实贯穿全过程，提振精神、推动发展。②加强基层党支部建设。将教育部2019年“支部建设年”的各项要求在学院落地落细，加强支部规范化建设，提升支部工作活力，化学系党支部书记入选学校首批党组织书记工作室。③高度重视师生理论学习。认真执行“四个一”教工理论学习计划，加强考核和结果的运用。组织完成学生“理论学习奖学金”的评定工作，有25名个人和1支团队获得奖励。通过理论学习，提升师生思想政治素养。④建立健全“三全育人”工作机制，梳理教学、科研、管理、服务等岗位的育人元素，大力推进“课程思政库”建设，构建协同育人体系。⑤高度重视并不断加强师德师风建设。加强师德考核考察工作，学院“‘双维多层’基层党组织把好政治关、师德关的有效模式”入选学校首批“一院一品”基层党建创新项目培育计划。⑥认真落实党风廉政建设责任制，加强纪检兼职队伍建设，制订实施《化学与生物工程学院教工党支部纪检委员工作制度（试行）》，切实发挥基层支部纪检委员监督作用。学院提交的《加强基层支部纪检委员队伍建设》获学校2019年基层党组织纪检委员履职工作典型案例征集活动一等奖。⑦做好意识形态和安全稳定工作。严格落实意识形态工作责任制，加强理论学习和舆论引导，推进“平安校园”建设，开展“平安学院”创建工作。与保卫保密部（处）、资产管理处联合主办北京科技大学第七届“平安校园”安全知识竞赛。进一步建立健全学院安全稳定工作体系，制订并逐级签订安全稳定责任书。⑧充分发挥统战群团作用。实行学院领导与党外人士交朋友制度，发挥工会的桥梁纽带作用。2019年，学院共发展学生党员23人，转正预备党员29人。至年底，学院共有党员216人，其中学生党员145人、教师党员71人。举办1期党校，培训入党积极分子62人。

学生工作方面。①积极组织64名学生参与服务保障国庆70周年活动，协助完成“希望田野”群众游行方阵、广场合唱、群众联欢和志愿服务等多项任务。②多渠道掀起学习宣传主题教育的热潮，学生党支部基层组织立项与结题率、红色“1+1”活动立项与结题率均达到100%。③召开学院第一次团代会，回顾和梳理学院共青团九年来的工作成绩，明确今后学院共青团的重点任务，选举产生新一届委员。④深入开展主题班、团日活动，团支部参与率、团员青年参与率均达到100%，组织开展“‘花生仁’的励志范儿”成长教育活动和“尊老工程”爱心教育活动。⑤全校首批制定专业版《第二课堂成绩单培养计划》，丰富第二课堂的内涵和外延，将第二课堂建设纳入人才培养体系。⑥依托学院学生学业发展中心，组建学院学业辅导团，加大对学业困难群体的帮扶，引导学生进行学习规划，为学生自我发展提供咨询指导。⑦以学院“理学之美”系列学术讲座为抓手，进一步扩展学生的学术视野，并配合开展学术诚信教育。⑧积极选树学生先进典型，本年度学院有1人荣获“感动北科”年度新闻人物，2人荣获北京科技大学道德风尚奖，1人荣获北京科技大学青年五四奖章。此外，学院首次组织召开学院年度学生表彰大会，充分发挥先进典型的引领作用。⑨积极走访企业，整合资源，扩宽就业渠道，做好招生、就业和双创工作。

宣传工作方面。学院加强师生理想信念教育，提升学院宣传思想工作的吸引力和感染力，全新改版了学院网站，进一步加强平台和队伍建设，探索能够引导师生、教育师生的网络文化作品。开展“读懂中国”夕阳红采访工作，录制“专业宣传大使”系列宣传片，全年向学校新闻网、5470网、学院网站及微信平台投递有效稿件485篇，设立“化生求是汇”“求是理论速递”“国庆特辑”“榜样力量”等栏目。在校级平台发布推送达7篇，其中《少年赋》《我与国旗合个影》《化生学院爱国原创漫画》《第七届“平安校园”知识竞赛》《一二·九外展你来了没！》发布在“北科大青年”微信平台，《今天，我想送这位学子上北科热搜！》《大型追星现场！在北科，竟然还有这样的宝藏宿舍》发布在“北京科技大学”官微，学校新闻网的稿件量较去年增长35%，学院工作及师生事迹被人民网、中国新闻网等主流媒体广泛报道。

（曾　芳、孟菲菲、苏　靖）

东凌经济管理学院

【概况】 东凌经济管理学院下设6个系：管理科学与工程系、工程管理与技术经济系、工商管理系、财务与会计系、经济贸易系、金融工程系；3个研究中心：教育部工程研究中心、期货证券研究中心、钢铁产业政策与管理研究中心；1个研究基地：北京企业低碳运营战略研究基地；4个研究所：大数据与系统科学研究所、管理科学研究所、电子商务研究所、企业与产业发展研究所；5个办公室：学院办公室、公共关系办公室、学生工作办公室、国际认证与质量提升办公室、科研与学科建设办公室；4个中心：MBA中心、EMBA教育中心、EDP中心、实验信息中心。

2019年，学院共招收本科生366人、学术型普通硕士研究生124人、工商管理硕士研究生（MBA）272人、中美合作高级管理人员工商管理硕士研究生（EMBA）100人、博士研究生29人。毕业本科生369人、学术型普通硕士研究生185人、工商管理硕士研究生（MBA）212人、工程硕士研究生5人、高级管理人员工商管理硕士研究生（EMBA）50人、中美合作高级管理人员工商管理硕士研究生（EMBA）166人、博士研究生18人。至2019年底，学院有在校本科生1533人、学术型普通硕士研究生424人、工商管理硕士研究生（MBA）604人、高级管理人员工商管理硕士研究生（EMBA）34人、中美合作高级管理人员工商管理硕士研究生（EMBA）112人、博士研究生235人。

（闫相斌）

【师资队伍】 至2019年底，学院共有教职工148人，其中专任教师102人（含教授25人、副教授45人、讲师32人），行政、教辅人员和辅导员46人。学院积极响应学校推进人事制度改革，大力推动人才引育工作，2019年新进教师16人，师资队伍得到进一步充实，教师博士率达到94%，全院教师出国访学率达到81%，1人晋升教授，3人晋升副教授。扎实推动青年教师政治引领与人才培养，实施“项目导师制”，创造条件搭建教师与海外高水平学者合作研究平台。

学院深入开展立德树人根本任务大讨论，加强师德师风教育，邀请专家作“讲政治、明纪律、守规矩”“不忘初心、牢记使命，做‘四有’好老师”主题报告2场，在人才引进、职务评审、岗位聘任、评奖评优等环节强化师德师风审核把关，并严格执行“一票否决”。学院工会创新形式举办新年茶话会和首场退休教师荣休仪式，组织参加学校“祖国颂 北科情”文艺汇演出并获三等奖。

（温　雅）

【人才培养】 本科生教学方面。学院加强本科教育内涵建设，全面提升本科人才培养质量。信息管理与信息系统专业入选国家一流专业建设名单；获评北京高校优秀专业课主讲教师、优质本科课程、优质教材、北京市级虚拟仿真实验教学项目各1项；获北京市教改立项1项，校级重大、重点、面上教改立项5项，教育部产学合作协同育人项目5项；入选校级青年骨干人才1人、校级教学名师1人、校级规划教材立项8本；针对本科生导师制实施师生互选系统，师生满意度显著提升。

研究生教学方面。学院研究生教学质量稳步提高，办学实力和声誉显著增强。超额完成学校招生任务，继续开展“优秀大学生夏令营”，多渠道提高过程培养质量；获校级优秀学位论文8篇，教育部优秀来华留学生奖学金2人，研究生论文指导优秀奖和教学优秀奖各2人，国际学生优秀指导教师和“我爱我师”各1人；加大MBA品牌宣传，获第七届全国管理精英赛全国赛亚军，7篇案例入选中国管理案例共享中心；规范并完善中美EMBA项目的管理工作，EDP项目得到有效拓展，呈现出良好发展趋势。

（范小华、黄晓霞、赵　霞、谷　炜）

【学科建设】 学院设有7个本科专业：信息管理与信息系统、大数据管理与应用、国际经济与贸易、金融工程、工商管理、会计学、工程管理；2个博士后科研流动站：管理科学与工程、工商管理；3个一级学科：管理科学与工程、工商管理、应用经济学（其中，管理科学与工程、工商管理2个学科具有一级学科博士点授予权，可以招收管理科学与工程、企业管理、技术经济及管理、会计学4个专业的博士生；应用经济学具有一级学科硕士点授予权）；7个普通硕士点：管理科学与工程、企业管理、会计学、金融学、国际贸易学、产业经济学、技术经济及管理；5个专业学位点：会计学专业硕士（MPAcc）、工商管理硕士（MBA）、高级管理人员工商管理硕士（EMBA）、工业工程、项目管理。学院继续与美国德克萨斯大学阿灵顿商学院合作培养高级管理人员工商管理硕士（EMBA）。

2019年，工商管理博士后科研流动站成功获批，学院学科建设取得新突破；组织完成“双一流”建设项目筛选，完成行为观察实验室二期建设，成立北京科技大学钢铁产业政策与管理研究中心；改善钢铁生产制造执行系统技术教育部工程研究中心和北京企业低碳运营战略研究基地科研条件；完成“双一流”建设中期自评，分析各学科点现状、优势和特色，开展学科建设讨论，进一步明确学科发展定位、目标和方向以及提升学科水平的措施。

（闫相斌、黄晓霞）

【科学研究】 科研项目立项数保持稳定，经费总额创历史新高。全年合同总经费1355.7万元（到账经费1174.6万元），增长44.8%；其中纵向项目累计获批立项41项，资助总经费693.3万元，增长17.8%；横向科研课题28项，增长55.6%，合同总经费662.4万元，增长90.6%。纵向项目中含国家自然科学基金8项、国家社科基金后期资助1项、教育部社科规划4项、北京市自科基金2项、北京市社科基金3项（含基地重点1项）、中国博士后科学基金7项。

学术成果数量质量显著提升，服务社会能力有所增强。2019年，学院共发表论文201篇，数量较2018年增长16.2%，其中SCI/SSCI论文96篇，增长29.7%；英文A类TOP论文57篇，其中A+顶级论文2篇；CSSCI论文35篇，28种中文重点期刊论文13篇。出版专著5部、编著9部及译注1部。黄晓霞教授连续第五年入选Elsevier中国高被引学者榜单。

学院完善激励政策，鼓励教师和研究生参加国际学术交流活动。2019年，共举办高水平学术讲座20场，成功主办2019年智慧健康国际学术会议，扩大学院的国际影响。

（谷　炜）

【交流与合作】 学院积极推进国际化建设进程，助力“双一流”建设。制定新版国际认证教师分类标准，已赴纽约市立大学攻读金融硕士双学位项目8人，成功申请引智项目15项，邀请外国专家来访讲学46人次，教师赴境外进修4人，赴境外参加国际会议21人次，赴国（境）外交流学习81人，2019年度“鼎新北科”国际化平台建设评估获“优秀”。

（赵　霞）

【公共关系】 学院积极开展校友工作，不断推进与校友联系的平台建设，在育人方面发挥作用。公关办举办的2019年度（校友）论坛、5期“经管校友讲坛”、1期“行业校友沙龙”、新聘任12位“校友成长导师”、6支校友支持的“经管创业实践营项目”2019年新申请入营创业团队等都已成为学院实践育人、提高学生创新创业意识和能力的重要手段。2019年，组织、协助6个班次校友集体返校，制作2期专刊《经管校友通讯》，旨在加强校友与学院的日常联系和互动沟通。

（武　森）

【党建与学生工作】 基层党组织建设方面。①强化学院党的领导，有力推动学院事业科学发展。以党的政治建设为统领，把党的领导贯穿学院建设、教书育人全过程。深入学习贯彻习近平新时代中国特色社会主义思想、习近平总书记关于教育的重要论述和党的十九届四中全会精神，组织学习新修订的《中国共产党问责条例》，全年召开中心组理论学习15次，邀请专家开展专题报告5场。顺利完成党委换届，深入开展“不忘初心、牢记使命”主题教育，全面落实巡察反馈整改工作，推动学院事业发展再上新台阶。②发挥党委政治核心作用，切实提升班子集体决策水平。严格执行党委会、党政联席会、系务会议事规则和“三重一大”制度，班子定期召开专题会、务虚会，集中研讨学院发展重大问题。不断完善党委、党支部把好政治关、师德关的机制，每月召开1次党支部书记例会和系主任例会，进一步凝聚共识促进发展，切实推动立德树人根本任务落地见效。重视干部队伍建设，年内提任、改任、换届选任干部6人，挂职、借调干部3人，学院凝聚力和科学决策水平不断提升。③着力加强先锋引领，提升教职工理论学习实效性。坚持理论学习“六个纳入”和“四学”机制，通过党委委员联系党支部、班子成员联系系所，确保每周四理论学习内容设计“有形有实”，每月各系所都有党建引领的专项教研活动。年内组织全院教职工实地参观、主题观影7次，弘扬革命传统和求实鼎新的校训精神，理论学习成果得以显现，为“课程思政”“三全育人”建设奠定基础。④加强党支部建设，发挥基层党组织战斗堡垒作用。严格落实“三会一课”，每月组织1次教工党支部书记及委员专项培训，参加全国高校教师党支部书记“双带头人”高级研修班1人。党支部100%参与立项，获校级二等奖和三等奖各1项，红色“1+1”共建项目获校级评审第二名，建立红色志愿服务基地2个，获“校级标兵党支部”1个。首次开展学院先进党组织、优秀党支部书记、优秀共产党员评选表彰。⑤注重党员发展质量，夯实基础工作水平。严把党员“入口关”，规范多级党校培训体系，深化“党建工作进宿舍”，年内发展党员115人（含教工党员1人），《微行动 齐步走》预备党员培养考核计划入选校级首批“一院一品”。⑥深化落实全面从严治党主体责任，健全维护安全稳定工作体系。严格执行“一岗双责”“党政同责”，坚决落实中央八项规定精神，开展财务管理、招生考试等廉政风险防范专项学习，层层压紧压实管党治党主体责任。全面落实“一会一报”“一事一报”，严格社团管理，对全院课程再次梳理，针对风险点专项研讨，首次开展学院新闻宣传工作评比。做好统战工作，凝聚党外知识分子，开展宗教专项培训。继续坚定推进“平安校园”创建，组织安全知识培训和开展消防演习，落实安全工作责任制。

学生工作方面。①固本强基，弘扬经管特色，培育育人平台。一是树立文化自信，营造校园氛围，举办“礼敬中华•文溢满井”北京科技大学第三届传统文化节闭幕式和“满井诗光”诗词大会；二是呵护学生成长，搭建发展平台，持续贯彻“完善资助机制，提高育人质量”核心理念，2019年共完成毕业生还贷15人，学生校园地国家助学贷款申请、续放35人，完成本科生国家助学金评定293人，完成中海油、电明等社会助学金发放3人，完成校友助学金发放24人，完成明天助学金发放5人，实现困难认定学生100%全覆盖。②精业实学，注重专业导向、搭建专业育人平台。一是做实“面”的工作，固根本，夯塔基，制定《经管学院学业辅导中心职责与工作流程》，出台《经管学院学业辅导员工作职责》《经管学院学生讲师团组建与管理办法》配套细则文件，规范并完善经管学院学业辅导中心工作流程；二是做好“线”的工作，助发展，建塔梯，积极开展第二课堂活动，传播知识，分享经验，以赛促学，打造“一刊二讲三赛”素质教育实践体系；三是做精“点”的工作，补缺损，亮塔顶，做好学业困难学生的辅导，中心组织宿舍结对、强制自习、讲师一对一讲解、高年级党员助学帮扶并安排辅导员、本科导师、小班主任等群体进行学习激励和心理疏导；2个班级获评北京市先进班集体、学校87校友基金最佳团队，2个团支部获评首都“先锋杯”优秀团支部。③知行合一，坚持学以致用，深化实践育人。一是把握宣传公益理念，聚力做好营销大赛，举办第十届公益营销大赛，三来年帮助秦安县销售农副产品累计37万元；二是完善实践工作体系，倡导青年时代担当，培育心路、孟子居、京津冀、万象、乡村振兴、秦安六大精品项目，打造暑期社会实践训练营，3支队伍获评社会实践金奖团队，1人获社会实践十佳标兵；三是拓宽志愿服务渠道，引导青年服务社会，联合北京儿童医院开展日常导诊和病房陪护，累计前往儿童医院40余次，解决医院人流量大的实际难题，累计引导患者10000余人，累计开展主题活动20余次，陪伴重病患儿50余人；学院团委荣获“全国钢铁行业五四红旗团委”，学院指导的管理协会获评共青团中央“全国五四红旗团支部”。④双创育人——培育创新理念，完善育人体系。一是逐步完善工作体系，服务学生创新创业，打造“课程－比赛－实体创业”三位一体全链条孵化项目创业教育实践体系，“经管创业实践营”项目已连续举办5届，支持25支创业团队、提供支持经费43万；二是深化创新创业精神，竞赛团队成绩突出，在第十三届iCAN国际创新创业大赛中国总决赛中，“无人自动充电系统”“小树科技苹果自动套袋机”“足下科技——专注老年人智能鞋”分别荣获一、二、三等奖。

（武　森、温　雅、倪　宇）

文法学院

【概况】 文法学院设有法律系、公共管理系、社会学系和教育经济与管理研究所。学院的教学科研机构有：教育部（及北京市）大学生文化素质教育基地、公共管理硕士（MPA）教学与管理中心、法律硕士（JM）教学与管理中心、社会工作硕士（MSW）教学与管理中心、法律与公共政策研究中心、知识产权研究中心、人文素质教育中心及度学院。此外，学院拥有8个人文社会科学教学与科研实验室：社会调查与统计分析实验室、社会工作实验室、艺术鉴赏实验室、电子政务实验室、公共管理数据分析与决策实验室、情景模拟实验室、法律诊断室和模拟法庭。

2019年，学院本科生第三年实行文科大类招生，共招收本科生183人；招收硕士研究生269人。承担“一带一路”国家首批11名研究生培养工作，招收9名外国博士研究生。加强2020年研究生招生命题工作规范培训与责任教育，保质保量完成研究生推免招生工作，推免34人，录取17人，211及以上生源比率达88.3%。2019年，学院春季毕业学生31人、夏季毕业学生378人，获学校本科生深造率优胜奖和总体就业率优胜奖。

（章东辉、王霁霞、许　斌、韩学周）

【师资队伍】 2019年，学院有法学、管理学、社会学、文艺学等学科专任教师71人，其中教授14人（含博士生导师5人）、副教授33人，90%以上教师有硕士、博士学位。本年度补充教师8人，2人晋升为副教授，3名青年教师骨干在美国访学，2名教师顺利完成访学任务。在优化师资队伍的年龄结构、职称结构的基础上，进一步提高了科研水平。

（章东辉、张武军）

【人才培养】①重视本科生培养质量。围绕文法学院学科特色，继续大力提高课堂教学质量，并逐步探索出以案例驱动为特色的教学模式。完成第二届文科实验班学生专业分流工作，同时完成转专业工作。经过转专业调整，文法学院2018级本科生人数从183人上升至198人。落实文法学院本科生导师制全覆盖。学院教师获教学奖励有较大突破：王钰在第十一届北京市青年教师基本功比赛文史类A组荣获一等奖，指导教师李怡、王霁霞获优秀指导教师奖；王霁霞获北京科技大学校级教学名师奖。学生竞赛成绩也有了重大提高：2017级法学专业6名学生组成北京科技大学模拟法庭团队，在首次参加北京市教委举办的第十一届北京市大学生模拟法庭竞赛中获得二等奖，团队成员符大卿、吴姗获优秀个人奖。

②加强研究生培养和管理。一方面，在研究生生源质量提升的基础上，学院响应国家“一带一路”发展战略和外交战略，承担了“一带一路”国家首批研究生培养工作；另一方面，加强研究生教学过程和教学环节管理，确保研究生课程质量；加强研究生论文撰写过程管理，严格查重、盲审、答辩程序等，使研究生培养进一步规范化。

③推进人文素质课程建设。统筹协调包括星期四人文讲座、名家讲坛等全校性人文素质教育讲座和人文知识竞赛等人文素质实践活动，2019年，共举办星期四人文讲座10期，开设人文素质课程90余门次，所有课程，教学效果良好。积极开展教研活动，聘请教学督导，对青年教师进行教学指导；建立了2个教学实践基地。

④促进教学交流。继续推进本科生到国外、境外高校和其他国内高校进行交流工作。2019年，共有6位海内外知名专家为师生带来高质量主题讲座与报告。大力支持教师带领学生走出去，78名学生出国（境）进行交流学习。积极参与“行知世界”项目，15人赴日本北海道大学和台湾中正大学参加暑期交流项目。

（王霁霞、韩学周、许　斌）

【学科建设】2019年，学院设有法学、行政管理、社会工作3个本科专业；设有公共管理一级学科硕士点（含行政管理、教育经济与管理等5个二级学科硕士点）、法学一级学科硕士点（含民商法、经济法等二级学科硕士点）和社会学一级学科硕士点；设有科技与教育管理二级学科博士点；设有公共管理硕士（MPA）、法律硕士（JM）、社会工作硕士（MSW）3个专业硕士学位点。此外，学院2个本科专业招收双学位本科生。

截至2019年底，文法学院的专业涉及文学、法学、管理学3个学科门类，公共管理、法学、社会学、中国语言文学4个一级学科，已形成从本科到博士研究生的人才培养体系。

（章东辉、张武军）

【学术科研】①积极组织科研项目申报。2019年，学院教师获得国家社会科学基金（含国社科重大项目子课题及全国教育规划课题）3项、国家自然科学基金3项、省部级项目5项、全国教育科学规划课题1项。纵向经费到账169万元，横向经费到账150.6万元。发表SSCI论文2篇、CSSCI论文17篇。

②积极推进多学科学术交流，不断提升学术科研影响力。2019年，学院先后举办“新时代中国社会治理创新：多学科对话”“科技法研究中心成立大会暨首届科技法论坛”等学术活动，社会学系许斌及其团队完成的《优化总会与省、市、县级红十字会职能定位研究报告》受到红十字会总会会长批示并传阅，采纳为红十字会工作的指导性报告，法律系王竹青教授参与民法典婚姻家庭编立法工作和《妇女权益保障法》《老年人权益保障法》修订工作。学院教师累计参与学术会议、受聘讲学、社科考察、进修学习、合作研究等国内外学术交流活动62项（次），参与项（次）比上一年明显增加，学院教师的学术视野更加开阔，展示了学院教师的科研成果，搭建了学术和科研交流平台，提升了学院学术影响力和社会声誉。

（章东辉、张宇迪）

【党建与学生工作】2019年度，在学校党委的领导下，文法学院党委认真学习贯彻习近平新时代中国特色社会主义思想，秉承“宽容与和谐、学习与研究”的院训，坚持“围绕中心、强化意识、凝心聚力、和谐发展”的理念，以党的政治建设为统领，认真履行主体责任，扎实做好基层党建工作。本年度，学院党委进一步完善党政联席会制度，切实提高贯彻执行民主集中制的自觉性；强化学院党委理论中心组学习制度，按要求及时学习党的各项规章制度，开展了十九届四中全会专题学习，就“三全育人”和“双一流”建设专题进行研讨。学院党委坚持把开展好“不忘初心、牢记使命”主题教育作为重大政治任务，认真贯彻“守初心、担使命，找差距、抓落实”的总要求，紧扣初心和使命，对标中央、教育部和学校要求，结合学院特点和发展实际，一体推进学习教育、调查研究、检视问题、整改落实并贯穿主题教育始终，扎实做好主题教育工作，圆满完成既定任务，实现了预期目标，取得了积极成效。学院党委于11月14日召开全体党员大会，顺利完成党委换届选举，产生了新一届党委委员，并进行了合理分工。截至2019年12月，全院共有6个教工党支部和14个学生党支部。

2019年，学院深入开展“七个一”特色主题活动，覆盖学生2200余人次，覆盖率实现100%。加强基层组织建设，落实“三会一课”等基本制度，推动“两学一做”常态化制度化，坚持“一个宗旨、双重指导，多方联动”，落实学生党员先锋工程各项任务，实现学生党支部成才表率培育计划全覆盖，新成立党支部4个，改选党支部3个，学生党员“承诺、践诺、评诺”参与率100%，完成基层党组织活动立项6项、红色“1+1”共建活动8项，2项红色“1+1”项目进入北京市级评选，荣获校级优秀学生党支部1个，党支部战斗堡垒作用得到进一步巩固。有序开展发展党员各项工作，加强入党积极分子培训管理，优化细化发展党员各环节培养考察程序，全年共开办入党积极分子业余党校1期，培养学员206人，发展预备党员83人。

开展“贝壳彩虹路——大学新生入学成长与适应小组服务项目”。本年度，学院积极发挥“贝壳青年社工”的作用，在新生各班级开展“新生适应性小组工作”，解决学生适应性问题，共计开展活动155场次，覆盖四个学院31个新生班级，惠及900余名新生，活动整体参与率90%以上。面向新生累计开展主题班会、团日等60余场，新生覆盖面100%；召开新生成长对话课、专业研讨课等20余场。以新中国成立70周年为契机，组织87名师生积极参与新中国成立70周年庆祝大会保障服务工作，用实践之笔书写“青春告白祖国”的壮丽誓言。将国防教育融入爱国主义教育全过程，3名学生应征入伍。组织师生走上讲台，结合党史、国史和优秀党员事迹等生动事例以及新中国成立70周年庆祝活动等时事热点开展宣讲活动，宣讲活动覆盖800余人次。

聚焦“一心四点”学生资助模式，推进精准扶贫式的资助育人方式。全年共认定家庭经济困难学生103人，均获评助学金，其中国家助学金100人，各类社会捐赠助学金3人；发放各类临时补助100余人；27名学生获“冬季送温暖”活动资助。

学院扎实开展学风建设，立足学院学生学习与发展中心，相继成立以任课教师为成员的学业咨询队伍、以“贝壳青年社工”等专业社团为基础的学生社团队伍和以奖学金获得者为主体的个性辅导队伍，形成学业辅导三大专业性队伍体系。在2020届毕业生保研工作中，共推免研究生45人，学生保研率为23.32%，其中学术保研36人、支教保研3人、工作保研2人、“民考汉、内地班”保研4人。

推进评奖评优工作公平公正公开，全年共评选各类奖学金241人，其中特种奖学金30人、人民奖学金211人；评选各类荣誉称号284人，其中十佳班长1人、87级校友基金优秀学生干部1人、道德风尚奖1个。

推进职业生涯规划与就业创业服务体系全程化、全员化、体系化。毕业生对学校学生工作整体满意度达86.15%，对专业教师教学责任心的满意度达94.87%，分别位居全校第二名、第三名。本科生就业率为97%，研究生就业率为100%，荣获学校本科生深造率优胜奖和总体就业率优胜奖。

承办“七域山河韵•九州华夏风”第三届传统文化节开幕式，举办“文风戏骨，百艺匠心”第十六届文法戏剧节，扎实从优秀传统文化、革命文化、社会主义先进文化、专业文化、校园文化五个版块打造文化自信新格局。

（魏增产、杨　雄、李　虹）

【人文素质教育中心】 人文素质教育中心直属于北京科技大学，

挂靠于文法学院，下设文史教研室，美育教研室，国学与现代社会教研室，创新与交际教研室。目前中心由11名教师组成，含6名副教授、5名讲师。中心主任由学校党委副书记、副校长薛庆国担任，常务副主任章东辉，副主任韩学周，兼职副主任由陈建、潘红涛担任。

人文素质教育中心秉承加强大学生人文素质教育，推进大学生思想政治工作的理念，落实学校《综合改革方案》中关于素质教育改革任务的重要举措，召开了全校人文素质教育工作会以及人文素质教育课程建设研讨会，协调各学院进行人文素质课程建设。完善课程教学等“四位一体”的普及艺术教育推进机制，把公共艺术课程与艺术实践纳入高校人才培养方案，纳入学校教学计划；完成课程体系建设，为构建德智体美劳的高水平人才培养体系提供重要保障。制定实行学分制管理，从现有的人文素质课程4学分之中甄选2学分32学时作为本科生必选课，建设包括《国乐鉴赏》《绘画鉴赏》《影视鉴赏》《书法鉴赏》等在内的人文素质教育必选课首批课程。

中心在不断深化第一课堂建设的同时，还统筹整合开展星期四人文讲座、名家讲坛等全校性人文素质教育讲座和人文知识竞赛等人文素质实践活动。同时配合学校团委开展学生艺术团的教学、排练和指导工作。2019年，共举办星期四人文讲座10期，开设人文素质课程90余门次，所有课程教学效果良好。中心积极开展教研活动，聘请教学督导，对青年教师进行教学指导；与葫芦岛、顺义等地加强合作，建立了国家大学生文化素质教育基地和北京市大学生文化素质教育基地。

中心注重加强研究生教学过程和教学环节管理，确保研究生课程质量；加强研究生论文撰写过程管理，严格查重、盲审、答辩程序等，使研究生培养进一步规范化。

科研方面。中心积极组织科研项目申报，2019年，韩学周获得全国教育科学规划课题《文化传承战略中大中小学民族音乐教育衔接机制研究》一项；积极组织教职工参加青年教师教学基本功大赛，王钰荣获北京市文科青年教师教学基本功大赛一等奖。

党建工作方面，中心党支部现有党员8人。2019年，支部在工作创新上主要表现为将主题党课活动和党员所从事专业相结合，取得了较好的效果。在“我和我的祖国”主题党日活动中，“《歌唱祖国》的音乐审美”“《我和我的祖国》的音乐审美”等受到上级党组织的肯定和好评。此外，支部还组织了“参观世园会，感受绿色发展”（联合法学支部）等多项专题活动。

（韩学周）

马克思主义学院

【概况】 马克思主义学院下设5个研究所：思想政治教育研究所、马克思主义原理研究所、马克思主义中国化研究所、历史与文化研究所、科技与社会研究所；3个研究中心：北京科技大学廉政研究中心、北京科技大学高校学生事务研究中心、北京科技大学思想政治教育研究中心；《思想教育研究》编辑部挂靠学院。全国高校思想政治工作队伍培训研修中心（北京科技大学）、北京高校思想政治理论课教学信息中心（筹）、北京高校思想理论动态研究中心（筹）、北京市高等教育学会形势与政策教育研究会秘书处设在学院。2019年学院成功获批北京市首批重点建设马院，并获批马克思主义理论一级学科博士后流动站。

学院承担全校本科生“思想道德修养与法律基础”“毛泽东思想与中国特色社会主义理论体系概论”“马克思主义基本原理概论”“中国近现代史纲要”4门必修思想政治理论课及科学精神与人文素质教育类部分课程、材料国际班部分人文社科类课程及对外汉语部分课程的教学任务；承担全校研究生“中国马克思主义与当代”“中国特色社会主义理论与实践”“马克思主义与社会科学方法论”“自然辩证法”4门思想政治理论课的教学任务。与学生工作部、团委合作开展面向全校学生的“形势与政策”“大学生社会实践”等课程。除公共基础课程外，学院承担了3个硕士专业、1个博士专业的学科课程以及全校工程硕士等非全日制研究生思想政治理论课的教学任务。

2019年，学院“马克思主义理论”一级学科硕士点共招收硕士生42人，其中思想政治教育二级学科招收18人，马克思主义基本原理、马克思主义中国化、国外马克思主义三个二级学科招收19人，科学技术哲学二级学科招收硕士生5人，毕业28人。“马克思主义理论”一级学科博士点招收博士生14人，毕业1人。截至2019年底，学院在读博士生76人、硕士生86人。学院继续开展思想政治教育专业双学位学生培养，并招收16名学生。

（彭庆红、段晓芳）

【党建和思想政治教育】 学院党总支筹备并组织召开了中国共产党北京科技大学马克思主义学院党员大会，顺利选举出了新一届党总支委员会。学院党总支开展“不忘初心、牢记使命”主题教育活动，组织召开主题教育动员部署会，保证基本规定动作不变形。每两周组织一次思政课教师集中理论学习，学习习近平总书记关于政治建设和思政课建设的一系列重要论述。推进“三会一课”开展，严格民主评议，开展有效的批评与自我批评。领导班子成员同学院师生谈话50余人次，切实解决了学院师生急难愁盼的集中问题15个。

学院党总支发挥师资及理论优势，服务党建和思政工作大局。一是协助学校党委，为二级党组织配备24名思政课教师担任理论学习导师。二是与北京中复集团党委签署合作协议，一起开展当代马克思主义读书共建活动。三是组织思政课教师赴门头沟区16个新时代文明实践中心，进行十九届四中全会宣讲，累计开展20场，受众达2000余人。四是组织修改入党发展对象集中培训教学大纲，通过《党史与国情概论》课程，集中培训全校入党积极分子1266人。五是协助学校承办召开全国高校“互联网+党建”学术研讨会、秦安“党建引领乡村振兴论坛”以及“新时代党内监督的理论与实践创新”3个学术研讨会。

（段晓芳、孙晓丹）

【师资队伍】 2019年，学院思政课教师人数达到45人，其中新聘任教师5人，全部具有副教授职称。学院顺利完成2019年度教师岗位聘任工作，为今后师资队伍建设奠定了良好基础。为加强中青年骨干教师的培养与培训，学院资助教师100余人次参加调研、会议、学术交流活动及相关专项培训，5人赴英国剑桥大学等知名高校进行长期访学。全体思政课教师及党员通过主题教育活动，秉承“让有信仰人讲信仰”，锤炼忠诚担当的政治品格，苦练教学基本功，在首届“全国高校思想政治理论课教学展示活动”中，3人荣获一等奖，1人荣获二等奖。2019年，1名辅导员荣获全国高校辅导员年度人物。

（段晓芳、夏　欢）

【人才培养】 学院研究生就业率持续保持100%，实现高质量就业，荣获学校就业率优胜奖；研究生在各类评奖评优中表现优异，8名研究生获得北京市“双百”奖学金，1名研究生荣获学校十佳学术之星，思政博第二党支部获评学校“红色1+1”三等奖，两组学生团队荣获“京津冀高校学生讲思政课邀请赛”优秀奖，2018级硕士研究生荣获校级科技服务与挂职锻炼优秀团队奖。学院组织资助10名研究生赴美国俄克拉荷马州立大学及香港中文大学、香港廉政公署等进行学术交流。

学院将理论社团作为青年马克思主义理论人才培养的重要阵地，重点支持求是学会等理论社团进行理论学习、开展社会实践，指导求是学会定期举办“数字马院读书会”活动，本年度还举办了北京科技大学“新时代青年说”校园演讲大赛，评选出“时代凌宇·求是理论奖学金”。

（杨兴业、孙晓丹）

【教学改革】 学院全年共计完成思政课及公选课等课时量9000余学时，人均超260学时。为抓好三全育人工作，学院深入推进习近平新时代中国特色社会主义思想进教材、进课堂、进头脑。一是学院制定《习近平关于教育的重要论述》的教学大纲，纳入研究生专题教学；二是开设《中华传统美德与文化》等数十门人文素质相关的本科公共选修课，有效配合学校“课程思政”建设；三是积极推动本科生思政课实践教学新方案的制定及推行，增加实践教学学分；四是依托全国高校思政课实践教学联盟，组织召开了新时代全国高校思政课实践教学研讨会等学术会议，扩大学校实践教学影响；五是修订“形势与政策”课程相关文件，保证课程全覆盖及不断线，同时加强“形势与政策”线上慕课建设，全年共制作10个专题慕课，上线学习人数接近4万人；六是按时完成学院实验室建设及双一流建设项目，完成共计260万元的软硬件购置。

（刘丽敏、夏　欢、刘明言）

【学科建设】 学院重新规划，将党建与社会治理作为新的重要研究方向，并且申报成立党建研究所，培育新的科研增长点，同时为学校党建工作的开展提供智力支持。

学院获批中央“马工程”重大项目（同时为国家社科重大项目）、教育部人文社科重大课题攻关项目、国家发改委重大科研项目，在党的理论研究阐述上具有较大突破；同时学院青年教师获批5项国家社科基金项目，累计立项及获批课题达50余项，新到账科研经费300余万元，在科研项目质量上及科研经费数量上均有较大突破。

学院主办召开2019年高校学生事务管理国际研讨会，邀请了来自美国、泰国、墨西哥、越南等高校的14位专家来华参会，吸引国内100余名专家学者参会，提升了学校思想政治教育学科国际声誉及影响力。

学院依托《思想教育研究》编辑部，组织召开第十八届青年德育工作者论坛，新时代高校思想政治理论课实践教学创新发展论坛、“大中小学思想政治教育一体化建设”学术研讨会、全国高职院校思政课信息化智慧课堂推广交流会、“思想政治教育基础理论研究”高峰论坛、“中国共产党初心使命的哲学基础”高层论坛等全国性学术研讨会，参会人数达上千人。

学院以建院十周年为契机，举办了“院庆十周年”系列主题讲座，邀请林泰、张耀灿、秦宣等国内高校知名专家学者来院报告，进行交流。

（刘丽敏）

【社会服务】 学院推动全国高校思想政治工作队伍培训研修中心（北京科技大学）的实体化工作。依托该平台，组织开展了4期辅导员专项培训，共有来自全国80余所高校的400余名辅导员参加；设置相关课题10余项，推动研究成果，提升学科声誉。

学院“数字马院”平台着力打造了8期课研会，供全国高校思想政治理论教师集体备课，网上参训人员达6000余人次。同时，推出6期“读经典”活动，为青年马克思主义者学习提供指导。中国农业大学、北方工业大学、天津海河教育园区思政课联盟等数十所兄弟院校近百余人来平台考察参观。

北京高校思想理论动态研究中心运行正常，定期向北京市委教育工委等上级部门提供咨询与信息服务，相关工作得到肯定和好评。

（彭庆红、刘　冰）

外国语学院

【概况】 外国语学院设有5个系：英语语言文学系、大学英语系、研究生英语系、日语语言文学系、德语语言文学系；1个研究所：外国语言文学研究所；3个研究中心：北京科技大学功能语言学研究中心、北京科技大学当代语言科学研究中心、北京科技大学世界文学文化研究中心；2个教学中心：外语实验教学中心、外语培训中心；2个办公室：党委行政办公室、学生工作办公室。

本年度学院对行政班子和系所部门三级机构个别干部进行了换届，进一步补充完善了学院领导班子和系所干部队伍，并不断提升干部政治素质、业务能力和领导能力，努力构建政治素质过硬、业务能力突出、团结奋进的干部团队。

2019年，学院首次按照外语大类进行招生，共招收本科生5个班149人；招收学术型普通硕士研究生22人、应用型专业学位硕士研究生66人（其中全日制47人，非全日制19人）、博士研究生4人。毕业本科生136人、硕士研究生 49 人、博士研究生 4 人。截至 2019 年底，学院共有在校生 774 人，其中本科生 600 人，博士和硕士研究生 174 人。

（武冠雄、康军艳）

【党建和思想政治工作】 ① 2019 年，学院紧扣中心工作，扎实开展“不忘初心、牢记使命”主题教育活动。学院党委将“学习教育、调查研究、检视问题、整改落实”四项重点举措贯穿主题教育全过程，开展二级理论中心组学习 27 次，检视查摆各类问题 17 项，立查立改 12 项，切实达到了“学院领导干部、全体党员师生理论学习有收获”及“注重解决师生最急最忧最盼问题”两个目标。

②加强全面从严治党，推动学院民主管理更加完善。强化干部选拔任用规范性，营造风清气正的政治生态。严格按照学校党委要求，程序规范、公开透明，顺利完成学院科研副院长、大学英语系和英语语言文学系系主任选拔工作。学院党政联席会和党委会议事规则更加成熟，“三重一大”集体决策机制执行有力。教职工大会民主管理职能更加凸显，对涉及学院重大发展和关系教职工切身利益的重大事项的民主管理成效突出。本年度通过教职工大会顺利修订重要制度 22 项。

③积极开展党风廉政教育，压实党风廉政主体责任。学院党委不断夯实党风廉政建设工作责任及着力重点，与教学科研工作同部署、同考核、同落实。2019 年，组织各类学习 20 余次。全年向学院班子成员、党支部书记、系所主任转发《廉政参考》《清风镜鉴》等学习资料 30 余份。

④多措并举，大力推进“三全育人”体系建设。以师德师风建设为抓手深入开展“三全育人”、课程思政工作。以“不忘初心、牢记使命”主题教育为契机强化师德师风，创建“人文思政阅读坊”，组建学院课程思政育人体系的强有力队伍。结合学院实际、抓住专业特点，积极谋划构建不同维度、风格各异的课程思政育人体系。年内申报“课程思政特色示范课程”11 项，获批“课程思政”优秀教学案例 4 项，大学英语系党支部课程思政案例“构建多维立体化大学英语课程思政体系，课堂内外飘出思政味”在校报登载。

⑤夯实基层党建，筑牢党员根基。严格入党积极分子培养与党员发展，强化党员思想素质的有效提升。2019 年，学院共发展学生党员 35 人，教职工党员 1 人，举办第 317 期入党积极分子业余党校，培训学员 81 名。举办学生党支部书记和支部委员专题培训班，培训学生党员骨干 25 人。扎实推进基层党组织立项活动，以“坚定初心、传承文化、铸魂育人、知行合一”为指导思路，引领各支部基层党组织立项工作，学院 11 个党支部全部参与活动立项。2019 年，以两个“双创”支部建设为龙头，带动学院各基层党支部质量全面提升；其中亚欧语系党支部获学校基层党组织活动立项一等奖，大学英语系党支部获三等奖，本科低年级党支部获评学校 2019 年“标兵学生党支部”，本科低年级党支部和博士生党支部获推荐参加北京市红色 1+1 评选，亚欧语系党支部建设“双带头人党支部书记工作室”的成果成功入选教育部 2019 年新时代高校党建示范创建和质量创优工作推进成果展示会。

（武冠雄、赵姗姗）

【师资队伍】 学院共有教职工 108 人，其中专任教师 92 人（含教授 9 人，副教授 35 人）、外籍教师 13 人、客座教授和兼职教授 18 人。98.9% 的教师拥有硕士及以上学位，46.7% 的教师拥有或正在攻读博士学位。有教育部“新世纪优秀人才计划”入选者 1 人、北京市教学名师 3 人。本年度接收事业编制人员 4 人（其中博士 2 人）；接收教师博士后 2 人；接收非事业编制人员 3 人（硕士）。2019 年，学院共有 7 人晋升高一级专业技术职务，其中 3 人晋升教授，1 人晋升副教授，1 人晋升高级讲师，1 人晋升工程师，1 人晋升助理研究员。同时，加强人才引进力度，本年度引进人才 1 人。

学院在教师发展方面注重谋划，不遗余力提升教师整体素质水平。本年度 1 位教师获评校级教学名师，2 位教师获评校级青年教学骨干人才；支持 7 人出国研修及驻外工作、6 人外出参加教研培训。

2019 年，学院有序推进新一轮岗位聘任工作，严格工作程序，广泛征求意见，充分发扬民主，合理分配岗位，由全体教职工大会通过学院岗位聘任工作相关文件。细致统计汇总全体教职工的聘期业绩情况，由教职工自主申报拟聘岗位，提交学院岗位聘任委员会审议、全体教职工大会通过、学校岗位聘任（用）委员会审定，学院顺利完成新一轮岗位聘任工作。本次共聘任教师岗位92人、党政管理岗位10人、实验技术岗位5人。

（武冠雄、康军艳）

【人才培养】 以学校建设“一流本科教育行动计划”工作为契机，持续强化本科人才培养中心地位，扎实推进本科生全程导师工作，建构“三师一辅”四位一体全新育人体系；狠抓“专业—课程—课堂”人才培养主根基、主渠道、主阵地质量建设，全面提高学院人才培养质量和服务社会的水平，全面提升学院外语人才培养能力。

2019年，为了对标世界一流大学人才培养课程体系，服务学校一流大学人才培养，学院以高等工程师学院为试点，开展支持学校“双一流”大学人才培养战略目标的大学英语教学改革，为学校卓越拔尖人才插上“国际化”之翼。

基础教学方面。2019年，大学英语教学团队再次取得了卓著的教学改革成果，“新时代中国大学生学术英语能力内涵及提升路径探究”和“基于历时复合语料库1919—2019的翻译对现代汉语语言特征影响研究”均获得2019年度国家社科基金一般项目立项；获批在线开放课程建设项目4项，现有已建并上线慕课10门，在建慕课4门，并同时有7门课程申请2019年第二批慕课建设项目。青年教师张丹丹以人文类A组第二名的成绩荣获北京高校第十一届青年教师教学基本功比赛一等奖。

学院多名学生在全国大学生英语竞赛、“外研社杯”全国大学生英语辩论比赛（华北赛区）、第24届中国日报社“21世纪•可口可乐杯”全国英语演讲比赛、第十一届北京市大学生英语演讲比赛等多项赛事上获得特等奖、一等奖、二等奖等奖项。

本科生培养方面。英、日、德三个专业以2019级执行版培养方案修订为契机，科学调整专业核心课程及平台课程设置，三个专业在原有人才培养基础之上，探索各自专业创新发展特色。

学院经过调研、研讨、调查等前期工作，制定《外国语学院大类招生分专业方案》，并稳步推进分专业工作。

学院共有78名在校生赴境外12个国家的25所学校交流学习，其中15名学生参加暑期境外交流活动。英、日、德专业四级考试通过率分别为96.88%、86.44%和96.55%，专业八级考试通过率分别为83.90%、90.90%和60.00%，总体水平远远高于全国平均水平。

本科教学自评自建工作。成立外国语学院教师发展中心，致力于提升教师教育教学水平、人才培养能力，并努力将其打造成为广大教师分享教学经验、促进职业发展、实现个性化发展的重要平台和落实“立德树人”根本任务，构建优良师德师风的重要载体。

充分发挥外语课程的工具性与人文性，建立并完善服务于学校人才培养、学生专业学习与发展的分层次、分类别、分模式全英文授课前的动态衔接支撑性课程体系。2019年，在继续完善通用英语、通用学术英语外语基础必修课程的同时，进一步完善、优化、扩容全校公共选修课程群，丰富学校人文素质类外语公选课程，依托人文素质类课程满足全面提升学校学生综合素质的需求。

研究生培养方面。继续加大研究生公共外语教学改革，服务学校人才培养战略。针对各学院不同的学生层次和需求，继续推行分级教学，逐步打造“综合英语＋英语科技论文写作”的双必修课制，拟定个性化定制的课程大纲和考核机制，精心设计教学内容及课堂活动，提高学生的学习兴趣和学习成效。推进“课堂面授＋在线慕课”混合式教学模式，提高教学成效。与学校慕课平台和中国大学慕课积极合作，开发在线慕课和SPOC课程，先后推出“研究生公共英语”SPOC课程和“研究生英语科技论文写作”慕课，丰富了学校研究生英语教学资源。

进一步改革外国语言文学学科研究生培养模式以改善培养质量。外国语言文学专业硕士研究生学制由2年改为3年，并配合修订新的培养方案，合理设置课程和科研实践活动，提高学术型硕士研究生培养水平。扩充研究生培养教师队伍，贯彻落实新教师研究生课堂教学准入实施办法。首次招收非全日制MTI日语专业硕士研究生。组织学生参与冶金学院教授团队的著作翻译、科研助力及相关语言服务工作，探索MTI与学校优势专业跨学科人才培养的结合之路。

推动国际化建设，着力提升研究生学术水平。顺利完成2018年度外国文教专家引智项目9项，

2019 年度外国文教专家项目获批 1 项，2019 年，MTI 日语专业 2018 级 10 名硕士生赴日本大学学习；2 名硕士生赴英国德蒙福特大学进行短期交流学习；4 名硕士生赴英国孔子学院担任志愿者；2 名博士生赴西班牙参加国际学术会议。目前，学院 14 名已毕业的博士生 100% 完成了短期访学和境外国际会议任务。学院博士生导师增至 5 人。

2019 年，学院博士研究生发表 SSCI 论文 2 篇、CSSCI 论文 4 篇，参与国内外学术会议 17 场；王晶同学获得学校第 15 届十佳学术之星提名。“研究生英语在线课程建设及运用成效”荣获学校第 28 届教育教学成果奖一等奖。首次尝试申报博士后流动站，为全面提升学校外语学科在国内外学界的影响力积累了宝贵的经验；积极申报铸牢民族共同体基地和国家老龄化研究基地项目；成功承办“中华口译大赛”北京赛区复赛。完成慕课制作 3 门。

招生宣传工作。学院进一步推进外语类保送生及高考招生宣传工作，专门成立招生工作领导小组，更新制作招生宣传材料。组建了由 7 位老师组成的招生宣传团队，前往全国 4 所具有外语类保送生资格的中学进行专访和宣讲，同时选派了 21 位教师分别奔赴广西和天津两省市（广西 9 位、天津 12 位）的 22 所（广西 13 所、天津 9 所）高中及 15 场（广西 14 所、天津 1 所）大型专场招生咨询会开展高考招生宣传工作，效果明显。

（王　娜、范一亭）

【学科建设】 学院积极对接国家“语言认知和语言信息加工”工程建设战略需求，依托北京科技大学当代语言科学研究中心，语言科学团队推进与国际多个脑认知科学团队的合作研究。学院先后与美国耶鲁大学、加拿大多伦多大学、女王大学进行科研交流；与美国 Haskins 实验室、加拿大 McMaster 大学共同合作研究“多语种眼动数据库”；继续推进与美国教育考试服务中心国际合作项目——第 7 届托福 ® 英语语言研究员 / 从业者资助项目等。成功参与学校人工智能研究院创建工程，并计划和其他学科就人工智能与类脑认知科学研究合作申报项目，在博士生培养方面进行交叉融合。积极组织本学科申报校级青年教师学科交叉研究培育项目 2 项，获批 1 项。

（范一亭、樊　薇）

【科研活动】 依托精品文科政策和鼎新北科项目，学院共举办 8 次学术周活动，举办 70 场国际国内专家学术讲座，组织科研团队学术沙龙 15 场。继 2017 年“语言科学前沿暨具身语言学”国际高峰论坛之后，2019 年 5 月成功举办“具身语言——人工智能时代的语言科学”国际会议。10 月成功举办第二届全国学科英语研究学术研讨会，成功加入国际文学伦理学批评研究会，并将于 2021 年承办“人工智能时代的文学伦理学批评：第十届文学伦理学批评国际学术研讨会”。学院教师全年参加国内外学术会议 50 人次，表现出高涨的学术热情，有效地提升了北科外语在学界的影响力。

优化科研机制，完成教师学术论文发表期刊标准修订工作。2019 年共申报省部级以上科研项目 44 项，获批 4 项，其中：获批国家社科基金项目 2 项，转入国家社科基金一般项目 1 项；教育部人文社会科学青年基金项目 1 项；北京市社科基金项目 2 项。此外，获批中央高校基本科研业务费项目 7 项，2019 年度全国翻译专业学位研究生教育研究项目 1 项，2019 年校级青年教师学科交叉研究培育项目 1 项。2019 年，学院共发表论文 51 篇，其中 SSCI 及 A&HCI 论文 2 篇、SSCI 论文 5 篇、CSSCI 及扩展版期刊论文 17 篇，出版教材、专著及译著 15 部。

（范一亭、樊　薇）

【教育教学环境条件建设】 紧密结合学院“十三五”发展规划和学科建设思路，认真执行获批的 2019 年中央高校改善基本办学条件专项项目及“一流学科”建设引导专项资金项目；更新同声传译实验室、数字语言实验室、双通道无线耳机听音实验室；更新学院安防监控设备，改造学院 108 教室为智慧教室。对学院办公环境进行改善，对部分办公用房重新进行装修和办公家具更新。完成《英语学术论文写作》《人文思政阅读坊》《英国社会与文化探微》3 门在线课程的视频制作，全年累计视频总量达到 44 个；顺利承办 4 次教育部考试中心海外处托福考试，承接教育部考试中心剑桥少儿英语考点。稳步推动培训中心招生工作，积极开展培训课程宣传。

（武冠雄、陈光浦）

【工会工作】 继续推动院务公开和民主监督工作，扎实执行教代会制度，召开学院第三届第十次、十一次、十二次、十三次教代会。组织教职工参加学校工会组织的“祖国颂，北科情”文艺汇演活动并获二等奖。慰问新婚教师、家庭困难教师、生病教师等16人，举办离退休老同志新年团拜会。积极组织教师参加健步登山活动、师生运动会及亲子“家”年华、羽毛球比赛、教职工冬季健身环校园长跑活动等。通过各种活动的开展，极大地增强了学院大家庭的凝聚力。

（武冠雄、康军艳）

【学生工作】 在安全稳定工作方面，努力做好形势研判、信息收集反馈、突发事件处理、学生正向引导等工作，建立多维度、全覆盖、高效率的舆情体系，全面掌握学生动态信息，不断完善“重点情况随时交流，日常表现定期沟通，三师一辅全员参与”机制。

学风建设方面，加强与各专业系所合作，调动学生组织积极性，致力于学院整体学风建设的推进。大力推动学业规划班会，支持学生高水平外语类竞赛与文化活动，发挥榜样作用，积极开展各类交流会。

继续开展精品化、特色化、专业化团学活动，通过学生第二课堂活动不断完善学院育人体系。举办银杏之星评选表彰、外文电影配音大赛等品牌活动，在学生中树立榜样，为学生搭建专业提升的平台；组织学生担任世界园艺博览会、创新经济论坛、国际教育年会等国际会议志愿者，为国际友人讲好中国故事；组织学生参与国庆70周年群众游行方阵和亚洲文明对话嘉年华，在实践中锻炼能力，提升爱国情怀。2019年，获得“志愿服务”“社会实践”“新闻宣传”等共青团工作专项奖，获得“学生心理建设”“学生党建”等学生工作专项奖。

就业工作方面，重心前移，学院领导、系所教师、校友和辅导员四位一体，形成合力，最大程度发挥各自优势，逐步建立起有步骤、成系统、高质量的就业工作体系。以生涯发展辅导为主线，分年级分阶段辅助学生规划未来发展路径，引进校外资源，推进院企合作，建立实习基地，积极开拓院级就业市场，为学生就业提供各类专业指导和优质服务。2019年，学院本科生就业率达95.59%，排名全校第五；出国率41.18%、深造率72.06%，均位居全校第一。研究生就业率100%。

（王英辉、王春丽、王　焕）

高等工程师学院

【概况】 高等工程师学院下设党务办公室、综合办公室、学生工作办公室、金工实习基地、电子实习基地、机器人工程实践基地、钢铁生产全流程虚拟仿真实践教学平台（简称“虚拟仿真平台”）、工程实践教育中心、国际工程教育中心。

学院设有6个本科专业：材料科学与工程（卓越计划）、矿物资源工程（卓越计划）、冶金工程（卓越计划）、机械工程（卓越计划）、能源与动力工程（卓越计划）、自动化（卓越计划）。2019年，学院共招生本科生5个班146人，毕业本科生148人。毕业生就业率98.24%、深造率68.82%。至年底，学院共有在校本科生608人，教职工53人（专兼职）。

（赵志毅、刘　娜、魏　鑫、董　湧）

【人才培养】 ①学院根据“中国制造2025”发展战略和“新工科”建设要求，进一步强化跨专业的工程实践教学能力培养。2018级继续采用工科试验班运行模式，顺利完成了分专业工作。②坚持工程人才培养教育教学研究。获批2019年北京市高等教育“本科教学改革创新项目”重点项目1项，《新工科背景下面向行业未来的复合型工程人才培养模式探索与实践》（薛庆国）。获批北京科技大学2019年度本科教育教学改革重大项目1项，《面向行业未来发展的产教融合、学科交叉卓越工程师培养模式探索与实践》（赵志毅）。获批北京科技大学2019年度校教育教学改革与研究项目重点项目1项，《基于践行的项目制新工科创新人才培养平台建设》（刘立）。获批北京科技大学2019年度校教育教学改革与研究项目面上项目2项，分别为《基于HSMM的研究型实践课程开发》（吕庆功）、《基于工业流程的智能制造实践教学课程建设》（周珂）。③开展本科生导师工作。认真完成了2019级本科生导师聘任工作。与校内12个单位联络开展导师聘任、管理、考核及酬金发放。2018级分专业后与11个单位进行双向选择重新安排导师111人次。召开“本科生导师工作研讨会”。④2019年，开始试行“企业实习课程负责人”制度。为邯钢、首钢京唐、宝钢、艾默生等实习基地安排专门负责教师，负责企业的联络以及后勤保障，有效提高了实习效果和质量。2019年共派出17个实习队，去往8个企业实习。⑤依托北京科技大学“机器人工程”专业，由高等工程师学院联合机械工程学院、自动化学院和计算机与通信工程学院共同开设“机器人工程辅修专业”，面向全校招生，首届招生人数45人。培养特色注重多学科交叉、多专业融合，基于项目驱动，与科创竞赛活动相融合。培养模式强调实践性和体验式教学。鼓励和注重学生自主学习，在团队协作中开展跨专业交流和朋辈学习。⑥围绕项目制“赛课结合”探讨教学方案，召开教学研讨会。2019届毕业生刘逸群获评“校长奖章”，其毕业论文获北京市级本科优秀毕业论文。赵志毅获评2019年宝钢教育优秀教师奖、北京市级本科毕业论文优秀指导教师。

（赵志毅、贺东风、李欣欣）

【工程训练中心】 ①金工实习基地2019年执行2017版教学大纲开设《金工实习A》《金工实习B》《金工实习C》《金工实习D》4门实践课程；协调教学、科研服务、实习后勤保障等工作，圆满完成学校下达的89个班学生的金工实习任务；根据基地人员及软硬件条件和实践教学的发展需要，调整实践教学内容：将锻压和雕铣、测量和3D打印、刨床和磨床等实践教学内容进行合并教学，加大先进、现代加工技术实习比例。

组织教职工积极参与2019年度北京科技大学规划教材（讲义）立项申报，共有4名老师4份讲义获批立项；组织教师积极参与课程思政建设，推荐4篇课程思政教案上报学校，获评校级优秀案例1项；申请1项北京科技大学“课程思政特色示范课程”建设计划项目；指导学校本科生参加2019年北京市大学生工程训练综合能力竞赛，获一等奖2项、二等奖3项、三等奖1项；指导国家级SRTP项目1项，获校级一等奖；支撑学校创新创业项目参加第十二届全国大学生节能减排社会实践与科技竞赛1项，获全国三等奖。

2019年基地退休2名职工，引进校聘劳动合同制博士2名，完成了新入职教师上岗前的试讲工作；继续推进教职工“一专多能”培训，45%教职工具备两个及以上实践项目的实践教学工作，基地逐步形成了涵盖博士、硕士、本科、技术工人的比较合理的师资队伍结构。

2018年度修购项目全部投入实践教学使用，局部实现了实践教学的“虚实结合”；淘汰部分老旧设备，对车间进行布局调整，执行2019年度修购项目469.7万元：购买加工中心8台、加工中心模拟设备16台；对金工车间进行功能区划分，加装了车间隔断，明确了传统工艺实习区和数字制造实习区，解决了实践教学过程中传统和现代技术实习相互干扰的问题；采购投影仪1台，改善了焊接实习授课模式，实习效果明显改善，极大调动了学生实习积极性；改造规范了数字制造车间设备供气系统，保证了8台加工中心和4台雕铣机正常运行的供气需求。组织基地党员群众共同讨论实验室建设方案，经过充分的调研、论证，合理确定设备种类、数量的配置方案，组织申报了2020年修购项目。

②电子实习基地开展实践类必修课《电子技术实习》、专业选修课《智能制造工程设计》、公共选修课《机器人创意设计与实践》的教学工作。编写出版《小型智能机器人制作》（清华大学出版社），开展《电子技术实习》慕课及翻转课堂建设，获2019年度“北京市优质教材（课件）”称号。开展省部级以上教研项目2项、校级重点规划教材项目《电子技术实习教程》1项、校级面上教改项目5项，横向科研项目3项、纵向科研项目1项。

继续加强科技竞赛与电子教学相结合的教学体系，形成“创新意识培养，创造方法掌握，专业素质提高，团队精神养成”的培养机制。完成教育部组织的全国大学生电子设计大赛、全国大学生计算机博弈锦标赛的校内培训、选拔及组织工作。获全国大学生电子设计大赛国家级二等奖1

项、北京市一等奖 1 项、北京市二等奖 7 项、北京市三等奖 2 项，周珂被授予“优秀指导教师”称号。获全国大学生计算机博弈大赛一等奖 6 项、二等奖 6 项、三等奖 3 项，周珂被授予“优秀指导教师”称号。获国际机器博弈大赛金牌 2 枚、银牌 1 枚、铜牌 1 枚的优异成绩。支撑计通学院“超级焊将”、索思科创培训、ROBOTAC 培训、机器人校内赛培训等工作。

③机器人工程实践基地开设《创新创业管理》《航空模型理论与实践》《人形机器人创新实践》3 门公共选修课，及《移动机器人技术与应用》《工业机器人应用与实践》2 门专业选修课；针对机器人辅修专业，开设系列实践课程。开放实验室接待全校 SRTP 项目申请，共计指导完成 SRTP 市级及以上项目 13 项、院级 27 项，覆盖学生 200 余人。举办 2019 年北京科技大学机器人校内赛、北京科技大学航模校内赛、北京科技大学 Robocup 校内赛、北京科技大学机器人新媒体创意赛、北京科技大学工程训练综合能力竞赛，累计参与人数约 1200 人。参加第十八届全国大学生机器人大赛 ROBOCON，获得二等奖，机器马术赛亚军；参加第十八届全国大学生机器人大赛 RoboMaster，首次获得单项冠军（特等奖）；参加华北五省大学生机器人大赛，获一等奖 4 项、二等奖 3 项、三等奖 3 项；参加中国国际飞行器设计挑战赛获一等奖 2 项、二等奖 2 项、三等奖 2 项；参加 2019 世界机器人大会 Robocup 机器人足球赛，获二等奖 1 项、三等奖 1 项；《地面铺砖机器人》获北京科技大学第二十届“摇篮杯”特等奖；参加第六届中国杭州大学生创业大赛入围四百强。参与组织第十八届全国大学生机器人大赛 ROBOCON 南方赛区、北方赛区及总决赛；与北京科技大学广州新材料研究院联合组织举办第十八届全国大学生机器人大赛 ROBOTAC 赛事；同期举办 ROBOTAC 国际教育产业论坛；组织承办第十八届全国大学生机器人大赛 CURC 培训会；接待第六届全国青少年科学营实验探究项目。

（吕庆功、贺东风、王建武、周　珂、王　旭）

【虚拟仿真平台】 ①基于虚拟仿真平台开展钢铁生产虚拟仿真实践教学，为工科试验班开设《工程实践 IA》《工程实践 II》（虚拟仿真部分）和《钢铁生产虚拟仿真实践 B》，承担采矿、材料、材化、能动、机械、环境、安全等专业本科生认识实习和生产实习任务，为专业课《材料成型自动控制基础》和 MTI（翻译硕士）工程通识课程等提供实践教学支撑，开展新入职实验技术教师培训，支撑中国冶金卓越联盟高校工程营活动，全年接待师生 1255 人次，完成教学任务 15242 人时。②积极参加课程思政建设，获评校级课程思政优秀案例 1 项，申报校级“课程思政特色示范课程”建设项目 1 项；积极参加学校“一流专业”建设，为矿物加工工程、材料成型及控制工程等专业提供工程专业认证支撑。③积极开展接待来访与教学交流工作，承担乌克兰教育部、德国亚琛工业大学、俄罗斯国家科学技术大学、法国南非科技研究院、中华全国总工会、中国矿业大学、中南大学、大连理工大学、西安交通大学、重庆大学等国内外重要来访参观工作。④持续对虚拟仿真教学资源进行补充、更新和完善，开发完成“电炉炼钢虚拟仿真实践教学系统”，并启动“带钢热连轧液压活套系统智能控制虚拟仿真实验”建设工作。⑤持续开展教育教学改革研究，拓展创新实践课程，新申请立项校级面上教研项目 1 项，《基于 HSMM 的探究型实践课程建设》；结题教研项目 4 项：高校重点外国专家项目《虚拟仿真实践教学平台国际校企联盟合作模式研究》，校级面上项目《钢铁生产全流程虚拟仿真教学资源的共享模式研究及实践》，校级面上项目《虚拟仿真教学资源在认识实习及生产实习中的应用探索》，校级素质教育核心课程建设项目《工程材料优选》；在正式期刊发表教研论文 5 篇。

（吕庆功、秦　子、许文婧）

【产学合作】 深入开展艾默生中国（艾默生过程控制有限公司、艾默生罗斯蒙特仪表有限公司）与北京科技大学的全面战略合作伙伴关系建设，与艾默生集团揭牌“智能制造”共建实验室，在校友会、基金会指导下建设“艾默生工程教育基金”项目。组织艾默生集团北京、西安、上海工程师，以云端教学的形式，支撑中国冶金卓越联盟特色活动“工程营”的课程实施。与华为集团合作，在华为“AI 沃土”计划框架下，以华为 ModelArts 开发平台和 HiLens 终端为基础，进行课程合作开发，完成《Python 基础》

MOOC 建设，开设《ModelArts 平台介绍及应用》课程。与宝武集团欧冶云商有限公司签署战略合作协议，组织欧冶云商、钢铁共性技术研究中心等专家开展产教融合研讨会。与华为集团、艾默生集团开展教育部产学协同育人项目 2 项。北京科技大学与首钢京唐钢铁联合有限责任公司签署战略合作框架协议。

在北京卓越联盟合作框架下，组织实施“北京卓越联盟”创新班课程、中法科技创新项目选拔活动、共享课选拔工作。组织实施北京卓越联盟（中法）创新项目校内选拔及联盟评审工作，选派科创项目 3 项。在市教委主导下，学校与北京卓越联盟联合主办“北京市卓越工程师联盟工业智能竞赛”，9 个学校、57 个队伍参加，经过专家函评，15 只队伍进入复赛，并于 2019 年 12 月开展中期答辩。各项活动持续引导和激励高校学生实事求是、勇于创新，培养学生创新精神和实践能力，促进高校学生课外学术科技活动的蓬勃开展。

（赵志毅、贺东风、周 珂）

【冶金卓越联盟】 为促进中国冶金行业卓越工程师教育培养联盟高校师生交流，培养面向冶金行业发展的新型工程人才，推进联盟高校及企业教育合作，实现资源共享、优势互补，2019 年 7 月 8 日至 12 日联盟第五届工程营在学校举办，工程营以“匠心筑梦、集智创新”为主题，通过搭建国际通识文化学习、行业前景学习、工程文化氛围体验、创新创业交流、工程技术训练、素质拓展与文化交流的平台，举办课程、讲座、实践、参观等一系列丰富多彩的学术活动。中国钢铁工业协会副秘书长姜维、美国工科国际化创新教育联盟专家、欧冶云商股份有限公司人力资源部副部长郭玉明、武汉鼎业环保工程技术有限公司总经理罗恪等嘉宾出席开营仪式，来自 11 所联盟高校的 39 名营员师生参加本次活动。

（赵志毅、张 甜、刘 娜、魏 鑫）

【党建工作】 ①截至年底，学院共有党员 87 人，其中教职工党员 37 人、学生党员 50 人。设有党支部 5 个，其中教职工党支部 2 个、学生党支部 3 个。年度发展党员 42 人。②做好学院党总支换届工作。2019 年 5 月 15 日召开全院党员大会，选举产生新一届党总支委员。③完善学院管理体制和运行机制。修订完善党总支、党政联席会议事规则等，规范完善议事决策程序。2019 年召开党总支会 15 次、党政联席会 22 次。④以政治建设为统领，坚持理论学习与中心工作相融并进，抓实各层次理论学习见成效。2019 年学院理论中心组学习 11 次，班子成员讲党课 6 次。2019 年教职工集中理论学习 10 次，举办学生党校 2 期。⑤优化党支部设置，促进支部共联共建、聚力发展。增补 2 个教职工党支部支部委员，11 月下旬完成学生党支部换届调整。整顿软弱涣散党支部 1 个，建强抓实党支部建设。推进全体师生党支部结对共建，以经验共鉴、资源共享和工作互助不断提升基层组织质量。按照一支部一特色，抓好基层党组织建设。⑥扎实开展“不忘初心、牢记使命”主题教育。高度重视，迅速启动，精心谋划，有序推进。9 月 20 日召开学院主题教育动员部署会，广泛深入动员。注重工作设计，分类形成“时间表”“路线图”，列出“四项清单”。形成特色做法，编发学院主题教育简报。主题教育期间召开座谈会 9 场、走访学院 2 个、个别访谈 29 人，发放调查问卷 499 份，梳理出 21 项问题，18 项已经解决，解决 8 项师生急难愁困问题。统筹开展“初心之路”主题党日。一是以“忆百年峥嵘、传远大梦想”为主题，开展 1 次党性实践教育。赴“北京香山革命纪念地”“京西山区中共第一党支部旧址”“中共一大、二大和四大会址”等开展党性实践锻炼。二是以“守报国之心、固信仰之基”为主题，重温 1 次入党誓词。组织全体党员重温“入党誓词”，叩问入党初心，畅谈奋斗使命，向新中国建国 70 周年献礼。三是以“践伟大事业、履责任担当”为主题开展 1 次志愿帮扶，为身边群众办 1 件实事好事。教职工第一党支部以党员“双报到”为载体，与社区党支部对接开展“冬日送温暖”志愿帮扶；学生党支部开展与新阳光病房白血病儿童授课，面向老年人举办手机使用体验式课堂讲座。四是以“悟深邃原理、明时代要求”为主题，讲好 1 次党课。用好每周四下午固定理论学习时间，推广党员轮流主讲、党课三分钟等启发式学习形式，在实践基地召开主题教育专题座谈会。⑦专题研究部署党风廉政建设工作，组织开展党风廉政宣传教育，并将廉政教育纳入党委理论中心组学习和党员干部、师生员工培训内容。⑧《涵养工匠精神，以党建引领工程实践与文化育人模式》获批“一院一品”基层党建创新项目。高工本17级党支部在企业一线开展“传工匠精神、立报国之志”党性实践活动，获评学校“标兵学生党支部”第一名，教职工第一党支部获评校先进党支部，2名师生获评校优秀共产党员。3个案例入选学校《课程思政案例选编》，学院基层党组织立项参与率100%，获校级基层党组织立项活动奖励1项。

（张　甜、刘　娜、牟仁玲）

【学生工作】 加强组织建设，强化榜样示范，学院获评学工系统年度学生党建工作、毕业生教育工作2项专项奖；高工本17级党支部以第一名获2019年学校标兵学生党支部荣誉称号、北京市红色“1+1”三等奖；学院获评2个标兵班集体，3个优秀班集体等；2019届本科毕业生刘逸群获评“校长奖章”，学院评选“院长奖章”8人、“最美实习生”5人。

①以理论实践滋养初心使命，将党建和思想政治教育贯穿学生培养过程。深化巩固主题教育成效，邀请理论导师、思政课教师进支部，开展“党课三分钟”学习分享，进行多形式主题党课党日团日72次，组织100余名师生参与国庆七十周年服务保障工作。定期召开学生党支部、团支部、班级委员联席会议，扎实开展党支部红色“1+1”共建，高工本17级党支部联系首钢老年福敬老院开展共建20余次，高工本16级党支部传承新阳光白血病病房教学项目，并与研究生党支部等结对共建。严格发展党员，强化培训实践，年度发展学生党员40人，举办第317期、第335期中级党校，学生党支部结合实习开展“不忘爱党爱国心，牢记工程报国志”主题教育实践等。

②以创新实干激发蓬勃动力，为培养服务国家和行业的工程人才赋能。坚持思教融合、导辅结合模式下本科生导师工作，率先开展本科生导师工作研讨会，开展“导师加油站”师生交流活动5场、“你的导师即是我的导师”研究生—本科生沙龙3场。加强学情跟踪，开展“助学零距离”党班团联动学业辅导，“卓越青年成长课堂”等覆盖600余人次；推进“摇篮杯”“互联网+”等创新创业工作。多人在学科竞赛、机器人、航模等团队竞赛取得优秀成绩。注重专业文化育人，开展第五届中国冶金联盟工程营，举办学院第五届工程文化节。开展“工程素质训练营”等新生教育项目，组织首钢旧址、北京现代等企业参观实践，增进专业归属；开展“卓越有你，壹玖同行”毕业季主题教育，举行毕业生班会10场，开展毕业晚会等活动近20场，多位优秀学子受到学校官微等报道。

③强化队伍传承，严格综合评定，为学生工作和学生发展助力护航。扎实辅导员职业化专业化发展，培养“作风正、素质高、业务精”的学生骨干队伍，举行共青团高等工程师学院第一次代表大会，开展学院党班团一体化项目建设，举办9期团校培训活动；严格评审公示制度，完成对101个在校生、23个新生的贫困认定工作，贫困生受助覆盖率达100%；结合《高等工程师学院综合素质评价体系》，成立评审小组完成奖学金评审和荣誉称号评审工作，开展“卓越之路”榜样宣传；扎实开展安全教育、心理研判相关工作，助力学生成长成才。

（张　甜、刘　娜、赵泓璇、赵　倩）

【交流与合作】 ①春秋学期开设“国际工程基础”“工程创新与创业”“智能制造基础”国际课程。2019年4月，邀请加拿大皇家学会会员、美国工程院院士、法国教育骑士勋章获得者等开设3门外国专家课。2019年暑期，聘请来自加拿大麦克马斯特大学、法国兰斯大学、美国韦恩州立的大学教授及美国工科国际化创新教育联盟的工程师等5名国际知名专家为学生授课。共开设5门国际专业选修课，分别为*International Quality Engineering Documentation*（《国际工程文案》）、*Mechanical Theory for Internal Combustion Engine*（《内燃机力学》）、*From Microstructure for Infrastructure*（《从微观结构看基础设施》）、*Resources, Materials and Environment*（《资源、材料与环境》）、*Introduction to Cyber Security*（《网络安全导论》）。②与美国工科国际化创新教育联盟合作，为学生SRTP项目聘请国际指导教师进行项目设计及指导。③2019年2月，学校与俄罗斯国家科技大学签署了本科生交换项目协议。学院于2019年3至4月接待俄罗斯国际科技大学1名大四交换生。2019年4至6月，学院派出2名大四学生赴俄罗斯进行毕业设计。④2019年7月，学院张沙沙老师带领学校学生赴俄罗斯国家科学技术大学参加第二届人工智能和计算机视觉黑客马拉松冰视觉挑战赛。⑤2019年7至8月，学院12名学生及1名教师赴俄罗斯国家科学技术大学进行为期两周的暑期学校学习，学习内容为“材料与技术”；8名学生及1名教师赴法国亚眠电子电气高等工程学院进行为期两周的暑期学校学习，学习主题为“工程素质培养及跨文化交流”；10名学生及1名教师赴英国邓迪大学进行为期两周的暑期学校学习，主题为“科学与工程”。年内共有49名学生参加“学生国（境）外经历拓展”项目、出国竞赛、暑期学校及出国攻读硕士研究生，占比31%。

（贺东风、李欣欣）

管庄校区

【概况】 2019年管庄校区坚持稳中求进、内涵发展的工作原则，深入开展“不忘初心，牢记使命”主题教育，坚持全面从严治党，坚持提质转型升级，坚持面向行业和学校重大发展需要，进一步凝心聚力，加强规范管理，凝练办学特色，提升教学质量，各项工作取得实质性进展。

截至2019年12月底，校区各类在校生40570人，其中远程教育学生36638人，成人教育学生3926人（其中函授生1786人，校区业大学生1206人、校外业大点学生934人），高职学生6人。各类新生14583人，其中成人教育注册1492人，远程教育注册13091人。各类毕业生40107人，其中高职毕业生78人，成人教育毕业生1722人，远程教育毕业生38307人。授予学位608人。

（何　进、宁晓钧、张军凌）

【党建工作】 2019年管庄校区党委深入开展“不忘初心、牢记使命”主题教育，坚持推进全面从严治党。

①以增强政治意识、提高政治能力为重点，切实发挥党委政治核心作用。一是抓好理论武装、思想引航工作。通过邀请校领导、部门负责人和专家学者做全面从严治党、师德师风、党内法规等专题报告，通过组织党员师生参观“庆祝中华人民共和国成立70周年大型成就展”、香山革命纪念馆，观看电影《我和我的祖国》《榜样4》等多种形式开展理论学习。全年共组织理论中心组学习（包括扩大学习）16次，教职工集体理论学习10次，引领党员师生增强“四个意识”、坚定“四个自信”、做到“两个维护”。二是抓好基层党支部建设。通过每月支部书记政工例会、每学期支部书记述职、每年党支部工作考核、党支部委员培训等，加强交流和指导。组织党支部书记集体学习15次，党支部组织生活10次，不断提高“三会一课”和主题党日质量，持续推进“两学一做”学习教育常态化制度化。三是开好领导班子“不忘初心、牢记使命”专题民主生活会。以正视问题的自觉和刀刃向内的勇气，认真开展批评和自我批评，不断提高班子的政治意识和组织力、战斗力。

②以聚焦重点问题、抓紧整改落实为重点，深入开展“不忘初心、牢记使命”主题教育。切实抓好学习教育、检视问题、调查研究和整改落实，先后组织6次专题学习研讨、4次中心组学习，结合校区实际，认真学习领会习近平新时代中国特色社会主义思想和关于教育的重要论述精神。着眼校区党建、综合改革、继续教育提质转型升级、教师队伍建设和师生反映强烈的问题，聚焦7个主题组织了20多场集中调研活动，与半数以上的教职工进行了广泛深入的交流，查清找准关键问题，并积极整改落实。班子成员撰写了7个调研报告，做了6次党课宣讲，对凝聚共识、推动发展、鼓舞斗志起到积极作用。

③以加强制度建设、严明纪律规矩为重点，着力推进全面从严治党工作。一是组织召开“2019年管庄校区全面从严治党工作会”，逐级签订《党风廉政建设责任书》。二是参照《北京科技大学反腐倡廉基本规章制度指导目录》，清理、修订和完善各项规章

制度，公布废止55项，修订、新制订了13项。三是强化重点领域监管，在干部任用、人事管理、财务管理、招生考试等方面，建立工作流程10项，严控廉政风险点。四是加强财务风险防范，加强内控管理。

④以压实职责任务、防范风险隐患为重点，切实加强意识形态、安全稳定工作。进一步完善校区意识形态工作责任体系，与各党支部、各部门签订《意识形态工作责任书》。坚持每月召开党支部书记政工例会，重点分析研判教职工、党员的思想状态，及时做好教育引导和深层次思想工作。做好研究生思想引领、服务保障和安全稳定工作。

⑤以促进事业发展、凝聚师生人心为重点，努力发挥党建引领作用。一是深化网络继续教育提质升级改革，立足服务企业、行业发展需要。二是非学历教育取得良好发展势头，形成了比较成熟的管理干部、技术骨干的培训模式。三是踏踏实实地为师生员工做实事做好事，组织召开了校区四届九次、十次、十一次教代会，恢复每天工间操、每月工会活动日；更换老旧教学设备；利用节假日走访老同志，组织集体祝寿活动、在庆祝新中国成立70周年之际为离休干部佩戴国家颁发的纪念奖章等。

（何　进、闵向东、陆春兰）

【师德建设】 管庄校区重视师德师风建设。一是加强理论学习，认真落实有关文件规定。坚持教职工理论学习制度，定期开展集中理论学习，要求教职工遵守教师道德行为规范及《新时代北京科技大学职业行为十项准则》，在教师年度考核、岗位聘任、职称评审、评奖评优等工作上实行党支部把关。二是加强意识形态舆情监测，发挥基层党支部在师生思想动态分析和研判情况方面的作用，加强讲座、论坛、报告会、研讨会人员和内容审查监管。三是落实立德树人根本任务，对教职工如何在岗位上落实“三全育人”进行培训，邀请学校宣传部部长于成文、“北京市师德先锋”张英华教授做专题讲座。

（张军凌）

【医务与家属院物业】 继续深化体制机制改革。推进管庄校区和学校管理模式一体化，将校区医务工作纳入学校医院统一管理，实现医事管理专业化。协调推动校区家属院试行物业管理，作为第一批试点社区加入朝阳区老旧小区物业服务提升工程，引入国营物业公司对家属区进行低成本物业管理试点服务。完善校区、后勤、保卫、融创院四部门协调会机制，协调解决属地部门由于业务交叉而产生的问题。

（宁晓钧、安　璐）

【财务管理与资产管理】 着力提高管理服务效能，强化会计核算功能，完成政府会计制度工作衔接。全面推进学费网上直收，加大学费催缴力度。梳理和优化学费入账、公费医疗报销等内部流程，实现了学费管理业务的流程再造。推行电子票据，编印《就医报销指南》，优化服务。完善资产采购领用管理流程，深入推进精细化管理，努力改善校区基本办学条件。

（宁晓钧、安　璐、谢　昕）

【岗位聘任工作】 精准分析校区师资结构和基础条件，提高教师对“三全育人”的认识，结合新一轮岗位聘任梳理岗位职能，明确岗位育人职责。在学校归口部门的指导下，充分发挥校区岗聘委员会作用，面向教职工充分征求意见，认真研究并讨论各类人员意见建议，制定管庄校区岗位聘任实施细则，坚持程序抓实抓细抓落实。

（何　进、宁晓钧、安　璐、刘亚宁）

【研究生入驻与思想政治教育】 坚持立德树人，助力学生全面发展。2019年初，583名2018级研究生有序迁回本部；2019年9月，分属7个培养单位的647名2019级研究生顺利入驻管庄校区。校区对研究生强化理想信念和社会主义核心价值观教育，加强中华优秀传统文化、革命文化和社会主义先进文化教育，通过以“启航课”“成长课”“思政课”“情怀课”“安全课”为核心的“五课”教育，打造具有管庄校区特色的“三全育人”模式，并积极协助培养单位做好研究生党团建设、学风建设、思想引领、安全教育、心理健康教育、职业规划指导等工作，促进校园安全稳定和研究生研学成长。

（马永春、吴　瑜）

【高职生和业大生管理】 2019年，校区加强了业大生的信息精准管理、学业支持帮扶、树榜样促学风等工作，并做好最后一届高职生的平稳毕业工作，表彰了业大110名优秀学生、50名优秀学生干部、35名优秀毕业生，高职生8人升本学习、3人光荣入伍、

8人荣获校区优秀毕业生。加强校友信息收集和积累，广泛联系校友，组织好校友集体返校纪念活动。

（马永春、吴　瑜）

【教学条件建设】 更新完善多媒体教室的计算机系统和管理服务平台功能，优化教学虚拟桌面，组织开展对网络教育教学管理平台的年度验收。落实网络实名制，增加无线网络覆盖率。升级图书管理系统，继续为研究生提供委托借阅、通借通还学校纸质图书服务。

（张军凌、徐新华、艾澍雨）

【保障服务工作】 完成融创院运行保障服务。推进规范化管理，定期进行安全检查，督促入驻人才团队做好实验室管理和学生管理。

（马永春）

【安全治理工作】 积极协调推进安全工作。2019年修订了管庄校区《深化“平安校园”建设网格化安全管理工作方案》《消防安全检查专项行动方案》《管庄校区防汛抗旱应急预案》等文件。及时做好学生宿舍、综合楼、家属区等安全隐患排查整改；督促融创院各团队做好实验室、危险化学物品等安全管理；配合保卫部门做好市消防局“双随机，一公开”消防安全检查，实现消防安全精细化管理，配合组织各类消防安防培训、实战演练。与保卫科、管庄后勤服务中心等部门联动，完成70周年国庆群防群治工作，并配合管庄地区完成创建国家卫生区工作。

（马永春、任乐松）

体育工作

【概况】 2019年，学校体育部下设办公室、教学教研室、群体教研室、竞训教研室、学生体质健康测试中心和体育器材室等六个三级机构。至年底，共有教职工45人，教师39人（男教师25人，女教师14人），教辅和党政管理人员6人。体育部教师职称结构较为合理，其中教授3人，副教授18人，讲师15人，助教2人。在田径、篮球、足球、网球、乒乓球、羽毛球、冰雪项目上，学校拥有国家级裁判7人，国家一级裁判22人。

2019年，在学校党委的领导下，在市教委、北京市大学生体育协会的指导下，体育部认真落实中共中央国务院提出的“学校教育要树立‘健康第一’的指导思想”精神，以增强学生体质，促进学生健康为工作重点，按照年初制定的年度工作计划和目标，经过师生员工的共同努力，在教学、群体、代表队、学科建设和场地设施管理等方面做了扎实有效的工作，圆满完成2019年度的各项工作任务。在学校本科教学学生全员评教中名次列前，体育教学课已成为学生最喜爱的课程之一。

（张孔军、窦海波）

【课程建设】 学校体育课程教学始终坚持“以人为本，健康第一”的指导思想，不断优化课程教育内容，形成了完备的体育课程结构，基本上满足了学生选课需求和兴趣爱好。为满足广大学生日益增长的体育兴趣，体育部充分挖掘体育师资和体育设施的潜力，不断增设一些学生喜爱的运动项目，2019年初步完成了体育慕课建设，新编体育实用教材也正在完善当中。为了提高教学质量，进一步端正学风和教风，体育部新制定出台了教师停、调课管理制度。为了提高教师的业务能力，体育部会经常组织教师进行业务学习，鼓励中青年教师参加教学基本功比赛，营造互相学习，取长补短的氛围。继续坚持教学督导，对教师的上课情况进行评价、管理，努力提高教学质量，促进学生健康。

（张孔军、窦海波）

【科研及师资建设】 体育部注重师资队伍建设，通过培训和业务学习不断提高教师的业务水平，并有计划地选派体育教师进修学习，参加有关体育方面的学术报告会，使教师的各项业务水平和科研能力得到提高。2019年，为优化教师队伍，体育部引进一名具有健将级运动水平的青年教师。2019年体育部教师承担或参与2项国家级课题、3项省部级课题和2项校级课题，体育部教师参与编写专著5本，发表学术论文58篇，其中包括5篇中文核心期刊论文。

（张孔军、窦海波）

【竞技体育】 2019年，学校的竞技体育基本上完成了既定的目标。学校高水平运动代表队参加全国和北京市的高校系列赛事达15项。2019年学校体育各代表队经过刻苦训练，努力拼搏，在已结束的北京市高等院校的各项比赛中，田径队获甲组男、女团体总分第三名，同时在第18届全国大学生田径锦标赛中获得1枚金牌、1枚银牌和1枚铜牌；女篮获得北京高校篮球甲组联赛及CUBA中国大学生篮球联赛北京赛区第4名，并成功打进第21届CUBA全国二十四强；跆拳道获北京高校比赛团体第二名，并在全国大学生跆拳道锦标赛中获得一枚铜牌；羽毛球获首都高校男、女团体第五名和男子双打第三名；足球队获得2019年首都高校足球甲级联赛第2名。

（张孔军、窦海波）

【群众体育活动】 2019年，学校的群众体育活动继续保持良好的传统和风气。积极响应“亿万学生阳光体育运动”的号召，使学校的群众体育工作呈现出蓬勃的发展趋势。紧密围绕学校育人核心，努力将群众体育工作打造成为第二课堂和校园文化建设的桥头堡。年内，按照年初制定的学校体育竞赛计划，在20余个单项体育协会助力下开展，举办校运会、新生运动会、篮球赛、足球赛等50余项丰富多彩的体育活动，组织学生参加了20余项高校体育比赛，并多次获得一等奖、最佳组织奖、体育道德风尚奖。群体活动项目多、覆盖面广、自主性强、参与性高，极大地调动了学生参加体育活动的热情，使阳光体育运动惠及全体学生，做到人人有体育项目、班班有体育活动、院院有体育特色。2019年，学校在北京市大学生体育协会组织的“数字运动会”系列比赛中，取得了优异的成绩。

（张孔军、窦海波）

2019年北京科技大学体育代表队主要竞赛成绩

比赛名称、时间、地点	领队及教练	运动员姓名（单项成绩）							总成绩
		姓名	项目	成绩	名次	项目	成绩	名次	
首都高等院校第57届学生田径运动会（2019年5月，中国地质大学）	领队：窦海波 教练：周振平 董官清 蒋玉跃 章荣江 姜　宏 李仕美 王文海 于　祥 董　斌 郭毅平 李志珑 吕荣华	李泽龙	100米	10.84	6				女子甲A团体总分113.0； 男子甲A团体总分96.5； 男女团体总分：209.5分/第3名 金牌数：1
		刘　超	1万米竞走	45:37.40	2	2万米竞走	1:33:34.92	2	
		姜　涛	2万米竞走	1:36:46.67	3				
		乔志洋	200米	25.19	8	400米	48.06	5	
		胡尊斌	跳远	7.35	4				
		李承翼	跳远	7.26	6	三级跳远	14.21	8	
		靳晓东	十项全能	5425分	6				
		李仲伟	十项全能	5319分	7				
		陈鼎琦	400米栏	54.67	5				
		魏楷奇	400米栏	59.50	8				
		李湘龙	撑竿跳高	2.60米	3				
		杨永峰 陈鼎琦 李泽龙 谢国东 乔志洋	男4×100	41.00	3				
			男4×400	3:29.15	5				
		田永俊	跳高	2.04米	4				
		马　腾	标枪	53.82	5				

续表

比赛名称、时间、地点	领队及教练	运动员姓名（单项成绩）							总成绩
首都高等院校第57届学生田径运动会（2019年5月，中国地质大学）	领队：窦海波 教练：周振平 董官清 蒋玉跃 章荣江 姜　宏 李仕美 王文海 于　祥 董　斌 郭毅平 李志珑 吕荣华	张　旭	三级跳远	15.35	3				女子甲A团体总分113.0； 男子甲A团体总分96.5； 男女团体总分：209.5分 / 第3名 金牌数：1
		张雪琳	100米栏	14.68	2	三级跳远	12.99	4	
		刘诗园	三级跳远	12.67	7				
		邱伟娜	800米	2:25.42	7	3000米障碍	12：03.63	4	
		黄　茹	800米	2:22.19	4				
		王　丽	1500米	4:43.22	5	3000米障碍	11：14.51	3	
		关亚欣	1500米	4:49.35	7	5000米	18：37.82	5	
		窦　倩	400米	1:02.16	7				
		梁紫葳	400米栏	1:07.16	5				
		谢瑜宸	铅球	12.89	3	铁饼	54.06	1	
		李淑婷	铅球	11.08	7	铁饼	43.39	5	
		张　琦	七项全能	4069分	5				
		孙继红	七项全能	4157分	4				
		庞梦茵	跳高	1.72	3				
		梁紫葳 窦　倩 付刘倩 邵书贤 李苗艳	女4×100	49.55	5				
			女4×400	4:05.26	3				

比赛名称、时间、地点	领队及教练	姓　名	项　目	名　次	总成绩
第15届北京大学生跆拳道锦标赛（2019年6月，北京林业大学）	领队：窦海波 教练：刘　洋	姚启譞	北京高校竞技男子87kg	1	女子团体总分：第2名 男子团体总分：第2名 男女团体总分：第2名
		王琳茹	北京高校女子竞技+73kg	1	
		郭启航	北京高校竞技男子+87kg	2	
		郑蕴格	北京高校女子竞技+73kg	2	
		马赛赛	北京高校女子竞技67kg	3	
		詹潮晖	北京高校男子竞技58kg	3	
		徐铮玮	北京高校男子竞技54kg	1	
2019年全国大学生跆拳道锦标赛（2019年7月，湖南岳阳）	领队：窦海波 教练：刘　洋	王琳茹	全国锦标赛女子竞技73kg	3	
		徐铮玮	全国锦标赛男子竞技63kg	3	
		姚启譞	全国锦标赛男子竞技74kg	5	
		郭启航	全国锦标赛男子竞技+87kg	5	

续表

比赛名称、时间、地点	领队及教练	项　目	姓　名	名　次
北京高校篮球（甲级）联赛（2019 年 5 月）	领队：窦海波 教练：李海涛	篮球男队	李怡霖、兰泽龙、陈　牧、郝　恺、李　康、杨皓铭、林昭良、宋栩霆、关昊天、张含鑫、齐宇轩、韦　涛、白羽鹤、吕宗艺、邵轶阳	第 7 名
	领队：张孔军 教练：张孔军 谢铁兔	篮球女队	李　赫、徐春颖、杨荔瑶、王群玉、韩炜怡、隆宇婕、黄斐然、茹　昕、方　越、贾蘅琳、钮小坤、聂晓蓓、李泽宇、王　瑞、罗雨涵、李如欣	第 4 名
第 22 届 CUBA 联赛北京预选赛（2019 年 11 月）	领队：窦海波 教练：李海涛	篮球男队	陈　牧、郝　恺、李　康、杨皓铭、林昭良、宋栩霆、张含鑫、齐宇轩、白羽鹤、吕宗艺、韦　涛、邵轶阳、钱佳明、肖天睿、赵宇鹏、王芃昊	第 9 名
	领队：张孔军 教练：张孔军 刘　丹	篮球女队	李　赫、杨荔瑶、王群玉、隆宇婕、茹　昕、方　越、聂晓蓓、王　瑞、李泽宇、罗雨涵、李如欣、吕　逸、陈泽暖、张雨琪、王子婧、董慧妍	第 4 名
北京高校羽毛球联赛（2019 年 10 月）	领队：窦海波 教练：胡彦峰	羽毛球队	汤文颖、耿子键、文兆杰、刘嘉琪、席金帆、王树芳、郑　逸、谭雁缤、杜可悦	男双：第 3 名 男团：第 5 名 女团：第 5 名
2019 年首都高校足球甲级联赛（2019 年 11 月）	领队：窦海波 教练：刘伟年	足球队	刘　旭、刘丰铭、樊思奇、刘子慕、孙智勇、任子逸、林绍基、曾昊澄、焦庆洋、刘泊宁、徐向龙、任杰灵、张浩瀚、张佳豪、江梓瑞	第 2 名

（张孔军、窦海波）

北京科技大学田径最高纪录（截至 2019 年底）

男子：

项　目	成　绩	日　期	地　点	创造者	院　别	备　注
100 米	10.5（手）	1991.6	国家体委	刘玉刚	机械	北京地区田径邀请赛
100 米	10.68（电）	2019.4	广东肇庆	李泽龙	经管	全国田径大奖赛肇庆站
200 米	21.21（电）	1996.8	西　安	扬子江	经管	全国第 5 届大学生运动会
400 米	45.98（电）	2013.5	北建大	李志珑	文法	北京高校第 51 届田径运动会
800 米	1:50.3	1992.6	国家体委	邹华东	采矿	国家体委田径测验赛
1500 米	3:49.69	2007.5	北　邮	徐福祥	经管	北京高校第 45 届田径运动会
5000 米	14:23.1	2005.5	北师大	高月志	经管	北京高校第 43 届田径运动会
10000 米	29:50.8	1997.4	上　海	鞠成军	文法	全国第 8 届运动会达标赛
3000 米障碍	9:10.7	2003.10	交　大	高月志	经管	北京高校第 41 届田径运动会
110 米栏	13.6	1998.5	体　师	白　勇	文法	北京高校第 36 届田径运动会
400 米栏	49.86（电）	2012.9	天　津	李志珑	文法	全国第 9 届大学生运动会
4×100 米接力	41.38（电）	1999.7	长　春	汤　禹、时宪东 闫二勇、扬子江	校队	全国第 7 届大学生田径锦标赛
4×400 米接力	3:12.04	2012.5	北　大	李志珑、安　京 宋　琛、谢佳楠	校队	北京高校第 50 届田径运动会
10000 米竞走	41:59.51	1995.5	先农坛	奚绍辉	社科	北京市第 9 届运动会
20000 米竞走	1:24:54	1995.5	先农坛	奚绍辉	社科	北京市第 9 届运动会

续表

项 目	成 绩	日 期	地 点	创造者	院 别	备 注
跳 高	2.12 米	2016.7	福建石狮	孙圣杰	经管	第 16 届全国大学生田径锦标赛
跳 远	7.90 米	1989.5	合 肥	梁 超	经管	全国田径锦标赛
三级跳远	16.33 米	2010.9	山 东	蔡文帅	经管	山东省第 22 届省运动会
撑竿跳高	5.00 米	2011.5	清 华	周 博	经管	北京高校第 49 届田径运动会
铅 球	15.67 米	2002.5	科 大	尹作为	信息	北京高校第 40 届田径运动会
铁 饼	59.14 米	1996.5	体 大	李加富	社科	北京高校第 34 届田径运动会
标 枪	66.72 米	1990.3	体 大	马 键	经管	北京体院田径邀请赛
链 球	63.37 米	2005.5	北师大	李振华	经管	北京高校第 43 届田径运动会
十项全能	6546 分	2014.5	人 大	任 磊	经管	北京高校第 52 届田径运动会
马拉松	2:16:23.00	2001	北 京	鞠成军	经管	北京国际马拉松赛

女子：

项 目	成 绩	日 期	地 点	创造者	院 别	备 注
100 米	11.61（电）	2000.9	成 都	闫 姝	文法	全国第 6 届大学生运动会
200 米	23.8	1998.10	北 体	王 莉	经管	北京高校田径杯赛
400 米	56.8	1999.5	首师大	王 莉	经管	北京高校第 37 届田径运动会
800 米	2:08.9	2004.5	北 航	李志梅	经管	北京高校第 42 届田径运动会
1500 米	4:18.0	2006.4	北科大	谢 芳	经管	北京科大第 44 届学生田径运动会
3000 米	10:12.35	1988.8	南 京	李跃明	热能	全国第 3 届大学生田径运动会
5000 米	15:03.95（电）	2007.11	武 汉	谢 芳	经管	第 6 届全国城市运动会
10000 米	31:21.2（电）	2007.11	武 汉	谢 芳	经管	第 6 届全国城市运动会
100 米栏	13.71（电）	2006.5	郑 州	綫 红	经管	2006 年全国田径大奖赛郑州站
400 米栏	59.92（电）	2006.10	北 大	胡雪婧	经管	北京高校田径精英赛
4×100 米接力	47.3	1998.5	体 师	王 莉、许秋红 齐 媛、闫 姝	校队	北京高校第 37 届田径运动会
4×400 米接力	3:51.03（电）	2008.5	林 大	李 烨、边 迪 胡雪婧、赵莹莹	校队	北京高校第 46 届田径运动会
5000 米竞走	21:52.6（电）	2006.10	北 大	伊 群	经管	北京高校田径精英赛
10000 米竞走	45:38.91（电）	2007.5	北 邮	伊 群	经管	北京高校第 45 届田径运动会
3000 米障碍	10:06.43	2010.5	吉 利	翟艳红	经管	北京高校第 48 届田径运动会
跳 高	1.88 米	2009.10	济 南	乔艳蕊	经管	第 11 届全运会
跳 远	6.24 米	2007.5	北 邮	刘亚男	经管	北京高校第 45 届田径运动会
三级跳远	14.04 米	2009.10	济 南	刘亚男	经管	第 11 届全运会
铅 球	20.35 米	2009.10	济 南	巩立姣	经管	第 11 届全运会

续表

项　目	成　绩	日　期	地　点	创造者	院　别	备　注
铁　　饼	58.30 米	2016.07	福建石狮	谢瑜宸	经管	第 16 届全国大学生田径锦标赛
标　　枪	47.78 米	1995.10	八一队	孙　静	经管	北京高校田径杯赛
七项全能	5189 分	1999.5	首师大	王　琳	文法	北京高校第 37 届田径运动会

（张孔军、窦海波）

天津学院

【概况】 北京科技大学天津学院是2005年4月经教育部批准，由北京科技大学和广东珠江投资有限公司合作举办的本科层次全日制独立学院。学院下设11个二级院系、7大学科门类、26个招生专业及方向。2019年，学院面向全国30个省、市、自治区网上录取本科生3406人，共涵盖了13个理科专业、7个文理兼收专业和6个艺术类专业。至2019年底，在校生共计10311人。2019年，学院荣获新华教育论坛“2019年度综合影响力独立学院”称号。

（郭雅娟）

【教学科研】 学院紧密围绕人才培养目标，构建并实施以“应用型”理论教学、职业能力培养实践教学、创新创业教育和通识教育为核心的“四位一体”人才培养体系，人才培养取得成效。在学生培养过程中，以“教学项目化、项目教学化”思路为指导，深化教学体系改革，将教学课程与项目研究有机结合，根据学科专业特点，倡导开展项目型实习，增加应用性内容和实践性环节。同时，贯彻“3+1”的模式，分阶段有重点的进行针对性的教学活动。大学一、二、三年级的学科基础课程强调专业基础性和本科的规格要求，给学生打好专业基础；大学四年级通过实习、实训侧重培养项目实践能力，强化岗位适应能力。在专业建设方面，对现有专业升级改造，已建成计算机科学与技术、金融工程、土木工程、会计学四个院级重点专业建设项目，其中，计算机科学与技术、土木工程专业正式获批市级一流专业建设点。根据专业发展规划，结合二级学院、系专业发展计划，2019年9月学院向教育部申报增设康复治疗学、日语两个备案专业，已获批。

扎实推进科学、教学研究工作，组织教师积极申请科研项目，《基于全民健身背景下构建天津市青少年科学化运动减肥实施体系的应用研究》获批2019天津市哲学社科规划项目，《基于数据驱动的洪涝灾害无人机遥感信息提取模型研究》等6个项目获批2019天津市教委科研计划项目，天津市教育工作重点调研课题立项2项，《阴极等离子电解沉积先进涂层制备技术研究》等四个科研项目通过市级成果鉴定。组织教师积极申报国家专利，2019年，教师申报国家专利9项，其中1项已获国家专利局实用新型专利授权。在教学研究方面，2019年度天津市虚拟仿真实验教学建设项目立项1项，完成学院第五批教学研究项目22项的立项工作。学院2017年承担的市教委教学改革立项项目2项，建设期满，经过教委专家评审，已在2019年10月顺利结题。

实践教学方面，深化产学研合作，新建“专业实践教学基地”7个，已建立校外实践教学基地共67个。进一步完善创新创业教育体系，提高学生创新创业能力，2019年5月，学院完成2018年度大学生创新创业训练计划项目25项的结题验收工作；2019年度大学生创新创业训练计划项目获批国家级11个，市级21个。学院成立劳动学院，开设劳动实践课程，课程累计覆盖84个班级，3100余名学生，由专业教师带队，安排各类劳动工作任务，培养学生正确的劳动观念，养成良好的劳动习惯，提高学生自我教育、自我管理、自我服务的能力。

教师教学水平稳步提高，2019年3月学院优秀青年教师代表参加了北京科技大学第十一届青年教师教学基本功比赛，获得优异成绩，获一等奖1项、三等奖1项、优秀奖1项。

人才培养取得成效，2019届共计毕业生1860名，截至2019年12月，1814名获毕业证书，占毕业生人数比例97.5%；授予学士学位1819（含往届生9人）名，占获毕业证书人数比例99.8%。学生在市级以上学科竞赛中取得优异成绩。2019年全国大学生数学建模竞赛获一等奖3个、二等奖9个，第十一届全国大学生数学竞赛获一等奖2个，二等奖2个，三等奖17个，北京市第三十届大学生数学竞赛获一等奖16个、二等奖21个、三等奖49个，2019年天津市普通高校大学物理竞赛获二等奖1人，三等奖3人。

（张建华、杨国梓）

【师资队伍建设】 全面提高教师思想政治素质。坚持和完善理论学习制度，在统筹安排的同时，突出时事政治内容的学习。通过学原文、听讲座、看视频、谈认识、交流心得等形式，让教师了解时政，宣传时政，贯彻落实时政，增强教师政治理论学习的时代性，不断创新理论学习的方式和载体，提高教师的理论修养和思想政治素质。每周三下午设立为固定的理论学习时间，做到全员覆盖、重点突出、务实有效。2019年共组织开展教职工理论学习30次。

加强课程思政建设。坚持价值引领、能力培养和知识传授的有机融合，将思想政治教育融入课程教学全过程。2019年开展思政类院级优秀课程建设1项，获准立项思政类教学改革项目4项，开设中国传统文化相关选修课3门，各院（系部）在《工程力学》《税收概论》《证券投资》《飞行原理》《基础护理学》《声乐》《舞台表演与剧目》《平面设计基础》等专业课程中开展思政育人典型教学案例116项。

师资队伍建设成效显著。为进一步增强新教师立德树人、教书育人的荣誉感和责任感，推动全院教师队伍整体素质提高，针对新入职教师制订院级培训方案，对新入职教师进行了培训。组织67名教师参加天津市高校师资培训中心举办的高校教师岗前培训，累计选派122人次参加全国会议、专题、网络培训等。年内共82人次分获指导学生竞赛奖、教学竞赛奖及教育教学成果奖。其中获国家级指导学生竞赛一等奖3项，二等奖4项，三等奖6项，获省市级指导学生竞赛一等奖4项、二等奖19项；教研、教改类论文12篇，其中CPCI 3篇，SCI 1篇，中文核心5篇，EI期刊3篇；2人获第四届中国“互联网+”大学生创新创业大赛优秀创新创业导师，1人获天津市优秀教师。

获批高级职称自主评审权，并顺利完成专业技术职务评审工作。其中，7人获得副高级专业技术职务，20人获得中级专业技术职务，2人获得中级职称平转资格。启动院内高级职称评审，经过严格评审，7名同志通过评审，获得院内副教授任职资格。

扎实推进“特聘教授”相关工作。实施聘期目标管理，完善“特聘教授”所承担的教学任务、青年教师培养和专业建设责任等内容。2019年学院引进特聘教授3名。

（王　军）

【党建工作】 学院党委履行党建主体责任，坚持中心组理论学习制度、“三重一大”和党政联席会制度、院班子分管部门和联系院系制度，执行学院党委会议事规则，党政领导班子带头、各院系党总支书记上讲台讲党课、形势政策课。按照上级要求，扎实开展“不忘初心、牢记使命”主题教育，团结带领全院各级党组织，自觉践行初心使命，推动主题教育取得重要成果。在认真总结基础上，以主题教育为起点，把“不忘初心、牢记使命”作为加强学院党的建设永恒课题和全体党员、干部终身课题，常抓不懈，增强贯彻落实政治自觉、思想自觉、行动自觉，把主题教育成果转化为立足岗位、发奋工作的实际行动，转化为攻坚克难、干事创业的实际成效，乘势而上，形成推动学院高质量发展强大合力。

进一步加强基层党组织建设。规范基层党组织换届，共有8个党总支、28个党支部如期换届。党费收缴等日常工作规范有序开展。组织开展“基层党支部活动立项”，立项率100%。艺术学生党支部被评为“新时代•实践行”系列实践活动先进集体、获得“北京科技大学优秀基层党组织活动”一等奖、支部党日活动被天津市评为“创最佳党日”优秀活动，图书馆党支部与周良樊庄子村党支部结对帮扶，带动基层文化站建设。落实党支部组织生活制度，坚持定期开展。关心困难党员生活，组织做好2019年生活困难党员情况调查报送工作，为困难党员发放补助金。

重视党建队伍和制度建设。坚持民主选举，配齐配强党支部书记，党总支书记、党支部书记参与本单位重大问题研究和决策。不断提高党务干部思想政治素质，组织党务工作者培训7次，共计250余人次。健全党员培养制度，设立初、中、高级党校培训班对学员进行培训、考核；组织预备党员开展“百日大学习”，全年共培训学员3600余名。完善并实施《学生党员发展工作手册》《党员发展工作流程图》，将程序细化到22步，坚持做到严把“四关”，完善“八项制度”。至2019年底，学院共有10个党总支、18个教工党支部和14个学生党支部，共有党员572人，其中教工党员268人、学生党员304人。

加强宣传思想工作，抓好意识形态。党政联席会每学期至少研究宣传思想工作1次、中心组理论学习意识形态工作1次，全年共审查各类讲座、报告等30余场。落实教职工每周三理论学习制度，与业务学习相结合，有学习计划和记录。依托求是学会开展理论宣讲，基本覆盖全体学生。

建立健全党风廉政建设责任体系。制定党风廉政建设工作计划，落实“一岗双责”“党政同责”，接受上级纪委专项检查、年终检查。召开全面从严治党工作部署会；各党总支召开专题工作会和学习研讨会。加强宣传教育，将党风廉政教育和师风师德教育列入教师理论学习。

认真做好统战及群众工作。主动联系民主党派教职工，强化党外知识分子思想政治引导，发挥党外人士作用。认真做好民族宗教及港澳台侨工作，坚决防范抵御“三股势力”向校园渗透。加强学院分工会建设，实施《教职工申诉制度》《劳动人事争议调解委员会工作暂行办法》，涉及教职工切身利益问题的提案，及时答复，限期整改，保障教职工权益。联系学代会、学生会权益部、食堂共建委员会等学生组织参与学院建设，发挥监督职能，保障学生民主权利。

（郭雅娟）

【学生工作】 2019年，学院学生工作落实立德树人根本任务，抓过程重落实，抓细节突重点，不断推动学生工作科学化、规范化发展。

认真落实学生日常管理和服务。圆满完成2019级迎接新生及新生入学教育工作，引导学生适应大学生活；训教结合，圆满完成年度军训任务；积极开展心理健康教育工作，建立和完善学生心理危机预防工作机制；进一步完善奖助学金工作制度，完成奖助学金评定和发放工作。2019年，发放各级各类奖学金210.4万元，助学金319.82万元，勤工助学金29.17万元；认真落实相关政策，做好毕业生预征入伍和在校生入伍相关工作；狠抓学生安全教育，确保学生安全稳定；不断加强学风建设，坚持辅导员深入课堂听课制度，狠抓课堂、宿舍、考场三个阵地，开展内容丰富的学风建设活动；落实“学生分类管理”工作，充分发挥评奖评优的激励作用，营造良好的学习氛围。

积极开展创新创业实践活动。成立创新创业学院，不断完善创新创业课程体系，依托众创空间开设课程10门次；加强创新创业实践，获批国家级训练计划项目11个、市级22个。众创空间通过项目路演完成入驻的创业团队共计55支，汇集创客295人，举办各类创新创业主题活动75场，参加人数8500余人次，连续三年在天津市高校众创空间绩效评估中获评A级。在中国“互联网+”大学生创新创业大赛、全国大学生智能汽车竞赛、“创青春”大学生创业大赛等比赛中，共获得41个奖项。承办第十四届全国大学生“恩智浦”杯智能汽车华北赛区比赛，85所高校的1300余名师生参赛，学院赛事组和志愿服务等方面获得参赛高校一致好评。

重视招生就业工作，不断提高管理水平和服务质量。顺利完成2019年招生工作，生源质量稳定。加强就业指导队伍建设，强化就业服务保障体系，提供精准化就业指导服务，开设就业指导必修课程，夯实毕业生就业技能；挖掘就业资源，与近200家企业建立稳定的合作用人关系；积极开拓就业渠道，加强实习实践基地建设，开展各类专场宣讲会和双选会40余场；2019届毕业生就业率为95.91%。

扎实推进学生素质教育。深入开展中华优秀传统文化、革命文化、社会主义先进文化教育，践行和弘扬社会主义核心价值观。

以庆祝新中国成立70周年为契机深入开展爱国主义教育；以“孝心社”为依托，大力弘扬中国传统文化，开展“爱要大声说出来”孝道主题教育活动，活动覆盖137个班级，参与学生5200余人。组织学生参加天津市学校文艺展演，获得天津大学生文艺展演二等奖4项、三等奖1项、优秀奖1项。组织开展“新时代•实践行”系列活动，组建29支实践团队，开展主题鲜明的实践活动，5支学生团队获天津市表彰。荣获“天津市大中专学生志愿者暑期社会实践活动优秀组织单位”，“红星照耀新青年”社会实践团荣获2019年高校师生主题社会实践市级重点支持优秀实践团队；组织180名学生参加北京世园会志愿服务活动。

积极打造符合独立学院工作特点的学生工作队伍。继续实践并完善“扁平化”管理模式，打破职能部门划分过细、分门别类、各管一摊的割裂局面，减少协调和管理真空地带，减少中间环节，工作重心下移，反馈机制迅速，工作针对性高，确保工作开展更具实效。重视辅导员队伍建设，提倡复合型人才建设，把学生工作队伍作为学院管理和教师队伍后备人才库，选拔党政干部优先从有学生工作经历人员中产生。

（田　勇）

【教学辅助】 学院根据各专业发展需要和新专业建设需求，不断加强实验室建设。新建13个专业实验室，重新规划和调整4个实验室，实验室布局得到进一步优化完善。至2019年底，学院共有基础实验室4个，专业实验（训）室53个，满足校内实践教学需求。学院高度重视实验室制度建设与安全管理，制定并执行《北京科技大学天津学院实验室安全管理规定》《北京科技大学天津学院实验室管理办法（试行）》。全年共组织联合检查3次，专项检查6次，抽查10次，完成安全隐患整改17项。强化网络管理和信息化建设，顺利完成国庆70周年、天津夏季达沃斯论坛等重要时期的安全保障和“零报告”任务；完成信息化基础平台建设以及一卡通、安防监控等较为先进的自动化业务系统的建设。11月初，完成实验室管理中心组织架构调整，发布管理手册（V1.0），进一步明确岗位分工和职责，对提升个人综合业务技能和创造性开展工作，发挥积极推动作用。

学院稳步推进图书馆建设，截至2019年底，共有馆藏纸质图书104.08万册、本地镜像电子图书18万种。2019年度新增图书12.66万册，其中含亚洲之桥外文原版图书14000册。中文期刊511种、报纸72种。新增自动化设备自助借还机，周借还书时间延长至105小时。更新了门禁系统，实现一卡通、手机、人脸识别多方式进馆功能。举办以“书香涵泳，润泽心灵”为主题的4.23读书文化节晚会，参与2019年第三届天津市书香校园•微书评大赛活动以及“书香天津”大学生校园“悦读之星”汇报表演赛，并获得三等奖。完成了2019级3000余名新生入馆教育工作和80场次、5157人次的一小时信息素养培训工作。完成必修课《文献检索》10个讲台、选修课《信息检索与利用》6个讲台、专选课《专业信息检索与论文写作》12个讲台的教学任务。图书馆馆员深入各个院系，开展学科咨询服务业务，共建学科资源建设、提供信息素养教育、提供教学科研支持等服务。

（陈宝江、刘淑娥）

【安全稳定】 2019年度，学院贯彻落实“安全工作职责化、安全检查常态化、安全区域网格化”工作方针，不断强化思想引领，扎实开展“不忘初心、牢记使命”主题教育，健全各项安全管理制度，持续深入开展“防风险保平安”安全隐患大排查大整治，推动平安校园管理标准化建设落细落实，针对不同时期、不同年级学生，开展内容丰富、形式多样的安全教育活动。坚持开展各项安全工作队伍培训工作，不断提升工作效率，坚定维护学院安全稳定。

①强化思想引领，扎实开展“不忘初心、牢记使命”主题教育。围绕“守初心、担使命、找差距、抓落实”的主题教育总要求，全体保卫干部立足服务广大师生的岗位职责，学理论，提素质，通过开展安全宣传、安全演练等系列志愿服务活动，深刻领会共产党员的初心和岗位使命。②压实安全工作职责，完善“三防”体系建设。学院严格落实上级平安校园建设相关要求，健全安全工作责任体系，与各二级单位签订反恐、消防、治安、交通安全责任书，签订率100%。学院全面更新监控设备，增设车辆出入智能管理系统，交通主干道增设防暴电动路桩，不断完善“三防”体

系建设，提升学院安全管理水平。③常态化开展安全隐患排查，切实消除校园安全隐患。学院严格落实市教育两委文件精神，结合学院实际，采取定期检查和不定期突查的方式，在全院开展滚动式，地毯式，常态化安全隐患排查整改行动，切实维护学院安全稳定。④结合重点时段，开展形式多样的安全宣传教育。学院结合“4•15”国家安全教育日、“119”消防安全宣传月、新生入学和老生离校等重要时段，线上线下相结合，充分调动校园新媒体资源开展安全宣传教育。特别联合属地警方为全体2019级新生开展反电信诈骗安全宣讲班会，着力提升师生安防意识，培育校园安全文化。⑤严格培训演练，提升安保队伍应急处置能力。学院积极组织保卫干部参与上级开展的各类安全稳定培训；学院保卫部门组织全体安保人员每学期开展为期一个月的消防安全、反恐防暴理论知识培训和实操技能演练，扎实提高安保队伍应急处突能力。

2019年，学院整体安全稳定，安全工作平稳有序，稳中有进，为学院各项事业发展提供了良好环境，工作受到上级肯定，荣获宝坻区“119消防先进集体”，荣获宝坻区首届社会救援力量岗位练兵比武竞赛团体第一名1项、个人第一名2项，被评为宝坻区治安保卫工作先进集体。

（何国钧、田　勇）

教育教学与学科建设

本科生教育

【概况】 2019年，学校共有本科专业53个，按学科划分：工学30个、理学6个、管理学8个、文学3个、经济学2个、法学3个、艺术学1个。至年底，全校共有全日制本科生13656人。

顺利完成2019届3296名本科生毕业资格及学士学位资格审核工作，按期毕业3154人（截至2019年9月30日毕业统计），按期毕业率为95.69%。其中3154人获得学士学位，学位授予率为95.69%。2019届毕业生中辅修专业顺利结业257人，其中取得辅修学士学位者179人。2019年辅修专业新招生665人。

2019年，学校共开设4050门次课程；组织安排了460名指导教师带领2016级和2017级48个专业134个队、5000多名学生完成了实习任务；组织77个班、2004名学生的金工实习；组织并完成本科生3524人论文题目的审查及答辩工作。教务处组织校内外各项学科与科技竞赛79项，9800余人参赛，校级以上获奖学生人数3635人次，其中省部级以上获奖人数1833人次。组织本科生科技创新项目立项562项，其中校级以上项目共计166项，参与学生2237人次，指导教师676人次。

此外，为学院路地区其他20所高校开设公共选修课13门次，实际选课552人次。学校学生选修其他20所高校开设的公共选修课130人次、3人申请修读共同体辅修专业审批通过。

（宋　波）

【教育教学与改革】 2019年，学校获批8项北京市共建项目，获批经费400万；组织申报2019年北京高等教育“本科教学改革创新项目”，学校获批1项重点项目，3项一般项目；根据《北京科技大学2019年度本科教育教学改革项目申报指南》和《北京科技大学2019年度本科教育教学改革重大项目申报指南》，学校开展了2019年度教育教学改革研究项目和重大项目的申报和评审工作，共有5个重大项目、5个重点项目和59个面上项目获准立项，获批经费598万元。

（袁建美）

【本科教学条件建设（修购项目）】 2019年共有21个修购项目（本科教学条件建设部分）通过教育部审核，批复金额4985万元。3月，教务处组织召开项目启动会，布置修购项目的执行工作。在项目执行期间，教务处简化流程，积极协调，通过详细记录修购项目的借款、报销情况，实时掌握项目执行进度。2019年9月、11月还多次召开“2019年修购项目执行会议”，确保项目按时完成。

2019年4月，教务处组织专家对2017年修购项目在2018年的运行情况进行了绩效考核，先后考查10个项目，涉及金额2473万元，所有项目通过考核。2019年7月，教务处组织相关部门在线申报2020年修购计划共22个项目，金额7114万元，经教育部初审通过22项，批复金额7059万元。

（刘仁霖）

【教学奖励】 2019年，学校推荐机械工程、材料科学与工程、材料物理、冶金工程、能源与动力工程、通信工程、自动化、计算机科学与技术、采矿工程、矿物加工工程、环境工程、安全工程和信息管理与信息系统13个专业参加国家级一流本科专业建设点申报，13个专业全部获批；材料科学与工程和能源与动力工程两个专业获批北京高校“重点建设一流专业”；数理学院申亚男教授和郑连存教授负责的数学教研工作室荣获2019年“北京高校优秀本科育人团队”；自动化学院李擎教授荣获2019年“北京高校优秀本科教学管理人员”；传热传质学（双语）、人力资源管理、环境工程微生物学和工业自动化生产线实训获批2019年北京高校“优质本科课程”，其中传热传质学（双语）获批重点“优质本科课程”；

《工业产品设计与表达（第三版）》《电子技术实习教程》《运营管理（第5版）》和《线性代数》获批2019年北京高校“优质本科教材课件”，其中《工业产品设计与表达（第三版）》获批重点“优质本科教材课件”；计算机与通信工程学院姚琳教授和化学与生物工程学院范慧俐教授荣获第十五届北京市高等学校教学名师奖，数理学院李娜高级讲师和计算机与通信工程学院石志国教授荣获第三届北京市高等学校青年教学名师奖；东凌经济管理学院王立民教授、数理学院王荣明教授、文法学院王霁霞副教授、机械工程学院陈平教授和外国语学院李晓东副教授荣获第五届北京科技大学教学名师奖。

（袁建美、王晓晓）

【课程建设】 2019年，学校组织开展了“全英文教学示范课程”“素质教育核心课程”“课程思政特色示范课程”和“精品在线开放课程”建设项目的申报和评审工作，共有75门课程获准立项，获批建设经费共计327万元。组织开战了3类示范课程的中期和结题检查工作，共有43门课程参与结题验收，其中35门课程通过检查，并获得称号；对22门课程进行中期检查工作，16门课程通过。

（王晓晓、袁建美）

【教材建设】 2019年，学校组织开展了校级规划教材（讲义）的申报和评审工作，最终遴选出7项重点项目，56项一般项目和35项讲义，获批建设经费220.5万元；学校组织申报了冶金优秀教材奖，根据申报的专业要求，共有9部教材申报并全部获奖（其中3部教材获一等奖、3部教材获二等奖、3部教材获三等奖）。本年度，学校作为第一主编单位正式出版各类教材共49部。

（毛建军、袁建美、李　虹）

【专业认证】 2019年度，学校顺利完成了土木工程、矿物加工工程、材料成型及控制工程和通信工程4个专业的工程教育专业认证工作。截至2019年底，学校已有19个专业（含复评专业）通过了工程教育专业认证。

（毛建军、袁建美、李　虹）

【教学督导】 2019年工作重点：①听课1000余门次，占全校开课门次的近四分之一，有较大覆盖面和代表性，包括开学第1周第一次课、新入职教师课堂教学助课考察、新教师第一次主讲课授课考察、各类教学示范课、全英文教学示范课、思政教育课等，重点关注课堂教学质量和教学改革成效。对前八周听课情况进行数据统计和质量分析，针对问题提出建议，形成简报。②对2015级本科生毕业设计（论文）工作进行过程跟踪和阶段检查，包括初期检查（任务书、开题报告）、小组答辩随机抽查、校级答辩、评选优秀论文等，统计出各阶段的基本数据，分析存在的主要问题，向有关部门和领导反映意见、提出建议。对整改情况进行抽查。③完成教务处委托的各项任务，包括对试卷、实习报告、毕业论文等进行专项抽查，在此基础上对教学过程的规范性进行分析和总结，为教学研究提供基础数据；巡视期末考场秩序和考试纪律。④完成各类教学质量评价表的修订，研制一套督导电子评价表和信息汇总系统。⑤教育教学督导组被北京市委教育工委评为老党员先锋队之后，配合北京教育电视台编导来校采访和拍摄。⑥继续完成教育教学督导组承担的校级教改重点项目《教学督导在本科教学质量监控体系中工作模式的研究与实践》，完成项目中期检查。⑦参加学校各类教育教学改革项目的立项审查、中期考核、结题验收；学生科技创新项目“SRTP”立项、项目中期检查和结题验收；教学设备与修购款项目立项评审和绩效考核；各学院实验室五年规划建设项目评审等。继续对部分MOOC在建课程进行跟踪等。⑧参加教学发展中心组织的全校教学观摩课，并对示范教学进行点评，宣传教育教学理念、教师的敬业精神、教学态度、对课程教学设计和教学技能进行分析。⑨参加市、校、院各级青年教师课堂教学基本功选手的选拔、比赛和辅导工作。⑩编印“督导简报”20期。⑪参加第十一届北京地区高校教学督导工作交流会。⑫2019年12月举行第十三届校本科教育教学督导组聘任仪式，15位教授受聘担任新一届督导。

（孙　铁）

【教学质量监控】 学校为保障本科教学质量的不断提升，继续完善以教学检查、学生评教、数据监控、内外部质量评估为基础的多维度教学质量监控体系。

①教学检查。开展考试工作总结、教学改进、校院两级干部听查课等常规教学检查工作。教学改进工作由学院每学期提出一两个教学相关问题，重点予以解

决。校院系干部听、查课程达1216余门次，检查结果全部反馈给学院，要求学院根据专家意见进行整改。

2019年各学院进行试卷分析的课程有2811门次。学校对课程考试的试卷分析情况进行抽查。整体来看，抽查情况良好，大部分试卷能够执行教学大纲、题量适当、难度适当，基本符合规定、个别问题已及时反馈到有关学院。

②学生评教。为了提高学生评教的有效性，继续开发微信评教平台，在全校推广使用。提高学院、教师和学生对评教工作的参与度。2019年度实际调查本科生讲台共3088个课堂，共有158535人次参评。

③教学状态监控。完成2018—2019学年北京市“本科教学质量年报”，及时分析和掌握本科教学质量状况；完成2019年度国家数据平台数据填报工作。报告和数据汇集了2018—2019学年度学校本科教育基本情况，重点体现了师资与教学条件、教学建设与改革成果、质量保障体系、教师上课情况、本科课程开设及教学情况、本科生在校及招生情况、学生学习情况等方面的内容。不仅反映了学校本科教学的实际状况，为加强管理，提高人才培养质量提供依据，同时也向社会展示了学校风貌和办学特色，宣传了办学理念和教学成果。

④继续与麦可思公司合作，开展毕业生社会需求与培养质量第三方评估，通过电子问卷调查的形式对2018届毕业生进行了调查，发布《北京科技大学社会需求与培养质量年度报告（2019版）》，从培养结果与毕业生评价、教学培养质量评价等方面进行了解读，并根据连续五届调查结果进行了深度分析。

⑤围绕教学质量开展毕业生问卷调研工作。开展2019届毕业生对教学工作的满意度调研，深入了解本科毕业生对教师教学工作、课程设置、实习实验教学、公共教学设施、专业学习情况等方面的评价和建议，为提高工作质量提供参考。

（涂传银）

【教师（教学）发展】 2019年继续严格实施“准入+培养”的新教师本科课堂教学准入制度。本年度共有161名新入职教师进入教学准入环节，其中83人次开始助课考察，81人次通过，通过率97.59%；78人次进行了授课考察，其中75人次通过，通过率96.15%；77人完成了教学准入的全过程，授予了主讲教师资格。新教师教学准入工作中，共委派校院两级126名专家听课1258次，学生参与评价4155人次。

2019年建立并实施“分类培训、分层递进、多元融合”的教学培训体系。本年度共邀请校内外高水平专家举办讲座54场，组织优秀教师教学示范课16场，学院组织教学培训活动18场，参加培训人员1628人次，其中新教师教学能力集中培训8场，内容涉及：师德师风、教学管理改革、教学研究、教学设计、教学技能和方法、质量评价、职业发展等，教师满意度达到94.54%。培训主题系统化设计并关注热点，举办了课程思政培训、现代教育技术系列培训等；培训形式多样化，包括讲座、示范课、沙龙、工作坊、网络在线等；培训内容全面化，包括师风师德、教学理论、教学技能、教学研究和信息技术与教学等，使教师素养获得稳步发展，教师教学能力得到整体提升。

2019年，学校与英国总领事馆文化教育处合作，于4月启动首期“全英文授课教师教学发展（English as Medium of Instruction，简称EMI）项目”。该培训以教师发展和学生学习为导向，旨在促进教师教学理念和教学行为的改变。由英国总领事馆文化教育处派出外籍专家来学校进行，为期半年，包括“集中面授培训”“课堂教学实践和远程辅导”“监测评估与发展建议”三个阶段等多种培训方式，为学校教师量身定制短期的培训计划和学习目标，确保培训研修的针对性和实效性。首期培训共有12个学院25位教师全程参与，通过培训有效提升参培教师使用英语课堂用语的信心，改善参培教师的课堂设计、教学实施的能力水平，增强学校全英文授课教师的综合实力水平，对课堂质量改变产生积极影响，支持学校的教育国际化发展战略，进一步提升学校教师的专业发展水平。

2019年在全校范围内推动院级教师发展中心的建设，力争在年底使全部学院成立院级教师发展中心，充分发挥学院在教师发展中的作用，形成校院两级培养机制，全面保障教师发展。

2019年教师（教学）发展中心进行了第八届教学骨干人才的评选，共遴选出5位教师获得

2019年“北京科技大学青年教学骨干人才培养计划”立项支持，该项目共42位教师获得资助。2019年共8位教师完成结题，同时组织完成了2018年青年教学骨干人才中期检查验收工作。

（李　想）

【自然科学基础实验中心】 下设物理实验中心、化学实验中心、数学实验中心、电工电子实验中心、力学实验中心、分析测试中心和办公室。截至12月，全中心共有40名教职工，其中：具有硕士及以上学位人员31名（占比77.5%），具有高级职称人员13人（占比32.5%），45岁及以下人员25名（占比62.5%）。

全年完成131门课程、3.1万学时、74.6万人学时的独立讲授和准备实验课教学任务，上课学生3.2万人次，人均完成877学时、2万人学时工作量。实验教学工作量比上一年增长28.9%、人均增长35%。

发表教学和研究论文22篇，其中：第一作者16篇，SCI 11篇，核心期刊1篇。出版实验教材2部，实验课程讲义1部。获得发明和实用新型授权专利6项，申请专利18项。

全年共申报实验教育教学改革与建设项目29项，立项8项。大学生科技创新项目立项39项，其中国家级5项、北京市级13项、院级21项，有13项取得论文、专利和研究实物等标志性成果。

配合学校完成土木工程、材料科学与工程、材料成型及控制工程和通信工程专业等工程教育认证现场考察工作。按期完成“自然中心基础及综合实验条件建设（4期）”项目。举办实验楼消防安全培训及疏散演习。完成中心全体员工参加的新一轮岗位聘任工作。全年派出20场、44人次（平均每人1次）参加校外业务培训和相关会议。

截至12月，中心共有仪器设备4315台套，其中10万元以上设备52台套。仪器设备开放共享，全年为校内外科研单位承担1830批次化学和力学测试分析工作。顺利通过CMA国家计量认证及CNAS国家实验室认可的复评审，获得3个领域共25项资质。研制“磁耦合谐振原理演示仪”等自制仪器设备5项。

开展面向学校中学生的“大支附”项目2项，为初一和初三年级360名学生讲授物理和化学科学实验课程336课时。再次获得北京市初中开放性科学实践活动市级课程服务资格，中标物理和化学学科共16门课程，服务期限为三年。截至12月，共接待17个区县400余所中学初中生3803人次。

面向本校教职工子女举办首届“i科学”科普公益活动10项。捐赠秦安县三所中学100套自主研发组装的“模块化线圈电磁炮”科普设备，与陇城中学建立“校地支部共建”，打造秦安科普教育基地。

荣获各级各类竞赛和论文奖项共计42项，其中：“第五届全国大学生物理实验竞赛”等全国一等奖1项（自学校参赛以来的最好成绩）、二等奖2项，省部级一等奖6项、二等奖12项。荣获校级实验室安全先进个人1人，校级实验室安全先进集体1个，北京科技大学机关党委工作创新奖二等奖1项、服务标兵1名。

（张　涛、李艳菊）

【实践教学】 2019年，根据教学计划组织安排了460名指导教师带领2016级和2017级48个专业134个实习队5000多名学生完成了实习任务，提高了学生对专业知识的感性认识和实践能力。为校外实习的师生办理保险5850人次，制作保单84份，花费5.6万元。安排近1600名学生的暑期计算机实践工作，提高学生计算机应用能力；组织和协调12个专业1253名学生开展电子技术实习；组织和协调3个专业14个班350余名学生开展机械课程设计以及机类和非机类77个班2000余名学生的金工实习，提高学生的实践能力，为培养高素质的人才奠定了基础。

（刘仁霖）

【科技创新】 2019年，学校获“国家大学生创新创业训练计划项目”资助经费100万元，获“北京市大学生科研计划项目”资助经费100万元。全年共立项本科生创新创业项目562项，其中国家级项目79项，北京市级项目87项，校级（原院级）项目396项，参与学生2237人，指导教师676人次；组织完成2018年132个校级以上创新创业项目的结题验收工作，经专家评审，通过验收项目125项（其中获奖项目25项），通过率94.7%；学校入选第十二届全国大学生创新创业年会项目3项，其中国家级创业实践项目《孟子居“五枣俩核桃”公益扶贫计划》荣获大会“最佳创业项目奖”，直接入围2020年“中国互联网+”

大学生创新创业大赛决赛圈。

（余　涛）

【成绩管理】 2019年，学校共有4286门次课程采用网上模块录入学生成绩，审核成绩数据277737条，收到并处理教师提出的《学生成绩勘误申请》341份，处理了159名学生221门课程的缓考申请。完成2019届毕业生成绩单和毕业生答辩评语共12500多份的归档工作。为学校本科生提供境内成绩单16000余份，提供境外用相关成绩证明（中、英文成绩单、在读证明、GPA证明和证书翻译件等）22000余份。通过传真、邮件及书信等方式完成了国内相关机构、国外高校及国内外用人单位对学校139名本科毕业生学历及成绩单的认证。

（李大宽、曹首军、王丽娟）

【教学管理平台建设】 2019年，学校继续完善和优化教学管理平台：①为课程中心运行提供数据与技术支持；②为实验室开放平台运行提供数据与技术支持；③为校内教师提供服务器搭载服务；④组织双培生进行网上选课；⑤继续调整和完善选课程序，为华东理工大学、华南理工大学、湖南大学、中南大学、中国海洋大学、北京联合大学、北京信息科技大学和北方民族大学校际交换生提供网上选课及成绩单制作服务；⑥调试维护注册与火车票学生优惠卡服务一体机并投入使用。

（李大宽）

【毕业设计（论文）结业】 2019届共有3524名学生（包括双学位）参加毕业设计（论文）结业，参与指导教师1103人，生师比为3.1∶1。指导教师中，正高级职称387人，占35.10%；副高级职称475人，占43.10%；中级职称241人，占21.80%。从毕业设计题目来源统计，真实题目1632，占46.31%；自拟题目1892，占53.69%。从学生毕业设计（论文）的结业方式统计，设计性题目占32.72%，论文性题目占67.28%。学校从毕业设计（论文）中评选出优秀论文170篇。

（赵环宇）

【校内转专业】 2019年，学校共有495名（其中：2017级31名和2018级464名）学生提出转专业申请，经考核批准369名学生的申请（其中：2015级24名和2016级345名），367人成功转入新专业学习（2018级中2名学生放弃转入新专业学习），转专业批准率分别为2017级77.41%、2018级74.35%。10月，学校选拔推荐2016级本科生免试攻读2020年硕士研究生772名（其中支教团22人，师范类补偿名额1人），推荐比例24.71%。经过各招生单位招生考核最终录取770人，其中选择在本校继续深造学生357人，占比46.36%。

（汪　兴）

【本科生国内交流】 学校继续与华南理工大学、湖南大学、中南大学、中国海洋大学建立合作关系，各校每年互派30名学生，交流学习1学期。同时接收北京联合大学及新疆工程学院2所高校若干名本科学生来校交流1学期。至年底，学校共向华南理工大学、湖南大学、中南大学、中国海洋大学等4所大学共选派了116名学生去交流学习，上述6所大学共有71名学生来校交流学习。

（汪　兴）

【四六级外语考试】 2019年6月，共计9409人次报名参加全国大学英语四六级考试，其中英语四级3217人，小语种四级（日、德、俄、法）共计66人，英语六级6120人，小语种六级（日、德、俄）共计6人。12月，共计9354人次报名参加全国大学英语四六级考试，其中英语四级3174人，英语六级6180人。2019年5月共计2954人次报名参加全国大学英语四六级口试，其中英语四级1184人、英语六级1770人。11月份共计1379人次报名参加，其中英语四级880人、英语六级499人。

（汪　兴）

【学科竞赛】 2019年，教务处组织9800余名学生参加各类竞赛79项，校级以上获奖3635人次，其中省部级以上获奖1833人次。2019年，学校新增全国高等学校矿物加工工程专业学生实践作品大赛、中国大学生起重机创意大赛、全国大学生统计建模大赛、中国大学生物理学术竞赛、全国大学生生命科学竞赛、ASC世界大学生超级计算机竞赛、全国大学生FPGA创新设计邀请赛、全国大学生物联网设计竞赛、全国大学生创新创业训练计划年会展示、全国大学生计算机应用能力与信息素养大赛、“台达杯”高校自动化设计大赛、中国机械行业卓越工程师教育联盟毕业设计大赛等国家级竞赛12项，北京市大学生节能节水低碳减排社会实践与科技竞赛、北京市卓越联盟工业智能竞赛、北京高校学生跨文化能力大赛等省部级竞赛3项。

学校学生参加各类学科竞赛成绩显著，传统优势竞赛继续保持良好成绩，其他重大赛事中亦有不俗表现。全国大学生智能汽车竞赛获国家级一等奖3项，全国大学生节能减排社会实践与科技竞赛获国家级特等奖1项、国家级一等奖1项，中国大学生计算机设计大赛获国家级一等奖3项，全国大学生数学建模竞赛获国家级一等奖1项，全国大学生数学竞赛获国家级一等奖1项，全国大学生物理实验竞赛获国家级一等奖1项，“西门子杯”中国智能制造挑战赛全国总决赛获国家级特等奖2项，“华为杯”中国大学生智能设计竞赛获国家级特等奖1项，iCAN创新创业大赛全国总决赛获国家级特等奖1项，一等奖1项，全国大学生先进成图技术与产品信息建模创新大赛获个人赛国家级一等奖5项，团体赛国家级一等奖1项，全国高等学校矿物加工工程专业学生实践作品大赛获国家级一等奖1项，全国高校采矿工程专业学生实践作品大赛获国家级一等奖3项，全国高校安全科学与工程大学生实践与创新作品大赛获国家级一等奖1项，全国大学生统计建模大赛获国家级一等奖1项，全国大学生英语竞赛获特等奖2项，一等奖12项，全国大学生创新创业年会参展获“最佳创业项目”奖。

（马瑞芝）

【附表】

2019年北京科技大学本科专业目录

序号	学科门类	二级类	专业代码	专业名称	授予学位
1	经济学	经济与贸易类	020401	国际经济与贸易	经济学
2		金融学类	020302	金融工程	经济学
3	法学	法学类	030101	法学	法学
4		社会学类	030302	社会工作	法学
5		马克思主义理论类	030503	思想政治教育	法学
6	文学	外国语言文学类	050201	英语	文学
7			050203	德语	文学
8			050207	日语	文学
9	理学	数学类	070101	数学与应用数学	理学
10			070102	信息与计算科学	理学
11		物理学类	070202	应用物理学	理学
12		化学类	070302	应用化学	理学
13		生物科学类	071002	生物技术	理学
14		环境科学类	071004	生态学	理学
15	工学	材料类	080401	材料科学与工程	工学
16			080402	材料物理	工学
17			080403	材料化学	工学
18			080404	冶金工程	工学
19			080406	无机非金属材料工程	工学
20			080413	纳米材料与技术	工学

续表

序号	学科门类	二级类	专业代码	专 业 名 称	授予学位
21	工学	矿业类	081505	矿物资源工程	工学
22			081501	采矿工程	工学
23			081503	矿物加工工程	工学
24		机械类	080201	机械工程	工学
25			080203	材料成型及控制工程	工学
26			080205	工业设计	工学
27			080207	车辆工程	工学
28		仪器类	080301	测控技术与仪器	工学
29		能源动力类	080501	能源与动力工程	工学
30			080503	新能源科学与工程	工学
31		自动化类	080801	自动化	工学
32			080803T	机器人工程	工学
33		电子信息类	080701	电子信息工程	工学
34			080703	通信工程	工学
35			080717T	人工智能	工学
36		计算机类	080901	计算机科学与技术	工学
37			080904	信息安全	工学
38			080905	物联网工程	工学
39			080907	智能科学与技术	工学
40		土木类	081001	土木工程	工学
41			081002	建筑环境与能源应用工程	工学
42		环境科学与工程类	082502	环境工程	工学
43			082503	环境科学	工学
44		安全科学与工程类	082901	安全工程	工学
45		物流管理与工程类	120602	物流工程	工学
46	管理学	管理科学与工程类	120102	信息管理与信息系统	管理学
47			120103	工程管理	管理学
48			120108T	大数据管理与应用	管理学
49		工商管理类	120201	工商管理	管理学
50			120203	会计学	管理学
51		公共管理类	120402	行政管理	管理学
52		工业工程类	120701	工业工程	工学
53	艺术学	设计学类	130502	视觉传达设计	艺术学

（邢丽红）

“课堂教学质量（学生）评价”各等级比例一览表（按讲台）

学期	＞95（含）	比例	95–85（含）	比例	85–70（含）	比例	＜70	比例	平均分
2018-2019-2	1392	90.21%	127	8.23%	20	1.30%	4	0.26%	97.91
2019-2020-1	918	59.42%	542	35.08%	82	5.31%	3	0.19%	94.63

（涂传银）

北京科技大学 2019 年度教育教学奖励明细

序号	奖励类别	项目类别	级别	等级	获奖人	项目名称（获奖项数）	单位
1	本科教学工程建设项目	精品课程	国家级		张敬源 王 娜 陈娟文 张丹丹 李金玉	国家精品在线开放课程——大学英语自学课程	外国语
2			省部级		冯妍卉	传热传质学（双语）	能环
3			省部级		魏 钧	人力资源管理	经管
4			省部级		林 海	环境工程微生物学	能环
5			省部级		李 擎	工业自动化生产线实训	自动化
6		教学类基地（专业）	省部级		谢建新	材料科学与工程专业	材料
7			省部级		冯妍卉	能源与动力工程专业	能环
8	教学质量奖	青年教师教学基本功比赛	省部级	一等奖	刘白羽	北京高校第十一届青年教师教学基本功比赛理科类 A 组	数理
9			省部级	一等奖	曹丽梅	北京高校第十一届青年教师教学基本功比赛理科类 A 组	数理
10			省部级	一等奖	张丹丹	北京高校第十一届青年教师教学基本功比赛人文类 A 组	外国语
11			省部级	一等奖	王 钰	北京高校第十一届青年教师教学基本功比赛人文类 A 组	文法
12			省部级	一等奖	石章智	北京高校第十一届青年教师教学基本功比赛工科类 A 组	材料
13			省部级	二等奖	强光美	北京高校第十一届青年教师教学基本功比赛社科思政类 A 组	马院
14			省部级	三等奖	张 铮	北京高校第十一届青年教师教学基本功比赛工科类 A 组	材料
15			省部级	三等奖	毕 丞	北京高校第十一届青年教师教学基本功比赛社科思政类 A 组	马院
16			省部级	三等奖	吴宁宁	北京高校第十一届青年教师教学基本功比赛社科思政类 A 组	马院
17		教育部教指委组织的各类教学比赛	省部级	一等奖	谭玉叶	第三届全国高等学校采矿工程专业青年教师讲课比赛	土资
18			省部级	一等奖	杨兴业	首届全国高校思想政治理论课教学展示活动	马院
19			省部级	一等奖	安 静	首届全国高校思想政治理论课教学展示活动	马院
20			省部级	一等奖	魏 佳	首届全国高校思想政治理论课教学展示活动	马院
21			省部级	一等奖	孙友昭	全国高校教师教学创新大赛 3D/VR/AR 数字化虚拟仿真主题赛项一等奖	工程技术研究院

续表

序号	奖励类别	项目类别	级别	等级	获奖人	项目名称（获奖项数）	单位
22	教学质量奖	教育部教指委组织的各类教学比赛	省部级	一等奖	冀燕丽　刘征建	全国高校教师教学创新大赛3D/VR/AR数字化虚拟仿真主题赛项一等奖	教务处、冶金
23			省部级	二等奖	冯　涛　韩守梅　林　颖	2019年第六届全国电工电子基础课程实验教学案例设计竞赛（鼎阳杯）《基于电子元器件认知与电路基本定理的验证》	自然中心
24			省部级	二等奖	钟日晨	全国大学青年教师地质课程教学比赛	土资
25			省部级	二等奖	吴华怡	第三届北京高等学校青年教师电工课程教学竞赛	自动化
26			省部级	二等奖	陈　静	第三届北京高等学校青年教师电工课程教学竞赛	自动化
27			省部级	二等奖	穆阿妮	首届全国高校思想政治理论课教学展示活动	马院
28			省部级	二等奖	栗　辉	全国高校教师教学创新大赛第五届全国高等院校工程应用技术教师大赛二等奖	自动化
29			省部级	二等奖	洪　然	全国高校教师教学创新大赛第五届全国高等院校工程应用技术教师大赛二等奖	自动化
30			省部级	二等奖	安翠娟	全国高校教师教学创新大赛第五届全国高等院校工程应用技术教师大赛二等奖	自动化
31			省部级	银奖	杨　旭　李　擎　栗　辉 崔家瑞　李希胜	第二届全国高校自动化类专业青年教师实验设备设计“创客大赛”银奖	自动化
32		青年教师教学基本功比赛	校级	一等奖	刘白羽	北京科技大学第十一届青年教师教学基本功比赛	数理
33			校级	一等奖	曹丽梅	北京科技大学第十一届青年教师教学基本功比赛	数理
34			校级	一等奖	张丹丹	北京科技大学第十一届青年教师教学基本功比赛	外国语
35			校级	一等奖	王　钰	北京科技大学第十一届青年教师教学基本功比赛	文法
36			校级	一等奖	石章智	北京科技大学第十一届青年教师教学基本功比赛	材料
37			校级	一等奖	张　铮	北京科技大学第十一届青年教师教学基本功比赛	材料
38			校级	一等奖	刘征建	北京科技大学第十一届青年教师教学基本功比赛	冶金
39			校级	一等奖	路　维	北京科技大学第十一届青年教师教学基本功比赛	天津学院
40			校级	一等奖	赵怡晴	北京科技大学第十一届青年教师教学基本功比赛	土资
41			校级	一等奖	张欣茹	北京科技大学第十一届青年教师教学基本功比赛	能环
42			校级	二等奖	孙长艳	北京科技大学第十一届青年教师教学基本功比赛	化生
43			校级	二等奖	白　敬	北京科技大学第十一届青年教师教学基本功比赛	数理
44			校级	二等奖	刘晓璐	北京科技大学第十一届青年教师教学基本功比赛	化生
45			校级	二等奖	傅双双	北京科技大学第十一届青年教师教学基本功比赛	数理
46			校级	二等奖	管　奔	北京科技大学第十一届青年教师教学基本功比赛	机械
47			校级	二等奖	乔小溪	北京科技大学第十一届青年教师教学基本功比赛	机械
48			校级	二等奖	焦克新	北京科技大学第十一届青年教师教学基本功比赛	冶金
49			校级	二等奖	周晓琴	北京科技大学第十一届青年教师教学基本功比赛	能环
50			校级	二等奖	郑　蕾	北京科技大学第十一届青年教师教学基本功比赛	能环

续表

序号	奖励类别	项目类别	级别	等级	获奖人	项目名称（获奖项数）	单位
51	教学质量奖	青年教师教学基本功比赛	校级	二等奖	谭玉叶	北京科技大学第十一届青年教师教学基本功比赛	土资
52			校级	二等奖	张　虎	北京科技大学第十一届青年教师教学基本功比赛	材料
53			校级	二等奖	杜　冰	北京科技大学第十一届青年教师教学基本功比赛	计通
54			校级	二等奖	陈　静	北京科技大学第十一届青年教师教学基本功比赛	自动化
55			校级	二等奖	杨　旭	北京科技大学第十一届青年教师教学基本功比赛	自动化
56			校级	二等奖	康翌婷	北京科技大学第十一届青年教师教学基本功比赛	机械
57			校级	二等奖	郑新奇	北京科技大学第十一届青年教师教学基本功比赛	材料
58			校级	二等奖	王晓岭	北京科技大学第十一届青年教师教学基本功比赛	经管
59			校级	二等奖	卢　超	北京科技大学第十一届青年教师教学基本功比赛	外国语
60			校级	二等奖	徐迎迎	北京科技大学第十一届青年教师教学基本功比赛	经管
61			校级	二等奖	刘冬瑶	北京科技大学第十一届青年教师教学基本功比赛	外国语
62			校级	三等奖	刘　洋	北京科技大学第十一届青年教师教学基本功比赛	化生
63			校级	三等奖	徐　美	北京科技大学第十一届青年教师教学基本功比赛	数理
64			校级	三等奖	秦吉红	北京科技大学第十一届青年教师教学基本功比赛	数理
65			校级	三等奖	魏海瑞	北京科技大学第十一届青年教师教学基本功比赛	数理
66			校级	三等奖	顾新福	北京科技大学第十一届青年教师教学基本功比赛	材料
67			校级	三等奖	高　娜	北京科技大学第十一届青年教师教学基本功比赛	土资
68			校级	三等奖	胡艳艳	北京科技大学第十一届青年教师教学基本功比赛	自动化
69			校级	三等奖	张俊海	北京科技大学第十一届青年教师教学基本功比赛	机械
70			校级	三等奖	陈树海	北京科技大学第十一届青年教师教学基本功比赛	材料
71			校级	三等奖	豆瑞锋	北京科技大学第十一届青年教师教学基本功比赛	能环
72			校级	三等奖	兰　鹏	北京科技大学第十一届青年教师教学基本功比赛	冶金
73			校级	三等奖	吴华怡	北京科技大学第十一届青年教师教学基本功比赛	自动化
74			校级	三等奖	李　敏	北京科技大学第十一届青年教师教学基本功比赛	天津学院
75			校级	三等奖	王　津	北京科技大学第十一届青年教师教学基本功比赛	机械
76			校级	三等奖	寇明银	北京科技大学第十一届青年教师教学基本功比赛	冶金
77			校级	三等奖	付建新	北京科技大学第十一届青年教师教学基本功比赛	土资
78			校级	三等奖	梁雅梦	北京科技大学第十一届青年教师教学基本功比赛	外国语
79			校级	三等奖	雷文妮	北京科技大学第十一届青年教师教学基本功比赛	经管
80			校级	三等奖	李　微	北京科技大学第十一届青年教师教学基本功比赛	外国语
81			校级	三等奖	李　莉	北京科技大学第十一届青年教师教学基本功比赛	文法
82			校级	三等奖	魏　佳	第十届北京高校思想政治理论课教学基本功大赛	马院

续表

序号	奖励类别	项目类别	级别	等级	获奖人	项目名称（获奖项数）	单位
83	教学质量奖	北京市青年教学名师	省部级		李　娜	第三届北京市青年教学名师奖	数理
84			省部级		石志国	第三届北京市青年教学名师奖	计通
85		教学名师	校级		王立民	第五届北京科技大学教学名师奖	经管
86			校级		王荣明	第五届北京科技大学教学名师奖	数理
87			校级		王霁霞	第五届北京科技大学教学名师奖	文法
88			校级		陈　平	第五届北京科技大学教学名师奖	机械
89			校级		李晓东	第五届北京科技大学教学名师奖	外国语
90	教材奖	精品教材	省部级		窦忠强　杨光辉	工业产品设计与表达（第三版）	机械
91			省部级		周　珂	电子技术实习教程	高工
92			省部级		马风才	运营管理（第5版）	经管
93			省部级		申亚男	线性代数	数理
94		教材出版	校级		周　喻　王　莉	简明工程弹性力学与有限元分析	土资
95			校级		施建俊　谭文辉　刘彩平 刘　瀛　高　谦	土木工程制图与CAD基础	土资
96			校级		李国清　胡乃联	智能矿山概论	土资
97			校级		刘保顺	ASP.NET网络数据库	土资
98			校级		毛市龙　明　建	放矿理论与应用	土资
99			校级		张英华　高玉坤　黄志安 王　辉	防灭火系统设计	土资
100			校级		施建俊　谭文辉	土木工程制图与CAD基础习题集	土资
101			校级		连　芳	电化学储能器件及关键材料	材料
102			校级		宋仁伯	材料成形工艺学	材料
103			校级		龙　毅　强文江　常永勤	材料的物理性能	材料
104			校级		王新东　王　萌	新能源材料与器件	冶金
105			校级		吴胜利　王筱留　张建良	钢铁冶金学（炼铁部分）（第4版）	冶金
106			校级		徐安军　贺东风　郑　忠 殷瑞钰	冶金流程工程学基础教程	冶金
107			校级		王　转	配送中心规划与设计	机械
108			校级		黄明吉　陈　平	Arduino基础与应用	机械
109			校级		李子富	Introduction to Sustainable Sanitation Systems	能环
110			校级		苏福永　赵志南	能源工程管理与评估	能环
111			校级		李　擎　刘　艳　李江昀 张维存	控制网络技术	自动化
112			校级		姚　琳　万亚东　汪红兵	微机原理与接口技术——嵌入式系统描述	计通

续表

序号	奖励类别	项目类别	级别	等级	获奖人	项目名称（获奖项数）	单位
113	教材奖	教材出版	校级		陈红松　郑洪宾　张晓颖 张永平　佟　晖　钱亚冠	大数据技术综合应用实践	计通
114			校级		张桃红　何　杰	计算机基础与实践（英文版）第 2 版	计通
115			校级		马忠贵　王建萍	数据库技术及应用（基于 SQL Server 2016 和 MongoDB)	计通
116			校级		李　娜　王丹龄　刘秀芹	数学实验——概率论与数理统计分册	数理
117			校级		王明文　闫红亮　李新学 车　平　臧丽坤　边永忠	普通化学简明教程（第二版）	化生
118			校级		周花蕾	无机化学实验	化生
119			校级		王道平　陈　华	大数据导论	经管
120			校级		马风才	运营管理（第 5 版）	经管
121			校级		魏　钧	人力资源管理实训（第二版）	经管
122			校级		胡　波　郭　骊	新编统计学教程	经管
123			校级		王立群　李　怡	中外文化交流史	文法
124			校级		杨晓明	中国人力资源开发	文法
125			校级		时立荣	社会工作行政实验教程	文法
126			校级		邹妍洵	通用大学英语写作：体裁与过程	外国语
127			校级		边　静　范玉梅 井田正道　望月佐多子	现代日本社会	外国语
128			校级		周　珂　白艳茹　吕　振 刘　涛　张　攀　史胜西 张沙沙	小型智能机器人制作	高工
129			校级		韩守梅　王常策　木春梅 郝彦爽	电工电子技术实验教程（第 4 版）	自然中心
130			校级		杨　勇　陈建萍　吴贤龙 朝　霞　岳中心	市场营销：理论、案例与实训（第四版）	管庄
131			校级		束军意　汤宇军　李海蓉 闫洪伟　刘　婷	市场营销：理论、方法与实训（第 3 版）	管庄
132			校级		陈建萍　杨　勇	微观经济学：原理、案例与应用	管庄
133	教育教学研究论文奖				郭德侠　崔　艳　李　洁	大学生软技能自我评价的调查分析	文法
134					李　涛　谭彦纬	在“代沟”的背后——拜厄特四部曲中的 20 世纪 60 年代“文化领导权”之争	外国语
135					杨　子　李　阳	陪同就诊类三方交际中的打断现象研究	外国语
136					赵　静	协同推进高校思想政治理论课建设研究	马院
137					彭庆红　耿　品	新中国成立 70 年来高校辅导员队伍建设的历史进程、总体趋势与经验启示	马院
138					左　鹏	讲好大学思想政治教育第一课	马院
139					魏　佳	改革开放以来历史虚无主义泛起的社会心理成因及其对策	马院

续表

序号	奖励类别	项目类别	级别	等级	获奖人	项目名称（获奖项数）	单位
140	教育教学研究论文奖				张红霞	论大学生志愿服务的育人功能及其实现路径	马院
141					陈美婷　顾　聪　姚　喆 陈飞武　张恒建　熊楚强	强电解质稀溶液的依数性公式导出及实验验证	化生
142					郭德侠　楚江亭	如何深化教师教学专长研究？——科学知识社会学家柯林斯专长研究及启示	文法
143					曲绍卫　柏　豪　李浩华	中美高校大学生资助经费比较研究	文法
144					武贵龙	聚焦点线面 构建“三全育人”新格局	党校办
145					王维才　于成文　彭庆红 段晓芳　潘红涛	高校专任教师立德树人的现状分析与机制思考	党校办
146					张孔军　钱娅艳	改革开放40年高等体育教育资源优化配置的社会学审视	体育部
147					周　珂　赵志毅　李　虹	“学科交叉、产教融合”工程能力培养模式探索	高工
148					尤　佳　李　擎　崔家瑞	面向新工科建设的数电课程教学模式探索	自动化
149					史雪飞　李　擎　林　颖 陈　静　刘　艳	构建多维度模拟电子技术教学体系	自动化
150					李　擎　崔家瑞　杨　旭 栗　辉	面向工程教育专业认证的自动化专业持续改进	自动化
151					董　洁　李　擎　彭开香 崔家瑞　鲁亿方	工程教育专业认证中课程目标达成评价方法研究——以北京科技大学自动化专业“过程控制”课程为例	自动化
152					谭志阳　陈　森　吴　平	钠原子光谱实验中双黄线谱线强度比值的讨论	自然中心
153					庄　媛　刘杰民　姚　喆 柴成文	SPOC教学理念在化学专业认识实习中的应用探索	自然中心
154					王丽萍	全英文研究型教学效果探讨——基于有机材料化学课学生问卷调查分析	材料
155					吴宁宁	党的十九大精神融入“马克思主义基本原理概论”课程探微——以课程中马克思主义哲学部分为例	马院
156					尹兆华	职业生涯规划与就业指导课程建设探索与实践	就业处
157					王海鸥　李新学　时国庆 牛　琳	基于“互联网+”生物化学新教学模式的建立	化生
158					李新学	化学与社会课程考核的育人导向探索	化生
159					曹丽梅　郑志益　张志刚	大类招生模式下学生成绩综合评价模型	数理
160					张丽静　刘白羽　申亚男	实对称矩阵对角化教学的应用案例	数理
161					关舒月　张　明　张师平 吴　平	密立根油滴实验中的布朗运动	数理
162					邱红梅　徐　美	物理类专业的天文学教育教学实践	数理
163					李　虹　钟秉林	高考招生制度改革视野下的大学教育改革使命	文法

续表

序号	奖励类别	项目类别	级别	等级	获奖人	项目名称（获奖项数）	单位
164	优秀指导教师奖	青年教师基本功比赛指导教师团队	省部级	一等奖	李　娜　臧鸿雁	北京高校第十一届青年教师教学基本功比赛优秀指导老师奖（理科类 A 组）	数理
165			省部级	一等奖	储继迅　苏永美	北京高校第十一届青年教师教学基本功比赛优秀指导老师奖（理科类 A 组）	数理
166			省部级	一等奖	张　怡　陈娟文	北京高校第十一届青年教师教学基本功比赛优秀指导老师奖（人文类 A 组）	外国语
167			省部级	一等奖	李　怡　王霁霞	北京高校第十一届青年教师教学基本功比赛优秀指导老师奖（人文类 A 组）	文法
168			省部级	一等奖	刘雪峰　强文江	北京高校第十一届青年教师教学基本功比赛优秀指导老师奖（工科类 A 组）	材料
169			省部级	二等奖	张北根　刘丽敏	北京高校第十一届青年教师教学基本功比赛优秀指导老师奖（思政类 A 组）	马院
170			省部级	三等奖	曹文斌　杨　平	北京高校第十一届青年教师教学基本功比赛优秀指导老师奖（工科类 A 组）	材料
171			省部级	三等奖	潘建红　刘丽敏	北京高校第十一届青年教师教学基本功比赛优秀指导老师奖（思政类 A 组）	马院
172			省部级	三等奖	马晓燕　刘丽敏	北京高校第十一届青年教师教学基本功比赛优秀指导老师奖（思政类 A 组）	马院
173		认定的各类竞赛优秀指导教师	国家级	特等奖	大学英语教学团队	2019 年全国大学生英语竞赛，1 项	外国语
174			国家级	特等奖	李　擎　刘　艳	第十三届“西门子杯”中国智能制造挑战赛全国总决赛，1 项	自动化
175			国家级	特等奖	李江昀　刘　艳	第十三届“西门子杯”中国智能制造挑战赛全国总决赛，1 项	自动化
176			国家级	特等奖	付冬梅	第九届“华为杯”中国大学生智能设计竞赛，1 项	自动化
177			国家级	特等奖	付冬梅　邓张升	第十三届 iCAN 创新创业大赛全国总决赛，1 项	自动化、创新创业中心
178			国家级	特等奖	汪群慧　高　明	第十二届全国大学生节能减排社会实践与科技竞赛，1 项	能环
179			国家级	特等奖	王　旭	2019 全国大学生机器人大赛 ROBOMASTER，1 项	高工
180			国家级	一等奖	胡志兴　朱　婧　司新辉　徐　岩　李为东　何庆辉　吕国才	2019 年全国大学生数学建模竞赛，1 项	数理
181			国家级	一等奖	赵鲁涛	2019 年第六届全国大学生统计建模大赛，1 项	数理
182			国家级	一等奖	胡志兴　司新辉	2019 年第十届全国大学生数学竞赛决赛，1 项	数理
183			国家级	一等奖	黄　鹏　陈旭华	第八届全国大学生金相技能大赛，1 项	新材料
184			国家级	一等奖	陈　森　吴　平　张师平　赵雪丹	第五届全国大学生物理实验竞赛，1 项	自然中心
185			国家级	一等奖	马　飞　顾　青	第十四届全国大学生智能车竞赛（全国赛），1 项	机械

续表

序号	奖励类别	项目类别	级别	等级	获奖人	项目名称（获奖项数）	单位
186	优秀指导教师奖	认定的各类竞赛优秀指导教师	国家级	一等奖	赵鑫鑫　康翌婷	第十四届全国大学生智能车竞赛（全国赛），1项	机械
187			国家级	一等奖	赵立峰　黄夏旭	第十四届全国大学生智能车竞赛（全国赛），1项	机械
188			国家级	一等奖	杨光辉　许　倩　陈　华　陈　平	第十二届“高教杯”全国大学生先进成图技术与产品信息建模创新大赛（个人），1项	机械
189			国家级	一等奖	杨光辉　许　倩　陈　华　陈　平	第十二届“高教杯”全国大学生先进成图技术与产品信息建模创新大赛（团队），1项	机械
190			国家级	一等奖	胡文韬	第四届全国高等学校矿物加工工程专业学生实践作品大赛，1项	土资
191			国家级	一等奖	尹升华　付建新	第九届全国高校采矿工程专业学生实践作品大赛，1项	土资
192			国家级	一等奖	尹升华　王少勇	第九届全国高校采矿工程专业学生实践作品大赛，1项	土资
193			国家级	一等奖	赵怡晴	第九届全国高校采矿工程专业学生实践作品大赛，1项	土资
194			国家级	一等奖	黄志安	第五届全国高校安全科学与工程大学生实践与创新作品大赛，1项	土资
195			国家级	一等奖	张　敏　武航星	2019年中国大学生计算机设计大赛，1项	计通
196			国家级	一等奖	李　莉　宋　晏	2019年中国大学生计算机设计大赛，1项	计通
197			国家级	一等奖	朱　红　黄晓璐	2019年中国大学生计算机设计大赛，1项	计通
198			国家级	一等奖	曾云甫　马　凯	2019中国国际飞行器设计挑战赛总决赛，2项	高工
199			国家级	一等奖	张文新	第十二届全国大学生创新创业年会参展项目，1项	经管
200			国家级	一等奖	王　旭	2019全国大学生机器人大赛ROBOCON马术赛，1项	高工
201			国家级	一等奖	林　海	第十二届全国大学生节能减排社会实践与科技竞赛，1项	能环
202			国家级	一等奖	付冬梅　董冀媛	第十三届“西门子杯”中国智能制造挑战赛全国总决赛，1项	自动化
203			国家级	一等奖	李　擎	第十三届iCAN创新创业大赛全国总决赛，1项	自动化
204			国家级	一等奖	大学英语教学团队 英语专业教学团队	2019年全国大学生英语竞赛，2项	外国语
205			国家级	二等奖	胡志兴　司新辉	2019年第十届全国大学生数学竞赛决赛，1项	数理
206			国家级	二等奖	黄　鹏　陈旭华	第八届全国大学生金相技能大赛，1项	新材料
207			国家级	二等奖	陈　森　吴　平　张师平　赵雪丹	第五届全国大学生物理实验竞赛，2项	自然中心
208			国家级	二等奖	杨光辉　许　倩　陈　华　陈　平	第十二届“高教杯”全国大学生先进成图技术与产品信息建模创新大赛（个人），1项	机械
209			国家级	二等奖	邹文杰	第四届全国高等学校矿物加工工程专业学生实践作品大赛，1项	土资

续表

序号	奖励类别	项目类别	级别	等级	获奖人	项目名称（获奖项数）	单位
210	优秀指导教师奖	认定的各类竞赛优秀指导教师	国家级	二等奖	倪 文 胡文韬	第四届全国高等学校矿物加工工程专业学生实践作品大赛，1 项	土资
211			国家级	二等奖	冯雅丽	第四届全国高等学校矿物加工工程专业学生实践作品大赛，2 项	土资
212			国家级	二等奖	邹文杰	第四届全国高等学校矿物加工工程专业学生实践作品大赛，2 项	土资
213			国家级	二等奖	傅平丰 胡文韬	第四届全国高等学校矿物加工工程专业学生实践作品大赛，1 项	土资
214			国家级	二等奖	吕 振	2019 年全国大学生电子设计竞赛，1 项	高工
215			国家级	二等奖	王 勇	第九届全国高校采矿工程专业学生实践作品大赛，1 项	土资
216			国家级	二等奖	王进强	第九届全国高校采矿工程专业学生实践作品大赛，1 项	土资
217			国家级	二等奖	尹升华	第九届全国高校采矿工程专业学生实践作品大赛，1 项	土资
218			国家级	二等奖	金爱兵	第九届全国高校采矿工程专业学生实践作品大赛，1 项	土资
219			国家级	二等奖	李 杨 周 喻	第九届全国高校采矿工程专业学生实践作品大赛，1 项	土资
220			国家级	二等奖	黄国忠	第五届全国高校安全科学与工程大学生实践与创新作品大赛，1 项	土资
221			国家级	二等奖	万亚东 宋 晏	第九届全国大学生计算机应用能力与信息素养大赛（团队），1 项	计通
222			国家级	二等奖	张 敏 朱 红	第九届全国大学生计算机应用能力与信息素养大赛（团队），1 项	计通
223			国家级	二等奖	汪红兵 武航星 黄晓璐 李 莉 李新宇 万亚东 张 敏 宋 晏	第九届全国大学生计算机应用能力与信息素养大赛（个人），1 项	计通
224			国家级	二等奖	屈 微 汪红兵	2019 年中国大学生计算机设计大赛，1 项	计通
225			国家级	二等奖	李新宇 黄晓璐	2019 年中国大学生计算机设计大赛，1 项	计通
226			国家级	二等奖	张 敏 朱 红	2019 年中国大学生计算机设计大赛，1 项	计通
227			国家级	二等奖	李 莉 万亚东	2019 年中国大学生计算机设计大赛，2 项	计通
228			国家级	二等奖	黄晓璐 李 莉	2019 年中国大学生计算机设计大赛，1 项	计通
229			国家级	二等奖	李新宇 朱 红	2019 年中国大学生计算机设计大赛，1 项	计通
230			国家级	二等奖	屈 微 李新宇	2019 年中国大学生计算机设计大赛，1 项	计通
231			国家级	二等奖	朱 红 汪红兵	2019 年中国大学生计算机设计大赛，1 项	计通
232			国家级	二等奖	姚 琳 李新宇	2019 年中国大学生计算机设计大赛，1 项	计通
233			国家级	二等奖	李新宇 齐 悦	2019 年中国大学生计算机设计大赛，1 项	计通
234			国家级	二等奖	姚 琳 李 莉 宋 晏 武航星 黄晓璐 朱 红 万亚东	第九届全国蓝桥杯全国软件和信息技术专业人才大赛（全国总决赛）个人赛，1 项	计通

续表

序号	奖励类别	项目类别	级别	等级	获奖人	项目名称（获奖项数）	单位
235	优秀指导教师奖	认定的各类竞赛优秀指导教师	国家级	一等奖	万亚东	第八届中国软件杯软件设计大赛，1 项	计通
236			国家级	二等奖	陈红松	第十二届全国大学生信息安全竞赛，1 项	计通
237			国家级	二等奖	王小妹	第十二届全国大学生信息安全竞赛，1 项	计通
238			国家级	二等奖	覃京燕　王晓慧	第二届中国高校智能机器人创意大赛，1 项	机械
239			国家级	二等奖	杨　珏	第四届中国大学生起重机创意大赛，1 项	机械
240			国家级	二等奖	胡志兴　朱　婧　司新辉　徐　岩　李为东　何庆辉　吕国才	2019 年全国大学生数学建模竞赛，5 项	数理
241			国家级	二等奖	赵鲁涛	2019 年第六届全国大学生统计建模大赛，1 项	数理
242			国家级	二等奖	吕　乐　刘晓璐	第三届全国大学生生命科学竞赛，1 项	化生
243			国家级	二等奖	曾云甫　马　凯	2019 中国国际飞行器设计挑战赛总决赛，2 项	高工
244			国家级	二等奖	王　旭	2019 全国大学生机器人大赛 ROBOCON，1 项	高工
245			国家级	二等奖	李　辉	2019 全国大学生机器人大赛 RoboCup 标准平台组，1 项	高工
246			国家级	一等奖	李　擎	2019 年全国大学生计算机博弈大赛，1 项	自动化
247			国家级	一等奖	张晓彤	2019 年全国大学生计算机博弈大赛，1 项	计通
248			国家级	一等奖	班晓娟	2019 年全国大学生计算机博弈大赛，1 项	计通
249			国家级	一等奖	付冬梅	2019 年全国大学生计算机博弈大赛，1 项	自动化
250			国家级	一等奖	周　珂	2019 年全国大学生计算机博弈大赛，2 项	高工
251			国家级	亚军	冯　梅　曹　辉	第七届全国管理案例精英赛奖最佳教练奖	经管
252			国家级	三等奖	丁文英	第六届全国大学生物流设计大赛，1 项	机械
253			国家级	二等奖	大学英语教学团队　英语专业教学团队	2019 年全国大学生英语竞赛，4 项	外国语
254			国家级	二等奖	崔家瑞　阎　群	第十三届“西门子杯”中国智能制造挑战赛全国总决赛，1 项	自动化
255			国家级	二等奖	潘月斗　刘　艳	第十三届“西门子杯”中国智能制造挑战赛全国总决赛，1 项	自动化
256			国家级	二等奖	董冀媛　徐银梅	第十三届“西门子杯”中国智能制造挑战赛全国总决赛，1 项	自动化
257			国家级	三等奖	汪红兵　武航星　黄晓璐　李　莉　李新宇　万亚东　张　敏　宋　晏	第九届全国大学生计算机应用能力与信息素养大赛（个人），1 项	计通
258			国家级	三等奖	黄　鹏　陈旭华	第八届全国大学生金相技能大赛，1 项	新材料
259			国家级	三等奖	杨光辉　许　倩　陈　华　陈　平	第十二届“高教杯”全国大学生先进成图技术与产品信息建模创新大赛（个人），1 项	机械
260			国家级	三等奖	段旭琴　胡文韬	第四届全国高等学校矿物加工工程专业学生实践作品大赛，1 项	土资
261			国家级	三等奖	付建新	第九届全国高校采矿工程专业学生实践作品大赛，1 项	土资

续表

序号	奖励类别	项目类别	级别	等级	获奖人	项目名称（获奖项数）	单位
262	优秀指导教师奖	认定的各类竞赛优秀指导教师	国家级	三等奖	王洪江	第九届全国高校采矿工程专业学生实践作品大赛，1 项	土资
263			国家级	三等奖	吕文生	第九届全国高校采矿工程专业学生实践作品大赛，1 项	土资
264			国家级	三等奖	金爱兵　毛市龙	第九届全国高校采矿工程专业学生实践作品大赛，1 项	土资
265			国家级	三等奖	冯雅丽	第九届全国高校采矿工程专业学生实践作品大赛，1 项	土资
266			国家级	三等奖	韩　斌　赵怡晴	第九届全国高校采矿工程专业学生实践作品大赛，1 项	土资
267			国家级	三等奖	金爱兵	第九届全国高校采矿工程专业学生实践作品大赛，1 项	土资
268			国家级	三等奖	张英华	第五届全国高校安全科学与工程大学生实践与创新作品大赛，1 项	土资
269			国家级	三等奖	张　敏　姚　琳	2019 年中国大学生计算机设计大赛，1 项	计通
270			国家级	三等奖	李　莉　姚　琳	2019 年中国大学生计算机设计大赛，1 项	计通
271			国家级	三等奖	张　敏　万亚东	2019 年中国大学生计算机设计大赛，1 项	计通
272			国家级	三等奖	姚　琳　李　莉　宋　晏　武航星　黄晓璐　朱　红　万亚东	第九届全国蓝桥杯全国软件和信息技术专业人才大赛（全国总决赛）个人赛，1 项	计通
273			国家级	二等奖	苏福永　张欣茹	第十二届全国大学生节能减排社会实践与科技竞赛，1 项	能环
274			国家级	三等奖	孙志辉　陈　兵	第二届中国高校智能机器人创意大赛，1 项	机械
275			国家级	三等奖	王晓慧	第二届中国高校智能机器人创意大赛，1 项	机械
276			国家级	三等奖	徐　伟	2019 年第六届全国大学生统计建模大赛，1 项	数理
277			国家级	三等奖	刘秀芹	2019 年第六届全国大学生统计建模大赛，1 项	数理
278			国家级	二等奖	段世红	第十三届 iCAN 创新创业大赛全国总决赛，1 项	计通
279			国家级	二等奖	张文新	第十三届 iCAN 创新创业大赛全国总决赛，1 项	计通
280			国家级	三等奖	曾云甫　马　凯	2019 中国国际飞行器设计挑战赛总决赛，2 项	高工
281			国家级	三等奖	李　辉	2019 全国大学生机器人大赛 RoboCup 仿真组，1 项	高工
282			国家级	二等奖	周　珂	2019 年全国大学生计算机博弈大赛，5 项	高工
283			国家级	三等奖	陈宏尧　王建萍　王　鹂　邓张升	第五届中国“互联网 +”大学生创新创业大赛，1 项	计通、团委、创新创业中心
284			省部级	特等奖	邢朝国　马胜强	第十届“挑战杯”首都大学生课外学术科技作品竞赛，1 项	文法
285			省部级	特等奖	汪群慧	首届北京市大学生节能节水低碳减排社会实践与科技竞赛，1 项	能环
286			省部级	特等奖	豆瑞锋	首届北京市大学生节能节水低碳减排社会实践与科技竞赛，1 项	能环

续表

序号	奖励类别	项目类别	级别	等级	获奖人	项目名称（获奖项数）	单位
287	优秀指导教师奖	认定的各类竞赛优秀指导教师	省部级	特等奖	林　海	首届北京市大学生节能节水低碳减排社会实践与科技竞赛，1项	能环
288			省部级	特等奖	崔家瑞　阎　群	第十三届“西门子杯”中国智能制造挑战赛初赛，1项	自动化
289			省部级	特等奖	白艳茹　王　玲	第十三届“西门子杯”中国智能制造挑战赛初赛，1项	高工、自动化
290			省部级	特等奖	潘月斗　刘　艳	第十三届“西门子杯”中国智能制造挑战赛初赛，1项	自动化
291			省部级	特等奖	李　擎　刘　艳	第十三届“西门子杯”中国智能制造挑战赛初赛，1项	自动化
292			省部级	一等奖	马　飞　顾　青	第十四届全国大学生智能车竞赛（华北赛），1项	机械
293			省部级	一等奖	赵鑫鑫　康翌婷	第十四届全国大学生智能车竞赛（华北赛），1项	机械
294			省部级	一等奖	赵立峰　黄夏旭	第十四届全国大学生智能车竞赛（华北赛），1项	机械
295			省部级	一等奖	李江昀　刘　艳	第十三届“西门子杯”中国智能制造挑战赛初赛，1项	自动化
296			省部级	一等奖	李　擎　阎　群	第十三届“西门子杯”中国智能制造挑战赛初赛，1项	自动化
297			省部级	一等奖	董冀媛　徐银梅	第十三届“西门子杯”中国智能制造挑战赛初赛，1项	自动化
298			省部级	一等奖	阎　群　徐银梅	第十三届“西门子杯”中国智能制造挑战赛初赛，1项	自动化
299			省部级	一等奖	付冬梅　董冀媛	第十三届“西门子杯”中国智能制造挑战赛初赛，1项	自动化
300			省部级	一等奖	张　敏　武航星	2019年中国大学生计算机设计大赛（北京市赛），1项	计通
301			省部级	一等奖	宋　晏　武航星	2019年中国大学生计算机设计大赛（北京市赛），1项	计通
302			省部级	一等奖	李　莉　万亚东	2019年中国大学生计算机设计大赛（北京市赛），1项	计通
303			省部级	一等奖	李　莉　汪红兵	2019年中国大学生计算机设计大赛（北京市赛），1项	计通
304			省部级	一等奖	李新宇　齐　悦	2019年中国大学生计算机设计大赛（北京市赛），1项	计通
305			省部级	一等奖	朱　红　黄晓璐	2019年中国大学生计算机设计大赛（北京市赛），1项	计通
306			省部级	一等奖	姚　琳　李新宇　朱　红　黄晓璐　李　莉　武航星　屈　微　万亚东　汪红兵　张　敏　宋　晏	第九届全国蓝桥杯全国软件和信息技术专业人才大赛（北京市赛）个人赛，3项	计通
307			省部级	一等奖	李　飞	第八届北京市大学生建筑结构设计竞赛，1项	土资
308			省部级	一等奖	张举兵	第八届北京市大学生建筑结构设计竞赛，1项	土资

续表

序号	奖励类别	项目类别	级别	等级	获奖人	项目名称（获奖项数）	单位
309	优秀指导教师奖	认定的各类竞赛优秀指导教师	省部级	一等奖	胡志兴 朱 婧 司新辉 徐 岩 李为东 何庆辉 吕国才	2019 年全国大学生数学建模竞赛（北京赛区），19 项	数理
310			省部级	一等奖	吕 乐 刘晓璐	第五届北京市大学生生物学竞赛 - 团队，1 项	化生
311			省部级	一等奖	宋 青 吕 乐	第五届北京市大学生生物学竞赛 - 团队，2 项	化生
312			省部级	一等奖	宋 青 吕 乐 张 怀 王海鸥	第五届北京市大学生生物学竞赛 - 个人，1 项	化生
313			省部级	一等奖	万亚东 李新宇	2019 年华北五省（市、自治区）及港澳台大学生计算机应用大赛，1 项	计通
314			省部级	一等奖	李 莉 裴艺丽	2019 年北京市大学生物理实验竞赛，1 项	自然中心
315			省部级	一等奖	黄妙逢 陈 森	2019 年北京市大学生物理实验竞赛，1 项	自然中心
316			省部级	一等奖	李 辉 王 旭	2019 华北五省（市、自治区）大学生机器人大赛，4 项	高工
317			省部级	一等奖	陈宏尧 王建萍 邓张升 王 鹏	第五届中国“互联网 +”大学生创新创业大赛北京赛区，1 项	计通、创新创业中心、团委
318			省部级	一等奖	付冬梅 邓张升	第十三届 iCAN 创新创业大赛北京市赛，1 项	自动化、创新创业中心
319			省部级	一等奖	胡志兴 司新辉	2019 年第十一届全国大学生数学竞赛预赛，12 项	数理
320			省部级	一等奖	李 擎	第十三届 iCAN 创新创业大赛北京市赛，1 项	自动化
321			省部级	一等奖	段世红	第十三届 iCAN 创新创业大赛北京市赛，1 项	计通
322			省部级	一等奖	张文新	第十三届 iCAN 创新创业大赛北京市赛，1 项	经管
323			省部级	一等奖	张晓彤	第十三届 iCAN 创新创业大赛北京市赛，1 项	计通
324			省部级	一等奖	邓立治	第十三届 iCAN 创新创业大赛北京市赛，1 项	经管
325			省部级	一等奖	李 擎 王未卿	第十三届 iCAN 创新创业大赛北京市赛，1 项	自动化、经管
326			省部级	一等奖	王粉花	第十三届 iCAN 创新创业大赛北京市赛，1 项	自动化
327			省部级	一等奖	胡志兴 司新辉	北京市第三十届大学生数学竞赛，2 项	数理
328			省部级	一等奖	徐立业	2019 北京市大学生工程训练综合能力竞赛，2 项	高工
329			省部级	一等奖	时国庆 王海鸥	第十届“挑战杯”首都大学生课外学术科技作品竞赛，1 项	化生
330			省部级	一等奖	李 擎	第十届“挑战杯”首都大学生课外学术科技作品竞赛，1 项	自动化
331			省部级	一等奖	许 倩	2019 年第五届北京市大学生工程设计表达竞赛，2 项	机械
332			省部级	一等奖	杨光辉	2019 年第五届北京市大学生工程设计表达竞赛，2 项	机械
333			省部级	一等奖	孟凡研 徐美 刘丽华	2019 年全国部分地区大学生物理竞赛，2 项	数理

续表

序号	奖励类别	项目类别	级别	等级	获奖人	项目名称（获奖项数）	单位
334	优秀指导教师奖	认定的各类竞赛优秀指导教师	省部级	二等奖	刘　立　杨　珏	第十四届全国大学生智能车竞赛（华北赛），1项	机械
335			省部级	二等奖	杨　珏　顾　青	第十四届全国大学生智能车竞赛（华北赛），1项	机械
336			省部级	二等奖	吕　振	2019年全国大学生电子设计竞赛（北京赛），6项	高工
337			省部级	二等奖	白艳茹	2019年全国大学生电子设计竞赛（北京赛），1项	高工
338			省部级	二等奖	李　擎　阎　群	第十三届“西门子杯”中国智能制造挑战赛初赛，2项	自动化
339			省部级	二等奖	魏清阳　李希胜	第十三届“西门子杯”中国智能制造挑战赛初赛，1项	自动化
340			省部级	二等奖	杨　旭　崔家瑞	第十三届“西门子杯”中国智能制造挑战赛初赛，1项	自动化
341			省部级	二等奖	徐银梅　栗　辉	第十三届“西门子杯”中国智能制造挑战赛初赛，1项	自动化
342			省部级	二等奖	张　森　张笑菲	第十三届“西门子杯”中国智能制造挑战赛初赛，1项	自动化
343			省部级	二等奖	张　敏　万亚东	2019年中国大学生计算机设计大赛（北京市赛），1项	计通
344			省部级	二等奖	李新宇　黄晓璐	2019年中国大学生计算机设计大赛（北京市赛），1项	计通
345			省部级	二等奖	张　敏　朱　红	2019年中国大学生计算机设计大赛（北京市赛），1项	计通
346			省部级	二等奖	李　莉　姚　琳	2019年中国大学生计算机设计大赛（北京市赛），1项	计通
347			省部级	二等奖	李新宇　朱　红	2019年中国大学生计算机设计大赛（北京市赛），1项	计通
348			省部级	二等奖	黄晓璐　李　莉	2019年中国大学生计算机设计大赛（北京市赛），1项	计通
349			省部级	二等奖	屈　微　李新宇	2019年中国大学生计算机设计大赛（北京市赛），1项	计通
350			省部级	二等奖	李　莉　万亚东	2019年中国大学生计算机设计大赛（北京市赛），1项	计通
351			省部级	二等奖	朱　红　汪红兵	2019年中国大学生计算机设计大赛（北京市赛），1项	计通
352			省部级	二等奖	汪红兵　宋　晏	2019年中国大学生计算机设计大赛（北京市赛），1项	计通
353			省部级	二等奖	解玉磊	首届北京市大学生节能节水低碳减排社会实践与科技竞赛，1项	能环
354			省部级	二等奖	刘传平	首届北京市大学生节能节水低碳减排社会实践与科技竞赛，1项	能环
355			省部级	二等奖	吴川福	首届北京市大学生节能节水低碳减排社会实践与科技竞赛，1项	能环

续表

序号	奖励类别	项目类别	级别	等级	获奖人	项目名称（获奖项数）	单位
356	优秀指导教师奖	认定的各类竞赛优秀指导教师	省部级	二等奖	姚　琳　李新宇　朱　红　黄晓璐　李　莉　武航星　屈　微　万亚东　汪红兵　张　敏　宋　晏	第九届全国蓝桥杯全国软件和信息技术专业人才大赛（北京市赛）个人赛，4 项	计通
357			省部级	二等奖	胡志兴　朱　婧　司新辉　徐　岩　李为东　何庆辉　吕国才	2019 年全国大学生数学建模竞赛（北京赛区），24 项	数理
358			省部级	二等奖	宋　青　吕　乐　张　怀　王海鸥	第五届北京市大学生生物学竞赛 - 个人，1 项	化生
359			省部级	二等奖	武航星　黄晓璐	2019 年华北五省（市、自治区）及港澳台大学生计算机应用大赛，1 项	计通
360			省部级	二等奖	屈　微　宋　晏	2019 年华北五省（市、自治区）及港澳台大学生计算机应用大赛，1 项	计通
361			省部级	二等奖	陈　森　裴艺丽	2019 年北京市大学生物理实验竞赛，1 项	自然中心
362			省部级	二等奖	陈　森　吴　平	2019 年北京市大学生物理实验竞赛，1 项	自然中心
363			省部级	二等奖	孙明明　陈　森	2019 年北京市大学生物理实验竞赛，1 项	自然中心
364			省部级	二等奖	沈艳娟	2019 年北京市大学生英语演讲比赛，1 项	外国语
365			省部级	二等奖	陈哲涵	第六届北京市物流设计大赛，1 项	机械
366			省部级	二等奖	丁文英	第六届北京市物流设计大赛，1 项	机械
367			省部级	二等奖	徐铭勋	第十一届北京市大学生模拟法庭竞赛，1 项	文法
368			省部级	二等奖	胡志兴　司新辉	2019 年第十一届全国大学生数学竞赛预赛，11 项	数理
369			省部级	二等奖	张俊海	第十三届 iCAN 创新创业大赛北京市赛，1 项	机械
370			省部级	二等奖	邓张升	第十三届 iCAN 创新创业大赛北京市赛，1 项	创新创业中心
371			省部级	二等奖	郑智予	第十三届 iCAN 创新创业大赛北京市赛，1 项	计通
372			省部级	二等奖	赵小燕	第十三届 iCAN 创新创业大赛北京市赛，1 项	自动化
373			省部级	二等奖	张　辉	第十三届 iCAN 创新创业大赛北京市赛，1 项	能环
374			省部级	二等奖	范慧俐　张少青	2019 年北京市大学生化学实验竞赛，1 项	化生
375			省部级	二等奖	肖军平　刘阿楠	2019 年北京市大学生化学实验竞赛，1 项	化生、自然中心
376			省部级	二等奖	边永忠	2019 年北京市大学生化学实验竞赛，1 项	化生
377			省部级	二等奖	弓爱君	2019 年北京市大学生化学实验竞赛，1 项	化生
378			省部级	二等奖	袁文霞	2019 年北京市大学生化学实验竞赛，1 项	自然中心
379			省部级	二等奖	李　辉　王　旭	2019 华北五省（市、自治区）大学生机器人大赛，3 项	高工
380			省部级	二等奖	胡志兴　司新辉	北京市第三十届大学生数学竞赛，3 项	数理
381			省部级	二等奖	徐立业	2019 北京市大学生工程训练综合能力竞赛，3 项	高工

续表

序号	奖励类别	项目类别	级别	等级	获奖人	项目名称（获奖项数）	单位
382	优秀指导教师奖	认定的各类竞赛优秀指导教师	省部级	二等奖	邓张升	第五届中国“互联网+”大学生创新创业大赛北京赛区，1 项	创新创业中心
383			省部级	二等奖	苏　烜　邓立治	第五届中国“互联网+”大学生创新创业大赛北京赛区，1 项	团委、经管
384			省部级	二等奖	迟健男	第五届中国“互联网+”大学生创新创业大赛北京赛区，1 项	自动化
385			省部级	二等奖	王丽红	第五届中国“互联网+”大学生创新创业大赛北京赛区，1 项	创新创业中心
386			省部级	二等奖	樊百林　邓张升	第五届中国“互联网+”大学生创新创业大赛北京赛区，1 项	机械、创新创业中心
387			省部级	二等奖	贺　威　付　强	第五届中国“互联网+”大学生创新创业大赛北京赛区，1 项	自动化
388			省部级	二等奖	付冬梅	第五届中国“互联网+”大学生创新创业大赛北京赛区，1 项	自动化
389			省部级	二等奖	王未卿　张文新　王　鹏	第五届中国“互联网+”大学生创新创业大赛北京赛区，1 项	经管、团委
390			省部级	二等奖	彭云峰　张　剑	第五届中国“互联网+”大学生创新创业大赛北京赛区，1 项	计通、经管
391			省部级	二等奖	邓张升　戴晓明	第五届中国“互联网+”大学生创新创业大赛北京赛区，1 项	创新创业中心、计通
392			省部级	二等奖	邓立治	第五届中国“互联网+”大学生创新创业大赛北京赛区，1 项	经管
393			省部级	二等奖	苏　烜	第五届中国“互联网+”大学生创新创业大赛北京赛区，1 项	团委
394			省部级	二等奖	邢　奕　王　鹏	第五届中国“互联网+”大学生创新创业大赛北京赛区，1 项	能环、团委
395			省部级	二等奖	韩泓冰　邓立治	第五届中国“互联网+”大学生创新创业大赛北京赛区，1 项	机械、经管
396			省部级	二等奖	吴川福　汪群慧	第十届“挑战杯”首都大学生课外学术科技作品竞赛，1 项	能环
397			省部级	二等奖	张　铮　张　跃	第十届“挑战杯”首都大学生课外学术科技作品竞赛，1 项	材料
398			省部级	二等奖	景　鹏	第十届“挑战杯”首都大学生课外学术科技作品竞赛，1 项	学工武装部
399			省部级	二等奖	邱红梅　路彦珍　秦吉红　王凤平	2019 年全国部分地区大学生物理竞赛，3 项	数理
400			省部级	三等奖	周　珂	2019 年全国大学生电子设计竞赛（北京赛），1 项	高工
401			省部级	三等奖	刘　涛	2019 年全国大学生电子设计竞赛（北京赛），1 项	高工
402			省部级	三等奖	李　莉　万亚东	2019 年中国大学生计算机设计大赛（北京市赛），1 项	计通

续表

序号	奖励类别	项目类别	级别	等级	获奖人	项目名称（获奖项数）	单位
403	优秀指导教师奖	认定的各类竞赛优秀指导教师	省部级	三等奖	宋　晏　黄晓璐	2019 年中国大学生计算机设计大赛（北京市赛），1 项	计通
404			省部级	三等奖	宋　晏　武航星	2019 年中国大学生计算机设计大赛（北京市赛），1 项	计通
405			省部级	三等奖	李　莉　朱　红	2019 年中国大学生计算机设计大赛（北京市赛），1 项	计通
406			省部级	三等奖	姚　琳　武航星	2019 年中国大学生计算机设计大赛（北京市赛），1 项	计通
407			省部级	三等奖	张　敏　朱　红	2019 年中国大学生计算机设计大赛（北京市赛），2 项	计通
408			省部级	三等奖	武航星　宋　晏	2019 年中国大学生计算机设计大赛（北京市赛），1 项	计通
409			省部级	三等奖	黄晓璐　宋　晏	2019 年中国大学生计算机设计大赛（北京市赛），1 项	计通
410			省部级	三等奖	谭文辉	第八届北京市大学生建筑结构设计竞赛，1 项	土资
411			省部级	三等奖	姚　琳　李新宇　朱　红　黄晓璐　李　莉　武航星　屈　微　万亚东　汪红兵　张　敏　宋　晏	第九届全国蓝桥杯全国软件和信息技术专业人才大赛（北京市赛）个人赛，2 项	计通
412			省部级	三等奖	黄晓璐	第九届全国蓝桥杯全国软件和信息技术专业人才大赛（北京市赛）团体赛，1 项	计通
413			省部级	三等奖	宋　青　吕　乐	第五届北京市大学生生物学竞赛 - 团队，1 项	化生
414			省部级	三等奖	宋　青　吕　乐　张　怀　王海鸥	第五届北京市大学生生物学竞赛 - 个人，1 项	化生
415			省部级	三等奖	黄晓璐　武航星	2019 年华北五省（市、自治区）及港澳台大学生计算机应用大赛，1 项	计通
416			省部级	三等奖	李天竹	第二十二届“外研社 – 国才杯”全国大学生英语辩论赛（华北赛区），1 项	外国语
417			省部级	三等奖	赵雪丹　黄妙逢	2019 年北京市大学生物理实验竞赛，1 项	自然中心
418			省部级	三等奖	吴　平　孙明明	2019 年北京市大学生物理实验竞赛，1 项	数理、自然中心
419			省部级	三等奖	胡志兴　司新辉	2019 年第十一届全国大学生数学竞赛预赛，7 项	数理
420			省部级	三等奖	李　辉　王　旭	2019 华北五省（市、自治区）大学生机器人大赛，3 项	高工
421			省部级	三等奖	胡志兴　司新辉	北京市第三十届大学生数学竞赛，2 项	数理
422			省部级	三等奖	洪　源	2019 年 ACM-ICPC 大学生程序设计大赛全国邀请赛，1 项	计通
423			省部级	三等奖	徐立业	2019 北京市大学生工程训练综合能力竞赛，1 项	高工
424			省部级	三等奖	赵小燕	第五届中国“互联网 +”大学生创新创业大赛北京赛区，1 项	自动化
425			省部级	三等奖	李晓静	第五届中国“互联网 +”大学生创新创业大赛北京赛区，1 项	经管

续表

序号	奖励类别	项目类别	级别	等级	获奖人	项目名称（获奖项数）	单位
426	优秀指导教师奖	认定的各类竞赛优秀指导教师	省部级	三等奖	李　擎　王粉花	第五届中国“互联网+”大学生创新创业大赛北京赛区，1 项	自动化
427			省部级	三等奖	王粉花	第五届中国“互联网+”大学生创新创业大赛北京赛区，1 项	自动化
428			省部级	三等奖	邓立治　李长麟　李洲	第五届中国“互联网+”大学生创新创业大赛北京赛区，1 项	经管
429			省部级	三等奖	曹　辉	第五届中国“互联网+”大学生创新创业大赛北京赛区，1 项	经管
430			省部级	三等奖	杨雨谋	第五届中国“互联网+”大学生创新创业大赛北京赛区，1 项	自动化
431			省部级	三等奖	冯　梅	第五届中国“互联网+”大学生创新创业大赛北京赛区，1 项	经管
432			省部级	三等奖	张俊海　郭馨蔚　邓张升	第五届中国“互联网+”大学生创新创业大赛北京赛区，1 项	机械、创新创业中心
433			省部级	三等奖	杨雨谋	第五届中国“互联网+”大学生创新创业大赛北京赛区，1 项	自动化
434			省部级	三等奖	肖文栋	第五届中国“互联网+”大学生创新创业大赛北京赛区，1 项	自动化
435			省部级	三等奖	翟文洁	第五届中国“互联网+”大学生创新创业大赛北京赛区，1 项	计通
436			省部级	三等奖	邓张升　邓立治　王未卿　刘祥东	第五届中国“互联网+”大学生创新创业大赛北京赛区，1 项	创新创业中心、经管
437			省部级	三等奖	冯俊小	第五届中国“互联网+”大学生创新创业大赛北京赛区，1 项	能环
438			省部级	三等奖	王志鹏　邓张升	第五届中国“互联网+”大学生创新创业大赛北京赛区，1 项	机械、经管
439			省部级	三等奖	武　森	第五届中国“互联网+”大学生创新创业大赛北京赛区，1 项	经管
440			省部级	三等奖	张文新　邓张升	第五届中国“互联网+”大学生创新创业大赛北京赛区，1 项	经管、创新创业中心
441			省部级	三等奖	曹　辉　康翌婷	第五届中国“互联网+”大学生创新创业大赛北京赛区，1 项	经管、机械
442			省部级	三等奖	徐晓光	第五届中国“互联网+”大学生创新创业大赛北京赛区，1 项	材料
443			省部级	三等奖	苏　烜　汪群慧	第五届中国“互联网+”大学生创新创业大赛北京赛区，1 项	团委、能环
444			省部级	三等奖	李　擎　王未卿	第五届中国“互联网+”大学生创新创业大赛北京赛区，1 项	自动化、经管
445			省部级	三等奖	栗时锋	第五届中国“互联网+”大学生创新创业大赛北京赛区，1 项	创新创业中心
446			省部级	三等奖	周晓光	第五届中国“互联网+”大学生创新创业大赛北京赛区，1 项	经管

续表

序号	奖励类别	项目类别	级别	等级	获奖人	项目名称（获奖项数）	单位
447	优秀指导教师奖	认定的各类竞赛优秀指导教师	省部级	三等奖	黄　凯　于林民	第五届中国“互联网 +”大学生创新创业大赛北京赛区，1 项	冶金、团委
448			省部级	三等奖	苏　烜　杨雨谋　王旭	第五届中国“互联网 +”大学生创新创业大赛北京赛区，1 项	团委、自动化、高工
449			省部级	三等奖	苏　烜	第五届中国“互联网 +”大学生创新创业大赛北京赛区，1 项	团委
450			省部级	三等奖	赵鑫鑫	第五届中国“互联网 +”大学生创新创业大赛北京赛区，1 项	机械
451			省部级	三等奖	邵丽华　于宝库	第五届中国“互联网 +”大学生创新创业大赛北京赛区，1 项	团委
452			省部级	三等奖	王书玮　高西峰	第五届中国“互联网 +”大学生创新创业大赛北京赛区，1 项	外国语
453			省部级	三等奖	刘　立	第五届中国“互联网 +”大学生创新创业大赛北京赛区，1 项	机械
454			省部级	三等奖	王国霞　杨雨谋	第五届中国“互联网 +”大学生创新创业大赛北京赛区，1 项	自动化
455			省部级	三等奖	张曾莲　汪群慧	第五届中国“互联网 +”大学生创新创业大赛北京赛区，1 项	经管、能环
456			省部级	三等奖	杨雨谋	第五届中国“互联网 +”大学生创新创业大赛北京赛区，1 项	自动化
457			省部级	三等奖	苗胜军	第五届中国“互联网 +”大学生创新创业大赛北京赛区，1 项	土资
458			省部级	三等奖	张俊光	第五届中国“互联网 +”大学生创新创业大赛北京赛区，1 项	经管
459			省部级	三等奖	孙体昌　栗时锋	第五届中国“互联网 +”大学生创新创业大赛北京赛区，1 项	土资、创新创业中心
460			省部级	三等奖	张文新　邵丽华	第五届中国“互联网 +”大学生创新创业大赛北京赛区，1 项	经管、团委
461	其他		省部级		申亚男　郑连存	北京高校优秀本科育人团队	数理
462			省部级		李　擎	北京高校优秀本科教学管理人员	自动化

（袁建美、马瑞芝、王晓晓、毛建军、李　虹）

2019 年北京科技大学各学科竞赛获奖

序号	项目	奖项级别	奖项	获奖人数	获奖者	指导教师
1	第十二届全国大学生节能减排社会实践与科技竞赛	国家级	特等奖	7	陈志栩　左家玉　李艺君　崔玉莹　党　昊　潘云帆　徐　烊	汪群慧　高　明
		国家级	一等奖	7	范菊梦　吴方旎　张湘霄　吴金哲　孙梓恒　闫蓟平　丁笑雪	林　海
		国家级	二等奖	7	俞　恒　卢新爰　纪承志　金楷茹　史懋源　王姿俨　周天平	苏福永　张欣茹

续表

序号	项目	奖项级别	奖项	获奖人数	获奖者	指导教师
	第十二届全国大学生节能减排社会实践与科技竞赛	国家级	三等奖	55	高 颖 严春晖 郝富霖 王鹏程 王 姣 贾一飞 李永婷	李子富 周晓琴
		国家级	三等奖		杜 影 李雨霏 徐明月 秦玉娴 关艳艳 张静雯 张 彪	吴川福 汪群慧
		国家级	三等奖		李昊霏 马嘉欣 郑 煜 石槟凤 朱 睿 陈泽宽 韩 冰	唐晓龙
		国家级	三等奖		王秉珩 邓展蛟 曾 林 张禧龙 庞逸晨 袁 野	罗春欢 边新孝
		国家级	三等奖		李雨晴 潘 婷 赵明智 姚克宽 王金宇 常广义 周天烨	豆瑞锋
		国家级	三等奖		高宏伟 杨仕昆 徐梦露 董宣佐 黄奎淞 侯翊敏 温俊云	冯俊小
		国家级	三等奖		张 刚 鲍帅平 陈雨诗 杨佳佳 黄丽娟 陈婧月 林正自	解玉磊
		国家级	三等奖		何欣悦 刘 波 陈 想 邓镇江 刘乾隆 张晓妍 王建平	张玲玲 郑 蕾
2	第十四届全国大学生智能车竞赛（全国赛）	国家级	一等奖	11	邓 浩 冯子阳 孟星华	马 飞 顾 青
		国家级	一等奖		石 力 王 骋 伍谋语	赵鑫鑫 康翌婷
		国家级	一等奖		李 晶 梁荣敏 刘海壮 刘天宇 乔宇娟	赵立峰 黄夏旭
3	第十四届全国大学生智能车竞赛（华北赛）	省部级	一等奖	11	冯子阳 孟星华 苏从嘉	马 飞 顾 青
		省部级	一等奖		石 力 伍谋语 张 庚	赵鑫鑫 康翌婷
		省部级	一等奖		邓 浩 梁荣敏 乔宇娟 李 晶 杨旭旭	赵立峰 黄夏旭
		省部级	二等奖	6	李 渊 甘 帅 武富成	刘 立 杨 珏
		省部级	二等奖		李许诺 杨宇航 吴平禹	杨 珏 顾 青
4	2019年第十届全国大学生数学竞赛决赛	国家级	一等奖	1	张 明	胡志兴 司新辉
		国家级	二等奖	1	仲洋宇	
5	2019年全国大学生数学建模竞赛	国家级	一等奖	3	许元振 孙思荣 房 义	胡志兴 朱 婧 司新辉 徐 岩 李为东 何庆辉 吕国才
		国家级	二等奖	15	陈雨诗 刘 翀 周文畅	
		国家级	二等奖		楼明淦 李秋景 于 航	
		国家级	二等奖		李文蝶 熊梓淇 王 蓓	
		国家级	二等奖		曹璐然 金玉卿 张云茹	
		国家级	二等奖		丁弘晖 徐伯襄 韩超杰	
6	2019年全国大学生数学建模竞赛（北京赛区）	省部级	一等奖	57	张雯琦 高 梦 曹诗沫	
		省部级	一等奖		陈 浩 苏成萱 郭雅欣	
		省部级	一等奖		何芳霖 王天怀 蔡越峰	
		省部级	一等奖		张 玥 朱帅成 钟昊男	
		省部级	一等奖		刘奕凌 杨涵之 朱 训	

续表

序号	项目	奖项级别	奖项	获奖人数	获奖者	指导教师
6	2019年全国大学生数学建模竞赛（北京赛区）	省部级	一等奖	57	黄炳昊 徐凰健 李博闻	胡志兴 朱 婧 司新辉 徐 岩 李为东 何庆辉 吕国才
		省部级	一等奖		宋晓飞 张永发 马 跃	
		省部级	一等奖		梁 凯 李跃武 石镜琨	
		省部级	一等奖		余继淼 金文涛 李嘉奇	
		省部级	一等奖		王雪菲 单 雯 黄照词	
		省部级	一等奖		马骏驰 吕延培 井一韬	
		省部级	一等奖		苏胜楠 赵 航 刘咏婧	
		省部级	一等奖		朱仁阳 毛紫云 任晏伯	
		省部级	一等奖		林 欣 李 敏 蔺玺中	
		省部级	一等奖		孙逸飞 靖长成 高柱亮	
		省部级	一等奖		杨 博 王振乾 王子欣	
		省部级	一等奖		明汀然 孙 雯 鲁 浩	
		省部级	一等奖		张沛东 汪海昕 高禄森	
		省部级	一等奖		董含笑 支曈辉 龚小杰	
		省部级	二等奖	72	夏佳钰 王晓帅 苏子童	
		省部级	二等奖		芦明铭 孙嘉彬 李本心	
		省部级	二等奖		张 颖 鲁一洋 廖诗雨	
		省部级	二等奖		宋 昆 杨伸炉 张禧龙	
		省部级	二等奖		李子豪 于东磊 韩 洲	
		省部级	二等奖		王顺钢 贾 昊 黄霄汉	
		省部级	二等奖		李泽卓 巩旭辉 缴连烨	
		省部级	二等奖		宋治凡 何 萌 张书涛	
		省部级	二等奖		梅 恩 胡名强 戚富强	
		省部级	二等奖		宋 震 陈谦翔 李朝安	
		省部级	二等奖		崔 迪 韩济炫 雷 雨	
		省部级	二等奖		罗泽超 郭灿城 陈学兵	
		省部级	二等奖		肖 璇 汪慕秋 王 俊	
		省部级	二等奖		王昕旭 刘玉洁 赵奥明	
		省部级	二等奖		谢宝庆 王纯华 韩 冰	
		省部级	二等奖		李沛懿 孙铭蔚 陈 岩	
		省部级	二等奖		熊芷玉 魏靖松 张翔宇	
		省部级	二等奖		罗 康 张海军 赵涵钰	

续表

序号	项目	奖项级别	奖项	获奖人数	获奖者	指导教师
6	2019年全国大学生数学建模竞赛（北京赛区）	省部级	二等奖	72	何佳琪　严　如　董婉婷	胡志兴　朱　婧　司新辉　徐　岩　李为东　何庆辉　吕国才
		省部级	二等奖		苏志阳　刘　通　李含山	
		省部级	二等奖		胡志明　廖　俣　高芷晗	
		省部级	二等奖		张宝丰　朱　燕　张雪媚	
		省部级	二等奖		侯鹏林　詹子阳　冯韦嘉	
		省部级	二等奖		丛　颖　封　华　贾润琪	
7	2019年第六届全国大学生统计建模大赛	国家级	一等奖	3	李文蝶　王顺钢　杨佳亦	赵鲁涛
		国家级	二等奖	3	郑志益　付　莹　刘泽曦	
		国家级	三等奖	6	张颂晗　杨佳琦　罗　翔	徐　伟
		国家级	三等奖		张雯琦　王栩锐　杜骋骋	刘秀芹
8	第五届全国大学生物理实验竞赛	国家级	一等奖	1	王晓帅	陈　森　吴　平　张师平　赵雪丹
		国家级	二等奖	3	曹　颖	
		国家级	二等奖		张　明　于　航	
9	第八届全国大学生金相技能大赛	国家级	一等奖	1	杨佳佳	黄　鹏　陈旭华
		国家级	二等奖	1	阿依苏鲁·托里肯	黄　鹏　陈旭华
		国家级	三等奖	1	张亨年	黄　鹏　陈旭华
10	第十二届“高教杯”全国大学生先进成图技术与产品信息建模创新大赛（个人）	国家级	一等奖	5	杨恭领（建模）	杨光辉　许　倩　陈　华　曹　彤
		国家级	一等奖		张峥捷（尺规）	
		国家级	一等奖		邢菲远（尺规）	
		国家级	一等奖		郑　洋（尺规）	
		国家级	一等奖		赵振廷（尺规）	
		国家级	二等奖	4	杨恭领（尺规）	
		国家级	二等奖		罗登昊（建模）	
		国家级	二等奖		杨锦波（尺规）	
		国家级	二等奖		杨锦波（建模）	
		国家级	三等奖	5	张峥捷（建模）	
		国家级	三等奖		罗登昊（尺规）	
		国家级	三等奖		邢菲远（建模）	
		国家级	三等奖		张海峰（尺规）	
		国家级	三等奖		李淑贤（尺规）	
	第十二届“高教杯”全国大学生先进成图技术与产品信息建模创新大赛（团队）	国家级	一等奖	2	杨恭领　张峥捷	杨光辉　许　倩　陈　华　陈　平

续表

序号	项目	奖项级别	奖项	获奖人数	获奖者	指导教师
11	第十三届“西门子杯”中国智能制造挑战赛全国总决赛	国家级	特等奖	6	马亚玲　韩　冰　李志平	李　擎　刘　艳
		国家级	特等奖		王文轩　李文博　周文勃	李江昀　刘　艳
		国家级	一等奖	2	宋广轩　王美军	付冬梅　董冀媛
		国家级	二等奖	9	邹勇刚　周天平　吴　霞	崔家瑞　阎　群
		国家级	二等奖		汪　伶　徐佳乐　张传飞	潘月斗　刘　艳
		国家级	二等奖		邓镇江　白志健　李梓研	董冀媛　徐银梅
12	第十三届“西门子杯”中国智能制造挑战赛初赛	省部级	特等奖	12	邹勇刚　周天平　吴　霞	崔家瑞　阎　群
		省部级	特等奖		李漠雨　严　旭　王家庆	白艳茹　王　玲
		省部级	特等奖		汪　伶　徐佳乐　张传飞	潘月斗　刘　艳
		省部级	特等奖		马亚玲　韩　冰　李志平	李　擎　刘　艳
		省部级	一等奖	15	王文轩　李文博　周文勃	李江昀　刘　艳
		省部级	一等奖		刘思敏　王梦茹　张　强	李　擎　阎　群
		省部级	一等奖		邓镇江　白志健　李梓研	董冀媛　徐银梅
		省部级	一等奖		刘璞秋　毛　攀　李亦轲	阎　群　徐银梅
		省部级	一等奖		宋广轩　秦　昕　王美军	付冬梅　董冀媛
		省部级	二等奖	18	李　睿　李多多　孙贺雨	李　擎　阎　群
		省部级	二等奖		陈政良　王祎豪　周荣欣	魏清阳　李希胜
		省部级	二等奖		杨　森　费建祺　郭宇扬	李　擎　阎　群
		省部级	二等奖		宾　琳　赫宇菲　孙源伯	杨　旭　崔家瑞
		省部级	二等奖		孙伊然　闫蓟平　孟维超	徐银梅　栗　辉
		省部级	二等奖		杨洁婷　徐茂源　李丽珊	张　森　张笑菲
		省部级	三等奖	11	吴　杰　杨慧杰　杨　晨	魏清阳　李希胜
		省部级	三等奖		张雪岭　宋超宇	阎　群　栗　辉
		省部级	三等奖		李学学　张椿海　周子浩	邵立珍　栗　辉
		省部级	三等奖		王嘉莹　林　威　贾浩泽	李　擎　阎　群
13	第九届“华为杯”中国大学生智能设计竞赛	国家级	特等奖	3	宋广轩　秦　昕　王美军	付冬梅
14	2019年中国大学生计算机设计大赛	国家级	一等奖	9	张值玮　石槟凤　卢俊宇	张　敏　武航星
		国家级	一等奖		胡成成　宋　昆　魏俊锋	李　莉　宋　晏
		国家级	一等奖		何远杰　马　跃　沙　昊	朱　红　黄晓璐
		国家级	二等奖	34	冯汉森　李轶尘　刘欣格	屈　微　汪红兵
		国家级	二等奖		李慧进　范雨晴　罗诗雨	李新宇　黄晓璐
		国家级	二等奖		朱志盈　熊钊婉	张　敏　朱　红

续表

<table>
<tr><th>序号</th><th>项目</th><th>奖项级别</th><th>奖项</th><th>获奖人数</th><th>获奖者</th><th>指导教师</th></tr>
<tr><td rowspan="11">14</td><td rowspan="11">2019 年中国大学生计算机设计大赛</td><td>国家级</td><td>二等奖</td><td rowspan="8">34</td><td>张子轩　孙富强　刘俊铎</td><td>李　莉　万亚东</td></tr>
<tr><td>国家级</td><td>二等奖</td><td>高宏伟　梁天行　王　力　毛　剑</td><td>黄晓璐　李　莉</td></tr>
<tr><td>国家级</td><td>二等奖</td><td>董润时　王　硕　周志明</td><td>李新宇　朱　红</td></tr>
<tr><td>国家级</td><td>二等奖</td><td>张家铭　杨进星　张　静</td><td>屈　微　李新宇</td></tr>
<tr><td>国家级</td><td>二等奖</td><td>陈安琪　杨泓哲　于东林</td><td>李　莉　万亚东</td></tr>
<tr><td>国家级</td><td>二等奖</td><td>丁哲昭　王文琪</td><td>朱　红　汪红兵</td></tr>
<tr><td>国家级</td><td>二等奖</td><td>孙宁泽　李剑雄　刘　祥　陈　岩　李沛懿</td><td>姚　琳　李新宇</td></tr>
<tr><td>国家级</td><td>二等奖</td><td>赵文杰　夏润民　鲁一洋</td><td>李新宇　齐　悦</td></tr>
<tr><td>国家级</td><td>三等奖</td><td rowspan="3">8</td><td>赵雨佳　宋方家</td><td>张　敏　姚　琳</td></tr>
<tr><td>国家级</td><td>三等奖</td><td>夏米西努尔·夏盖尔　刘博宇
吕美琪</td><td>李　莉　姚　琳</td></tr>
<tr><td>国家级</td><td>三等奖</td><td>王栩锐　王秋楠　张静怡</td><td>张　敏　万亚东</td></tr>
<tr><td rowspan="22">15</td><td rowspan="22">2019 年中国大学生计算机设计大赛（北京市赛）</td><td>省部级</td><td>一等奖</td><td rowspan="6">18</td><td>张值玮　石槟凤　卢俊宇</td><td>张　敏　武航星</td></tr>
<tr><td>省部级</td><td>一等奖</td><td>冯汉森　李轶尘　刘欣格</td><td>宋　晏　武航星</td></tr>
<tr><td>省部级</td><td>一等奖</td><td>张子轩　孙富强　刘俊铎</td><td>李　莉　万亚东</td></tr>
<tr><td>省部级</td><td>一等奖</td><td>胡成成　宋　昆　魏俊锋</td><td>李　莉　汪红兵</td></tr>
<tr><td>省部级</td><td>一等奖</td><td>赵文杰　夏润民　鲁一洋</td><td>李新宇　齐　悦</td></tr>
<tr><td>省部级</td><td>一等奖</td><td>何远杰　马　跃　沙　昊</td><td>朱　红　黄晓璐</td></tr>
<tr><td>省部级</td><td>二等奖</td><td rowspan="11">29</td><td>王栩锐　王秋楠　张静怡</td><td>张　敏　万亚东</td></tr>
<tr><td>省部级</td><td>二等奖</td><td>李慧进　范雨晴　罗诗雨</td><td>李新宇　黄晓璐</td></tr>
<tr><td>省部级</td><td>二等奖</td><td>朱志盈　熊钊婉</td><td>张　敏　朱　红</td></tr>
<tr><td>省部级</td><td>二等奖</td><td>夏米西努尔·夏盖尔　刘博宇　吕美琪</td><td>李　莉　姚　琳</td></tr>
<tr><td>省部级</td><td>二等奖</td><td>董润时　王　硕　周志明</td><td>李新宇　朱　红</td></tr>
<tr><td>省部级</td><td>二等奖</td><td>高宏伟　梁天行　王　力　毛　剑</td><td>黄晓璐　李　莉</td></tr>
<tr><td>省部级</td><td>二等奖</td><td>张家铭　杨进星　张　静</td><td>屈　微　李新宇</td></tr>
<tr><td>省部级</td><td>二等奖</td><td>陈安琪　杨泓哲　于东林</td><td>李　莉　万亚东</td></tr>
<tr><td>省部级</td><td>二等奖</td><td>丁哲昭　王文琪</td><td>朱　红　汪红兵</td></tr>
<tr><td>省部级</td><td>二等奖</td><td>武欣桐　于　琳　黄　莹</td><td>汪红兵　宋　晏</td></tr>
<tr><td>省部级</td><td>三等奖</td><td>赵　航　傅叶雯　姚晨阳</td><td>李　莉　万亚东</td></tr>
<tr><td>省部级</td><td>三等奖</td><td rowspan="5">30</td><td>李　爽　杨诚睿　刘彤彤　王瑞杨　赵宜雯</td><td>宋　晏　黄晓璐</td></tr>
<tr><td>省部级</td><td>三等奖</td><td>孟意城　董寅科　杨子江</td><td>宋　晏　武航星</td></tr>
<tr><td>省部级</td><td>三等奖</td><td>支悦蒙　王　媛　朱俊澎　刘　澳</td><td>李　莉　朱　红</td></tr>
<tr><td>省部级</td><td>三等奖</td><td>周康能　屠殿韬　姜皖清</td><td>姚　琳　武航星</td></tr>
</table>

续表

序号	项目	奖项级别	奖项	获奖人数	获奖者	指导教师
15	2019年中国大学生计算机设计大赛（北京市赛）	省部级	三等奖	30	梁逸飞　郑延钦　殷家伟	张　敏　朱　红
		省部级	三等奖		吴子君　庞皓元　艾　欣	武航星　宋　晏
		省部级	三等奖		曹　伟　王　力　虎建伟	黄晓璐　宋　晏
		省部级	三等奖		吴　焜　范宇彤　吕佳宜	张　敏　朱　红
16	第九届全国高校采矿工程专业学生实践作品大赛	国家级	一等奖	14	马林峰　滕国翔　黄金宝　周　安　李　尧	尹升华　付建新
		国家级	一等奖		黄梦珂　宋炎雨　杨金铎　杨小艳　纪青龙	尹升华　王少勇
		国家级	一等奖		黄哲航　陈　哲　张家祥　王克潇	赵怡晴
		国家级	二等奖	22	贾　冲　王珍岐　卢梦晓　田　杭　包宜湉	王　勇
		国家级	二等奖		海成龙　马　波　黄　坤　夏文浩　陆　华	王进强
		国家级	二等奖		卞千龙　于书曼	尹升华
		国家级	二等奖		徐浩淳　贾金龙　韩少奇　韩放舟　雍　卓	金爱兵
		国家级	二等奖		雷天衢　肖金鹏　李　健　张泽前　蓝贤鹏	李　杨　周　喻
16	第九届全国高校采矿工程专业学生实践作品大赛	国家级	三等奖	34	王晨宇　宫凯婕　王仲舒　王方方	付建新
		国家级	三等奖		刘　彪　关堂兵　于　洋　闫增鑫　常宽羽	王洪江
		国家级	三等奖		韦　帅　李嘉平　吴伟康　于恩毅　徐　岳	吕文生
		国家级	三等奖		陆　通　李光瑞　聂　港　冯　航　周也力	金爱兵　毛市龙
		国家级	三等奖		陆　通　李光瑞　聂　港　范瀚水　陈　满	冯雅丽
		国家级	三等奖		叶咏菁　郝舒畅　张　理　刘一名　田欣然	韩　斌　赵怡晴
		国家级	三等奖		李木芽　刘美辰　王珍岐　马　坦　黄旭东	金爱兵
17	第四届全国高等学校矿物加工工程专业学生实践作品大赛	国家级	一等奖	3	田　杰　吴家铭　关智骞	胡文韬
		国家级	二等奖	18	闫增鑫　郭晓嵩　刘政宇	邹文杰
		国家级	二等奖		闫增鑫　张雪迎　梁　爽	倪　文　胡文韬
		国家级	二等奖		牟宇鹤　古丽娜尔·吐尔斯别克　程红梅	冯雅丽
		国家级	二等奖		陆　通　聂　港　范瀚水	冯雅丽
		国家级	二等奖		郭晓嵩	邹文杰
		国家级	二等奖		郭晓嵩　李默洁	邹文杰
		国家级	二等奖		雷博岚　吴晓婷　邓　威	傅平丰　胡文韬
		国家级	三等奖	3	付浴晓　黎泽昊　张嘉哲	段旭琴　胡文韬
18	第五届全国高校安全科学与工程大学生实践与创新作品大赛	国家级	一等奖	4	王冠华　王起鹏　王英旺　滕胜杰	黄志安
		国家级	二等奖	4	慕珂良　曹书博　狄小婷　李　敏	黄国忠
		国家级	三等奖	4	董宣佐　何芃霏　方雨霏　高宏伟	张英华
19	第十三届iCAN创新创业大赛全国总决赛	国家级	特等奖	5	宋广轩　秦　昕　王美军　黄雨露　田鑫宇	付冬梅　邓张升

续表

序号	项目	奖项级别	奖项	获奖人数	获奖者	指导教师
19	第十三届 iCAN 创新创业大赛全国总决赛	国家级	一等奖	3	石槟凤　张值玮　裘　晨	李　擎
		国家级	二等奖	10	王尊梁　吴　焜　张子轩　代传慧　王佳敏	段世红
		国家级	二等奖		门嘉仪　白一鸣　石家璇　江倩瑶　田　靖	张文新
		国家级	三等奖	19	王天琦　白红英　刘俊弘　张笑妍	张晓彤
		国家级	三等奖		汪　涛　李昕翌　黄雨萌　王江伟　王晓岚	邓立治
		国家级	三等奖		杨国庆　董雪莹　金　宋　高小尧　李美丽	李　擎　王未卿
		国家级	三等奖		莫廷钰　井一韬　毕海旭　梅婷婷　熊　潇	王粉花
20	第十三届 iCAN 创新创业大赛北京市赛	省部级	一等奖	37	宋广轩　秦　昕　王美军　黄雨露　田鑫宇	付冬梅　邓张升
		省部级	一等奖		石槟凤　张值玮　裘　晨	李　擎
		省部级	一等奖		王尊梁　吴　焜　张子轩　代传慧　王佳敏	段世红
		省部级	一等奖		门嘉仪　白一鸣　石家璇　江倩瑶　田　靖	张文新
		省部级	一等奖		王天琦　白红英　刘俊弘　张笑妍	张晓彤
		省部级	一等奖		汪　涛　李昕翌　黄雨萌　王江伟　王晓岚	邓立治
		省部级	一等奖		杨国庆　董雪莹　金　宋　高小尧　李美丽	李　擎　王未卿
		省部级	一等奖		莫廷钰　井一韬　毕海旭　梅婷婷　熊　潇	王粉花
		省部级	二等奖	24	王晓晗　刘鑫月　殷家伟　方思懿　梁逸飞	张俊海
		省部级	二等奖		侯翊敏　田　宙　于炳华　赵润初　韩雪莹	邓张升
		省部级	二等奖		李砚农　王天怀　闫　宇　张静宜	郑智予
		省部级	二等奖		周昱臣　廖千里　何嘉浩　宋雨倩　李文思	赵小燕
		省部级	二等奖		杜骋骋　赵　蕊　刘宇航　刘浩东　张雯琦	张　辉
21	第八届中国软件杯软件设计大赛	国家级	一等奖	3	陈宣合　刘朴淳　赵文杰	万亚东
		国家级	三等奖	3	周康能　崔增皓　梁　爽	黄晓璐
22	第十二届全国大学生创新创业年会参展项目	国家级	一等奖	6	姚丽雯　夏　羽　高景行　程子钰　石家璇　杨国庆	张文新
23	2019 年全国大学生英语竞赛（C 类）	国家级	特等奖	2	吴佳怡	英语专业教学团队
		国家级	特等奖		邓天成	
		国家级	一等奖	12	魏佳晨	
		国家级	一等奖		蔡远秀	
		国家级	一等奖		卢丽思	
		国家级	一等奖		宋啸宇	
		国家级	一等奖		周　雷	
		国家级	一等奖		巨柳荫	
		国家级	一等奖		陈博华	

续表

序号	项目	奖项级别	奖项	获奖人数	获奖者	指导教师
23	2019 年全国大学生英语竞赛（C 类）	国家级	一等奖	12	杨　子	英语专业教学团队
		国家级	一等奖		陈志旻	
		国家级	一等奖		黄奕翔	
		国家级	一等奖		阮嘉萱	
		国家级	一等奖		王紫君	
		国家级	二等奖	76	胡　伟	
		国家级	二等奖		李可欣	
		国家级	二等奖		潘云帆	
		国家级	二等奖		刘　爽	
		国家级	二等奖		王昭蓉	
		国家级	二等奖		龙芝琳	
		国家级	二等奖		王瀚翔	
		国家级	二等奖		王小琳	
		国家级	二等奖		魏雨含	
		国家级	二等奖		余筱彬	
		国家级	二等奖		宋雨倩	
		国家级	二等奖		张雯琦	
		国家级	二等奖		韩晨格	
		国家级	二等奖		许晓丹	
		国家级	二等奖		傅裕蓉	
		国家级	二等奖		闫　扬	
		国家级	二等奖		张　研	
		国家级	二等奖		罗　曼	
		国家级	二等奖		曹梦妍	
		国家级	二等奖		许伟志	
		国家级	二等奖		韩　冰	
		国家级	二等奖		王陆君瑜	
		国家级	二等奖		刘一锦	
		国家级	二等奖		周勍曼	
		国家级	二等奖		赵方正	
		国家级	二等奖		潘瑾琼	
		国家级	二等奖		朱天客	
		国家级	二等奖		时雨姝	

续表

序号	项目	奖项级别	奖项	获奖人数	获奖者	指导教师
23	2019年全国大学生英语竞赛（C类）	国家级	二等奖	76	门嘉仪	英语专业教学团队
		国家级	二等奖		张泽人	
		国家级	二等奖		胡煜恒	
		国家级	二等奖		邵含清	
		国家级	二等奖		韩　清	
		国家级	二等奖		刘星语	
		国家级	二等奖		丁　洁	
		国家级	二等奖		陈乐其	
		国家级	二等奖		余景芝	
		国家级	二等奖		武怡静	
		国家级	二等奖		刘瑞雯	
		国家级	二等奖		代江玥	
		国家级	二等奖		税　波	
		国家级	二等奖		顾靖楠	
		国家级	二等奖		王泽荟	
		国家级	二等奖		张思佳	
		国家级	二等奖		赵祥清	
		国家级	二等奖		刘心怡	
		国家级	二等奖		韩宇婷	
		国家级	二等奖		刘郁菲	
		国家级	二等奖		孙　茜	
		国家级	二等奖		王新媛	
		国家级	二等奖		刘世文	
		国家级	二等奖		张靖瑄	
		国家级	二等奖		杜　洋	
		国家级	二等奖		包冠科	
		国家级	二等奖		任永康	
		国家级	二等奖		陈　默	
		国家级	二等奖		黄天龙	
		国家级	二等奖		陈思伊	
		国家级	二等奖		李曼阳	
		国家级	二等奖		张　晶	
		国家级	二等奖		冯子蕴	

续表

序号	项目	奖项级别	奖项	获奖人数	获奖者	指导教师
23	2019年全国大学生英语竞赛（C类）	国家级	二等奖	76	周赛儿	英语专业教学团队
		国家级	二等奖		徐明月	
		国家级	二等奖		李慧中	
		国家级	二等奖		秦晓彤	
		国家级	二等奖		李华伟	
		国家级	二等奖		刘君茗	
		国家级	二等奖		卢　芳	
		国家级	二等奖		宋智威	
		国家级	二等奖		冯子玥	
		国家级	二等奖		刘文妮	
		国家级	二等奖		余承玥	
		国家级	二等奖		周思源	
		国家级	二等奖		朱志盈	
		国家级	二等奖		江倩瑶	
		国家级	二等奖		孟祥逍	
		国家级	三等奖	125	胡　蕾	
		国家级	三等奖		付　豪	
		国家级	三等奖		肖鑫宇	
		国家级	三等奖		王可萱	
		国家级	三等奖		韩嘉茵	
		国家级	三等奖		王煜超	
		国家级	三等奖		刘　洋	
		国家级	三等奖		郭文雅	
		国家级	三等奖		唐　聪	
		国家级	三等奖		黄可清	
		国家级	三等奖		徐泽昌	
		国家级	三等奖		任秋飒	
		国家级	三等奖		赵子琪	
		国家级	三等奖		肖子昂	
		国家级	三等奖		杨子谦	
		国家级	三等奖		田芯芯	
		国家级	三等奖		刘思彤	
		国家级	三等奖		蒲雪宁	

续表

序号	项目	奖项级别	奖项	获奖人数	获奖者	指导教师
23	2019 年全国大学生英语竞赛（C 类）	国家级	三等奖	125	唐昊天	英语专业教学团队
		国家级	三等奖		张雪纯	
		国家级	三等奖		杨一帆	
		国家级	三等奖		孙泽雯	
		国家级	三等奖		李　澳	
		国家级	三等奖		牟天钰	
		国家级	三等奖		史芮鑫	
		国家级	三等奖		林溶月	
		国家级	三等奖		杨　航	
		国家级	三等奖		杨淑杰	
		国家级	三等奖		林在恺	
		国家级	三等奖		罗欣睿	
		国家级	三等奖		魏颐萌	
		国家级	三等奖		支前闯	
		国家级	三等奖		周孜烁	
		国家级	三等奖		王　硕	
		国家级	三等奖		殷　唯	
		国家级	三等奖		王睿雯	
		国家级	三等奖		陈南汝	
		国家级	三等奖		龚钰婷	
		国家级	三等奖		张雨晨	
		国家级	三等奖		宣　言	
		国家级	三等奖		崔春雨	
		国家级	三等奖		汪子杰	
		国家级	三等奖		杨一雯	
		国家级	三等奖		段佳珍	
		国家级	三等奖		黄　婷	
		国家级	三等奖		戴电力	
		国家级	三等奖		许　静	
		国家级	三等奖		吴　昊	
		国家级	三等奖		夏佳钰	
		国家级	三等奖		王子欣	
		国家级	三等奖		王雅琦	

续表

序号	项目	奖项级别	奖项	获奖人数	获奖者	指导教师
23	2019年全国大学生英语竞赛（C类）	国家级	三等奖	125	汪弋洋	英语专业教学团队
		国家级	三等奖		高　梦	
		国家级	三等奖		徐司雯	
		国家级	三等奖		陈俊杰	
		国家级	三等奖		洪郡屏	
		国家级	三等奖		杜　斌	
		国家级	三等奖		姚婷婷	
		国家级	三等奖		吴莹莹	
		国家级	三等奖		刘一凡	
		国家级	三等奖		孙瑞宁	
		国家级	三等奖		王佳凝	
		国家级	三等奖		周　琦	
		国家级	三等奖		薛晶晶	
		国家级	三等奖		马芷晴	
		国家级	三等奖		余　丽	
		国家级	三等奖		杭　天	
		国家级	三等奖		杨钦辰	
		国家级	三等奖		李　妍	
		国家级	三等奖		张灵灵	
		国家级	三等奖		史子玄	
		国家级	三等奖		田家鑫	
		国家级	三等奖		许文瑞	
		国家级	三等奖		卜欣宇	
		国家级	三等奖		韩思越	
		国家级	三等奖		周　琳	
		国家级	三等奖		何　震	
		国家级	三等奖		陈千昂	
		国家级	三等奖		肖博远	
		国家级	三等奖		李东浩	
		国家级	三等奖		赵　晨	
		国家级	三等奖		谢　涵	
		国家级	三等奖		卢慧婷	
		国家级	三等奖		王程玮	

续表

序号	项目	奖项级别	奖项	获奖人数	获奖者	指导教师
23	2019 年全国大学生英语竞赛（C 类）	国家级	三等奖	125	劳　京	英语专业教学团队
		国家级	三等奖		刘恒汭	
		国家级	三等奖		刘湜龙	
		国家级	三等奖		吴一鸣	
		国家级	三等奖		范发龙	
		国家级	三等奖		李　尤	
		国家级	三等奖		俞牧尧	
		国家级	三等奖		尚泓珂	
		国家级	三等奖		陈浩天	
		国家级	三等奖		杨睿婷	
		国家级	三等奖		宋路航	
		国家级	三等奖		赵　丹	
		国家级	三等奖		袁　溪	
		国家级	三等奖		刘国英	
		国家级	三等奖		黄　峥	
		国家级	三等奖		兰丹妤	
		国家级	三等奖		姜昊天	
		国家级	三等奖		周文畅	
		国家级	三等奖		马慧心	
		国家级	三等奖		应飞宇	
		国家级	三等奖		季　宇	
		国家级	三等奖		齐逸容	
		国家级	三等奖		罗　淇	
		国家级	三等奖		张晓雪	
		国家级	三等奖		率　蓉	
		国家级	三等奖		刘为东	
		国家级	三等奖		张　烨	
		国家级	三等奖		曾惟彦	
		国家级	三等奖		刘宏极	
		国家级	三等奖		张超越	
		国家级	三等奖		郭　臻	
		国家级	三等奖		宫凯婕	
		国家级	三等奖		王姿俨	

续表

序号	项目	奖项级别	奖项	获奖人数	获奖者	指导教师
23	2019年全国大学生英语竞赛（C类）	国家级	三等奖	125	付泽益	英语专业教学团队
		国家级	三等奖		李亦然	
		国家级	三等奖		刘铭洋	
		国家级	三等奖		周育良	
		国家级	三等奖		祝佳慧	
		国家级	三等奖		王　瑜	
		国家级	三等奖		蔡淑媛	
		国家级	三等奖		刘逸飞	
	2019年全国大学生英语竞赛（B类）	国家级	一等奖	2	万依林	
		国家级	一等奖		李梦颖	
		国家级	二等奖	3	吕心怡	
		国家级	二等奖		徐兆琳	
		国家级	二等奖		陈　佳	
		国家级	三等奖	7	龙　睿	
		国家级	三等奖		刘晨颖	
		国家级	三等奖		高　越	
		国家级	三等奖		顾婧琳	
		国家级	三等奖		任悦杉	
		国家级	三等奖		罗　变	
		国家级	三等奖		姚统宁	
24	第九届全国蓝桥杯全国软件和信息技术专业人才全国总决赛（个人）	国家级	二等奖	2	吴国铭	姚　琳
		国家级	二等奖		韩　冰	姚　琳
		国家级	三等奖	7	曾国峰	李　莉
		国家级	三等奖		谭铭炜	宋　晏
		国家级	三等奖		张奕林	武航星
		国家级	三等奖		孙宇辉	黄晓璐
		国家级	三等奖		魏郑钢	朱　红
		国家级	三等奖		何奇洺	武航星
		国家级	三等奖		张梓浩	万亚东
25	第九届全国蓝桥杯全国软件和信息技术专业人才大赛（个人）	省部级	一等奖	12	吴国铭	姚　琳
		省部级	一等奖		张华惟	李新宇
		省部级	一等奖		张奕林	李新宇
		省部级	一等奖		魏郑钢	朱　红

续表

序号	项目	奖项级别	奖项	获奖人数	获奖者	指导教师
25	第九届全国蓝桥杯全国软件和信息技术专业人才大赛（个人）	省部级	一等奖	12	孙宇辉	黄晓璐
		省部级	一等奖		谭铭炜	朱　红
		省部级	一等奖		曾国峰	李　莉
		省部级	一等奖		韩　冰	姚　琳
		省部级	一等奖		张梓浩	武航星
		省部级	一等奖		何奇洺	武航星
		省部级	一等奖		侯琬钰	屈　微
		省部级	一等奖		张艺潆	李　莉
		省部级	二等奖	38	许伟志	万亚东
		省部级	二等奖		白洪政	屈　微
		省部级	二等奖		陈　磊	汪红兵
		省部级	二等奖		靳希源	朱　红
		省部级	二等奖		康晟毓	朱　红
		省部级	二等奖		尹　朴	张　敏
		省部级	二等奖		苏　然	李新宇
		省部级	二等奖		刘兴国	黄晓璐
		省部级	二等奖		吕绪泉	李　莉
		省部级	二等奖		曹天岳	黄晓璐
		省部级	二等奖		熊梓淇	姚　琳
		省部级	二等奖		干益民	万亚东
		省部级	二等奖		高培杰	汪红兵
		省部级	二等奖		杨　博	姚　琳
		省部级	二等奖		刘　洋	武航星
		省部级	二等奖		王鑫雨	朱　红
		省部级	二等奖		封　华	汪红兵
		省部级	二等奖		张昊坤	张　敏
		省部级	二等奖		焦　健	张　敏
		省部级	二等奖		庞皓元	姚　琳
		省部级	二等奖		张睿尧	屈　微
		省部级	二等奖		徐凯悦	姚　琳
		省部级	二等奖		张宝丰	宋　晏
		省部级	二等奖		俞　浩	屈　微
		省部级	二等奖		王鹏程	汪红兵

续表

序号	项目	奖项级别	奖项	获奖人数	获奖者	指导教师
25	第九届全国蓝桥杯全国软件和信息技术专业人才大赛（个人）	省部级	二等奖	38	晁成鹏	武航星
		省部级	二等奖		章鸿正	姚　琳
		省部级	二等奖		周致良	李新宇
		省部级	二等奖		薛涵文	汪红兵
		省部级	二等奖		智靖华	李　莉
		省部级	二等奖		孟小暄	李新宇
		省部级	二等奖		曹　铸	张　敏
		省部级	二等奖		郭程皓	万亚东
		省部级	二等奖		杨奇龙	李新宇
		省部级	二等奖		王浩宇	黄晓璐
		省部级	二等奖		吕　晨	黄晓璐
		省部级	二等奖		陈　亮	黄晓璐
		省部级	二等奖		马祎炜	宋　晏
		省部级	三等奖	33	樊常林	张　敏
		省部级	三等奖		任　亮	宋　晏
		省部级	三等奖		陈冠良	汪红兵
		省部级	三等奖		薛金凯	汪红兵
		省部级	三等奖		孙榕琳	张　敏
		省部级	三等奖		孟祥道	黄晓璐
		省部级	三等奖		潘孝新	宋　晏
		省部级	三等奖		孙道博	汪红兵
		省部级	三等奖		苏子童	黄晓璐
		省部级	三等奖		刘　安	武航星
		省部级	三等奖		徐茂源	李新宇
		省部级	三等奖		吕瑞杰	张　敏
		省部级	三等奖		李长泰	张　敏
		省部级	三等奖		刘　锐	宋　晏
		省部级	三等奖		于东磊	屈　微
		省部级	三等奖		吴　霞	李　莉
		省部级	三等奖		崔　迪	李　莉
		省部级	三等奖		曾浩云	宋　晏
		省部级	三等奖		吴雨凡	武航星
		省部级	三等奖		郑朔宁	李新宇

续表

序号	项目	奖项级别	奖项	获奖人数	获奖者	指导教师
25	第九届全国蓝桥杯全国软件和信息技术专业人才大赛（个人）	省部级	三等奖	33	吴　焜	万亚东
		省部级	三等奖		刘晋瑞	朱　红
		省部级	三等奖		黄剑鸿	黄晓璐
		省部级	三等奖		徐振宇	姚　琳
		省部级	三等奖		刘俊铎	姚　琳
		省部级	三等奖		翟　昊	宋　晏
		省部级	三等奖		李子瑞	姚　琳
		省部级	三等奖		张芝滢	汪红兵
		省部级	三等奖		姚宗言	朱　红
		省部级	三等奖		罗子俊	宋　晏
		省部级	三等奖		高丰睿	万亚东
		省部级	三等奖		赵　丹	万亚东
		省部级	三等奖		吴义豪	李新宇
	第九届全国蓝桥杯全国软件和信息技术专业人才大赛（团队）	省部级	三等奖	1	许文瑞	黄晓璐
26	第二届中国高校智能机器人创意大赛	国家级	二等奖	2	班世清　许添翼	覃京燕　王晓慧
		国家级	三等奖	6	周兴宇　常小宝　黄月鑫	孙志辉　陈　兵
		国家级	三等奖		叶子奇　李静媛　杜怡诺	王晓慧
27	第四届中国大学生起重机创意大赛	国家级	二等奖	5	贡哲蓉　朱正妙　程　偲　方博石　杨易乾	杨　珏
28	2019年全国大学生电子设计竞赛	国家级	二等奖	3	刘天宇　王　瑞　阙秉昊	吕　振
29	2019年全国大学生电子设计竞赛（北京赛）	省部级	二等奖	21	武　辉　郭　冲　张亚男	吕　振
		省部级	二等奖		王天怀　刘心怡　张　驰	吕　振
		省部级	二等奖		陈睿新　张贺同　张　玭	吕　振
		省部级	二等奖		肖文祥　孟令硕　周荣欣	吕　振
		省部级	二等奖		贾浩泽　于元勋　林　威	吕　振
		省部级	二等奖		陈政良　吴　杰　周天平	吕　振
		省部级	二等奖		刘晋瑞　宋重明　潘　浩	白艳茹
		省部级	三等奖	6	冯子阳　冉棚辉　石　力	周　珂
		省部级	三等奖		李　娜　井一韬　刘广浩	刘　涛
30	第三届全国大学生生命科学竞赛	国家级	二等奖	5	李子超　杨　春　马荐信　李　金　邹松霖	吕　乐　刘晓璐

续表

<table>
<tr><th>序号</th><th>项目</th><th>奖项级别</th><th>奖项</th><th>获奖人数</th><th>获奖者</th><th>指导教师</th></tr>
<tr><td rowspan="22">31</td><td rowspan="4">第五届北京市大学生生物学竞赛 - 团队</td><td>省部级</td><td>一等奖</td><td rowspan="3">15</td><td>李子超 杨 春 马荐信 李 金 邹松霖</td><td>吕 乐 刘晓璐</td></tr>
<tr><td>省部级</td><td>一等奖</td><td>段佳珍 李子超 夏昕苇 罗 琴 石兴照</td><td>宋 青 吕 乐</td></tr>
<tr><td>省部级</td><td>一等奖</td><td>程文凤 宋博渊 张君静 何倩倩 李 金</td><td>宋 青 吕 乐</td></tr>
<tr><td>省部级</td><td>三等奖</td><td>5</td><td>陈 涛 廖张宝 全昭霖 王志山 谢天乐</td><td>宋 青 吕 乐</td></tr>
<tr><td rowspan="18">第五届北京市大学生生物学竞赛 - 个人</td><td>省部级</td><td>一等奖</td><td>1</td><td>张洪瑞</td><td rowspan="18">宋 青 吕 乐 张 怀 王海欧</td></tr>
<tr><td>省部级</td><td>二等奖</td><td rowspan="6">6</td><td>李子超</td></tr>
<tr><td>省部级</td><td>二等奖</td><td>陈 涛</td></tr>
<tr><td>省部级</td><td>二等奖</td><td>李博龙</td></tr>
<tr><td>省部级</td><td>二等奖</td><td>范 琦</td></tr>
<tr><td>省部级</td><td>二等奖</td><td>杨 春</td></tr>
<tr><td>省部级</td><td>二等奖</td><td>杨博雅</td></tr>
<tr><td>省部级</td><td>三等奖</td><td rowspan="11">12</td><td>余倩敏</td></tr>
<tr><td>省部级</td><td>三等奖</td><td>陈明霞</td></tr>
<tr><td>省部级</td><td>三等奖</td><td>卢瑾瑾</td></tr>
<tr><td>省部级</td><td>三等奖</td><td>杨 旭</td></tr>
<tr><td>省部级</td><td>三等奖</td><td>邓世文</td></tr>
<tr><td>省部级</td><td>三等奖</td><td>罗 琴</td></tr>
<tr><td>省部级</td><td>三等奖</td><td>张君静</td></tr>
<tr><td>省部级</td><td>三等奖</td><td>来智健</td></tr>
<tr><td>省部级</td><td>三等奖</td><td>夏昕苇</td></tr>
<tr><td>省部级</td><td>三等奖</td><td>张熙哲</td></tr>
<tr><td>省部级</td><td>三等奖</td><td>王天航</td></tr>
<tr><td></td><td></td><td>省部级</td><td>三等奖</td><td></td><td>宋博渊</td><td></td></tr>
<tr><td rowspan="2">32</td><td rowspan="2">第十二届全国大学生信息安全竞赛</td><td>国家级</td><td>二等奖</td><td rowspan="2">8</td><td>刘朴淳 曾国峰 董一帆 孙少洁 孟彦彤 赵文杰</td><td>陈红松</td></tr>
<tr><td>国家级</td><td>二等奖</td><td>方仪伟 杨奇龙</td><td>王小妹</td></tr>
<tr><td>33</td><td>2019 年 ASC 世界大学生超级计算机大赛国赛</td><td>国家级</td><td>二等奖</td><td>5</td><td>赵雪松 刘 祥 杨绍雄 董润时 刘益莲</td><td>崔晓龙</td></tr>
<tr><td rowspan="2">34</td><td rowspan="2">第九届全国大学生计算机应用能力与信息素养大赛 - 个人赛</td><td>国家级</td><td>二等奖</td><td rowspan="2">2</td><td>李长泰</td><td>汪红兵</td></tr>
<tr><td>国家级</td><td>二等奖</td><td>庄威宇</td><td>武航星</td></tr>
</table>

续表

序号	项目	奖项级别	奖项	获奖人数	获奖者	指导教师
34	第九届全国大学生计算机应用能力与信息素养大赛-个人赛	国家级	三等奖	11	马　逍	黄晓璐
		国家级	三等奖		杜　洋	李　莉
		国家级	三等奖		王欣岩	李新宇
		国家级	三等奖		张小波	李　莉
		国家级	三等奖		杨可心	黄晓璐
		国家级	三等奖		唐　甜	李新宇
		国家级	三等奖		宋啸宇	汪红兵
		国家级	三等奖		唐鑫琦	万亚东
		国家级	三等奖		邵伟杰	张　敏
		国家级	三等奖		李春枫	武航星
		国家级	三等奖		董岩松	宋　晏
	第九届全国大学生计算机应用能力与信息素养大赛-团体赛	国家级	二等奖	6	唐倩芸　李楚瑶　时志伟	万亚东　宋　晏
		国家级	二等奖		姚博文　米玉龙　叶安根	张　敏　朱　红
35	第六届全国大学生物流设计大赛	国家级	三等奖	5	付卓睿　王　会　崔建杰　鲁　晓　马隆洲	丁文英
36	第三届全国大学生岩土工程竞赛	国家级	三等奖	3	张　嵘　冯　航　柳东森	刘　洋　张举兵　李　飞
37	首届北京市大学生节能节水低碳减排社会实践与科技竞赛	省部级	特等奖	13	苟春丽　王　凡　赵佳恒　郝　赫	汪群慧
		省部级	特等奖		李雨晴　赵明智	豆瑞锋
		省部级	特等奖		范菊梦　吴方旎　张湘霄　吴金哲　孙梓恒　闫蓟平　丁笑雪	林　海
		省部级	二等奖	19	陈雨诗　陈婧月　杨佳佳　林正自　鲍帅平　张　刚　黄丽娟	解玉磊
		省部级	二等奖		张　彪　赵宇辰　石　睿　刘晓凯　王思源　刘乾隆	刘传平
		省部级	二等奖		齐致雍　赵美娟　赵宇辰　李志平　梁　霞　耿家玉	吴川福
		省部级	三等奖	12	温俊云　毛　瑞	冯俊小
		省部级	三等奖		高宏伟　黄奎淞　杨仕昆　侯翊敏　徐梦露　郝富霖	冯俊小
		省部级	三等奖		张家铭　李雪飞　罗方成　何欣悦	汪群慧
38	第八届北京市大学生建筑结构设计竞赛	省部级	一等奖	11	刘一凡　卢新爰　赵子琪　张　嵘　张　毅	李　飞
		省部级	一等奖		冯　航　颜丙寅　王文静　刘小梁　申　卓　柳东森	张举兵
		省部级	三等奖	6	王克潇　叶维炜　梁晨曦　刘温馨　冯逸飞　杜思瑶	谭文辉

续表

序号	项目	奖项级别	奖项	获奖人数	获奖者	指导教师
39	2019年华北五省（市、自治区）及港澳台大学生计算机应用大赛	省部级	一等奖	5	周昱臣　何嘉浩　廖千里　吴平禹　李简行	万亚东　李新宇
		省部级	二等奖	10	赵方正　吴　焜　王佳敏　俞　浩　张子轩	武航星　黄晓璐
		省部级	二等奖		魏俊锋　胡成成　宋　昆　王艺霖　潘　浩	屈　微　宋　晏
		省部级	三等奖	5	杜晓娜　吴义豪　张睿尧　卢　淼　赵雨佳	黄晓璐　武航星
40	第二十二届外研社国才杯全国大学生英语辩论赛（华北赛区）	省部级	三等奖	2	吕心怡　贾杰恺	李天竹
41	2019年北京市大学生物理实验竞赛	省部级	一等奖	6	蔡秋婷　李晓旭　张翔宇	李　莉　裴艺丽
		省部级	一等奖		原海峰　付亿力　陆岳珂	黄妙逢　陈　森
		省部级	二等奖	8	王陆君瑜　陈康宁	陈　森　裴艺丽
		省部级	二等奖		王陆君瑜　崔雨晨　李相阳	陈　森　吴　平
		省部级	二等奖		田　卓　陈志谋　朱相龙	孙明明　陈　森
		省部级	三等奖	6	陈欣越　王　佩　孟丽丽	赵雪丹　黄妙逢
		省部级	三等奖		李磊磊　张晰雯　李临寒	吴　平　孙明明
42	2019年第十一届全国大学生数学竞赛预赛	省部级	一等奖	56	刁山慧	胡志兴　司新辉
		省部级	一等奖		高琨沣	
		省部级	一等奖		李晓旭	
		省部级	一等奖		史杰飞	
		省部级	一等奖		宋佳宁	
		省部级	一等奖		杨伸炉	
		省部级	一等奖		张智慧	
		省部级	一等奖		赵登科	
		省部级	一等奖		赵　硕	
		省部级	一等奖		周红光	
		省部级	一等奖		陈俊杰	
		省部级	一等奖		郭家慧	
		省部级	一等奖		李千卉	
		省部级	一等奖		李田皓	
		省部级	一等奖		宋梓璃	
		省部级	一等奖		张靖雨	
		省部级	一等奖		赵　利	
		省部级	一等奖		朱晓平	

续表

序号	项目	奖项级别	奖项	获奖人数	获奖者	指导教师
42	2019年第十一届全国大学生数学竞赛预赛	省部级	一等奖	56	邹云翔	胡志兴　司新辉
		省部级	一等奖		陈恺林	
		省部级	一等奖		郭若城	
		省部级	一等奖		何嘉瑞	
		省部级	一等奖		李佳琪	
		省部级	一等奖		曾锦林	
		省部级	一等奖		牛致远	
		省部级	一等奖		杨陈兵	
		省部级	一等奖		赵维亮	
		省部级	一等奖		陈世杰	
		省部级	一等奖		葛凡立	
		省部级	一等奖		郭　睿	
		省部级	一等奖		胡天宇	
		省部级	一等奖		李若暄	
		省部级	一等奖		李　欣	
		省部级	一等奖		绳可欣	
		省部级	一等奖		于淏辰	
		省部级	一等奖		何沛东	
		省部级	一等奖		王绎成	
		省部级	一等奖		杨宇帆	
		省部级	一等奖		张明宝	
		省部级	一等奖		刘燕冬	
		省部级	一等奖		王晓帅	
		省部级	一等奖		张　烨	
		省部级	一等奖		钟建华	
		省部级	一等奖		周　正	
		省部级	一等奖		石　超	
		省部级	一等奖		韩　冰	
		省部级	一等奖		黄嘉豪	
		省部级	一等奖		李　胤	
		省部级	一等奖		李　智	

续表

序号	项目	奖项级别	奖项	获奖人数	获奖者	指导教师
42	2019年第十一届全国大学生数学竞赛预赛	省部级	一等奖	56	宋姗珊	胡志兴　司新辉
		省部级	一等奖		王昭蓉	
		省部级	一等奖		王振铸	
		省部级	一等奖		肖　龙	
		省部级	一等奖		张海伦	
		省部级	一等奖		张勇建	
		省部级	一等奖		朱　爽	
		省部级	二等奖	108	陈浩天	
		省部级	二等奖		陈雨晴	
		省部级	二等奖		丁　辉	
		省部级	二等奖		高景鑫	
		省部级	二等奖		何非凡	
		省部级	二等奖		胡振亚	
		省部级	二等奖		黄国倡	
		省部级	二等奖		钱笑菡	
		省部级	二等奖		任晏伯	
		省部级	二等奖		商焱龙	
		省部级	二等奖		王　洋	
		省部级	二等奖		王仪洁	
		省部级	二等奖		俞　河	
		省部级	二等奖		张晋辉	
		省部级	二等奖		张景凯	
		省部级	二等奖		张自康	
		省部级	二等奖		赵　冰	
		省部级	二等奖		周思勤	
		省部级	二等奖		朱家瑞	
		省部级	二等奖		张　雨	
		省部级	二等奖		艾荣军	
		省部级	二等奖		蔡　敏	
		省部级	二等奖		曹圣霖	
		省部级	二等奖		曹晰睿	

续表

序号	项目	奖项级别	奖项	获奖人数	获奖者	指导教师
42	2019年第十一届全国大学生数学竞赛预赛	省部级	二等奖	108	程　信	胡志兴　司新辉
		省部级	二等奖		冯子函	
		省部级	二等奖		洪郡屏	
		省部级	二等奖		李静松	
		省部级	二等奖		刘康宁	
		省部级	二等奖		刘为东	
		省部级	二等奖		任成希	
		省部级	二等奖		任婕妤	
		省部级	二等奖		宋宝宝	
		省部级	二等奖		孙诗雨	
		省部级	二等奖		孙　雯	
		省部级	二等奖		田祖杰	
		省部级	二等奖		吴世华	
		省部级	二等奖		杨　航	
		省部级	二等奖		张泽仪	
		省部级	二等奖		赵　晨	
		省部级	二等奖		孙　苗	
		省部级	二等奖		刘宏武	
		省部级	二等奖		刘维乾	
		省部级	二等奖		吴　艮	
		省部级	二等奖		徐浩淳	
		省部级	二等奖		尹　畅	
		省部级	二等奖		曹　博	
		省部级	二等奖		邓　正	
		省部级	二等奖		黎学臻	
		省部级	二等奖		刘宇航	
		省部级	二等奖		涂树旗	
		省部级	二等奖		王惠苹	
		省部级	二等奖		许连成	
		省部级	二等奖		叶　潼	
		省部级	二等奖		张灿彬	

续表

序号	项目	奖项级别	奖项	获奖人数	获奖者	指导教师
42	2019年第十一届全国大学生数学竞赛预赛	省部级	二等奖	108	张全哲	胡志兴　司新辉
		省部级	二等奖		郑宇涵	
		省部级	二等奖		钟俊杰	
		省部级	二等奖		周展帆	
		省部级	二等奖		付龙强	
		省部级	二等奖		李冰冰	
		省部级	二等奖		李责胜	
		省部级	二等奖		梁逸飞	
		省部级	二等奖		刘学鑫	
		省部级	二等奖		罗郑辉	
		省部级	二等奖		孙海桐	
		省部级	二等奖		陶科豪	
		省部级	二等奖		王皓平	
		省部级	二等奖		王筱康	
		省部级	二等奖		王子都	
		省部级	二等奖		张梦婷	
		省部级	二等奖		赵廷章	
		省部级	二等奖		崔　帅	
		省部级	二等奖		胡丁琛	
		省部级	二等奖		黄　茜	
		省部级	二等奖		陆　伟	
		省部级	二等奖		苏向林	
		省部级	二等奖		王天朋	
		省部级	二等奖		张　桐	
		省部级	二等奖		陈　浩	
		省部级	二等奖		党峻晓	
		省部级	二等奖		刘　欢	
		省部级	二等奖		刘玉雪	
		省部级	二等奖		龙　萍	
		省部级	二等奖		孟庚辰	
		省部级	二等奖		孟丽丽	

续表

序号	项目	奖项级别	奖项	获奖人数	获奖者	指导教师
42	2019年第十一届全国大学生数学竞赛预赛	省部级	二等奖	108	宋沫儒	胡志兴　司新辉
		省部级	二等奖		于姗姗	
		省部级	二等奖		张圣亚	
		省部级	二等奖		周小平	
		省部级	二等奖		周渝森	
		省部级	二等奖		谭又爽	
		省部级	二等奖		陈卓杭	
		省部级	二等奖		崔逸童	
		省部级	二等奖		董林杰	
		省部级	二等奖		樊　正	
		省部级	二等奖		韩　森	
		省部级	二等奖		郝孟媛	
		省部级	二等奖		何　震	
		省部级	二等奖		贺金锁	
		省部级	二等奖		李云佳赟	
		省部级	二等奖		刘　欢	
		省部级	二等奖		马　跃	
		省部级	二等奖		申昊然	
		省部级	二等奖		孙泽雯	
		省部级	二等奖		唐　勇	
		省部级	二等奖		于得水	
		省部级	二等奖		张紫云	
		省部级	三等奖	137	曹安航	
		省部级	三等奖		高明朗	
		省部级	三等奖		郭超英	
		省部级	三等奖		何飞洋	
		省部级	三等奖		贾　昊	
		省部级	三等奖		刘　昊	
		省部级	三等奖		毛　睿	
		省部级	三等奖		孙国庆	
		省部级	三等奖		谭美燕	

续表

序号	项目	奖项级别	奖项	获奖人数	获奖者	指导教师
42	2019年第十一届全国大学生数学竞赛预赛	省部级	三等奖	137	吴伟旋	胡志兴　司新辉
		省部级	三等奖		徐宸育	
		省部级	三等奖		徐　硕	
		省部级	三等奖		于泽初	
		省部级	三等奖		赵　航	
		省部级	三等奖		赵　菁	
		省部级	三等奖		郑德志	
		省部级	三等奖		周湛轩	
		省部级	三等奖		李宇佳	
		省部级	三等奖		马传龙	
		省部级	三等奖		檀若彤	
		省部级	三等奖		张兴来	
		省部级	三等奖		白一鸣	
		省部级	三等奖		曹　滢	
		省部级	三等奖		郭钰青	
		省部级	三等奖		何　非	
		省部级	三等奖		胡文文	
		省部级	三等奖		华珊珊	
		省部级	三等奖		蒋宇婷	
		省部级	三等奖		李丰荣	
		省部级	三等奖		李雨晴	
		省部级	三等奖		李　悦	
		省部级	三等奖		陆　展	
		省部级	三等奖		罗彩霞	
		省部级	三等奖		马凌莎	
		省部级	三等奖		门嘉仪	
		省部级	三等奖		潘以理	
		省部级	三等奖		田家鑫	
		省部级	三等奖		王付杰	
		省部级	三等奖		王天姿	
		省部级	三等奖		王　婷	

续表

序号	项目	奖项级别	奖项	获奖人数	获奖者	指导教师
42	2019年第十一届全国大学生数学竞赛预赛	省部级	三等奖	137	熊颖而	胡志兴　司新辉
		省部级	三等奖		杨　博	
		省部级	三等奖		杨睿婷	
		省部级	三等奖		张丽红	
		省部级	三等奖		周　尚	
		省部级	三等奖		邹凯妮	
		省部级	三等奖		雷振宇	
		省部级	三等奖		李　娜	
		省部级	三等奖		谭博文	
		省部级	三等奖		张文珂	
		省部级	三等奖		周艺舟	
		省部级	三等奖		陈昶声	
		省部级	三等奖		韩　斗	
		省部级	三等奖		胡　艮	
		省部级	三等奖		黄梓杰	
		省部级	三等奖		李　宁	
		省部级	三等奖		李振强	
		省部级	三等奖		刘晨浩	
		省部级	三等奖		钱其乐	
		省部级	三等奖		王晨洋	
		省部级	三等奖		叶浩然	
		省部级	三等奖		张洪嘉	
		省部级	三等奖		张雅洁	
		省部级	三等奖		张　政	
		省部级	三等奖		张紫瑞	
		省部级	三等奖		朱梁飞	
		省部级	三等奖		祝　昶	
		省部级	三等奖		陈京京	
		省部级	三等奖		冯程程	
		省部级	三等奖		孔令真	
		省部级	三等奖		黎凯君	

续表

序号	项目	奖项级别	奖项	获奖人数	获奖者	指导教师
42	2019年第十一届全国大学生数学竞赛预赛	省部级	三等奖	137	李琳超	胡志兴　司新辉
		省部级	三等奖		林宇昕	
		省部级	三等奖		穆雅轩	
		省部级	三等奖		盛宁果	
		省部级	三等奖		燕　颖	
		省部级	三等奖		张　清	
		省部级	三等奖		张司臣	
		省部级	三等奖		张心怡	
		省部级	三等奖		甄　西	
		省部级	三等奖		查　婕	
		省部级	三等奖		陈雨诗	
		省部级	三等奖		李纤纤	
		省部级	三等奖		刘冰雯	
		省部级	三等奖		刘朝晖	
		省部级	三等奖		刘凯迪	
		省部级	三等奖		庞　月	
		省部级	三等奖		宋　倩	
		省部级	三等奖		谭琳耀	
		省部级	三等奖		蔡淑媛	
		省部级	三等奖		陈家豪	
		省部级	三等奖		代昌杰	
		省部级	三等奖		房　义	
		省部级	三等奖		梁子西	
		省部级	三等奖		刘雨昕	
		省部级	三等奖		卢宗玉	
		省部级	三等奖		马骏驰	
		省部级	三等奖		宋路航	
		省部级	三等奖		苏胜楠	
		省部级	三等奖		魏　舒	
		省部级	三等奖		叶方闻	
		省部级	三等奖		尹新月	

续表

序号	项目	奖项级别	奖项	获奖人数	获奖者	指导教师
42	2019年第十一届全国大学生数学竞赛预赛	省部级	三等奖	137	张佳鹏	胡志兴　司新辉
		省部级	三等奖		郭雅欣	
		省部级	三等奖		孙凡济	
		省部级	三等奖		王瑜萱	
		省部级	三等奖		董金水	
		省部级	三等奖		李佳鸿	
		省部级	三等奖		马丽阳	
		省部级	三等奖		彭阿晓	
		省部级	三等奖		汪　帆	
		省部级	三等奖		汪云龙	
		省部级	三等奖		吴雪彬	
		省部级	三等奖		赵嘉祺	
		省部级	三等奖		陈　亮	
		省部级	三等奖		邓宇芹	
		省部级	三等奖		胡尔楠	
		省部级	三等奖		卢丽思	
		省部级	三等奖		欧阳昊	
		省部级	三等奖		宋治凡	
		省部级	三等奖		夏帅康	
		省部级	三等奖		崔　雨	
		省部级	三等奖		杜骋骋	
		省部级	三等奖		费鸿炎	
		省部级	三等奖		胡龙会	
		省部级	三等奖		黄嘉伟	
		省部级	三等奖		井一韬	
		省部级	三等奖		李东浩	
		省部级	三等奖		刘子萌	
		省部级	三等奖		孙伊然	
		省部级	三等奖		肖婕诗	
		省部级	三等奖		徐璟潮	
		省部级	三等奖		杨钦辰	
		省部级	三等奖		袁浩洲	
		省部级	三等奖		张梁凤	

续表

序号	项目	奖项级别	奖项	获奖人数	获奖者	指导教师
42	2019年第十一届全国大学生数学竞赛预赛	省部级	三等奖	137	赵泽铭	
		省部级	三等奖		周　爽	
43	北京市第三十届大学生数学竞赛	省部级	一等奖	10	秦晓彤	胡志兴　司新辉
		省部级	一等奖		田昊彤	
		省部级	一等奖		张文英	
		省部级	一等奖		郑天熇	
		省部级	一等奖		周　琳	
		省部级	一等奖		漆子豪	
		省部级	一等奖		徐伯襄	
		省部级	一等奖		杨志荣	
		省部级	一等奖		叶　丰	
		省部级	一等奖		王　凯	
		省部级	二等奖	21	党茜茜	
		省部级	二等奖		邓海霞	
		省部级	二等奖		杜世杰	
		省部级	二等奖		龚祖鑫	
		省部级	二等奖		李郭钰	
		省部级	二等奖		李雨柯	
		省部级	二等奖		王　可	
		省部级	二等奖		杨彩玉	
		省部级	二等奖		余尚尚	
		省部级	二等奖		袁玉龙	
		省部级	二等奖		张小波	
		省部级	二等奖		丁弘晖	
		省部级	二等奖		方　曼	
		省部级	二等奖		冯韦嘉	
		省部级	二等奖		贾吉航	
		省部级	二等奖		雷思捷	
		省部级	二等奖		宋　震	
		省部级	二等奖		王　蓓	
		省部级	二等奖		王雪菲	
		省部级	二等奖		张　弛	
		省部级	二等奖		张翕凯	

续表

序号	项目	奖项级别	奖项	获奖人数	获奖者	指导教师
43	北京市第三十届大学生数学竞赛	省部级	三等奖	21	古　键	胡志兴　司新辉
		省部级	三等奖		郭霁莹	
		省部级	三等奖		胡永祺	
		省部级	三等奖		李　鹏	
		省部级	三等奖		李　悦	
		省部级	三等奖		石梦达	
		省部级	三等奖		王英杰	
		省部级	三等奖		谢　磊	
		省部级	三等奖		杨涵之	
		省部级	三等奖		张劲松	
		省部级	三等奖		张鹏宇	
		省部级	三等奖		顾靖楠	
		省部级	三等奖		胡　伟	
		省部级	三等奖		李法龙	
		省部级	三等奖		李佳艺	
		省部级	三等奖		马祯泽	
		省部级	三等奖		吴艳红	
		省部级	三等奖		夏依婷	
		省部级	三等奖		杨一帆	
		省部级	三等奖		张雯琦	
		省部级	三等奖		郑孙婧	
44	第六届北京市物流设计大赛	省部级	二等奖	10	缴连烨　阿亚库孜·吾那尔　李美丽　余凯睿　盖润峰	陈哲涵
		省部级	二等奖		樊霖青　汤隆威　王　统　支曈辉　林　浩	丁文英
45	2019 年 ACM-ICPC 大学生程序设计大赛全国邀请赛	省部级	三等奖	3	徐经纬　杨　博　曾国峰	洪　源
46	2019 年北京市大学生化学实验竞赛	省部级	二等奖	15	胡潇翔　马明磊　骆笑天	范慧俐　张少青
		省部级	二等奖		李福顺　卢生财　索植孺	肖军平　刘阿楠
		省部级	二等奖		肖　锐　李博龙　卢瑾瑾	边永忠
		省部级	二等奖		陈　越　刘　佳　李　越	弓爱君
		省部级	二等奖		桂良玉　王伊莎　汪　淼	袁文霞

续表

序号	项目	奖项级别	奖项	获奖人数	获奖者	指导教师
47	2019年第五届北京市大学生工程设计表达竞赛	省部级	一等奖	18	郑　洋	许　倩　杨光辉
		省部级	一等奖		李一雯	
		省部级	一等奖		赵振廷	
		省部级	一等奖		李奕扬	
		省部级	一等奖		宋铖鑫	
		省部级	一等奖		张航启	
		省部级	一等奖		张峥捷	
		省部级	一等奖		李淑贤	
		省部级	一等奖		马培鹏	
		省部级	一等奖		杨恭领	
		省部级	一等奖		罗登昊	
		省部级	一等奖		卢家鹏	
		省部级	一等奖		蔡东霖	
		省部级	一等奖		邢菲远	
		省部级	一等奖		李展鹏	
		省部级	一等奖		杨锦波	
		省部级	一等奖		陈新元	
		省部级	一等奖		张延峰	
		省部级	二等奖	2	杨陈兵	
		省部级	二等奖		朱梁飞	
48	第36届全国部分地区大学生物理竞赛	省部级	一等奖	17	孟庚辰	孟凡研　徐　美　刘丽华　邱红梅　路彦珍　秦吉红　王凤平
		省部级	一等奖		徐春昊	
		省部级	一等奖		马章帅	
		省部级	一等奖		张文婷	
		省部级	一等奖		何沛东	
		省部级	一等奖		高琨沣	
		省部级	一等奖		门嘉仪	
		省部级	一等奖		冯子函	
		省部级	一等奖		田祖杰	
		省部级	一等奖		艾荣军	
		省部级	一等奖		李佳艺	
		省部级	一等奖		赵　晨	
		省部级	一等奖		田昊彤	

续表

序号	项目	奖项级别	奖项	获奖人数	获奖者	指导教师
48	第36届全国部分地区大学生物理竞赛	省部级	一等奖	17	王宇飞	孟凡研 徐美 刘丽华 邱红梅 路彦珍 秦吉红 王凤平
		省部级	一等奖		陈俊杰	
		省部级	一等奖		王　熙	
		省部级	一等奖		赵　扬	
		省部级	二等奖	43	韩　森	
		省部级	二等奖		张　烨	
		省部级	二等奖		郑　洋	
		省部级	二等奖		徐宸育	
		省部级	二等奖		刘维卓	
		省部级	二等奖		孙志豪	
		省部级	二等奖		李　欣	
		省部级	二等奖		刘　欢	
		省部级	二等奖		李正奇	
		省部级	二等奖		刘苇杭	
		省部级	二等奖		牛乐耕	
		省部级	二等奖		苏向林	
		省部级	二等奖		吴　宸	
		省部级	二等奖		宋沫儒	
		省部级	二等奖		余筱彬	
		省部级	二等奖		李琳超	
		省部级	二等奖		赵佳思	
		省部级	二等奖		陈章毅	
		省部级	二等奖		宋梓宁	
		省部级	二等奖		刘　霖	
		省部级	二等奖		李　润	
		省部级	二等奖		李泓乐	
		省部级	二等奖		张子龙	
		省部级	二等奖		余哲灏	
		省部级	二等奖		张晰雯	
		省部级	二等奖		董林杰	
		省部级	二等奖		李云佳赟	
		省部级	二等奖		张兴泉	
		省部级	二等奖		朱啸翔	

续表

序号	项目	奖项级别	奖项	获奖人数	获奖者	指导教师
48	第 36 届全国部分地区大学生物理竞赛	省部级	二等奖	43	朱梦博	孟凡研　徐　美　刘丽华　邱红梅　路彦珍　秦吉红　王凤平
		省部级	二等奖		成雨午	
		省部级	二等奖		王佳楠	
		省部级	二等奖		马祯泽	
		省部级	二等奖		宋宝宝	
		省部级	二等奖		李郭钰	
		省部级	二等奖		刘康宁	
		省部级	二等奖		曹圣霖	
		省部级	二等奖		李田皓	
		省部级	二等奖		蒋　琪	
		省部级	二等奖		张　雨	
		省部级	二等奖		李雨晴	
		省部级	二等奖		周乐晴	
		省部级	二等奖		李千卉	
		省部级	三等奖	103	徐浩淳	
		省部级	三等奖		公维熙	
		省部级	三等奖		张心怡	
		省部级	三等奖		朱梁飞	
		省部级	三等奖		盖晨阳	
		省部级	三等奖		卢宗玉	
		省部级	三等奖		邵文洁	
		省部级	三等奖		邓宇芹	
		省部级	三等奖		张清扬	
		省部级	三等奖		房　义	
		省部级	三等奖		陈煜樊	
		省部级	三等奖		孔令真	
		省部级	三等奖		张劭博	
		省部级	三等奖		许连成	
		省部级	三等奖		李一凡	
		省部级	三等奖		胡骁克	
		省部级	三等奖		曾　琦	
		省部级	三等奖		付义迪	

续表

序号	项目	奖项级别	奖项	获奖人数	获奖者	指导教师
48	第36届全国部分地区大学生物理竞赛	省部级	三等奖	103	宋路航	孟凡研　徐　美　刘丽华　邱红梅　路彦珍　秦吉红　王凤平
		省部级	三等奖		杨华鹏	
		省部级	三等奖		宋尚印	
		省部级	三等奖		李俊燊	
		省部级	三等奖		高宇歆	
		省部级	三等奖		魏嘉辰	
		省部级	三等奖		李奕扬	
		省部级	三等奖		魏楠天	
		省部级	三等奖		吕延培	
		省部级	三等奖		袁秀全	
		省部级	三等奖		刘　倩	
		省部级	三等奖		刁山慧	
		省部级	三等奖		史杰飞	
		省部级	三等奖		何子逸	
		省部级	三等奖		尹　钊	
		省部级	三等奖		洪　硕	
		省部级	三等奖		金柏池	
		省部级	三等奖		张圣亚	
		省部级	三等奖		黄嘉伟	
		省部级	三等奖		王宜宁	
		省部级	三等奖		陈立一	
		省部级	三等奖		周　正	
		省部级	三等奖		何非凡	
		省部级	三等奖		樊　正	
		省部级	三等奖		刘铭豪	
		省部级	三等奖		贺金锁	
		省部级	三等奖		周凌锋	
		省部级	三等奖		朱志盈	
		省部级	三等奖		魏滕博文	
		省部级	三等奖		李庆贤	
		省部级	三等奖		郑绍文	
		省部级	三等奖		田　光	

续表

序号	项目	奖项级别	奖项	获奖人数	获奖者	指导教师
48	第36届全国部分地区大学生物理竞赛	省部级	三等奖	103	赵登科	孟凡研 徐美 刘丽华 邱红梅 路彦珍 秦吉红 王凤平
		省部级	三等奖		郝晨君	
		省部级	三等奖		徐泽昌	
		省部级	三等奖		徐梓洋	
		省部级	三等奖		杨陈兵	
		省部级	三等奖		徐璟潮	
		省部级	三等奖		刘俊岐	
		省部级	三等奖		谭涛	
		省部级	三等奖		严海龙	
		省部级	三等奖		李宁	
		省部级	三等奖		唐勇	
		省部级	三等奖		陆伟	
		省部级	三等奖		唐黎	
		省部级	三等奖		张自康	
		省部级	三等奖		吴义豪	
		省部级	三等奖		张勇建	
		省部级	三等奖		秦宇龙	
		省部级	三等奖		张晋辉	
		省部级	三等奖		牛致远	
		省部级	三等奖		梁逸飞	
		省部级	三等奖		崔逸童	
		省部级	三等奖		陈斌	
		省部级	三等奖		靳雨丹	
		省部级	三等奖		赵洪学	
		省部级	三等奖		张紫云	
		省部级	三等奖		杨泽贤	
		省部级	三等奖		苏淼	
		省部级	三等奖		袁畅	
		省部级	三等奖		张洧菡	
		省部级	三等奖		胡尔楠	
		省部级	三等奖		张雅洁	

续表

序号	项目	奖项级别	奖项	获奖人数	获奖者	指导教师
48	第36届全国部分地区大学生物理竞赛	省部级	三等奖	103	梅尧臣	孟凡研　徐　美　刘丽华　邱红梅　路彦珍　秦吉红　王凤平
		省部级	三等奖		房　政	
		省部级	三等奖		欧阳昊	
		省部级	三等奖		宋梓瑀	
		省部级	三等奖		余尚尚	
		省部级	三等奖		李依航	
		省部级	三等奖		刘雨霏	
		省部级	三等奖		王婧妍	
		省部级	三等奖		韩立薇	
		省部级	三等奖		李法龙	
		省部级	三等奖		鲁泽威	
		省部级	三等奖		郭钰青	
		省部级	三等奖		陆　颖	
		省部级	三等奖		李　悦	
		省部级	三等奖		许　倩	
		省部级	三等奖		郑天熇	
		省部级	三等奖		何　非	
		省部级	三等奖		孙　鹏	
		省部级	三等奖		李振东	
		省部级	三等奖		魏子博	
		省部级	三等奖		王宇航	
		省部级	三等奖		王嘉慧	
49	第十一届北京市大学生模拟法庭竞赛	省部级	二等奖	6	符大卿　刘金民　方　静　刘育冰　吴　姗　马梦婷	徐铭勋
50	2019年北京市大学生英语演讲比赛	省部级	二等奖	1	王天怡	沈艳娟
51	第25届中国日报社“21世纪可口可乐杯”全国大学生英语演讲比赛（北京赛区）	省部级	三等奖	1	王天怡	秦晓惠
52	第二届“外教社杯”北京高校学生跨文化能力大赛	省部级	三等奖	3	冀婉怡　曾圣锋　秦　缙	周荣娟

（马瑞芝）

2019年度本科课程表

冶金工程专业

年 级	课 程 设 置
2019级	思想道德修养与法律基础，基础外语Ⅰ，体育Ⅰ，军事理论，大学生职业发展与就业指导Ⅰ，大学生心理健康Ⅰ，大学生公共安全教育，形势与政策Ⅰ，无机化学实验BⅠ，无机化学B，微积分AⅠ
2018级	中国近现代史纲要，基础外语Ⅱ，体育Ⅱ，大学生心理健康Ⅱ，形势与政策Ⅱ，无机化学实验BⅡ，C语言程序设计，线性代数A，微积分AⅡ，工科物理BⅠ，冶金工程概论，新生研讨课
	英语训练，创业训练，计算机实践
	体育Ⅲ，工科物理实验AⅠ，金工实习C，概率论与数理统计A，工科物理BⅡ，工程制图B，工程力学E，物理化学BⅠ
2017级	经济与管理，马克思主义基本原理概论，体育Ⅳ，大学生职业发展与就业指导Ⅱ，工科物理实验AⅡ，电工技术实验，冶金传输原理，物理化学BⅡ，电工技术B，冶金单元设计与操作
	大学生职业发展与就业指导Ⅲ，机械设计基础课程设计，国内外专家讲座
	毛泽东思想和中国特色社会主义理论体系概论Ⅰ，电子技术实验，物理化学实验C，冶金物理化学Ⅰ，冶金物理化学Ⅱ，电化学原理，金属学原理，电子技术B，钢铁绿色制造技术，煤与焦化工艺，铁矿石造块新技术，有色冶金设备，相结构基础及研究方法，湿法冶金，金银冶金，高温陶瓷材料，材料表面吸附，资源加工学概论，金属的生命周期评价，冶金信息工程学，量子力学基础，新能源材料与器件概论，催化化学基础，固态离子学基础，新能源转换与储存技术，储能与动力电池设计与工艺，数据处理与挖掘方法，系统工程，专业英语阅读与写作（双语），铁合金，冶金工程无因次分析
2016级	经济与管理，实验室安全基础，金属材料及热处理，钢铁冶金学Ⅰ，冶金工程实验技术，钢铁冶金学Ⅱ，有色金属冶金学，铁水预处理，炉外精炼（双语），特种冶金，连铸工艺与设备，铅锌冶金学，稀土冶金学，硅冶金学，高纯金属冶金方法，冶金物理化学前沿讲座，表面工程，相图在冶金中的应用，高温熔体物性，镍钴冶金学，冶金过程检测与自动控制，特殊钢冶金过程工程，纯净钢生产工艺（全英文），稀贵金属冶金学，工业污染与生态修复
	工厂实习
	大学生职业发展与就业指导Ⅳ，冶金工程实验技术，现代冶金工程设计与实践，微机原理及应用，现代冶金工程设计原理，耐火材料，非高炉炼铁，钢铁材料成形加工，有色冶金新工艺，活度的测量与计算，固体电解质在冶金中的应用，材料结构和性能：相冶金（双语），冶金流程工程学，有色生物冶金（双语），电磁冶金原理与工艺，科技英语技能训练，钢铁生产与生态环境，工业废水处理与回收，冶金过程节能减排
2015级	毕业设计（论文）

材料科学与工程类专业

年 级	课 程 设 置
2019级	思想道德修养与法律基础，基础外语Ⅰ，体育Ⅰ，大学生职业发展与就业指导Ⅰ，大学生心理健康Ⅰ，大学生公共安全教育，形势与政策Ⅰ，大学计算机基础，无机化学B，微积分AⅠ，工科物理AⅠ，材料科学与工程导论-名师课堂
2018级	中国近现代史纲要，基础外语Ⅱ，体育Ⅱ，军事理论，大学生心理健康Ⅱ，形势与政策Ⅱ，无机化学实验BⅡ，C语言程序设计，微积分AⅡ，工科物理AⅡ

无机非金属材料工程专业

年 级	课 程 设 置
2019级	思想道德修养与法律基础，基础外语Ⅰ，体育Ⅰ，大学生职业发展与就业指导Ⅰ，大学生心理健康Ⅰ，大学生公共安全教育，形势与政策Ⅰ，大学计算机基础，无机化学B，微积分AⅠ，工科物理AⅠ，材料科学与工程导论-名师课堂
2018级	中国近现代史纲要，基础外语Ⅱ，体育Ⅱ，军事理论，大学生心理健康Ⅱ，形势与政策Ⅱ，无机化学实验BⅡ，C语言程序设计，微积分AⅡ，工科物理AⅡ
	英语训练，创业训练，计算机实践，涂层材料及其应用，环境材料，复合材料

续表

年 级	课 程 设 置
2018 级	体育 III，工科物理实验 AI，线性代数 A，工科物理 AIII，工程力学 E，工程制图 B，无机材料结晶学基础
2017 级	马克思主义基本原理概论，体育 IV，大学生职业发展与就业指导 II，数学实验，工科物理实验 AII，金工实习 C，概率论与数理统计 A，量子力学 C，物理化学 D，电工技术 B
	大学生职业发展与就业指导 III，认识实习，光功能材料，催化剂制备及应用，日用陶瓷，波谱及应用，结构陶瓷材料及应用
	经济与管理，毛泽东思想和中国特色社会主义理论体系概论 I，电工技术实验，物理化学实验 C，数学物理方程 A，材料分析与表征方法 A，固体物理基础 A，电化学基础 B，特种陶瓷工艺学，无机材料制备化学，固体电解质（双语），材料力学性能
2016 级	经济与管理，无机材料物理性能，无机材料现代研究方法 I，无机材料现代研究方法 II，特种陶瓷工艺学，功能陶瓷材料及应用，新能源材料，耐火材料，无机材料物理化学 II，计算机在材料科学中的应用，固体电解质（双语）
	生产实习，高温材料的工程应用
	大学生职业发展与就业指导 IV，无机材料科学与工程试验 I，无机材料科学与工程试验 II，涂层材料及其应用，环境材料，MEMS 材料及微细制备技术，物理电源，复合材料，结构陶瓷材料及应用，玻璃与新型建筑材料，半导体材料导论，无机纳米材料制备技术
2015 级	毕业设计（论文）

材料物理专业

年 级	课 程 设 置
2019 级	思想道德修养与法律基础，基础外语 I，体育 I，大学生职业发展与就业指导 I，大学生心理健康 I，大学生公共安全教育，形势与政策 I，大学计算机基础，无机化学 B，微积分 AI，工科物理 AI，材料科学与工程导论 - 名师课堂
2018 级	中国近现代史纲要，基础外语 II，体育 II，军事理论，大学生心理健康 II，形势与政策 II，无机化学实验 BII，C 语言程序设计，微积分 AII，工科物理 AII
	英语训练，创业训练，计算机实践
	体育 III，工科物理实验 AI，线性代数 A，工科物理 AIII，工程力学 E，理论力学，工程制图 B，物理化学 D
2017 级	马克思主义基本原理概论，体育 IV，大学生职业发展与就业指导 II，数学实验，工科物理实验 AII，物理化学实验 C，金工实习 C，概率论与数理统计 A，材料科学基础 C，量子力学 A，电工技术 C
	大学生职业发展与就业指导 III，认识实习，低维材料学
	毛泽东思想和中国特色社会主义理论体系概论 I，材料科学基础实验 B，电工技术实验，数学物理方程 A，统计物理 A，电子技术 A，固体物理基础 B
2016 级	经济与管理，材料物理实验 I，统计物理 A，理科物理实验 BII，X 射线晶体学，材料物理，固体物理基础 A，有机光电功能材料，合金化原理及应用（英语），有机分子与纳米器件，薄膜材料与技术，功能材料基础，无机非金属材料，先进功能材料与技术
	生产实习，材料失效的蝴蝶效应，计算材料学
	大学生职业发展与就业指导 IV，材料物理实验 II，电子显微学，固体物理，微束分析，低维材料学
2015 级	毕业设计（论文）

材料成型及控制工程专业

年 级	课 程 设 置
2019 级	思想道德修养与法律基础，基础外语 I，体育 I，大学生职业发展与就业指导 I，大学生心理健康 I，大学生公共安全教育，形势与政策 I，大学计算机基础，无机化学 B，微积分 AI，工科物理 AI，材料科学与工程导论 - 名师课堂

续表

年级	课程设置
2018级	中国近现代史纲要，基础外语II，体育II，军事理论，大学生心理健康II，形势与政策II，无机化学实验BII，C语言程序设计，微积分AII，工科物理AII
	英语训练，创业训练，计算机实践
	体育III，工科物理实验AI，线性代数A，概率论与数理统计A，微机原理及应用，工程力学B，工程制图B，物理化学D，电工技术B
2017级	马克思主义基本原理概论，体育IV，大学生职业发展与就业指导II，工科物理实验AII，物理化学实验C，金工实习C，材料分析与表征方法B，材料科学基础DI，机械设计基础B，自动控制理论，电子技术B，计算方法
	大学生职业发展与就业指导III，认识实习，机械设计基础课程设计
	毛泽东思想和中国特色社会主义理论体系概论I，电工技术实验，材料科学基础DII，传热学基础，材料焊接冶金原理，液态成形理论，固态成形理论基础，材料力学性能
2016级	经济与管理，金属材料及热处理A，自动控制理论，机械设计制图BII，电子技术实验，材料成形自动控制基础，固态成形工艺学，材料焊接冶金原理与工艺，液态成形理论与工艺，轧制工程学，材料成形摩擦与润滑，电弧物理与弧焊方法，铸造合金及制备工艺
	生产实习，机械设计制图课程设计，现代铸造设备及车间设计，铸件质量分析与控制，液压传动，冷弯型钢工艺，焊接过程控制与自动化
	大学生职业发展与就业指导IV，专业课程设计，现代特种液态成形工艺，连铸工艺与质量控制，材料成形过程质量性能控制（双语），实验测试技术，材料成形设备与车间设计，锻压工艺学，材料成形计算机辅助工程，固态成形模拟与仿真，模具设计与制造，钎焊与电子组装技术，特种连接技术，焊接结构力学，材料短流程近终形成形技术
2015级	毕业设计（论文），实验测试技术

材料科学与工程专业

年级	课程设置
2019级	思想道德修养与法律基础，基础外语I，体育I，大学生职业发展与就业指导I，大学生心理健康I，大学生公共安全教育，形势与政策I，大学计算机基础，无机化学B，微积分AI，工科物理AI，材料科学与工程导论-名师课堂
2018级	中国近现代史纲要，基础外语II，体育II，军事理论，大学生心理健康II，形势与政策II，无机化学实验BII，C语言程序设计，微积分AII，工科物理AII
	英语训练，创业训练，计算机实践
	体育III，工科物理实验AI，金工实习C，线性代数A，概率论与数理统计A，工科物理AIII，工程力学B，工程制图B，材料科学与工程导论（续）I
2017级	马克思主义基本原理概论，体育IV，大学生职业发展与就业指导II，数学实验，工科物理实验AII，数学物理方程A，统计物理B，物理化学D，电工技术B，材料科学与工程导论（续）II
	大学生职业发展与就业指导III，认识实习，走进材料科学
	经济与管理，毛泽东思想和中国特色社会主义理论体系概论I，电工技术实验，物理化学实验C，材料科学基础实验AI，材料科学基础AI，电子技术B，固体物理基础C，材料热力学，电化学基础，专业英语I
2016级	经济与管理，材料科学基础II，材料科学基础实验II，统计物理B，电子技术实验，材料物理性能A，材料分析方法，材料制备与加工，功能材料，粉末冶金原理，计算材料学与材料模拟技术，高分子材料，金属腐蚀学
	生产实习，专业课程设计
	大学生职业发展与就业指导IV，金属材料学，材料力学性能，复合材料，薄膜材料制备技术，粉末冶金材料，粉末冶金实验技术，无机非金属材料，航空航天材料概述，金属腐蚀实验方法，耐蚀材料与防护技术
2015级	毕业设计（论文）

材料化学专业

年 级	课 程 设 置
2019 级	思想道德修养与法律基础，基础外语 I，体育 I，大学生职业发展与就业指导 I，大学生心理健康 I，大学生公共安全教育，形势与政策 I，大学计算机基础，无机化学 B，微积分 AI，工科物理 AI，材料科学与工程导论 - 名师课堂
2018 级	中国近现代史纲要，基础外语 II，体育 II，军事理论，大学生心理健康 II，形势与政策 II，无机化学实验 BII，C 语言程序设计，微积分 AII，工科物理 AII
	英语训练，创业训练，计算机实践
	体育 III，工科物理实验 AI，分析化学实验 B，线性代数 A，工程力学 E，工程制图 B，分析化学，物理化学 D
2017 级	马克思主义基本原理概论，体育 IV，大学生职业发展与就业指导 II，数学实验，工科物理实验 AII，物理化学实验 B，金工实习 C，概率论与数理统计 A，材料科学基础 C，电工技术 C，光电功能材料，材料合成与制备化学
	大学生职业发展与就业指导 III，认识实习，高分子材料概述，高分子科学基础
	毛泽东思想和中国特色社会主义理论体系概论 I，电工技术实验，数学物理方程 A，电化学原理，材料化学基础，生物材料导论，材料化学失效与控制，材料表面技术，胶体与表面化学
2016 级	经济与管理，有机化学实验，分析化学实验，高分子化学，有机材料化学（双语），材料分析与表征方法，高分子复合材料，光电功能材料，胶体与表面化学，纳米材料与技术，材料合成与制备化学，先进功能材料与技术
	生产实习，环境材料学，材料的再生与利用
	大学生职业发展与就业指导 IV，高分子物理，材料化学基础，材料化学失效与控制，材料表面技术，涂料化学，材料化学前沿概述
2015 级	毕业设计（论文）

纳米材料与技术专业

年 级	课 程 设 置
2019 级	思想道德修养与法律基础，基础外语 I，体育 I，大学生职业发展与就业指导 I，大学生心理健康 I，大学生公共安全教育，形势与政策 I，大学计算机基础，无机化学 B，微积分 AI，工科物理 AI，材料科学与工程导论 - 名师课堂
2018 级	中国近现代史纲要，基础外语 II，体育 II，军事理论，大学生心理健康 II，形势与政策 II，无机化学实验 BII，C 语言程序设计，微积分 AII，工科物理 AII
	英语训练，创业训练，计算机实践
	体育 III，工科物理实验 AI，线性代数 A，工科物理 AIII，工程力学 E，工程制图 B，物理化学 D
2017 级	马克思主义基本原理概论，体育 IV，大学生职业发展与就业指导 II，数学实验，工科物理实验 AII，材料科学基础实验 B，物理化学实验 C，金工实习 C，概率论与数理统计 A，数学物理方程 A，材料科学基础 C，热力学与统计物理，电工技术 C
	大学生职业发展与就业指导 III，认识实习，高分子材料概述
	毛泽东思想和中国特色社会主义理论体系概论 I，电工技术实验，量子力学 B，电子技术 A，材料化学基础，纳米材料制备与表征，生化传感器，磁电子学，纳米半导体材料
2016 级	经济与管理，表面与界面，固体物理，电子显微学，微纳加工技术，光电功能材料，有机光电功能材料，有机分子与纳米器件，薄膜材料与技术，无机非金属材料，先进功能材料与技术
	生产实习，环境材料学，纳米能源材料
	大学生职业发展与就业指导 IV，半导体物理，材料物理性能 B，计算材料学，纳米器件基础，纳米磁性材料
2015 级	毕业设计（论文）

材料科学与工程（实验班）专业

年 级	课 程 设 置
2019 级	国际理解，国史与国情，工程伦理与思想道德，基础外语 I，体育 I，大学生职业发展与就业指导 I，大学生心理健康 I，大学生公共安全教育，形势与政策 I，化学实验 I，计算机基础 - 原理与应用，大学化学，高等数学 I，材料科学与工程导论 - 名师课堂
2018 级	基础外语 II，体育 II，大学生心理健康 II，形势与政策 II，化学实验 II，C 语言程序设计，高等数学 II，大学物理 CI
	英语训练，创业训练，计算机实践，材料科技与社会（讲座与研讨）
	中国与世界文化引论，工程法学，体育 III，工科物理实验 AI，线性代数 A，大学物理 CII，工程力学 D
2017 级	体育 IV，大学生职业发展与就业指导 II，工科物理实验 AII，金工实习 C，概率论与数理统计 A，数理方法，大学物理 CIII，材料热力学与化学，晶体学与材料结构，电工技术 A
	大学生职业发展与就业指导 III，认识实习，冶金与材料科学史，材料科学与工程系列讲座
	材料科学基础实验 I，电工技术实验，物理化学实验 C，材料概论，材料动力学（传热传质界面偏析等），材料相变，材料变形与再结晶，机械设计基础 B，工程制图，电子技术 B，陶瓷材料及工艺导论，航空航天材料概述，生物材料导论，能源材料，纳米材料与微纳加工，信息材料与技术
2016 级	经济与管理，数学实验，材料科学基础实验 II，界面与表面，材料电子理论，电子技术实验，金属材料学 I，材料实验研究方法（X 线、电镜及其他）I，材料力学性能，材料制备与加工（含钢铁冶金）I，计算材料学，太阳能电池原理与技术应用（英文），粉末冶金材料，高分子材料，功能陶瓷与器件，低维材料与制备技术，复合材料，电子功能材料导论，先进功能材料与技术
	生产实习，科技报告与论文的撰写与发表
	大学生职业发展与就业指导 IV，材料物理性能 B，金属材料学 II，金属材料学实验，材料实验研究方法（X 线、电镜及其他）II，材料制备与加工（含钢铁冶金）II，金属腐蚀实验方法，耐蚀材料与防护技术，材料表面技术，环境材料学，材料选用，制造工程学
2015 级	毕业设计（论文）

新材料（双培）专业

年 级	课 程 设 置
2019 级	思想道德修养与法律基础，基础外语 I，体育 I，大学生职业发展与就业指导 I，大学生心理健康 I，大学生公共安全教育，形势与政策 I，大学计算机基础，无机化学 B，微积分 AI，工科物理 AI，材料科学与工程导论 - 名师课堂
2018 级	中国近现代史纲要，基础外语 II，体育 II，军事理论，大学生心理健康 II，形势与政策 II，无机化学实验 BII，C 语言程序设计，微积分 AII，工科物理 AII
	英语训练，创业训练，计算机实践
	体育 III，工科物理实验 AI，金工实习 C，线性代数 A，概率论与数理统计 A，工科物理 AIII，工程力学 B，工程制图 B，材料科学与工程导论（续）I
2017 级	马克思主义基本原理概论，体育 IV，大学生职业发展与就业指导 II，数学实验，工科物理实验 AII，电工技术实验，数学物理方程 A，统计物理 B，物理化学 D，电工技术 B，材料科学与工程导论（续）II
	大学生职业发展与就业指导 III，认识实习，走进材料科学
	经济与管理，毛泽东思想和中国特色社会主义理论体系概论 I，电子技术实验，物理化学实验 C，材料科学基础实验 AI，材料科学基础 AI，电子技术 B，固体物理基础 C，材料热力学，电化学基础，专业英语 I
	经济与管理，材料科学基础 II，材料科学基础实验 II，统计物理 B，电子技术实验，材料物理性能 A，材料力学性能，材料分析方法，材料制备与加工，功能材料，粉末冶金原理，计算材料学与材料模拟技术，高分子材料，金属腐蚀学
	生产实习，专业课程设计

纳米材料与技术（双培）专业

年 级	课 程 设 置
2019 级	思想道德修养与法律基础，基础外语 I，体育 I，大学生职业发展与就业指导 I，大学生心理健康 I，大学生公共安全教育，形势与政策 I，大学计算机基础，无机化学 B，微积分 AI，工科物理 AI，材料科学与工程导论 - 名师课堂
2018 级	中国近现代史纲要，基础外语 II，体育 II，军事理论，大学生心理健康 II，形势与政策 II，无机化学实验 BII，C 语言程序设计，微积分 AII，工科物理 AII
	英语训练，创业训练，计算机实践
	体育 III，工科物理实验 AI，线性代数 A，工科物理 AIII，工程力学 E，工程制图 B，物理化学 D
2017 级	马克思主义基本原理概论，体育 IV，大学生职业发展与就业指导 II，数学实验，工科物理实验 AII，材料科学基础实验 B，电工技术实验，物理化学实验 C，金工实习 C，概率论与数理统计 A，数学物理方程 A，材料科学基础 C，热力学与统计物理，电工技术 C
	大学生职业发展与就业指导 III，认识实习，高分子材料概述
	毛泽东思想和中国特色社会主义理论体系概论 I，电子技术实验，量子力学 B，电子技术 A，材料化学基础，纳米材料制备与表征，磁电子学，纳米半导体材料，生化传感器
	经济与管理，表面与界面，固体物理，电子显微学，微纳加工技术，光电功能材料，有机光电功能材料，有机分子与纳米器件，薄膜材料与技术，无机非金属材料，先进功能材料与技术
	生产实习，环境材料学，纳米能源材料

机械类专业

年 级	课 程 设 置
2019 级	中国近现代史纲要，沟通与交流，基础外语 I，体育 I，大学生职业发展与就业指导 I，大学生心理健康 I，大学生公共安全教育，形势与政策 I，大学计算机基础，普通化学，微积分 AI，机械制图 AI，机械是什么，轧钢中的科学知识，材料的热制造和模具——发展与探讨，力学与现代工程，专用车辆设计初步（专题），模拟的物流世界，漫话物流，高压水射流技术及其应用，机械失效分析基础与应用，机器人理论与应用技术，人工智能与创新设计
2018 级	思想道德修养与法律基础，基础外语 II，体育 II，军事理论，大学生心理健康 II，形势与政策 II，C 语言程序设计，微积分 AII，工科物理 BI，机械制图 AII，工程概论

机械工程专业

年 级	课 程 设 置
2019 级	中国近现代史纲要，沟通与交流，基础外语 I，体育 I，大学生职业发展与就业指导 I，大学生心理健康 I，大学生公共安全教育，形势与政策 I，大学计算机基础，普通化学，微积分 AI，机械制图 AI，机械是什么，轧钢中的科学知识，材料的热制造和模具——发展与探讨，力学与现代工程，专用车辆设计初步（专题），模拟的物流世界，漫话物流，高压水射流技术及其应用，机械失效分析基础与应用，机器人理论与应用技术，科研实践与科学精神，人工智能与创新设计
2018 级	思想道德修养与法律基础，基础外语 II，体育 II，军事理论，大学生心理健康 II，形势与政策 II，C 语言程序设计，微积分 AII，工科物理 BI，机械制图 AII，工程概论
	英语训练，创业训练，计算机实践
	马克思主义基本原理概论，体育 III，形势与政策 III，工科物理实验 AI，线性代数 A，工科物理 BII，热工学，理论力学 A，工程数值计算
2017 级	体育 IV，大学生职业发展与就业指导 II，工科物理实验 AII，电工技术实验，金工实习 AI，概率论与数理统计 A，工程流体力学，机械原理，材料力学，电工技术 B
	大学生职业发展与就业指导 III，金工实习 AII
	毛泽东思想和中国特色社会主义理论体系概论 I，电子技术实验，电子技术实习 C，机械设计制造综合实验，微机原理与应用 B，工程材料及成形工艺，机械设计，电子技术 B，互换性与测量技术，机械制造工艺基础

续表

年 级	课 程 设 置
2016 级	经济与管理，机械课程设计，自动控制理论，机械制造工艺基础，互换性与测量技术，液压与气压传动，测试技术，机电传动控制，机电一体化技术，机械工程专题，机械创新设计，机械振动
	机制工艺课程设计，生产实习
	大学生职业发展与就业指导 IV，机械制造装备设计，现代制造系统，计算机辅助制造，液压控制系统，冶金生产工艺及装备，轧制过程控制，工程数值计算，现代设计方法，CAD/CAM 技术及应用，微机电系统，数学模型，塑性加工技术，生物机械工程，冶金机械设计与制造，现代传感技术，模具设计与制造，现代加工技术，机电系统原理及应用，计算机控制技术，数控机床，机械质量管理分析与控制
2015 级	毕业设计（论文）

工业设计专业

年 级	课 程 设 置
2019 级	中国近现代史纲要，沟通与交流，基础外语 I，体育 I，大学生职业发展与就业指导 I，大学生心理健康 I，大学生公共安全教育，形势与政策 I，大学计算机基础，普通化学，微积分 AI，机械制图 AI，机械是什么，轧钢中的科学知识，材料的热制造和模具——发展与探讨，力学与现代工程，专用车辆设计初步（专题），模拟的物流世界，漫话物流，高压水射流技术及其应用，机械失效分析基础与应用，机器人理论与应用技术，科研实践与科学精神，人工智能与创新设计
2018 级	思想道德修养与法律基础，基础外语 II，体育 II，军事理论，大学生心理健康 II，形势与政策 II，C 语言程序设计，微积分 AII，工科物理 BI，机械制图 AII，工程概论
	英语训练，创业训练，计算机实践
	马克思主义基本原理概论，体育 III，形势与政策 III，计算机辅助二维设计（工设），工科物理 BII，造型基础，空间构成 B，静态构成 B，动态构成 B，设计导论，艺术赏析
2017 级	体育 IV，大学生职业发展与就业指导 II，计算机辅助二维设计（工设），计算机辅助三维设计（工设），设计表达，设计基础，人机工程学，设计方法学，电工技术 C，摄影
	大学生职业发展与就业指导 III，创意实践
	毛泽东思想和中国特色社会主义理论体系概论 I，模型设计与制作，计算机网络 C，设计工程基础，视觉传达设计，产品设计 I，传统工艺，导视系统设计
2016 级	经济与管理，设计工程基础 II，界面设计（双语），产品设计 II，文化创意产品设计，智能产品技术，导视系统设计
	专业实习
	大学生职业发展与就业指导 IV，设计实践，毕设选题，交互原型设计，游戏设计，品牌数字化推广
2015 级	毕业设计（论文）

物流工程专业

年 级	课 程 设 置
2019 级	中国近现代史纲要，沟通与交流，基础外语 I，体育 I，大学生职业发展与就业指导 I，大学生心理健康 I，大学生公共安全教育，形势与政策 I，大学计算机基础，普通化学，微积分 AI，机械制图 AI，机械是什么，轧钢中的科学知识，材料的热制造和模具——发展与探讨，力学与现代工程，专用车辆设计初步（专题），模拟的物流世界，漫话物流，高压水射流技术及其应用，机械失效分析基础与应用，机器人理论与应用技术，科研实践与科学精神，人工智能与创新设计
2018 级	思想道德修养与法律基础，基础外语 II，体育 II，军事理论，大学生心理健康 II，形势与政策 II，C 语言程序设计，微积分 AII，工科物理 BI，机械制图 AII，工程概论
	英语训练，创业训练，计算机实践

续表

年 级	课 程 设 置
2018 级	马克思主义基本原理概论，体育 III，形势与政策 III，工科物理实验 AI，线性代数 A，工科物理 BII，物流学，数据库应用基础
2017 级	体育 IV，大学生职业发展与就业指导 II，工科物理实验 AII，电工技术实验，金工实习 C，概率论与数理统计 A，工程力学 C，机械设计基础 A，电工技术 B，信息系统开发技术
	大学生职业发展与就业指导 III，信息系统开发课程设计
	毛泽东思想和中国特色社会主义理论体系概论 I，数学实验，电子技术实验，机械课程设计，计算机网络 C，应用运筹学，系统工程，电子技术 B，机械制造工艺基础，生产计划与控制
2016 级	经济与管理，设施规划与设计，现代制造系统，物流技术装备，配送与配送中心，离散系统建模与仿真，计算机辅助设计及应用，物流信息系统，可行性研究，PLC 控制技术及应用，企业物流管理，质量管理与控制，包装与流通加工技术
	专业实习
	大学生职业发展与就业指导 IV，专业课程设计 II- 设施规划，专业课程设计 III- 生产系统仿真，冶金生产工艺及装备，物流系统集成技术，自动识别技术，ERP 原理与应用，国际物流（双语），物流运作与实践，人因工程
2015 级	毕业设计（论文）

车辆工程专业

年 级	课 程 设 置
2019 级	中国近现代史纲要，沟通与交流，基础外语 I，体育 I，大学生职业发展与就业指导 I，大学生心理健康 I，大学生公共安全教育，形势与政策 I，大学计算机基础，普通化学，微积分 AI，机械制图 AI，机械是什么，轧钢中的科学知识，材料的热制造和模具——发展与探讨，力学与现代工程，专用车辆设计初步（专题），模拟的物流世界，漫话物流，高压水射流技术及其应用，机械失效分析基础与应用，机器人理论与应用技术，科研实践与科学精神，人工智能与创新设计
2018 级	思想道德修养与法律基础，基础外语 II，体育 II，军事理论，大学生心理健康 II，形势与政策 II，C 语言程序设计，微积分 AII，工科物理 BI，机械制图 AII，工程概论
	英语训练，创业训练，计算机实践
	马克思主义基本原理概论，体育 III，形势与政策 III，工科物理实验 AI，线性代数 A，工科物理 BII，热工学，理论力学 A，工程数值计算
2017 级	体育 IV，大学生职业发展与就业指导 II，工科物理实验 AII，电工技术实验，金工实习 AI，概率论与数理统计 A，工程流体力学，机械原理，材料力学，电工技术 B
	大学生职业发展与就业指导 III，金工实习 AII
	毛泽东思想和中国特色社会主义理论体系概论 I，电子技术实验，电子技术实习 C，机械设计制造综合实验，微机原理与应用 B，工程材料及成形工艺，电子技术 B，汽车构造，发动机原理，机械制造工艺基础，机械工程专题，液压元件
2016 级	经济与管理，机械课程设计，机械制造工艺基础，自动控制理论，汽车理论，汽车设计，汽车试验学，现代设计法概论，机电传动控制，汽车电子与电气技术，嵌入式系统，机械工程专题，机械振动
	生产实习，机制工艺课程设计
	大学生职业发展与就业指导 IV，车辆人机工程，专用车辆，车辆可靠性工程，汽车造型设计，CAD/CAM 技术及应用，汽车安全技术，汽车检测与诊断，智能交通概况，车辆液压传动与控制，电动汽车，汽车新技术，随机振动
2015 级	毕业设计（论文）

视觉传达设计专业

年级	课程设置
2019 级	中国近现代史纲要，沟通与交流，基础外语 I，体育 I，大学生职业发展与就业指导 I，大学生心理健康 I，大学生公共安全教育，形势与政策 I，大学计算机基础，造型基础，静态构成 A，动态构成 A，设计导论
2018 级	思想道德修养与法律基础，基础外语 II，体育 II，军事理论，大学生心理健康 II，形势与政策 II，计算机辅助二维设计（艺设），空间构成 A，文字设计，图案设计，设计思维与方法
	英语训练，创业训练，计算机实践
	马克思主义基本原理概论，体育 III，形势与政策 III，模型设计与制作，角色造型基础，数字媒体脚本创作，图形设计，插图设计，艺术赏析
2017 级	体育 IV，大学生职业发展与就业指导 II，计算机辅助三维设计（艺设），数字影像基础，标志设计，人因设计，信息图表设计，书籍设计，摄影
	大学生职业发展与就业指导 III，创意实践
	毛泽东思想和中国特色社会主义理论体系概论 I，非线性编辑基础，界面设计（双语），包装设计，动画设计，传统工艺，导视系统设计
2016 级	经济与管理，广告设计，数字媒体设计，视觉形象设计，文化创意产品设计，导视系统设计
	专业实习
	大学生职业发展与就业指导 IV，设计实践，专业记录与表达，毕设选题，游戏设计，品牌数字化推广
2015 级	毕业设计（论文）

新制造工艺（双培）专业

年级	课程设置
2019 级	中国近现代史纲要，沟通与交流，基础外语 I，体育 I，大学生职业发展与就业指导 I，大学生心理健康 I，大学生公共安全教育，形势与政策 I，大学计算机基础，普通化学，微积分 AI，机械制图 AI，机械是什么，轧钢中的科学知识，材料的热制造和模具——发展与探讨，力学与现代工程，专用车辆设计初步（专题），模拟的物流世界，漫话物流，高压水射流技术及其应用，机械失效分析基础与应用，机器人理论与应用技术，科研实践与科学精神，人工智能与创新设计
2018 级	思想道德修养与法律基础，基础外语 II，体育 II，军事理论，大学生心理健康 II，形势与政策 II，C 语言程序设计，微积分 AII，工科物理 BI，机械制图 AII，工程概论
	英语训练，创业训练，计算机实践
	马克思主义基本原理概论，体育 III，形势与政策 III，工科物理实验 AI，线性代数 A，工科物理 BII，热工学，理论力学 A，工程数值计算
2017 级	体育 IV，大学生职业发展与就业指导 II，工科物理实验 AII，电工技术实验，金工实习 AI，概率论与数理统计 A，工程流体力学，机械原理，材料力学，电工技术 B
	大学生职业发展与就业指导 III，金工实习 AII
	毛泽东思想和中国特色社会主义理论体系概论 I，电子技术实验，电子技术实习 C，机械设计制造综合实验，微机原理与应用 B，工程材料及成形工艺，机械设计，电子技术 B，互换性与测量技术，机械制造工艺基础
	经济与管理，机械课程设计，自动控制理论，机械制造工艺基础，互换性与测量技术，液压与气压传动，测试技术，机电传动控制，机械工程专题，机械创新设计，机械振动
	机制工艺课程设计，生产实习

机器人工程专业

年级	课程设置
2019 级	中国近现代史纲要，沟通与交流，基础外语 I，体育 I，大学生职业发展与就业指导 I，大学生心理健康 I，大学生公共安全教育，形势与政策 I，大学计算机基础，普通化学，微积分 AI，机械制图 AI，机械是什么，轧钢中的科学知识，材料的热制造和模具——发展与探讨，力学与现代工程，专用车辆设计初步（专题），模拟的物流世界，漫话物流，高压水射流技术及其应用，机械失效分析基础与应用，机器人理论与应用技术，人工智能与创新设计
2018 级	思想道德修养与法律基础，基础外语 II，体育 II，军事理论，大学生心理健康 II，形势与政策 II，C 语言程序设计，微积分 AII，工科物理 BI，机械制图 AII，工程概论
	英语训练，创业训练，计算机实践
	马克思主义基本原理概论，体育 III，形势与政策 III，工科物理实验 AI，电路实验技术（实验），线性代数 A，复变函数与积分变换 A，工科物理 BII，计算机软件技术，电路分析基础 B

工商管理类专业

年级	课程设置
2019 级	大学语文与应用文写作，中国近现代史纲要，基础外语 I，英语口语 I，体育 I，大学生职业发展与就业指导 I，大学生心理健康 I，大学生公共安全教育，形势与政策 I，大学计算机基础，化学与社会，微积分 AI，微积分 BI，金融导论，走进财务世界，国际贸易摩擦与争端的解决
2018 级	思想道德修养与法律基础，基础外语 II，英语口语 II，体育 II，军事理论，大学生心理健康 II，形势与政策 II，微积分 AII，微积分 BII，Java 程序设计，管理学原理（双语），宏微观经济学，认识大数据：社会科学家的角度

会计学专业

年级	课程设置
2019 级	大学语文与应用文写作，中国近现代史纲要，基础外语 I，英语口语 I，体育 I，大学生职业发展与就业指导 I，大学生心理健康 I，大学生公共安全教育，形势与政策 I，大学计算机基础，化学与社会，微积分 AI，走进财务世界
2018 级	思想道德修养与法律基础，基础外语 II，英语口语 II，体育 II，军事理论，大学生心理健康 II，形势与政策 II，微积分 AII，Java 程序设计，管理学原理（双语），宏微观经济学，认识大数据：社会科学家的角度
	英语训练，创业训练，计算机实践，工业生产过程概论
	马克思主义基本原理概论，英语口语 III，体育 III，形势与政策 III，线性代数 A，概率论与数理统计 A，文科物理，人力资源管理，市场营销学，管理信息系统，运营管理，会计学原理
2017 级	英语口语 IV，体育 IV，大学生职业发展与就业指导 II，信息管理概论，应用统计学，金融学概论，国际商务与跨文化，税收概论，中级财务会计
	大学生职业发展与就业指导 III，企业认识与实践，证券投资实务
	毛泽东思想和中国特色社会主义理论体系概论 I，运筹学 A，战略管理，商业伦理与社会责任，会计电算化原理与实务，会计专业英语，商法，成本会计，高级会计学，投资学原理，政府与非营利组织会计
2016 级	审计学，财务管理（英语），会计理论与实务前沿，Excel 在财务管理中的应用，企业财务风险管理，政府与非营利组织会计，资本市场会计研究，国际会计，财务分析，会计研究数据处理
	专业实习
	大学生职业发展与就业指导 IV，管理会计（双语），财务管理专题
2015 级	毕业设计（论文）

工商管理专业

<table>
<tr><th>年 级</th><th>课 程 设 置</th></tr>
<tr><td>2019 级</td><td>大学语文与应用文写作，中国近现代史纲要，基础外语 I，英语口语 I，体育 I，大学生职业发展与就业指导 I，大学生心理健康 I，大学生公共安全教育，形势与政策 I，大学计算机基础，化学与社会，微积分 AI，微积分 BI，走进财务世界</td></tr>
<tr><td rowspan="3">2018 级</td><td>思想道德修养与法律基础，基础外语 II，英语口语 II，体育 II，军事理论，大学生心理健康 II，形势与政策 II，微积分 AII，微积分 BII，Java 程序设计，管理学原理（双语），宏微观经济学，认识大数据：社会科学家的角度</td></tr>
<tr><td>英语训练，创业训练，计算机实践，工业生产过程概论</td></tr>
<tr><td>马克思主义基本原理概论，英语口语 III，体育 III，形势与政策 III，线性代数 A，概率论与数理统计 A，文科物理，人力资源管理，市场营销学，管理信息系统，运营管理，会计学原理，项目评价与管理</td></tr>
<tr><td rowspan="3">2017 级</td><td>英语口语 IV，体育 IV，大学生职业发展与就业指导 II，信息管理概论，应用统计学，金融学概论，国际商务与跨文化，企业文化（英语）</td></tr>
<tr><td>大学生职业发展与就业指导 III，企业认识与实践，商务分析软件</td></tr>
<tr><td>毛泽东思想和中国特色社会主义理论体系概论 I，运筹学 A，战略管理，商业伦理与社会责任，项目评价与管理，商法，组织行为学</td></tr>
<tr><td rowspan="3">2016 级</td><td>财务管理，管理技能开发与培训，创业管理，品牌战略，消费者行为学，管理沟通，心理测量与甄选，绩效与薪酬管理，企划文案设计，广告与营销策划（英文），社会心理学，商业计划书制作与演示设计</td></tr>
<tr><td>专业实习</td></tr>
<tr><td>大学生职业发展与就业指导 IV，劳动关系法律实务，企业文化（英语），国际营销原理与实务，国际贸易原理与实务，电子商务，管理会计</td></tr>
<tr><td>2015 级</td><td>毕业设计（论文）</td></tr>
</table>

工商管理（体育班）专业

<table>
<tr><th>年 级</th><th>课 程 设 置</th></tr>
<tr><td>2019 级</td><td>大学语文与应用文写作，中国近现代史纲要，基础外语 I，英语口语 I，大学生职业发展与就业指导 I，大学生心理健康 I，大学生公共安全教育，形势与政策 I，大学计算机基础，化学与社会，微积分 AI，微积分 BI，走进财务世界</td></tr>
<tr><td rowspan="3">2018 级</td><td>思想道德修养与法律基础，基础外语 II，英语口语 II，竞赛与训练 I，军事理论，大学生心理健康 II，形势与政策 II，微积分 AII，微积分 BII，Java 程序设计，管理学原理（双语），宏微观经济学，认识大数据：社会科学家的角度</td></tr>
<tr><td>英语训练，创业训练，计算机实践，工业生产过程概论</td></tr>
<tr><td>马克思主义基本原理概论，英语口语 III，形势与政策 III，线性代数 A，概率论与数理统计 A，文科物理，人力资源管理，市场营销学，管理信息系统，运营管理，会计学原理，项目评价与管理</td></tr>
<tr><td rowspan="3">2017 级</td><td>英语口语 IV，竞赛与训练 II，大学生职业发展与就业指导 II，信息管理概论，应用统计学，金融学概论，国际商务与跨文化，企业文化（英语）</td></tr>
<tr><td>大学生职业发展与就业指导 III，企业认识与实践，商务分析软件</td></tr>
<tr><td>毛泽东思想和中国特色社会主义理论体系概论 I，运筹学 A，战略管理，商业伦理与社会责任，项目评价与管理，商法，组织行为学</td></tr>
<tr><td rowspan="3">2016 级</td><td>竞赛与训练 III，财务管理，管理技能开发与培训，创业管理，金融学概论，品牌战略，消费者行为学，管理沟通，心理测量与甄选，企划文案设计，社会心理学</td></tr>
<tr><td>专业实习</td></tr>
<tr><td>大学生职业发展与就业指导 IV，劳动关系法律实务，企业文化（英语），国际贸易原理与实务，电子商务，管理会计</td></tr>
<tr><td>2015 级</td><td>竞赛与训练 IV，毕业设计（论文）</td></tr>
</table>

管理科学与工程类专业

年级	课程设置
2019 级	大学语文与应用文写作，中国近现代史纲要，基础外语 I，英语口语 I，体育 I，大学生职业发展与就业指导 I，大学生心理健康 I，大学生公共安全教育，形势与政策 I，大学计算机基础，化学与社会，微积分 AI，管理科学理性与精神，IT 技术与社会变革
2018 级	思想道德修养与法律基础，基础外语 II，英语口语 II，体育 II，军事理论，大学生心理健康 II，形势与政策 II，微积分 AII，Java 程序设计，管理学原理（双语），宏微观经济学，创新与当代管理

工程管理专业

年级	课程设置
2019 级	大学语文与应用文写作，中国近现代史纲要，基础外语 I，英语口语 I，体育 I，大学生职业发展与就业指导 I，大学生心理健康 I，大学生公共安全教育，形势与政策 I，大学计算机基础，化学与社会，微积分 AI，管理科学理性与精神，IT 技术与社会变革
2018 级	思想道德修养与法律基础，基础外语 II，英语口语 II，体育 II，军事理论，大学生心理健康 II，形势与政策 II，微积分 AII，Java 程序设计，管理学原理（双语），宏微观经济学，创新与当代管理
	英语训练，创业训练，计算机实践，工业生产过程概论
	马克思主义基本原理概论，英语口语 III，体育 III，形势与政策 III，线性代数 A，概率论与数理统计 A，文科物理，人力资源管理，市场营销学，管理信息系统，运营管理，会计学原理
2017 级	英语口语 IV，体育 IV，大学生职业发展与就业指导 II，信息管理概论，应用统计学，金融学概论，国际商务与跨文化，土木工程概论，房屋建筑学，工程制图基础
	大学生职业发展与就业指导 III，企业认识与实践，工程项目管理沙盘模拟
	毛泽东思想和中国特色社会主义理论体系概论 I，BIM 计量计价课程设计，运筹学 A，战略管理，商业伦理与社会责任，项目评价与管理，施工技术与组织设计，工程造价，国际工程承包与合同管理（双语），BIM 概论
2016 级	工程造价，工程合同法律制度，工程监理，工程项目风险与安全管理，工程项目质量管理，招投标管理，房地产开发与经营，工程咨询概论，国际信贷，投资经济学，商业计划书制作与演示设计
	专业实习
	大学生职业发展与就业指导 IV，国际工程承包与合同管理（双语），工程保险学，项目融资分析
2015 级	毕业设计（论文）

信息管理与信息系统专业

年级	课程设置
2019 级	大学语文与应用文写作，中国近现代史纲要，基础外语 I，英语口语 I，体育 I，大学生职业发展与就业指导 I，大学生心理健康 I，大学生公共安全教育，形势与政策 I，大学计算机基础，化学与社会，微积分 AI，管理科学理性与精神，IT 技术与社会变革
2018 级	思想道德修养与法律基础，基础外语 II，英语口语 II，体育 II，军事理论，大学生心理健康 II，形势与政策 II，微积分 AII，Java 程序设计，管理学原理（双语），宏微观经济学，创新与当代管理
	英语训练，创业训练，计算机实践，工业生产过程概论
	马克思主义基本原理概论，英语口语 III，体育 III，形势与政策 III，线性代数 A，概率论与数理统计 A，文科物理，人力资源管理，市场营销学，管理信息系统，运营管理，会计学原理

续表

年级	课程设置
2017 级	英语口语 IV，体育 IV，大学生职业发展与就业指导 II，信息管理概论，应用统计学，金融学概论，国际商务与跨文化，离散数学，数据库原理，C# 语言程序设计，计算机组成原理
	大学生职业发展与就业指导 III，信息系统开发实践 I，企业认识与实践
	毛泽东思想和中国特色社会主义理论体系概论 I，信息系统开发实践 II，运筹学 A，战略管理，商业伦理与社会责任，操作系统（双语），信息系统分析与设计，决策支持系统，项目评价与管理
2016 级	数据结构，计算机网络，电子商务，办公自动化，软件工程学，专业发展前沿技术，信息安全技术，企业系统建模，管理系统工程，大数据概论
	专业实习
	大学生职业发展与就业指导 IV，供应链管理基础，ERP 原理与应用，面向对象技术，数据仓库与数据挖掘（双语），Oracle 应用技术，CRM 原理与应用，Java 程序设计，信息系统运作与管理，电子商务及网络开发技术，MES 原理与应用，大数据分析与应用，文本挖掘
2015 级	毕业设计（论文）

大数据管理与应用专业

年级	课程设置
2019 级	大学语文与应用文写作，中国近现代史纲要，基础外语 I，英语口语 I，体育 I，军事理论，大学生职业发展与就业指导 I，大学生心理健康 I，大学生公共安全教育，形势与政策 I，社会实践，军训，大学计算机基础，化学与社会，微积分 AI
2018 级	思想道德修养与法律基础，基础外语 II，英语口语 II，体育 II，大学生心理健康 II，形势与政策 II，志愿服务与公益劳动，微积分 AII，Java 程序设计，管理学原理（双语），宏微观经济学
	工业生产过程概论，英语训练，创业训练，创新创业活动，计算机实践
	马克思主义基本原理概论，英语口语 III，体育 III，形势与政策 III，线性代数 A，概率论与数理统计 A，文科物理，人力资源管理，市场营销学，管理信息系统，运营管理，会计学原理
2017 级	英语口语 IV，体育 IV，大学生职业发展与就业指导 II，信息管理概论，应用统计学，金融学概论，国际商务与跨文化，商务数据分析
	大学生职业发展与就业指导 III，企业认识与实践，商业分析实践
	毛泽东思想和中国特色社会主义理论体系概论 I，形势与政策，运筹学 A，战略管理，商业伦理与社会责任，数据可视化，离散数学，Python 程序设计基础

经济与贸易类专业

年级	课程设置
2018 级	思想道德修养与法律基础，基础外语 II，英语口语 II，体育 II，军事理论，大学生心理健康 II，形势与政策 II，微积分 AII，Java 程序设计，管理学原理（双语），宏微观经济学，文献阅读与科学研究，国际贸易的演进与力量

国际经济与贸易专业

年级	课程设置
2019 级	大学语文与应用文写作，中国近现代史纲要，基础外语 I，英语口语 I，体育 I，大学生职业发展与就业指导 I，大学生心理健康 I，大学生公共安全教育，形势与政策 I，大学计算机基础，化学与社会，微积分 AI，金融导论，国际贸易摩擦与争端的解决

续表

年 级	课 程 设 置
2018 级	思想道德修养与法律基础，基础外语 II，英语口语 II，体育 II，军事理论，大学生心理健康 II，形势与政策 II，微积分 AII，Java 程序设计，管理学原理（双语），宏微观经济学，文献阅读与科学研究，国际贸易的演进与力量
	英语训练，创业训练，计算机实践，工业生产过程概论
	马克思主义基本原理概论，英语口语 III，体育 III，形势与政策 III，线性代数 A，概率论与数理统计 A，文科物理，人力资源管理，市场营销学，管理信息系统，运营管理，会计学原理
2017 级	英语口语 IV，体育 IV，大学生职业发展与就业指导 II，信息管理概论，应用统计学，金融学概论，国际商务与跨文化，国际贸易原理，国际商务英语（英语），企业文化（英语）
	大学生职业发展与就业指导 III，企业认识与实践，国际贸易摩擦分析
	毛泽东思想和中国特色社会主义理论体系概论 I，运筹学 A，战略管理，商业伦理与社会责任，商法，计量经济学，国际贸易实务，国际市场营销（双语），电子商务，风险投资，经济博弈论与应用
2016 级	国际商法，国际商务谈判，国际技术贸易概论，信息资源管理，财务报表分析，国际贸易地理，国际经济合作
	专业实习
	大学生职业发展与就业指导 IV，市场竞争模拟，国际结算，WTO 贸易规则，人力资源管理实务，国际投资（双语）
2015 级	毕业设计（论文）

金融工程专业

年 级	课 程 设 置
2019 级	大学语文与应用文写作，中国近现代史纲要，基础外语 I，英语口语 I，体育 I，大学生职业发展与就业指导 I，大学生心理健康 I，大学生公共安全教育，形势与政策 I，大学计算机基础，化学与社会，微积分 AI，金融导论，国际贸易摩擦与争端的解决
2018 级	思想道德修养与法律基础，基础外语 II，英语口语 II，体育 II，军事理论，大学生心理健康 II，形势与政策 II，微积分 AII，Java 程序设计，管理学原理（双语），宏微观经济学，文献阅读与科学研究，国际贸易的演进与力量
	英语训练，创业训练，计算机实践，工业生产过程概论
	马克思主义基本原理概论，英语口语 III，体育 III，形势与政策 III，线性代数 A，概率论与数理统计 A，文科物理，人力资源管理，市场营销学，管理信息系统，运营管理，会计学原理
2017 级	英语口语 IV，体育 IV，大学生职业发展与就业指导 II，随机过程，信息管理概论，应用统计学，金融学概论，国际商务与跨文化，财政学，国际投资（双语）
	大学生职业发展与就业指导 III，企业认识与实践，投资理财方案设计
	毛泽东思想和中国特色社会主义理论体系概论 I，运筹学 A，战略管理，商业伦理与社会责任，国际金融（英语），公司金融，投资学，商业银行经营学，金融营销学，风险投资，投资基金
2016 级	国际金融（英语），计量经济学，金融工程学，金融市场（双语），保险学，风险投资，信用管理，金融产品设计与应用，金融监管，期货实务，固定收益证券，金融数据处理，期货与期权实务
	专业实习
	大学生职业发展与就业指导 IV，风险管理，证券交易分析，金融理论与实践专题，财富管理，实验金融学，金融案例分析
2015 级	毕业设计（论文）

人文科学试验班类专业

年级	课程设置
2019 级	思想道德修养与法律基础，基础外语 I，体育 I，大学生职业发展与就业指导 I，大学生心理健康 I，大学生公共安全教育，形势与政策 I，大学计算机基础，文科数学 I，经济学概论，心理学概论
2018 级	中国近现代史纲要，基础外语 II，体育 II，军事理论，大学生心理健康 II，形势与政策 II，法学概论，社会学概论，形式逻辑，政治学原理，现代科学技术概论，文科数学 II

法学专业

年级	课程设置
2019 级	思想道德修养与法律基础，基础外语 I，体育 I，大学生职业发展与就业指导 I，大学生心理健康 I，大学生公共安全教育，形势与政策 I，经济学概论，心理学概论，大学计算机基础，文科数学 I
2018 级	中国近现代史纲要，基础外语 II，体育 II，军事理论，大学生心理健康 II，形势与政策 II，法学概论，社会学概论，形式逻辑，政治学原理，现代科学技术概论，文科数学 II
	英语训练，创业训练，计算机实践
	民法学，刑法学，体育 III，法理学，宪法学 A
2017 级	马克思主义基本原理概论，体育 IV，大学生职业发展与就业指导 II，国际法学，民事诉讼法学，刑事诉讼法学（双语），环境资源法学，婚姻家庭法，法学经典案例解读，经济刑法
	大学生职业发展与就业指导 III，专业实习 I
	毛泽东思想和中国特色社会主义理论体系概论 I，行政法与行政诉讼法学，商法学，合同法学，经济法学，证据法学，金融法学，劳动法，模拟法庭实务，房地产法
2016 级	SPSS 软件运用，国际私法学（双语），国际经济法学，商法学 II，中国法制史，知识产权法学，金融法学，劳动法，经济刑法，当代中国社会问题研究，中国行政改革概论
	专业实习 II
	大学生职业发展与就业指导 IV，律师实务（双语），学术论文写作，当代中国社会保障，公共关系学，后现代西方社会思潮
2015 级	毕业设计（论文）

行政管理专业

年级	课程设置
2019 级	思想道德修养与法律基础，基础外语 I，体育 I，大学生职业发展与就业指导 I，大学生心理健康 I，大学生公共安全教育，形势与政策 I，经济学概论，心理学概论，大学计算机基础，文科数学 I
2018 级	中国近现代史纲要，基础外语 II，体育 II，军事理论，大学生心理健康 II，形势与政策 II，法学概论，社会学概论，形式逻辑，政治学原理，现代科学技术概论，文科数学 II
	英语训练，创业训练，计算机实践
	社会研究方法，体育 III，社会统计学，当代中国政府与政治，比较政治制度，管理学原理，西方行政思想史，政府经济学，公共行政学
2017 级	马克思主义基本原理概论，体育 IV，大学生职业发展与就业指导 II，公共组织学，行政法与行政诉讼，管理心理学，公共财政学，公共政策学
	大学生职业发展与就业指导 III，专业实习 I，电子政务软件和技能培训
	毛泽东思想和中国特色社会主义理论体系概论 I，行政领导与决策，社会保障概论，政策分析方法与技术，行政伦理学，企业管理学，管理哲学，中国政治思想史专题，宏观经济学专题，地方政府管理，非营利组织管理，微观经济学（中级），社会科学研究导论

续表

年 级	课 程 设 置
2016 级	SPSS 软件运用，当代中国政府与政治，比较政治制度，企业管理，公共政策学，人力资源开发与管理（双语），公务员管理，劳动法，行政伦理学，中国行政改革概论，学术论文写作，政府绩效评估，制度经济学，公共政策分析方法，人力资源管理软件应用实验，后现代西方社会思潮，非营利组织管理
	专业实习 II，行政能力测试
	大学生职业发展与就业指导 IV，公共危机管理，当代中国社会问题研究，公共部门的全面质量管理，公共关系学
2015 级	毕业设计（论文）

社会工作（社会管理）专业

年 级	课 程 设 置
2019 级	思想道德修养与法律基础，基础外语 I，体育 I，大学生职业发展与就业指导 I，大学生心理健康 I，大学生公共安全教育，形势与政策 I，经济学概论，心理学概论，大学计算机基础，文科数学 I
2018 级	中国近现代史纲要，基础外语 II，体育 II，军事理论，大学生心理健康 II，形势与政策 II，法学概论，社会学概论，形式逻辑，政治学原理，现代科学技术概论，文科数学 II
	英语训练，创业训练，计算机实践
	体育 III，社会调查方法，社会工作概论，社会人类学，人类行为与社会环境，个案社会工作，萨提亚模式与家庭治疗，健康社会学
2017 级	马克思主义基本原理概论，体育 IV，大学生职业发展与就业指导 II，社会统计学，社会心理学，团体社会工作，组织社会学，社区分析，定性研究方法，社会救助与反贫困，情感社会工作
	大学生职业发展与就业指导 III，专业实习 I
	毛泽东思想和中国特色社会主义理论体系概论 I，社会服务机构实践与督导 I，SPSS 软件应用，西方社会学理论，社会政策分析，社会福利思想，社区社会工作，精神健康社会工作，自杀危机与干预，社会分层与流动，儿童福利政策，青年社会工作
2016 级	社会工作伦理，社会政策概论，社会保障原理，社会工作行政，当代社会学理论，发展社会学，老年社会工作，健康社会学，农村社会工作，企业社会工作
	专业实习 II
	大学生职业发展与就业指导 IV，社会服务机构实践与督导 I，人力资源开发与管理，人口社会学，青少年社会工作，女性社会工作，社会项目评估，教育社会学，科学社会学，医务社会工作
2015 级	社会服务机构实践与督导 II，毕业设计（论文），中国社会学史，学术论文写作

外国语言文学类专业

年 级	课 程 设 置
2019 级	中国近现代史纲要，体育 I，军事理论，大学生职业发展与就业指导 I，大学生心理健康 I，大学生公共安全教育，形势与政策 I，综合英语，综合日语，综合德语，英语国家概况，日本大众文化，走近德国

英语专业

年 级	课 程 设 置
2019 级	中国近现代史纲要，体育 I，军事理论，大学生职业发展与就业指导 I，大学生心理健康 I，大学生公共安全教育，形势与政策 I，综合英语，综合日语，综合德语，英语国家概况，日本大众文化，走近德国

续表

年级	课程设置
2018 级	大学语文与应用文写作，思想道德修养与法律基础，体育 II，大学生心理健康 II，形势与政策 II，多媒体技术基础及应用，英语视听 I，英语泛读与课外必读 I（时事新闻），基础英语 I，圣经与希腊罗马神话，学术写作入门，英语口语（会话与配音），语言基础训练，英国和大洋洲社会与文化，名篇翻译鉴赏，文学的跨学科研究
	英语训练，创业训练，计算机实践
	马克思主义基本原理概论，体育 III，形势与政策 III，英语视听 II，英语泛读与课外必读 II（网络阅读），基础英语 II，学术写作方法与体裁，西方思想经典选读，英语口语（演讲与口才），西方艺术史，英美短篇小说，北美社会与文化，英汉语言对比分析，英汉对比与翻译
2017 级	体育 IV，大学生职业发展与就业指导 II，英语视听 III，英语泛读与课外必读 III（文学经典），基础英语 III，跨文化交际，学术写作与水平考试，英语口语（辩论与访谈），文化人类学，英语诗歌赏析，英美报刊选读，语义学基础，实用文体翻译，英语词汇学，传播学概论
	大学生职业发展与就业指导 III，外国专家讲学，英语写作实验室
	毛泽东思想和中国特色社会主义理论体系概论 I，英国文学史与作品选读，当代语言学导论 I，英译汉理论与实践，批判思维与学术写作，美国历史，心理学导论，英语文体学，语言与心理，英语文学细读与前沿理论，非文学阅读与翻译，法语（二外）I，国际关系概论
2016 级	口译理论与实践，美国文学史与作品选读，当代语言学导论 II，汉译英理论与实践，国际关系概论，文学批评与学术写作，概率论与数理统计 B，品牌战略，消费者行为学，管理沟通，企划文案设计，创业管理，国际商务函电（双语），精选英语视听 II，德语（二外）III，日语（二外）III，法语（二外）III，俄语（二外）III，语篇分析，英美文学与电影
	专业实践 II，语言测试
	经济与管理，大学生职业发展与就业指导 IV，交传与同传，毕业论文写作，德语（二外）IV，日语（二外）IV，法语（二外）IV，俄语（二外）IV
2015 级	毕业设计（论文）

日语专业

年级	课程设置
2019 级	中国近现代史纲要，体育 I，军事理论，大学生职业发展与就业指导 I，大学生心理健康 I，大学生公共安全教育，形势与政策 I，综合英语，综合日语，综合德语，英语国家概况，日本大众文化，走近德国
2018 级	大学语文与应用文写作，思想道德修养与法律基础，体育 II，大学生心理健康 II，形势与政策 II，多媒体技术基础及应用，基础日语 I，日语初级视听说 I，日语会话与实践 I
	英语训练，创业训练，计算机实践
	马克思主义基本原理概论，体育 III，形势与政策 III，基础日语 II，日语初级视听说 II，日语会话与实践 II，日语初级阅读 I
2017 级	体育 IV，大学生职业发展与就业指导 II，基础日语 III，日语初级视听说 III，日语会话与实践 III，日语初级阅读 II，日语写作 I，日本概况
	大学生职业发展与就业指导 III，日语口语实践，日语面试指导，日语面试指导，日本名师讲座
	毛泽东思想和中国特色社会主义理论体系概论 I，日语写作 II，日语精读 I，日语口译 I，日语笔译 I，日语高级视听说 I，日语高级阅读 I，日语报刊选读，日本文学史与作品选读 I
2016 级	日语综合能力实践 III，日语高级写作，日语口译 II，日语笔译 II，日语高级视听说 II，日语高级阅读 II，日本文学史与作品选读 II，日语高级精读 II，品牌战略，消费者行为学，管理沟通，企划文案设计，创业管理，国际商务函电（双语），中日比较文学概论，日本社会历史与文化，名著翻译鉴赏，日语面试指导，日本历史名人谈，古典日语语法
	日语专业实习
	经济与管理，大学生职业发展与就业指导 IV，学术论文写作，日语高级精读 III，日语语言学概论，同声传译
2015 级	毕业设计（论文）

德语专业

年级	课程设置
2019 级	中国近现代史纲要，体育 I，军事理论，大学生职业发展与就业指导 I，大学生心理健康 I，大学生公共安全教育，形势与政策 I，综合英语，综合日语，综合德语，英语国家概况，日本大众文化，走近德国
2018 级	思想道德修养与法律基础，体育 II，大学生心理健康 II，形势与政策 II，多媒体技术基础及应用，德语精读 I，基础德语 I，德语口语实践Ⅰ，德语视听训练Ⅰ
	英语训练，创业训练，计算机实践
	马克思主义基本原理概论，体育 III，形势与政策 III，德语泛读 I，德语精读 II，基础德语 II，德语初级写作 I，德语口语实践Ⅱ，德语视听训练Ⅱ
2017 级	体育 IV，大学生职业发展与就业指导 II，基础德语 III，德语泛读 II，德语精读 III，德语初级写作 II，德语语法，德语视听训练Ⅲ，德语翻译训练
	大学生职业发展与就业指导 III，德国专家讲座，德国问题专题
	毛泽东思想和中国特色社会主义理论体系概论 I，德语视听训练Ⅳ，高级德语 I，高级德语写作 I，德语文学导论，德语语言学导论，德国历史与文化，德语影视文化，德语文化学导论，德国社会市场经济导论，实用经济德语 I，翻译导论，口译技能入门，中德文学名篇翻译鉴赏
2016 级	德语视听 V，笔译 II，高级德语 II，口译 I，经贸德语 II，语言学导论，高级德语写作 II，概率论与数理统计 B，品牌战略，消费者行为学，管理沟通，企划文案设计，创业管理，国际商务函电（双语），德国报刊选读，德语文学选读
	专业实习
	经济与管理，大学生职业发展与就业指导 IV，高级德语 III，口译 II，学术论文写作，德国外交与文化
2015 级	毕业设计（论文）

理科留学生专业

年级	课程设置
2019 级	科技汉语，综合汉语，国际学生入学导向课，大学生公共安全教育，大学计算机基础，普通化学，微积分 AI，工科物理 BI
2018 级	中国概况，C 语言程序设计，线性代数 A，概率论与数理统计 A，微积分 AII，工科物理 BII

文科留学生专业

年级	课程设置
2019 级	科技汉语，综合汉语，国际学生入学导向课，大学生公共安全教育，大学计算机基础，大学物理 B，化学与社会，微积分 BI
2018 级	中国概况，线性代数 A，概率论与数理统计 A，微积分 BII，Java 程序设计，管理学原理（双语），宏微观经济学

工科试验班类（卓越计划）专业

年级	课程设置
2019 级	中国近现代史纲要，基础外语 I，体育 I，军事理论，大学生职业发展与就业指导 I，大学生心理健康 I，大学生公共安全教育，形势与政策 I，普通化学实验，大学计算机基础，普通化学，微积分 AI，工程制图 A
2018 级	思想道德修养与法律基础，基础外语 II，体育 II，大学生心理健康 II，形势与政策 II，C 语言程序设计，线性代数 A，微积分 AII，工科物理 BI，现代钢铁生产导论

矿物资源工程（卓越计划）专业

年 级	课 程 设 置
2019 级	中国近现代史纲要，基础外语 I，体育 I，军事理论，大学生职业发展与就业指导 I，大学生心理健康 I，大学生公共安全教育，形势与政策 I，普通化学实验，大学计算机基础，普通化学，微积分 AI，工程制图 A
2018 级	思想道德修养与法律基础，基础外语 II，体育 II，大学生心理健康 II，形势与政策 II，C 语言程序设计，线性代数 A，微积分 AII，工科物理 BI，现代钢铁生产导论
	英语训练，创业训练，计算机实践
	马克思主义基本原理概论，体育 III，形势与政策 III，数学实验，工科物理实验 AI，金工实习 B，概率论与数理统计 A，工科物理 BII，工程力学 AI，电工电子学，工程数值计算，工业机器人应用与实践，工程训练综合能力训练与实践
2017 级	体育 IV，大学生职业发展与就业指导 II，工科物理实验 AII，力学实验，工程力学 AII，流体力学 B，地质学基础，机械设计基础 B，工程测量与 3S 技术，智能采矿学概论，工程创新与创业（国际课），航空模型实践与创新训练，智能控制设计及应用，移动机器人技术及应用 I，钢铁生产虚拟仿真实践 B
	大学生职业发展与就业指导 III，机械设计基础课程设计，工程实践 I
	生产运营管理，毛泽东思想和中国特色社会主义理论体系概论 I，微机原理及应用，数值计算，矿山地质学 B，爆破工程，矿床开采工程，岩石力学与工程 A，矿产资源法基础，边坡工程，特殊采矿技术，工程导论，钢铁生产全流程专题课程 I，智能制造工程设计，多旋翼无人机，移动机器人技术及应用 II，智能工程与创新实践，矿业系统工程，Python 语言
2016 级	经济学基础，矿山机械与自动化，矿床开采工程（露天开采）（双语），矿床开采工程（地下开采）（双语），矿山安全工程，矿业固体废物资源化，数字矿山技术，现代充填技术，散体动力学与放矿，铁水预处理，炉外精炼（双语），特种冶金，连铸工艺与设备，冶金环境工程与资源循环利用，冶金过程检测与自动控制，铁合金，特殊钢冶金过程工程，纯净钢生产工艺（全英文），材料成形摩擦与润滑，机电一体化技术，机械创新设计，工业生态学，压缩机械，流体机械，动力机械 A（内燃机），动力机械 B（涡轮机），机械振动，钢铁生产全流程专题课程 I，钢铁生产全流程专题课程 II，钢铁生产全流程专题课程 III
	工程实践 II
	大学生职业发展与就业指导 IV，工程设计，通风防尘与空气调节，矿产资源法基础，教授专题：采矿工程新技术及发展方向，特殊采矿技术，采矿专业英语，矿山现代测试技术，地质统计学与矿床建模，非高炉炼铁，冶金流程工程学，电磁冶金原理与工艺，材料成形过程质量性能控制（双语），实验测试技术，锻压工艺学，材料成形计算机辅助工程，固态成形模拟与仿真，工程数值计算，现代设计方法，CAD/CAM 技术及应用，数学模型，气体分离工程，热工过程模化与控制，能源系统优化基础，热能动力装备，空气调节，暖通工程，现代传感技术，模具设计与制造，现代加工技术，机械质量管理分析与控制，流程工业过程控制，系统工程导论，工业企业供电及节能技术，分布式控制系统，DSP 原理及应用，可编程逻辑器件及应用，虚拟仪器，冶金企业一体化管理，钢铁生产全流程专题课程 IV，钢铁生产全流程专题课程 V
2015 级	工程实践与毕业设计，实验测试技术

冶金工程（卓越计划）专业

年 级	课 程 设 置
2019 级	中国近现代史纲要，基础外语 I，体育 I，军事理论，大学生职业发展与就业指导 I，大学生心理健康 I，大学生公共安全教育，形势与政策 I，普通化学实验，大学计算机基础，普通化学，微积分 AI，工程制图 A
2018 级	思想道德修养与法律基础，基础外语 II，体育 II，大学生心理健康 II，形势与政策 II，C 语言程序设计，线性代数 A，微积分 AII，工科物理 BI，现代钢铁生产导论
	英语训练，创业训练，计算机实践
	马克思主义基本原理概论，体育 III，形势与政策 III，数学实验，工科物理实验 AI，金工实习 B，概率论与数理统计 A，工科物理 BII，工程力学 C，电工电子学，工程数值计算，工业机器人应用与实践，工程训练综合能力训练与实践
2017 级	体育 IV，大学生职业发展与就业指导 II，工科物理实验 AII，冶金传输原理 B，机械设计基础 B，物理化学 BI，冶金单元设计与操作，工程创新与创业（国际课），航空模型实践与创新训练，智能控制设计及应用，移动机器人技术及应用 I

续表

年级	课程设置
2017级	大学生职业发展与就业指导 III，机械设计基础课程设计，工程实践 IA，国内外专家讲座
2017级	生产运营管理，毛泽东思想和中国特色社会主义理论体系概论 I，物理化学实验 C，工程实践 IB，微机原理及应用，冶金物理化学（卓越计划），材料科学基础 E，物理化学 BII，煤与焦化工艺，铁矿石造块新技术，专业英语阅读与写作（双语），铁合金，工程导论，钢铁生产全流程专题课程 I，智能制造工程设计，多旋翼无人机，移动机器人技术及应用 II，智能工程与创新实践
2016级	经济学基础，金属材料及热处理，钢铁冶金学 I，冶金工程实验技术，钢铁冶金学 II，矿业固体废物资源化，数字矿山技术，现代充填技术，散体动力学与放矿，铁水预处理，炉外精炼（双语），特种冶金，连铸工艺与设备，冶金环境工程与资源循环利用，冶金过程检测与自动控制，冶金反应工程学，铁合金，特殊钢冶金过程工程，纯净钢生产工艺（全英文），有色金属冶金学，材料成形摩擦与润滑，机电一体化技术，机械创新设计，工业生态学，压缩机械，流体机械，动力机械 A（内燃机），动力机械 B（涡轮机），机械振动，钢铁生产全流程专题课程 I，钢铁生产全流程专题课程 II，钢铁生产全流程专题课程 III
2016级	工程实践 II
2016级	大学生职业发展与就业指导 IV，工程设计，矿产资源法基础，教授专题：采矿工程新技术及发展方向，特殊采矿技术，采矿专业英语，矿山现代测试技术，地质统计学与矿床建模，非高炉炼铁，冶金流程工程学，电磁冶金原理与工艺，现代冶金工程设计原理，材料成形过程质量性能控制（双语），实验测试技术，锻压工艺学，材料成形计算机辅助工程，固态成形模拟与仿真，工程数值计算，现代设计方法，CAD/CAM 技术及应用，数学模型，气体分离工程，热工过程模化与控制，能源系统优化基础，热能动力装备，空气调节，暖通工程，现代传感技术，模具设计与制造，现代加工技术，机械质量管理分析与控制，流程工业过程控制，系统工程导论，工业企业供电及节能技术，分布式控制系统，DSP 原理及应用，可编程逻辑器件及应用，虚拟仪器，冶金企业一体化管理，钢铁生产全流程专题课程 IV，钢铁生产全流程专题课程 V
2015级	工程实践与毕业设计，实验测试技术

材料科学与工程（卓越计划）专业

年级	课程设置
2019级	中国近现代史纲要，基础外语 I，体育 I，军事理论，大学生职业发展与就业指导 I，大学生心理健康 I，大学生公共安全教育，形势与政策 I，普通化学实验，大学计算机基础，普通化学，微积分 AI，工程制图 A
2018级	思想道德修养与法律基础，基础外语 II，体育 II，大学生心理健康 II，形势与政策 II，C 语言程序设计，线性代数 A，微积分 AII，工科物理 BI，现代钢铁生产导论
2018级	英语训练，创业训练，计算机实践
2018级	马克思主义基本原理概论，体育 III，形势与政策 III，数学实验，工科物理实验 AI，金工实习 B，概率论与数理统计 A，工科物理 BII，工程力学 AI，电工电子学，工程数值计算，工业机器人应用与实践，工程训练综合能力训练与实践
2017级	体育 IV，大学生职业发展与就业指导 II，工科物理实验 AII，力学实验，工程力学 AII，机械设计基础 B，物理化学 D，工程创新与创业（国际课），航空模型实践与创新训练，智能控制设计及应用，移动机器人技术及应用 I
2017级	大学生职业发展与就业指导 III，机械设计基础课程设计，工程实践 IA
2017级	生产运营管理，毛泽东思想和中国特色社会主义理论体系概论 I，工程实践 IB，微机原理及应用，材料科学基础 E，控制理论基础，材料成形理论基础，材料焊接冶金原理，电弧物理与弧焊方法，液态成形理论，铸造合金及制备工艺，材料力学性能，固态成形理论基础，材料短流程近终形成形技术，工程导论，钢铁生产全流程专题课程 I，智能制造工程设计，多旋翼无人机，移动机器人技术及应用 II，智能工程与创新实践
2016级	经济学基础，金属材料及热处理，材料分析方法，热工学，材料成形工艺，矿业固体废物资源化，数字矿山技术，现代充填技术，散体动力学与放矿，铁水预处理，炉外精炼（双语），特种冶金，连铸工艺与设备，冶金环境工程与资源循环利用，冶金过程检测与自动控制，铁合金，特殊钢冶金过程工程，纯净钢生产工艺（全英文），材料焊接原理与工艺，材料成形摩擦与润滑，轧制原理，机电一体化技术，机械创新设计，工业生态学，压缩机械，流体机械，动力机械 A（内燃机），动力机械 B（涡轮机），机械振动，轧钢过程自动控制，钢铁生产全流程专题课程 I，钢铁生产全流程专题课程 II，钢铁生产全流程专题课程 III
2016级	工程实践 II

续表

年级	课程设置
2016 级	大学生职业发展与就业指导 IV，工程设计，矿产资源法基础，教授专题：采矿工程新技术及发展方向，特殊采矿技术，采矿专业英语，矿山现代测试技术，地质统计学与矿床建模，非高炉炼铁，冶金流程工程学，电磁冶金原理与工艺，材料成形过程质量性能控制（双语），实验测试技术，材料成形设备与车间设计，锻压工艺学，材料成形计算机辅助工程，固态成形模拟与仿真，工程数值计算，现代设计方法，CAD/CAM 技术及应用，数学模型，气体分离工程，热工过程模化与控制，能源系统优化基础，热能动力装备，空气调节，暖通工程，现代传感技术，模具设计与制造，现代加工技术，机械质量管理分析与控制，流程工业过程控制，系统工程导论，工业企业供电及节能技术，分布式控制系统，DSP 原理及应用，可编程逻辑器件及应用，虚拟仪器，冶金企业一体化管理，钢铁生产全流程专题课程 IV，钢铁生产全流程专题课程 V
2015 级	工程实践与毕业设计，实验测试技术

能源与动力工程（卓越计划）专业

年级	课程设置
2019 级	中国近现代史纲要，基础外语 I，体育 I，军事理论，大学生职业发展与就业指导 I，大学生心理健康 I，大学生公共安全教育，形势与政策 I，普通化学实验，大学计算机基础，普通化学，微积分 AI，工程制图 A
2018 级	思想道德修养与法律基础，基础外语 II，体育 II，大学生心理健康 II，形势与政策 II，C 语言程序设计，线性代数 A，微积分 AII，工科物理 BI，现代钢铁生产导论
	英语训练，创业训练，计算机实践
	马克思主义基本原理概论，体育 III，形势与政策 III，数学实验，工科物理实验 AI，金工实习 B，概率论与数理统计 A，工科物理 BII，工程力学 C，电工电子学，工程数值计算，工业机器人应用与实践，工程训练综合能力训练与实践
2017 级	体育 IV，大学生职业发展与就业指导 II，工科物理实验 AII，热工实验 I，机械设计基础 B，工程热力学，工程流体力学（双语），物理化学 D，工程创新与创业（国际课），智能制造基础（国际课），航空模型实践与创新训练，智能控制设计及应用，移动机器人技术及应用 I
	大学生职业发展与就业指导 III，机械设计基础课程设计，工程实践 IA
	生产运营管理，毛泽东思想和中国特色社会主义理论体系概论 I，热工实验 II，工程实践 IB，微机原理及应用，传热传质学（双语），工程燃烧学，能源系统优化基础，能量转换与利用，太阳能与风能，气体资源，工程导论，钢铁生产全流程专题课程 I，智能制造工程设计，多旋翼无人机，移动机器人技术及应用 II，智能工程与创新实践，能源环境工程，新能源概论（全英文）
2016 级	经济学基础，热工自动检测与控制（双语），制冷与低温原理，工业热工基础，热工过程及设备，矿业固体废物资源化，数字矿山技术，现代充填技术，散体动力学与放矿，铁水预处理，炉外精炼（双语），特种冶金，连铸工艺与设备，冶金环境工程与资源循环利用，冶金过程检测与自动控制，铁合金，特殊钢冶金过程工程，纯净钢生产工艺（全英文），材料成形摩擦与润滑，机电一体化技术，机械创新设计，新能源概论，工业生态学，压缩机械，流体机械，动力机械 A（内燃机），动力机械 B（涡轮机），机械振动，钢铁生产全流程专题课程 I，钢铁生产全流程专题课程 II，钢铁生产全流程专题课程 III
	工程实践 II
	大学生职业发展与就业指导 IV，热过程模拟软件实训，工程设计，低温工艺及装置，矿产资源法基础，教授专题：采矿工程新技术及发展方向，特殊采矿技术，采矿专业英语，矿山现代测试技术，地质统计学与矿床建模，非高炉炼铁，冶金流程工程学，电磁冶金原理与工艺，材料成形过程质量性能控制（双语），实验测试技术，锻压工艺学，材料成形计算机辅助工程，固态成形模拟与仿真，工程数值计算，现代设计方法，CAD/CAM 技术及应用，数学模型，气体分离工程，热工过程模化与控制，热能动力装备，空气调节，暖通工程，能量转换与利用，现代传感技术，模具设计与制造，现代加工技术，机械质量管理分析与控制，流程工业过程控制，系统工程导论，工业企业供电及节能技术，分布式控制系统，DSP 原理及应用，可编程逻辑器件及应用，虚拟仪器，冶金企业一体化管理，钢铁生产全流程专题课程 IV，钢铁生产全流程专题课程 V
2015 级	工程实践与毕业设计，实验测试技术

自动化（卓越计划）专业

年 级	课 程 设 置
2019 级	中国近现代史纲要，基础外语 I，体育 I，军事理论，大学生职业发展与就业指导 I，大学生心理健康 I，大学生公共安全教育，形势与政策 I，普通化学实验，大学计算机基础，普通化学，微积分 AI，工程制图 A
2018 级	思想道德修养与法律基础，基础外语 II，体育 II，大学生心理健康 II，形势与政策 II，C 语言程序设计，线性代数 A，微积分 AII，工科物理 BI，现代钢铁生产导论
	英语训练，创业训练，计算机实践
	马克思主义基本原理概论，体育 III，形势与政策 III，数学实验，工科物理实验 AI，电路实验技术，模拟电子技术实验，金工实习 B，复变函数与积分变换 A，概率论与数理统计 A，工科物理 BII，电路分析基础 AI，模拟电子技术 A，信号与系统分析，工程数值计算，工业机器人应用与实践，工程训练综合能力训练与实践
2017 级	体育 IV，大学生职业发展与就业指导 II，工科物理实验 AII，数字电子技术实验，工程优化数学基础，电路分析基础 AII，数字电子技术（双语），微机原理及应用，自动控制原理 A，面向对象程序设计 I，工程创新与创业（国际课），智能制造基础（国际课），航空模型实践与创新训练，智能控制设计及应用，移动机器人技术及应用 I，钢铁生产虚拟仿真实践 B，软件工程，应用力学基础 A
	大学生职业发展与就业指导 III，电子技术实习 A
	生产运营管理，毛泽东思想和中国特色社会主义理论体系概论 I，工程实践 IB，工程力学 C，现代控制理论，电力电子技术，电机及拖动，现代传感器技术，过程控制，工程导论，面向对象程序设计 II，分布式控制系统，DSP 原理及应用，可编程控制器及应用，模式识别基础，钢铁生产全流程专题课程 I，智能制造工程设计，多旋翼无人机，移动机器人技术及应用 II，智能工程与创新实践，数据库技术及应用，常用电器控制技术
2016 级	经济学基础，控制网络技术，电机及其运动控制 II，矿业固体废物资源化，数字矿山技术，现代充填技术，散体动力学与放矿，铁水预处理，炉外精炼（双语），特种冶金，连铸工艺与设备，冶金环境工程与资源循环利用，冶金过程检测与自动控制，铁合金，特殊钢冶金过程工程，纯净钢生产工艺（全英文），材料成形摩擦与润滑，机电一体化技术，机械创新设计，工业生态学，压缩机械，流体机械，动力机械 A（内燃机），动力机械 B（涡轮机），机械振动，计算机控制技术 A，钢铁生产全流程专题课程 I，钢铁生产全流程专题课程 II，钢铁生产全流程专题课程 III
	工程实践 II
	大学生职业发展与就业指导 IV，工程设计，矿产资源法基础，教授专题：采矿工程新技术及发展方向，特殊采矿技术，采矿专业英语，矿山现代测试技术，地质统计学与矿床建模，非高炉炼铁，冶金流程工程学，电磁冶金原理与工艺，材料成形过程质量性能控制（双语），实验测试技术，锻压工艺学，材料成形计算机辅助工程，固态成形模拟与仿真，工程数值计算，现代设计方法，CAD/CAM 技术及应用，数学模型，气体分离工程，热工过程模化与控制，能源系统优化基础，热能动力装备，空气调节，暖通工程，现代传感技术，模具设计与制造，现代加工技术，机械质量管理分析与控制，流程工业过程控制，系统工程导论，工业企业供电及节能技术，分布式控制系统，DSP 原理及应用，可编程逻辑器件及应用，虚拟仪器，冶金企业一体化管理，钢铁生产全流程专题课程 IV，钢铁生产全流程专题课程 V
2015 级	工程实践与毕业设计，实验测试技术

机械工程（卓越计划）专业

年 级	课 程 设 置
2019 级	中国近现代史纲要，基础外语 I，体育 I，军事理论，大学生职业发展与就业指导 I，大学生心理健康 I，大学生公共安全教育，形势与政策 I，普通化学实验，大学计算机基础，普通化学，微积分 AI，工程制图 A
2018 级	思想道德修养与法律基础，基础外语 II，体育 II，大学生心理健康 II，形势与政策 II，C 语言程序设计，线性代数 A，微积分 AII，工科物理 BI，现代钢铁生产导论
	英语训练，创业训练，计算机实践
	马克思主义基本原理概论，体育 III，形势与政策 III，数学实验，工科物理实验 AI，概率论与数理统计 A，工科物理 BII，理论力学 A，工程数值计算，工业机器人应用与实践，工程训练综合能力训练与实践
2017 级	体育 IV，大学生职业发展与就业指导 II，工科物理实验 AII，电工技术实验，金工实习 AI，工程流体力学，机械原理，电工技术 A，材料力学，工程创新与创业（国际课），智能制造基础（国际课），航空模型实践与创新训练，智能控制设计及应用，移动机器人技术及应用 I，钢铁生产虚拟仿真实践 B

续表

<table>
<tr><th>年 级</th><th>课 程 设 置</th></tr>
<tr><td rowspan="2">2017 级</td><td>大学生职业发展与就业指导 III，金工实习 AII</td></tr>
<tr><td>生产运营管理，毛泽东思想和中国特色社会主义理论体系概论 I，电子技术实验，电子技术实习 C，工程实践 IB，微机原理及应用，工程材料及成形工艺，机械设计，电子技术 A，控制理论基础，互换性与测量技术，机电传动控制，机械制造工艺基础，工程导论，钢铁生产全流程专题课程 I，智能制造工程设计，多旋翼无人机，移动机器人技术及应用 II，智能工程与创新实践</td></tr>
<tr><td rowspan="3">2016 级</td><td>经济学基础，机械课程设计，热工学，互换性与测量技术，机械制造工艺基础，冶金机械设计与制造，矿业固体废物资源化，数字矿山技术，现代充填技术，散体动力学与放矿，铁水预处理，炉外精炼（双语），特种冶金，连铸工艺与设备，冶金环境工程与资源循环利用，冶金过程检测与自动控制，铁合金，特殊钢冶金过程工程，纯净钢生产工艺（全英文），材料成形摩擦与润滑，机电一体化技术，机械创新设计，工业生态学，压缩机械，流体机械，动力机械 A（内燃机），动力机械 B（涡轮机），机械振动，液压与气压传动，测试技术，轧钢过程自动控制，钢铁生产全流程专题课程 I，钢铁生产全流程专题课程 II，钢铁生产全流程专题课程 III</td></tr>
<tr><td>工程实践 II</td></tr>
<tr><td>大学生职业发展与就业指导 IV，工程设计，矿产资源法基础，教授专题：采矿工程新技术及发展方向，特殊采矿技术，采矿专业英语，矿山现代测试技术，地质统计学与矿床建模，非高炉炼铁，冶金流程工程学，电磁冶金原理与工艺，材料成形过程质量性能控制（双语），实验测试技术，锻压工艺学，材料成形计算机辅助工程，固态成形模拟与仿真，冶金生产工艺及装备，工程数值计算，现代设计方法，CAD/CAM 技术及应用，数学模型，气体分离工程，热工过程模化与控制，能源系统优化基础，热能动力装备，空气调节，暖通工程，现代传感技术，模具设计与制造，现代加工技术，机械质量管理分析与控制，流程工业过程控制，系统工程导论，工业企业供电及节能技术，分布式控制系统，DSP 原理及应用，可编程逻辑器件及应用，虚拟仪器，冶金企业一体化管理，钢铁生产全流程专题课程 IV，钢铁生产全流程专题课程 V</td></tr>
<tr><td>2015 级</td><td>工程实践与毕业设计，实验测试技术</td></tr>
</table>

数学类专业

<table>
<tr><th>年 级</th><th>课 程 设 置</th></tr>
<tr><td>2019 级</td><td>思想道德修养与法律基础，基础外语 I，体育 I，大学生职业发展与就业指导 I，大学生心理健康 I，大学生公共安全教育，形势与政策 I，大学计算机基础，解析几何，数学分析 I，C# 程序设计，数学理论、方法和应用 I</td></tr>
<tr><td>2018 级</td><td>中国近现代史纲要，基础外语 II，体育 II，军事理论，大学生心理健康 II，形势与政策 II，理科物理实验 I，高等代数 I，数学分析 II，理科物理 II，专业发展前沿概述</td></tr>
</table>

数学与应用数学专业

<table>
<tr><th>年 级</th><th>课 程 设 置</th></tr>
<tr><td>2019 级</td><td>思想道德修养与法律基础，基础外语 I，体育 I，大学生职业发展与就业指导 I，大学生心理健康 I，大学生公共安全教育，形势与政策 I，大学计算机基础，解析几何，数学分析 I，C# 程序设计，数学理论、方法和应用 I</td></tr>
<tr><td rowspan="3">2018 级</td><td>中国近现代史纲要，基础外语 II，体育 II，军事理论，大学生心理健康 II，形势与政策 II，理科物理实验 I，高等代数 I，数学分析 II，理科物理 II，专业发展前沿概述</td></tr>
<tr><td>英语训练，创业训练，数学软件及其应用，计算机实践</td></tr>
<tr><td>体育 III，理科物理实验 II，解析几何，高等代数 II，数学分析 III，概率论与数理统计，常微分方程，数据库及其应用</td></tr>
<tr><td rowspan="3">2017 级</td><td>马克思主义基本原理概论，体育 IV，大学生职业发展与就业指导 II，运筹学，数值分析（双语），数据结构，数学模型，随机过程，金融学概论</td></tr>
<tr><td>大学生职业发展与就业指导 III，认识实习</td></tr>
<tr><td>毛泽东思想和中国特色社会主义理论体系概论 I，复变函数，实变函数，近世代数，国际金融（英语），图形与图像处理，信息系统导论，多元统计分析（双语），数学物理方程 B，组合数学，信息安全与密码学，投资学，微分方程数值解</td></tr>
</table>

续表

年 级	课 程 设 置
2016 级	经济学，数值分析（双语），泛函分析（双语），数学物理方程，组合数学，现代控制理论，人工智能原理及应用，金融统计，微分方程数值解，运筹学通论，计量经济学
	生产实习，工程力学与有限元计算
	大学生职业发展与就业指导 IV，数学建模设计，微分几何，数学方法综合应用，微分方程稳定性理论，拓扑学，分形理论，通讯中的数学基础理论
2015 级	毕业设计（论文）

信息与计算科学专业

年 级	课 程 设 置
2019 级	思想道德修养与法律基础，基础外语 I，体育 I，大学生职业发展与就业指导 I，大学生心理健康 I，大学生公共安全教育，形势与政策 I，大学计算机基础，解析几何，数学分析 I，C# 程序设计，数学理论、方法和应用 I
2018 级	中国近现代史纲要，基础外语 II，体育 II，军事理论，大学生心理健康 II，形势与政策 II，理科物理实验 I，高等代数 I，数学分析 II，理科物理 II，专业发展前沿概述
	英语训练，创业训练，数学软件及其应用，计算机实践
	体育 III，理科物理实验 II，解析几何，高等代数 II，数学分析 III，概率论与数理统计，常微分方程，数据库及其应用
2017 级	马克思主义基本原理概论，体育 IV，大学生职业发展与就业指导 II，运筹学，数值分析（双语），数据结构，数学模型，随机过程，金融学概论
	大学生职业发展与就业指导 III，认识实习
	毛泽东思想和中国特色社会主义理论体系概论 I，信息系统导论，多元统计分析（双语），信息安全与密码学，复变函数，国际金融（英语），图形与图像处理，离散数学，实变函数，数学物理方程 B，近世代数，投资学，微分方程数值解
2016 级	经济学，数值分析（双语），人工智能原理及应用，泛函分析（双语），数学物理方程，组合数学，现代控制理论，金融统计，微分方程数值解，运筹学通论，计量经济学
	生产实习，Web 程序设计，操作系统，计算机网络，软件工程，工程力学与有限元计算
	大学生职业发展与就业指导 IV，软件工程设计，数学方法综合应用，通讯中的数学基础理论
2015 级	毕业设计（论文）

理科试验班专业

年 级	课 程 设 置
2019 级	思想道德修养与法律基础，基础外语 I，体育 I，大学生职业发展与就业指导 I，大学生心理健康 I，大学生公共安全教育，形势与政策 I，无机化学实验 BI，大学计算机基础 A，数学分析 BI，基础物理 I，无机化学 B
2018 级	中国近现代史纲要，基础外语 II，体育 II，军事理论，大学生心理健康 II，形势与政策 II，C 语言程序设计 A，数学分析 BII，基础物理 II，高等代数 B
	英语训练，创业训练，计算机实践，先进物质基础与应用
	体育 III，基础物理实验 I，基础物理 III，工程力学 E，概率论与数理统计，数据结构，常微分方程，学科简介
2017 级	马克思主义基本原理概论，体育 IV，大学生职业发展与就业指导 II，基础物理实验 II，高等物理实验，数学建模与最优化方法

应用物理学专业

年级	课程设置
2019级	思想道德修养与法律基础，基础外语I，体育I，大学生职业发展与就业指导I，大学生心理健康I，大学生公共安全教育，形势与政策I，大学计算机基础，数学分析I，理科物理I，C#程序设计，物理学与前沿科学技术新生研讨课
2018级	中国近现代史纲要，基础外语II，体育II，军事理论，大学生心理健康II，形势与政策II，理科物理实验I，高等代数I，数学分析II，理科物理II，专业发展前沿概述
	英语训练，创业训练，计算机实践
	体育III，理科物理实验II，理科物理III，理科物理IV，模拟电子技术B，模拟电子技术实验，信息科学原理，无损检测技术，天体物理，现代高新技术之物理原理导论，生物物理化学（双语）
2017级	马克思主义基本原理概论，体育IV，大学生职业发展与就业指导II，理科物理实验III，数学物理方法，概率论与数理统计A，数字电子技术（双语），热力学与统计物理，理论力学B，数字电子技术实验，微机接口技术，微机接口技术实验，物理学史，光折变与光信息存储
	大学生职业发展与就业指导III，数据库原理，计算机数据采集及智能物理仪器，光信息技术实验
	毛泽东思想和中国特色社会主义理论体系概论I，理科物理实验IV，理科物理V，物理效应及应用，电动力学，固体物理I，量子力学，传感器原理，传感测试技术实验，纳米材料物理
2016级	固体物理II，光电子技术，真空技术与薄膜物理，物理学前沿专题，JAVA程序设计，信息科学原理，传感器原理，专业近代物理实验，单片机原理与技术，材料物理导论（双语），物理学史，固体微结构与衍射物理学，燃料电池的发展与应用
	生产实习，物理专题讨论
	经济与管理，大学生职业发展与就业指导IV，固体光学性质，微机接口技术，微机接口技术实验，材料物理学，传感测试技术实验，无损检测技术，计算物理（双语），半导体物理（双语），铁磁学与磁性材料基础，超导物理（双语），天体物理，薄膜研究实例分析
2015级	毕业设计（论文）

应用物理学（黄昆英才班）专业

年级	课程设置
2019级	思想道德修养与法律基础，基础外语I，体育I，大学生职业发展与就业指导I，大学生心理健康I，大学生公共安全教育，形势与政策I，大学计算机基础，理科物理I，数学分析CI，C#程序设计
2018级	中国近现代史纲要，基础外语II，体育II，军事理论，大学生心理健康II，形势与政策II，高等代数I，数学分析II，理科物理II
	英语训练，创业训练，计算机实践
	体育III，理科物理实验I，理科物理实验II，概率论与数理统计A，理科物理III，理科物理IV，模拟电子技术B，模拟电子技术实验，信息科学原理，无损检测技术，天体物理，物理学史，现代高新技术之物理原理导论，生物物理化学（双语）
2017级	马克思主义基本原理概论，体育IV，大学生职业发展与就业指导II，理科物理实验III，数学物理方法，数字电子技术（双语），理论力学B，热力学与统计物理，数字电子技术实验，微机接口技术，微机接口技术实验，光折变与光信息存储
	大学生职业发展与就业指导III，数据库原理，计算机数据采集及智能物理仪器，光信息技术实验
	毛泽东思想和中国特色社会主义理论体系概论I，理科物理实验IV，理科物理V，电动力学，固体物理I，量子力学，传感器原理，传感测试技术实验，高等专业物理实验，纳米材料物理
2016级	固体物理II，半导体物理基础，半导体物理实验，半导体前沿讲座，JAVA程序设计，信息科学原理，光电子技术，传感器原理，专业近代物理实验，真空技术与薄膜物理，单片机原理与技术，材料物理导论（双语），物理学史，固体微结构与衍射物理学
	生产实习，物理专题讨论

续表

年 级	课 程 设 置
2016 级	经济与管理，大学生职业发展与就业指导 IV，半导体器件与工艺，微机接口技术，微机接口技术实验，传感测试技术实验，计算物理（双语），半导体物理（双语），铁磁学与磁性材料基础，超导物理（双语），天体物理，固体光学性质
2015 级	毕业设计（论文）

应用化学专业

年 级	课 程 设 置
2019 级	思想道德修养与法律基础，基础外语 I，体育 I，军事理论，大学生职业发展与就业指导 I，大学生心理健康 I，大学生公共安全教育，形势与政策 I，实验室安全基础，微积分 AI，微积分 BI，化学原理
2018 级	中国近现代史纲要，基础外语 II，体育 II，大学生心理健康 II，形势与政策 II，无机化学实验 AI，C++ 程序设计，微积分 AII，微积分 BII，工科物理 BI，微生物学，基础有机化学，智能分子与材料，魅力化学
	英语训练，创业训练，计算机实践
	体育 III，工科物理实验 AI，有机化学实验 A，无机化学实验 AII，线性代数 A，线性代数 B，工科物理 BII，分析化学 A，无机化学，有机化学 B，前沿临床药物及药物研发
2017 级	马克思主义基本原理概论，体育 IV，大学生职业发展与就业指导 II，工科物理实验 AII，分析化学实验 A，物理化学 AI，现代分离科学与技术，现代仪器分析 I，高分子化学，有机合成，化学化工专业英语，化工制图，科研方法入门
	大学生职业发展与就业指导 III，认识实习
	毛泽东思想和中国特色社会主义理论体系概论 I，物理化学 AII，化工原理，环境化学，商品检验，生物化学，纳米功能材料——从研究到应用，高分子材料结构与性能，高分子材料科学概论，核酸化学，有机光电材料与器件，分子工程学——功能导向的结构设计与可控制备
2016 级	物理化学实验 A，结构化学，高分子化学，材料化学导论（双语），有机合成，谱学导论，固体化学，药物化学，应用电化学（双语），当代药物合成方法，配位化学，精细化工工艺学，金属有机化学
	生产实习
	经济与管理，大学生职业发展与就业指导 IV，大学综合化学实验，现代仪器分析 II，化工新技术（双语）
2015 级	毕业设计（论文）

生物技术专业

年 级	课 程 设 置
2019 级	思想道德修养与法律基础，基础外语 I，体育 I，军事理论，大学生职业发展与就业指导 I，大学生心理健康 I，大学生公共安全教育，形势与政策 I，实验室安全基础，微积分 AI，微积分 BI，化学原理
2018 级	中国近现代史纲要，基础外语 II，体育 II，大学生心理健康 II，形势与政策 II，无机化学实验 AI，C++ 程序设计，线性代数 A，微积分 AII，微积分 BII，工科物理 BI，微生物学，基础有机化学，智能分子与材料，植物分子遗传与分子育种，生物信息学与应用
	英语训练，创业训练，计算机实践
	体育 III，分析化学实验 C，微生物学实验，有机化学实验 C，线性代数 B，工科物理 BII，分析化学 B，现代生物技术导论，基础生命科学
2017 级	马克思主义基本原理概论，体育 IV，大学生职业发展与就业指导 II，生物化学实验，生物化学，物理化学 D，生物技术制药基础，现代生命科学前沿进展，生物芯片，生理学，医学生物学，生物质谱分析导论
	大学生职业发展与就业指导 III，认识实习，专业前沿进展讲座

续表

年 级	课 程 设 置
2017 级	毛泽东思想和中国特色社会主义理论体系概论 I，基础分子生物学实验，遗传学实验，基础分子生物学，细胞生物学（双语），遗传学（双语），生化分离工程，环境化学（双语），蛋白质化学，核酸化学，原核生物系统学
2016 级	细胞生物学实验，基因工程（双语），发酵工程，生化与药物分析，现代酶学与酶工程，分子免疫学（双语），发育生物学，植物生物技术（双语），毒理学（双语），生理学，生物信息学，微生物遗传学
	生产实习
	大学生职业发展与就业指导 IV，生物技术专业实验，免疫学技术，药理与毒理学，生物色谱学，生物技术大实验，农药残留与食品安全，生物工程综合实验，仪器分析技术
2015 级	毕业设计（论文）

自动化类专业

年 级	课 程 设 置
2019 级	思想道德修养与法律基础，基础外语 I，体育 I，军事理论，大学生职业发展与就业指导 I，大学生心理健康 I，大学生公共安全教育，形势与政策 I，程序设计基础，线性代数 A，工科数学分析 I，多角度思考与分析方法
2018 级	中国近现代史纲要，基础外语 II，体育 II，大学生心理健康 II，形势与政策 II，复变函数与积分变换 A，工科数学分析 II，工科物理 BI，电路分析基础 AI，电磁波谱信息检测技术，航天与自动化，传感器与未来人类活动，智能感官与感知，机器人与智能控制系统，无人机技术，物联网，雷达技术，工程优化方法

自动化专业

年 级	课 程 设 置
2019 级	思想道德修养与法律基础，基础外语 I，体育 I，军事理论，大学生职业发展与就业指导 I，大学生心理健康 I，大学生公共安全教育，形势与政策 I，程序设计基础，线性代数 A，工科数学分析 I，多角度思考与分析方法
2018 级	中国近现代史纲要，基础外语 II，体育 II，大学生心理健康 II，形势与政策 II，复变函数与积分变换 A，工科数学分析 II，工科物理 BI，电路分析基础 AI，电磁波谱信息检测技术，航天与自动化，传感器与未来人类活动，智能感官与感知，机器人与智能控制系统，无人机技术，物联网，雷达技术，工程优化方法
	英语训练，创业训练，计算机实践
	体育 III，工科物理实验 BI，电路实验技术，模拟电子技术实验，概率论与数理统计 A，工科物理 BII，工程制图 B，电路分析基础 AII，模拟电子技术 A，信号与系统分析，工程导论
2017 级	马克思主义基本原理概论，体育 IV，大学生职业发展与就业指导 II，工科物理实验 BII，数字电子技术实验，工程优化数学基础，数字电子技术（双语），微机原理及应用，自动控制原理 A，面向对象程序设计 I，软件工程，应用力学基础 A
	大学生职业发展与就业指导 III，课程设计（自动控制原理），电子技术实习 B
	毛泽东思想和中国特色社会主义理论体系概论 I，课程设计（微机原理），EDA 课程设计，金工实习 C，现代控制理论，参数检测及仪表 B，过程控制，电力电子技术，可编程控制器及应用，电机及拖动，现代传感器技术，面向对象程序设计 II，分布式控制系统，DSP 原理及应用，模式识别基础，数据库技术及应用，常用电器控制技术
2016 级	课程设计（嵌入式控制），工业组态软件设计，自动化生产线实训，控制网络技术，电机及其运动控制 II，计算机控制技术 A，嵌入式控制系统，人工智能基础，单片机原理与应用，管理信息系统概论，工业企业信息管理系统概论，非线性控制基础，系统辨识与参数估计，智能控制理论基础，最优化与最优控制，多媒体通信技术
	生产实习，专业系列讲座
	经济与管理，大学生职业发展与就业指导 IV，课程设计（软件设计），运动控制系统设计，先进控制技术导论，电力系统设计与优化，智能电网技术基础，流程工业过程控制，系统工程导论，工业企业供电及节能技术，分布式控制系统，DSP 原理及应用，智能机器人控制，可编程逻辑器件及应用，虚拟仪器
2015 级	毕业设计（论文）

测控技术与仪器专业

<table>
<tr><th>年 级</th><th>课 程 设 置</th></tr>
<tr><td>2019 级</td><td>思想道德修养与法律基础，基础外语 I，体育 I，军事理论，大学生职业发展与就业指导 I，大学生心理健康 I，大学生公共安全教育，形势与政策 I，程序设计基础，线性代数 A，工科数学分析 I，多角度思考与分析方法</td></tr>
<tr><td rowspan="3">2018 级</td><td>中国近现代史纲要，基础外语 II，体育 II，大学生心理健康 II，形势与政策 II，复变函数与积分变换 A，工科数学分析 II，工科物理 BI，电路分析基础 AI，电磁波谱信息检测技术，航天与自动化，传感器与未来人类活动，智能感官与感知，机器人与智能控制系统，无人机技术，物联网，雷达技术，工程优化方法</td></tr>
<tr><td>英语训练，创业训练，计算机实践</td></tr>
<tr><td>体育 III，工科物理实验 BI，电路实验技术，模拟电子技术实验，概率论与数理统计 A，工科物理 BII，工程制图 B，电路分析基础 AII，模拟电子技术 A，信号与系统分析，工程导论</td></tr>
<tr><td rowspan="3">2017 级</td><td>马克思主义基本原理概论，体育 IV，大学生职业发展与就业指导 II，工科物理实验 BII，数字电子技术实验，误差理论与数据处理，应用力学基础 B，数字电子技术（双语），微机原理及应用，自动控制原理 B，数字图像处理，软件工程</td></tr>
<tr><td>大学生职业发展与就业指导 III，电子技术实习 B</td></tr>
<tr><td>毛泽东思想和中国特色社会主义理论体系概论 I，计算机辅助设计，金工实习 C，参数检测及仪表 A，计算机网络（双语），自动检测技术，光电检测技术，计算机电路辅助设计，DSP 原理及应用，可编程控制器及应用，可编程逻辑器件及应用</td></tr>
<tr><td rowspan="3">2016 级</td><td>传感器课程设计，计算机网络（双语），过程控制系统，智能仪器，机械设计基础，嵌入式系统及应用，数字图像处理，仪器与系统可靠性，可编程控制器及应用，单片机程序设计实验，微机电系统概论，虚拟仪器，光电子技术，低功耗系统设计，无人机技术，医学成像原理与技术，医疗仪器制造</td></tr>
<tr><td>生产实习，地球及天文信息导航定位技术，雷达技术</td></tr>
<tr><td>经济与管理，大学生职业发展与就业指导 IV，过程控制系统课程设计，智能仪器课程设计，高频电子电路，DSP 原理及应用，光学测试技术，专业发展研讨，可编程逻辑器件及应用，工业组态软件</td></tr>
<tr><td>2015 级</td><td>毕业设计（论文）</td></tr>
</table>

智能科学与技术专业

<table>
<tr><th>年 级</th><th>课 程 设 置</th></tr>
<tr><td rowspan="3">2018 级</td><td>中国近现代史纲要，基础外语 II，体育 II，大学生心理健康 II，形势与政策 II，复变函数与积分变换 A，工科数学分析 II，工科物理 BI，电路分析基础 AI，电磁波谱信息检测技术，航天与自动化，传感器与未来人类活动，智能感官与感知，机器人与智能控制系统，无人机技术，物联网，雷达技术，工程优化方法</td></tr>
<tr><td>英语训练，创业训练，计算机实践</td></tr>
<tr><td>体育 III，工科物理实验 BI，电路实验技术，模拟电子技术实验，概率论与数理统计 A，工科物理 BII，工程制图 B，电路分析基础 AII，模拟电子技术 A，信号与系统分析，工程导论，离散数学 B</td></tr>
<tr><td rowspan="3">2017 级</td><td>马克思主义基本原理概论，体育 IV，大学生职业发展与就业指导 II，工科物理实验 BII，数字电子技术实验，应用力学基础 B，数字电子技术（双语），微机原理及应用，自动控制原理 B，工程优化数学基础，信息论与编码，面向对象程序设计 I，数字图像处理，计算机仿真技术及应用，软件工程</td></tr>
<tr><td>大学生职业发展与就业指导 III，微机原理课程设计，应用软件开发</td></tr>
<tr><td>毛泽东思想和中国特色社会主义理论体系概论 I，金工实习 C，电子技术实习 B，数据结构与算法分析，参数检测及仪表 B，嵌入式系统，脑科学与认知科学概论，机器智能，模式识别，现代传感器技术，计算机网络，计算机电路辅助设计，电机控制技术，面向对象程序设计 II，DSP 原理及应用，可编程控制器及应用，可编程逻辑器件及应用，数据库技术及应用，演化博弈论基础，模糊系统理论，飞行器系统设计，多智能体协调控制</td></tr>
<tr><td rowspan="2">2016 级</td><td>嵌入式系统，计算机网络（双语），机器人组成原理，计算智能基础，现代通信技术，机械设计基础，智能控制理论基础，数字图像处理，可编程控制器及应用，模式识别基础</td></tr>
<tr><td>嵌入式系统设计与实现，生产实习</td></tr>
</table>

续表

年 级	课 程 设 置
2016 级	经济与管理，大学生职业发展与就业指导 IV，过程控制系统设计，机器感知基础，机器学习基础，智能监控系统，分布式控制系统，可编程逻辑器件及应用，工业组态软件，虚拟仪器，智能游戏开发
2015 级	毕业设计（论文）

人工智能专业

年 级	课 程 设 置
2019 级	思想道德修养与法律基础，基础外语 I，体育 I，军事理论，大学生职业发展与就业指导 I，大学生心理健康 I，大学生公共安全教育，形势与政策 I，程序设计基础，线性代数 A，工科数学分析 I，多角度思考与分析方法

医疗设备制造（双培）专业

年 级	课 程 设 置
2019 级	思想道德修养与法律基础，基础外语 I，体育 I，军事理论，大学生职业发展与就业指导 I，大学生心理健康 I，大学生公共安全教育，形势与政策 I，程序设计基础，线性代数 A，工科数学分析 I，多角度思考与分析方法
2018 级	中国近现代史纲要，基础外语 II，体育 II，大学生心理健康 II，形势与政策 II，复变函数与积分变换 A，工科数学分析 II，工科物理 BI，电路分析基础 AI，电磁波谱信息检测技术，传感器与未来人类活动，无人机技术，物联网
	英语训练，创业训练，计算机实践
	体育 III，工科物理实验 BI，电路实验技术，模拟电子技术实验，概率论与数理统计 A，工科物理 BII，工程制图 B，电路分析基础 AII，模拟电子技术 A，信号与系统分析，工程导论
2017 级	马克思主义基本原理概论，体育 IV，大学生职业发展与就业指导 II，工科物理实验 BII，数字电子技术实验，误差理论与数据处理，应用力学基础 B，数字电子技术（双语），微机原理及应用，生物化学，自动控制原理 B，软件工程
	大学生职业发展与就业指导 IV，电子技术实习 B
	经济与管理，毛泽东思想和中国特色社会主义理论体系概论 I，计算机辅助设计，金工实习 C，机械设计基础 A，光电检测技术，解剖与生理学，计算机网络（双语），计算机电路辅助设计，DSP 原理及应用，可编程控制器及应用，可编程逻辑器件及应用
	传感器课程设计，单片机程序设计，医学成像原理与技术，医疗仪器制造，计算机网络（双语），嵌入式系统及应用，仪器与系统可靠性，可编程控制器及应用，微机电系统概论，可编程逻辑器件及应用，虚拟仪器，光电子技术，低功耗系统设计，无人机技术，远程医疗
	生产实习，地球及天文信息导航定位技术，雷达技术

机器人大脑（双培）专业

年 级	课 程 设 置
2019 级	思想道德修养与法律基础，基础外语 I，体育 I，军事理论，大学生职业发展与就业指导 I，大学生心理健康 I，大学生公共安全教育，形势与政策 I，程序设计基础，线性代数 A，工科数学分析 I，多角度思考与分析方法
2018 级	中国近现代史纲要，基础外语 II，体育 II，大学生心理健康 II，形势与政策 II，复变函数与积分变换 A，工科数学分析 II，工科物理 BI，电路分析基础 AI，电磁波谱信息检测技术，航天与自动化，传感器与未来人类活动，智能感官与感知，机器人与智能控制系统，无人机技术，物联网
	英语训练，创业训练，计算机实践
	体育 III，工科物理实验 BI，电路实验技术，模拟电子技术实验，概率论与数理统计 A，工科物理 BII，工程制图 B，电路分析基础 AII，模拟电子技术 A，信号与系统分析，工程导论，离散数学 B

续表

年级	课程设置
2017 级	马克思主义基本原理概论，体育 IV，大学生职业发展与就业指导 II，工科物理实验 BII，数字电子技术实验，应用力学基础 B，数字电子技术（双语），微机原理及应用，自动控制原理 B，工程优化数学基础，信息论与编码，面向对象程序设计 I，数字图像处理，计算机仿真技术及应用，软件工程
	大学生职业发展与就业指导 III，微机原理课程设计，应用软件开发
	毛泽东思想和中国特色社会主义理论体系概论 I，金工实习 C，电子技术实习 B，数据结构与算法分析，参数检测及仪表 B，嵌入式系统，脑科学与认知科学概论，机器智能，模式识别，现代传感器技术，计算机网络，计算机电路辅助设计，电机控制技术，面向对象程序设计 II，DSP 原理及应用，可编程控制器及应用，可编程逻辑器件及应用，数据库技术及应用，演化博弈论基础，模糊系统理论，飞行器系统设计，多智能体协调控制
	嵌入式系统，计算机网络（双语），机器人组成原理，计算智能基础，现代通信技术，机械设计基础，智能控制理论基础，数字图像处理，可编程控制器及应用，模式识别基础
	嵌入式系统设计与实现，生产实习

计算机类专业

年级	课程设置
2019 级	思想道德修养与法律基础，基础外语 I，体育 I，军事理论，大学生职业发展与就业指导 I，大学生心理健康 I，大学生公共安全教育，形势与政策 I，工科数学分析 I，程序设计基础 A，计算机科学导论，计算机科学前沿技术选讲，信息与通信工程前沿技术研讨，新一代电子器件与系统，软件工程前沿技术，网络空间安全前沿技术研讨，人工智能与互联网大数据技术前沿研讨，信息安全前沿技术研讨，网络空间、人与智能
2018 级	中国近现代史纲要，基础外语 II，体育 II，大学生心理健康 II，形势与政策 II，电路实验技术，程序设计实践 I，线性代数 A，工科数学分析 II，工科物理 BI，电路分析基础 B，计算机专业导论

计算机科学与技术专业

年级	课程设置
2019 级	思想道德修养与法律基础，基础外语 I，体育 I，军事理论，大学生职业发展与就业指导 I，大学生心理健康 I，大学生公共安全教育，形势与政策 I，工科数学分析 I，程序设计基础 A，计算机科学导论，计算机科学前沿技术选讲，信息与通信工程前沿技术研讨，大学的学习和科学研究方法，信息物理社会思维融合与赛博学前沿，新一代电子器件与系统，软件工程前沿技术，网络空间安全前沿技术研讨，人工智能与互联网大数据技术前沿研讨，信息安全前沿技术研讨，网络空间、人与智能
2018 级	中国近现代史纲要，基础外语 II，体育 II，大学生心理健康 II，形势与政策 II，电路实验技术，程序设计实践 I，线性代数 A，工科数学分析 II，工科物理 BI，电路分析基础 B，计算机专业导论
	英语训练，创业训练，计算机实践
	体育 III，工科物理实验 AI，数字电子技术实验，程序设计实践 II，离散数学 A，概率论与数理统计 A，工科物理 BII，模拟与数字电子技术，数字逻辑，面向对象程序设计
2017 级	马克思主义基本原理概论，体育 IV，大学生职业发展与就业指导 II，数学实验，工科物理实验 AII，电子技术实习 A，数值计算方法，计算机组成原理，数据结构 A，现代密码学，Web 程序设计
	大学生职业发展与就业指导 III，认识实习，Web 应用开发实践
	毛泽东思想和中国特色社会主义理论体系概论 I，计算机组成原理课程设计，数据库设计实验，计算机接口实验，操作系统，汇编语言与接口技术，工程导论，计算机网络 A，算法设计与分析，数据库系统原理 B（双语），信号与系统概论，计算机图形学，数字认证技术，C #程序设计，安全通论，Java 与面向对象程序设计
2016 级	计算机网络课程设计，编译原理，计算机体系结构，软件工程及课程设计，信息论与编码 B，Linux 操作系统，物联网工程概论，算法设计基础，网络安全与管理，JAVA 程序设计，人工智能，嵌入式计算，信息隐藏技术，高级编程技术，模式识别基础，通信原理概论，数字信号处理 B，人机交互，大学生工程创新，网络安全实践
	生产实习

续表

年级	课程设置
2016级	经济与管理，大学生职业发展与就业指导IV，数据仓库与数据挖掘（双语），软件测试，应用软件系统设计与案例分析，通信网基础，虚拟现实技术，大规模集成电路设计（VLSI）（双语），数字图像处理，Oracle，计算机系统安全，信息对抗与网络攻防技术，并行计算导论，电子商务
2015级	毕业设计（论文）

通信工程专业

年级	课程设置
2019级	思想道德修养与法律基础，基础外语I，体育I，军事理论，大学生职业发展与就业指导I，大学生心理健康I，大学生公共安全教育，形势与政策I，工科数学分析I，程序设计基础A，现代通信技术导论，信息与通信工程前沿技术研讨，新一代电子器件与系统，软件工程前沿技术，网络空间安全前沿技术研讨，人工智能与互联网大数据技术前沿研讨，通信工程专业通识
2018级	中国近现代史纲要，基础外语II，体育II，大学生心理健康II，形势与政策II，电路实验技术，程序设计实践I，线性代数A，工科数学分析II，工科物理BI，电路分析基础B
	英语训练，创业训练，计算机实践
	体育III，工科物理实验AI，数字电子技术实验，离散数学B，复变函数与积分变换A，概率论与数理统计A，工科物理BII，工程制图B，模拟与数字电子技术，面向对象程序设计
2017级	马克思主义基本原理概论，体育IV，大学生职业发展与就业指导II，数学实验，工科物理实验AII，电子技术实习A，金工实习C，信号与系统，数据科学，计算机网络B，数据库技术及应用，数据结构B，Web程序设计，Python程序设计
	大学生职业发展与就业指导III，认识实习
	毛泽东思想和中国特色社会主义理论体系概论I，信号处理与系统设计实验，通信电子电路实验，通信原理，工程导论，通信电子电路，电磁场与天线，数字信号处理，算法设计与分析，DSP原理及应用，信号检测与估计基础
2016级	光纤通信原理（双语），现代交换技术，数字通信系统，移动通信（双语），多媒体通信技术，卫星通信系统（双语），现代通信保密基础，物联网技术，通信控制器设计与应用，大学生工程创新
	生产实习
	经济与管理，大学生职业发展与就业指导IV，现代通信技术，通信网理论，光同步传送网和波分复用系统，通信软件设计，通信网安全，现代通信网监控与管理，空间通信概论，无线电定位导航原理及应用，通信系统仿真，通信中的语音信号处理，通信网络综合实验
2015级	毕业设计（论文）

信息安全专业

年级	课程设置
2019级	思想道德修养与法律基础，基础外语I，体育I，军事理论，大学生职业发展与就业指导I，大学生心理健康I，大学生公共安全教育，形势与政策I，工科数学分析I，程序设计基础A，计算机科学导论，计算机科学前沿技术选讲，信息与通信工程前沿技术研讨，大学的学习和科学研究方法，信息物理社会思维融合与赛博学前沿，新一代电子器件与系统，软件工程前沿技术，网络空间安全前沿技术研讨，人工智能与互联网大数据技术前沿研讨，信息安全前沿技术研讨，网络空间、人与智能
2018级	中国近现代史纲要，基础外语II，体育II，大学生心理健康II，形势与政策II，电路实验技术，程序设计实践I，线性代数A，工科数学分析II，工科物理BI，电路分析基础B，计算机专业导论
	英语训练，创业训练，计算机实践
	体育III，工科物理实验AI，数字电子技术实验，程序设计实践II，离散数学A，概率论与数理统计A，工科物理BII，模拟与数字电子技术，数字逻辑，信息安全的数学基础，面向对象程序设计

续表

年 级	课 程 设 置
2017 级	马克思主义基本原理概论，体育 IV，大学生职业发展与就业指导 II，数学实验，工科物理实验 AII，电子技术实习 A，信息论与编码 B，计算机组成原理，数据结构 A，现代密码学，数值计算方法
	大学生职业发展与就业指导 III，密码学应用与实践，认识实习
	毛泽东思想和中国特色社会主义理论体系概论 I，计算机组成原理课程设计，计算机网络实验，安全认证及应用实验，操作系统，汇编语言与接口技术，工程导论，数字认证技术，计算机网络技术，信号与系统概论，算法设计与分析，数据库系统原理 A（双语），计算机图形学，Web 程序设计，C ＃程序设计，安全通论，Java 与面向对象程序设计
2016 级	软件工程课程设计，计算机网络课程设计，网络安全与管理，数据库系统原理（双语），数值计算方法，Linux 操作系统，JAVA 程序设计，多媒体通信技术，计算机体系结构，软件工程，嵌入式计算，信息隐藏技术，模式识别基础，物联网安全，信息内容安全，大学生工程创新，网络安全实践
	生产实习
	经济与管理，大学生职业发展与就业指导 IV，应用软件系统设计与案例分析，网络通信实验，大规模集成电路设计（VLSI）（双语），数字图像处理，Oracle，信息对抗与网络攻防技术，计算机病毒原理，软件体系结构，高级编程技术，电子商务安全
2015 级	毕业设计（论文）

物联网工程专业

年 级	课 程 设 置
2019 级	思想道德修养与法律基础，基础外语 I，体育 I，军事理论，大学生职业发展与就业指导 I，大学生心理健康 I，大学生公共安全教育，形势与政策 I，工科数学分析 I，程序设计基础 A，计算机科学导论，计算机科学前沿技术选讲，信息与通信工程前沿技术研讨，大学的学习和科学研究方法，信息物理社会思维融合与赛博学前沿，新一代电子器件与系统，软件工程前沿技术，网络空间安全前沿技术研讨，人工智能与互联网大数据技术前沿研讨，信息安全前沿技术研讨，网络空间、人与智能
2018 级	中国近现代史纲要，基础外语 II，体育 II，大学生心理健康 II，形势与政策 II，电路实验技术，程序设计实践 I，线性代数 A，工科数学分析 II，工科物理 BI，电路分析基础 B，计算机专业导论
	英语训练，创业训练，计算机实践
	体育 III，工科物理实验 AI，数字电子技术实验，程序设计实践 II，离散数学 A，概率论与数理统计 A，工科物理 BII，模拟与数字电子技术，数字逻辑，Matlab 程序设计
2017 级	马克思主义基本原理概论，体育 IV，大学生职业发展与就业指导 II，数学实验，工科物理实验 AII，电子技术实习 A，数值计算方法，计算机组成原理，数据结构 A，电子线路板设计与制作，HTML5 应用开发，Web 开发框架
	大学生职业发展与就业指导 III，认识实习
	毛泽东思想和中国特色社会主义理论体系概论 I，计算机组成原理课程设计，单片机课程设计，传感器课程设计，操作系统，汇编语言与接口技术，工程导论，现代传感器技术，单片机原理与应用，信号与系统概论，计算机网络 A，智能机器人控制，数据库系统原理 A（双语），信号检测与估计基础，物联网安全技术，LED 可见光通信，互联网＋音乐艺术平台设计，工业物联网技术应用
2016 级	软件工程课程设计，计算机网络课程设计，无线传感器网络，物联网安全，RFID 技术，Linux 操作系统，JAVA 程序设计，DSP 处理器及应用，现代交换技术，移动通信（双语），多媒体通信技术，智能机器人控制，数据库系统原理（双语），计算机体系结构，软件工程，嵌入式计算，通信原理概论，数字信号处理 B，物联网控制基础，大学生工程创新，Android 应用设计，图像语义分析，工业物联网信息安全
	生产实习，物联网与信息服务
	经济与管理，大学生职业发展与就业指导 IV，物联网体系结构及综合实训，数据仓库与数据挖掘（双语），通信网基础，大规模集成电路设计（VLSI）（双语），Oracle，信息对抗与网络攻防技术，通信软件设计，通信网安全，无线电定位导航原理及应用，物联网系统模型，冶金工业 4.0 技术与应用
2015 级	毕业设计（论文）

能源动力类专业

年级	课程设置
2019 级	中国近现代史纲要，基础外语 I，体育 I，军事理论，大学生职业发展与就业指导 I，大学生心理健康 I，大学生公共安全教育，形势与政策 I，无机化学实验 CI，大学计算机基础，无机化学 B，微积分 AI，新生讨论课，科学 - 技术 - 专业，能源与人类社会，热模型及其应用，流程工业中的热技术，气体分离及其在能源环保生命保障中的应用，新能源与节能减排降碳新技术，大气环境污染问题研讨，机遇与挑战
2018 级	思想道德修养与法律基础，基础外语 II，体育 II，大学生心理健康 II，形势与政策 II，无机化学实验 CII，C++ 程序设计，微积分 AII，工科物理 BI，工程力学 C

能源与动力工程专业

年级	课程设置
2018 级	思想道德修养与法律基础，基础外语 II，体育 II，大学生心理健康 II，形势与政策 II，无机化学实验 CII，C++ 程序设计，微积分 AII，工科物理 BI，工程力学 C
	英语训练，创业训练，计算机实践
	马克思主义基本原理概论，体育 III，形势与政策 III，工科物理实验 AI，金工实习 C，线性代数 A，工科物理 BII，工程制图 A，电工电子学
2017 级	体育 IV，大学生职业发展与就业指导 II，数学实验，工科物理实验 AII，热工实验 I，概率论与数理统计 A，物理化学 CI，机械设计基础 B，工程热力学，工程流体力学（双语），环境学导论，清洁生产与循环经济，清洁能源与可持续发展（全英文）
	大学生职业发展与就业指导 III，创新思维及科学方法，新能源概论（全英文）
	毛泽东思想和中国特色社会主义理论体系概论 I，热工实验 II，物理化学 CII，工程材料基础，传热传质学（双语），工程燃烧学，环境工程学，能源系统优化基础，能量转换与利用，太阳能与风能，气体资源，能源环境工程
2016 级	经济与管理，微机原理与应用 B，制冷与低温原理，热工自动检测与控制（双语），工业热工基础，热工过程及设备，冶金工艺概论，新能源概论，工业生态学，压缩机械，流体机械，动力机械 A（内燃机），动力机械 B（涡轮机）
	生产实习
	大学生职业发展与就业指导 IV，专业课程设计，热过程模拟软件实训，低温工艺及装置，热工过程模化与控制，热能工程进展，热能动力装备，空气调节，暖通工程，能源工程管理
2015 级	毕业设计（论文）

新能源科学与工程专业

年级	课程设置
2019 级	中国近现代史纲要，基础外语 I，体育 I，军事理论，大学生职业发展与就业指导 I，大学生心理健康 I，大学生公共安全教育，形势与政策 I，无机化学实验 CI，大学计算机基础，无机化学 B，微积分 AI，新生讨论课，科学 - 技术 - 专业，能源与人类社会，热模型及其应用，流程工业中的热技术，气体分离及其在能源环保生命保障中的应用，新能源与节能减排降碳新技术，环境污染的健康影响，大气环境污染问题研讨，机遇与挑战

环境科学与工程类专业

年级	课程设置
2018 级	思想道德修养与法律基础，基础外语 II，体育 II，大学生心理健康 II，形势与政策 II，无机化学实验 CII，C++ 程序设计，微积分 AII，工科物理 BI，全球环境问题及对策，环境学科职业生涯研讨课，环境污染的健康影响

环境工程专业

年 级	课 程 设 置
2019 级	中国近现代史纲要，基础外语 I，体育 I，军事理论，大学生职业发展与就业指导 I，大学生心理健康 I，大学生公共安全教育，形势与政策 I，无机化学实验 CI，大学计算机基础，无机化学 B，微积分 AI，新生讨论课，科学 - 技术 - 专业，能源与人类社会，热模型及其应用，流程工业中的热技术，气体分离及其在能源环保生命保障中的应用，新能源与节能减排降碳新技术，环境污染的健康影响，大气环境污染问题研讨，机遇与挑战
2018 级	思想道德修养与法律基础，基础外语 II，体育 II，大学生心理健康 II，形势与政策 II，无机化学实验 CII，C++ 程序设计，微积分 AII，工科物理 BI，全球环境问题及对策，环境学科职业生涯研讨课，环境污染的健康影响
	英语训练，创业训练，计算机实践
	马克思主义基本原理概论，体育 III，形势与政策 III，工科物理实验 AI，线性代数 A，工科物理 BII，工程力学 C，工程制图 A，电工电子学，新能源概论（全英文）
2017 级	体育 IV，大学生职业发展与就业指导 II，工科物理实验 AII，金工实习 C，有机化学实验，概率论与数理统计 A，物理化学 CI，环境学导论，环境监测，有机化学，物理污染控制，工程流体力学，环境工程仪表及自动控制，清洁生产与循环经济，环境工程施工技术与技术经济分析，环境工程制图实践，环境化学 B，清洁能源与可持续发展（全英文）
	大学生职业发展与就业指导 III，认识实习
	毛泽东思想和中国特色社会主义理论体系概论 I，环境工程微生物学实验，物理化学 CII，环境工程微生物学，分析化学 D，环境工程原理 1，环境工程原理 2，环境化学 A，环境工程学，环境规划与管理，环境土壤学，环境毒理学，环境生物技术（全英文），生物化学，环境催化 – 原理及应用，太阳能与风能，生态修复技术，能源环境工程，环境化学实验
2016 级	经济与管理，环境监测，物理化学实验 B，大气污染控制工程，水污染控制工程，物理污染控制，固体废弃物处理与处置，地下水环境与地下空间工程，环境 GIS 系统导论，环境材料学，环境工程仪表及自动控制，环境生态学，生态卫生排水系统（双语），环境影响评价，化学反应工程，流体能源开发与环境保护，冶金工艺与环境保护，危险废物管理与处理技术，环境催化 – 原理及应用，生物质能源工程
	生产实习，环境工程基础实验，环境工程实用技术
	大学生职业发展与就业指导 IV，工程训练，研究方法训练，毕业实习，环境工程研究与设计，环境科学与数值模拟技术概述，废水处理新技术，环境土壤学，矿业环境污染治理，环境工程 CAD 辅助设计
2015 级	毕业设计（论文）

环境科学专业

年 级	课 程 设 置
2019 级	中国近现代史纲要，基础外语 I，体育 I，军事理论，大学生职业发展与就业指导 I，大学生心理健康 I，大学生公共安全教育，形势与政策 I，无机化学实验 CI，大学计算机基础，无机化学 B，微积分 AI，新生讨论课，科学 - 技术 - 专业，能源与人类社会，热模型及其应用，流程工业中的热技术，气体分离及其在能源环保生命保障中的应用，新能源与节能减排降碳新技术，环境污染的健康影响，大气环境污染问题研讨，机遇与挑战
2018 级	思想道德修养与法律基础，基础外语 II，体育 II，大学生心理健康 II，形势与政策 II，无机化学实验 CII，C++ 程序设计，微积分 AII，工科物理 BI，全球环境问题及对策，环境学科职业生涯研讨课，环境污染的健康影响
	英语训练，创业训练，计算机实践
	马克思主义基本原理概论，体育 III，形势与政策 III，工科物理实验 AI，线性代数 A，工科物理 BII，工程力学 C，工程制图 A，电工电子学

环境工程（留）专业

年 级	课 程 设 置
2019 级	基础汉语 BI，中国概况（英文），计算机基础 - 原理与应用，微积分 BI

续表

年级	课程设置
2018 级	基础汉语 BII，C 语言程序设计，无机化学 B，微积分 BII，工科物理 CI（全英文），全球环境问题及对策，环境污染的健康影响
	计算机实践
	工科物理实验 AI，化学实验 I，线性代数 A，工科物理 CII（全英文），工程流体力学，工程制图，电工电子学，新能源概论（全英文）

土木类专业

年级	课程设置
2019 级	中国近现代史纲要，基础外语 I，体育 I，军事理论，大学生职业发展与就业指导 I，大学生心理健康 I，大学生公共安全教育，形势与政策 I，普通化学实验，大学计算机基础，线性代数 A，普通化学，微积分 AI，固体废弃物综合利用与高浓度充填采矿技术，采矿工程领域的世界性难题与解决方案研讨，风险不确定性分析与实践，土木工程结构防灾新进展，土木工程的召唤，金属矿产资源与开发技术，点石成金——漫谈矿物加工的前世、今生、未来，受限空间人机环境风险分析，产品质量安全与风险评估
2018 级	思想道德修养与法律基础，基础外语 II，体育 II，大学生心理健康 II，形势与政策 II，C++ 程序设计，工程力学 AI，微积分 AII，工科物理 BI，土木工程概论，岩土工程特殊施工技术，建筑环境与能源应用工程概论（英语）
	英语训练，创业训练，计算机实践

土木工程专业

年级	课程设置
2019 级	中国近现代史纲要，基础外语 I，体育 I，军事理论，大学生职业发展与就业指导 I，大学生心理健康 I，大学生公共安全教育，形势与政策 I，普通化学实验，大学计算机基础，线性代数 A，普通化学，微积分 AI，固体废弃物综合利用与高浓度充填采矿技术，采矿工程领域的世界性难题与解决方案研讨，风险不确定性分析与实践，土木工程结构防灾新进展，土木工程的召唤，金属矿产资源与开发技术，点石成金——漫谈矿物加工的前世、今生、未来，受限空间人机环境风险分析，产品质量安全与风险评估，从技术走向科学的采矿工程专业
2018 级	思想道德修养与法律基础，基础外语 II，体育 II，大学生心理健康 II，形势与政策 II，C++ 程序设计，工程力学 AI，微积分 AII，工科物理 BI，土木工程概论，岩土工程特殊施工技术，建筑环境与能源应用工程概论（英语）
	英语训练，创业训练，计算机实践
	马克思主义基本原理概论，体育 III，形势与政策 III，工科物理实验 AI，工程力学 AII，概率论与数理统计 A，工科物理 BII，工程制图 A，电工技术 C
2017 级	体育 IV，大学生职业发展与就业指导 II，工科物理实验 AII，(工程) 测量实习 I，工程测量 A，土力学，土木工程制图，流体力学 B，流体力学 A（双语），建筑设备工程制图，房屋建筑学，工程地质学，结构力学 I，城市规划，土木工程 CAD
	大学生职业发展与就业指导 III，地质实习与认识实习，(工程) 测量实习 II，国外专家课（英语）- 土木工程前沿
	毛泽东思想和中国特色社会主义理论体系概论 I，土木工程基础实验（材料、土力、综合），传热学，土木工程项目管理，建筑环境学，混凝土结构原理，土木工程材料，工程结构荷载与可靠度设计原理，钢结构基本原理，基础工程，结构力学 II，水文地质基础，新型建筑材料
2016 级	钢筋混凝土结构课程设计，边坡工程课程设计 (岩土方向)，结构力学 II，岩石力学与工程，工程结构荷载与可靠度设计原理，土木工程施工，钢结构基本原理，工程概预算与招投标，基础工程，建筑工程 (双语)，高层建筑结构，工程爆破，混凝土结构设计，边坡工程，岩土工程 (双语)，土木工程数值计算方法，地下结构设计，地下空间规划与设计，Matlab 基础与力学应用
	生产实习，土木工程施工组织课程设计，土木工程专题（英语）II
	大学生职业发展与就业指导 IV，基础工程课程设计，地下结构课程设计 (岩土方向)，钢结构课程设计 (结构方向)，毕业实习 (论文)，土木工程测试方法与技术，地下工程中的岩石力学（全英语），城市规划，道路工程，结构抗震，桥梁工程，隧道工程，防震减灾，土木工程勘测，地下工程施工技术，建筑钢结构设计，现代渗流力学
2015 级	毕业设计 (论文)

安全工程专业

年 级	课 程 设 置
2019 级	中国近现代史纲要，基础外语 I，体育 I，军事理论，大学生职业发展与就业指导 I，大学生心理健康 I，大学生公共安全教育，形势与政策 I，普通化学实验，大学计算机基础，线性代数 A，普通化学，微积分 AI，固体废弃物综合利用与高浓度充填采矿技术，采矿工程领域的世界性难题与解决方案研讨，风险不确定性分析与实践，土木工程结构防灾新进展，土木工程的召唤，金属矿产资源与开发技术，点石成金——漫谈矿物加工的前世、今生、未来，受限空间人机环境风险分析，产品质量安全与风险评估，从技术走向科学的采矿工程专业
2018 级	思想道德修养与法律基础，基础外语 II，体育 II，大学生心理健康 II，形势与政策 II，C++ 程序设计，工程力学 AI，微积分 AII，工科物理 BI，岩土工程特殊施工技术，建筑环境与能源应用工程概论（英语）
	英语训练，创业训练，计算机实践，安全生产与安全生活
	马克思主义基本原理概论，体育 III，形势与政策 III，工科物理实验 AI，工程力学 AII，概率论与数理统计 A，工科物理 BII，安全学原理，工程制图 A，电工技术 C
2017 级	体育 IV，大学生职业发展与就业指导 II，数学实验，工科物理实验 AII，工程测量实践，金工实习 C，流体力学 A，岩石力学与工程，工程测量，物理化学 CI，电子技术 B，分析化学基础，职业卫生工程，安全科学与工程导论，热工学，资源、环境与可持续发展，采矿工程概论，产品安全工程，特种设备与机电安全工程，安全法律法规与工伤保险
	大学生职业发展与就业指导 III，认识实习，工程制图实践，安全工程国外研究进展
	毛泽东思想和中国特色社会主义理论体系概论 I，研究方法训练，安全工程实验，物理化学 CII，安全评价应用，工业通风，工程爆破，防震减灾，弹性力学基础与数值模拟，建筑概论与安全工程，安全工程专业英语（英文）
2016 级	经济与管理，安全工程实验，安全系统工程，燃烧与爆炸，安全人机工程，安全经济与管理学，工程爆破，防震减灾，职业卫生工程，机电安全工程，特种设备安全，计算机辅助设计及应用（英文），安全评价技术应用，工伤保险，安全监测监控原理及应用，化工概论与安全工程，事故应急救援，事故调查与分析，产品安全工程，建筑概论与安全工程，研究方法训练
	生产实习，安全生产技术新进展
	大学生职业发展与就业指导 IV，安全工程训练，矿山安全技术，地下工程中的岩石力学（全英语），矿井通风设计，防灭火系统设计
2015 级	毕业实习，毕业设计（论文）

建筑环境与能源应用工程专业

年 级	课 程 设 置
2019 级	中国近现代史纲要，基础外语 I，体育 I，军事理论，大学生职业发展与就业指导 I，大学生心理健康 I，大学生公共安全教育，形势与政策 I，普通化学实验，大学计算机基础，线性代数 A，普通化学，微积分 AI，固体废弃物综合利用与高浓度充填采矿技术，采矿工程领域的世界性难题与解决方案研讨，风险不确定性分析与实践，土木工程结构防灾新进展，土木工程的召唤，金属矿产资源与开发技术，点石成金——漫谈矿物加工的前世、今生、未来，受限空间人机环境风险分析，产品质量安全与风险评估，从技术走向科学的采矿工程专业
2018 级	思想道德修养与法律基础，基础外语 II，体育 II，大学生心理健康 II，形势与政策 II，C++ 程序设计，工程力学 AI，微积分 AII，工科物理 BI，岩土工程特殊施工技术，建筑环境与能源应用工程概论（英语）
	英语训练，创业训练，计算机实践
	马克思主义基本原理概论，体育 III，形势与政策 III，工科物理实验 AI，工程力学 AII，概率论与数理统计 A，工科物理 BII，工程制图 A，电工技术 C
2017 级	体育 IV，大学生职业发展与就业指导 II，数学实验，工科物理实验 AII，金工实习 C，工程测量 A，土力学，岩石力学与工程，土木工程制图，流体力学 B，流体力学 A（双语），建筑设备工程制图，机械设计基础 B，房屋建筑学，工程热力学，电子技术 B，流体输配管网
	大学生职业发展与就业指导 III，认识实习，建筑环境测试技术，建筑环境国际发展前沿
	毛泽东思想和中国特色社会主义理论体系概论 I，电子技术实验，传热学，土木工程项目管理，建筑环境学，燃气工程（双语），热质交换原理与设备，新能源概论，热泵工程，室内空气流动数值模拟，Matlab 在建筑环境中的应用

续表

年级	课程设置
2016 级	经济与管理，空调用制冷技术，供热工程，空调工程，多孔介质流动基础，建筑自动化，建筑节能技术，现代物业管理，建筑电气，建筑给排水，通风工程
	生产实习，建筑设备工程制图实践
	大学生职业发展与就业指导 IV，暖通空调课程设计，建筑环境测试技术，建筑环境 PLC 控制技术，多孔介质渗流物理，建筑环境与设备进展，热泵工程，建筑环境 PLC 控制技术，室内空气净化技术，建筑除湿技术，温湿度独立空调系统
2015 级	毕业设计（论文）

矿业类专业

年级	课程设置
2019 级	中国近现代史纲要，基础外语 I，体育 I，军事理论，大学生职业发展与就业指导 I，大学生心理健康 I，大学生公共安全教育，形势与政策 I，普通化学实验，大学计算机基础，线性代数 A，普通化学，微积分 AI，固体废弃物综合利用与高浓度充填采矿技术，采矿工程领域的世界性难题与解决方案研讨，风险不确定性分析与实践，土木工程结构防灾新进展，土木工程的召唤，金属矿产资源与开发技术，点石成金——漫谈矿物加工的前世、今生、未来，受限空间人机环境风险分析，产品质量安全与风险评估，无人机在采矿中的应用，从技术走向科学的采矿工程专业
2018 级	思想道德修养与法律基础，基础外语 II，体育 II，大学生心理健康 II，形势与政策 II，C++ 程序设计，工程力学 AI，微积分 AII，工科物理 BI，岩土工程特殊施工技术，建筑环境与能源应用工程概论（英语）

采矿工程专业

年级	课程设置
2019 级	中国近现代史纲要，基础外语 I，体育 I，军事理论，大学生职业发展与就业指导 I，大学生心理健康 I，大学生公共安全教育，形势与政策 I，普通化学实验，大学计算机基础，线性代数 A，普通化学，微积分 AI，固体废弃物综合利用与高浓度充填采矿技术，采矿工程领域的世界性难题与解决方案研讨，风险不确定性分析与实践，土木工程结构防灾新进展，土木工程的召唤，金属矿产资源与开发技术，点石成金——漫谈矿物加工的前世、今生、未来，受限空间人机环境风险分析，产品质量安全与风险评估，无人机在采矿中的应用，从技术走向科学的采矿工程专业
2018 级	思想道德修养与法律基础，基础外语 II，体育 II，大学生心理健康 II，形势与政策 II，C++ 程序设计，工程力学 AI，微积分 AII，工科物理 BI，岩土工程特殊施工技术，建筑环境与能源应用工程概论（英语）
	英语训练，创业训练，计算机实践
	马克思主义基本原理概论，体育 III，形势与政策 III，工科物理实验 AI，工程力学 AII，概率论与数理统计 A，工科物理 BII，工程制图 A，电工技术 C
2017 级	体育 IV，大学生职业发展与就业指导 II，工科物理实验 AII，电工技术实验，金工实习 C，工程测量，流体力学 A，工艺矿物学，岩石力学与工程，有机化学基础，地质学基础，矿山地质学，物理化学 CI，电子技术 B，采选概论，地质学基础 A，矿山运输与提升
	大学生职业发展与就业指导 III，认识实习，机械设计基础课程设计，地质统计学与矿床建模
	毛泽东思想和中国特色社会主义理论体系概论 I，弹性力学基础与数值模拟，物理化学 CII，地下工程施工技术（英文），矿石粉碎工程，矿床开采工程（露天开采）（双语），矿床开采工程（地下开采）（双语），爆破工程，矿产资源法基础，边坡工程，特殊采矿技术，数字矿山技术，矿业系统工程
2016 级	矿业系统工程基础（双语），地下工程施工技术，矿床开采工程（露天开采）（双语），矿床开采工程（地下开采）（双语），矿山安全工程，矿业固体废物资源化，数字矿山技术，矿山现代测试技术，现代充填技术，散体动力学与放矿，矿产经济学，地下水动力学
	生产实习
	大学生职业发展与就业指导 IV，露天采矿设计，矿山机械与自动化，矿山企业管理，通风防尘与空气调节，矿山设计原理，矿产资源法基础，教授专题：采矿工程新技术及发展方向，特殊采矿技术，采矿专业英语，深井开采技术，多孔介质渗流物理，城市地下工程
2015 级	地下采矿设计，毕业设计（论文）

续表

矿物加工工程专业

年级	课程设置
2019 级	中国近现代史纲要，基础外语 I，体育 I，军事理论，大学生职业发展与就业指导 I，大学生心理健康 I，大学生公共安全教育，形势与政策 I，普通化学实验，大学计算机基础，线性代数 A，普通化学，微积分 AI，固体废弃物综合利用与高浓度充填采矿技术，采矿工程领域的世界性难题与解决方案研讨，风险不确定性分析与实践，土木工程结构防灾新进展，土木工程的召唤，金属矿产资源与开发技术，点石成金——漫谈矿物加工的前世、今生、未来，受限空间人机环境风险分析，产品质量安全与风险评估，无人机在采矿中的应用，从技术走向科学的采矿工程专业
2018 级	思想道德修养与法律基础，基础外语 II，体育 II，大学生心理健康 II，形势与政策 II，C++ 程序设计，工程力学 AI，微积分 AII，工科物理 BI，岩土工程特殊施工技术，建筑环境与能源应用工程概论（英语）
	英语训练，创业训练，计算机实践
	马克思主义基本原理概论，体育 III，形势与政策 III，工科物理实验 AI，工程力学 AII，概率论与数理统计 A，工科物理 BII，工程制图 A，电工技术 C
2017 级	体育 IV，大学生职业发展与就业指导 II，工科物理实验 AII，电工技术实验，金工实习 D，流体力学 A，工艺矿物学，岩石力学与工程，有机化学基础，工程测量，地质学基础，矿山地质学，物理化学 CI，电子技术 B，采选概论
	大学生职业发展与就业指导 III，认识实习，机械设计基础课程设计
	毛泽东思想和中国特色社会主义理论体系概论 I，电子技术实验，矿物加工实验 I，弹性力学基础与数值模拟，物理化学 CII，地下工程施工技术（英文），矿石粉碎工程，矿物界面分选，矿物物理分选 I，矿物物理分选 II，分析化学基础
2016 级	矿物加工实验，矿物生物工程，物理化学实验 B，矿物物理分选，矿物界面分选，矿物化学处理，二次资源利用，固液分离（英文），矿业环境工程，矿物加工技术经济，煤炭加工与洁净利用
	生产实习，教授专题：矿物加工技术新进展
	大学生职业发展与就业指导 IV，研究方法训练，矿物加工课程设计，矿物加工工程设计，矿物加工研究方法，矿物加工过程检测与控制，复杂金属矿石利用实例，计算机辅助设计及应用，矿物加工设备，矿物加工工程设计实例
2015 级	毕业实习，毕业设计（论文）

（耿悦杰）

研究生教育

【硕士研究生招生】 2019 年，全日制硕士研究生共有 9742 人报考，其中计算机、法律、管理类等就业热门专业报考人数持续增加，其他报考人数较多的专业为矿业、材料等学校一流学科。2019 年共录取全日制硕士研究生 2900 人，其中，录取学术型和专业型全日制研究生均为 1450 人，各占 50%；录取推荐免试生 471 人，占 16.2%，录取全国统考考生 2257 人，占 83.8%，报录比为 4.3∶1；录取“211 工程”高校毕业生 1048 人，约占 36.14%，录取非“211 工程”高校毕业生 1852 人，约占 63.86%；录取少数民族高层次骨干人才计划考生 10 人，退役大学生士兵计划考生 10 人。

2019 年，非全日制硕士生报名 1003 人，录取 410 人，报录比约 2.5∶1，完成计划的 93.2%。非全日制录取硕士生中，“211 工程”高校毕业生 144 人，约占非全日制录取总数的 35.13%；录取单独考试考生 43 人，约占非全日制录取总数的 10.5%；录取退役大学生士兵计划考生 1 人。

2019 年共有 23 名硕士研究生放弃入学报到，其中全日制硕士研究生 10 人，非全日制硕士研究生 13 人。

（韩　经、何志巍、陶　武）

【博士研究生招生】 2019 年，共有 1087 人通过学校博士研究生报名审核，最终 19 个二级培养单位、25 个招生专业共录取 645 名博士研究生，考录比约 1.7 ∶ 1。从考试方式看，录取公开招考考生 6 人(主要是联合培养科研院所录取生源)，占 0.9%，硕博连读考生 150 人，占 23.3%，学士直攻博考生 29 人，占 4.5%，申请考核考生 460 人，占 71.3%；从考生来源看，录取“211 工程”高校考生 422 人，占 65.4%，非“211 工程”高校考生 223 人，占 34.6%；从录取类别看，录取非定向就业考生 540 人，占 83.7%，定向就业考生 105 人，占 16.3%；从专项计划看，录取少数民族高层次骨干人才计划考生 3 人，与科研院所联合培养博士研究生 38 人，高校思想政治工作骨干在职攻读博士学位考生 4 人。共有 6 名博士研究生放弃入学报到。

（韩　经、王筱静）

【考务工作】 作为北京市联合考点之一，学校承担了 2019 年同等学力人员申请硕士学位全国统一考试和 2020 年全国硕士研究生招生考试考务组织工作。2019 年 5 月 19 日，顺利完成了同等学力人员申请硕士学位全国统一考试 155 个考场共 4650 人次的考务工作。2019 年 10 月 10—31 日全国硕士研究生招生考试报名期间，共有 4392 名考生选择北京科技大学报考点报名参加 2020 年全国硕士研究生入学考试；11 月 8—10 日现场确认期间，学校报考点完成 3807 名考生现场确认工作；12 月 21—22 日，学校报考点共安排 128 个标准化考场，为 3807 名考生提供了良好的考务服务。

（韩　经、杨　栋、何志巍、陶　武）

【研究生招生宣传】 ① 2019 年共组织了 7 场研招宣传，积极探索新的宣传方式，提高招生宣传的精准度和有效性。通过分析生源质量、学科契合度、比较优势等因素，选定安徽、江苏、山东、河北、河南、陕西、黑龙江等 7 个省市作为重点宣传区域，邀请相关培养单位的知名专家、学者深入所在地相关高校开展专场宣传，取得良好效果。②组织 8 个二级培养单位及材料学部开展大学生夏令营活动，600 余名学生参与，各二级单位根据各自学科及专业情况，通过开设特色专题讲座、组织教授专家、在校研究生与营员开展座谈、参观实验室、预面试等方式，介绍有关招生专业的研究方向、培养特色、科研实力、就业前景等，使营员对学校的学科和专业有了进一步的了解，增强了营员报考意愿。③通过结合学校研究生招生信息网、微信公众号、各培养单位研究生学生会的考研 QQ 群、微信群等加强网络宣传，扩大了学校、学科在考生中的知名度。

（韩　经、何志巍、陶　武）

【研究生招生改革】 ①为适应研究生教育改革发展的新形势和新要求，合理配置教育资源，服务人才培养的核心任务，提高学校研究生培养质量，推动学科建设与发展，根据教育部相关文件精神，结合学校实际情况对标国家教育考试，制订《北京科技大学博士研究生招生计划分配办法》（校发〔2019〕75 号）及《北京科技大学硕士研究生招生计划分配办法》（校发〔2019〕76 号）。②继续推进博士研究生招生考试制度改革，进一步推进“申请考核”方式选拔博士研究生，在加强博士研究生报考材料审核、考核方式及程序的规范与管理的前提下，2019 年学校博士招生全面推行“申请考核”制。③推行“推免生预报名系统”，为解决暑期学术夏令营规模受限、方便培养单位预选推免生并提前锁定优质生源，组织开发了推免生预报名系统。有意报考学校的推免生可通过手机实现线上报名、材料提交、网络面试等功能。极大方便了推免生的报考和二级培养单位对推免生的选拔工作，降低了学生和二级培养单位的时间和经济成本。2020 年录取硕士推免生 522 人，直博生 19 人，硕士补录推免生 13 人，共计 554 人，较上年增长 10.58%。④对标国家教育考试管理标准，加强自命题工作的制度建设，制订了《北京科技大学硕士研究生招生考试自命题工作规定》（校发〔2019〕65 号）。进一步健全命题相关工作人员培训，建立集中、封闭、全流程监控的命题环境，配备专门命题设备，细化命题各环节流程，为参加命题的教师提供周到、细致的服务，确保自命题工作安全、平稳进行。⑤为更加全面的考查考生的创新能力、实践能力、专业素养和综合素质，充分发挥复试在研究生招生考试选拔中的重要作用，将硕士研究生复试总分调整为 500 分，提高了复试成绩在总成绩中的权重，为更好地发挥招生单位和导师在复试选拔中的作用创造了条件。

（韩　经、何志巍、王筱静、陶　武）

【研究生招生文件】 为保证国家

级考试安全，规范硕士研究生招生考试自命题工作，加强制度建设和过程管理，2019年制订《北京科技大学2019年硕士研究生招生复试与录取工作办法》（校发〔2019〕18号）、《北京科技大学2019年博士学位研究生招生录取工作办法》（校发〔2019〕33号）、《北京科技大学硕士研究生招生考试自命题工作规定》（校发〔2019〕65号）、《北京科技大学博士研究生招生计划分配办法》（校发〔2019〕75号）、《北京科技大学硕士研究生招生计划分配办法》（校发〔2019〕76号）、《2019年硕士学位研究生招生考试复试及加试评卷工作通知》（校研发〔2019〕5号）、《关于开展2020年研究生招生宣传活动的通知》（校研发〔2019〕10号）、《关于编制北京科技大学2020年研究生招生专业目录的通知》（校研发〔2019〕15号）、《北京科技大学硕博连读研究生招生与培养工作暂行规定（修订版）》（校研发〔2019〕16号）、《北京科技大学研究生招生考试突发事件应急预案》（校研发〔2019〕17号）、《2020年硕士研究生招生考试评卷工作通知》（校研发〔2019〕18号）等文件，进一步完善了各项招生制度，确保招生考试安全。

（韩　经、何志巍、王筱静、陶　武）

【教务管理】 学校对研究生实行多校区教学，新启用了昌平创新园区和管庄校区。2019年冶金、材料、能环等学院1116名研究生在昌平创新园区学习，土资、机械、科技史等学院649名研究生在管庄校区学习。落实研究生教学计划、排课、选课等教学工作，打印、发放任课教师《授课时间表》，落实日常教学管理的调课、借教室等工作。2019年度学校研究生实际开课数为1122门次，其中昌平创新园区125门次，管庄校区116门次，组织研究生公共课程考试16门，完成2019年度监考费的发放。

（尚新生、周　涛）

【学籍管理】 ①2019年春夏两季毕业研究生2990人（含留学生126人），其中，博士生417人（含留学生21人），硕士生2573人（含留学生105人），完成毕业生数据上报工作，制作和发放毕业证书；②完成2019级新生3877人（其中博士生报到637人，硕士生3240人）的学籍电子注册工作；③办理学籍变动手续449人次。

（尚新生、陶国银）

【成绩管理】 ①完成2019年1月和6月申请毕业/学位各类研究生培养环节的审核工作，提供各类毕业研究生签约、答辩及人事档案成绩单，办理学生个人中英文成绩单1200余份。②完成2018—2019年度全校课程旁听费、公共课任课教师酬金及专业课调节酬金核算工作。③完成2018—2019年度研究生学分认定和教学资料整理工作。④完成了2019年度昌平创新园区和管庄校区研究生教学课时增量酬金的核算发放工作。

（尚新生、姜志诚）

【完成学位授权点合格评估工作】 2019年5—6月，配合上级部门安排，完成合格评估抽评工作及专家组对物理学科的实地考察工作，最终学校所有学科顺利通过本次合格评估。

（姚志浩、洪　歌）

【完成专业学位研究生教指委及第八届学科评议组成员换届推荐工作】 学校吕昭平副校长当选新一届工程专业学位研究生教指委委员；学校共推荐20名教授作为候选人员第八届学科评议组成员候选人。

（姚志浩、洪　歌）

【博士生导师队伍建设】 根据学校学科建设和人才培养的需要，进一步加强博士生指导教师队伍建设，组织开展2019年博士生指导教师选聘工作，本次共新增博士生指导教师20名。同时，共有12名教师通过“三层次以上引进人才等教师”博导资格随时认定的方式聘为博士生指导教师。

（姚志浩、洪　歌）

【设立“项目导师制”完成首次评聘工作】 学校为青年教师设立“项目导师制”，发布《北京科技大学“项目导师”遴选办法（试行）》（校发〔2019〕9号）。评聘出首批项目博导19人，项目硕导42人。

（姚志浩、洪　歌）

【启动硕士研究生学位论文盲评试点工作】 为加强对硕士研究生学位论文质量的监控，开发《硕士学位论文评审系统》，在7个二级单位启动硕士学位论文盲审试点工作，为全面监控硕士学位论文质量提供了有效途径。

（姚志浩、洪　歌）

【改革博士、硕士研究生优秀学位论文奖励办法】 制定《北京科技大学优秀博士、硕士学位论文评选和奖励办法》（校发〔2019〕17号）。学校对优秀研究生学位论文作者、第一指导教师及所在二级培养单位进行表彰和奖励。奖励优秀博士学位论文作者 2 万元，指导教师 1 万元，所在二级培养单位 1 万元；奖励优秀硕士学位论文作者 1 万元，指导教师 0.5 万元。

（姚志浩、洪　歌）

【学位授予工作】 组织召开两次校学位评定委员会会议，共授予博士学位 420 人，硕士学位 2926 人，学士学位 4076 人；优秀博士论文 31 篇，优秀硕士论文 99 篇。除去涉密论文后，共对 3345 篇学位论文进行了查重检测。

（姚志浩、洪　歌）

【博士学位论文全盲审工作】 对 453 名博士研究生的学位论文进行了匿名评审，其中有 29 人因未能通过匿名评审而需半年或一年后重新申请学位，共有 2 名导师因“两年内出现两名未通过盲评延期半年”的情况，相应导师暂停招收博士生 1 年，并核减学院招生指标。全校的匿名评审通过率为 93.6%。全盲审的实施起到了质量预警的积极作用，进一步提高了导师和学生对学位论文质量的重视程度。

（姚志浩、洪　歌）

【撤销一名研究生博士学位】 经校学位评定委员会调查、审核，依据有关规定撤销一名研究生博士学位，并暂停其导师博士生招生资格。

（姚志浩、洪　歌）

【研究生教学质量监控工作】 2019 年，继续加强研究生教育教学督导工作，较好地完成了校本部、管庄校区、昌平科技园研究生三地课程教学检查任务。2018—2019 学年度共开设研究生课程 1014 门，研究生教育教学督导查课 802 门，查课率 79%，优秀率为 55%，优良率为 92%。2019—2020 学年度第一学期校本部安排了研究生课程 347 门，管庄校区安排了研究生课程 112 门，昌平科技园安排了研究生课程 142 门。研究生教育教学督导对三地研究生课程教学情况进行检查，反馈研究生课程教学过程中发现的问题并及时加以解决，取得了良好的效果，研究生教学整体情况有了显著改观。制订《北京科技大学新教师研究生课堂教学准入实施办法》，将课堂教学准入评审下移到教学现场，提升了考核过程的科学性和实效性，考核人员范围首次实现了全职称覆盖。2019 年度组织了新教师研究生课堂教学准入工作，共考核教授 4 人次，副教授 1 人次，讲师 10 人次，除少数老师外，其他老师均通过了准入考核。

（尚新生、杨　栋、姜志诚）

【研究生奖助学金管理工作】 按时核发一万多名研究生的国家助学金、国家学业奖学金和研究生助研、助教金，完成了总金额高达两千多万元的博导转账工作。优化工作流程，将研究生助研、助教金发放与博导转账工作剥离，确保按时足额发放研究生助研、助教金，维护了研究生的合法利益。

（尚新生、杨　栋、姜志诚）

【实施“创新人才培养”项目】 根据《北京科技大学继续实施研究生“创新人才培养”项目的通知》（校研发〔2012〕7 号）文件精神，继续实施研究生“创新人才培养”项目，认真做好政策宣传、业务咨询、项目申报及组织实施等工作。2019 年度共资助海外学者短期讲学 16 项，博士生参加国际学术会议 70 项，博士生短期出国访学 16 项。

（尚新生、杨　栋、姜志诚）

【“国家建设高水平大学公派研究生项目”选拔申报工作】 2019 年 3 月，学校组织了“国家建设高水平大学公派研究生项目”申报工作，有攻读博士学位研究生和联合培养博士生两大类，涉及 14 个研究生培养单位 15 个学科专业。采取“个人申请，单位推荐，专家评审，择优录取”的方式进行选拔，还本着“公开、公平、公正”的原则，组织专家对联合培养博士生申请者进行了面试，面试内容为本人学习经历、科研经历和出国学习研究计划，从而选拔出综合素质较高，具有竞争力的研究生。2019 年共有 133 人申请该项目，选拔并上报 100 人，国家留学基金委录取 61 人，录取率约为 61%。

（尚新生、杨　栋）

【研究生教育奖评选工作】 2019 年 7 月，根据《关于设立北京科技大学研究生教育发展基金的决定》（校发〔2002〕34 号）文件精神，经过学校“研究生教育奖”专家组评审，评选出学校第九届“研究生教育奖”：研究生教育管理先进集体奖 3 项、研究生论文指导优秀奖 20 项、研究生教学优秀奖 10 项。①研究生教育管理先进集体。外国语学院、工程技术研究院、国家材料服役安全科学中心。②研究生论文指导优秀奖。土木与资源工程学院：孙春宝。

冶金与生态工程学院：郭敏。材料科学与工程学院：刘雅政、赵海雷、李立东、王国杰。机械工程学院：冯志鹏、李威。能源与环境工程学院：汪群慧。自动化学院：王玲。计算机与通信工程学院：宁焕生。东凌经济管理学院：张剑、冯梅。数理学院：廖福成。化学与生物工程学院：李文军。外国语学院：张敬源。钢铁冶金新技术国家重点实验室：焦树强、郭占成。新材料技术研究院：白洋、杜翠薇。③研究生教学优秀奖。机械工程学院：李威。数理学院：赵金玲。化学与生物工程学院：车平、王明文。东凌经济管理学院：冯梅、孙莹。文法学院：吴群芳、冯英。马克思主义学院：李晓光。外国语学院：满海霞。

（尚新生、杨　栋）

【顺德研究生院】 2019年，顺德研究生院以服务地方需求为导向，以促进科技成果落地转化、培养高质量应用型人才为目标，积极探索产教融合路径，稳步推进产学研深度融合工作，在研究生招生及培养、人才引进、科学研究、平台建设等方面取得了阶段性成果。①学院内部建设。2019年3月，校长杨仁树来院参加学院启用仪式，与佛山市人民政府签署合作共建协议，引入佛山市支持。年内，副校长臧勇多次赴顺德研究生院指导工作，推进学院体制建设、科研教学、人才引进等各项工作深入开展。②研究生招生及培养。顺利开展首批研究生报到入驻工作，入驻学生包括5个学院74名硕士研究生及5名博士研究生，获批115个2020年全日制研究生招生指标；建立校企联合培养通道，定期组织企业交流，在院研究生与美的集团签订整体实习协议，重点培养研究生解决实际问题的能力；创新学生异地管理机制，妥善解决学生异地报销、生活补助等问题。③人才引进。在校本部的大力支持下，打通双基地教师科研工作量认定通道，提高教师入驻积极性；依托校本部资源，引进双基地教师103名，全职聘任加拿大工程院院士1名，柔性引进加拿大工程院院士1名，协助院士、双基地教师团队及其项目顺利在佛山落地；获批设立广东省博士后创新实践基地，争取佛山市、顺德区经费及政策支持，正式引进博士后2名，每年计划引进全职派驻博士后15～20名。④科学研究。纵向课题方面，获批佛山市每年科研启动经费支持1000万元，连续支持5年；立足区域产业升级需求，承担或参与广东省重点领域研发计划项目22项、“大专项+任务清单”项目1项、市级项目43项，立项金额共计1594万元。横向课题方面，与地方企业签订技术合同4项，合同金额共计305万元。⑤平台建设。依托校本部申报并成功获批“一带一路”东南亚环境材料腐蚀与防护教育部野外科学观测研究站，实现顺德区院校在省部级科研平台“零”的突破；成立北京科技大学创新创业分中心，引入北京科技大学国家大学科技园（顺德分园），为学校师生创新创业项目孵化提供优质资源和平台支持。

（董　亮）

高等职业教育

【概况】 2019届（最后一届）高职毕业生78人顺利毕业，其中进入北京信息科技大学继续本科学习的9人（含3名退伍免试生），校区优秀毕业生8人。

（张军凌、徐　屹）

继续教育

【成人学历教育】 坚持控制招生规模，与去年相比，2019年度继续减少招生8176人；提升招生层次，逐步减少专科层次招生，招生专业数由15个减少为8个。进一步开发和优化远程教育教学管理平台功能，新增活体检测功能，实现对入学考试的全过程监控；开发微学习平台，实现泛在学习。深化业大教育混合模式教学改革，2019级业大新生开展面授教学的同时，借助远程教育平台开展在线教学，实现教育资源共享。进一步规范本科生毕业设计（论文）指导工作，修订《关于学历继续教育本科生毕业设计（论文）的工作要求》《学历继续教育本科生毕业设计（论文）查重工作实施细则》等文件，并从2019届毕业生开始实施论文查重，不断提升毕业环节教学质量。完成了教育部、北京市教委组织的各项检查评估工作。远程与成人教育学院荣获中教全媒体评选的“2019中国最具社会影响力高校网络与继续教育学院”称号。

（赵桂娟、高　航）

【专业调整和年检年报】 加强专业建设，组织完成了教育部高等学历继续教育专业设置申报工作，专业设置由原来99个调整为40个，从2020年起不再招收专科层次学生。加强教学质量监控，落实了学历继续教育2019版培养方案，完成了教育部、北京市教委年度发展报告，并组织完成了上海、山东、新疆、河北等6省市自治区教育厅对远程教育、成人教育的年检年报工作。适度调整招生规模，2019年在校生规模比上年减少3万人。

（张军凌）

【非学历教育】 积极落实学校校企合作战略，发挥好继续教育促进学校产学融合和服务社会的窗口作用。发挥行业特色，推动企业培训继续保持良好发展势头。2019年共举办企业干部培训班6期，各类技术培训、专题培训14期，培训人员1500余人，取得了良好的社会效益和经济效益。一是继续巩固钢铁、制造行业国有大中型企业中青年干部培训，形成了高层人才管理能力提升方面较成熟的培训模式，圆满完成了中国一重、海南矿业、鞍钢集团委托的培训任务，促进了学校与多个企业深度合作。二是紧跟行业发展趋势，依托学校优势学科，积极促进产学融合，服务企业转型升级。在河北钢铁、酒钢宏兴、兴澄特钢、福建青拓不锈钢、本钢等企业连续举办了节能环保、冶炼加工、智能制造等技术培训班及高效轧制、连铸工艺等先进技术高研班，得到了企业好评。三是继续助力学校精准扶贫工作，成功举办了秦安县林果品牌培育与推广人才暨农村创业致富带头人培训班，得到了培训学员和地方政府的高度赞誉。四是拓展与高层次行业组织合作，与中国钢铁协会、世界钢协北京代表处合作筹划钢铁行业高端人才培训项目。

（张军凌、徐　屹、王玉敏）

国际学生培养

【概况】 2019年，学校认真贯彻落实新时代教育对外开放要求和全国教育外事工作会议精神，紧密围绕学校中心任务，聚焦提质增效主线，补短板、强弱项，推进国际学生招生、培养和管理改革创新，多措并举提高国际学生培养质量，学校来华留学教育内涵式发展更加深入。

2019年，学校国际学生培养层次持续优化，全年培养各类国际学生1000人，其中本科生316人，硕士研究生309人，博士研究生164人，语言生100人，各类进修生111人。博士生占长期在校生比例达到18.22%，同比增加2.5%。学校积极推进国际学生培养项目开发，来自日本、美国、英国等国家短期项目培养人次增幅19%。

2019年，学校共有374名国际学生顺利完成学业，其中本科毕业生67人，硕士毕业生105人，博士毕业生20人，本科结业生6人，进修生结业19人，语言生结业57人，短期生100人。

（赵宝永）

【国际学生招生工作】 2019年，学校大力丰富国际学生招生培养项目级别和形式，持续提高国际学生培养项目建设质量。成功入选首批“中非友谊”奖学金项目院校，构建起含中国政府奖学金项目、北京市外国留学生奖学金和支持地方项目、学校鼎新奖学奖和自费留学项目等多类别招生项目体系，为更多高层次国际学生来校就读进而推动学校来华留学教育提质增效提供了有力保障。“‘丝绸之路’理工类专业高水平研究生项目”获评教育部2019—2020学年“丝绸之路”中国政府奖学金优秀项目。

学校以全方位招生推介体系建设为抓手，积极开拓优质生源招生渠道，做好招生宣传及咨询服务，有效稳固与各使领馆联系，主动参加境外教育说明会5次，扩大了学校国际影响力和声誉辐射面。深入开展本科生入学考试，增设韩国、蒙古两个海外考场。严格依据录取标准和程序，落实有关政策要求，按时完成高强度研究生录取材料审核与录取工作。国际学生层次持续优化，奖学金生管理更加规范，按时完成延期审核及回国机票申请等日常管理，及时处理异动情况89人次，严格执行年度评审制度，中止或取消6人奖学金资格。

2019年，学校共录取国际学生新生404人，其中本科生126人，硕士生100人，博士生46人，语言进修生62人，其他各类进修生18人，汉补生48人，预科生4人，实际报到317人。

（李宝铭、刘　焱、商　蕊）

【国际学生培养工作】 2019年，学校国际学生学风建设改革有力推进，制度体系更加健全，管教结合更加契合，培养质量稳步提高。

①出台《北京科技大学国际学生学风建设工作实施方案》，开展“学风建设月”、学术导航和学术道德教育等系列针对性活动，狠抓国际学生良好学习习惯养成。加强考勤管理，增设国际学生自助考勤注册机。强化学业警示作用，给予14人次学业警示，给予6人退学处理。依托国际学生学业指导中心实施课外学业辅导，开展HSK考试辅导90余小时，促进了学生学业水平提升。精心策划实施新生入学导航系列专项教育，浸润式拉近国际学生校园体验，提高校园文化融入度。开展毕业季系列品牌活动，增强国际学生毕业感受度，升华爱校荣校情感。树立优秀学生榜样，召开来华留学教育表彰大会，以点带面，以优促进。全年国际学生培养取得新成绩，3名国际学生获得教育部“中国政府优秀来华留学生奖学金”，1名国际学生获得“北京科技大学校长奖章”提名奖，1名国际学生获得“北京科技大学十佳学术之星”提名奖，3名国际学生获得“学院十佳学术之星”，12名国际学生获得校级学术类奖励，56名国际学生获得“北京科技大学优秀国际学生奖学金”。

②完善沟通与信息分享机制，强化职能部门和教学培养单位沟通协调，推进国际学生授课教师常态化信息反馈机制建设，举行专题调研座谈会和来华留学教育工作研讨会，全面了解掌握国际学生培养情况，及时推动解决全英文授课博士研究生学分认定等问题。评选批准45门全英文授课课程建设，下拨教学培养单位国际学生经费460.87万元，加大了教学培养环节支持力度。深入开展“我爱我师——国际学生最喜欢的老师”“北京科技大学国际学生优秀指导教师”评选和“我给导师写封信”等活动，及时挖掘、表彰优秀典型，数理学院教师王丹龄和东凌经济管理学院教师马建峰获得“我爱我师——国际学生最喜欢的老师”称号，东凌经济管理学院教授黄晓霞、能源与环境工程学院副教授张玲玲被评为“北京科技大学国际学生优秀指导教师”。

（郝建鸿、刘　焱）

【国际学生管理工作】 2019年，学校抓住国际学生管理工作创新发展、规范开展两条线，织密管理服务网络，拓展对外交流合作，国际学生事务管理能力日益增强。

①着力“三全育人”实践，促进文明交流互鉴。学校大力探索“三全育人”综合改革在来华留学教育工作中的实施方式，依托学校“三全育人”综合改革研究课题建设，大力促进国际学生知华友华。2019年，6位国际学

生教师带领40名国际学生参加国庆游行“人类命运共同体”方阵，国际学生中心被评为学校“服务保障国庆70周年活动突出贡献集体”，并有国际学生管理干部和学生共51人获评学校服务保障国庆70周年活动荣誉称号，其中突出贡献个人4人，先进个人2人，贡献奖45人。成功举办首届“感知中国——智能制造学术论坛”学术活动，受到《人民日报》、光明网、中国新闻网、中国教育电视台、《中国科学报》等主流媒体广泛关注。

②入境出境管控严格，日常管理规范有序。学校严格落实外国人出入境日常管理各项要求，办理签证和居留许可延长申请1065人次，申请宣布废除居留许可2人次，未因主观原因发生非法居留现象。完善居留许可加注实习办理流程，办理实习加注15人次，未发生非法就业情况。优化探亲类私人事务签证办理方式，降低相关风险发生。及时向出入境管理部门报送未注册学生名单，未发生非法入境。按照北京市出入境管理部门要求，完成春季和秋季两次在校外学生涉及29项个人信息1866人次摸排、核查与报送工作，及时反馈69人次在校表现，报送动态信息62条。做好国际学生公寓日常管理和专项整治，圆满完成重要保障期工作任务，加强校外住宿学生办理住宿登记管理要求，管理覆盖面更趋完备。多种形式持续开展涵盖外国人管理、交通、消防、禁毒、防诈骗等内容丰富的法制宣传及安全教育，邀请警官开展专题教育3次，开展北京市交通安全教育基地实地教学和警示教育1次，组织消防演习1次。

③关注学生发展指导，助力学生成长成才。学校不断优化国际学生管理与服务流程，改进工作方式，全方位构建学生培育体系。鼓励国际学生参加“外国人眼中的北京”“学在中国”博士生论坛等特色活动，促进学生综合素质提升。开展心理健康教育普查，建立新生心理健康档案，开展心理团体辅导、专家讲座等活动7次。注重国际学生就业指导与服务，与91家用人单位建立长期联系，组织专场招聘会3场。稳固全员保险制度，积极开展保险理赔，处理保险理赔67起，住院垫付6例，急诊急救4次，有力保障了国际学生的生命安全和身体健康。加强国际学生公寓修缮，更新空调、床铺等设施设备，不断改善国际学生住宿条件。

④文化育人丰富多彩，育人效果积极显著。学校大力宣传推广来华留学教育，改版国际学生中心网站，丰富微信公众平台内容。强化“文化育人”，国际文化节影响力持续扩大，吸引万余人次参与，受到教育部、海淀区充分肯定，毕业季情留北科、“行知中国”、新年晚会优秀展示等活动精彩纷呈。组织国际学生参加社区、图书馆等志愿服务，组织教师带领国际学生开展英语教学、中国传统文化交流等服务离退休教职工特色活动，受到普遍好评。学校荣获第九届“视友杯”中国高校电视奖教学类二等奖，荣获孔院总部“2019‘汉语桥’全球外国人汉语大会中文影视作品配音比赛优秀组织奖”，获评北京市教委“北京市外国留学生汉语之星大赛优秀组织奖”，获得2019年北京市高校“来华杯”留学生羽毛球赛男单冠军、混双冠军、女单亚军和季军，国际学生荣获北京科技大学第58届学生运动会男子团体甲组季军，在“汉语之星”等竞赛类活动中也获得诸多优秀成绩。

⑤对外交流主动活跃，队伍建设更显成效。学校承办北京高教学会外国留学生工作研究分会年会，积极参与中国高等教育学会外国留学生教育管理分会工作，承担学会科研课题1项。与其他院校开展调研互动，实地调研北京语言大学和中国地质大学（北京），并与北京中医药大学、沈阳航空航天大学等院校就来华留学教育工作的基础性和关键性问题展开交流探讨，借鉴有益经验，促进事业发展。与各驻华使领馆保持良好联系，协调推动国际学生相关事务开展。积极与学院路街道开展文化活动，融入社区发展。校友工作取得突破，推进泰国校友会组织建设。队伍建设有力，2人分别获得北京市高校来华留学优秀管理干部一等奖和二等奖，2人分别被评为学校机关党委优秀共产党员和优秀党务工作者。

（贾兆义、高佳佳）

【非学历国际学生工作】 2019年，学校非学历国际学生教育工作取得新进展。对外汉语教学体系更加丰富，切实抓好教学工作各环节，抓严抓紧对外汉语教学课前设计，准确定位教学目标，整合优化对外汉语教学内容，精心设计教学活动，全面提高教学水平与效果。依托学风建设专项工作，严格课堂考勤，有效开展考风考纪教育，合理安排课后辅导与HSK考试辅导，HSK4级以上通过率同比提升6%，成效良好。组织对外汉语教学实践活动6次，加深学生对中国的了解，提高对中国文化认知，增强对学校的认同感。

加强来华留学短期进修品牌项目建设，进一步丰富项目内容，取得了突出成效。新增2项短期生项目，共举办来自日本京都产业大学、神奈川大学，美国塞基诺州立大学、莫尔豪斯学院，英国邓迪大学、德蒙福特孔子学院等6所大学的短期班。

（李　峰、郎越超）

【附表】

北京科技大学2019年国际学生情况一览表

类别	本科	硕研	博研	语言	普进	高进	短期	合计
毕业生	67	105	20					192
结业生	6			57	11	8	100	182
在校生	316	309	164	100	6	5	100	1000
英语授课	11	122	118		4	1		256
交换生				4				4

（郭凯琳）

学科建设工作

【概况】 坚持以学科建设为龙头，统筹一流学科建设和北京市高精尖学科建设，以推进学科转型升级和学科交叉融合为着力点，积极推进学科调整与优化布局，取得了良好进展。在QS发布的2020世界大学排名中，学校位列第462位，内地高校第20位。17个学科进入“软科世界一流学科”榜单，其中冶金工程学科排名蝉联世界第一。计算机科学、环境生态学科首次进入ESI全球机构学科排名前1%，ESI世界前1%学科领域达到5个。

（林　林）

【北京高校高精尖学科建设】 2019年，学校人工智能科学与工程、安全科学与工程2个学科入选北京高校高精尖学科建设名单。为加强两个高精尖学科建设，学校讨论制定了《北京科技大学“高精尖学科”建设管理办法》，组织专家对建设内容和经费支出计划进行论证，形成了项目建设任务书。高精尖学科建设进一步推动了学科布局结构调整和优化，促进了学科交叉和学科融合发展，更好地服务北京“四个中心”建设。

（胡晓军、张云仙）

【人工智能研究院实体化运行】 成立人工智能学科建设工作领导小组，创新体制机制，结合北京市高精尖学科建设，推进人工智能学科发展。成立调研工作组，立足自身办学特色与学科优势，突出“北科特色”，在充分调研和征求各方意见的基础上，制定了《人工智能研究院实体化建设方案》，充分利用现有条件，整合学科资源，促进学科交叉，循序渐进推进研究院建设。

（胡晓军、鲁　晓）

【青年教师学科交叉研究培育项目】 首次组织开展青年教师学科交叉研究培育项目评审立项工作，受到广大青年教师高度关注和好评。申报人数达222人，占符合申报资格青年教师的半数以上。经专家评选，确定支持30项，支持经费共300万元。项目坚持柔性考核，鼓励青年教师围绕国家、地方及学校建设需求自由选题、联合申报，通过资助支持，培育新兴交叉学科增长点。

（胡晓军、张云仙）

【积极谋划实施“大安全”融合战略】 认真谋划《高校书记校长履职亮点项目》，推进一流学科交叉融合发展，谋划实施“大安全”学科融合战略。以“重大设施”暨“国科中心”国家验收，“金属冶炼重大事故防控技术支撑基地”项目可研评审与论证、安全科学与工程北京市高精尖学科建设等工作为抓手，统筹布局以材料服役安全、金属冶炼安全、资源开发安全和城市地下空间服役安全为特色的大安全学科建设，打造“双一流”建设新高地。

（林　林、胡晓军）

【学科建设保障体系建设】 积极构建学科建设保障体系，服务学科建设需要。初步搭建了由大学排名及对标分析、学科对标分析、同行评议评价、学术水平评价等几大版块组成的学科建设保障体系，制作了《学科发展水平报告》和《360度对比分析报告》，为第五轮学科评估和下一轮“双一流”遴选提供动态监测、对标分析服务。邀请QS、THE、科睿唯安、软科等第三方机构来校交流，举办学科建设、学术评价等系列讲座4场，充分利用各种资源服务学科内涵建设。

（胡晓军、鲁　晓）

【学科建设经费管理】 2019年用于学科条件建设经费共有5400万元，其中“双一流”建设经费4400万元，北京高校高精尖学科建设经费1000万元，支持了23个“双一流”学科建设项目和两个北京高校高精尖学科建设项目。在项目执行过程中，加强项目过程管理，严格经费使用管理，加强与项目负责人及相关部门的沟通，督促项目执行进度，保障项目顺利执行，促进学校学科建设。

（胡晓军、张云仙）

科学研究与产业开发

科研工作

【概况】 2019年，学校主动适应国家深化体制机制改革、科技计划和科研项目资金管理模式发生重大变化的新形势，立足创新驱动发展战略，积极服务国家重大战略需求，加强有组织科研创新，推动交叉协同融合，放管结合，优化服务，通过顶层设计、制度创新、平台建设等切实提升了学校科学研究水平和社会服务贡献度。

（吉宏玮）

【科研项目与经费】 2019年，全校科研经费首次突破10亿元，总额达10.26亿元，同比增长超过25%。其中，纵向经费6.79亿元，横向经费3.47亿元。新增科研合同1618项，合同经费11.98亿元，合同经费总额同比增长超过25%。其中，新增纵向合同经费6.5亿元，新增横向合同经费5.48亿元。

纵向科研项目。2019年新增纵向科研项目401项。①国家自然科学基金项目164项，总经费13854.71万元。②国家重点研发计划（项目）5项，总经费8388万元。③国家重点研发计划（课题）14项，总经费5344万元。④科技部其他项目3项，总经费488.4万元。⑤教育部课题项目1项，总经费5万元。⑥军工项目45项，总经费27501.23万元。⑦人文社会科学项目56项，总经费828.79万元。⑧北京市各类课题项目61项，总经费3689.5万元。⑨其他项目52项，总经费4940.6万元。

横向科研项目。2019年新增横向合同1218项。①由国家政策引导，高技术企业认定需要而签订专利许可合同的数量持续增加，共签订17份专利实施许可合同，总经费656万元。②横向合同经费100万元以上的合同数为108项，总经费27475.3569万元。③与宝武集团签订40项合同，总经费2311余万元；与鞍钢集团签订21项合同，总经费2535万元；与首钢集团签订18项合同，总经费749万元；与河钢集团签订19项合同，总经费1661万元；与南钢集团签订12项合同，总经费729万元；与中钢集团签订15项合同，总经费377万元；与山钢集团签订11项合同，总经费599万元；与马钢集团签订10项合同，总经费525万元。

（吉宏玮）

【科研水平与成果】 2019年学校共获得国家科学技术奖3项。其中，曲选辉教授主持完成的“高性能特种粉体材料近终形制造技术及应用”获国家技术发明二等奖；朱荣教授主持完成的“绿色高效电弧炉炼钢技术与装备的开发应用”获国家科学技术进步二等奖；韩向娜副教授参与完成的“考古现场脆弱性文物临时固型提取及其保护技术”获国家科学技术进步二等奖。获得省部级科学技术奖59项（特等奖1项、一等奖20项、二等奖22项、三等奖16项）。申请发明专利889项、实用新型专利125项；授权发明专利506项、实用新型专利119项。另外，获软件著作权127项，9件发明专利申请提出了PCT国际申请。2018年学术论文被SCIE收录2377篇，同类机构排名第31；EI收录论文2500篇，同类机构排名第22；CPCI-S收录277篇，同类机构排名第47；SCI学科影响因子前10%论文625篇，排名第27，排名较2018年上升10位。

（吉宏玮）

【科研基地建设】 2019年，学校获批1个国家科技资源共享服务平台：国家材料腐蚀与防护科学数据中心；获批6个省部级科研基地：1个教育部工程研究中心、2个教育部野外科学观测研究站和3个北京市国际科技合作基地，省部级科研基地年增长数量达到历史新高。

（吉宏玮）

【产学研合作交流】 召开2019年重点钢铁企业科技工作负责人座谈会暨“北京科技大学－钢合组织”第九届“钢铁冶金新技术发

展论坛”，在行业内产生较大影响力。开展组团式科研项目交流对接。与宝钢、鞍钢、河钢等企业进行20余次科研交流，策划与宝钢、鞍钢、中国一重和金川公司等的合作协议签署/平台建设，有效推动横向科研项目规模增长。重点围绕长三角、珠三角区域开展合作，与广东省阳江市共同启动组建“阳江合金材料实验室”，分别与安庆市、无锡市、威海市等区域开展产学研合作。2019年沿海协同创新研究院已组建技术创新中心11个、创办和孵化高技术企业7家、组建1家新材料投资服务公司、10项科技成果正在转化和产业化；申报省市科技项目6项，年内到院科研经费近1400万元；北京科技大学广州新材料产业园创新基地即将动工，将为打造学校的粤港澳大湾区名片奠定基础。

（吉宏玮）

【军工科研】 统筹学校各学科方向，精心策划，顶层设计，不断规范国防科研项目管理与服务，积极主动对接国防需求。学校承担国防项目总量和体量显著增长，全年共签订国防科研合同86项，总经费1.26亿元。组织申报各类省部级以上项目300余项，其中，牵头装备发展部预研项目立项6项，总经费1500万元，承担军委科技委重大基础研究项目，总经费3000万元；获批牵头国防科工局一条龙项目2项，总经费4520万元。对校内3个教育部B类重点实验室研究方向进行了梳理，理顺了组织体系，荣获教育部国防专项奖技术发明一等奖1项。

（吉宏玮）

【基本科研业务费】 学校持续基本科研业务费资助，做到青年教师科研成长的全阶段覆盖，为遴选和培育学术领军人才提供有力保障。2019年，立项资助407项，立项金额6094.15万元。同时，通过专家评价及目标核查等方式，对379个项目进行了中期检查和结题验收。

（吉宏玮）

【科技期刊】 2019年出版《矿物冶金与材料学报（英文版）》《工程科学学报》《北京科技大学学报（社会科学版）》《粉末冶金技术》和《金属世界》共42期，载文623篇。其中自然科学研究论文534篇，社会科学研究论文89篇；SCI收录论文168篇；EI收录论文348篇；中文核心期刊论文251篇，科普类文章115篇。

《矿物冶金与材料学报（英文版）》2019年被评为“中国最具国际影响力学术期刊（Top 5%）”，期刊电子数据放在SpringerLink平台上发布，在线下载量逐年递增，付费阅读收入稳步增加，取得了较好的社会效益和经济效益。据2019年《中国科技期刊引证报告（核心版）》的数据显示，《工程科学学报》的影响因子由2017年的0.473提高到2018年的0.588，提高了24.31%；《粉末冶金技术》的影响因子由2017年的0.365提高到2018年的0.493，提高了35.07%；《金属世界》的浏览量和下载量也有大幅提升。《北京科技大学学报》（社会科学版）的发展态势良好，有多篇优质论文被人大“复印报刊资料”和“中国社会科学网”全文转载。

（蒋　伟）

【人才团队】 2019年，学校高水平人才队伍建设取得新进展。7人入选第四批国家“万人计划”科技创新领军人才，入选人数位列全国高校第13位；1人获国家杰出青年科学基金项目、3人获优秀青年科学基金项目；2人获第九届冶金青年科技奖；1人获全国钢铁工业先进工作者荣誉称号；1人获美国国际腐蚀工程师协会W. R. Whitney奖。

2019年，学校高层次科研团队建设捷报频传。1个团队入选国家自学科学基金委“创新研究群体”，1个团队入选科技部“重点领域创新团队”，1项国家重点研发计划项目承担团队被评为“项目执行优秀团队”；1个团队荣获首都“2019•科技盛典”创新团队。

（吉宏玮）

【科协、学会、学术交流】 2019年，学校主办国际会议15次；参加国际会议1724人次，交流论文877篇，特邀报告229篇；派遣56人次、接收9人开展合作研究。学校科协组织学生科协举办了第十一届百科知识竞赛，普及科普知识，受到师生欢迎。

（吉宏玮）

【科研管理】 围绕深化体制机制改革，落实科研项目资金管理，放管结合，优化服务，通过多种渠道对国家最新发布的科研项目资金管理办法等进行政策解读和调研，使教师尽快了解并适应科研政策的新变化、新要求，合规、高效开展科研工作，也进一步推进了科研经费管理的规范化。同时注重顶层设计，积极组织策划，在争取大项目、大平台等方面卓有成效。

（吉宏玮）

【附表】

北京科技大学 2019 年科研成果统计表

单位	获奖数（项）	申请专利（件）			授权专利（件）			软件著作权（项）	国际 PCT 申请（件）
		发明	实用新型	合计	发明	实用新型	合计		
土木与资源工程学院	30	96	20	116	42	22	64	31	0
冶金与生态工程学院	6	99	8	107	42	9	51	7	1
材料科学与工程学院	2	157	16	173	74	9	83	8	0
机械工程学院	2	43	20	63	32	26	57	6	0
能源与环境工程学院	5	52	8	60	17	10	27	9	0
自动化学院	1	37	8	45	22	7	29	20	0
计算机与通信工程学院	2	102	2	104	67	2	69	19	0
数理学院	0	8	3	11	3	2	5	1	0
化学与生物工程学院	2	22	7	29	9	4	13	0	0
东凌经济管理学院	0	3	0	3	1	0	1	7	0
新金属材料国家重点实验室	1	27	1	28	33	2	35	0	0
工程技术研究院	2	40	3	43	18	2	21	6	0
新材料技术研究院	6	113	10	123	94	9	104	1	6
国家材料服役安全科学中心（筹）	0	9	5	14	6	8	14	3	0
钢铁冶金新技术国家重点实验室	0	47	6	53	26	4	30	7	2
钢铁共性技术协同创新中心	2	28	2	30	16	1	17	1	0
高等工程师学院	0	0	1	1	3	0	3	1	0
科技史与文化遗产研究院	1	0	0	0	0	0	0	0	0
其他	0	6	5	11	1	2	3	0	0
合 计	62	889	125	1014	506	119	625	127	9

北京科技大学 2019 年科研获奖项目一览表

序号	项目名称	奖励名称	奖励单位	获奖等级	完成人	完成单位	所属学院
1	高性能特种粉体材料近终形制造技术及应用	国家技术发明奖	国务院	二	曲选辉（1） 秦明礼（2） 章　林（3） 吴昊阳（4）	北京科技大学、江苏精研科技股份有限公司、上海富驰高科技股份有限公司	新材料技术研究院
2	绿色高效电弧炉炼钢技术与装备的开发应用	国家科学技术进步奖	国务院	二	朱　荣（1） 魏光升（7）	中冶赛迪工程技术股份有限公司、北京科技大学、西安电炉研究所有限公司、长春三鼎变压器有限公司、天津钢管集团股份有限公司、无锡红旗除尘设备有限公司、中冶陕压重工设备有限公司	冶金与生态工程学院

续表

序号	项目名称	奖励名称	奖励单位	获奖等级	完成人	完成单位	所属学院
3	考古现场脆弱性文物临时固型提取及其保护技术	国家科学技术进步奖	国务院	二	韩向娜（4）	秦始皇帝陵博物院、中国科学院上海硅酸盐研究所、上海大学、中国科学院上海有机化学研究所、浙江大学、北京科技大学	科技史与文化遗产研究院
4	电极化储能复合电介质材料结构性能联调的基础理论与方法	高等学校科学研究优秀成果奖（科学技术）	教育部	一	党智敏（1） 查俊伟（2） 王东瑞（3）	北京科技大学、北京化工大学、清华大学	化学与生物工程学院
5	专用项目	高等学校科学研究优秀成果奖（科学技术）	教育部	一	李成明（1） 陈良贤（3） 魏俊俊（5） 刘金龙（6）	北京科技大学、北京空间飞行器总体设计部	新材料技术研究院
6	非常规气藏开发理论和高效开发技术及工业化应用	高等学校科学研究优秀成果奖（科学技术）	教育部	一	朱维耀（1） 宋智勇（4）	北京科技大学、中国石油化工股份有限公司勘探开发研究院、中国石油天然气股份有限公司西南油气田分公司页岩气研究院、中国石油大学（北京）、浙江海洋大学、华美孚泰油气增产技术服务有限责任公司	土木与资源工程学院
7	重载车轴钢冶金技术研发创新及产品开发	冶金科学技术奖	中国钢铁工业协会、中国金属学会	一	姜　敏（2） 于会香（4）	马鞍山钢铁股份有限公司、北京科技大学、中国铁道科学研究院集团有限公司	冶金与生态工程学院
8	基于铸轧全流程的轧机振动协同控制技术及推广应用	冶金科学技术奖	中国钢铁工业协会、中国金属学会	二	闫晓强（1） 孙志辉（3）	北京科技大学、马鞍山钢铁股份有限公司、湖南华菱涟源钢铁有限公司、上海梅山钢铁股份有限公司、通化钢铁集团股份有限公司、酒钢集团宏兴股份有限责任公司	机械工程学院
9	大型高炉铜冷却壁长寿技术研究及应用	冶金科学技术奖	中国钢铁工业协会、中国金属学会	二	焦克新（4）	北京首钢股份有限公司、首钢集团有限公司、北京科技大学	冶金与生态工程学院
10	基于固废的高炉系统节能环保不定形耐火材料的研发与应用	冶金科学技术奖	中国钢铁工业协会、中国金属学会	三	张　梅（1） 王海娟（3） 郭　敏（5）	北京科技大学、首钢京唐钢铁联合有限责任公司、北京精冶源新材料股份有限公司	冶金与生态工程学院
11	高强韧性宽厚板系列管线钢关键技术开发及应用	冶金科学技术奖	中国钢铁工业协会、中国金属学会	三	尚成嘉（2）	邯郸钢铁集团有限责任公司、北京科技大学	钢铁共性技术协同创新中心
12	工业气体节能生产模式研究与应用	冶金科学技术奖	中国钢铁工业协会、中国金属学会	三	王　立（4）	新余钢铁股份有限公司、北京科技大学	能源与环境工程学院
13	大型干熄焦装置长寿化关键技术研发与产业化示范	冶金科学技术奖	中国钢铁工业协会、中国金属学会	三	李克江（5）	鞍钢股份有限公司、中冶焦耐（大连）工程技术有限公司、北京科技大学	冶金与生态工程学院
14	超大规模数据接入采集平台关键技术研究及产业应用	北京市科学技术奖	北京市人民政府	二	宁焕生（2） 罗　熊（3）	北京锐安科技有限公司、北京科技大学、公安部第三研究所	计算机与通信工程学院
15	网络空间大规模关键信息基础设施安全态势感知关键技术研究与应用	北京市科学技术奖	北京市人民政府	二	陈红松（5）	北京神州绿盟信息安全科技股份有限公司、北京神州绿盟科技有限公司、中国电子技术标准化研究院、北京理工大学、北京科技大学	计算机与通信工程学院

续表

序号	项目名称	奖励名称	奖励单位	获奖等级	完成人	完成单位	所属学院
16	用于新一代航天器极高热流密度散热用金刚石微槽道研制与应用	北京市科学技术奖	北京市人民政府	三	李成明（1） 陈良贤（3） 魏俊俊（5） 刘金龙（6）	北京科技大学、北京空间飞行器总体设计部	新材料技术研究院
17	烟气多污染物协同治理及副产物资源化生产A1级防火材料技术	北京市科学技术奖	北京市人民政府	三	邢　奕（2） 倪　文（3） 苏　伟（4） 洪　晨（5） 路　培（6）	中晶环境科技股份有限公司、北京科技大学	能源与环境工程学院
18	低熟料胶凝材料绿色高性能混凝土综合技术与应用	河北省科学技术奖	河北省人民政府	一	刘娟红（2） 倪　文（4）	河北省建筑科学研究院有限公 司，金泰成环境资源股份有限公 司，石家庄市长安育才建材有限 公司，石家庄铁道大学，北京科技大学	土木与资源工程学院
19	煤矿冲击地压预测防控技术与装备及应用	河北省科学技术奖	河北省人民政府	二	朱斯陶（2） 姜福兴（3）	华北科技学院、北京科技大学、北京安科兴业科技股份有限公司	土木与资源工程学院
20	医用高分子材料改性技术以及临床应用	山东省科学技术奖	山东省人民政府	一	王鲁宁（4）	山东瑞安泰医疗技术有限公司、复旦大学附属中山医院、中国科学院化学研究所、北京科技大学、山东百多安医疗器械有限公司	材料科学与工程学院
21	磁性、催化功能分子材料体系的构筑及结构性质研究	山东省科学技术奖	山东省人民政府	三	姜建壮（3）	山东理工大学、北京科技大学	化学与生物工程学院
22	煤矿井下硫化氢的释放机制及控制技术	四川省科学技术奖	四川省人民政府	二	林　海（1） 董颖博（4） 陈月芳（7）	四川省煤炭产业集团有限责任公司、北京科技大学、四川华蓥山广能（集团）有限责任公司、四川达竹煤电（集团）有限责任公司	能源与环境工程学院
23	3300+2850mm“1+4”铝板带热连轧机工程成套设备研制	四川省科学技术奖	四川省人民政府	二	陈雨来（5）	中国第二重型机械集团公司、北京科技大学、广西柳州银海铝业股份有限公司	工程技术研究院
24	西部能源战略通道油气管网腐蚀控	新疆维吾尔自治区科技进步奖	新疆维吾尔自治区人民政府	二	杜艳霞（2）	中石油管道有限责任公司西部分公司；北京科技大学；中国石油集团工程	新材料技术研究院
25	低能耗电解铝液制备高性能泡沫铝合金及延伸的降噪/防爆工程成套技术研究	新疆维吾尔自治区科技进步奖	新疆维吾尔自治区人民政府	二	李宏祥（4）	新疆大学、新疆有色金属工业（集团）有限责任公司、金川镍钴研究设计院、陕西理工大学、北京科技大学	新金属材料国家重点实验室
26	高等级冷轧汽车用钢的研制开发与产业化	广西科学技术奖	广西壮族自治区人民政府	二	无排名	广西柳州钢铁集团有限公司、北京科技大学	工程技术研究院
27	控制电极箔隧道孔长度一致性研究及在节能新材料制造中的应用	广西科学技术奖	广西壮族自治区人民政府	三	何业东（2）	广西贺州市桂东电子科技有限责任公司、北京科技大学	新材料技术研究院
28	高等级冷轧汽车用钢的研制开发与产业化	江苏省科学技术奖	江苏省人民政府	二	武会宾（2） 张鹏程（5）	南京钢铁股份有限公司、北京科技大学	钢铁共性技术协同创新中心

续表

序号	项目名称	奖励名称	奖励单位	获奖等级	完成人	完成单位	所属学院
29	清洁高效连续退火关键技术	湖北省科学技术奖	湖北省人民政府	二	豆瑞锋（9）	武汉钢铁有限公司、北京科技大学、武汉科技大学	能源与环境工程学院
30	采动应力下复杂破碎软岩巷道四维支护关键技术研究与应用	中国黄金协会科学技术奖	中国黄金协会	特	吴爱祥（1） 王少勇（3） 王贻明（5） 王洪江（7） 尹升华（9） 王　勇（11） 周　勃（19）	新疆伽师县铜辉矿业有限责任公司、北京科技大学、招金矿业股份有限公司	土木与资源工程学院
31	内蒙古自治区柴胡栏子金矿资源综合利用研究	中国黄金协会科学技术奖	中国黄金协会	一	谢玉玲（1） 钟日晨（17）	赤峰柴胡栏子黄金矿业有限公司、北京科技大学	土木与资源工程学院
32	滨海矿山深部开采多场耦合环境精准识别与灾害预测防控	中国黄金协会科学技术奖	中国黄金协会	一	郭奇峰（2） 任奋华（5） 李　远（7） 王培涛（9）	山东黄金矿业（莱西）有限公司、北京科技大学	土木与资源工程学院
33	面向云平台的矿业集团生产运营智能化管控系统	中国黄金协会科学技术奖	中国黄金协会	一	李国清（2）	山东黄金集团有限公司、北京科技大学	土木与资源工程学院
34	多目标优化提高九丈沟微细粒浸染金矿技术经济指标的研究与应用	中国黄金协会科学技术奖	中国黄金协会	一	孙春宝（2） 寇　珏（4） 张瑞洋（6） 王培龙（8） 胡　阳（15） 王俊莲（20）	嵩县山金矿业有限公司、北京科技大学	土木与资源工程学院
35	深部缓倾斜破碎薄矿体的安全高效采矿方法研究及应用	中国黄金协会科学技术奖	中国黄金协会	二	曹　帅（2） 宋卫东（4）	山东黄金矿业（鑫汇）有限公司、北京科技大学	土木与资源工程学院
36	崩落法与充填法垂直隔离矿柱的安全回采关键技术研究及应用	中国黄金协会科学技术奖	中国黄金协会	二	宋卫东（2） 曹　帅（7） 付建新（13）	招金矿业股份有限公司夏甸金矿、北京科技大学、招金矿业股份有限公司	土木与资源工程学院
37	复杂条件下充填法开采地压综合控制技术研究与应用	中国黄金协会科学技术奖	中国黄金协会	二	付建新（2） 宋卫东（7）	招金矿业股份有限公司蚕庄金矿、山东招金科技有限公司、北京科技大学	土木与资源工程学院
38	内蒙古红岭铅锌多金属矿床的成矿规律及靶区预测研究	中国黄金协会科学技术奖	中国黄金协会	三	谢玉玲（1）	赤峰山金红岭有色矿业有限责任公司、北京科技大学	土木与资源工程学院
39	全面法超高点柱的精细化开采关键技术研究及应用	中国黄金协会科学技术奖	中国黄金协会	三	曹　帅（2）	文山麻栗坡紫金钨业集团有限公司、北京科技大学	土木与资源工程学院
40	焦家金矿充填法开采矿岩稳定性分级方法与控制技术研究	中国黄金协会科学技术奖	中国黄金协会	三	付建新（2） 宋卫东（4） 曹　帅（6） 谭玉叶（8）	山东黄金矿业（莱州）有限公司焦家金矿、北京科技大学	土木与资源工程学院
41	高应力及古海水腐蚀条件下充填采矿关键技术研究及应用	中国黄金协会科学技术奖	中国黄金协会	三	吕文生（2） 杨　鹏（4）	山东黄金矿业（莱州）有限公司三山岛金矿、北京科技大学	土木与资源工程学院
42	铝电解铝灰梯级高值资源化利用技术研发及工业应用	中国有色金属工业科学技术奖	中国有色金属工业协会、中国有色金属学会	一	刘凤琴（1） 赵洪亮（5） 吕　晗（13） 谢明壮（14） 左正平（16）	北京科技大学、焦作万方铝业股份有限公司、中铝山西新材料有限公司、焦作泰迪机械有限公司	冶金与生态工程学院

续表

序号	项目名称	奖励名称	奖励单位	获奖等级	完成人	完成单位	所属学院
43	轻质铌、钛基合金制品近终形制造技术及应用（发明）	中国有色金属工业科学技术奖	中国有色金属工业协会、中国有色金属学会	一	章　林（1） 曲选辉（2） 秦明礼（3） 路　新（5） 李启军（6）	北京科技大学、深圳艾利佳材料科技有限公司	新材料技术研究院
44	露天矿运输道路开放性厚大粉尘生态抑尘控制技术（发明）	中国有色金属工业科学技术奖	中国有色金属工业协会、中国有色金属学会	二	谭卓英（1） 刘文静（6）	北京科技大学、中国铝业股份有限公司广西分公司、云南磷化集团有限公司、大冶有色金属集团控股有限公司、河北钢铁集团滦县司家营铁矿有限公司、广西大学	土木与资源工程学院
45	炭素焙烧烟气多污染物深度净化关键技术与应用	中国有色金属工业科学技术奖	中国有色金属工业协会、中国有色金属学会	二	唐晓龙（2）	盐城市兰丰环境工程科技有限公司、北京科技大学、信发集团、江苏兰丰环保科技有限公司	能源与环境工程学院
46	煤下铝土矿上覆岩层均匀沉陷控制理论与协同开采技术	中国有色金属工业科学技术奖	中国有色金属工业协会、中国有色金属学会	二	尹升华（2）	中国铝业股份有限公司、北京矿冶科技集团有限公司、北京科技大学	土木与资源工程学院
47	有色金属尾矿库重金属污染微生物原位固化及生态修复技术	中国有色金属工业科学技术奖	中国有色金属工业协会、中国有色金属学会	二	倪　文（4）	有研工程技术研究院有限公司、中国地质大学（北京）、北京科技大学、广西盛泰冶金环保科技有限公司、有研资源环境技术研究院（北京）有限公司	土木与资源工程学院
48	滨海金矿床深部开采与灾害防控关键技术	中国有色金属工业科学技术奖	中国有色金属工业协会、中国有色金属学会	二	吕文生（5） 郭奇峰（7）	山东黄金矿业（莱州）有限公司三山岛金矿、北京矿冶科技集团有限公司、北京科技大学、东北大学、中南大学	土木与资源工程学院
49	西部弱胶结地层1500万t/a煤矿深立井建设与提升关键技术研究	中国煤炭工业协会科学技术奖	中国煤炭工业协会、中国煤炭学会	一	由　爽（5） 向　鹏（12）	内蒙古伊泰广联煤化有限责任公司、北京中煤矿山工程有限公司、中煤科工集团南京设计研究院有限公司、北京科技大学、煤矿深井建设技术国家工程实验室、煤炭科学研究总院建井研究分院	土木与资源工程学院
50	高地压强扰动复合动力灾害发生机理及防治技术	中国煤炭工业协会科学技术奖	中国煤炭工业协会、中国煤炭学会	二	姜福兴（2） 朱斯陶（6）	兖州煤业鄂尔多斯能化有限公司、北京科技大学、兖州煤业股份有限公司济南煤炭科技研究院分公司、内蒙古昊盛煤业有限公司、鄂尔多斯市营盘壕煤炭有限公司	土木与资源工程学院
51	构造控制区多重采动诱发动力灾害机理及防治技术	中国煤炭工业协会科学技术奖	中国煤炭工业协会、中国煤炭学会	三	纪洪广（2） 向　鹏（4） 张月征（6） 王　涛（8）	兖州煤业股份有限公司、北京科技大学	土木与资源工程学院
52	矿山微震监测数据精细化处理与三维动态解释技术	中国煤炭工业协会科学技术奖	中国煤炭工业协会、中国煤炭学会	三	朱斯陶（3） 姜福兴（7）	华北科技学院、北京科技大学、中煤新登郑州煤业有限公司	土木与资源工程学院

续表

序号	项目名称	奖励名称	奖励单位	获奖等级	完成人	完成单位	所属学院
53	煤层突出危险电性相应特征与精细化探测技术	中国煤炭工业协会科学技术奖	中国煤炭工业协会、中国煤炭学会	二	宋大钊（4）	华北科技学院、中国矿业大学、北京科技大学、河南理工大学、永贵能源开发有限责任公司新田煤矿、贵州兴安煤业有限公司	土木与资源工程学院
54	矿井通风系统三维动态解算与应急救援辅助管理研究	中国煤炭工业协会科学技术奖	中国煤炭工业协会、中国煤炭学会	三	蒋仲安（7）	华北科技学院、平顶山天安煤业股份有限公司四矿、北京科技大学、枣矿集团新安煤业有限公司、中煤新登郑州煤业有限公司	土木与资源工程学院
55	井下水灾防护型安全避险装备及一体化信息平台研发与应用	中国职业安全健康协会科学技术奖	中国职业安全健康协会	一	金龙哲（1） 汪　澍（2） 欧盛南（5） 高　娜（6） 栗　婧（7） 黄国忠（9）	北京科技大学、北京矿冶科技集团有限公司、山东矿安避险装备有限公司、山东黄金集团有限公司	土木与资源工程学院
56	边坡失稳动力学监测预警关键技术及装备研发应用	中国职业安全健康协会科学技术奖	中国职业安全健康协会	一	谢谟文（1） 黄正均（5） 马海涛（6） 杨裕亮（12）	北京科技大学、中国安全生产科学研究院、北京北科安地科技发展有限公司、国电大渡河流域水电开发有限公司、北京中挥科技有限公司、深圳市安地科技有限公司	土木与资源工程学院
57	煤矿区冲击地压发生主控因素与分类防治技术研究	中国职业安全健康协会科学技术奖	中国职业安全健康协会	一	姜福兴（3）	天地科技股份有限公司、黑龙江龙煤鹤岗矿业有限责任公司、北京科技大学、山东科技大学、中国矿业大学	土木与资源工程学院
58	矿山微震波形的自动识别及其应用研究	中国职业安全健康协会科学技术奖	中国职业安全健康协会	三	姜福兴（2） 朱斯陶（3）	华北科技学院、北京科技大学、中钢集团武汉安全环保研究院有限公司	土木与资源工程学院
59	深层复杂凝析气藏开发理论与高效开发技术及应用	中国石油和化学工业科学技术奖	中国石油化学和工业联合会	一	朱维耀（1） 岳　明（5） 黄　堃（9） 宋智勇（14）	北京科技大学，中国石油勘探开发研究院，中石化石油勘探开发研究院，中国地质大学（北京），中国石油塔里木油田分公司勘探开发研究院	土木与资源工程学院
60	智能无人系统的控制理论与方法	吴文俊人工智能科学技术奖	中国人工智能学会	一	贺威（1） 刘志杰（4）	北京科技大学、东南大学、中国科学技术大学	自动化学院
61	原位纳米增强增韧金属材料的理论及关键技术	中国机械工业协会科学技术奖	中国机械工业协会	一	王自东（1） 陈晓华（4） 陈凯旋（5） 康永林（7） 庞晓露（15）	北京科技大学、天津泵业机械集团有限公司、西王特钢有限公司、营口中车型钢新材料有限公司、大连裕工耐磨技术发展有限公司	材料科学与工程学院
62	支撑我国现代物流和电子商务发展的标准体系架构及关键标准研发成果	中国物流与采购联合会科学技术奖	中国物流与采购联合会	一	唐　英（5）	北京交通大学、中国物流与采购联合会、中国标准化研究院、北京科技大学、交通运输部公路科学研究所、中国仓储与配送协会、北京国邮科讯发展有限责任公司、国富通信息技术发展有限公司	机械工程学院

北京科技大学 2019 年出版学术专著一览表

序号	专著名称	作者	出版社	所属单位
1	尾矿胶结填充体结构与动力学特性应用初探	曹　帅	应急管理出版社	土木与资源工程学院
2	反褶积及其在非常规气藏生产数据分析中的应用	刘文超	科学出版社	土木与资源工程学院
3	纤维加筋水泥土固结强化机理	吕祥锋	科学出版社	土木与资源工程学院
4	*Rockburst Evolutionary Process and Energy Dissipation Characteristics*	宋大钊	Springer	土木与资源工程学院
5	滑坡渐进破坏模糊随机可靠性——以土石混合体滑坡为例	王　宇	中国建筑工业出版社	土木与资源工程学院
6	金属矿膏体流变学	吴爱祥	冶金工业出版社	土木与资源工程学院
7	低渗致密油藏开发提高采收率渗流理论及方法	朱维耀　等	科学出版社	土木与资源工程学院
8	钢中非金属夹杂物	张立峰	冶金工业出版社	冶金与生态工程学院
9	钢中非金属夹杂物图集（上）（下）	张立峰	冶金工业出版社	冶金与生态工程学院
10	二氧化碳炼钢理论与实践	朱　荣	科学出版社	冶金与生态工程学院
11	*Layered Materials for Energy Storage and Conversion*	耿东生　等	Royal Society of Chemistry	材料科学与工程学院
12	介孔复合材料的相变及热运输特性	冯妍卉　等	科学出版社	能源与环境工程学院
13	钢铁工业的能效评估方法与节能减排措施	何　坤　等	冶金工业出版社	能源与环境工程学院
14	硫化铜矿微生物浸出的影响因素和机制	林　海	冶金工业出版社	能源与环境工程学院
15	环境科技项目创新与绩效评估	周北海　等	化学工业出版社	能源与环境工程学院
16	*Event-Triggered Identification of Systems with Quantized Observations*	郭　金　等	冶金工业出版社	自动化学院
17	*Multi-Agent Systems Platoon Control and Non-Fragile Quantized Consensus*	郭祥贵　等	CRC Press	自动化学院
18	*Active Vibration Control and Stability Analysis of Flexible Beam Systems*	贺　威　等	清华大学出版社	自动化学院
19	扑翼飞行机器人系统设计	贺　威　等	化学工业出版社	自动化学院
20	*Adaptive Dynamic Programming:Single and Multiple Controllers*	宋睿卓	北京科学技术出版社	自动化学院
21	*Cyber-Enabled Intelligence*	宁焕生　等	CRC Press	计算机与通信工程学院
22	动态博弈及其在下一代无线通信网络中的应用	许海涛	西南交通大学出版社	计算机与通信工程学院
23	表面等离激元及其与激子杂化在表面催化反应中的应用	孙萌涛	清华大学出版社	数理学院
24	*Progress in Nanoscale Characterization and Manipulation*	王荣明	北京大学出版社	数理学院
25	货币政策调整、资产价格波动与宏观经济运行关联研究	寇明婷	科学出版社	东凌经济管理学院
26	绿色化视角下能源效率评价与异质性提升策略	王晓岭	经济科学出版社	东凌经济管理学院
27	基于绿色增长的能源环境绩效测度与比较研究	王晓岭	中国环境出版集团	东凌经济管理学院
28	政府财务信息披露质量提升研究	张曾莲	经济科学出版社	东凌经济管理学院
29	学前教育、成本核算、成分分担与收费定价研究	张曾莲	经济科学出版社	东凌经济管理学院
30	基于自我决定理论的组织创造力研究与管理	张　剑　等	清华大学出版社、北京交通大学出版社	东凌经济管理学院

续表

序号	专著名称	作者	出版社	所属单位
31	普通人的江湖	邢朝国	社会科学文献出版社	文法学院
32	改革开放以来大学生社会实践教育研究	李薇薇	光明日报出版社	马克思主义学院
33	互联网意识形态建设研究	李艳艳	人民出版社	马克思主义学院
34	晚晴华北乡土天主教民的信仰与民间文化	刘丽敏	人民出版社	马克思主义学院
35	中国电子显微学发展的社会性别研究	宋　琳	华夏出版社	马克思主义学院
36	京津冀城市群协同发展问题研究	魏丽华	河北人民出版社	马克思主义学院
37	梁启超伦理思想研究	吴宁宁	首都师范大学出版社	马克思主义学院
38	战后英国戏剧中的莎士比亚	陈红薇	北京大学出版社	外国语学院
39	拜厄特四部曲中20世纪60年代西方文化运动	李　涛	对外经济贸易大学出版社	外国语学院
40	英汉语言对比分析和研究	薛　锦	汕头大学出版社	外国语学院
41	语言形态理论和英汉形态研究	薛　琳	对外经济贸易大学出版社	外国语学院
42	特殊钢中碳化物控制	李　晶	冶金工业出版社	钢铁冶金新技术 国家重点实验室
43	板材生产技术概论	孔　为	冶金工业出版社	国家材料服役 安全科学中心
44	*Titanium Microalloyed Steel:Fundamentals, Technology, and Products*	毛新平	冶金工业出版社	钢铁共性技术 协同创新中心
45	金属材料流变学理论及应用	孙蓟泉　等	科学出版社	钢铁共性技术 协同创新中心
46	电子材料大气腐蚀行为与机理	肖　葵　等	化学工业出版社	新材料技术研究院
47	高校图书馆区域联合信息咨询的理论与实践	季淑娟　等	北京邮电大学出版社	图书馆

北京科技大学2001—2018年SCIE、EI、CPCI-S论文数量在全国高校排序表

年份	SCIE	排名	EI	排名	CPCI-S	排名
2001	197篇	23名	223篇	16名	32篇	48名
2002	287篇	22名	206篇	22名	64篇	40名
2003	255篇	24名	254篇	22名	56篇	49名
2004	241篇	31名	347篇	25名	34篇	71名
2005	383篇	26名	571篇	27名	156篇	42名
2006	376篇	34名	618篇	27名	147篇	54名
2007	441篇	33名	838篇	25名	296篇	36名
2008	552篇	33名	981篇	22名	373篇	42名
2009	577篇	37名	941篇	29名	335篇	36名
2010	680篇	39名	1156篇	26名	608篇	30名
2011	816篇	33名	1137篇	28名	473篇	13名

续表

年份	SCIE	排名	EI	排名	CPCI–S	排名
2012	911 篇	36 名	1225 篇	25 名	520 篇	13 名
2013	1234 篇	33 名	1606 篇	23 名	342 篇	25 名
2014	1445 篇	32 名	1911 篇	17 名	363 篇	23 名
2015	1718 篇	28 名	2447 篇	16 名	202 篇	33 名
2016	1797 篇	30 名	2388 篇	19 名	296 篇	45 名
2017	1975 篇	31 名	2229 篇	21 名	324 篇	40 名
2018	2377 篇	31 名	2500 篇	22 名	277 篇	47 名

数据来源：中国科学技术信息研究所

科技产业

【概况】 2019 年，科技产业集团着力战略转型和高质量发展，深化所属企业体制改革，加快一流国家大学科技园建设，围绕国有资产管理、科技成果转移转化、服务区域和行业发展等重点工作集中发力，形成了产业结构优化升级的良好格局。截至 2019 年 12 月 31 日，学校科技产业全口径统计企业 21 家。其中，一级企业 4 家，二级企业 15 家，三级企业 2 家。北京科大资产公司总资产 14，507.42 万元，净资产 13，940.84 万元，实现总收入 948.3 万元，年度盈余 253.71 万元。

（李嘉芷）

【资产公司】 ①着力完善内部管理。本年度共制定和修订《北京科大资产经营有限公司财务管理制度》《北京科大资产经营有限公司经济责任审计管理办法》等制度 21 项；初步建立起较为完善的内控管理制度和内控监督体系。同时，对集团及直属企业人事、财务、法务等相同职能进行资源整合，优化了员工与岗位配置关系，集约资产公司职能管理，节约用人成本约 638789 元 / 年，实现减员增效。

②深入推进校企改革试点。2019 年，资产公司提高政治站位、统筹布局谋划，深入贯彻落实《国务院办公厅关于高等学校所属企业体制改革的指导意见》及《教育部财政部关于做好中央高校所属企业体制改革试点工作的通知》文件精神，根据教育部、财政部批复的《北京科技大学所属企业体制改革工作方案》，精心组织安排，规范操作规程，因企制宜，一企一策，落实改革工作方案，明确时间表、路线图。综合运用清算注销、吊销转注销、吸收合并、无偿划转、挂牌转让等退出方式，并在全国高校中首先使用并推广“定向减资”方式。截至 2019 年底，完成改革企业 43 家（包含 13 家保留管理企业、3 家“冷冻”处理企业），另有 5 家企业仍在持续推进中。学校校企改革工作始终走在试点高校前列，多次获得教育部相关部门表扬。

③加强保留企业国资监管。建立健全保留企业法人治理结构，充分发挥党组织领导作用、股东会 / 董事会决策作用、监事会监督作用和经理层经营管理作用；压缩企业产权层级，构建管理规范、运转高效的产业治理体系；加强内控管理，完善制度建设，严格控制风险，进一步提高企业管理水平；规范日常管理行为，做好财务会计决算、财务月度快报、科技统计、产权登记、资产评估等基础性工作。2019 年内，完成 2 家下属企业内控审计和 4 家清理关闭企业负责人的任期责任审计；推动完成《理顺工研院与设计院公司管理体制，加强对设计院公司统一监管的建议方案》的起草制定。

④加强与兄弟院校沟通交流。

2019年，资产公司接待中国人民大学、湖南大学、重庆大学等20余所京内外高校来访调研，对校企改革过程中遇到的常见问题及难点进行深入交流，分享学校改革试点经验；组织前往北京师范大学、复旦大学、四川大学等高校，实地调研学习校办产业管理、科技成果转化相关经验，服务产业长远发展；作为市属高校所属企业改革专家组成员单位，为市属高校体制改革提供帮助和支持。

（郑包林、郑晓娜）

【全资控股公司】 ①科技园公司和孵化器公司。以促进科技园高质量发展和做好参加全国大学科技园绩效评价准备工作为主线，稳步推进各项工作，完成《北京科技大学科技园发展规划》和《关于促进学校大学科技园创新发展的若干意见》起草修订工作，经学校党委常委会审议通过并执行。结合科技部、教育部关于全国大学科技园建设发展新的要求和功能定位，做好科技园内部工作机构调整、充实工作团队、完善规章制度、加强对外合作等重点工作，为学校科技园今后健康发展打好基础。

孵化服务方面，截至年末，园区在园企事业单位170家，科技园面向在园企业主办各类专业培训及交流活动16场；针对企业技术需求，组织技术专家开展技术咨询与产学研合作对接活动12场；提供各类咨询服务累计300余人次；承办中关村留学人员精品项目推介会，组织园区企业参加投融资对接会、异地产业化发展对接洽谈等；联合学校团委主办学校学生创业大赛。2019年，园区2家企业获评“中国留学人员创业园建设25周年突出贡献企业”；科技园2人获评“中国留学人员创业园建设25周年突出贡献个人”称号、1人获评“中关村高端领军人才”（高聚工程•创新创业服务领军人才）称号、2人获评“中关村海创园十年优秀工作者”称号，1人受聘为北京市人社局创业导师。科技园参与策划《创业者的成长——中关村创新型创业人才案例研究》一书，于2019年5月由中国经济出版社出版发行，科技园3名企业家的创业经历入选该书典型案例。

异地园区建设方面，学校烟台科技园政府资金及硬件配套全面到位，初步搭建起运营管理团队、专业技术服务团队及高层次专家团队；已经引进企业8家，引进高端人才3人，1家企业获得烟台开发区30万元创业启动资金扶持；科技园面向当地企业开展调研走访、需求对接、技术诊断与交流等活动100余次，与当地专业技术学会、产研院、律师事务所、金融机构、投资机构等初步达成合作意向；主办“首届国际前沿设计论坛——中韩对话”并发起成立“循环创生设计产业联盟”；积极筹备烟台校友会，促进商圈商脉资源整合；推动当地优秀企业及校友企业与学校相关部处、院系建立联系，持续促进校地、校企合作。继续加强与重庆铜梁区的专项合作，组织专家组两次前往铜梁进行实地考察和对接交流，举办专题辅导、落实人员挂职、提出咨询意见、讲解有关政策、制定工作计划，持续推动合作事项有序进行。结合实际工作需要，依托学校顺德研究生院设立科技园公司广东顺德分公司，实质推动科技园顺德分园建设，在促进科技成果转化、开展学生创新创业、融入区域经济发展、拓展创新资源等方面发挥重要作用。

科技成果转化方面，积极加强对外合作，为学校教师实现与市场和企业对接创造有利条件；科技园通过山东技术成果交易中心发布或挂牌学校科技成果11项，组织7项技术成果参加济南专场路演；参加中关村管委会组织的双创周活动，推荐双精项目10项，参加国际前沿技术成果展2项、中关村新技术新产品首发路演活动5项，环保与资源综合利用专场路演7项，中关村科技成果转化“火花”活动2次；向北京市校办产业管理中心和众筹联盟推荐学校科技成果16项，参加路演推介项目1项；获得中关村科技服务平台61万经费支持；注重加强专业化队伍建设，3人取得技术经纪人证书，1人当选中关村技术经理人协会会员、《中国高校科技》杂志常务理事；代表学校参与发起成立“中关村不锈及特种合金新材料产业技术创新联盟”，并当选联盟“常务副理事长单位”；与中科合创、融拓资本签署战略合作，逐步落实有关合作事宜；与重庆大学产业集团和韩国航空大学在成果转化、科技孵化、双创等方面进行交流，为今后相互合作打好基础。

②分析检验中心有限公司。分析检验中心进一步推动实验室开放共享服务平台建设，不断完善“小核心大网络”的实验检测

资源体系，扩充实验检测资质范围，积极开拓研发实验服务市场，努力打造“北科检测”“北科标样”等特色服务品牌，2019年取得了新的成绩。一是积极配合学校资产管理处不断完善校内实验室开放管理，扩大“北科检测”服务平台实验室规模，截至2019年底，整合的校内实验室扩展到14个院级单位74个实验室，实验人员开放服务积极性进一步提高。二是西三旗实验基地建设初具规模，7个专业检测实验室和1个机械设计加工中心全面运行，实验检测能力达到400多项，特别是材料力学、化学环境等特色业务板块发展迅速。三是实验室资质建设继续推进，7月顺利通过了资质认定（CMA）和实验室认可（CNAS）二合一评审工作，该次评审涉及金属材料、矿石、材料物性（力学、金相、腐蚀、物性综合等）、建筑材料（岩石、土）、杂类材料、水质和废水、生活饮用水23个领域329个项目，“北科检测”实验检测资质范围进一步扩充。四是坚持“专家、专业、专心，不一样的大学检测机构”这一服务与发展理念，积极开拓研发实验服务市场，2019年，共签订委托协议书3820份，较2018年同期增长45.5%，出具科测报告/数据2965份，较2018年同期增长35.4%，服务客户3300家次，辐射全国28个省市、自治区。五是积极申报国家重点研发计划项目，2019年承担了“新兴产业集成化检验检测服务平台研发与应用”项目子课题研究。六是“北科标样”继续扩大社会影响，2019年，面向全国高校提供金相比赛和教学样品18600多块、典型特征样品3600多块，已累计面向全国240余所高校推广了7万多块北科标样，在高校材料实验教学领域的影响力不断提升。

③天工公司。按高校所属企业体制改革要求，天工公司于2019年8月吸收合并宏洁物业公司。稳步完成全年计划和经营任务指标。截至2019年底，受托经营房产总计入驻企业110家，其中上市公司7家。天工大厦整体出租率为98.52%，房租收缴率为99.03%；方兴大厦可出租房屋出租率为99%，房租收缴率为92.32%；西三旗中试基地可出租房屋出租率为100%，房租收缴率为100%。完成受托经营房产的户内外维修3430项，公共服务满意率达到99%。严格执行资产管理规定，固定资产账物相符率达到100%。设备设施规范化、专业化管理，设备设施正常运行率达到100%。树立安全稳定底线意识，明晰安全稳定工作职责，责任到人，强化考核体系。2019年，共开展安全大检查5次，发现并整改安全隐患115个。全年所管辖区域安全生产零事故、消防安全零事故、治安安全零事故。

（刘　临、陈兴禹、刘亚东）

【参股公司】 2019年，学校参股企业全面贯彻落实“高校所属企业体制改革”政策要求，积极推动科技创新孵化与成果转化，助力国家创新驱动发展战略，促进学校产业科技进步。北京北科麦思科自动化工程技术有限公司。持续以技术进步为依托，努力拓展市场、用心服务客户。年内，河北纵横集团丰南钢铁有限公司1780mm热连轧自动化工程项目、1450mm热连轧自动化工程项目顺利过钢投产。两个项目投产仅相隔一个月，产品质量优良，达到国际先进水平，得到用户高度评价。项目建设全面采用新技术、新装备和新工艺，用先进产能替代落后产能，创造了“唐山标杆、丰南样板、纵横示范”新型钢铁项目典范。北京科大机翔科技有限公司。在中国工程院院士胡正寰教授带领下，已经建设成为零件轧制领域新技术和成套技术、成果工程化、产业化的研发平台和辐射中心，承担完成了科技部国家火炬计划重点项目《高效节材零件成形新技术转移及推广》。2019年，完成斜轧与楔横轧模具开发制造300多副，建设钢球生产线4条，出口钢球轧机1台（套）。赛能杰高新技术股份有限公司。致力于“服务政府，改善环境，造福于民”的环保理念，布局金属固废处理、无废城市、绿色冶炼新业务。凭借国际领先的绿色熔炼工艺技术及智能化装备，聚焦打造高品质金属固废示范工程项目，助力国家钢铁产业结构调整，推动“绿色城市钢厂”建设。2019年，钢铁尘泥资源化利用项目在首钢股份、石横特钢等钢铁企业稳步推进；“攀枝花钒钛磁铁矿多联炉短流程新工艺”科技攻关项目在煤基氢冶金领域获得重大突破；“攀枝花钒钛磁铁矿10万吨/年多联炉短流程中试线建设”项目被列入《攀枝花市2020年度第一批指导性科技计划项目》，筹建工作正在快速实施。

（郑包林、郑晓娜）

【党建工作】 2019年，科技产业集团党委深入学习贯彻习近平新时代中国特色社会主义思想，坚持党委领导核心地位，深入推进全面从严治党，扎实开展“不忘初心，牢记使命”主题教育，着力推进支部规范化建设，为科技产业集团下一阶段的高质量发展和内涵式发展奠定坚实的政治基础。①扎实开展“不忘初心、牢记使命”主题教育。围绕“学习教育、调查研究、检视问题、整改落实”四项重点举措，抓好主题教育落地生效。坚持领导干部学习教育贯穿始终，指导支部开展系列特色活动10余次；召开走访调研13次、征集意见建议100余条，形成万余字调查研究报告；梳理问题清单21个，形成重点解决的问题清单7个；解决基层职工热点问题20个，针对7个制约发展的重点问题，完成具体举措的整改落实15件。②发挥党委领导核心作用。召开党员大会，完成集团党委班子换届，配齐配强党的干部；组织党建思政和行业政策专题报告2次，召开理论中心组学习10次；梳理完善党委会、经理办公会等各类会议的权责边界和决策程序，组织召开各类会议共计27次；认真组织召开主题民主生活会并做通报。③提升基层党建质量实效。以完善构建“党建标准体系”“党建责任体系”和“党建保障体系”为重点，着力基层党建工作内涵式发展，继续推动党支部规范化建设。依托“学习强国”等各类学习平台，抓好党员理论学习；以开展“红色印记寻初心，锦绣河山展未来”教育实践，观看《决胜时刻》主旋律影片等多种学习方式，筑牢党员职工理想信念根基，指导基层支部开展组织生活9次、主题党日活动9次、参观实践活动8次、专题学习10次；发展教职工预备党员2人。④狠抓全面从严治党落实。逐级签订党风廉政建设责任书，层层传导压力；组织开展学习新修订《问责条例》，观看“以案为鉴、以案促改”等系列廉政宣传教育专题片10余次；通过内控法务部建设，加强对所属企业常态化内控评价监督，严控廉政风险；细致梳理内部的廉政风险点，进一步修改完善财务、综合管理、内部控制、校办企业管理等各类管理制度，做好内控管理。

（高　杰、李嘉芷）

【附表】

北京科技大学企业一览表

（截至2019年12月底存续公司）

单位：万元

序号	公司名称	法定代表人	注册资本	备注
1	北京科大资产经营有限公司	高　杰	4900	保留管理
2	北京科大科技园有限公司	陈兴禹	1000	
3	北京科大天工科技服务有限公司	陈兴禹	500	
4	北京科技大学设计研究院有限公司	陈雨来	1500	
5	北京科大分析检验中心有限公司	刘亚东	100	
6	北京科大永兴科技有限公司	张深根	500	
7	赛能杰高新技术股份有限公司	刘　洪	5000	
8	北京鼎鑫钢联科技协同创新研究院有限公司	刘育松	800	
9	京津冀钢铁联盟（迁安）协同创新研究院有限公司	刘育松	1000	
10	北京科大方兴科技孵化器有限责任公司	刘俊友	100	
11	北京科大机翔科技有限公司	胡正寰	100	
12	北京北科麦思科自动化工程技术有限公司	刘伟嶂	3334	
13	烟台北科大科技园发展有限公司	刘　临	100	

续表

序号	公司名称	法定代表人	注册资本	备注
14	蓝天科大新材料有限责任公司	朱明龙	7500	无偿划转持续推进中
15	莱芜钢铁冶金生态工程技术有限公司	张思勋	1000	
16	北京首钢中冶机电设备有限公司	张秀怀	500	清算注销持续推进中
17	中联先进钢铁材料技术有限责任公司	柴　峰	11000	挂牌转让持续推进中
18	北京科大方兴加油站有限公司	暴　志	200	合同期满后清理关闭
19	北京科大恒兴高技术有限公司	唐　荻	500	“冷冻”处理
20	北京科光磁性材料有限公司	黄光南	50（美元）	
21	亿源科大磁性材料有限责任公司	丁穆源	5000	

"重大工程材料服役安全研究评价设施"暨"国家材料服役安全科学中心（筹）"

【概况】"国家材料服役安全科学中心（筹）"（以下简称NCMS）于2008年12月由国家发展和改革委员会批复组建，依托于国家重大科技基础设施"重大工程材料服役安全研究评价设施"（以下简称MSAF），由"重大工程材料服役安全研究评价设施"项目建设指挥部（以下简称指挥部）负责相关筹建工作。NCMS位于国家自主创新基础能力建设"十一五"规划研究实验体系的最高层，是首个由教育部直属高校牵头承建的国家科学中心，位于北京市昌平区中关村国家工程技术创新基地，共占地475亩，建设总投资约13.2亿元，建成后将达到研究人员（含客座研究员访问学者、博士后）500人、研究生（含博士、硕士研究生）2000人的规模。

MASF的建设内容包括力学－化学多场耦合环境结构材料试验装置、多相流环境结构材料试验装置、高温高压水汽环境结构材料试验装置等八套具有公共性、通用性，世界领先（先进）水平的大型工程结构材料服役安全科学研究试验装置。NCMS的建设目标是在MASF的基础上，全面提升我国大尺寸 /全尺寸构件及材料的实验研究能力和安全评价技术的整体实力，建立独立自主的工程材料安全服役标准和规范，为我国重大工程设施的安全服役提供技术支撑。NCMS的定位是四个"一流"，即依托一流的实验装置，汇聚一流的人才团队，采用一流的体制机制，产出一流的科研成果，最终成为世界一流的研究机构。

（杨超华）

【人员状况】NCMS在建设期就注重人才的汇集，本着"以我为主、按需引进、为我所用"的原则，有计划、多层次、多渠道地引进国内外各类专业科学、技术和管理人才，注重复合型人才的吸纳和培养，不断优化师资队伍结构。2019年，NCMS共有建设人员81人（包括北京科技大学54人、中科院沈阳金属研究所12人、西北工业大学9人、哈尔滨工业大学6人），其中专职在编人员47人，具有博士学位教师比例达74%，具有高级专业技术职务教师比例为43%，海外毕业及外校毕业教师比例为55%，35~45岁教师占49%，共引进中国工程院院士1人、特聘教授4人、名誉教授4人、客座教授4人、访问教授2人、高级顾问3人以及10余位长期在NCMS工作的国外知名专家，并邀请了世界著名研究机构的4名院士不定期来中心进行交流指导，形成了一支结构合理、学科交叉、人员精炼、整体水平较高的装置建设团队，围绕材料服役安全初步形成了多学科交叉融合的国际化研究团队。

（贺诗淇）

【设施建设】2019年，"重大工程材料服役安全研究评价设施"各装置建设与验收工作全面推进。完成了自然大气环境结构材料试验装置开放共享配套设施、工程结构材料损伤仿真试验系统、高温高压水汽环境结构材料试验装置、多相流环境结构材料试验装置等5个子项目的整体工艺验收；完成了力学－化学多场耦合环境结构材料试验装置、特殊地域环境结构材料试验装置等2个子项目的主要部分工艺验收；极端/多因素耦合环境材料损伤试验装置子项目完成了设计方案优化调整，开始进入招标采购。8个子项目建设验收情况具体如下①多相流环境结构材料试验装置：2019年12月完成4套4英寸多相流回路、1套1英寸高温高流速冲刷回路以及配套的离线/在线监检测系统的调试工作，所有参数指标均达到详细设计指标要求。经过专家组工艺验收评审，子项目整体通过了工艺测试与验收。验收专家组认为，多相流环境结构材料试验装置达到设计指标及国家发改委批复的验收指标要求，装置管径、温度、压力、流速等技术指标总体处于国际领先水平。②高温高压水汽环境结构材料试验装置：超临界和旋转电极试验装置部分于2018年10月完成了工艺验收；亚临界水汽环境结构材料试验装置于2019年底完成特种设备检测和验收准备工作；经过专家组工艺验收评审，子项目整体顺利通过工艺验收。③极端/多因素耦合环境材料损伤试验装置：经反复讨论，完成了设计方案优化调整工作；子项目中的超高温超高压水环境多试样应力腐蚀实验设备、超高温超高压含侵蚀性离子应力腐蚀实验设备、高温高压含侵蚀性离子腐蚀疲劳实验设备、高温高压含铅水环境应力腐蚀实验设备等8台（套）设备采购完成发布招标公告，计划2020年初开标，2020年底完成装置建设。④自然大气环境结构材料试验装置：2018年12月完成整体工艺验收；2019年，进一步提升配套实验能力，完成了三综合试验机、温湿度试验箱、盐雾试验箱、紫外老化试验箱等中小型环境试验设备的安装、调试及验收工作，进行了高级循环腐蚀试验箱的升级改造。⑤特殊地域环境结构材料试验装置：2019年12月16日完成环道加速加载试验装置的工艺验收；直道加速加载试验装置各系统全部安装完成，其中加速加载系统已经完成高速低载运行运行速度达到30km/h，装置运行状态良好；环境模拟系统和控制系统正在进行运行调试。⑥力学－化学多场耦合环境结构材料试验装置：截至2019年12月，所有191台（套）设备中的178套设备已完成安装调试，包括集中载荷系统中的6套材料试验机、30000kN拉压综合试验机；协调加载系统中的液压油源、27台加载作动器、控制器、数据采集器、六自由度加载设备以及部分环境模拟系统设备；其中蠕变试验机群，材料试验机系统及协调加载系统，分别于2018年12月、2019年11月和2019年12月通过工艺验收。⑦工程结构材料损伤仿真试验系统：2019年12月20日，完成整体工艺验收；专家组认为试验系统符合国家发改委批复的工艺设备要求，达到子项目设计指标，子项目整体通过了工艺测试和验收。⑧开放共享配套设施：2019年8月31日完成整体工艺验收。专家组认为，子项目软硬件系统安装到位、运行正常，满足国家发改委批复的功能和性能要求，一致同意子项目整体通过工艺验收。

招投标工作：经过与中科院金属所、招标代理公司的多次交流，完成极端多因素环境结构材料试验装置招标准备。做好项目承担单位装置的招标采购工作，2019年度完成60余批次辅助设备、工家器具及试验用材料的招标采购工作，主要围绕自然大气、高温高压、力学化学、多相流、特殊地域等五个子项目的建设，完成投资额约1530万元。在外部协调方面，与美国、日本等供应商开展了二十余次沟通和磋商，为装置建设顺利进行提供了保障；完成档案管理系统的前期沟通与采购工作，为顺利完成档案管理电子化奠定了基础。与此同时，对外贸代理、招标代理等单位进行了工作满意度评价，为后期遴选相关单位提供了依据。

建安工作：完成多相流、力学化学厂房冷却水升压及自控系统改造。完成试验厂房冷却水管道抢修工程。完成试样制作厂房配电系统规划、改造工程。完成力学化学厂房油源间通风系统改造。完成蠕变、显微分析中心、电子探针及保密室工程改造。完成力学化学厂房控制室、实验厂房二层平台自流平工程改造。完成自然大气、光源、蠕变等实验室消防改造。完成实验厂房及主楼实验室改造规划设计、审图、招标的前期准备工作。

（章立军、王庆梅、王志强）

【交流与合作】 在教育部“111”学科创新引智计划、“鼎新北科”计划、海外高层次文教专家引智项目、校重点项目、校常规项目等外专项目的大力支持下，NCMS持续开展国际学术交流，进一步巩固和扩大与国内外服役安全相关专家及机构的深入合作。①召开与材料服役相关国内外研讨会2次（第三届、第四届材料服役安全国际会议）；②组织大型国际学术会议2次（智能基础设施3D打印技术与材料设计国际研讨会，TRC研讨会之交通运输领域的感知与人工智能技术）；③接收一名日本东北大学交换生短期实习。继与日本东北大学合作建设实验室开展科研合作之后，双方在联合培养研究生方面持续加强合作；④ 2019 年度持续邀请国外专家短期访问交流，共组织专家报告 22 次，专家专业领域涵盖材料腐蚀、表面工程、核电材料、同步辐射光源等，推动了国家科学中心国际化进程，提升国际声誉，支持骨干教师以及研究生赴国外参加学术交流 9 人次，支持青年教师赴国外学术机构任职 1 人；⑤与国外知名专家及其团队成员开展科研合作，发表共同署名文章 26 篇，提升了国家科学中心的科研影响力；⑥邀请国际知名专家参与装置的工艺验收，Shoji 教授在中国及日本积极参与指导的“高温高压水汽环境结构材料试验装置”完成工艺验收，本田博志博士参与建设的“多相流环境结构材料试验装置”通过工艺验收。

（常　海、付　玮）

【科研工作与用户拓展】 紧密围绕材料服役安全相关领域发展方向，积极争取国家、部委的相关科研项目，提高相关学科领域地位，为设施建设和中心发展提供支撑。2019 年度，高质量地完成国家重点研发计划重点专项“科研实验室大尺寸工程样品试验数据失效模型和控制技术研究”、国家“973”计划项目“复杂环境下车轮材料多轴疲劳损伤和结构约束致脆机理研究”、国家自然科学基金项目“铌硅系超高温结构材料中微合金化作用机理研究”等为代表的一批科研项目的验收工作。获得国家支持运行经费 2800 万元，补充和完善科学中心的实验装置，进一步提升研究实验能力。获批国家自然科学基金项目 3 项，获得科技部、教育部、博士后科学基金项目、北京市自然科学基金等科研项目资助 20 余项，科研到款经费 3000 余万元。牵头申报重点研发计划专项项目 1 项，作为课题承担单位获批立项 2 项，共提出国家重大需求和国家自然科学基金等项目建议 50 余项。

用户拓展方面，立足重大工程材料服役安全研究评价设施的建设和运行，面向国民经济重要领域积极拓展用户，不断提升未来装置的科技服务水平与能力，与 40 余家国内行业龙头企业和科研院所建立了实质性的科研合作与交流关系，装置用户群体已经初步形成，涵盖核电火电、能源、高速铁路、航空航天、道路工程以及有色冶金等领域的生产制造和研究单位。

（蒋立武）

【研究生培养】 2019 年在读研究生 215 人（其中硕士 137 人、博士 78 人）。国家科学中心研究生全部入驻昌平创新园区，与园区学工部门一同从研究生培养与思政教育两方面入手分别开展研究生培养与管理工作。继续践行多学科交叉的研究生国际化教育路径，在现有研究生培养管理体系基础上不断完善体系方案，获得校教育教学成果集体优秀奖。在国家科学中心转型的关键阶段，将研究生培养质量提升作为特色工作，着重研究生科研成果的提升，组织论文检索技巧、高水平论文撰写指导的系列讲座。多层次、多模式开展研究生学科交叉和国际化培养，全年开设海外专家短期课程 3 门，举办海外学者讲座 15 次，组织师生参加大型国际会议 20 余人次、参与国内外学术研讨会 30 余人次，派出联合培养博士生 3 人。

课程建设方面，继续与国家认可委合作，开设“实验室认可”课程，逐步形成专业性强、体系完整的课程体系，并填补学校现有研究生课程体系中实验、认证认可内容的不足。学科建设方面，积极凝练国家科学中心各学科的建设经验和成果，整理各类成果数据，参与学校材料专业一流学科评估、采矿专业一流学科评估、材料学科工程博士点申请、安全专业北京市一级学科申报等工作。

（艾轶博）

【党建工作】 在学校和昌平创新园区党委领导下，按照“守初心、担使命、找差距、抓落实”的总要求，扎扎实实投入“不忘初心、牢记使命”主题教育，以加强党的建设为统领，全面落实从严治党主体责任。领导班子结合“学习教育、调查研究、检视问题、整改落实”四项重点举措，形成调研报告 6 篇，认真检视剖析，整改完成装置建设运行方面问题 3 项、运行与管理方面问题 3 项，解决群众关注关心问题 4 项，提出了下一步整改思路和具体措施，组织党课 5 讲。严格落实中央八项规定精神，坚持党风廉政建设与业务工作一体化部署同步推进，全年召开党政联席会 34 次、指挥部办公会 15 次、招投标领导小组会 12 次、工程协调会 22 次、党总支委员会 6 次，在决策过程中切实践行“三重一大”“四个服从”。针对项目建设和中心运行执行资金数额较大的风险点，研究制定了《运行经费使用管理办法》，合理统筹、多角度推进，保障经费使用效率。

突出基层党组织的政治功能，着力抓组织力提升。认真组织好工程管理、工程技术两个教师党支部委员改选和支部书记考核，夯实组织基础。加强党员教育管理，完善把好政治关、师德关长效机制，层层签订党员教师《落实党风廉政建设主体责任责任书》及教职工《廉洁自律责任书》。严格执行《国家科学中心党总支教职工党支部把好政治关师德关的实施办法》和《国家科学中心党总支履行政治责任把好政治关的实施办法》，做好制度落实，在有关教师晋升晋职、聘任、评优、在职攻读学位、博士后考核、人才引进等各个环节切实履行党支部、党总支两级党组织的把关责任。管严用好网络舆论阵地，全年共组织学术讲座15余场，网站发布、微信推动新闻45篇，接待各类来访近千人次。

扎实做好基础党务工作，推进党建任务取得实效。不断加强教育引导教师群众积极向党组织靠拢，2019年确定入党积极分子3人。工程管理党支部获得“北京科技大学2018—2019年度先进党支部”称号，章立军获得“北京科技大学2018—2019年度优秀党员”称号。

（杨超华）

钢铁共性技术协同创新中心

【概况】“钢铁共性技术协同创新中心”（以下简称中心）是北京科技大学牵头，以北京科技大学和东北大学两所冶金特色高校为核心，联合宝武、鞍钢、首钢等国内龙头企业，钢研集团、中科院金属所等研究院所，上海大学、武汉科技大学等高校共同组建。中心于2014年10月成功入选国家“2011计划”，成为钢铁领域唯一国家“2011协同创新中心”。中心围绕钢铁工业“绿色制造”“制造绿色”两大战略主题，聚焦“关键共性工艺与装备研发、重大工程高端产品开发”两大协同创新任务，坚持“同一个目标、同一个任务、同一支队伍、同一个机制”的协同创新模式，建立可持续发展的协同创新体制机制，为国民经济发展和钢铁工业转型做出重大贡献。

（徐　科）

【人员状况】 截至2019年底，中心共有教工49人，其中校聘和事业编47人，院聘岗2人。中心有非教学科研岗9人（实验岗5人，行政管理4人），教学科研岗位教师（含师资博士后）40人，具有博士学位的教师比例88%，具有高级专业技术职务的教师比例67%，教学科研岗位教师中有全职院士1人、国家优青2人，青年长江1人，初步形成了一支结构合理、学科交叉、人员精炼、整体水平较高的科研创新团队。中心有计划、多层次、多渠道地引进和培养国内外各类相关专业的科研和管理人才，不断优化师资队伍和团队结构，共引进院士1名，专职教师2名，人才博士后1人（直接聘为副教授）。中心根据每个团队的研发方向及发展规划，从团队承担的重大任务和需求出发，积极优化师资结构，构建了以事业编、校聘劳动合同制、单位自聘劳动合同制、兼职双聘、学生勤工助学、博士后等多种聘用方式相结合的科研、管理人员队伍，以满足中心建设需求。中心积极推进教工师德建设，树立教师职业的认同感，提供教师自主发展、施展才华的条件与空间，组织各类活动增强教师的归属感、凝聚力和战斗力，并逐步完善不同岗位教师的任职标准和工作要求，激发教师强烈的职业追求，师资队伍和师德师风建设效果明显。着力提高青年教师培养力度，把好政治关、师德关，积极推荐、破格晋升杰出青年人才。

（王　翊）

【协同创新任务进展】 材料设计理论与方法方向：基于集成计算材料工程和材料基因工程方法论，研究多尺度模拟计算和数据驱动材料设计新方法，并在钢铁和铝合金产业的“智能制造”项目中落地应用。针对沙钢集团的数字化工艺仿真平台建设需求，通过耦合热力学－动力学－相场－有限元分析－机器学习方法，实现对珠光体钢帘线组织演变的动态仿真和宏观力学性能的准确预报。针对中铝瑞闽股份有限公司的汽车板用6XXX系铝合金研发需求，通过自主研发高通量热力学计算工作流和耦合热力学－动力学－相场方法，实现高通量铝合金成分设计与筛选，大幅度缩短新产品开发周期，实现产品力学性能需达到6016高翻边板要求。完善“国家材料科学数据共享网”的建设与运行维护，面向钢铁、高温合金和新能源领域等国家重大工业领域提供资源共享服务，以此为基础建设完成十三五重点研发计划项目“材料基因工程数据库专用平台”，目前已正式上线提供服务。积极推动材料科学数据标准的建设工作，先后向科技部科技共享平台中心提交了一项材料数据国家标准申请书，向中国材料与试验标准平台提交5项材料数据标准草案。积极开展国内和国际学术交流研讨，邀请材料计算与模拟和材料基因工程领域知名专家学者来校交流，受邀参加诸多国际会议并做分会邀请报告。

（尹海清）

洁净钢及冶金节能环保方向：与唐山港陆钢铁公司合作“冶金全流程技术培训及技术服务”项目，从冶铸轧全流程全方位进行深入的技术交流和技术服务。针对连铸坯内部质量控制，与宣钢合作开展C72DA优特钢铸坯质量攻关工作。在湘钢建立周国治院士工作站，开展中厚板坯内部质量及组织遗传性研究。与永钢合作开展“铌微合金钢相变过程中组织演变及第二相粒子析出机制研究”，与太钢合作开展“超薄精密带钢塑性化夹杂物控制机理研究”。王丽君获国家自然科学基金优秀青年基金项目，获国家自然科学基金面上项目2项、青年基金项目2项，北京市基金项目2项，中国博士后科学基金4项，北京市优秀人才培养资助专项1项。侯新梅获中国金属学会冶金青年科技奖、中国产学研合作创新奖及建筑材料科学技术奖二等奖。

（孙彦辉）

材料检测与智能制造方向：承担工信部智能制造新模式应用项目4项，首钢“硅钢一冷轧智能工厂”项目完成验收工作，沙钢“高端线材全流程智能制造新模式应用”项目和中铝瑞闽“高端铝合金功能材料智能制造新模式”项目将于2020年6月验收，新签宝武炭材“新型炭材料智能制造新模式应用”项目，合同额650万元。新签企业合同项目6项，宝钢“2#修磨机处连铸坯2D缺陷检测及识别”、宝武炭材“新型炭材料全流程质量管控系统”、鞍钢“全流程质量管控大数据分析（二期）硅钢产线软件开发”、沙钢“高端线材全流程质量管控系统”、鞍钢集团“中央研究院（筹建）规划咨询”、中广核“反应堆压力容器目视三维多特征检测”等，合同额共计1130万元。中铝瑞闽“全流程质量管控系统”项目已于2019年7月完成系统上线运行，2019年12月完成项目验收；沙钢“高端线材全流程质量管控系统”项目于2019年10月完成系统上线运行；鞍钢“大型厂轨梁分厂数字化车间”项目于2019年11月完成项目验收；鞍钢“全流程质量大数据分析一期软件开发”项目于2019年4月完成系统上线运行。

（吕志民）

海洋工程用钢研究方向：顺利完成“十三五”重点研发项目“高强度桥梁钢组织调控原理及服役性能研究”和“建筑结构用抗震耐蚀耐火钢”的中期验收，澄清了高性能桥梁钢低屈强比及良好低温韧性的机理，开发出高强度低屈强比690MPa级桥梁钢，并在多场耦合服役环境下的抗震耐蚀耐火耦合设计理论方面获得突破，国际上首次开发出690MPa级抗震耐蚀耐火钢种，性能指标均达到国际领先水平。完成了国家自然科学基金项目“锈层损伤对低合金耐候钢大气腐蚀行为的影响”和“残余奥氏体中的纳米Cu析出演变规律及其对奥氏体稳定性影响的研究”的结题验收工作，发明了用预腐蚀法调控耐候钢表面锈层颜色的方法，授权专利1项。提出并实现兼顾焊缝与热影响区力学性能的异相金属焊接与焊后热处理方案，建立了用解析法定量计算金属韧脆转变温度的理论模型。发表高水平学术期刊论文29篇，获国家自然科学基金项目1项，研究成果“高强韧性宽厚板系列管线钢关键技术开发及应用”获得冶金科学技术奖三等奖。积极推进与鞍钢、包钢、沙钢、首钢、中信金属等企业的合作项目，邀请美国、日本等海外知名教授来校访问4人次，尚成嘉参与举办PRICM10，STEELSIM2019，EUROMAT2019

等重要国际学术会议，师生参加各类重要国际学术会议共10余人次，与壳牌公司合作“用于膨胀管的抗塌陷模型和耐腐蚀钢开发”项目。

（尚成嘉）

现代交通用钢研究方向：重点研究现代交通设施用钢和关键运输装备用钢等国家急需的先进钢铁材料品种及其应用技术。完成国家科技支撑项目“高性能超高强汽车用钢”两项子课题年度研究工作，完成国家自然科学基金项目“高铝钢连铸坯表面纵裂纹形成机理及控制”的年度研究工作，完成国家自然科学基金项目“超细晶亚稳组织高强塑积钢的制备基础与动态变形行为研究”的结题报告，完成工信部“新能源汽车材料生产应用示范平台”项目年度研究工作。与山钢合作申请的2019年山东省重点研发计划“超高强韧汽车用钢的关键制造技术及产业化应用”获得立项。针对汽车用超高强钢的组织演变及增强增塑机理、氢致延迟开裂行为开展了大量理论和试验研究，实现了超高强热成形钢、高成形性DH钢和高扩孔钢的研发和应用。与国内外研发团队合作，利用氘同位素标记与低温转移原子探针技术成功表征分析出了钢中位错、晶界和析出相与氢原子的对应关系，该研究成果发表于美国著名期刊*Science*。专著《金属材料流变学理论及应用》由科学出版社出版。

（赵征志）

先进能源用钢研究方向：主要围绕国家能源领域重点工程亟需用钢的品种开发及质量优化技术开展研究。顺利完成了国家“十三五”重点研发计划“CO_2驱耐腐蚀石油管材生产技术”及“无镍LNG钢的组织演变规律与关键制造技术”中期评估。新签一项国防科技特区项目“XXX钢实验研究”，实现了军工项目的突破；获得省部级及博士后基金项目3项。针对核电火电、石油化工、煤机矿山等领域对钢铁材料抗辐照、耐腐蚀、低应力等性能需求，揭示了异质结构奥氏体不锈钢抗辐照和耐腐蚀的微观机理，并与山钢、南钢、包钢、三钢等企业合作开发了短流程低残余应力控制技术、耐磨蚀高强钢组织调控技术。研究成果“海上能源工程用系列低温结构钢关键技术开发及产业化”获得江苏省科技进步二等奖。另外，将材料基因工程的原理和方法应用于铝合金智能制造过程中，大大缩短了研发周期，实现了汽车板用高端铝合金成分和工艺设计、组织结构和力学性能的调控及其性能预测。研制的6016铝合金板材的生产工艺和技术指标通过工业验证。相关研究成果发表高水平学术论文40余篇，获得发明专利3项。

（武会宾）

高品质特殊钢方向：完成两项十三五国家重大专项“含Cu抗菌不锈钢”和“高强高弹铜镍硅合金带材关键技术开发及产业化”课题的年度研究任务；完成国家自然科学基金－山西煤基低碳联合基金重点支持项目“超级奥氏体不锈钢凝固和热加工中的多尺度组织调控”的年度研究任务，重点研究了超级奥氏体不锈钢的相图、平衡组织转变和稀土元素对其凝固组织的影响情况；完成国家自然科学基金钢铁联合基金项目“高性能焊丝钢精炼机理与关键技术”结题工作，探索了超低氮钢生产的理论基础和生产技术。新签“棒材产品开发及质量提升”“线材产品开发及质量提升”“轧辊中试基地建设”“高品质材工艺产品分析优化”“耐腐蚀热轧抗震钢筋研究与开发”“高端不锈钢精铸件的质量控制与技术开发”等项目，合同经费693万元。相关研究结果发表了20多篇学术论文，其中SCI收录论文6篇；获2项授权国家发明专利。

（赵爱民）

【科研工作】 2019年，中心新增科研项目79项，合同经费5751.83万元，人均合同经费151.4万元。其中，纵向合同28项，2083万元；横向合同51项，3668.83万元。500万元以上项目1项，300万元以上项目3项，200万元以上项目3项，100万元以上6项。获国家自然科学基金委项目7项。2019年，共到校经费3971.82万元，其中纵向经费1648.87万元，横向经费2322.95万元，总到校经费比去年增加255万元。中心充分发挥协同创新特色，加强与企业在智能制造、品种开发等方面的合作。新签200万元及以上项目有：工信部智能制造新模式应用项目宝武“新型炭材料全流程质量智能管控系统”，合同额650万元；沙钢“高端线材全流程质量管控系统”项目，合同额360万元；鞍钢“全流程质量管控大数据分析二期硅钢产线软件开发”项目，合同额328万元；国防科技特区“XXX

钢实验研究”项目，合同额300万元；“冶金全流程技术培训及技术服务”项目，合同额270万元；湖北方振轧辊“轧辊中试基地建设”项目，合同额260万元；工信部“新能源汽车材料生产应用示范平台”项目，合同额250万元；北京市教委项目“高性能超高强韧汽车钢制备关键技术与轻质化研究”项目，合同额200万元。

2019年，王丽君获国家自然科学基金优秀青年基金项目，侯新梅获第九届中国金属学会冶金青年科技奖。获江苏省科学技术二等奖1项、冶金科学技术三等奖1项。中心教师共发表SCI收录文章65篇，EI收录文章11篇，授权专利27项。

（孙彦辉、姜　雪）

【交流与合作】 为加大引智力度和进度，中心设立“钢铁共性技术中心特聘境外专家”等引智项目，着力拓展外部资源，成规模、成建制地引进知名专家、外籍专家学者，逐步构建中心引智交流合作平台，充分借助高水平智力，推动人才培养和科学研究等工作，推动中心的国际化进程。

中心积极支持教师和学生出国参加国际会议。2019年，教师和学生出国参加国际会议约40余人次，开展6项境外科研合作研究，申报3项引智项目，中外联合发表论文数30余篇。中心有2位老师在国际组织、刊物任职。尹海清担任亚洲材料数据委员会委员，尚成嘉代表中国金属学会担任环太平洋先进材料与工艺国际会议代表中方总代表。

中心积极邀请国外专家来访，开展科研合作和学术交流。海工钢团队邀请日本、美国学者来中心访问，并进行联合撰写论文与培养学生方面的工作。洁净钢团队邀请月桥文孝教授来学校进行讲学和共同研究，主要介绍日本钢铁行业各种钢铁冶金新技术发展现状，并在转炉渣回收利用方面共同研发新技术、开创新思路。中心邀请英国莱斯特大学董洪标教授来中心进行学术交流，并做了题为*Application of AI in analyzing defects formation during metal processing*的学术讲座。

中心加强境外合作交流，中心材料设计团队、海洋工程用钢团队分别与美国肯纳金属公司、壳牌公司等开展科研合作，中心交通钢团队与美国橡树岭国家实验室、德国MLZ中子衍射线站等实验室开展合作研究工作。

中心坚持“送出去，请回来”的人才培养计划，与欧洲等地区和美国、加拿大、日本、韩国等国家开拓了长期的人才培养合作计划，2名学生前往美国密歇根州立大学和加拿大的麦克马斯特大学进行联合培养博士研究生，2名教师前往英国和奥地利进行访学。

（包　超）

【研究生培养】 2019年钢铁共性技术协同创新中心共录取博士研究生23人、硕士研究生84人。接收2020年推荐免试研究生8人，其中1人直接攻读博士学位。2020年共有159人报考我中心硕士研究生，39人报考博士研究生。中心继续招收“2011专项”计划博士研究生，以培养钢铁工业的战略转型的创新型人才。2019年共有8人获国家奖学金、1人获校级十佳学术之星提名奖、1人获学术三分钟演讲比赛银奖、2人获学院十佳学术之星、4人获铌钢特种奖学金、1人获山西建邦特种奖学金、1人获北京市三好学生、70人获“优秀三好研究生”“优秀学生干部”等校级荣誉。2011交通钢梯队党支部获得北京科技大学红色1+1优秀奖，协创硕1801班获得校级优秀研究生集体称号。2019年度，中心组织国内外专家学者开展学术讲座十余场，学生累计参加达300余人次。

目前，中心在籍学生共291人，2011专项计划研究生34人。本年度，中心导师积极参与学校本科生导师制的实施，二十多位导师担任了材料、机械、计算机、自动化、冶金等相关专业的本科生导师。建立了师生定期谈心交流机制，以帮助本科生更快融入科研生活；邀请本科生参加各课题组组会讨论，打通师生、辅导员、高年级研究生交流壁障，形成协同机制；协助各本科院系完成本科生导师评价工作，中心多名导师获优秀本科生导师荣誉。为了推进研究生学风建设，中心组织学风建设系列活动，规范开展研究生评奖评优工作。为推动毕业生高质量就业，中心提供全面的就业服务。

本年度，中心共毕业硕士研究生67人，博士研究生15人，涉及冶金、材料、机械、计算机、物流等多门学科。3名同学获北京市优秀毕业生荣誉称号，12名同学获校级优秀毕业生荣誉称号。

（侯超刚、周文艳）

【党建工作】 中心目前共有7个支部，其中包括2个教工支部和

5 个学生支部。现有党员 156 人，其中教工党员 34 人，现有学生党员 122 人，本年度共参加学生党校培训三期，参加培训 23 人次。本年度转为正式党员 18 人，转为预备党员 7 人。完成 5 个支部的委员选举，5 人参加支部书记培训、8 人参加“红色钢铁摇篮”研究生骨干培训。2019 年共有 5 个支部立项，交通钢支部获得北京科技大学 2019 年红色 1+1 优秀奖荣誉称号，1 名学生获北京科技大学优秀共产党员称号。两个教工支部联合获得 2019 年度优秀基层党组织活动三等奖。

严格履行党风廉政各项规章制度，认真贯彻八项规定，持之以恒纠“四风”。认真贯彻落实上级党组织的决策部署，积极落实“三会一课”制度，制定了“2011 教工支部工作规范”。在认真学习贯彻习总书记系列讲话精神的同时，全面落实新时代党建工作要求，进一步提高中心党员干部的思想觉悟，积极构建学习型、创新型党支部。中心两个教工支部于 7 月赴河南红旗渠、谷文昌纪念馆现场教学，重温入党誓词，重走太行天路，进一步提高了中心党员干部的思想觉悟。

以支部为单位成立了学习小组，深入学习党的十九大报告，认真学习贯彻落实全国高校思想政治工作会议精神，严格执行组织生活制度，积极创新实践、讨论会、新媒体介入的组织生活形式，切实提高组织生活质量。学生党支部认真学习十九大精神，扎实开展“两学一做”学习教育常态化制度化活动，认真开展“不忘初心，砥砺前行”主题教育活动。以学习型、创新型党支部建设为目标，着力提高支部的思想、组织、作风建设。定期学习党章、党规、党史及习总书记系列讲话，阅读红色书籍，观看红色电影，多次参观红色基地及新中国成立 70 周年成就展，组织党员们开展献爱心活动，部分支部开展的“科研帮扶团”活动取得良好成效。丰富的支部活动提高了中心学生支部的党员意识，增强了党员同志的使命感和责任感。

（王　翊、周文艳）

新金属材料国家重点实验室

【概况】 作为北京科技大学科技创新体系的窗口，新金属材料国家重点实验室（以下简称新材料国重）立足于材料科技发展的国际前沿、国民经济和国家安全对金属材料的重大需求，开展以新金属材料研发和传统材料升级换代为目的的基础和应用基础研究，提供对先进材料系统的规律性认识和相关技术原型验证，推动研究成果的转化，努力实现工程化应用，已成为北京科技大学先进金属材料领域高水平基础研究和应用基础研究、聚集和培养优秀科技人才、开展高水平学术交流的重要基地。按照科技部“开放、流动、联合、竞争”的国家重点实验室运行机制要求，新材料国重坚持前沿性、创新性、系统性和长期性的研究特色开展科学研究，鼓励多学科协同创新。在研究方法上着眼于材料科学与工程“成分、结构、组织、性能”四要素关系的核心问题，聚焦于材料研究的科学规律、制备技术、计算模拟与设计、服役评价和实验技术五大方面。

新材料国重具有材料科学与工程一级学科博士和硕士学位授予权，涵盖材料物理与化学、材料学和材料加工 3 个二级学科，并与凝聚态物理、冶金学、力学等学科相交叉，目前已建设有 5 个公共检测平台：材料性能测试与综合评价、材料物理模拟系统、组织结构表征分析、材料计算模拟系统以及样品制备与加工中心；设立了金属间化合物结构材料、亚稳金属材料、新一代基础金属材料、新金属功能材料、材料制备新技术与新工艺、合金设计与模拟和先进高温合金等 7 个学术梯队；组建了北京市材料基因工程高精尖创新中心，拥有 3 个教育部“111”创新引智基地以及中广核联合实验基地、中国铝业联合研发基地等多个校企合作研究平台。新材料国重检测体系具有中国计量认证（CMA）以及中国合格评定国家认可委员会（CNAS）认证及认可评价资质。

新材料国重坚持党委领导下的主任负责制，建立了较为完善的管理运行体制，包括党政联席会、教授会和教代会三会协同工作机制，特别注重教授会在实验室建设与发展、科学研究与学术交流、队伍建设和人才培养等方面的决策咨询作用；重视教代会在涉及职工利益和实验室发展等方面的监督作用；在日常管理和重要决策等方面执行主任会和党政联席会制度，积极落实“一切为科研，一切为科学家”的管理宗旨，严格按照“三重一大”决策制度的要求，努力汇聚集体智慧，充分发扬管理民主与学术民主作风，依法依规集体决策。在学校大力支持和坚强领导下，2019年度新材料国重在科研工作、学术队伍建设和实验条件建设、日常管理、开放交流以及党建、工会和研究生培养等方面不断取得进步。

（王海骊、王　辉）

【科研工作】 2019年度新材料国重积极发挥国家重点实验室的辐射带动作用和创新平台作用，通过加强自主课题的重点布局，培育国家重大科技计划，承担国家重大重点科研项目的能力和科研水平得到持续提升。据统计，本年度共计承担科研项目319项，其中纵向项目共183项，含国家重点研发计划重点专项28项（新增2项），国家自然科学基金项目51项（新增16项），军工项目39项（新增24项），国际合作项目题7项（新增2项），其他省部级项目55项（新增17项）。新材料国重努力承担起行业领域的辐射带动作用，本年度承担横向项目共136项，新增48项。本年度科研经费实际到款1.5354亿元，其中纵向经费1.2988亿元，横向经费2365万元，与去年相比，经费横纵比显著提高，单项合同经费接近700万元，解决国民经济重大问题的能力显著提高。

2019年新材料国重围绕孕育重大原始创新、推动学科发展和解决国家战略重大科技问题，在先进结构金属材料领域长期持续开展科技创新，取得了重要进展。本年度新增国家基金创新群体1项，项目经费1050万元，在学校实现了突破，新增国家基金重大项目1项，项目经费2000万元，新增重大仪器研制项目1项，经费717万元，新增杰青1项、优青2项，新增国家基金国际合作与交流1项，新增国家研发专项牵头项目2项，总经费3531万元，新增牵头军委科技委重点项目1项，经费3000万元。

新材料国重在科研工作中聚焦前沿、长期积累、突出原创，2019年科研产出继续攀升，成果突出。曲选辉教授作为第一完成单位荣获国家技术发明二等奖。除此之外，本年度还荣获省部级一等奖、二等奖各1项；授权国家发明专利81项、实用新型5项；申请国家发明专利105项、实用新型3项，专利转让5项，转让费580万元；国际先进成果鉴定2项。出版英文专著3部、中文专著3部。发表论文在数量增加的基础上，质量也显著提升，共发表期刊论文249篇，其中国外期刊212篇，国内期刊37篇；SCI收录227篇，EI收录12篇，包括 *Progress in Materials Science* 1篇（影响因子28.12），*Advanced Materials* 4篇（影响因子23.77），*Advanced Energy Materials* 1篇（影响因子21.49），*Nano Energy* 5篇（影响因子15.46），*Advanced Functional Materials* 3篇（影响因子14.58），*ACS Nano* 2篇（影响因子14.29），*Advanced Science* 1篇（影响因子13.6），*Journal of Materials Chemistry* 1篇（影响因子10.66）。影响因子大于10的18篇，10~5的有42篇，5~4的有50篇，4~3的有39篇，3~2的有40篇，2~1的有22篇。Top期刊126篇，一区论文71篇，占比28.5%。承办学术会议10次，其中国际会议5次。做学术报告109次，其中特邀报告67次，国际会议报告54次。参加国内会议55人次，参加国际会议54人次。

（吴　渊、张来启、王　辉）

【学术队伍建设】 本年度新材料国重以国家重大需求为导向，以学科前沿为支撑，不断调整学科布局，凝练学科方向，汇聚科研人才。在强化原有学术方向和学术梯队的同时，强调梯队的学术交叉，形成新的研究方向。通过引进高层次人才强化新金属结构材料研究方向，整合高性能高温结构材料学术方向，加强钢铁材料的学术梯队建设；为加快新金属材料的研发进程，解决传统“试错法”金属材料研发模式过程复杂、效率低、成本高和周期长等问题，以材料基因技术为抓手，交叉整合，形成新的材料基因技术研究方向。通过引进和整合学校的优势资源，加强了功能梯队学术方向，并以此为基础，规范梯队管理制度，完善学术创新及奖励机制，新设学科团队，引进和培养学科带头人和青年骨干教师，努力建好学术团队。充分发挥自主课题和开放课题在高端人才引进、重大项目立项、重大成果培育以及扩大国内外影响力等方面的作用。

新材料国重完善了科研人才岗位聘任实施细则，健全研究人员聘期考核制度，落实科研岗位竞争性的岗位聘任指导原则，优化了实验技术岗位的聘任制度，确定了返聘人员岗位聘任考核规则，优化调整了学科梯队，圆满完成了新一轮岗位聘任工作。建立了促进青年人才成长的指导机制，制定了新教师由所在梯队负责制定培养计划的规定，所在学术梯队为其提供教学科研方面的咨询和建议。利用自主课题青年基金、“1+1”开放交流项目等多种模式，着力培养青年骨干教师。力争打造一支师德高尚、业务精湛、结构合理、充满活力的高素质专业化研究队伍。

2019年新材料国重秉承“严谨、求是、笃行、创新”的精神，倡导协同奉献，师德建设成绩显著。确立了“把师德建设与推进学术创新、搞好人才培养和加强师资队伍建设相结合”的目标，制定并执行《新材料国重学术道德管理规定》，在岗位聘任、年度考核、职称晋升中实行师德考核一票否决制，将师德建设贯穿到科研和教学全过程中。

（林均品、夏秀芹、王　辉）

【实验室条件建设】 2019年度新材料国重在实验室运行上继续坚持“统一管理、专人负责、高效运行”的管理机制，公共测试平台和材料制备平台等在开放服务的条件下安全、高效、圆满完成了分析、测试和制备等科研任务，全年无实验安全事故，保证了科研实验条件。

截至2019年底，新材料国重拥有仪器设备1944台套，设备原值（不含办公设备）1.208亿元，其中设备原值在40万以上的设备共计46台套，建成了较完整的材料制备与合成、结构表征、性能测试、服役评价及计算模拟等全链条、成体系的材料研究实验平台，全年实现开放仪器服务收入489万元。新材料国重在设备管理上继续实行大型公共科研设备对外开放共享的制度，健全大型科学仪器设备开放共享与考核机制，通过服务科研和社会，有效提高了设备的使用效率，有力支持了新材料国重的科研工作和人才培养任务。

2019年新材料国重继续完善公共实验平台和基地建设，持续改进和提升检测能力与管理水平，顺利通过了CNAS的复评审和CMA的自查，继续保有CNAS和CMA认证认可资质。目前，新材料国重的实验技术人员已全部纳入新材料国重分析测试质量管理体系，通过系统的培训和持续的监督进一步提升实验技术人员的技术水平和能力。本年度，新材料国重2名国家CMA评审员均通过了在线考试获得国家评审员资格。2019年新材料国重成功主办了中国力学学会MTS材料试验专业委员会第四届青年委员会学术会议。

2019年新材料国重积极组织申报科技部、财政部组织的国家重点实验室重大仪器设备采购竞争申请，获批重大仪器购置经费3850万元，其中仪器购置费3440万元，设备改造费410万元。

新材料国重高度重视实验安全工作，根据教育部和学校有关规定，进一步强化了危险化学品、化学废弃物、高压气瓶、可燃易爆危险品的日常管理和监控，增加安全设施配置，积极排查实验安全隐患，完善实验室集中安全教育与培训制度，定期对师生开展安全防范教育，定期进行安全检查，不定期巡查，全年未发生严重安全事故。

（乔　祎、王连庆、张　蕾、王　辉）

【交流与合作】 2019年新材料国重依托学术梯队，加强与国内外高水平科研团队的合作。在开放课题管理方面，进入结题验收的开放课题成果中，在 *Journal of Power Sources*, *Scripta Materialia* 和 *Materials Science and Engineering A* 等知名刊物发表及接收学术论文25篇，其中IF≥4的论文10篇，2≤IF≤4的论文10篇；进入中期评估的课题取得的科研成果质量明显提高，在 *Scripta Materialia*, *Powder Technology* 等知名刊物发表及接收论文23篇，其中IF≥4的论文3篇，2≤IF≤4的论文10篇；新材料国重共收到开放课题申请28份，研究领域涉及高熵合金，高温合金以及功能材料等，资助各种课题共计24项，包括重点项目8项，一般项目16项，资助总金额155万元。

本年度新材料国重举办包括“Gamma Alloys 2019”等在内的

大型国际学术会议7次，赴境外参加学术会议23人次，7人次在国际组织任职，12人次在国际期刊任职，新增引智项目3项。国际合作发表高水平论文52篇，来访学者举办学术讲座18场，资助学生赴外交流学习12人。教育部111创新引智计划资助的“先进金属结构和功能材料科学与技术创新引智基地”今年持续获得111创新引智基地滚动支持。

本年度从道永研究员与西班牙巴塞罗那大学Antoni Planes教授和Luís Mañosa教授、美国阿贡国家实验室Yang Ren研究员合作，采用“相变前后晶胞体积变化越大相变熵变越大”的设计思路，利用硼微合金化强化晶界克服合金晶界脆性，设计并研制出具有庞弹热效应的NiMnTiB多晶块体合金，推动高效、环保弹热制冷技术走向大规模应用。研究成果发表于国际权威期刊*Physical Review Letters*（PRL）并被编辑选为重点推介，同时被*Physics*杂志亮点点评，成果发表后美国AIP旗下*Physics Today*、英国IOP旗下*PhysicsWorld*、德国*Pro-Physik*等都进行了报道。

新材料国重坚持面向全社会公众开放，本年度先后接待了全国各省市地区政府部门、科研机构和企事业单位参观考察1000余人次，包括教育部、科技部、人社部领导和南京经济开发区、无锡市科技局、扬州市邗江区科技局、江阴高新区科技局、朝鲜金策综合大学、乌克兰国立技术大学、山钢集团、宝武钢集团、舞钢集团、鞍钢集团、北方重工集团以及永联钢铁集团等单位。新材料国重继续积极推动科普教育工作，先后参加了全国青少年高校科学营和北科大科技节科普开放活动，并接待了北京大学材料本科生和北京科技大学研究生新生等参观活动，取得了良好的社会效果。

（吴　渊、叶　丰、李纪恒、王　辉）

【党建、工会与研究生工作】 新材料国重党委组织师生认真学习贯彻习近平新时代中国特色社会主义思想和党的十九大、十九届四中全会精神、学习领会习近平总书记在“不忘初心、牢记使命”主题教育工作会议上的重要讲话，认真研读习近平总书记关于教育的重要论述等学习材料。2019年接受学校党委巡察，完成党委和团委换届，扎实开展“不忘初心，牢记使命”主题教育，认真学习调研，深入检视剖析，持续深化整改，充分发挥政治建设统领和思想建设引领作用；提升全员、全过程、全方位育人的能力，落实立德树人根本任务；提高精细化管理水平，完善实验室管理制度，提升服务科研能力。

切实发挥党委会、党政联席会、教授会和教职工大会作用，定期召开党委会和党政联席会议，民主决策；充分尊重并发挥教授会在涉及学科建设、岗位聘任和人才引进等方面的决策作用；通过教代会征求教师意见和建议，涉及职工重大利益的决策通过教职工大会进行表决。年内召开党委会15次、党政联席会17次、中心理论学习组学习会7次，修订制定党发文10个，签订落实意识形态工作责任书和落实党风廉政建设主体责任书，及时传达学习上级及学校会议精神，讨论科研学术、研究生新生入校、人才引进、空间发展等重要事项，涉及“三重一大”事项经集体讨论研究后再逐步推进。定期通报实验室人、财、物等方面工作的具体安排，强化安全稳定，每月召开实验室安全情况通报及培训会议等，强调网络言论、学术诚信、意识形态、保密规范、宗教政策等纪律要求。科研学术等相关重要事项，及时召开教授会进行讨论后决策执行。

落实学校基层党建质量攻坚行动部署，加强基层党组织建设，顺利完成7个党支部的换届工作，年内发展1名教师党员，发展13名学生党员，8名党员按期转正。引导党员以“四讲四有”为标尺，教职工党员做“四有好老师”“四个引路人”。认真履行全面从严治党主体责任，加强班子党风廉政建设，强化“一岗双责”，践行监督执纪“四种形态”，严明政治纪律与政治规矩，强化责任担当。在人才引进、评奖评优和赴外访问等关键环节严把政治关、师德关，发挥纪检委员作用，履行监督职责，工作中结合“四个一”加强对各支部纪检委员的宣传教育，有效提升了各支部纪检委员的履职能力，相关工作获学校2019年基层党组织纪检委员履职工作典型案例二等奖。

开展经常性教育，师生党支部积极组织学习活动，扎实开展“三严三实”专题教育，持续推进“两学一做”学习教育常态化、制度化，做好“不忘初心，牢记使命”主题教育，促进师生党员坚定理想信念、强化党性观念，做好思想政治工作和意识形态工作，充分发挥党支部领导核心和党员的模范带头作用。教工党支部获“北京科技大学2018—2019年度先进党组织”荣誉称号，教工党支部组织的“材料领域国家重点实验室互访学习”活动获2019年度优秀基层党组织活动三等奖；教工党员吴渊获得校级“优秀党务工作者”荣誉称号，教工党员李纪恒获得校级“优秀共产党员”荣誉称号，评选院级优秀党务工作者1名，院级优秀共产党员2名。结构金属间化合物梯队党支部获“2019年优秀学生党支部”称号，合金设计梯队和2018硕党支部获院级“学生先进党组织”称号，黄海龙、赵震洋2名学生获校级“优秀共产党员”称号，刘畅等5名学生获院级“优秀共产党员”称号。学生党员、博士生雷智锋获2019年北京科技大学校长奖章、五四青年奖章荣誉称号，李润光、杜进清等30余名学生党员获校级“十佳学术之星”荣誉称号和国家奖学金。

新材料国重分工会在党委和校工会的领导下，紧紧围绕中心工作，开展好在职职工互助保障计划、服务月、送温暖等活动，参加北京科技大学教职工“拖拉机”扑克牌比赛并获得第一名，参加庆祝新中国成立70周年“祖国颂，北科情”文艺汇演并获得三等奖，还组织了研究生师生轻体运动会、教职工冬季健身健步走等一系列丰富多彩的文体活动。分工会关心职工健康，组织职工到北医三院进行了全面体检。作为“北京市教育系统先进教职工小家”，教工之家设施齐全、和谐温馨，为教职工提供了家一样的温暖。

围绕全面加强研究生思想政治教育的工作目标，加强研究生党建和科研创新能力培养两个重点内容，强化思想引领、学风建设、科技服务和挂职锻炼、骨干培养及班集体建设，完善入学教育、科研能力培养、心理健康教育、生涯规划与就业指导，以及共青团工作。强化思想教育，完成团支部推优31人，发展学生党员13人，与材料学院、新材料技术研究院联合举办材料学部第336期学生业余党校。举办新材料国重研究生骨干培训班，党支部书记、班长、团支部书记、纪检委员等30余人参加培训，组织专题报告5场，赴西柏坡、正定党性教育实践活动1次。

加强学风建设。组织新生进行学术诚信宣誓，营造良好学术氛围；邀请李应红、王一德院士做专题报告，讲述科研人生，激励研究生在科研道路上砥砺奋进；打造“科研经验交流”系列活动，形成了文献检索、开题报告、科研思路、学术论文撰写、毕业论文撰写全流程的经验分享活动，全面提升研究生科研能力。

打造实践平台。立足科技服务，选派15名优秀博士和硕士赴扬州国家高新技术产业开发区（邗江区），深入生产一线和工作基层开展科技进企业、人才引进、基地建设工作，推动了研究生在实践中受教育、长才干、做贡献。扬州国家高新技术产业开发区（邗江区）调研团获得北京科技大学2019年科技服务与挂职锻炼“标兵实践团”。

发挥团组织桥梁纽带作用。召开共青团北京科技大学新材料国重第一次代表大会，选举产生由刘斌斌等9人组成的共青团北京科技大学新材料国重第一届委员会。

在研究生培养上围绕质量这根主线，开展点多、面宽、量大的招生宣传工作。积极参与本科生导师制，严格招生过程管理，安全有序，公平公正，全程零纰漏、零投诉。举办国重研究生学术论坛34场，其中外籍专家16场次，1600余人次参加。从文献检索、开题报告、科研思路、论文撰写、毕业论文撰写等多角度全流程的经验分享活动，全面提升研究生科研能力。2019年毕业研究生75人，论文查重初次通过率100%，17名博士论文盲评初审通过率100%，其中4A8人，3A1B7人，2人被评为校级优秀学位论文。通过以评促建，选树优秀典型，评选国家奖学金9人、山西建邦奖学金1人、中天钢铁奖学金1人、铌钢奖学金6人、泰纳瑞斯奖学金1人，李润光获校“十佳学术之星”，陈林、杨质为新材料国重“学术之星”，李润光、卢克超、杜清等3人的论文为学术论坛优秀论文，博士生雷智锋荣获北京市三好学生、十佳学术之星、校长奖章；有10人获国家奖学金，7人获评北京市优秀毕业生。

（王　佳、史单杰、王海骊、刘斌斌、孙学辉）

钢铁冶金新技术国家重点实验室

【概况】 2019年，钢铁冶金新技术国家重点实验室共有高温过程反应机理与反应动力学、能量高效转化与链接、铁矿资源高效利用、钢的洁净化与夹杂物控制四个研究方向梯队。现有教工39人，其中科研人员28人，实验技术人员6人，管理人员5人；学生283人，其中博士生研究生122人，硕士研究生161人。实验室在科学研究、人才培养、国内外合作与交流、师资队伍建设以及实验室平台建设与管理等方面工作稳步推进。召开了学术委员会会议，围绕国家重大战略需求，确定得了今后的重点研究领域；完成了2019—2023聘期岗位聘任工作；组织编写了科技部2020—2022年国家重点实验室科研仪器设备建设方案；建设了实验室气体安全报警系统；召开了2019冶金创新论坛国际会议。

（郭占成）

【科研工作】 实验室承担重点科研项目的能力稳步提高，科研成果转化取得长足进步。获批国家自然基金委钢铁联合重点项目2项、面上项目1项、青年项目1项。承担“十三五”期间的国家重点研发计划重点专项、国家自然科学基金项目（包括重点项目、杰青、面上项目和青年项目等）、各省部委项目、各类人才计划等纵向项目以及各企业横向项目共计121项，其中2019年新增各类项目50项。实到纵向科研经费约1750万元，横向科研经费约1300万元；人均科研经费100万元。技术转让、专利权转让和专利实施许可9项，合同额251万，到款额120万。发表SCI收录论文143篇，EI收录论文166篇，中文核心期刊论文58篇；获授权国家发明专利23件、实用新型专利2件、软件著作权7件；出版中文专著2部。

2019年实验室共设立自主课题30项，开放课题5项，项目执行情况良好。完成合同审核、经费转拨、报销、劳务费发放等管理工作，保障了冶金国重科研工作的高效运行。

（刘锦周）

【师资队伍建设与研究生培养】 2019年，实验室本着“循序渐进、宁缺毋滥、择优录取”的原则，招聘1名科研教师和1名师资博后。实验室拥有专职研究人员28人，其中具有博士学位人员占比97%，具有副高级（含）以上职称人员20人（占全体研究人员77%）；仪器设备管理人员和行政管理人员11人，其中具有博士学位3人、硕士学位8人。1人晋升为教授，1人晋升为副教授。

2019年，实验室招收研究生103人，其中硕士研究生72人，博士研究生31人。毕业研究生65人，其中博士研究生17人、硕士研究生48人。7名学生获得国家奖学金，3人获评北京市优秀毕业生，8人获评学校优秀毕业生。

（赵世强、刘长鑫）

【交流与合作】 由实验室主办，武汉科技大学承办的“2019冶金创新论坛（2019 Metallurgy Innovation Symposium 简称MIS）”国际会议于2019年9月22—25日在武汉成功举办。冶金科技国家重点实验室联盟高校、企事业单位的专家学者及世界各国同行专家学者（包括美国、加拿大、英国、法国、德国、比利时、日本、澳大利亚、韩国等国家）200多人参会。

2019年，实验室进一步深化了与日本东京大学、日本东北大学、瑞典皇家工学院、捷克Czech Technical University、澳大利亚伍伦贡大学、英国莱斯特大学、挪威科技大学、美孚石油、澳大利亚必和必拓等国际知名高校、研究院所和国际著名企业的学术交流与合作。实验室组织代表团到澳大利亚国际知名学府新南威尔士大学（University of New South Wales）、伍伦贡大学（University of Wollongong）、昆士兰大学（University of Queensland）和斯威本科技大学（Swinburne University of Technology）交流访问，与专家学者就共同感兴趣的问题进行深入的讨论，并拟定了2020年的学术交流活动。德国亚琛工业大学Sebastian教授、芬兰阿尔托大学连军贺教授、英国华威大学首席研究员李祖树教授（实验室客座教授）、芬兰爱博学术大学Henrik Saxén教授、美国宾夕法尼亚大学

Hojong Kim 教授等应邀来访讲学、交流或进行科研合作。

2019 年派出教师 46 人次、学生 43 人次参加 2019 美国 TMS 年会、美国钢铁年会、2019 世界炼钢科技大会、第五届中英钢铁论坛、2019 国际可持续炼钢学术研讨会等国际会议；资助 3 位青年教师赴美国参加 2019 年材料科学与技术国际会议、美国矿物、金属和材料学会 2019 年年会、第一届“人工智能在冶金工程中的应用”国际研讨会；通过国家建设高水平大学项目公派研究生 5 人（2 人攻读博士学位、3 人联合培养）出国培养；创新人才培养项目中短期出国访学 6 人。举办冶金大讲堂讲座 9 次、专题学术报告 12 次，750 多人次参加。

（赵世强、刘锦周）

【实验平台建设与管理】 实验室紧密围绕主要研究方向，不断加强科研平台建设。组织编写了科技部 2020—2022 年国家重点实验室科研仪器设备建设方案。购置两台总金额为 277.5 万元的大型仪器设备：“高温高真空接触角设备”和“宽温区多功能表面物性表征系统”。

充分利用“北京科技大学仪器设备共享管理系统”，不断提高实验室对外服务的能力，实现大型仪器设备完全开放和共享。全年通过公共仪器设备共享平台为本校师生、厂矿企业和其他高校及研究机构的人员提供预约实验 300 余次，培训学生独立操作扫描电镜等公共仪器设备 280 人次。截至 2019 年底，实验室仪器设备完好率为 100％，设备使用率为 90％，为科研活动提供了支持和保障。

加强实验室安全管理，硬件方面持续投入。安装气体安全报警系统，实时监测实验室内一氧化碳、氢气、甲烷、氧气和惰性气体等气体含量，实现了气体监测的集中报警，进一步提高了实验室气体安全管理能力。建立严格的《实验室每日安全巡查制度》和《实验室安全准入考试制度》，进一步提高了师生的实验室安全意识。定期开展实验安全大检查，排除隐患，降低事故风险。

（程慧静）

【支部建设】 实验室党支部共有党员 39 名，党支部紧密围绕立德树人根本任务和学校改革发展稳定大局，以“守初心，担使命，敢担当，有作为”为主题，引导全体教师党员深入学习习近平新时代中国特色社会主义思想，贯彻十九大精神，加强基层党组织建设，教育党员牢固树立“四个意识”，坚定“四个自信”，在服务中心工作中发挥先锋模范作用，严守政治纪律和政治规矩。认真贯彻执行学校党委的要求和理论学习部署，召开支委会，研究制定年度“三会一课”计划，开展了主题鲜明、内容丰富、形式新颖、富有实效的党组织活动，充分发挥党支部的战斗堡垒和党员先锋模范作用，为学校“双一流”建设提供强劲动力。1 名预备党员如期转正。经过民主评议，党支部发挥作用测评分数为 96.58，满意率 100%。

（刘长鑫）

工程技术研究院

【概况】 工程技术研究院（以下简称“工研院”）由 2005 年成立的冶金工程研究院更名而来，是学校为促进科技成果转化而成立的、由冶金、材料、机械、控制等多学科人员组成的大学研究院，2014 年获“全国钢铁工业先进集体”称号。目前，拥有两个国家级科技创新平台（高效轧制国家工程研究中心和国家板带生产先进装备工程技术研究中心），主要从事先进材料、智能装备、精准控制、智能制造等领域的人才培养、科学研究和工程转化，并以国家级高新技术企业（北京科技大学设计研究院有限公司）为载体开展相关领域的工程转化工作。其中，高效轧制国家工程研究中心成立于 1996 年，是原国家计委第一批批复设立的 47 家国家工程研究中心之一，也是轧制技术领域唯一的国家级工程中心，2012 年获得国家工程研究中心建设的最高荣誉“杰出贡献奖”；国家板带生产先进装备工程技术研究中心于 2009 年获国家科技部批复成立，2012 年 11 月通过国家验收，在同批27个国家工程技术研究中心中总成绩排名第二，验收结果为“优秀”，是全国第一个冶金装备领域建成的国家工程技术研究中心；北京科技大学设计研究院有限公司成立于1987年，是北京科技大学的全资工程公司及国家级技术转移示范机构，拥有冶金行业（金属材料工程）专业甲级及环境工程（水污染防治工程）专业乙级等工程设计资质，获2018年度北京市“优秀技术转移机构”称号，并摘得“匠心专业示范奖”第一名。“北科工研”是工研院全力打造的科技成果转化品牌。

（何安瑞）

【科研及成果转化工作】 2019年，由工研院牵头新增横向科研合同42项，合同总额4334.52万元，新增纵向科研合同14项，专项经费240.13万元。年度到校科研经费3716.46万元，其中纵向经费到款354.19万元，横向经费到款3341.30万元。到校经费和新增合同比2018年分别增长58%和38%。以工研院为第一完成单位公开发表科技论文75篇，其中EI/SCI检索收录45篇；申请专利56项，获得专利授权23项；取得软件著作权登记6项。

课题及成果申报方面，积极组织和动员，撰写各类纵向项目申报书50余项。积极凝练科技成果，获得省部级奖项2项，完成成果评价3项，评价均达到国际先进水平。青年教师孙友昭牵头的《基于虚拟现实（VR）的热连轧机排故实训系统》获得中国高等教育学会主办的“全国高校教师教学创新大赛3D/VR/AR数字化虚拟仿真主题赛项总决赛”一等奖。

成果转化方面，全年新增工程服务合同100余项，合同总额达2.03亿元。顺利完成台湾尚承表面检测、印尼永青酸洗线表面检测、东海热连轧自动化、马钢全流程质量稳定性攻关等项目实施，打造了新钢卷板生产全流程质量智能管控系统等样板工程。继续在以自动化、信息化为基础的冶金行业智能制造及绿色制造领域深入耕耘，取得了多项业绩的突破。自主开发的冶金工业互联网平台IETLinker@成功上线；无人天车、智能化库管系统获得首台套上线应用；首套炉卷轧机计算机控制系统在云南师宗沃莱迪1780mm炉卷连轧生产线成功应用；智能工厂3D可视化虚拟孪生技术在河钢新产线投入使用；热轧产线能源介质智能化管理系统软件开发、冷轧产线生产工艺模型集成优化及智能分析系统软件等新领域的项目获批；与波音公司镁合金前沿技术合作项目获得持续资助；与国际知名冶金公司意大利达涅利合作，先后承接了福建三钢和河南济源钢铁两条棒材生产线的无头轧制项目，为已有生产线的提产增效提供新的解决方案。总之，2019年实现了传统领域稳定发展、新兴领域持续拓展、海外市场稳步推进及“北科工研”品牌影响力的有效提升。

学科及科研梯队建设方面，成立第一届工程技术研究院学术分委员会，统筹各学科发展规划，指导学科群中各学科方向的人才队伍建设和基地建设。同时，努力打造一流的科研队伍，修订技术首席评聘机制，以取得高质量标志性成果为导向，加大科研成果奖励，健全青年人才成长和培育机制。

对外形象展示方面，作为北京技术市场协会优秀技术转移机构代表，分别参加了第四届全国有色金属工业展及第十六届中国北方国际科技博览会，通过静态展板和多媒体方式生动展示了工研院多年来在钢铁、有色等领域取得的科研及工程化成果，以及通过技术转移和成果转化为行业产品质量和技术水平提升做出的积极贡献，起到了良好的宣传效果。

校企合作方面，继续加强与企业的联系，深化校企合作力度，创新合作模式，依托办事处对合作企业进行全时、全方位的服务，为企业办实事、解难题。成功举办2019年马钢－北科大钢铁智能制造技术创新中心成果对接会，形成了若干项已落地项目和一批可研项目，构建了融合项目研发、人才培养、成果培育、机制创新等功能于一体的“基地+”合作模式。

2019年3月初科技部副部长徐南平一行调研国家板带生产先进装备工程技术研究中心，对国家板带中心“工程研发核心层、产业推广转移层、基础研究协作层三位一体”的团队机制给予充分肯定，并表示国家板带中心的目标定位准确，建设成效显著。

（张勇军、郭　强、冯美兰）

【师资队伍建设】 年内新进师资博士后2人，学科博士后2人，形成了以中国工程院王一德院士领衔的52人专职教工队伍及分布在北京、马鞍山、苏州、唐山、济南、鞍山等地的170多人的科技成果转化专职队伍。晋升副高级职称1人，晋升中级职称9人。注重师德师风建设和意识形态教育，引导教职员工争做“四有”好老师和“四个引路人”。加强制度建设，修订《工程技术研究院师德师风考核办法》，稳步推进师德建设。推进“三全育人”，着力提高青年教师培养力度，严把思想政治关、师德师风关。组织研究院文化、制度教育及素拓活动，业务部门开展各种类型的技术培训，帮助新员工尽快融入新集体、适应新的工作环境，掌握业务技能。

（梁治国、刘云清）

【交流与合作】 截至2019年底，工研院具有留学经历教师18名，占学院科研教师比例50%。年内利用科研经费及“鼎新北科”等经费支持，参加国际会议教师共计4人次。申报国家外国专家局引智项目2项，获批1项，获批经费21万元。在引智专项及“鼎新北科”项目经费的支持下，年内先后邀请5位境外专家来院进行交流讲学。共派出5名研究生赴境外学习交流，占院当年博士研究生入学比例的55%，另有两名博士研究生完成访学任务回国。与国外公司开展国际合作项目3项，其中获得美国波音公司“商用飞机非结构件用镁合金板材阻燃及耐蚀性能提高”连续第五期的资助。为了扩大对外宣传，提升工研院国际行业影响力与知名度，完成了英文网站的设计及翻译校译工作，具备上线条件，制作英文宣传册及英文ppt等对外宣传材料。2019年，用于各类国际化支出共计约33万元，其中“鼎新北科”经费13万元，引智经费6万元，“海外学者短期讲学”基金3.3万元，自筹科研经费约11万元。

（米振莉）

【实验室管理与建设】 2019年，重点完成了以下工作：①健全安全管理体制机制。组建实验室安全工作领导小组，安全负责人、各实验用房教师、做实验师生逐级签订安全责任书，建立了各实验室安全信息台账，每月至少开展一次院级安全检查。②自查安全隐患。根据教育部科技司下发的《高校实验室安全检查项目表（2019）》，对实验室逐项进行自查，切实做到全覆盖、零容忍，对自查中发现的安全隐患建立台账，制定切实可行的整改方案。③严格危化品领用回收制度。杜绝私自外购化学试剂，详细记录危化品使用登记台账，专柜、分类存放危化品。对危化品库存定期进行清理，将长期不用的化学试剂回收处理，降低安全风险。建立气体钢瓶台账，记录气体钢瓶使用情况。④组织新生开展实验室安全讲座，介绍设备及功能，警示实验室潜在的危险，提出安全实验的规范要求，提升了学生的安全意识。⑤注重安全培训。积极参加学校组织的各类安全培训，全年累计培训8人次。积极参加设备用户交流会，全年累计培训2人次。⑥在校保卫处专业人员指导下，组织实验室安全疏散演习，组织学生实际操作练习模拟灭火，熟悉逃生方法及路径，掌握灭火器使用方法，掌握火灾自救及逃生技能。⑦获得学校安全工作先进个人奖1项。实验中心2019年全年度没有受到安全不合格通报，做到了零事故零通报。⑧积极推进实验室搬迁工作。完成了昌平创新园区5号车间的设计及A区施工图纸的审查工作，招标并完成了A区的房屋改造及5号车间基础施工工程，年底完成了A区科研设备的搬迁工作。

（郭　锦）

【研究生培养】 截至2019年底，工研院在校研究生共259人，其中博士75人，学术型硕士57人，全日制专业学位硕士106人，非全日制专业学位硕士21人。毕业研究生57人，其中博士12人，学术型硕士16人，全日制专业学位硕士29人。招收研究生83人，其中博士10人，硕士73人，全日制专业学位研究生43人，非全日制专硕11人。积极做好招生、培养、毕业全过程管理的同时，重点开展了以下几方面的工作：①通过组织夏令营、校外招生宣传的形式，吸引优质生源。硕士、博士生源来自211院校的比例分别为57%、60%，大幅超学校平均水平。②持续推进实践育人建设。继续落实学校与新疆众和公司非全日制研究生培养协议；推动学校与江苏永钢、兴化市、泰尔重工等签订共建研究院、研究生教育基地协议；完成“构建以实践教育和多学科培养为特色的专业学位培养体系”研究生教育改革课题；制定《工程技术研究院专业学位研究生校外导师聘任办法》。③落实学校本科生导师制工作，为相关学院、相关专业2017、2018级78名本科生安排导师，并已完成指导教师考核工作。为2019级58名本科生安排导师，做到教学科研岗教师全员参与本科导师工作。协助落实高等工程师学院本科生暑期实习指导工作。④加强学风建设，先后举办讲座15场，邀请国外专家讲座4场，在昌平创新园区举办学术讲座3场，在管庄校区举办1场，总参与人数达1050人次，人均5次。持续举办两场工程技术名家讲坛，邀请干勇院士以《制造业强国新材料发展战略》为题做报告，胡正寰院士以《高效绿色轴类零件轧制技术——研究、开发与产业化》为题做报告，场均参与人数200余人，现场氛围热烈，座无虚席。⑤加强党团和班级建设。在充分调研的基础上，细化入党工作流程，指导各学生党支部完成党员发展工作。加强入党资料检查，严把“入党关”。四个学生党支部以不同形式开展红色“1+1”活动、基层党支部立项活动，其中材料党支部与苏家坨镇柳林村党支部共建项目，获得北京市优秀奖。机械梯队和工研1702班获得“校级优秀集体”称号。工研硕1801班获“院级标兵集体”称号，控制梯队与先进材料梯队获“院级优秀集体”称号。⑥积极举办各种特色活动。举办第八届体育文化节，开展师生拔河、羽毛球比赛、篮球比赛、五子棋、平板支撑、奥森健步走等特色活动。举办新生篮球赛、元旦联欢会暨毕业生欢送会，组织参与纪念“一二·九”研究生合唱比赛、研究生师生轻体运动会。在学校第十四届研究生轻体运动会中获得团体总分第三名，开幕式方阵获评“最佳入场式”。在纪念“一二·九”研究生合唱比赛中获得二等奖。⑦加强毕业生就业指导。共举办院内就业相关大型讲座及活动8场，参与校级就业相关活动1场，组织开展招聘宣讲2场，个体咨询持续覆盖到全体毕业生。2019届毕业研究生包括材料、冶金、机械、控制、物流、计算机在内六个专业，非定向毕业研究生共55人，整体就业率100%，已连续八年实现全就业。不断完善引导模式，努力提高毕业生的就业质量和层次。毕业生就业单位多集中在大型国企、事业单位、科研院所、500强大型企业及行业创新型公司，就业质量高。本年度有1名毕业生荣获北京市“志愿服务西部奖”。连续八年荣获学校“年度总就业率优胜奖”。⑧开展科技服务与挂职锻炼工作。发挥实践育人特色，组织并指导各梯队开展科技服务与挂职锻炼活动，3支团队获得校级立项，总资助金额近1.5万元，材料梯队和控制梯队获“校级优秀实践团队”称号。⑨顺利完成2019年奖优助贷补工作。共评审各类个人奖学金、荣誉称号共计150人次，合计65万元。帮助7名学生申请国家助学贷款。通过提供一次性补助及助管岗位等形式，共为23名在校研究生提供不同程度的帮扶，包括资助重大变故学生1人。为2019级全部新生办理了人身意外保险，共计21800元。

（米振莉、梁治国、刘云清、郝勇飞、赵晶晶）

【党建与工会工作】 工程技术研究院党委现有党支部16个，其中教工支部7个、学生支部9个。党员324人，其中学生党员235人，教工党员89人。年内共发展党员20名，其中学生16名，教工4名。①深入开展“不忘初心、牢记使命”主题教育，坚决贯彻落实习近平总书记重要讲话精神和学校部署安排，紧扣目标要求，制定方案部署，精心组织实施，从严从实督导，促进研究院主题教育有力有序有效展开。领导班子继续完善理论中心组学习制度，不断加强理论学习，提高政治站位，进一步树牢“四个意识”，坚定“四个自信”，做到“两个维护”。重视开好领导班子民主生活会，按照照镜子、正衣冠、洗洗澡、治治病的要求，坚持“团结—批评—团结”的方针，以强烈的自我革命精神，以对党、对事业、对同志、对自己高度负责的态度，开展批评和自我批评。内部巡察和主题教育学习共梳理出领导班子主要问题33项，其中整改完成并要长期坚持的27项，处在持续整改中的6项。各党支部采用集中学习、个人自学和研讨交流等方式，结合各自工作实际，进行研讨交流。领导班子领学7次，集体辩学7次，讲党课6次，时刻跟紧党中央的理论创新步伐，做到把忠诚放在心上，对党忠诚，对国家忠诚，把责任扛在肩上，敢于担当、敢于创新，立足岗位、攻坚克难。②开展党性锤炼教育。组织“昌平烈士陵园爱国主义教育”主题党日活动。邀请马克思主义学院李紫娟老师讲授《新中国成立70年来党的思想政治工作的基本经验及新时代守正创新》主题党课。组织全体党委委员集体学习《中国共产党问责条例》，严格遵守党的政治纪律、组织纪律、廉洁纪律、群众纪律、工作纪律、生活纪律。③积极落实学校“助力秦安发展，爱心消费扶贫”的倡议，全体党员积极响应，共购买大礼包69份。④将党风廉政建设纳入党委工作计划，进一步梳理制度、明晰程序、建章立制；贯彻执行中央八项规定精神和党规党纪，按照《北京科技大学关于中秋、国庆期间开展“四风”问题监督检查的通知》要求，开展了“四风”问题的自查自纠工作，未发现相关问题；按照学校信息公开要求，通过党务院务公开栏、院办橱窗、电子大屏幕、邮件、文件、党政联席扩大会、党委会、部（所）会、教职工大会等形式，全面、及时、准确的公开相关信息，并通过当面解答和会议传达，加强各项政策法规的宣传和解读。⑤组织师生党支部开展民主评议党员工作。认真组织查摆问题、民主评议等环节，学院党委无不合格党员及薄弱、涣散党支部。⑥认真组织评奖评优工作。教工五支部获先进党支部，蔺凤琴、邵健、王翊、卢世康、董倩倩获优秀共产党员称号。2011教工一支部、二支部联合立项“高举红色旗帜，扎根科技服务一线”获得学校“优秀基层党组织活动”三等奖。⑦做好党组织活动立项及组织发展、党员信息管理工作。基层党组织活动立项率100%，材料支部立项活动申报校级优秀基层党组织活动；提高党员发展质量，做好党员发展工作。按规定程序督促、指导各党支部做好组织发展工作，核查党员发展材料，统计发展党员信息。规范党员信息及组织关系管理工作，定期对党员信息库进行维护和更新，做好党员统计工作。⑧认真做好宣传工作。加强新闻报道工作，向学校新闻网站投稿35篇。加强新媒体建设，打造“北科工研传媒”微信平台，平台关注人数达到2089人，本年度增加281人，基本覆盖了工研院全体师生，累计发布图文消息90篇，各类图文页阅读149683人次，比去年增加14%，分享转发3726人次，比去年增加近1倍。⑨组织工会活动。组织教职工积极参加校工会举办的“教职工乒乓球赛”“第41届教职工运动会”“庆祝新中国成立七十周年合唱比赛”“教职工拖拉机比赛”“第十四届研究生轻体运动会”等文体活动。获得乒乓球比赛团体三等奖、文艺汇演三等奖、运动会团体总分第三名、男团总分第三名。组织全体教职工健步走、秋游、系列文体比赛等活动，极大地丰富了教职工业余文化生活。⑩关心职工的生活，年内慰问职工及家属8人次，走访老同志，召开教工座谈会等多途径开展暖心工程。认真组织校工会为教职工办实事工作。年内安排139人体检，175人参加了意外伤害保险。⑪开展公司员工入会工作。2019年所有公司员工上交了工会会费，正式加入了工会组织，并享受校工会统一的会员福利。

（陈雨来、刘云清、项晓菲）

新材料技术研究院

【概况】 2019年，新材料技术研究院全体教职员工在学校党政领导下，结合“不忘初心，牢记使命”主题教育总体要求，全面贯彻党的教育方针，紧扣立德树人根本任务，秉承党委工作和中心工作深度结合，做到“围绕中心工作抓党建，做好党建促发展”的总体目标，继续以“坚守定位，出标志性成果；不忘初心，提升人才培养质量；安全稳定，建风清气正、和谐团结新材院”为工作思路，以“顶天立地”材料强国梦为内核，助力推动材料学科“双一流”建设而努力工作。

（曲选辉、李　芊）

【师资队伍建设】 完善人事制度，培养引进人才，增创世界一流团队。完成年度考核；制订新一轮岗位聘任实施细则及聘期考核办法。圆满完成各类岗位人员的职称评定和新一轮岗位评聘工作。刘新华、秦明礼、路新入选杰青、万人、优青，付华栋入选北京市科技新星。高精尖中心引进院士4人（全职1人，兼职3人），引进长江杰青、青年领军等各类人才8

人，优秀教师6人。

（曲选辉、李　芊）

【学科建设】 加强科研平台建设，促进学科交叉融合，助推“双一流”建设快速发展。积极为一流学科建设做贡献。高质量完成新材院负责的材料学科“双一流”建设中期评估、学科建设规划建议、凝练新的学科方向等工作。新增国家级创新平台1个（国家科学数据中心）、省部级创新平台2个（“一带一路”东南亚环境材料腐蚀与防护教育部野外科学观测研究站，天津材料环境腐蚀教育部野外科学观测研究站）。5位教师获批学校“2019年青年教师学科交叉研究培育项目”。高精尖中心通过北京市教委组织的中期评估，成绩名列前茅。与苏州热工院“国家核电厂安全及可靠性工程技术研究中心”共建“能源装备服役安全与寿命管理联合实验室”。

高精尖中心承办“第三届材料基因工程高层论坛”等5次国际学术会议。获批部属高校高端外国专家项目2项，引进国外一流大学和研究机构人才担任专职教师6人，国外专家来访讲学51场次，派遣骨干教师国外访学进修6人，组织师生参加国际会议140人次，在国外学术期刊发表论文191篇，提升新材院国际影响力。

（曲选辉、张志豪）

【科学研究】 改革创新发展模式，各项科研成果再创佳绩。开展“十四五”和2035指南组织规划，在人才、基金重点和国际合作项目等方面取得良好效果。科研到款1.98亿元，其中新材院1.38亿，连续8年过亿，再创历史新高，居全校首位。曲选辉教授团队负责项目获国家技术发明二等奖；李成明教授团队负责项目获教育部技术发明一等奖；章林教授负责项目获有色金属工业科学技术奖技术发明一等奖；李晓刚教授获国际腐蚀工程师协会最高学术奖。新增项目（课题）156项，合同额1.33亿元，新增国家基金等项目（课题）33项，合同额5100万元。发表论文被SCI收录239篇，EI收录47篇，出版专著6部，申请专利80项，授权专利90项。推进成果转化成效显著。固液复合连铸技术开发与产业化等3项成果实现了专利转化，合同额400多万元；“粉末冶金注射成形”和“水性无机防腐披覆材料”项目正在山东金属材料研究院实施转化。继续组织实验中心3名教师讲授研究生必修课“实验室安全学”，在沙河校区开设3个课堂，共720名研究生参加；加快新购置的两台扫描电镜和一台XPS设备安装使用，为师生举办实验技术培训2期。

（曲选辉、董超芳）

【人才培养】 强化思政育人，意识形态筑牢筑固。举办“院士开学第一讲”活动，激发学生树立“顶天立地”材料强国梦；创建“新媒体思政”，讲好材苑文化故事。组织师生参与国庆70周年庆祝活动，10名在校研究生被《新闻联播》报道。张津团队研发的新型材料在国庆70周年阅兵重大装备上首次亮相，李成明团队负责的金刚石散热板成功用于长征七号、北斗三号，为国庆献礼。

完善培养机制，“三全育人”做深做实。以立德树人为根本，落实本科生导师制，为材料专业198名本科生选配了包括院士、长江、杰青在内知名导师50人，开展本科生“导师来了学术沙龙”等活动；以“创造训练”公共选修课课为试点，成立教研组，打造精品课程；推荐“金属腐蚀学”课程申请国家级一流本科课程。

牢记培养使命，人才培养成果显著。开设研究生课程40门，共812学时，本科生课程22门，共761学时；推荐“素质教育核心课程”1门；2名研究生获学校“十佳学术之星”称号，11位毕业生获学校“优秀毕业论文奖”，4名教师获学校“优秀论文指导奖”；2名学生获学校“学术三分钟演讲比赛银奖”，1支团队获学校“科技服务与挂职锻炼标兵团队”称号。

开拓社会资源，助力学生成长成才。募集奖学金665万元，累计1005万元，共有220余人次获各类特殊奖学金。

（曲选辉、张深根）

【交流与合作】 紧扣国家“一带一路”倡议，围绕一流学科建设目标，建设国际化平台，强化交流与合作，进一步提升了研究院的国际影响力。为实现“双一流”建设目标，规范国际化建设工作，2019年新材院制定了《新材料技术研究院国际化建设管理办法》《新材料技术研究院“鼎新北科”经费管理办法》，成立了研究院国际化建设工作组，启动了国际宣传平台建设工作。获批“鼎新北科”计划项目经费29万元，重点支持了国际宣传平台建设、第六届国际腐蚀防护青年学者研讨会以及9名学生国际交流工作。

承办国际学术会议3次。“第三届材料基因工程高层论坛”吸引国内外材料领域30余位院士，1300余位专家学者参会。“第六届国际腐蚀防护青年学者研讨会”吸引了十余个国家180位青年学者和研究生参会，共有特邀报告70余篇、墙报30余篇。“第一届国际耐蚀钢及其冶金新技术学术会议”有来自美国、澳大利亚、加拿大等16个国家的院士、专家学者近300人参会。

（曲选辉、张深根）

【实验室工作】 狠抓安全稳定，筑牢安全科研环境。履行党委主体责任，与研究室、教师逐级签订安全和保密责任书。完善安全检查和奖惩制度，开展新生安全教育，成立实验室安全自律委员会；完成辅导员实验安全培训2人次，招募实验室安全员30余人，实现课题组和实验室安全员全覆盖。开设“实验室安全学”等课程。高度重视实验室安全，多次开展安全检查、培训，组织师生参加“材料学部2019年消防培训及疏散演习活动”“危化品规范管理专题培训”。

（曲选辉、孙建林）

【党建及党风廉政建设】 强化正风肃纪，从严治党落实落细。逐级签订党风廉政责任书，创建“材苑简报”和“材苑明镜月报”，做到“一公示、二警示”，层层压实责任，确保纪检委员有效监督。组织师生支部开展“追这样的星”主题党日活动，组成“百名师生宣讲团”讲述共和国“最美奋斗者”拳拳爱国心和科研报国志。粉末加工教工党支部获批“全国党建工作样板支部”和学校首批“基层党支部书记工作室”。粉末和腐蚀2个博士党支部分别获学校标兵和优秀党支部；3个学生党支部入围北京市红色“1+1”活动评选。基层党组织立项完成率100%，1个学生支部获学校一等奖，1个教工支部获学校二等奖。院党委连续两年荣获“优秀组织奖”。

（曲选辉、李　芊）

【其他工作】 凝心聚力，协同创新，构筑风清气正和谐美丽研究院。建工会之家、党员之家、平安之家；完成中英文网站，完善《新材院综合信息服务系统》，通过大数据技术创新管理，有效提高服务质量；加强新媒体运用和管理水平；营造浓厚的学术文化氛围，打造健康向上、格调高雅的育人环境，创新材院特有文化底蕴。

（曲选辉、李　芊）

科技史与文化遗产研究院

【概况】 科技史与文化遗产研究院（以下简称“研究院”）成立于2014年12月，前身为成立于1974年的冶金史组，后更名为冶金史研究室、冶金史研究所、冶金与材料史研究所。研究院致力于科学技术史与文化遗产研究，下设冶金与材料史研究所、文化遗产保护研究所、科技与文化研究所，金属与矿冶文化遗产研究国家文物局重点科研基地、北京科技大学科学技术与文明研究中心挂靠研究院。

（潜　伟）

【师资队伍】 研究院目前有全职工作人员26名，其中教授6名、副教授7名（外籍1名）、讲师9名、助理研究员1名、实验室工程师1名、辅导员1名、信息资料员1名。拥有博士生导师7名（其中兼职导师2名）、硕士生导师8名。拥有国务院学位委员会学科评议组成员1名，“长江学者奖励计划”讲座教授1名、青年学者1名，“万人计划”领军人才1名、青年拔尖人才1名，教育部新世纪优秀人才3名，文物保护领域优秀青年科技人才1名，北京市优秀教师1名，北京高校青年英才1名，海外优秀博士后人才1名。

2019年，研究院新增中组部“万人计划”青年拔尖人才1名（陈坤龙）、教育部“长江学者奖励计划”青年学者1名（潜伟），新增教学科研岗位教师3名，获年度学校“人才工作先进单位”称号。1人晋升教授并获批博士生导师，1名外籍教师成为学校首位在校晋升副教授职称的外籍教师，3名教师获得资助出国访学。

（王祎炜）

【学科建设】 研究院设有科学技术史、文物与博物馆两个学位授权点。科学技术史一级学科具有硕士和博士学位授予权以及博士后科研流动站，于2017年进入国家一流学科建设行列，在第四次学科评估中获评A+；文物与博物馆专业具有硕士学位授予权。

2019年，科学技术史学科顺利通过“双一流”建设中期自评估，包括国务院学位委员会学科评议组召集人在内的7名专家参加会议并给予了高度评价；完成科学技术史一流学科建设动态监测指标试填报工作；参加了首届全国科学技术史学科点联席会议，与全国28所高校科学技术史学科点负责人共同商议核心课程设置、学科评估和联席会运行机制等内容，进一步明确了本学科未来建设方向和思路，为迎接新一轮的学科评估和学科发展积蓄力量。

（章梅芳）

【人才培养】 2019年，研究院与学校人文素质教育中心合作，开设了6门历史类人文素质教育课程，并为冶金与生态工程学院和材料科学与工程学院开设“冶金史”“材料科学史（双语）”等选修课程；继续执行本科生导师制，与高等工程师学院合作，招收第二批5名本科生。

2019年，研究院新入学研究生45名，其中博士8名，硕士37名（科学技术史专业22名，文物与博物馆专业15名）；毕业研究生24名，其中博士研究生7名，硕士研究生17名，另有1名博士后出站。目前在校研究生119名，其中博士研究生46名，硕士研究生73名。成立研究院首届研究生会。成立科技史与文化遗产研究院学位评定分委员会，潜伟任主任，郭宏任副主任，乔利杰、郭汉杰、李延祥、魏书亚、章梅芳任委员。

（章梅芳）

【科学研究】 韩向娜参与完成的“考古现场脆弱性文物临时固型提取及其保护技术”获国家科学技术进步二等奖。潜伟主持的国家社会科学基金重大项目“中国冶金史”顺利通过中期评估，并获得滚动资助。新增国家级科研项目4项，省部级科研项目6项。围绕冶金与材料史、文物保护、工业遗产、科学技术与社会等方面，在江西、四川、吉林、陕西、新疆、广东、辽宁等地开展横向合作24项。研究院师生发表学术论文50余篇，其中包括*Archaeometry*、*Journal of Archaeological Science*、*Journal of Cultural Heritage*、*Heritage Science*、*Industrial Archaeology Review*等国际著名期刊上12篇。英文刊物*Advances in Archaeomaterials*的创刊工作也取得了重要进展，与出版社的协商已进入实质性阶段。

（陈坤龙）

【基础条件建设】 根据学校“十三五”事业发展规划和“双一流”建设方案，完成了210余万元的设备采购计划，实验室新增文物保护修复基础平台、偏光显微镜、精密切割机、岩石硬度计等仪器设备，有力提升了科研教学尤其是文物保护方向的基础条件。积极推进实验室规章制度建设，加强实验室管理，确保实验室安全，保障仪器设备的正常运转和各项科研教学工作的开展。获年度校级实验室安全工作先进实验室称号。

新购中国基本古籍库（爱如生）、晚清民国期刊全文数据库（上海图情）、民国图书库（国图），方便了日常文献查阅使用。拥有三维激光扫描工作站、文物主题词表加工平台等，着力推进文物科技信息化建设。

（陈坤龙）

【交流与合作】 与中国国家博物馆、中国文化遗产研究院、中国印刷博物馆、北京国文琰文物保护发展有限公司、黄石市工业遗产保护中心等单位签署战略合作协议；在龙泉剑村刀剑厂设立教学科研实践基地；金属与矿冶文化遗产研究国家文物局重点科研基地在甘肃省文物考古研究所和吉林省文物考古研究所设立工作站。

在安徽合肥举办的中国科学技术史学会2019年度学术年会上组织了金属史、性别与科学研究两个分会场。中心师生还积极参加国内举办的各类学术会议，参加科学技术史、科学学、文物保护、科技考古、考古学、博物馆学、科学传播等系列会议120多人次，主讲各类学术讲座60多场。

境外交流合作方面，多措并举，鼓励研究院师生开展多种形式的对外交流。研究院教师赴境外参加学术会议11人次，研究生赴境外参加学术会议或短期培训12人次。成功申请获批“高端外国专家引进计划”2项、CSC创新人才培养项目1项。与美国伊利诺伊大学香槟分校、英国剑桥大学考古系签署合作备忘录。举办国际学术会议3次，包括研究院主办的第四届“古代材料研究专题研讨会”，与泰国艺术大学（Silpakorn University）考古学院联合举办的第二届东亚与东南亚冶金考古暑期学校，中国印刷博物馆、中国出版协会、中国印刷技术协会主办及北京科技大学等协办的2019年首届印刷出版文化国际研讨会。邀请境外学者来院开展学术交流20余人次，举办学术讲座16场。

（陈坤龙）

人工智能研究院

【概况】 人工智能研究院成立于2018年7月，于2019年12月正式成为学校二级单位。研究院下设3个研究所：智能控制与无人系统研究所、认知计算与智能信息处理研究所、智能感知与通信研究所，中国人工智能学会智能控制与智能管理专业委员会、中国人工智能学会智慧医疗专业委员会等十余个人工智能相关学术分支机构挂靠在研究院。研究院托学校控制、计算机、仪器、通信、机械、冶金、材料、矿业等优势学科，围绕国家在人工智能领域的重大需求，以智能无人系统与智能制造为特色，旨在打造人工智能基础理论研究、智能无人系统关键技术研究、智能制造工程应用及人才培养的高地，建设国际一流创新平台。

（贺　威、王靖元）

【师资队伍】 研究院共有教职工14人，其中专任教师12人（教授3人，副教授4人），行政人员2人。有国家“万人计划”科技创新领军人才1人、国家自然科学基金优秀青年科学基金获得者2人、教育部新世纪优秀人才计划入选者1人、中国科协青年人才托举项目获得者1人、科睿唯安全球高被引科学家2人。

研究院设有学术委员会和高精尖学科战略咨询委员会。学术委员会包括8名院士，多名万人领军、IEEE Fellow、国家重点实验室主任等专家，由郭贺铨院士担任学术委员会主任。战略咨询委员会包括1名院士，1名欧洲科学与艺术院院士，多名IEEE Fellow、国内知名高校人工智能学院院长、副院长等专家，由王耀南院士担任战略咨询委员会主任。

（贺　威、王靖元）

【学科建设】 人工智能学科是以人工智能基础科学研究与流程工业智能制造应用为目标的交叉学科，以人工智能研究院为主体开展建设，自动化学院、计算机与通信学院、机械工程学院、冶金与生态工程学院等学院协同建设。研究院设有控制科学与工程、计算机科学与技术、信息与通信工程3个一级学科博士点。2019年3月，新增人工智能本科专业，成为教育部批准全国首批建设人工智能专业的35所大学之一，将逐步形成全日制本科教育、硕士博士研究生教育的完整多层次人才培养体系。2019年5月成功获批“人工智能科学与工程”北京高校高精尖学科，结合学校《实体化推进人工智能研究院建设方案》，进一步明确了人工智能研究院和人工智能学科的建设目标、建设内容、研究团队和特色方向，为人工智能学科高质量发展提供有力支撑。

（贺　威、王靖元）

材料科学数据共享网

【概况】 材料科学数据共享网项目（以下简称“项目”）于2009年10月由国家科技部批复建设，由教育部担任牵头部门。项目承担单位包括北京科技大学、中国科学院金属研究所和西北工业大学等16家高校和科研院所，项目管理办公室设在北京科技大学。

材料科学数据是工程与装备设计、制造与服役安全评估、新材料研发等活动不可缺少的重要信息。项目建设的总体目标是：以满足国家经济与国防建设和材料科学技术创新研究与快速发展需求为目标，以现有较为成熟的材料科学数据资源为基础，结合国家重大工程、支柱产业发展、国防建设等实际应用需求，评价、整合、重构材料科学数据资源，建立跨部门、跨地区、多层次、异构、分布、有序共享的材料科学数据体系，形成数据齐全完整、存储安全可靠、使用灵活方便的材料数据服务体系和共享网，最大限度地发挥数据信息的效益，满足国家建设、社会发展与科技创新的迫切需要，研究制定符合材料数据特点的共享机制和数据共享相关的标准规范体系，构建面向社会的网络化、智能化的材料科学数据共享服务平台，形成数据采集提交、质量控制、数据存储、安全保障、资源共享、面向应用与数据重构的管理体系，按照统一的标准规范对材料数据进行整合集成，形成材料领域专门化数据共享资源节点，在此基础上建设数据管理服务中心，初步构建成材料科学数据共享网。

截至2019年底，项目已完成了全部10个材料数据共享资源节点和2个面向应用的主体库的结构建设，即材料基础、有色金属材料及特种合金、黑色金属材料、复合材料、有机高分子材料、无机非金属材料、生物医用材料、能源材料、信息材料、天然材料及制品数据共享资源节点和建筑材料、道路交通材料应用主体库。项目制定了形成40余个标准规范草案，年内修订了标准规范草案2项，并向国家科技部科技共享平台申报了国家团体标准1项，向中国材料与试验团体标准委员会材料基因工程领域委员会提交了团体标准5项，包括材料科学数据共享的材料数据知识产权保护及数据描述等相关标准等；新获批软件著作权1项，形成名词术语对照词典1个，材料数据的环境、收集整理及质量分析的分析评价方法3个。材料科学数据共享网的网站2.0版本的上线运行良好，满足国际最先进的材料基因工程的材料创新研究的需求，纳入中心的数据为29万条，年内新增纳入中心的数据2万余条，分布数据源的数据约为45万条，合计79万余条，涉及材料约2.5万余种，年内新增700余种。通过搜索引擎的多种检索方式，可以实现对各类材料数据的检索。

（尹海清）

【科研活动】 6月22日，项目组成员尹海清在新加坡参加The 10th International Conference on Materials for Advanced Technologies (ICMAT2019) 国际会议，做材料设计与材料基因工程分会的召集人之一，并做口头报告。7—11月期间，项目组成员尹海清在2019新材料国际发展趋势高层论坛、第三届材料基因工程高层论坛、中国材料大会上分别做分会邀请报告。

（尹海清）

【队伍建设与人才培养】 2019年，共有50余名学者参与了材料科学数据共享网项目的建设，其中教授24人，副教授13人，讲师或博士后4人，大部分具有博士学位，50岁以下的中青年占95%。材料科学数据共享网项目已经基本建成一支稳定的建设队伍。2019年共培养硕士生6人。

（尹海清）

国家材料腐蚀与防护科学数据中心

【概况】 2019年，科技部、财政部对原有国家平台开展了优化调整工作，认定形成20个国家科学数据中心，北京科技大学承担的“国家材料环境腐蚀平台”重新整合形成“国家材料腐蚀与防护科学数据中心”，成为20个国家科学数据中心之一。数据中心由北京科技大学牵头建设，面向国家重大工程建设、装备制造、新材料研发以及材料基因工程等国重大需求，建成了长期开展材料服役领域包括腐蚀、磨损、断裂、疲劳等科学数据采集生产、汇交存储、加工整理、开放共享和管理使用等方面的国家级科学数据中心。联合大气、土壤、水环境腐蚀组长单位和20个材料腐蚀国家野外台站，建成了覆盖我国典型环境特征的材料服役数据生产积累平台；通过国际合作，形成了辐射“一带一路”沿线国家以及其他地区典型环境特征的分布式综合全球化观测试验与数据研究网络平台；基于多传感器物联网技术和无线通信技术，建立了智能化材料服役大数据采集与共享网络平台。

基于国家材料腐蚀野外台站，持续开展了黑色金属、有色金属、建筑材料、涂镀层材料及高分子材料等5大类，600余种材料，最长达35年的野外试验数据和连续观测数据，积累数据量超过1800万条，已成为我国乃至世界上最大的腐蚀数据资源拥有者。为充分提高资源利用效率，建成了我国数据量最大、内容最丰富的材料腐蚀数据库和数据共享平台——“中国腐蚀与防护网”（www.ecorr.org）。该网一直是腐蚀与防护领域最重要的专业数据公益性共享门户网站，年访问量超过50万，每年为上千家单位提供试验和数据服务。共享对象涵盖了钢铁、机械、航空、航天、兵器、船舶、石油、石化、水利、电力、电子、金融、铁路和交通等众多涉及材料的行业以及科研院所、高等院校、政府和国防部门等；出版了国内外首部“材料腐蚀信息学”专著，并以“share corrosion data”为主题在*Nature*期刊发表了评述性研究论文，系统提出了“腐蚀大数据”概念及其理论框架与技术模式。

（吴俊升）

【科研活动】 新时期的国家材料腐蚀与防护科学数据中心，将在以往国家材料环境腐蚀野外研究观测试验站网的建设和发展及有关材料服役数据积累基础上，开展全球环境范围内的材料服役数据资源汇聚、建库建模与共享工作；重点发展基于高通量新技术的材料服役大数据采集与建库及其重大工程应用；打造材料服役科学数据生产汇聚存储，建模处理仿真研究和共享工程应用、高品质新材料开发以及人才培养的国际一流基地，构建国际领先的材料基因工程服役大数据共享应用平台，全面支撑材料基因工程模式下先进耐蚀材料与防护技术的创新研究，引领材料腐蚀学科发展，为提升我国新材料研发核心竞争力、促进高端制造业发展做出贡献。数据中心也将成为世界材料服役数据交换合作共享的重要平台，具有国际示范作用。

2019年通过开展腐蚀大数据工程建设，实现了腐蚀数据的实时智能化在线观测和传输存储，目前已经在10余个材料腐蚀试验站布设了基于前线传感器的腐蚀大数据监测系统，可同时实时高通量采集包括腐蚀电流、腐蚀电阻、温度、湿度、污染物等腐蚀及环境数据。目前，大气腐蚀站智能化无线大数据采集系统试点工程运行以来，每个站点每天产生数万条腐蚀监测数据，共产生2000余万条观测数据，建成了腐蚀大数据共享服务平台。通过开展腐蚀大数据存储、数据加工、数据挖掘、模拟仿真等工作，对工程装备安全运行及材料服务过程监控具有重要的参考价值。

在积累大量腐蚀数据基础上，原创性建立了硬质夹杂物和微纳米阴极相诱 发腐蚀起源理论，发现了微纳米蚀坑微环境腐蚀新机理，国际首创了基于提高腐蚀性能的 利用Nb、Sb、Ca、RE等微量元素进行夹杂物软化和微纳米组织调控的技术，打破了美国 和日本的I和V指数法指导设计耐蚀钢的传统理念，实现了主合金和微合金元素协同控制 钢的腐蚀性能，研制出系列自主品牌高性能低合金耐蚀钢。中国腐蚀与防护学会成果鉴定认为“微量元素调控和大数据评价技术为国际首创”，获国际发明专利2件和国家发明专利51件。

（吴俊升）

【人才培养】 数据中心2019年共培养研究生127名，其中包括25名博士研究生，102名硕士研究生。

（吴俊升）

【交流与合作】 美国国际腐蚀工程师协会（NACE International）2019年将W. R. Whitney奖授予材料腐蚀平台负责人李晓刚教授。NACE International是国际上最大的材料腐蚀与防护学术组织，创办于1947年。W. R. Whitney奖是其最高学术奖，主要奖励对腐蚀科学理论和耐蚀材料做出过显著贡献的学者，全球每年奖励一位，从1947年至今，都是材料腐蚀与防护领域最知名的学者获得。

数据中心主要研究人员出国参加国际会议或开展国际合作16

人次，目前已经与包括美国麻省理工学院、加拿大卡尔加里大学、美国西弗吉尼亚大学、新加坡南洋理工大学等单位建立了长期的合作关系。

（吴俊升）

环境与能源国际科技合作基地

【概况】 国家环境与能源国际联合基地（以下简称“基地”）于2010年11月由国家科技部国际合作司批复成立，依托北京科技大学建设，集中国内外环境与能源研究领域的一流优势科研院所，吸纳优秀成果和杰出人才，开发具有自主知识产权的环境与能源领域技术与产品，形成了一流的研发平台、技术转移平台和信息服务平台，达到国内领先及国际先进水平。

基地现有固定人员110名，流动人员85名，其中教授34人，副教授46人，外聘中国工程院院士1人、中国科学院院士1人、外籍院士2人、著名国外学者客座教授5人。拥有杰青1人、国家自然科学基金优秀青年2人、“万人计划”科技创新领军人才2人、中科院“百人计划”入选者1人、新世纪百千万人才工程北京市人选1人、北京市教学名师2人、北京市科技新星培养计划3人、教育部新世纪优秀人才2人。基地的国际科技合作与学术交流十分活跃，先后与美国、德国、英国、加拿大、俄罗斯、瑞典、挪威、意大利、法国、日本、韩国、新加坡、泰国、欧盟和联合国环保署UNEP等国家和组织的同行建立了长期稳定的科研合作关系，主持、参加过多次国际学术会议，形成了“基地—项目—人才培养—成果”的循环模式，有力地提升了基地的科研水平。

（李子富）

【科研活动】 基地以国际合作、国家级、省部级、厂协项目为基础，围绕水污染控制与资源化治理、固体废物处理及资源化、工业废气污染控制与治理、环境生物技术、工业节能和可再生能源、环境健康及环境生态毒理学、环境规划管理等7个研究方向，建设有7个专业研究实验室。2019年，基地新增科研项目70项，其中包含国家重点研发计划专项负责2项，国家自然科学基金项目6项，在国内外学术期刊发表学术论文180余篇，其中SCI检索论文140篇以上。

（李子富）

【交流与合作】 基地积极与国内外一流的科研院所及知名公司合作。目前已经与基地建立良好合作关系的科研单位有：美国加州理工学院、耶鲁大学、哥伦比亚大学、约翰霍普金斯大学、辛辛那提大学、伊利诺伊大学香槟分校、杜克大学、哈佛大学、麻省理工、俄克拉荷马大学、德国国家UFZ环境研究中心、德国汉堡工业大学、奥地利维也纳自然资源与生命科技大学、德国国际沼气与生物质能源中心、瑞典斯德哥尔摩环境研究院、英国帝国理工、伦敦大学、伯明翰大学、西英格兰大学、萨里大学、法国巴黎十一大、挪威科技大学、加拿大国家生物技术中心、加拿大麦吉尔大学、卡尔加里大学、匈牙利罗兰大学、日本九州大学；国外机构和公司有：美国比尔及梅琳达盖茨基金会、美国洛克菲勒基金会、美国能源基金会、德国技术合作公司、日本RESC株式会社、英国Mercy Corps公益组织、挪威SOBY公司等。2019年，基地主办了“第10届中日固体废物处理与资源循环国际会议”（CJJC 2019，北京）和2019（北京）环境技术国际会议，承办了第一届中英资源与环境国际会议（英国牛津）。基地人员参加国际会议50余人次，邀请国外专家报告40余次，派遣研究生、教师赴国外短期学习10人次。

（李子富）

沿海协同创新研究院

【概况】 沿海协同创新研究院（以下简称“沿海研究院”）紧紧围绕国家创新驱动发展战略，坚持以体制机制创新和产业转型升级为核心，构建以市场需求为导向，以科技成果转化为目标，人才－技术双驱动和双转移的新型校－地－行业协同创新模式，实现人才－科技－产业的融合与协同发展，不断提升学校社会服务能力与成效，支持学校的“双一流”建设。

沿海研究院根据学校学科优势、学科特点及发展需要，结合地方产业特色与发展方向，通过科学规划，重点布局，采用校－地－企业共建模式在我国沿海等地区重点建设若干实体基地（特色研究院），从而构建学校沿海区域经济发展协同创新带，加快学校科技成果的转化和产业化。2019年，沿海研究院在技术创新中心基础设施建设、科技创新团队建设与高层次人才引进、技术创新和科技成果的中试与产业化、广州新材料产业园建设等多方面取得重大进展。年内，随着北京科技大学广州新材料产业园总部用地顺利摘牌、广州新材料研究院作为广东省高水平新型研发机构正式启动建设、广州新材料研究院承办的第十八届全国大学生机器人大赛（ROBOTAC）在广州成功举办等，进一步夯实了研究院的发展基础，增强了研究院的科技创新、成果转化等社会服务能力，极大提升了学校和研究院在粤港澳大湾区的影响力。

沿海研究院现主要管理3个特色研究院：①北京科技大学广州新材料研究院：主要负责学校在粤港澳大湾区和华南地区的产学研合作、科技成果转化、企业孵化、科技服务等工作。②佛山市北京科技大学研究院：主要负责学校在佛山市等区域的产学研、科技合作和成果转化，以及在粤港澳大湾区和粤东地区的远程教育等工作。③北京科技大学烟台工业技术研究院：主要以学校在装备制造、新材料、海洋工程等领域所具有的教育、科技创新及产业化优势资源为基础，通过校－地－企协同创新，大力提升烟台核电、海工、智能制造等产业的人才培养和技术创新能力。截至2019年底，沿海研究院现有正式工作人员42人。其中，博士学历5人，硕士学历8人，本科学历13人。同时，研究院还聘请了众多教授和相关专家作为兼职人员，参与研究院的建设与发展。

（何新波）

【基地建设】 在学校、地方政府和相关部门等单位的大力支持与关怀下，广州新材料研究院和烟台工业技术研究院等特色研究院在实体化建设方面取得重大进展。2019年，沿海研究院在建好现有技术创新、成果转化和企业孵化基地的同时，由广州新材料研究院牵头，联合社会资源共建的北京科技大学广州新材料产业园总部用地顺利摘牌。2019年底，广州新材料产业园的报建工作已基本完成，建设方案获得通过，预计2020年3月左右产业园总部将正式动工建设。烟台工业技术研究院在大力推进基地建设的同时，也在积极对接政府和社会资源，以期将来在烟台建设新的产业园。截至目前，沿海研究院共建有技术创新中心11个、省级创新中心1个、科技成果转化基地3个。同时，广州新材料产业园的产业用地项目正在大力推进。

（何新波、张　涛、姚　迪）

【科研与产业】 沿海研究院持续发挥科技桥梁与窗口作用，大力推进学校科技成果在沿海等区域的转移转化，积极组织和策划相关产学研项目的申报和技术创新，加强学校与区域的协同创新。

2019年，广州新材料研究院在广州成功举办了第十八届全国大学生机器人大赛（ROBOTAC）。本次比赛吸引了全国42支高校队伍参加和超过1500名的观众，社会反响强烈。大赛首次举办了国际教育产业论坛，重点探讨了比赛与教育、科技和产业的互动效果与作用，打通了ROBOTAC、ROBOCON和ROBOMASTER三个国家级机器人大赛的合作通道，开启三大赛事的协同发展。在得到央视、广东电视台等权威媒体报道与肯定的同时，首次得到国外媒体的广泛关注，全球135家国外媒体对比赛决赛进行了报道，可触达人数超过7200万。沿海研究院牵头和联合申报省市重点科研项目4项。如广州新材料研究院联合北京科技大学、中山大学、广汽研究院、鞍钢等牵头申报了广州市重点领域研发计划“汽车轻量化高强度钢材料开发应用及服役研究”，烟台工业技术研究院策划和牵头申报了山东省重点研发计划项目《高服役安全高强韧海洋工程用钢焊接组织可视化及焊接关键技术研究》等。沿海研究院不断推进技术创新和科技成果转化，大力推进高温合金、新型柔性导电薄膜、新能源电池材料、固体废物治理等技术的产业化，策划和对接太原钢铁集团不锈钢生产线智能化升级改造项目，重点推进淬火系统的设计与建设、加热和热处理系统的建设与优化，以及生产线质量管控流程和大数据平台建设等项目。

（何新波、姚　迪、张　涛）

【交流与合作】 2019年，沿海研究院继续加强与地方科技部门、高校、科研院所和企业等的交流与合作。沿海研究院先后赴中山大学、山东大学、中南大学、广州大学、北京科技大学顺德研究生院、广东季华实验室、东莞材料基因高等理工研究院、烟台核电研发中心等单位学习和调研，进一步就产学研合作和科技成果转化等加强与广州市、深圳市、佛山市、烟台市、威海市、南宁市、梧州市等地区的交流与合作，与广东林一新能源科技、广汽研究院、东风日产技术中心、烟台金东高温合金、烟台正海磁材、中集海洋工程研究院、俄罗斯LYAKHOV院士团队等多家企业和团队进行互访与交流，了解企业技术与人才需求，积极拓展技术交流维度，挖掘科技合作潜力。沿海研究院还积极参加各类成果交易、技术转移、技术研讨等方面会议，不断提升研究院的管理与创新能力。同时，加强与地方科技部门的汇报与交流，进一步强化学校与地方、学校与企业间的长效合作机制。广州新材料研究院牵头组建的贝壳粤港澳大湾区创新联盟在促进青年人才的创新创业、引导创新创业积极融入粤港澳大湾区建设等方面发挥重要作用。年内，沿海研究院共举办粤港澳大湾区创新联盟交流会6次，路演项目10余项，极大地促进了研究院和校友在粤港澳大湾区等地的创新创业。

（何新波、姚　迪、张　涛）

【人才培养】 通过佛山研究院十余年来人才培养工作的推进，学校在华南地区的学历和职业教育等得到很大发展，教育职能得到进一步强化。佛山远程学习中心在珠三角地区通过现场宣传、网络媒体、合作招生等形式，积极开展相关研究生培养、本科学历教育和职业培训等工作。2019年，根据学校的要求和市场需求，佛山学习中心调整了招生和培训专业与学历层次，进一步完善了研究院的人才培养体系。全年招收新生900余人。同时，根据市场需求，继续针对性地开展短期职业培训等，并结合产学研合作，不断将人才培养和技术开发融为一体，构建新型的人才培养体系。

（杜　娟、何新波）

平谷生物农业研究院

【概况】 北京科技大学平谷生物农业研究院（以下简称“研究院”）于2017年10月30日由北京科技大学批准成立，挂靠科学技术研究院，由中国农业科学院原院长、原中央候补委员、俄罗斯科学院外籍院士翟虎渠教授担任研究院荣誉院长，万向元教授担任院长。研究院旨在开展生物与农业领域的国际前沿研究，形成一批重大科技创新成果并转化应用，培养一批杰出青年科学家及优秀创新群体，着力打造央地融合、理论研究与技术应用结合、“政、产、学、研、用”一体化、具有国际影响力的生物农业科技创新与应用转化中心。

研究院目前共有6个研究中心：作物育种与应用研究中心，主要开展玉米、水稻、小麦、高粱等主要作物的生物育种基础和应用基础研究；植物生物技术与应用研究中心，主要开展植物高效遗传转化、基因编辑技术等前沿生物技术的研发工作；作物重要基因与应用研究中心，主要开展玉米、水稻、小麦、高粱等主要作物的雄性不育、抗病虫、耐逆、高产、优质等重要功能基因的发掘与应用研究；生物信息学研究中心，主要开展植物生物信息学、玉米重要性状全基因组关联分析（GWAS）、雄性不育等重要功能基因的多组学分析等研究工作；益生菌与应用研究中心，主要开展纳豆芽孢杆菌、乳酸菌等益生菌作用机制与高端食品及保健品开发工作；生物农业与健康研究中心，主要开展植物生物反应器、植物源抗癌药物研发等生物农业与分子医药农业研究工作。

截至2019年底，研究院现有正式工作人员和研究生50余人，其中教授5人，兼职教授5人（包括中国工程院院士2人），教授级高工/研究员2人，副研究员3人，讲师4人，博士后2人，博士研究生11人，硕士研究生15人，科研管理支撑人员3人，自聘工作人员5人。在基地建设、科研工作（科研项目、论文发表、专利申请）、人才培养、学术交流等方面取得了一系列重要进展。

（万向元）

【基地建设】 2019年3月，研究院在北京市平谷区峪口镇建设100亩作物育种试验站，玉米、高粱、小麦等作物遗传育种科研工作已经顺利开展，并取得初步成果。此外，北京科技大学主导发起组建北京市独立法人的新型研发机构——北京中智生物农业国际研究院，于2019年12月20日挂牌成立。已在平谷区落实3000平方米科研办公空间，200亩试验地。继续推进全国不同生态区试验站建设，在北京（海淀、大兴、平谷）、河北（石家庄）、河南（濮阳、光山）、山东（诸城）、海南（三亚）等全国不同生态区建设和完善8个综合试验站，开展玉米、水稻、高粱和小麦等主要作物的基因资源、遗传分析、分子育种等方面的研究。

（万向元）

【科研工作】 2019年，研究院独立或者与中国农业科学院、北京市农林科学院、中国农业大学、浙江大学、北京首佳利华科技有限公司等单位合作，申请并获批国家级项目和北京市项目12项，总经费991万元。其中，国家级项目7项，合同金额646万元，包括：国家自然科学基金项目5项（主持），“十三五”国家重点研发计划子课题1项。北京市科技计划重点课题1项（主持），合同金额300万元。研究院发表/接受学术论文15篇，其中 *Cell* 旗舰子刊 *Molecular Plant* 4篇，*Nature* 子刊 *Nature Communications* 1篇。联合出版英文专著2部：*Synthetic Biology:New Interdisciplinary Science* 和 *Transcriptome Analysis*。已选育玉米优异自交系1428份，培育多个玉米和小麦新品种/品系，其中两个小麦品种参加2019年北京市和河北省的区试；两个玉米品种参加2019年国家黄淮海区域的预试；申请作物育种检测分子标记相关国家发明专利6项。

（万向元）

2019年研究院新增科研项目表

序号	项目名称	项目来源	负责人	起止年限	经费（万元）
1	植物前沿生物技术与应用研究	中央高校基本科研业务费人才项目	万向元	2019.07-2021.12	300
2	玉米雄性不育基因ZmMs30/ZmGELP2调控花药外壁和花粉发育的分子机理研究	国家自然科学基金项目面上项目	吴锁伟	2019.01-2022.12	63
3	强筋小麦品质形成的关键调控因子解析及其功能研究	国家自然科学基金项目面上项目	刘冬成	2019.01-2022.12	63
4	玉米雄性不育基因ZmMs33/ ZmGPAT6调控花药和花粉发育的分子机理研究	国家自然科学基金项目面上项目	安学丽	2020.01-2023.12	58
5	乙烯调控水稻籽粒大小分子机制研究	国家自然科学基金项目面上项目	马　彪	2020.01-2023.12	58
6	玉米雄性不育基因ZmMs7在花药发育过程中的调控机理解析	国家自然科学基金青年科学基金项目	侯全璨	2020.01-2022.12	24
7	长寿家族人体微生态变化及其与宿主遗传因素的关联与互作原理研究	国家重点研发计划项目	张　勇	2019.01-2022.12	80

续表

序号	项目名称	项目来源	负责人	起止年限	经费（万元）
8	玉米优异种质创制和制种技术体系的建立	北京市科技计划项目	安学丽	2019.01-2020.12	300
9	基于CRISPR-Cas9技术的玉米雄性不育基因发掘	中央高校基本科研业务费资助项目	侯全璨	2019.01-2020.12	10
10	益生菌通过菌群-脑肠轴改善小鼠脑中铁沉积引起痴呆的作用	中央高校基本科研业务费资助项目	张　勇	2019.01-2020.12	10
11	基于基因调控网络发掘玉米花药发育关键功能基因的研究	中央高校基本科研业务费资助项目	李紫文	2019.01-2020.12	10
12	北京市高层次留学回国人才工作资助	北京市委组织部人才专项资助项目	侯全璨	2019.01-2019.12	15

【人才培养】 2019年，研究院积极推进人才的培养和引进工作。新引进中国工程院院士、兼职教授2人（赵春江院士、胡佩松院士），特聘教授1人（梅子青），客座副研究员1人（赵丽娜）；培养学科博士后2人，博士研究生11人，硕士研究生15人。2019年10月，荣获第十三批北京市有突出贡献的科学、技术、管理人才奖（万向元）；第十一届“中国作物学会”常务理事（万向元）；2019年02月，培养国家“万人计划”创新创业领军人才（安学丽）；2019年5月，培养北京市教授级高级工程师1人（吴锁伟）。引进高级管理人才1名（李翔），担任“北京中智生物农业国际研究院”常务副院长。此外，万向元入选2019年度“感动北科”新闻人物；侯全璨获得“北京市高层次留学回国人才”称号。同时，研究院作为北京科技大学本科生教学和社会实践基地，承接了2018和2019级生物技术专业本科生的社会实践活动，促进了学校本科教学工作。

（吴锁伟）

【交流与合作】 2019年12月，研究院院长万向元作为大会主席，在北京成功组织了北京科技大学-*Molecular Plant*“生物技术与现代农业”前沿学术论坛，论坛由北京市人才局、北京市平谷区、北京科技大学、*Cell*旗舰子刊*Molecular Plant*联合主办，参加人员包括国内领域内的著名科学家、青年PI、研究人员等共100余人，取得了良好的社会反响。2019年，先后邀请美国耶鲁大学/中国农科院生物技术所Haiyang Wang教授、美国艾奥瓦州立大学Matthew B. Hufford教授、加州大学戴维斯分校Jeffrey Ross-Ibarra教授、美国夏威夷大学马诺分校Qingxiao Li教授、*Cell Research*编辑部主任程磊研究员、美国斯坦福大学著名遗传学家Virginia Walbot教授等来研究院进行学术交流和合作研究。此外，万向元分别在北科大-德国亚琛大学40周年庆学术研讨会、第十三届中国生物工程学会学术年会暨2019全国生物技术大会和The 8th Genetics and Genomics International Conference（第八届国际遗传学与基因组学会议）上，做大会特邀报告。

（吴锁伟）

北京中智生物农业国际研究院

【概况】 北京中智生物农业国际研究院（以下简称“中智国际研究院”）于2019年12月22日，在北京平谷区国家农业科技创新示范区揭牌启动，是平谷区国家农业科技创新示范区首批落地的重大新型研发机构。中智国际研究院是在国家科技部农村科技司、国家农业农村部种业管理司、北京市人才工作局、北京市农业农村局和北京市科委等部门联合指导推动下，由北京科技大学作为主发起单位，联合北京首农食品集团有限公司、北京市农林科学院、北京大北农科技集团股份有限公司、北京首佳利华科技有限公司等在京生物农业领域优势单位，联合组建成立的公益性、行业性独立法人新型研发机构，旨在强化北京乡村振兴战略实施的创新驱动和人才支撑作用，构建中央高校和地方融合发展的全新模式。中智国际研究院实行理事会领导下的院长负责制，其中理事长由北京科技大学副校长臧勇兼任，院长/法人代表由北京科技大学万向元教授担任，业务主管单位为北京市农业农村局。

中智国际研究院充分发挥首都人才聚集优势和科技创新高地优势，助力全国科技创新中心和北京平谷国家农业科技创新示范区建设，是北京市在生物农业领域重点布局打造的新型研发机构，是北京科技大学大力发展生物农业新兴学科的重要抓手。中智国际研究院以“创新”“高端人才”和“国际化”为关键词，按照国内与国际相结合，人才与科技相结合，创新与应用转化相结合的原则，业务聚焦：生物前沿技术、智慧农业与食品健康三个领域，在全球范围内吸引一批生物农业领域能够承接重大任务、取得尖端成果、形成“塔尖效应”的顶尖创新人才，开展京内生物农业高端人才的教育培养、创新能力提升和成果落地转化，推动北京生物农业理论、技术、产品和模式等方面取得变革性、颠覆性突破。

中智国际研究院创新和成果转移转化的具体方向包括五个领域：生物育种与种子技术科技创新与成果转化；农业大健康与功能食品科技创新与成果转化；绿色农业、环境友好与可持续发展技术创新与成果转化；生物农业工程机械化、信息化与智能化融合创新与成果转化；生物农业绿色发展体系研究。

（万向元）

【基地布局】 中智国际研究院作为首批落地北京市平谷区国家农业科技创新示范区的重大新型研发机构，在北京科技大学平谷生物农业研究院的基础上，在平谷区拥有3000平方米科研办公空间和300平方米益生菌中试空间，有效提升了平谷生物农业研究院200亩试验基地的硬件水平，形成了与北京科技大学平谷生物农业研究院基地平台的一体化管理和运营模式。

（李　翔）

【人才引进】 中智国际研究院在指导单位北京市人才工作局的大力支持下，承担了北京市生物农业领域海外高层次人才引才聚才平台的建设任务，通过北京市海外人才联系网络、Easy Job网上人才平台等，在全球范围内聚集高水平创新人才。同时，在学校大力支持，中智国际研究院构建与学校的高端人才共享体系，有效提升研究院对于高端人才的吸引力，亦对学校生物农业学科发展起到重要助推作用。

（李　翔）

【成果转化】 2019年，中智国际研究院系统推进了一批重大成果的转移转化和产业应用。与北京首农食品集团有限公司共同开展针对新型功能性益生菌在酸奶复合菌种中的应用研究和中试试验；与北京大北农科技集团有限公司共同开展玉米多控不育技术在我国主推品种中的性状转化和中试示范；与北京首佳利华科技有限公司联合开展首佳利华“农业+大健康国家级星创天地”建设与运行，共同打造生物农业创新创业孵化基地。上述成果转化为中智国际研究院的可持续运行奠定了良好基础。

（李　翔）

新能源材料与技术北京市重点实验室

【概况】 新能源材料与技术北京市重点实验室（以下简称“实验室”）前身为固体电解质与冶金测试技术国家专业实验室，1988年经国家计委和国家教委审批确认，经原冶金工业部批准，于1991年11月开始筹建，1997年通过国家验收，2005年经北京市科委和教委认定批准，依托于北京科技大学建立，于2007、2015年分别通过了北京市组织的中期评估和验收。十余年来，实验室始终围绕新能源材料与技术，以建设北京地区具有一定科研实力和国际影响力的新能源材料与技术先进研究中心为目标，努力成为培养服务京津冀地区建设优秀人才的先进育人基地。

目前，实验室设有材料制备与加工、微观结构分析、微纳加工超净间、高性能计算模拟等公共实验平台 5 个。目前拥有先进仪器设备百余台套，设备原值达 4500 余万元，其中 30 万元设备 50 余台套，具备完整的材料表征、性能测试、计算模拟实验条件。实验室承担了北京市重点交叉学科纳米材料与器件物理学、北京市“新材料学科群”、教育部和国家外专局的 111 创新引智基地、高等学校纳米科技创新战略联盟、先进绿色微纳能源北京市国际科技合作基地、中车－北科大新材料联合实验室等多个平台的建设任务。实验室现有固定人员 34 人，其中中国科学院院士 3 人，正高职、博士生导师 22 人，国家重大科学研究计划首席科学家 1 人，杰出青年基金获得者 3 人，优秀青年基金获得者 3 人，教育部新世纪优秀人才、北京市科技新星 15 人、博士后创新人才支持计划 1 人。

2019 年，实验室主任张跃教授被增选为中国科学院院士。

（张　铮）

【研究方向】 ①低维材料能量转换与技术：面向下一代柔性可穿戴电子器件的核心问题，通过微纳结构设计与界面调控，构筑新原理微纳能源及自驱动传感器件，研究多场耦合效应调控界面能带和电子结构优化器件性能的手段，揭示微纳能源与传感器件的服役行为与评价指标。②光电功能材料与器件：以光能和太阳能高效利用为目标，构筑太阳能电池、光电化学器件、白光 LED 和光电探测器等光电器件，研究各种光电功能材料的制备、结构及性能，从优化材料本征性能与器件结构两方面出发，全方位发展光电功能材料与器件。③先进核能材料与技术：立足于国家能源战略需求，以清洁高效的先进核能发电系统、太阳能发电系统中关键材料为研究对象，开展先进金属材料、先进陶瓷材料、先进复合材料的成分设计、制备技术和应用研究。④储能材料与动力电池：重点围绕新能源汽车所需的动力电池开展研究，研制新型锂离子电池、甲醇燃料电池以及热电、压电等能量转换材料与器件。开发高效能量存储器件，研究各种新型物理能源转换材料的制备工艺、微观结构与各种能源转换应用性能关系的基础理论、性能检测技术以及各种相关能源转换元器件的研制技术。

（张　铮）

【科研活动】 2019 年，实验室新增国家重点研发计划、国家自然科学基金重大项目、北京市科委、军品配套项目等国家级、省部级项目共计 10 余项，总经费 5000 余万元。发表 SCI 学术论文 80 余篇；申请国家发明专利 30 余项。实验室建成了新型二维半导体材料生长、转移、性能原位测试与器件构筑的全链条实验装置，主要设备包括紫外曝光和电子束曝光等微纳图形化设备、原子层沉积、磁控溅射、电子束蒸镀等沉积设备及引线键合机、精密转移平台等微纳器件构筑设备，已具备成熟微纳器件的设计、制作技术。

（张　铮）

【交流与合作】 实验室一贯重视国际合作交流工作，承担了多个国家级重大国际合作交流项目，包括科技部与国家自然科学基金委的重大国际科技合作与交流项目，并负责承担了教育部与国家外国专家局联合资助的高等学校学科创新引智计划项目。实验室与美国、英国、德国、澳大利亚、新加坡、韩国、俄罗斯等地的二十余所大学和研究机构建立了长期稳定的合作关系。

2019 年 8 月，由中国金属学会、日本金属学会、韩国金属学会、澳大利亚材料学会和美国矿物金属材料学会共同主办的“第十届环太平洋先进材料与工艺国际会议”（PRICM10）在西安召开，来自日本、韩国、澳大利亚、美国、德国、英国等地的千余名专家学者积极参会，张跃教授作为 K 分会“纳米晶与超细晶材料”主席负责组织了相关学术研讨活动。

2019 年，实验室邀请国际顶级外籍专家、学者 40 余人次，开展了多层次、多角度、多形式的学术交流与合作，受邀专家来自美国波士顿大学、加州大学洛杉矶分校、斯坦福大学、芬兰阿尔托大学、意大利罗马大学、澳大利亚墨尔本大学、韩国成均馆大学、新加坡国立大学、新加坡南洋理工大学等国外知名高校。

（张　铮）

金属矿山高效开采与安全教育部重点实验室

【概况】 金属矿山高效开采与安全教育部重点实验室（以下简称“实验室”）于2003年经教育部批准建立，2004年开始建设，2007年通过验收，2012年、2018年通过教育部定期评估。实验室依托“矿业工程”“安全科学与工程”两个国家级重点学科开展建设，涵盖了5个二级学科博士点，即：采矿工程（国家重点学科）、安全科学与工程（国家重点学科）、岩土工程（北京市重点学科）、工程力学（北京市重点学科）、防灾减灾工程与防护工程。实验室针对国家金属矿产资源开发利用的重大战略需求，瞄准矿业与安全工程学科前沿，紧密围绕采用现代高新技术改造传统采矿产业这一主题，以解决影响矿山安全高效开采的突出问题为目标，全面开展采矿基础科学创新及其应用研究，已形成了深部岩石力学与工程、金属矿山绿色高效开采理论与技术、数字矿山理论与技术、矿山灾害防控理论与技术、矿山通风防尘与避险技术等5个优势学科方向。

实验室现有固定研究人员70人，其中教授41人、副教授16人、高级工程师6人，同时拥有一批矿业与安全工程领域的杰出科研人才（中国工程院院士1人、长江学者2人、国家杰青2人、青年长江学者1人、国家优青1人）。实验室目前共计建筑面积6400平方米，拥有一大批性能先进的现代化试验仪器装备，包括MTS岩石力学实验机、电液伺服岩石三轴试验机、岩石三轴固–液–热多场耦合仪、岩石微细观结构高分辨率CT断层扫描系统、岩石ASC声发射监测系统、台式扫描电子显微镜、非接触变形高速摄影系统、EH-4大地连续电导率成像系统、矿山减灾结构综合试验系统、数字开采模拟实验系统等，均对实验室研究人员、在校学生开放，在条件允许的情况下，部分设备也面向社会提供服务。截至2019年12月31日，实验室设备总值9269万元，设备总数达3723台（套），其中10万元以上大型设备142套，40万元以上大型设备51台（套）。

（吴顺川）

【科研活动】 实验室目前已形成了深部岩石力学与工程、金属矿山绿色高效开采理论与技术、数字矿山理论与技术、矿山灾害防控理论与技术、矿山通风防尘与避险技术等特色研究方向，组建了一批以蔡美峰院士、吴爱祥教授、胡乃联教授、何学秋教授、金龙哲教授为学术带头人的高水平研究队伍，获得的研究成果已广泛应用于工程实践，为我国矿产资源安全、高效开发与利用提供了理论与技术支撑。同时，实验室开展了大量的技术培训与咨询服务等工作，有力支撑了国家和地方经济的可持续发展和相关行业的技术进步与产业升级。

2019年，实验室新增科研合同217项，合同金额11612万元，其中纵向项目45项，项目经费1997万元，横向合同172项，项目经费9615万元。在国家自然科学基金申报方面，实验室继续坚持“非满即报”原则，申请国家自然基金88项，获批20项，其中重点项目2项，面上项目9项，青年科学基金项目6项，经费总额1313万元。此外，实验室获批国家重点研发计划重点专项2项、博士后科学基金面上项目资助6项。实验室继续加强科研队伍建设，入选“万人计划”科技创新领军人才1人，入选北京市科技新星计划1人，获批北京市优秀人才培养资助青年拔尖个人项目1项。实验室在采矿与安全工程领域取得了一批创新研究成果，其中发表SCI检索论文62篇、EI检索论文92篇，授权发明专利20项、实用新型专利18项，获省部级（或行业协会）科学技术奖23项。

在实验室管理方面，结合“不忘初心，牢记使命”主题教育活动，实验室成立了领导班子，开展了实验教学督导及整改工作，制定了实验仪器设备开放共享及使用收费管理办法，积极推进实验仪器设备开放与共享。实验室配合各专业完成了教育部工程教育认证工作，配合完成了“一流学科”引导专项建设项目（480万元），完成了2019年度改善基本办学条件建设项目（312 万元）。2019 年，实验室未发生安全运行事故。

（吴顺川）

【交流与合作】 通过积极与国内外同行开展广泛的学术交流活动，努力提高实验室在国内外科研领域的学术影响力。2019 年，实验室师生参与了“2019 一带一路安全与防灾国际学术论坛”“第 33 届全国高校采矿工程专业学术年会”“面向 2035 国家重大科技项目‘深层固体资源智能化流态开采’研讨会”“纪念于学馥先生百年诞辰岩石力学学术研讨会”“第二十一届中国国际矿业大会矿业博览会”“第 31 届全国高校安全科学与工程学术年会”“第九届高校矿业学院院长论坛”等国内外重要学术会议，多位实验室成员被邀请参会并做特邀报告。

在国际化科研教学方面，实验室积极参与学校组织的交流接待活动，致力于各类国际交流合作项目，推动与澳大利亚新南威尔士大学、莫纳什大学、加拿大麦吉尔大学合作办学，组织完成 2019 年度芬兰智能矿山暑期夏令营，实施了与日本东北大学、韩国首尔大学的学生创新国际交流项目，继续推进矿业工程海外实习基地建设，推动本科生国际化、精英化培养。

依托国家留学基金委员会“青年骨干教师出国研修项目”和“国家公派研究生项目”，实验室选派了 3 名青年教师、6 名研究生前往国外著名科研机构进行学术交流及科学研究，制定了高端海外人才引进方案及矿业“引智”实施方案，获批国家级外专项目“学校特色”引智项目 1 项，国家级外专项目“一带一路”教科文卫引智计划项目 1 项。组织海外学者短期讲学 4 次，邀请 16 人次外国专家学者来访交流，与澳大利亚西澳大学、加拿大阿尔伯塔大学、日本东北大学、德国波鸿应用科技大学、芬兰卡尼亚应用科技大学、蒙古科技大学等国外高校在学生联合培养、教师互访、科研合作、联合举办研讨会等方面开展了深度交流合作。这些工作促进了矿业、安全科学与工程等学科的国际化，助力矿业与安全学科的可持续发展。

（吴顺川）

工业过程知识自动化教育部重点实验室

【概况】 2008 年底，钢铁流程先进控制教育部重点实验室（以下简称“实验室”）获批立项建设。2016 年 6 月正式通过教育部验收。2017 年 2 月，教育部同意更名为“工业过程知识自动化教育部重点实验室”。

实验室面向国家重大需求与学科发展前沿，整合学校相关学科优势资源，形成数据驱动的工业过程监控理论与方法、钢铁流程先进控制理论与方法、高精高速控制系统实现技术、高性能过程控制系统与技术、恶劣工业环境下信息获取方法与技术等主要研究方向，构建了虚拟数字冷轧机、转炉和带钢热连轧过程控制、高炉雷达与布料控制等多个研究平台。

在保持传统优势和行业影响力的基础上，拓展新方向、注入新活力，在知识领域自动化、机器人控制等特色新方向初见成型，人才队伍不断壮大。

（陈先中）

【科研活动】 目前，实验室成员主要在以下纵向项目开展研究：①国家自然科学基金重点项目：仿鸟扑翼飞行机器人基础理论与关键技术；②国家自然科学基金重大项目任务：面向“神经机制－类脑计算模型”研究的综合智能实验系统研制；③国家重点研发计划重点专项：高精度高响应伺服电机驱动控制，磁编码器、伺服电机及驱动器一体化设计及应用研究；④国家自然科学基金面上项目：空间站舱外作业机器人成像照明光场智能调控系统设计及建模方法研究，基于深度学习的三维点云分析方法研究；⑤国家自然科学基金青年科学基金项目：调度协议影响下的单主多从遥操作系统建模与控制，基于变分分析的多智能体分布式优化算法研究，空间非合作自主交会逼近段的多约束相对位姿自适应协调控制，基于稀疏模型的动态过程监测与故障分类研究，越野环境下的无人车能耗最优路径规划方法。

另外，各科研梯队发挥实验室传统优势并不断取得新成就。例如，基于物联网与大数据技术的既有建筑健康保障与智能运行系统关键技术开发，基于料面扫描雷达的高炉上部布料优化研究，AI 智慧零售研究中心，高炉雷达料面 SAR 成像关键技术等横向科研项目。

（陈先中）

【人才培养】 2019 年，实验室培养毕业博士生 12 人，学术学位硕士及专业学位硕士 123 人。

（陈先中）

【交流与合作】 本年度共邀请国内外知名学者做学术报告及学术交流 20 余次，包括中国工程院刘玠院士、加拿大工程院黄彪院士、美国波士顿大学 Christos G. Cassandras 教授、美国韦恩州立大学王乐一教授、中国香港科技大学高福荣教授、加拿大康考迪亚大学张友民教授、墨西哥新莱昂州自治大学 Michael V. Basin 教授、韩国建国大学 Hoon Cheol Park 教授、上海交通大学张卫东教授、天津大学郏继贵教授等。

2019 年 8 月 27—30 日，在北京科技大学天工大厦举办了第 15 届智能无人系统国际会议（The 15th International Conference on Intelligent Unmanned Systems, ICIUS 2019）。东北大学柴天佑院士、华南理工大学 C. L. Philip Chen 院士、香港中文大学徐雷院士以及来自 17 个国家和地区的 150 余名知名专家学者出席了会议，就人工智能、智能无人系统、智能机器人领域的前沿问题进行了交流和研讨。

实验室与多所国外著名大学建立紧密的合作关系，进行科研合作和培养研究生。本年度，实验室相继有 4 位研究人员作为访问学者对英国（利兹大学、拉夫堡大学）、澳大利亚（伍伦贡大学）、新加坡（南洋理工大学）等著名大学和研究机构进行交流与合作，有 7 位研究人员参加了国际学术会议等短期对外交流，扩大了实验室的国际学术影响。

（陈先中）

科技部新材料模拟设计实验室

【概况】 科技部材料模拟设计实验室(以下简称“实验室”)前身是国家“863”计划新材料模拟设计实验室。实验室结合北京科技大学在材料科学方面的优势，依靠独创的晶格反演方法建立起固体材料体系、界面系统以及层状材料的第一性原理计算到原子级计算机模拟的桥梁，在材料模拟计算方面进行了多方面的探索，努力拓展新的学科发展方向。自成立以来，实验室先后承担了国家“973”计划——“材料计算设计与性能预测基础问题”（2000—2005 年）以及“面向性能的材料集成设计的科学基础问题”（2006—2010 年）项目中的课题研究。2011 年，实验室承担国家“973”计划项目“基于集成计算的材料设计基础科学问题”（2011—2015 年）项目中课题。2019 年，实验室继续参与国家重点研发计划重点专项“高通量材料计算大数据处理技术”，获批国家“十三五”核基础科学挑战专题项目第三期“×××”，并申请了国家重点实验室重点开放课题“无序度对 Heusler 合金性能的影响”。目前实验室有研究人员 6 人，其中中国科学院院士 1 人，教授 2 人，副教授 2 人。

（陈难先、钱　萍、田付阳）

【科研活动】 2019 年，实验室重点工作继续围绕国家重点计划项目开展工作，集中开展了数据库建设及复杂合金的模拟。本年度实验室进行的主要研究进展有：①晶格反演 EAM 合金势的深入探索，对复杂合金的力学及热力学性质进行了原子级模拟计算。②提出并发展了等效原子势，基于晶格反演方法，深入发展了 Ni-Al、Cu-Au、Ta-W、Al-Mg 合金的等效原子势，研究了晶格振动信息。③结合数据挖掘和深度学习方法，对复杂的原子间相互作用势进行研究。④完成了化学无序合金的建模程序的开发，并得到了多个科研院所的应用。⑤稀土与锕系金属间化合物研究。⑥深入探索了基于格林函数求解的多重散射理论并获得初步应用。

（陈难先、钱　萍、田付阳）

【科研展望】 原子势数据库是材料集成设计中的一个重要组成部分。精确、可靠的原子势是当前材料学科发展的重大瓶颈，是计算模拟中的核心技术。如果有了有效的势场，将大大促进材料的模拟与设计。在研究中，实验室发掘常规第一原理难以解决，而原子势和经典分子动力学模拟能够回答的问题。实验室的办法是将理论分析结合中等规模的原子级模拟计算来解决问题。选择适当的模型，控制计算时间，结合理论分析和合适的唯象物理模型能够解答一些材料科学中的基本问题。下一年度，实验室将一方面要继续进行探索性研究，另外加大在推广应用上的力度。根据当前研究进展情况，深入研究晶格反演不同的原子势，同时拓展到不同领域中加以应用。对复杂合金加大研究力度，在多主元合金的结构和功能性质研究方面推广应用。在晶格反演对势有应用优势的稀土与锕系金属间化合物及其他复杂金属间化合物中继续拓展应用领域。深入研究高熵合金的固溶增强机制及良好塑性机理。通过等效原子势的概念研究复杂合金的热力学性质。实验室将加强与中科院半导体所，中科院物理所，中科院金属所，中国工程物理研究院、大连理工大学、瑞典皇家工学院及美国卡内基梅隆大学和匹兹堡大学研究机构交流合作。

（陈难先、钱　萍、田付阳）

先进粉末冶金材料与技术北京市重点实验室

【概况】 2019年，北京市先进粉末冶金材料与技术重点实验室（以下简称“实验室”）有固定研究人员25人，其中教授10人，博士生导师9人，副教授9人，具有博士学位的教师25人，长江学者特聘教授1人，国家杰出青年科学基金获得者1人，万人计划领军人才1人，教育部跨（新）世纪人才培养计划入选者5人，国家优秀青年科学基金获得者1人，教育部青年骨干教师1人，北京市科技新星6人。此外，实验室聘请了兼职教授6人，接收访问教授4人。“材料先进制备加工与成形研究团队”先后入选教育部“长江学者创新团队”、国防科技工业局“国防科技创新团队”和科技部“国家863计划高技术创新团队”。主要学术骨干均有在国外留学和工作的经历。

实验室下设7个研究室：①反应合成与纳米材料研究室。研究方向包括自蔓延高温合成技术、射频等离子体球化制粉技术、纳米及超细粉末制备技术、金属粉末凝胶注模成形技术、弥散强化材料、超细晶硬质合金、硬面涂层、医用钛合金、金刚石工具、磁性纳米粉末及磁流体技术、粉末冶金新材料和新工艺。②先进粉末冶金成形技术研究室。研究方向包括粉末注射成形、高速压制、热等静压以及熔渗技术等，以及研究高性能铁基粉末冶金材料与零件、粉末高温合金、粉末高速钢、粉末冶金TiAl及Ti合金、高导热电子封装材料、新型电池材料等先进材料和粉末冶金过程模拟技术。③先进复合材料研究室。研究方向包括高性能金属基和陶瓷基复合材料、高性能电子封装复合材料设计与制备、超高温陶瓷基和钨基复合材料的制备、3D打印以及熔渗与强化烧结等技术的基础与应用研究。④先进能源材料研究室。研究方向包括锂离子电池关键材料与器件、全固态电池关键材料与器件、钠离子电池关键材料与器件、镁离子电池关键材料与器件、超级电容器关键材料与器件、复合电介质储能材料与器件、聚合物基复合材料、功能陶瓷材料等。⑤先进储能技术研究室。研究方向包括离子电池材料及器件、固态电池关键材料及器件、金属空气电池材料及系统、液态金属电池材料及系统、石墨烯制备及应用。⑥先进粉末冶金钛材料研究室。研究方向包括粉末冶金钛合金近净成形技术、钛合金低成本化技术及应用、新型生物医用钛合金材料、航空航天高温钛铝金属间化合物材料。⑦先进粉体材料与工程研究室。研究方向包括粉末注射成形、氮化铝陶瓷、难熔金属及高温合金、新型纳米粉体材料制备及应用等。

（任淑彬）

【科研活动】 2019年，实验室共承担各类科研课题30余项，包括国家重点研发计划项目1项，课题3项、子课题2项、国防973计划课题1项、国防科技重点重大项目2项、国家自然科学基金项目9项，省部级项目和各类厂协（横向）项目10余项，在研项目合同经费总计12304万元。发表学术论文67篇，申请国家发明专利34项，获专利授权30项，获得国家技术发明二等奖1项，省部级技术发明一等奖1项。

（任淑彬）

【师资队伍】 2019年，实验室师资队伍得到进一步加强，新增青年教师1名，新增"万人计划"领军人才1人，国家优秀青年科学基金获得者1人。

（任淑彬）

【人才培养】 2019年，本实验室有6名博士生、42名硕士生和26名本科生毕业。

（任淑彬）

【交流与合作】 2019年，实验室继续与美国、英国、澳大利亚等国家以及国内的学校、科研机构和企业保持紧密的合作关系，学术交流活动频繁。实验室师生参加国内外重要学术会议42人次。

（任淑彬）

2019年主要在研项目

序号	负责人	项目/课题名称	类别	起始年	截至年	经费（万元）
1	曲选辉	大尺寸高纯稀有金属制品制备技术	国家重点研发计划项目	2017	2021	2221
2	何新波	粉末冶金铜碳复合材料制备与应用技术基础	国家重点研发计划重点专项课题	2016	2020	495
3	尹海清	材料基因工程专用数据库架构、标准规范与数据库	国家重点研发计划重点专项课题	2016	2020	441
4	章　林	高纯稀有金属材料微观组织演化规律及综合性能控制机理研究	国家重点研发计划重点专项课题	2017	2021	576
5	秦明礼	钨、钼金属复杂结构件近终成形技术开发	国家重点研发计划重点专项子课题	2017	2021	78
6	章　林	铜合金闸片制备与产业化技术	国家重点研发计划重点专项子课题	2016	2020	123.75
7	章　林 曲选辉	粉末高温合金XXX技术基础研究	国防973计划	2015	2019	560
8	郭志猛	基于XX方法研制XX材料	国防科技重点重大项目	2017	2020	1480
9	郭志猛	大型复杂轻质XXXX	国防科技重点重大项目	2019	2020	900
10	范丽珍	全固态锂电池固体电解质的关键问题	国家自然科学基金重点项目	2016	2020	347.6
11	路　新	Sn在TiAl粉末烧结过程的浸润行为及其合金化机理	国家自然科学基金面上项目	2019	2022	60
12	任淑彬	金刚石/Cu复合材料－碳纳米管阵列传热体系的固－固界面键合和传热研究	国家自然科学基金面上项目	2019	2022	60
13	曲选辉	铝合金粉末注射成形的基础问题	国家自然科学基金面上项目	2018	2021	60
14	秦明礼	碳热还原燃烧前驱物合成纳米碳化钨(WC)基粉末的研究	国家自然科学基金面上项目	2018	2021	60
15	秦明礼	低温燃烧合成稀土氧化物掺杂钨基粉末的研究	国家自然科学基金面上项目	2016	2019	75.6
16	曲选辉	铁基粉末冶金高密度压坯成形与烧结行为及其控制	国家自然科学基金面上项目	2016	2019	80.4
17	章　林	粉末冶金铁素体超合金中纳米析出相演变与协同强化机制	国家自然科学基金面上项目	2016	2019	75.6

续表

序号	负责人	项目 / 课题名称	类别	起始年	截至年	经费（万元）
18	曲选辉	极速增材制造原理与工艺	北京市教委资助项目	2019	2022	200
19	曲选辉	3D 打印和注射成形用低成本金属粉末制备及应用技术	山东省重点研发计划	2019	2022	1180
20	曲选辉	粉末冶金摩擦材料研究	北京天宜上佳新材料有限公司	2015	2020	200
21	曲选辉	上海富驰高科技有限公司 – 北京科技大学产学研合作协议	上海富驰高科技有限公司	2016	2020	150

腐蚀、磨蚀与表面技术北京市重点实验室

【概况】 北京市腐蚀、磨蚀与表面技术重点实验室（以下简称“实验室”）包括腐蚀控制系统工程研究所、材料失效与控制研究所、表面科学与技术研究所共三个研究所，下设腐蚀集成计算与评价研究室、自然环境腐蚀研究室、工业环境腐蚀与控制研究室、环境断裂研究室、材料失效与延寿研究室、环境损伤评估与控制研究室、电化学工程与材料研究室、腐蚀控制表界面科学研究室共 8 个研究室。实验室现有固定人员 37 人，博士生导师 15 人，教授 17 人，副教授 15 人，讲师 5 人，其中国家级突出贡献专家 1 人，长江学者 1 人，全国优秀科技工作者 1 人、全国优秀教师 1 人，教育部跨世纪人才 5 人，北京市科技新星 5 人，国家自然科学基金优秀青年基金获得者 1 人，北京高校青年英才计划 4 人，科技北京百名领军人才培养计划 1 人。

实验室拥有一系列世界水平的成套仪器和设备，包括在研究开发新测试技术基础上研制的一系列新型实用研究设备和测试装置，总计 1400 余台（套），总价值 6500 余万元。在硬件建设方面，建设了具有国际先进水平的材料环境腐蚀研究中心，拥有开展材料环境腐蚀基础研究的环境扫描电子显微镜、X 射线光电子能谱、傅立叶红外光谱、M370 微区电化学工作站、多通道电化学工作站等先进的分析检测设备，原子力显微镜、纳米力学压痕仪、UMT 摩擦磨损仪以及 Atlas 综合腐蚀试验箱、Atlas 氙灯老化和紫外老化等加速腐蚀设备，并拥有自主知识产权的多种类型的自然环境腐蚀加速模拟试验设备，如用于模拟管道腐蚀和在多相流环境工作的高压釜装置等，在保证材料环境腐蚀基础研究工作的同时，还可以为国内外的企事业单位提供材料环境腐蚀试验。

腐蚀、磨蚀与表面技术涉及材料科学、化学、电化学、力学、表面科学和生物、生命科学等众多学科领域。实验室主要从事基础、应用基础和高新技术研究。基于科学、经济和社会的发展，实验室形成了独具特色的研究方向：①腐蚀与防护机理研究，包括环境敏感断裂、高温腐蚀与防护机理研究、煤化工腐蚀机理与控制技术研究、油气田腐蚀与控制、电化学腐蚀机理研究、腐蚀防护系统工程；②磨蚀机理及其控制研究，包括生物、医用材料研制、磨蚀机理及控制，材料微振腐蚀机理及控制研究，多相流中材料的腐蚀及控制研究，摩擦条件下金属材料的电化学行为；③高新表面技术研究与应用，包括锌溴电池电极材料表面修饰处理、磁性材料防蚀技术、电子器件抗磁干扰处理等高新功能表面技术研究与应用。

（张　津、连　勇）

【科研活动】 实验室在腐蚀、磨蚀与表面技术领域开展了大量的科研工作，获得一批重要的成果，其中一些具有创新性的成果达到了世界先进水平或国内领先水平。重点实验室在材料环境腐蚀观察平台建设、燃气管道安全评估、

国家高新国防工程等领域开展了大量的研究，开展了卓有成效的工作，取得了较为突出的成果。2019年，实验室负责承担了国家重点研发计划2项、课题3项、子课题11项，国家科技重大专项子课题1项，国家自然科学基金项目21项，北京市项目2项，其他各部委项目4项，厂协项目100余项，累计科研经费5000余万元；申请发明专利26项，授权8项；发表SCI收录论文100余篇，EI收录论文20余篇。

（张　津、连　勇）

【人才培养】　实验室所属学科专业在国内高校中首批获得硕士、博士学位授予权，是当时该学科专业的唯一的博士点和设立博士后流动站的单位。2019年，实验室共培养博士、硕士研究生80余人。

（张　津、连　勇）

【交流与合作】　2019年，实验室邀请国际知名教授学者来校讲学30余次，应邀在国际学术会议做报告50余次，国内学术会议做报告60余次。

（张　津、连　勇）

冶金工业节能减排北京市重点实验室

【概况】　冶金工业节能减排北京市重点实验室（以下简称“重点实验室”）主要建设单位是能源与环境工程学院热科学与能源工程系，主要依托学科是动力工程及工程热物理。重点实验室拥有动力工程及工程热物理一级学科博士学位授予权，其中热能工程学科是国家重点学科，动力工程及工程热物理一级学科是北京市重点学科，并设立动力工程及工程热物理学科博士后流动站。重点实验室自2011年获北京市科委认定以来，在人才队伍建设、实验平台建设、科学研究和成果转化、管理机制及产学研合作等方面取得长足进步，2014年、2017年底两次通过了北京市科委组织的三年绩效考评。2017年绩效考评为“优”。

（姜泽毅、童莉葛）

【人才队伍建设】　重点实验室现有研发人员56人，其中副高级（含）以上职称人员39人，取得博士学位人员49人。重点实验室作为冶金工业节能减排领域科学研究和成果转化平台，在人才资源管理探索过程中，紧密结合实验平台和管理机制建设，不断总结经验，吸引和稳定了一大批该领域高水平人才。2019年，重点实验室包成老师晋升教授，玄伟伟、罗春欢、杨雄晋升副教授，新入职3位副教授，进一步壮大了重点实验室的学术队伍。

（姜泽毅、童莉葛）

【研究生培养】　2019年，重点实验室毕业硕士研究生34名，博士研究生4名。截至年底，在读硕士和博士研究生人数130余人。

（姜泽毅、童莉葛）

【实验平台建设】　2019年，重点实验室获得高等院校改善办学条件的资助，新增仪器设备价值200万元。

（姜泽毅、童莉葛）

【科学研究】　重点实验室长期为钢铁、有色、化工、建材等流程工业开展科技研发和服务，其建设宗旨是源于首都、服务首都、辐射全国。2019年，牵头负责国家重点研发计划重点专项课题1项、参与课题1项，主持国家自然科学基金重大项目1项，承担国家自然科学基金项目2项，承担北京市科技计划项目1项，承担北京市重点实验室科技创新基地培育与发展工程专项1项，获得北京市自然科学基金项目2项，承担博士后基金2项，合同经费2491万元；申请专利14项；获得冶金科技技术进步三等奖1项、湖北省科技进步二等奖1项。

（姜泽毅、童莉葛）

【交流与合作】　2019年，重点实验室邀请英国伯明翰大学、韩国成均馆大学、英国曼彻斯特大学、新加坡国立大学、瑞典隆德大学、加拿大达尔豪西大学等学者进行学术交流或短期讲学。四位教师在加拿大、德国、英国进行访学交流。埃及苏伊士运河大学的一位教师在重点实验室进行交流访问。

（姜泽毅、童莉葛）

高效零件轧制技术研究推广中心

【概况】 高效零件轧制技术研究推广中心（以下简称“轧制中心”）主要从事轴类零件轧制（楔横轧与斜轧）技术的研究、开发与推广工作。总体技术水平与实验条件处于国内领先水平，并达到国际先进水平。2007年经教育部批准建设成立“零件近净轧制成形教育部工程研究中心”。

2019年，轧制中心下设3个机构：①研究与开发室，主要从事理论研究、模具设计、设备设计、新产品开发等。②轧制实验室，主要从事实验研究、新产品试制，拥有楔横轧与斜轧机6台及其相关设备与仪器等。③模具制造车间，主要从事楔横轧与斜轧模具的制造，每年开发并生产300副左右的模具供生产厂使用。至2019年底，中心共有数控机床7台，其中大型数控车床3台，高速铣床1台；大型模具专用加工机床4台；共有工作人员20余人，其中中国工程院院士1人，具有高级技术职称人员8人。

（王宝雨、郑振华）

【科研活动】 轧制中心与工厂合作，在北京、重庆、山东、湖北等27个省市建成零件轧制生产线近300条，其中有10余条生产线出口美国、日本、俄罗斯、印尼等国家，建成零件轧制专业化工厂10余家。累计开发并投产的零件500余种，如红旗轿车的输出轴、玉林柴油机六缸凸轮轴、东风与解放载重车变速箱传动轴等。已累计生产轴类零件500余万吨，产值260余亿元，直接经济效益30余亿元。由于推广工作成绩显著，该项技术被国家科委评为“全国十大典型推广项目”之一。项目先后获国家级奖5项、省部级奖14项。

2019年，轧制中心承担的主要任务有：国家科技部重点研究与推广项目，平均每年推广零件轧制生产线6～10条；国家自然科学基金面上项目“基于芯棒控制的空心轴类零件楔横轧精确成形与控性制造技术基础研究”；国家自然科学基金重点项目“高性能车身覆盖件用铝合金板材组织性能调控与成形性研究”；国家自然科学基金青年科学基金项目“高强钢感应传导分区加热热冲压高温变形特性与变强度机理研究”；北京市教委共建项目“轨道交通用车轴柔性轧制成形制造技术基础研究”；山西省重点研发计划重点项目“轨道车辆车轴快锻－楔横轧高效近净复合成形技术及装备开发”等。年内，轧制中心成功入选北京市“2019•科技盛典”创新团队，以项目负责人获批国家重点研发计划项目1项，牵头起草制定行业标准1项，申报国家科技进步二等奖1项，发表SCI期刊论文9篇，其中一区1篇，二区2篇，申请发明专利10项，获授权发明专利2项，完成课题10余项，经费收入240余万元。

（王宝雨、郑振华）

【人才培养与交流合作】 轧制中心从1995年开始招收研究生。2019年，共有近30名研究生在轧制中心就读和从事科研工作，主要研究零件轧制成形机理、轧制工艺模具CAD/CAM、轧制设备控制与自动化技术等。

年内，轧制中心派出数人次参加科技合作交流和访问研究等活动，并与英国帝国理工学院合作开展零件近净轧制成形项目的研究。

（王宝雨、郑振华）

高效零件轧制研究推广中心2019年科研项目

编号	性 质	项 目 名 称	年 度	经费（万元）
1	国家自然科学基金面上项目	基于芯棒控制的空心轴类零件楔横轧精确成形与控性制造技术基础研究	2019—2022年	60

续表

编号	性 质	项 目 名 称	年 度	经费（万元）
2	国家自然科学基金重点项目	高性能车身覆盖件用铝合金板材组织性能调控与成形性研究	2016—2019 年	288
3	国家自然科学基金青年科学基金项目	高强钢感应传导分区加热热冲压高温变形特性与变强度机理研究	2018—2020 年	24
4	北京市教委共建项目	轨道交通用车轴柔性轧制成形制造技术基础研究	2019—2022 年	200
5	山西省科技厅重点研发计划项目	轨道车辆车轴快锻－楔横轧高效近净复合成形技术及装备开发	2017—2019 年	110

（王宝雨、郑振华）

北京市表面纳米技术工程研究中心

【概况】 北京表面纳米技术工程研究中心（简称“中心”）于 2002 年 4 月由北京市科委批复成立，依托北京科技大学建设，集中北京地区表面纳米科技优势，吸纳优秀成果和杰出人才，开发具有自主知识产权的表面纳米工程技术和产品，形成一流的研发平台、技术转移平台和信息服务平台，成为推动国家表面纳米产业发展的重要节点。

中心设有中心建设管委会，下设学术委员会及战略研究委员会，具体包括 3 个专业实验室、1 个管理办公室及 1 个信息服务中心。2019 年，中心有研究人员 11 人，其中教授 8 人，副教授 3 人；长江计划特聘教授 2 人，国家杰出青年基金获得者 1 人，跨世纪优秀人才 1 人，新世纪百千万创新人才 1 人，北京市科技新星 2 人。中心拥有宏观－微观摩擦磨损测试系统、纳米力学探针、超音速火焰喷涂设备、金属纳米粉末制备系统等 10 余套先进的仪器设备，条件建设经费 1500 万元，建设面积 1000 平方米；建立了表面纳米摩擦磨损检测平台，表面纳米微观性能测试平台。

（孟惠民）

【科研活动】 中心以国家和北京市项目为基础，围绕纳米功能涂层材料与制备技术、纳米催化净化材料与制备技术、纳米光电（能源）材料与制备技术、表面纳米检测、分析、表征及标准 4 个研究方向，建设了 3 个专业研究实验室。2019 年，中心在研项目 26 项，其中省部级以上项目 17 项，包括“973”项目 1 项，国家自然科学基金项目 6 项。在先进武器装备，海洋腐蚀与装备制造等领域均做出了贡献。中心授权国家发明专利 3 项，在国内外学术期刊上发表论文 36 篇，其中 SCI/EI 收录 31 篇；参加国际学术交流会议 6 次，国内学术交流会议 7 次；培养毕业博士生 9 人、硕士生 42 人、本科生 37 人。截至 2019 年底，在读硕士研究生 55 人，博士研究生 21 人。

（孟惠民）

【交流与合作】 中心利用设备和技术优势，积极加强与国内外企业的合作，承担了性能测试、检验及分析等技术服务与咨询工作。同时，中心与国内外表面纳米技术研究机构建立了广泛的合作关系，通过主办和联合举办国际国内学术研讨会，积极加强表面纳米技术领域内的学术交流与合作。

（孟惠民）

北京高校节能与环保工程研究中心

【概况】 北京高校节能与环保工程研究中心（以下简称“工程研究中心”）始建于1997年，2010年获北京市教委认定。工程研究中心建设单位为能源与环境工程学院热科学与能源工程系和环境工程系，依托动力工程及工程热物理学科和环境科学与工程学科，拥有动力工程及工程热物理一级学科博士学位授予权和环境工程二级学科博士学位授予权，其中，热能工程学科是国家重点学科，动力工程及工程热物理一级学科是北京市重点学科，并设立动力工程及工程热物理和环境科学与工程两个博士后流动站。工程研究中心长期致力于节能与环保技术研发和推广，已形成“能量转换与梯级利用”“清洁燃烧与污染治理”“节能新工艺、新设备和新材料”“新能源技术”“气体制备与处理”等多个有特色的研究方向，已建设成为学科队伍齐整、科研业绩突出、成果转化畅通、综合效益显著的科研开发和技术推广平台。

（姜泽毅、童莉葛）

【研究生培养】 2019年，工程研究中心毕业硕士研究生34人，博士研究生1人。目前，在读硕士和博士研究生70余人。

（姜泽毅、童莉葛）

【实验室建设】 2017年度工程研究中心获北京市教育委员会共建项目建设计划项目资助，总计投入30万元，用于建设高温烟气除尘与余热回收关键技术研究。该项目执行期为2017—2019年。

（姜泽毅、童莉葛）

【科研成果】 工程研究中心在高温烟气净化、钢铁流程低品位余热高效利用技术开发与研究、CO_2捕集处理、垃圾及废弃物焚烧、污水处理、天然气重整制氢、分布式能源、建筑节能、建筑材料和低谷电利用等方面开展了卓有成效的推广与示范工作。工程研究中心于2017年开始承担了国家重点研发计划重点专项液态熔渣离心粒化及相变换热和物相演化机理课题、固体散料余热高效蓄存与分级提取工艺课题。近期典型成果包括承担大烟气回流低氮燃烧U型辐射管整套技术开发与应用、轨梁厂4#加热炉炉温优化控制技术研究、基于数值模拟的炉渣调质用自结耐材技术开发、卷铁心退火模型研究及操作优化、煤矿乏气瓦斯分离富集与氧化作用关键技术与设备、复合相变材料热物性仿真优化分析、台风影响危化品泄露模型研发服务、全球化石能源非能利用发展潜力评估、滚筒法渣与污泥协同处理质热传递过程研究、炉顶煤气循环氧气鼓风高炉炼铁技术等。

（姜泽毅、童莉葛）

【产学研合作】 工程研究中心保持与生产企业和研究机构的密切合作，共同申报完成国家级、省部级以及生产企业自主立项的科技研发项目，2019年获得研发经费500余万元，项目委托和合作单位包括鞍钢股份有限公司、宝山钢铁股份有限公司、攀钢集团有限公司、广东韶钢松山股份有限公司、河南清风鸣蝉环保科技有限公司、首钢智心迁安电磁材料有限公司、中航给出集成设备有限公司、中国恩菲工程技术有限公司、沈阳建龙微纳新材料股份有限公司、中冶京诚工程技术有限公司、北京市热力集团有限责任公司等。

（姜泽毅、童莉葛）

【交流与合作】 由北京科技大学发起成立的“中国工业节能减排大学联盟”已有80余家联盟单位，并与美国劳伦斯伯克利国家实验室、美国橡树岭国家实验室等国际著名研究机构签署了合作协议。2019年，工程研究中心邀请来自美国、英国等的知名学者进行专题讲座和报告。

（姜泽毅、童莉葛）

北京企业低碳运营战略研究基地

【概况】 北京企业低碳运营战略研究基地（以下简称“基地”）以北京科技大学优势学科为基础，整合冶金工程、管理科学与工程、环境工程等相关国家及北京市重点学科，发挥北京科技大学工科背景及学科交叉融合的优势，紧密围绕京津冀企业在低碳运营中出现的亟待解决的重要理论与现实问题，从低碳运营及低碳技术角度开展系列研究，服务北京“四个中心”功能定位，助推京津冀协同发展战略实施及“绿色北京、人文北京、科技北京”建设。研究基地以课题研究为纽带，以研究方向为主线，汇聚校内外在循环经济、运营管理、碳减排技术及管理等研究方面的骨干研究人员 51 人，配备充足稳定的科研力量。

（朱晓宁）

【承担项目情况】 基地研究人员 2019 年度共承担国家级、省部级等纵向科研项目 19 项，其中包括：国家级项目 4 项，其中海外及港澳学者合作研究基金项目 1 项，国家自然科学基金面上项目 1 项，国家自然科学基金青年基金项目 2 项。研究领域主要以钢铁企业为代表、行业低碳生产模式研究为主线，涵盖了与之相关的生产性服务业、供给侧改革、产业结构升级等研究。省部级项目 13 项，包括教育部项目 1 项，北京市科技计划项目 1 项，北京市哲学社科规划项目 4 项，北京市教委共建项目 1 项，中国博士后基金项目 1 项，北京市及其他省市的项目 5 项。其他纵向 2 项，包含中国高教学会教育创新校企合作研究分会委托项目 1 项，中国科学技术协会科学技术普及部委托项目 1 项。

此外，本年度共获得企业资金投入 594.3 万元，来自 24 个企业课题项目经费。研究基地承担的这些项目的研究成果（提供咨询与调研报告达到 28 部）得到了委托单位的认可，一些成果被委托单位直接应用，产生了良好的社会效益和直接经济效益。

（朱晓宁）

【代表性科研成果】 依托“北京市绿色增长实现路径研究”，从国家的绿色化战略视角出发，构建绿色增长的测算框架、识别绿色增长驱动因素和实现路径，并对北京市以及京津冀地区的绿色增长程度进行客观全面的测度，识别出关键因素对北京市绿色增长水平的作用机理。在此基础上，明确实现北京市经济绿色增长的策略和路径，进而提出有针对性的对策建议；北京社会科学基金项目“基于居民行为的北京城市生活垃圾能源化潜力研究”以北京城市生活垃圾焚烧发电体系为研究对象，分析居民行为与生活垃圾能源化潜力之间的传导机制。通过城市居民消费行为对生活垃圾产量的影响，明确消费行为和消费结构的影响作用，准确刻画北京城市生活垃圾的产量趋势，分析了居民分类回收的激励与障碍因素及北京城市生活垃圾发电潜力，为实现可持续的垃圾管理，推动北京生态文明建设提供思路；探究电车政策、机动车排放标准对于京津冀地区能源－环境系统的影响：京津冀地区机动车数量庞大，而且以较高的速度逐年递增，导致机动车排放的污染物稳步增加。通过情景分析，定量化评价了电车政策、提高机动车排放标准等对于能源消耗、污染物排放以及系统经济的影响。并且生成了能源－环境系统优化方案，研究结果可以为京津地电力能源－环境系统规划提供有效的决策支持。

（朱晓宁）

【学术活动与交流合作】 基地积极参加和筹办各类学术会议，共主办会议 3 场：2019 年第二届运营管理工作坊，2019 年全国钢铁行业超低排放实施技术交流会，大数据背景下低碳运营研讨会。来自全国 80 多所高校及 50 多家企业和研究院的相关学者及管理人员共计 200 余人参加了本年度基地主办的三场会议。除此之外，基地成员参与国内外会议 18 场，33 人次；组织各类小规模交流研讨、沙龙等 10 余次；社科考察 6 人次。加强了基地对外的联系，扩大了影响力。

（朱晓宁）

材料领域知识工程北京市重点实验室

【概况】 材料领域知识工程北京市重点实验室（以下简称“实验室”）围绕材料领域的材料设计与新材料开发所需智能化信息技术开展理论与技术研究，力争创建一个具有一定规模、先进、开放、共享的材料知识工程创新性实验基地，深化学科交叉，研发新理论、新技术、新设备、拓展应用服务，全面促进北京市材料科学与智能技术发展。针对当前材料领域高度活跃的材料信息技术、技术创新等前沿支撑技术需求，瞄准材料领域中信息技术应用的共性需求；通过深化材料设计与新材料开发所涉及的知识工程理论与技术，为国家及北京市材料领域技术创新方法建立与推广应用提供支撑技术，为材料设计以及新材料开发提供理论与技术支撑。

重点实验室技术成果与北京科技大学的材料科学与工程等优势学科及相关领域应用形成汇聚效应。①针对材料成分、工艺、微观结构与性能之间的相互关系，深化材料基因大数据与深度学习技术研究，形成材料研发智能技术。②针对材料领域知识创新，形成材料领域知识获取与知识图谱快速构建技术；③面向材料加工制造工艺优化与决策问题，形成不完整知识推理与深度强化学习技术，加速成果的转化，使知识工程领域的研究成果与材料领域的应用实践紧密结合。

（张德政）

【科研工作】 在北京市科委和北京科技大学的大力支持下，通过与北京材料基因工程高精尖创新中心、新金属材料国家重点实验室、钢铁冶金新技术国家重点实验室、高效轧制国家工程研究中心等实验室密切合作，深化信息技术与材料领域融合，加强理论与实际的结合，将云计算、物联网、大数据、人工智能（知识工程、深度学习）等理论技术与材料基因等基础材料研究、钢铁冶金材料研究、炼铁炼钢、轧钢等关键生产工艺深度结合，形成材料基因大数据技术、新材料设计及优化技术、以冶金材料和钢铁工业流程为特色的工业大数据、智能制造以及智能测控等关键共性问题的理论与技术，形成一批具有自主知识产权的技术成果，服务于北京材料领域产业化发展与技术创新。

2019 年，重点实验室新增国家重点研发计划 2 项、国家自然科学基金 4 项、北京市自然科学基金 2 项、中国博士后科学基金 3 项，国务院其他部委项目 2 项，其他省部级科研项目 4 项、横向课题 18 项，新增经费总计 1094 万元，据此发表 52 篇高水平的学术论文，获奖 4 项，申报国家专利 53 项。

（张德政）

【学术梯队建设】 实验室现有专职人员 77 人，其中副高级以上职称 48 人，正高 18 人，副高 30 人，副高级（含）以上职称中 40 岁(含)以下人员 13 人，有 54 人为博士学位，人才队伍结构稳定合理，成员年龄结构、学历结构、学员结构合理，中青年已成为实验室的骨干研究力量。基于设定的研究方向，实验室形成了以张德政教授、张晓彤教授、胡长军教授、班晓娟教授等为核心的多个创新团队，多个研究团队在材料知识工程、高性能领域计算、分布式知识工程、智能制造等领域开展了卓有成效的理论和应用研究。另外有部分兼职、流动研究人员和两百多名博士、硕士研究生参与重点实验室的项目研究工作。2019 年，实验室培养研究生 218 人，引进高水平人才 4 人，晋升高级职称 6 人，更加充实了重点实验室的科研队伍。

重点实验室设主任 1 名，副主任 3 名，其中专职管理副主任 1 名，负责重点实验室日常行政管理与对内对外协调工作。重点实验室下设 1 个办公室，4 个研究室。学术委员会负责重点实验室建设目标、发展规划、学科建设和发展、科研方向和学术活动、人才培养和开放课题等重大问题的研究、制定和控制。

（张德政）

【交流与合作】 2019 年，重点实验室对开放与交流的认识不断升华。注重开展高水平学术交流活动，不定期邀请国内外学者来实验室交流访学，定期组织前沿技术系列名家讲坛，聘请多位国际、国内知名学者进行讲学及专业学术报告。选派5名优秀中青年研究人员到国外高水平高等院校进行交流访学，组织学术活动数十场，参加高水平学术会议20余人次，与十多个国家的高等学校、科研机构有广泛密切的联系。注重学生的各方面发展，以学术嘉年华、学术三分钟、IT名企行、科技服务与挂职锻炼等活动为载体，引导学生提升综合素质，注重学生创新能力培养，邀请多名国外专家开设专业课程，鼓励学生发表高水平学术会议论文，积极参加会议交流，支持学生参与各类国内外大赛，学生在“互联网+”大学生创新创业竞赛（国赛）中获得三等奖6项；在2019年中国大学生计算机设计大赛中获得一等奖4项、二等奖26项、三等奖3项；第十三届iCAN创新创业大赛全国总决赛获得二等奖5项、三等奖5项；2019中国大学生计算机博弈大赛暨第十三届中国计算机博弈锦标赛获得一等奖17项、二等奖9项、三等奖5项；第九届全国蓝桥杯全国软件和信息技术专业人才全国总决赛获得二等奖1项、三等奖3项、优秀奖1项；第八届中国软件杯软件设计大赛获得一等奖3项、三等奖2项。实验室积极与高等院校、科研院所、骨干企业或者其他单位建设长效稳定的产学研联盟，与华夏银行共建就业实习基地，与国内大型钢铁企业如首钢、邯钢、唐钢、宝钢、鞍钢建立紧密的合作关系。

（张德政）

北京市弱磁检测及应用工程技术研究中心

【概况】 北京市弱磁检测及应用工程技术研究中心（以下简称“中心”）成立于2012年5月。中心针对现代先进智能测量技术及控制系统、电子通信设备、工业测试设备以及军事应用领域中对新型小尺寸、高灵敏度、高热稳定性、低功耗磁敏传感器的巨大需求，以北京科技大学已有的低维磁性材料、磁敏芯片的制备技术、磁敏传感器的设计制造技术为基础，以特殊功能IC芯片的设计与开发、传感器通用结构设计及磁路优化为手段，研究系列磁敏旋转和线性位移传感器制造技术、高灵敏度隧道结巨磁电阻（TMR）器件制造技术、高灵敏度高温超导量子干涉器件（SQUID）制造技术、高灵敏磁光和磁激发拉曼散射器件制造技术，建立完整的弱磁检测技术框架、知识库和工程技术标准。开发出能实现高精度、轻量化、多用途的系列无触点磁敏传感，用于恶劣工业环境下的自动控制系统、军事惯性导航系统和地磁匹配制导领域；研制弱磁无损检测装置，解决特殊行业大型金属工程构件的无损检测难题，设置应力集中容限，实时检测并警报从而为金属工程结构延寿。联合中国科学院空间科学与应用研究中心，建立空间三维正交磁场测量系统，解决影响弱磁检测器件的温度稳定性和噪声，研制出先进磁敏载荷，服务国家深空探测重大专项。

（姜 勇）

【管理运行】 中心整体并入学校GJB9001B—2009版认证体系管理，产品生产获得武器装备科研生产许可授权。中心设主任1名，常务副主任1名。中心实行主任负责制，主任由学校聘任和考核。主任负责中心全面工作，包括技术开发、科研计划的制定、新项目开展、项目的组织落实和监督管理、协调与共建单位的合作事宜等。常务副主任负责日常管理，包括研究生培养、各学术梯队的科研协调、技术推广、技术培训、产品开发及市场协调等工作。

（姜 勇）

【人才队伍培养和建设情况】 截至2019年底，中心有研究人员共34人，包括固定研究人员31人，客座人员3人。其中高级职称16人，中级职称10人。工程技术研究中心有技术管理人员1人，工程技术人员5人。中心主任姜勇教授获得国家杰出青年基金；徐晓光教授先后获得北京市科技新星和北京市优秀人才称号；苗君教授获得教育部新世纪优秀人才称号，在低维功能材料领域获得创新成果。为提升中心对磁检测半导体器件的研发能力，中心引进了郑新和教授加入了研发团队。中心有在读博士研究生18人、硕士研究生20人。

（姜　勇）

【科研活动】 2019年度，中心进一步加强了基础科研理论研究对于弱磁检测应用技术的支持，拓展了磁学模拟与器件设计开发计算机仿真设计领域，努力将研究院建设成一个具有原型器件原理的基础研究－计算机辅助设计－芯片流片、封测－传感器设计－工程开发应用的多层次平台。

此外，中心与中国兵器淮海工业集团MEMS先进制造中心深度合作，自身设计的巨磁阻抗型（GMI）弱磁传感器芯片在MEMS先进制造中心进行流片、封装、测试，现已形成中试能力，各项指标均已达到国内先进水平。该种传感器芯片可用于导弹引信、舵机姿态检测控制、未爆弹检测、水下金属目标定位、应急通信等军事领域，也可用于汽车电子、智能停车、智慧交通、石油化工、纺织机械等民用领域，属于典型的军民两用技术及产品。该类传感器及芯片不仅具有很高的行业应用价值，而且可以带来极高的经济效益，在一定程度上促进了地方军民融合技术的发展。

（姜　勇）

【交流与合作】 依托单位、合作企业、相关学会等机构与国际相关学术组织、科研机构、高等学校及先进企业建立了长期交流合作，中心定期举办相关领域的学术交流和人员互访，及时跟踪掌握国外相关技术发展方向，积极组织力量，引进、消化吸收国外先进技术成果，同时互派研究人员合作进行项目研究开发。在产业化领域，中心学习国外先进的产业化经验、跟踪业界先进技术并开发出了自主知识产权产品，走出国门，进行广泛的技术交流与服务，对整个工程中心的技术深度，服务领域的拓展都产生了重大的积极影响。

（姜　勇）

北京市融合网络与泛在业务工程技术研究中心

【概况】 北京市融合网络与泛在业务工程技术研究中心由北京科技大学和中国移动设计院有限公司共建。工程中心依托北京科技大学信息与通信工程一级学科（含通信与信息系统北京市重点学科）、计算机科学与技术一级学科与矿业工程国家一级重点学科，结合中国移动设计院的工程化优势，瞄准融合网络与泛在业务领域亟待解决的关键问题，重点开展光网络和无线网络、地面网络与卫星网络、电信公网与行业专网的融合与技术创新，面向国家及北京市公共通信服务和重点行业应用领域的工程部署和产业化，技术方向主要包括：①融合通信和网络架构；②融合通信和网络关键技术和核心设备；③泛在业务与应用软件系统；④大数据应用与云服务。

（隆克平）

【管理运行】 工程中心的组织结构包括技术委员会、理事会、中心主任以等，工程中心在北京科技大学和中国移动设计院分别设置办公室。

工程中心采取技术委员会指导下的主任负责制。工程中心主任由理事会聘任，报北京市科委备案。工程中心主任主要负责和主持实验室日常工作，提出年度工作计划，制定具体的执行方案并组织实施，聘任工程中心工作人员等，保障技术方向的正确性和具体事物推进的高效性。目前工程中心主任为隆克平教授。

工程中心在组织体系上按照技术部门单元划分，目前分为融合网络体系架构研究室、无线网络研究室、光网络研究室、泛在业务及应用工程部等，便于技术攻关和工程推进。

工程中心在人事管理方面实行全员聘任制，坚持竞争、择优、流动的用人机制。以创新团队建设为重点，倡导有序竞争和团队合作，密切关注信息与网络工程领域前沿技术问题和国家及北京市的重大需求，面向国内外招聘学科技术领军人物和拔尖人才。实行人才流动机制，建立中心研究人员流动的核准体系，保持活力。

在成果转移机制和团队激励上，逐步推进成果转化中相当比例的收益激励团队和个人，以保障人员的创新活力。

在对外开放共享机制上，设立开放课题，鼓励实验室开放，加强学术交流和对外培训，积极加入北京市科研条件平台。

自实施以来，工程中心在管理、人事、成果转化等方面均取得了较理想的效果。

（隆克平）

【科研工作】 2019年承担国家自然科学基金3项、国家重点研发计划重点专项2项、中国博士后科学基金2项、其他省部级2项，横向项目14项。合计纵向项目经费299万元，横向项目经费325万元。工程中心张海君教授获2019年IEEE亚太最杰出青年研究员奖、IEEE TAOS技术委员会最佳论文奖、2019年科睿唯安全球高被引学者；林福宏副教授获电子学会科技进步三等奖、青海省科学技术进步奖二等奖等。在知识产权方面，申请国家发明专利10余项，授权国家专利6项，发表SCI/EI论文30余篇。总体上，完成了本年度的预期目标，为未来规划的完成打下了扎实的基础。

（隆克平）

【师资队伍与研究生梯队培养建设】 本工程中心人员队伍规模持续扩充。工程中心在认定时期固定人员填报60人，其中高级职称为48人（占79%），中级职称为13人（占21%）。2019年本年度工程中心固定人员规模在2018年基础上增加3人，人员数量和队伍结构有良好的发展。

在人才队伍上，工程中心现有人员79名，其中2019年引进和转入3名（霍佳皓、李林涛、管婉清），职称晋升4名（孙奇福等晋升为教授、陈媛等晋升为副教授）。在研究生梯队上，工程中心2019年目前在读和培养毕业的研究生约260人，其中部分研究生在北京科技大学顺德研究生院开展研究工作。

（隆克平）

【成果转化】 工程中心林福宏副教授梯队项目依托国家十二国家科技支撑计划“矿山典型灾害预测控制关键技术装备及示范工程”等，通过电子信息、图像处理等理论解决长期以来影响矿山的微震安全监测预报技术、压力安全监测预报技术、水害监测预报技术和岩体稳定性演化规律等技术难题，深入研究了深部开采矿床岩体渗透性分析关键技术、深部开采岩爆及微地震灾害预警技术、深部开采地应力监测及预警技术、深部开采涌水量控制及预警技术。最后，集成各项研究成果，搭建了矿山智能监控与灾害预警系统，形成了具有自主知识产权的基于深度学习的矿山智能监控与灾害预警系统。近3年，通过该系统的运行，可以直观、简洁的表现矿山生产经营状况，为各级管理人员提供科学、准确的决策依据，降低决策失误，提高决策水平；从而实现矿山劳动生产效率整体提高2%。到2018年12月底，共新增销售额3.92亿元，新增利润1.2亿元。在矿山安全事故预警方面显著提高了矿山的安全生产系数，累计产生隐现安全及社会效益达9836万元。

此外，工程中心林福宏副教授所在梯队还参与了高原矿山地质灾害实时监控的研究工作，通过信息技术手段辅助解决我国柴达木及青藏高原地区有色金属矿产资源开采中所面临的地质灾害和矿山生态环境恢复问题。项目已成功在青海天峻木里雪霍立煤矿、青海威斯特德尔尼铜矿等5家矿山企业实现工程应用。

（林福宏）

【应用示例】 改善网络运行性能，提高网络服务质量，已成为移动通信市场企业掌握主动权和增强核心竞争力的基本前提，移动通信网络规划和优化已成为移动通信行业发展的关键点。针对网络规划与网络优化的技术特点和面临的问题，工程中心在调研国内外标杆企业和行业内的优秀案例和方案基础上，研究了中国移动网络中的海量的数据特点，采用大数据技术，对海量数据的深度清洗、挖掘、分析与处理，服务于精细化规划与优化，为实现建设面向用户感知的移动通信网络提供有力的技术支撑。在基于大数据的网络规划方面，提出了基于空间特征感知遗传算法的基站站址选择激活策略，提出了基于虚拟力修饰的网络基站选址优化算法。在基于无线网络规划的优化算法方面，提出了基于梯度方法的基站下倾角网络优化方法，提出了覆盖率约束条件的基于罚函数的基站功率优化，提出了基于计算图的TensorFlow平台实现及计算性能优化，提出了移动网络覆盖最大化的高效随机梯度下降算法。在室内外联合精细仿真和可视化方法方面，提出了网络覆盖可视化技术，提出了待优化区域的自动提取技术，提出了移动通信网络基站工参可视化方法，给出了一种天线方向性增益的三维可视化的实现和基于Unity3D的地图三维可视化实现。项目提出的无线网络规划和优化算法，通过梳理用户感知指标体系，更好地支持用户体验，通过网络规划和优化的实施，提升用户对现有网络服务质量的满意程度，从而为面向优化感知的移动通信网络提供支撑，产生经济和社会效益。

（隆克平）

金属电子信息材料教育部工程研究中心

【概况】 教育部金属电子信息材料工程研究中心（以下简称“中心”）于2001年4月经教育部批准成立，依托于北京科技大学建设，是由教育部和北京市共建的技术创新和高新技术产业化基地。中心采用现代企业制度进行管理，实行多元化投资，与注册成立的独立法人单位的北京科大永兴科技有限公司为同一个实体。中心总体定位于国内领先、国际先进的金属电子信息材料产学研用协同创新基地。

中心设有粉末冶金事业部、高技术薄膜材料事业部、微电子辅助材料事业部、有色加工事业部，另设有办公财务部、投资发展部。中心现有固定研究人员94人、流动研究人员8人，45岁以下研究人员（固定和流动）比例61.7%，其中中国工程院院士1人，长江学者特聘教授3人，国家杰青3人，国家“973”首席科学家1人，教育部跨世纪（新世纪）优秀人才8人。

（雷　诺）

【研发方向】 ①先进有色金属材料与加工：研发基于组织性能全过程精确控制的有色金属短流程、近终形制备与成形加工新技术及装备。②高导热材料与磁功能材料：研发高导热低膨胀电子封装材料、高稳定性永磁材料等制备新技术及装备。③粉末冶金技术：研发粉末注射成形、3D打印、高速压制、热等静压以及熔渗等先进成形技术及装备。④光电功能材料与器件：研究新型太阳能电池、发光二极管、探测器等制备技术及装备。⑤薄膜材料与技术：研发自支撑金刚石膜、碳材料电子器件、氮碳氧化物硬质膜、电子器件热管等制备技术及装备。⑥材料循环利用技术：研发材料全生命周期评价方法、战略性金属循环利用关键技术及装备。

（雷　诺）

【技术研发成果与贡献】 中心本着“有所为有所不为”的原则，紧紧围绕先进有色金属材料与加工、粉末冶金、金属功能材料、材料循环利用等方向，承担了国家重点研发计划项目、国家自然科学基金重点项目、国际合作项目、企业研发任务等，年科技经费超过2000万元。引领了我国先进有色金属材料与加工、粉末冶金等方面科研与产业发展方向，为我国高强高导铜合金、特种层状复合材料、粉末冶金材料发展做出了重大贡献。在薄膜材料与技术方面，承担了国家军品金刚石相关材料研制，为我国军品配套材料做出了贡献。在材料循环利用方面，承担了国家科技支撑计划项目、国家“863”项目、工信部绿色制造系统集成项目和国家发改委项目等，为我国战略性金属循环利用提供了技术支撑，引领了科研与产业的发展方向。基于工程研究中心的强大的社会服务能力，承担了大量的企业研发任务，建立了多个校企产学研合作平台，为我国有色金属材料、粉末冶金材料、高性能钢铁材料和贵金属等产业做出了巨大贡献。

（雷　诺）

磁光电复合材料与界面科学北京市重点实验室

【概况】 磁光电复合材料与界面科学北京市重点实验室（以下简称“实验室”）于2017年6月由北京科技大学，数理学院牵头成立。实验室主任是王荣明教授。实验室有40名全职固定人员，总面积约1600平方米、设备总价在4000万以上。主要分四个研究方向：先进功能复合材料的界面设计及性能预测；复合材料功能结构单元的制备、组装和界面调控、复合材料的微结构和性能表征；高性能复合材料和器件的应用研究。重点实验室立足于新材料“可控制备”及“绿色应用”领域，紧追国际前沿，响应“国家急需”，围绕提高纳米材料和器件在新能源、生物医药、新一代信息技术、节能环保、航空航天等国家重点支持领域，通过对磁、光、电纳米材料微结构的调控及功能协同，在磁性金属纳米材料、低维半导体材料、金属－金属化合物异质结、微纳结构表征等方向开展具体研究工作。

（陈　娣）

【管理运行】 实验室实行主人负责制，全面负责组织实施实验室建设、发展、科研、管理、人才培养和对外交流。同时实验室主任、四个方向学术带头人（兼任实验室副主任）及有关人员组成实验室管理委员会，在实验室学术委员会指导下，制定实验室建设的具体实施细则与简短工作目标和计划。统筹协调解决重点实验室建设中的各项具体问题，对实验室资源、人员的流动、共享等实行统一管理。学术委员会定期召开并对实验室建设起指导作用。

（陈　娣）

【人才队伍培养和建设情况】 2019年，实验室在队伍结构与团队建设方面稳步发展。截至2019年底，实验室全职固定人员共有38人，其中，教授、博士生导师21人，副教授和高级工程师12人，其他研究和工程技术人员7人，博士学位的人占97.5%，50岁以下中青年研究人员约占80%。国家千人计划特聘专家2人，国家杰出青年科学基金获得者1人，国家百千万人才工程入选者1人，国务院政府特殊津贴专家1人，青年千人和国家优秀青年科学基金获得者各1人，新世纪优秀人才8人，北京市教学名师2人，北京市科技新星1人。实验室四个研究方向根据研究内容分别成立多个研究团队（凝聚态理论与分子模拟课题组、计算物理与材料模拟设计课题组、多次性材料模拟研究课题组、光电功能材料与器件课题组与微结构与低维物理课题组）等。通过多团队研究方向与课题的交叉融合，实验室的整体实力逐步提高。

（陈　娣）

【科研活动】 2019年，实验室人员在磁、光、电功能复合材料和界面科学及其应用领域开展了多项研究工作成果丰硕。截至2019年12月，实验室围绕四个研究方向，在磁光电功能复合材料和器件的设计、生长、组装及界面调控研究方面不断取得进展，在*Advanced Functional Materials*、*Chemical Engineering Journal*、*ACS Applied Materials and Interfaces*、*Nano Research*、*Nanoscale*等国际知名期刊上发表论文60余篇。① 在新型量子物质磁性杂质方面开展了基于Anderson杂质模型对自旋-3/2巡游费米系统的局域磁态形成机制的研究，发现与自旋1/2电子系统相比，自旋3/2费米系统的平均场磁相图更加丰富，包含磁相I、II和III，分别对应一个、两个和三个粒子/空穴占据；空穴的磁相区域I、II和III分别对应于粒子的磁相区域I、II和III，在一定程度上反映了模型的对称性；三个磁相都是四重简并的基态；不同磁相之间的转变是一级相变。② 以有机－无机钙钛矿纳米单晶为研究对象，研究了其激子复合速率，实现了激光发射。相关研究成果发表在*Science Bulletin*期刊上。③设计制备了含有不同纳米铝含量的乙炔黑基硫电极，通过调整铝添加剂改善了电极的导电性并增强了其电化学反应动力学。④ 制备了多种形貌的Pt_3Zn纳米晶体催化剂，通过改变不同的还原剂实现了对其形貌的精准调控，并最终获得催化性能明显高于商用催化剂性能的双元金属 Pt_3Zn 合金纳米催化剂，相关研究成果发表在 *ChemCatChem* 期刊上。⑤运用湿化学法制备了核壳、蛋黄壳、低聚物等三种不同界面结构的 Au-NiS_x 金属－半导体纳米颗粒，通过调控 Au 与 NiS_x 的界面原子构型，调控 Au 与 NiS_x 的界面相互作用，进而调控 Au-NiS_x 异质结构的能带结构和电子态，利用 Au 与 NiS_x 之间的协同效应和耦合效应，实现高效 HER 催化性能。⑥利用高分辨透射电子显微镜和定量大角度环形暗场扫描 TEM 研究了一种广泛应用的电极材料 Au 在少层 MoS_2 上的演化。观察到金从纳米颗粒向枝晶的转变，发现 Au 和 MoS_2 晶格之间的外延取向规律。相关研究成果发表在 *Nano Research*, 期刊上。⑦研究了在蓝宝石、SiO_2/Si 和云母上，Ag 沉积引起的单层 SiO_2 中局域应变的演化：SiO_2 与蓝宝石的界面相互作用最强，与云母的界面相互作用最弱。并通过密度泛函理论计算表明，SiO_2 在不同基底上的界面吸附能不同，表明单层 SiO_2 与基底之间的界面相互作用是应变演化的关键。相关研究成果发表在 *Nanoscale* 期刊上。⑧采用预处理的 Vulcan XC-72@PTFE 颗粒构建了膜电极催化层内部的气体传输通道，研究了利用 C@PTFE 进行膜电极亲疏水性调控。⑨开发了以油胺作为还原剂，油酸作为表面包覆剂，三正辛基膦作为磷源，合成了具有体心四方结构的 $Ni_{12}P_5$ 的超薄纳米片。相关研究成果发表在 *Journal of Alloys and Compounds* 期刊上。⑩采用无模板策略制备了由多孔二维 g-C3N4（PCN）和氮掺杂石墨烯（NG）组成的异质结构硫宿主材料，并研究了其在锂硫电池中的可能性应用。

（陈 娣）

【科研项目】 2019 年，实验室在国家自然基金项目方面取得可喜成绩。获批国家自然科学基金面上项目 9 项；青年基金项目 1 项，境外合作与交流项目 1 项；国家重点研发计划重点专项 1 项。具体项目名称及负责人如下：基于微生物絮凝与微生物降解的水体污染控制策略研究——时滞与反应扩散动力学建模与数值分析（马万彪）；金属与二维半导体异质结的界面调控和结构性能演化（孙颖慧）；量子辐射主导的高能伽马刺辐射和 Unruh 辐射的非微扰理论及非局域场近似理论研究（王云良）；镍氢电池负极材料 LaYMgNi 合金及其氢化物的高分辨中子衍射原位研究（万初斌）；过渡金属纳米晶生长和结构演化的原子分辨原位研究（王荣明）；具有多重刺激响应和多模成像功能口服型肝癌纳米药物结构设计和制备及药理研究（宋玉军）；多维剪切流作用下 Cu 合金凝固原位纳米第二相形成的动力学机制（陈明文）；基于 Si@C 纳米球复合结构的柔性可拉伸锂离子电池的研制（陈娣）；富锂锰基层状氧化物的阴离子电荷补偿行为机制及异质结构设计（李建玲）；高密度制氢电堆模块集成技术（王新东）；贵金属－磁性金属化合物纳米材料的界面调控及构效关系研究（段嗣斌）；考虑尺寸效应的电磁固体力－电－磁多场耦合力学行为建模（魏培君）。

（陈 娣）

城市地下空间工程北京市重点实验室

【概况】“城市地下空间工程北京市重点实验室”（以下简称“实验室”）于 2016 年经北京市批准建立，依托北京科技大学土木与资源工程学院（原土木与环境工程学院）进行建设，旨在针对北京及全国城市建设与发展过程中土地资源紧缺和城市环境恶化的双重瓶颈问题，以开发利用城市地下空间为目标，以城市工程地质精细探测与地下空间适建性评价、城市地下空间工程规划与设计新理论、城市地下空间工程施工技术与风险管控、城市地下空间环境与地下结构耐久性、城市地下空间工程数字化及智能监控为主要研究方向，重点开展城市地下空间地质条件探测、工程规划、设计建造、使用环境及安全保障等领域的基础理论和关键技术研究，搭建城市地下空间工程领域的基础研究、技术研发、人才培养的公共平台，助力北京城市海绵化功能建设，为实现城市的可持续发展提供技术保障。实验室现有研究人员72名，其中，教授28人，副教授28人。拥有中国工程院院士1名、国际学术机构委员会主席1人，国务院学科评议组成员和召集人1人、国家教学名师1人、杰青及长江学者2名、入选国家“新世纪百千万人才”3人、入选教育部“新世纪优秀人才支持计划”3人，北京市科技新星4人。

截至2019年12月31日，实验室现有建筑面积2300平方米，设备总数达1000余台（套）。配合学校完成北京科技大学仪器设备共享平台建设，设备仪器购买投入经费约500万元。在实验室平台建设方面，为全面改善实验室的实验条件，提升科研服务能力，建立了结构拟静力试验平台和颗粒物质流固耦合双轴加载光弹实验系统，购置大型设备3套，分别为：热常数分析系统、结构加载实验系统和平卧式光弹分析系统。

（纪洪广、吕祥锋）

【科研活动】 实验室以开发利用城市地下空间为目标，以城市工程地质精细探测与地下空间适建性评价、城市地下空间工程规划与设计新理论、城市地下空间工程施工技术与风险管控、城市地下空间环境与地下结构耐久性、城市地下空间工程数字化及智能监控为主要研究方向，重点开展城市地下空间地质条件探测、工程规划、设计建造、使用环境及安全保障等领域的基础理论和关键技术研究，搭建城市地下空间工程领域的基础研究、技术研发、人才培养的公共平台，助力北京城市海绵化功能建设，为实现城市的可持续发展提供技术保障。2019年度实验室新增获批纵向课题21项，专项经费1356万。其中，北京市科委和自然基金委项目5项，获批经费60万元。获批纵向项目包括国家自然基金重点项目1项、国家自然科学基金面上项目5项、青年基金1项、中国工程院咨询项目2项（蔡美峰院士承担两项中国工程院项目分别为“深部矿产资源与深部地热共采利用战略与政策建议”“深部矿产资源开采系统和地热开发系统共建共存公用关键理论与技术”）、北京市科技新星1项、北京市拔尖人才1项、引智项目1项，同时还有十余项省部级基金和博士后基金项目。2019年，实验室新增技术合同65项，技术性收入3390.847余万元。其中，在京单位委托单位35项，技术性收入1080.1625万元。

2019年度实验室在城市地下空间工程领域取得了一批创新研究成果，发表国内（中文核心）论文10篇，国外论文（SCI、EI收录）21篇，获批发明专利授权11项，出版专著7部。2019年度，实验室共获得省部级一等奖2项，行业协会等其他奖项5项。由爽副教授项目“西部弱胶结地层1500万t/a煤矿深立井建设与提升关键技术研究”获得中国煤炭工业协会科技奖一等奖，谭卓英教授项目“露天矿运输道路开放性厚大粉尘生态抑尘控制技术”获得中国有色金属工业科学技术奖二等奖，纪洪广教授牵头项目“构造控制区多重采动诱发动力灾害机理及防治技术”获得中国煤炭工业协会科技奖三等奖，郭奇峰项目“滨海矿山深部开采多场耦合环境下精准识别与灾害预测防控”获得中国黄金协会科学技术奖一等奖，谢谟文教授牵头项目“边坡失稳动力学监测预警关键技术及装备研发应用”获得中国职业安全健康协会科学技术奖一等奖。刘娟红教授项目“低熟料胶凝材料绿色高性能混凝土综合技术与应用”获得河北省科技进步奖一等奖，朱维耀教授牵头项目“非常规气藏开发理论和高效开发技术及工业化应用”获得教育部高等学校科学研究优秀成果奖一等奖。

（纪洪广、吕祥锋）

【交流与合作】 在实验室开放交流方面，积极与国内外同行开展广泛的学术交流活动，努力提高实验室在国内外科研领域的学术影响力。2019年度实验室举办国际会议一次即“北京科技大学&MTS岩石力学研讨会”；国内会议四次，分别为“深部金属矿建井与提升关键技术”工作推进暨专家讨论会、《深竖井大吨位高速提升装备与控制关键技术》示范工程协调会；“城市地下空间工程北京市重点实验室”学术委员会会议，北京科技大学土木与建能学科发展研讨会。

实验室研究人员积极参加各种国内外学术会议，参与俄罗斯远东联邦大学、大阪工业大学国际交流与实验室考察2次；研究生参加美国、俄罗斯、日本国际会议10人次。本年度还邀请了多位国内外专家来到实验室进行访问交流，美国明尼苏达大学土木、环境地质工程学院院长 Joseph F. Labuz 教授来访实验室进行学术交流，开展学术讲座与研讨、带领团队参与引智基地建设、建立校际合作关系；德国波鸿应用科技大学（THGA University of Applied Sciences）校长 Jürgen Kretschmann 教授和助理研究员 Diana Elizabeth Lezcano Zapata 女士到访实验室进行学术交流，Jürgen Kretschmann 教授还做了精彩的学术报告，引起了与会学者们的浓厚兴趣；多伦多大学夏开文教授到访，夏教授以深部岩石动力学试验研究为主题，重点介绍了高温、水以及地应力对岩石动态力学特性的影响，阐述了深部岩石在围压条件下的动态拉伸破坏、动态断裂、动态弯曲、动态剪切等试验方法、结果及最新进展；西澳大学终身名誉教授 David I.Groves 到访做 *Preparing Papers for Western Journals* 与 *Preparing PPT Talks to International Conference* 专题报告；英国伯明翰大学国际铁桥文化研究中心 Dr.Roger White 高级讲师到访做 *Interpreting Mining Landscapes* 专题报告；捷克共和国奥斯特拉法科技大学安全工程学院副院长 Bernatik Ales 教授和国际招生办主任 Martina Preckova 到访进行学术交流访问，双方就办学特色，学科建设、人才培养等情况进行了交流，并就本科生和研究生培养等合作项目进行了协商交流。

（纪洪广、吕祥锋）

先进粉体材料研发与应用北京市国际科技合作基地

【概况】 先进粉体材料与应用北京市国际科技合作基地（以下简称“基地”）于 2017 年 3 月批准成立，基地针对增材制造、高温合金、生物医用材料以及新能源材料等产业需要的先进粉体材料为对象，与国内外知名科研团队和企业展开合作研究，加快先进粉体材料及科技成果转化，促进相关产业技术的提升和快速发展。目前，基地已经与美国 MIT、加州大学、华盛顿大学、德州大学（奥斯汀）、伊利诺伊大学（UIUC）、瑞典隆德大学、澳大利亚昆士兰大学和香港城市大学等国外著名研究机构，以及美国肯纳金属、美国福特汽车等国际知名企业建立了长期稳固的合作关系，正在着力推进先进粉体技术的升级和成果转化。基地以北京为科技中心，通过技术转化、科技服务等方式，辐射到全国相关产业。基地现有研究人员 25 人，其中教授、博士生导师 18 人，瑞典皇家科学院院士 1 名、长江学者与杰出青年基金获得者 3 人、万人计划领军人才 1 人、自然科学基金优秀青年基金 1 人和教育部跨（新）世纪优秀人才 6 人。此外，基地每年招收和培养近 150 名博士和硕士研究生。

（田建军）

【科研活动】 2019 年，基地新增国家自然科学基金国际合作重点项目 1 项、国际合作与交流项目 2 项，国外企业合作项目 1 项，以及其他科研项目 30 多项。在 *Energy & Environmental Science*（影响因子 33.067）、*Advanced Materials*（影响因子 25.809）、*Advanced Functional Materials*（影响因子 15.621）和 *Small*（影响因子 10.856）等期刊上发表学术论文 100 余篇；获得国家技术发明二等奖 1 项、省部级科技一等奖 2 项；授权中国发明专利 30 余项。与国外学术交流活动活跃，国际交流出访 20 余人次，特邀国外知名教授来访和讲座 15 人次，承办大型国际学术会议 1 次，基地人员在国内外学术会议上做特邀报告 30 余次。

（田建军）

智能超算融合应用技术教育部工程研究中心

【概况】 智能超算融合应用技术教育部工程研究中心（以下简称“中心”）于2019年10月经教育部批准成立。该中心是由北京科技大学牵头，联合高性能计算领域的领军企业“曙光信息产业股份有限公司”、国家超算应用联盟牵头单位“中国科学院计算机网络信息中心”进行共建。该中心建设的目标是发挥超算、智能、大数据技术融合优势，产学研结合，加速集成创新与成果转化，打破超算智能融合应用核心关键技术领域的壁垒和封锁，为解决应用痛点问题提供技术支撑。

中心设有技术研究中心与应用转化基地，其中，技术研究中心下设高性能计算与领域大数据工程研究中心、智能物联网研究中心、视频图像大数据智能识别研究中心、核反应堆高性能数值模拟联合研究中心、DCU计算生态建设联合研究中心、智能服务平台技术联合研究中心；应用转化基地包含曙光信息产业股份有限公司、中科院超算中心、深圳国家超算中心分中心、昆山国家超算中心分中心。另设有技术委员会、综合办公室。中心将形成一支以10~15名左右教授和博士生导师为带头人的，100人左右集研究、开发、和工程化推广应用于一体的高水平队伍。

（胡长军）

【研发方向】 ①高性能计算技术：基于硬件平台的架构、网络等特点设计针对特定应用的并行算法，结合应用领域的问题特点建立相应优化技术，使用高性能计算平台的大规模并行计算能力求解复杂的可计算问题，突破生产和科研中面临的计算能力瓶颈。

②智能计算应用技术：聚焦于面向未来网络与计算机系统的智能计算技术，围绕计算理论的智能、计算系统的智能和计算应用的智能，形成以异构计算、机器学习、人工智能算法等为主要方向的科研体系，在材料、冶金、矿业等优势学科和行业中实现成果转化。

③材料领域大数据技术：针对行业需求，全方位采集各实验和模拟数据进行汇聚分析，结合高性能计算和智能计算技术，利用分析结果指导生产控制与管理决策，通过持续演进，实现在线决策控制优化。

④工业互联网安全保障技术：通过研制智能化的网络空间安全技术，保障工业系统安全运营。本研究方向主要针对当前工业互联网面临的系统性安全风险，通过研制具有“时空自洽、内生安全”的防范技术，加强工业互联网各层防护对象安全水平。

（李建江）

【技术研发成果与贡献】 中心面向核工业、新材料研制等几个国家重点领域的高性能、智能化数值模拟计算和大数据分析处理需求，以我国在国际领先的E级超算平台为基础，结合先进的高性能计算、人工智能、大数据和互联网安全技术，目前已承担国家重点研发计划项目、国家自然科学基金重点项目、国家发改委人工智能创新发展重大工程、核高基国家科技重大专项等多项重要项目。包括：数值堆应用软件开发、流域水系分级嵌套耦合大规模水文模拟软件开发与部署、智能化工作流管理与远程互交可视化技术研究、双向模型转换技术研究与应用、时空大数据的融合与分析、E级高性能计算机系统研制－大规模数值模拟应用移植优化与平台集成、低活化铁素体/马氏体钢辐照脆化行为与机理的先进模拟研究、粒子类问题的可扩展并行算法研究、面向E级系统的并行编译优化研究、面向国产100PF计算机的高效基础算法库研究、国家高性能计算服务化机制与支撑体系研究、面向深度学习应用的开源平台建设及应用、超级计算机处理器研制等。上述项目紧密联系行业生产单位，保证了技术落地，已产生较为明显的社会和经济效益。

（胡长军）

天津材料环境腐蚀教育部野外科学观测研究站

【概况】 天津材料环境腐蚀教育部野外科学观测研究站由北京科技大学牵头建设，针对京津冀协同发展和环渤海经济发展需求，围绕重大工程建设、装备制造及新材料研发对材料在天津及曹妃甸区域服役行为及环境适应性数据的迫切需求，以天津宝坻为中心，辐射天津大港和曹妃甸两个重要的环渤海试验点，形成“一站三点”的联合观测试验站，建立了3个完善的大气和土壤野外试验场，已持续开展材料腐蚀观测试验13年，拥有30余台套总值超过1500万元的观测分析仪器设备，具备了长期开展野外试验的工作和生活条件设施，建立了一支由24人组成的专业化科研及管理团队，长期开展典型材料在天津及曹妃甸地区的腐蚀试验及数据积累，为京津冀协同发展和环渤海经济建设提供材料装备环境适应性科学数据支撑。试验站是京津冀及环渤海地区具有代表性的材料腐蚀野外观测研究站，是新时期我国材料环境腐蚀野外台站体系的重要组成部分。

（吴俊升）

【科研活动】 天津材料环境腐蚀教育部野外科学观测研究站主要开展材料腐蚀野外观测试验研究与数据积累共享服务，材料腐蚀行为与机理研究，腐蚀试验与评价方法研究，材料腐蚀评价标准制定和综合防护技术研发与应用方面的科研工作。2019年在天津宝坻和曹妃甸两个试验点开展大气暴露试验，投试了包括碳钢、耐候钢、不锈钢、铜、锌、铝合金、涂层等26种常用材料共800余件试样的投试试验。目前积累腐蚀数据400余条，宏观形貌照片800张。积累气象环境因素数据41万余条。承担包括国家科技基础条件平台项目、国家自然科学基金项目和国家重点研发课题等共计6项，横向课题7项目，总经费320万元。申请国家发明专利2项；发表SCI收录论文23篇，EI收录论文12篇。

（吴俊升）

【人才培养】 野外科学观测试验站是开展腐蚀试验和数据积累的重要平台，同时也是培养材料腐蚀与防护领域专业人才的重要基地，依托天津材料环境腐蚀野外科学观测研究站的试验条件、数据资源和人才优势，2019年共培养研究生12名，其中包括3名博士研究生，9名硕士研究生。

（吴俊升）

【交流与合作】 试验站注重开放合作共享，聘请了包括新加坡南洋理工大学黄一中教授等8名国内外的知名专家担任试验站的客座教授，为试验站的科研水平提升和国内外合作提供了重要的支撑。试验站人员积极开展国际合作交流，在新加坡、泰国等国外实验站点开展了腐蚀试验合作。试验站主要研究人员出国参加国际会议或开展国际合作5人次，目前已经与包括美国麻省理工学院、加拿大卡尔加里大学、美国西弗吉尼亚大学、新加坡南洋理工大学等单位建立了长期的合作关系。

（吴俊升）

“一带一路”东南亚环境材料腐蚀与防护教育部野外科学观测研究站

【概况】 随着我国“一带一路”建设和中国装备“走出去战略”的推进实施，中国工程装备的全球化应用势不可挡，这其中，工程装备材料先行是关键。材料腐蚀问题是制约“一带一路”倡议实施的重要技术瓶颈之一。针对“一带一路”沿线及全球化的材料环境适应性研究基础薄弱、相关数据和标准缺失，工程装备缺乏针对性设计和正确选材选型依据。其中，“21世纪海上丝绸之路”沿线的东南亚地区气候环境最为严酷，所面临的材料腐蚀问题尤为严重。因此，开展在东南亚地区材料环境腐蚀试验和数据积累，进而指导耐蚀材料和防护技术的设计与应用，迫在眉睫。为贯彻落实《推动共建丝绸之路经济带和21世纪海上丝绸之路的愿景与行动》和2017年“一带一路”国际合作高峰论坛精神，围绕推进“一带一路”建设新阶段的总体要求和重点任务，基于国家材料环境腐蚀试验网络长期的材料野外观测试验研究基础，在“一带一路”沿线及全球布局海外观测试验研究网络，将会提高我国野外观测研究的国际影响力。

“一带一路”东南亚环境材料腐蚀与防护教育部野外科学观测研究站面向海洋工程装备、高速铁路、船舶等重大工程装备走出去所面临的严酷环境适应性问题，通过在东南亚典型气候环境布局材料腐蚀试验站点，系统开展钢铁、有色金属、高分子材料与防护涂层材料在“一带一路”沿线地区的环境腐蚀老化试验研究，持续积累典型材料在高温、高湿、高盐、多雨、强辐照等严酷作用下的材料环境适应性数据，针对“一带一路”东南亚环境建立工程装备及材料环境适应性评价方法及技术标准规范体系，开展复杂、多样环境下材料服役性能的大数据评价预测，解决工程装备在“一带一路”及全球化发展过程中所面临的环境适应性及服役安全等重大材料科学问题，为“2025先进制造”和“中国好材料”走向全世界提供关键技术及数据支撑。

（张达威）

【基地建设】“一带一路”东南亚环境材料腐蚀与防护教育部野外科学观测研究站依托现有的北京科技大学顺德研究生院为中心站，涵盖我国和“一带一路”国家共计11个观测点。其中，北京科技大学顺德研究生院校区作为中心站，主要负责野外观测点样品的制备加工、试验分析、数据处理，以及户外环境对标试验和室内模拟加速评价试验。国内观测点中，文昌观测点由北京科技大学与文昌卫星发射中心共建，可满足航天材料和构件试样投试、数据积累、腐蚀评价和基础研究的需求，已在航天发射任务中发挥重大的支撑作用。位于泰国、新加坡等东南亚国家的海外观测点以“共同建设、合作研究”的方式，分别依托泰国农业大学、新加坡南洋理工大学等海外知名院校进行建设，开展了典型金属材料与防护涂层材料的大量投试工作，为中泰、中印高铁建设的选材与腐蚀评价做出了重要的支撑。

（骆　鸿）

【科研工作】 野外站2019年度围绕以下几方面开展科研工作：1）完善野外科学观测研究站的硬件建设；2）典型环境腐蚀大数据的采集与算法；3）金属材料与防护涂层环境试验数据积累与共享服务；4）材料失效行为高效评价与预测方法研究。在泰国、新加坡、印尼、海南文昌等观测点投放－回收钢铁、有色金属、高分子材料与防护涂层等试样800余件，收集环境参数与关键腐蚀数据上万条，并开展了相应的室内模拟加速评价试验研究，建立了结合高通量腐蚀监测实验与机器学习技术的材料腐蚀行为大数据评价预测方法。2019年，野外站李晓刚教授荣获NACE International颁发的W.R. Whitney最高学术成就奖。在*Corrosion Science*、*Chemical Engineering Journal*、*Journal of Materials Science and Technology*等国内外高水平学术期刊发表论文40余篇。

（马菱薇）

【交流与合作】 野外站持续开展国内外学术交流，进一步巩固与国内外腐蚀与防护领域相关专家及机构的深入合作。项目组成员受邀参加2019年第十届全国腐蚀大会暨腐蚀控制安全与管理国际工程科技研究大会，李晓刚教授做大会报告，张达威教授担任分会场主席；项目组4名成员参加了第一届国际腐蚀防护与应用大会（EFC China 2019），并做分会场报告；骆鸿教授受邀参加2019第六届海洋材料与腐蚀防护大会；项目组6名成员参加了第一届国际耐蚀钢及其冶金新技术学术会议，李晓刚教授做大会报告；依托于野外站，本年度邀请了来自美国、加拿大、荷兰、比利时、泰国、澳大利亚、新加坡等地的20余位知名学者来访讲学并参与合作研究，并有8位研究人员及9位研究生前往西班牙、澳大利亚、泰国等国家参加国际学术会议，加强互识与交流，制定合作路线，提升野外站的科研水平和国际影响力。

（骆　鸿、钱鸿昌）

【队伍建设与人才培养】 野外站积极推进高水平队伍建设和人才培养工作。目前在站工作的研究人员和技术人员共计22名，其中高级职称10名，中级职称5人，具有博士学位的研究人员比例达100%。李晓刚教授担任团队的学术带头人，张达威教授和骆鸿教授分别担任野外站的站长和副站长，学校还为野外站引进3位青年教师，并相应调整了5位骨干研究人员和多位博士研究生参与到研究站的建设运行当中，目前在站博士生、硕士生共计18人。团队人员长期从事材料腐蚀与防护，数据挖掘与分析、大数据与数据库技术等方面的研究，具备了丰富的合作研究基础。野外站已经汇聚了一支科研实力雄厚、结构合理、学科交叉、经验丰富的研究队伍。

（钱鸿昌）

金属矿产资源绿色开发北京市国际科技合作基地

【概况】 金属矿产资源绿色开发北京市国际科技合作基地（以下简称“基地”）于2019年6月批准成立，针对金属矿开采面临的安全与环境等方面的问题，与国内外知名科研团队和企业展开合作研究，重点突破绿色矿山关键共性技术，促进科技成果工程化和技术转移，提升矿业自主创新能力，建成尾矿绿色处置与资源化技术创新平台。目前，基地已经与英属哥伦比亚大学、新南威尔士大学、塔林理工大学、克劳斯塔尔工业大学、纳米比亚科技大学等国际知名大学建立了长期稳固的合作关系。基地通过产学研联合、科技创新合作、人才联合培养、科技信息交流等方式，辐射到国内外高等院校、科研院所及矿山企业。

（尹升华、耿倩男）

【交流与合作】 2019年，基地新增国际合作和引智项目2项、“博士后国际交流计划”引进项目1项，申报高等学校学科创新引智计划1个。学生赴国（境）外参加国际交流23人次，其中本科生18人次，博士研究生5人次；教师短期因公赴外交流15人次，其中参加国际学术会议13人次；青年教师出国（境）留学2人次；邀请外国专家学者来学院交流讲学6人次，主办国际学术会议2次。基地人员在国际学术机构任职2人次、国际学术期刊编委3人次。

（尹升华、耿倩男）

粉末冶金与先进陶瓷北京市国际科技合作基地

【概况】 粉末冶金与先进陶瓷北京市国际科技合作基地（以下简称“国际科技合作基地”）于2019年7月经北京市科委批准成立，依托于北京科技大学建设，是为贯彻落实北京市“十三五”时期加强全国科技创新中心建设规划目标，以全球视野谋划和推动创新，提升国际科技创新合作水平而成立的科技创新和高新技术产业化国际合作基地。

国际科技合作基地的研究实体是学校于2013年批准成立的“核能与新能源系统材料研究所”，后又名为“粉末冶金与先进陶瓷研究所”。现有固定研究、教学人员12人，其中中国科学院院士1人，教授、博导5人，副教授、副研4人，讲师、师资博士后3人。

（葛昌纯）

【研发方向】 国际科技合作基地目前的研发方向有：

①粉末高温合金与合金钢的研究与开发；②核聚变堆与核裂变堆材料的研究与开发；③空间太阳能发电站关键材料的研究与

开发；④新能源系统关键材料的研究与开发；⑤先进结构陶瓷与陶瓷基复合材料的研究与开发；⑥纳米粉体、纳米管、纳米复合材料和纳米器件的研究与开发；⑦环境友好材料和资源节约与开发技术的研究与开发；⑧以刹车片为代表的摩擦材料、耐磨材料和其他金属、非金属、有机、无机复合材料的研究与开发；⑨以燃烧合成为主的反应合成技术制备各种先进陶瓷粉末、晶须和制品的研究与开发；⑩以梯度功能材料为代表的各种微观、介观和宏观结构的层状材料和部件的制造技术、结构、性能和用途的研究与开发。

（葛昌纯）

【技术研发成果与贡献】 2019年7月北京科技大学与北京中关村微纳能源投资有限公司签订了关于共建“葛昌纯院士平台粉末冶金与先进陶瓷研究院”的战略合作协议。协议规定：为发挥科技支撑和引领作用，集聚创新要素，助力怀柔科学城硬科技发展。将北科大的人才优势和学科优势与维纳能源公司的发展方向有机结合，汇聚领军人才、转化科技成果，建立政府支持、“政产学研用金”六结合、面向市场的公共服务平台，共建北京科技大学“葛昌纯院士平台粉末冶金与先进陶瓷研究院”和共建“北京市粉末冶金与先进陶瓷国际科技合作基地”，协同创新研究与开发和科技成果转化与推广，维纳能源公司协助怀柔科学城与学校联合向北京市申报葛院士提出的“共建北京科技大学葛昌纯院士平台粉末冶金与先进陶瓷研究院”“粉末高温合金与粉末不锈钢”“燃烧合成与先进陶瓷”三份项目建议书。维纳能源公司通过自持的中试孵化楼为研究院和国际科技合作基地提供办公和实验场地2800平方米；为“粉末冶金与先进陶瓷研究院”和“北京市粉末冶金与先进陶瓷国际科技合作基地”筹资，目标力争在三年内（2019—2021年）筹资5亿元以上人民币，用于研究院和国际科技合作基地的建设和运行。

（葛昌纯）

管理与服务

校务管理

【概况】 学校校务管理工作主要由党委办公室、校长办公室承担。党委办公室、校长办公室是学校党委和行政的综合办事机构，负责处理学校党委和行政的日常工作。校长办公室成立于1953年10月（当时称院长办公室），1964年5月改为政治部办公室，“文化大革命”期间停止工作，1978年恢复建制。党委办公室成立于1956年4月，1964年9月学校建立政治部后属政治部领导，“文化大革命”期间停止工作，1978年恢复建制。根据不同时期的工作需要，校长办公室下设机构几经调整，到1992年，校长办公室下设综合室、文秘室、信息室、档案室、校史编辑研究室。1997年，档案室、校史编辑研究室与人事处的人事档案室合并成立档案馆。1999年5月，学校机构改革后，党委办公室、校长办公室、统战部合署办公，下设综合接待室、信息文秘室、校友会与校董会办公室、法律事务中心。2001年统战部从党办、校办、统战部合署中分离，党办、校办合署办公，下设机构不变。2019年，党办、校办设有信息文秘室、综合接待室、政策研究与法律事务中心等下设机构，扶贫办公室挂靠在党办、校办。

（郑安阳）

【重点工作】 ①扎实开展“不忘初心、牢记使命”主题教育。组织学校主题教育动员部署会、评估会，完成校级学习教育、调查研究、检视问题、整改落实、成效评估相关工作安排，扎实推进学校重点问题的整改落实工作，完成主题教育相关报告、汇报的起草工作。聚焦专项整治，开展“一票否决”与责任状事项梳理等工作。主题教育工作得到中央巡回督导组、教育部指导组和广大师生的肯定。②切实提升服务决策能力。起草《抓住年度要点“牛鼻子”提升现代大学治理能力》政策研究报告，推动学校年度要点研制、督查、落实机制改革。设立学校统计工作专项课题，探索学校统计数据的科学化应用，提升数据服务决策能力和水平。年内编制《简报》《情况反映》等100余期，教育部和市委教工委刊登13期，位居高校前列，荣获“教育部信息工作先进单位”。③推进构建“三级递进”督查督办模式。强化常委会办公会决议内容分类督办，构建“首次下发督办表—跟踪督办—挂牌督办”三层次递进督办程序，确保督得准、跟得紧、落得实。强化办结审核，确保督办事项有回应、全落实、成闭环。全年发放督办单451份，跟踪督办推进人工智能研究院实体化建设、设置教室教师休息椅、规范教师学术道德等重点工作49项。④积极推进学校政务信息化工作。牵头建设、上线新版英文网站，强化对外宣传，进一步提升学校国际形象。积极推进合同管理信息化建设，研发线上合同管理信息系统。上线新版电子政务平台，完成协同办公平台设计、开发，切实提升行政办公效能。⑤加快推进学校治理能力现代化。深入推进以大学章程为核心的规章制度体系的立、释、改、废，推动学校“三重一大”实施办法、全委会常委会办公会议事规则修订工作，严格规章制度管理，清理规章制度83项。出台《贯彻落实一线规则工作方案》，实施落实情况台账化管理，增强服务师生、关心师生的自觉性和主动性。⑥扎实推进全面从严治党各项工作。发挥学校党的建设和全面从严治党工作领导小组办公室功能，牵头制定全面从严治党责任分工，扎实推进各项任务落实落地，年底结合党建述职进行检查督责，梳理总结分析全面从严治党任务推进和落实情况，切实增强全面从严治党责任自觉。⑦切实为基层减负。减少检查督查，将党风廉政建设责任制、落实意识形态工作责任制及党务公开、信息公开等情况检查纳入基层党组织书记抓党建工作述职。严格党政公文管理，学校党委行政名义下发公文同比下降34%。加强会议统筹，主动牵头协调会议合开、套开工作，减少会议数量。

（郑安阳、赵　萌、郭志恒、郝　媛、张　毅）

【综合管理服务工作】①服务学校重要会议活动。坚持高标准、严要求，牵头做好陈宝生部长等教育部、北京市等上级领导来校调研工作。完成与亚琛工业大学合作40周年庆祝大会、魏寿昆科技教育奖颁奖、党委（扩大）会议、总结表彰大会、学生迎新及毕业等活动的服务保障。年内完成41次党委常委会、35次校长办公会以及专题会、务虚会的组织工作。②服务对外合作交流活动。接待宝武集团、中国恩菲、中国石化等12家企业，东北大学、兰州交通大学等13所高校，以及教育部、财政部、平谷区等14家政府单位来访交流。组织协调赴中国一重、山钢集团、浙江大学、中山大学等地开展交流合作。③服务校内单位工作运转。完成校内内部报告132份、内部文件170份、上报公文225份的转呈、办理和发布，接收处理教育部、北京市等文件2557件，全天候做好国庆文件流转工作。落实机要文件全方位监督管控，确保不留死角和盲区，完成教育部电子政务内网接入工作，保障政令畅通、上情下达和下情上达的准确无误。加强印章管理，严格审批流程确保用印规范。严格执行机要用车管理办法。④服务师生来信来访诉求。坚持“以人为本”，坚持校领导接待日制度，热情接待来信来访师生，做到100%有回复，接待处理日常来访40件，收到并处理电子邮箱信访22件、书信信访13件，处理校长信箱来信106件。⑤做好学校安全稳定工作。牵头制定年度安全稳定工作方案，按时完成安全稳定工作日报、周报、月报、季报工作。认真做好突发事件信息报送和节假日、敏感时期值班安排。建立学校24小时总值班制度。

（郭志恒、郝　媛、何文书、杨锐杰）

【信息文秘工作】①高水平完成文字起草工作。按照“短、实、新”文风要求，完成党委常委会工作报告、全面从严治党工作总结、工作要点、党建工作要点、教代会报告、非首都功能疏解等100余份工作报告、领导讲话文稿的起草工作。②扎实做好信息公开工作。持续加强党务公开、信息公开，及时维护信息公开网，完成2019年信息公开年报报送。③高质量开展统计工作。牵头完成高基报表、科技统计等数十份统计工作，作为高基报表组长单位完成清华、北航等10所高校数据审核工作，荣获“北京市教育事业统计工作优秀集体”。④完成年鉴编辑工作。做好《年鉴（2019）》编辑出版工作，《年鉴（2017）》获评中国出版协会年鉴工作委员会第六届年鉴编纂出版质量评比（综合奖）二等奖。编制《事业发展公报（2018）》。

（赵　萌、崔　睿、倪　阳、康　玲、陈　曦、林　飞、崔　帅）

【政策研究与法律事务】①优化政策研究工作体系，年内编印《综合快报》6期。②切实维护学校合法权益。出台《诉讼与仲裁事务管理办法》，建立统筹联动案件处理机制，胜诉多起案件，其中两起难度较大房产案件为学校追回房产2套（价值1000余万）。加强合同审核，年内审核采购、基建、科研等重大经济合同219份、合同金额3.36亿元，反馈法律意见100余份。提升法律咨询服务质量，提供基建、人事等多个领域专项法律咨询服务30余次。认真做好普法工作，针对性地邀请法官、检察官、律师等法律实务人员开展劳动人事、合同风险把控、电信诈骗防范等专题培训3次，举办宪法宣传周等普法活动。

（张　毅、胡智林、安晓东）

【扶贫工作】按照“以加强党建为先导、教育扶贫为主线、产业扶贫为主题、科技扶贫为支撑”的定点扶贫工作思路深入开展精准扶贫。全年共召开帮扶工作推进会7次。校党委书记武贵龙、校长杨仁树及班子其他成员4人次，共4次带队赴秦安县对接推进定点帮扶工作。天水市委副书记赵卫东、秦安县委书记王东红、县长程江芬分别带队共3次到校对接推进定点帮扶工作。学校党委常委会召开9次会议专题研究定点扶贫工作。直接投入和引进帮扶资金697.7万元，培训基层干部和技术人员1807人，“一对一”持续资助贫困学生400余名，消费扶贫与帮助销售农产品687万元。建立教育帮扶基地9个，包括“留守儿童心理健康教育基地”“科普教育基地”“中学生科技创新实验室”“贝壳梦想教室”等，举办“2019中国·秦安党建引领乡村振兴战略论坛”，构建“高校党支部+贫困村党支部”的浸入式共建帮扶模式，组织10余支专家及研究生团队赴秦安县开展课题研究与“科技下乡”，助力秦安县完成减贫3.25万人，贫困发生率下降到0.76%，如期实现整县脱贫摘帽。学校被评为“2019年度甘肃省脱贫攻坚帮扶先进集体”。学校秦安扶贫团队被评为2019年度“感动北科”新闻人物。获国务院《扶贫开发》、教育部网站“一线采风”、甘肃省脱贫攻坚专报等集中报道典型经验8次，中央电视台、新华社、《人民日报》《光明日报》等主流媒体宣传报道工作成效20余次。

（沈　崴、蒋灵斌、李　萌、孙雅娴）

校友会、基金会工作

【概况】 校友会、基金会办公室秉承“传承、创新、服务、共赢”的工作理念，2019年紧密围绕学校中心工作，深入落实立德树人根本任务，践行“服务校友、服务母校、服务社会”的校友工作宗旨，积极搭建沟通平台，努力整合校友资源，持续凝聚和服务广大校友，着力挖掘社会资源，务实创新，为推进学校“双一流”建设、深入实施综合改革贡献力量。

（吕朝伟）

【校友日常联络与服务】 校友会办公室作为连接校友与母校的纽带，在日常工作中格外重视校友联络密度和校友服务满意度。

①圆满组织校庆周及值年返校系列活动。在2019年校庆周期间成功组织“三十春秋 心系摇篮——89届校友毕业30周年纪念活动”和“我们·久久——99届校友毕业20周年纪念礼”两场值年返校活动，共计接待校友1400余人；协调学校相关部门举办“感动北科新闻人物”“礼敬中华 文溢满井”传统文化节、“校长相约·共话成长”校长奖章获得者主题论坛等一系列学术、文化活动，彰显了学校发展历史、办学特色和时代特点，广泛凝聚了发展共识，师生、校友对学校的认同感与自豪感明显提升。

②热情做好校友返校服务。召集并联络89、99届两届校友1400余人参加值年返校活动；日常接待物化80、文法05、轧70、铸60、数05、思政87、环境05、物化64、轧65、机械64、冶金69等班级返校活动30余场次，服务参加活动校友人数近1000人次，全年共接待各类校友返校近2500人；为返校校友提供活动方案策划、人员邀请、场地安排、住宿餐饮、会场服务、校内外参观，制作学籍卡，赠送学校宣传画册套装等全方位服务，得到校友的高度认可，返校班级数量明显增多。

③扎实做好信息平台建设与维护。优化校友会信息发布平台，及时完成官网、官微等信息平台的更新与维护，年内共推送微信公众号文章90余篇；每月末编辑《北科大校友工作动态》，以电子邮件形式发送给广大师生校友，年内共发行10期，每期发送邮件数近4万封；密切关注校友动态，以书记和校长名义及时为升迁、获奖校友寄发贺信，年内向李晓波、姚林等校友寄发贺信7封；每逢节假日，通过邮箱向校友发送电子贺卡，有效增强校友与母校间的感情；启动校友会信息系统开发工作，为实现更好的校友数据梳理、校友资源整合、实现校企共赢做好信息储备。

④稳步优化服务校友工作。基金会定期通过网站发送《校友捐赠动态》，及时向捐赠单位或校友汇报基金使用进展，并通过举办捐赠仪式、配合相关宣传活动、颁发证书等方式不断加强与校友的持续沟通；校友会定期发布《北科大校友工作动态》，汇报学校发展现状及校友信息；为校友在需求对接、合作牵线、个人信息证明、档案材料补办、校园招聘、实习生推荐等各方面给予必要协助，坚持“让校友最多跑一次”的服务原则，尽全力方便校友，极大地拉近了校友与母校的距离。

（杨志国、陈晔明）

【校友分会建设】 校友分会是联

系和凝聚各地校友的平台载体，承担着联络和服务当地校友、扩大学校社会影响力、推进行业校友体系、促成校企合作等重要职能。

①全力打造校友分会建设体系平台。年内新成立苏州校友会、贵州校友会和青年创业家校友俱乐部，积极筹建杭州、无锡、烟台等校友分会。

②深度推进校领导走访分会机制。持续推进校领导走访分会机制，年内分别走访上海、深圳、无锡、杭州、海南、新疆、广东等地校友分会，为与地方更多的交流对话创造条件，使引进外部资源支持学校建设成为可能；年内拜访陆正耀（电87级）、陈峰（电95级）、陈建华（机械78级）、徐光辉（轧81级）、卫伟平（机械88级）、刘明忠（冶金博01级）、陆志方（炉80级）、周远翔（轧80级）等知名校友，走访海南矿业、神州优车、珠海亿智电子、中科唯实、新疆众和、中国一重集团、中国有色工程、中国恩菲等知名校友企业，探索校企合作新路径，构建产学研融合新模式，支持学校“双一流”建设。

③全方位扎实推进校友分会建设。截至目前搭建起由45个国内地方校友分会、5个国际校友分会、6个专业校友会、3个社团校友会和2个兴趣校友会共同组成的61个校友组织纵横交织的校友交流平台。

（吕朝伟、杨志国）

【整合与开发校友资源】 校友是支持母校发展的重要资源和支持力量，整合开发校友资源对于学校事业发展具有重要意义。2019年校友会办公室协同相关部门在整合利用校友资源方面进行了多角度尝试和探索。

①服务学生就业创业。与招生就业处联合举办“2020届毕业生校友校董企业大型双选会”，邀请首钢集团、河钢集团、五矿集团等知名企业在内的逾200家校友校董企业参会，涵盖钢铁冶金、装备制造、航空航天、信息互联网等多个领域，为毕业生提供就业岗位4000余个，吸引毕业生3000余人到场。通过“校友、校董企业双选会”，极大地拓宽了毕业生就业与创业的途径、提升了学生的就业竞争力，缓解了学生的就业压力，满足了校友企业的用人需求，增强了母校、学生、校友三者之间的联系。

②助力学校立德树人中心工作。以校友育人为核心，着力深挖校友资源，协同部门联动，充分发挥校友育人功效。邀请校友王青（物师86）、王晓勇（管86）参加“校友面对面”、校友论坛等活动进行活动育人；邀请校友刘峰（矿机79）、赵军（冶88）做专题报告分享进行榜样育人；打造“励志计划”“京东红色人才培养计划”等专属计划，培育精英人才；邀请校友谢克海（管82）、尹学军（矿机79）利用开学毕业时点回母校实施“典礼育人”；邀请校友彭原（机85）、陈峰（电95）、徐先锋（电95）利用捐赠仪式开展育人活动。通过搭建多元互动平台，推进校内外协同育人，打造具有北科大特色的校友育人工作新格局。

③助力学校拓展外部社会资源。推动学校与中国一重、江苏永钢、京东数科控股、森特士兴集团、亿智电子、山西天巨重工等单位签订战略合作协议，共同探索并建立可持续发展的校企人才培养与科技合作新模式，在科学研究、人才培养、社会服务、创新创业上进行深度合作，提高校企双方的自主创新能力、人才培养能力，加快科技成果向生产力转化机制。

④助力学校延揽优秀人才。在学校美国代表团出访期间，协调当地校友会举办两场人才招聘会暨校友联谊会，邀请160余名校友参会，为学校加强国际合作、延揽青年人才、落实人才强校战略和国际化战略、助推学校“双一流”建设贡献力量。

⑤助力学校精准扶贫。帮助秦安引进中国光华科技基金会100万元图书项目，为定点扶贫“秦安样本”贡献应有力量。

⑥助力学校国际化进程。协助国际处举办德国亚琛工业大学合作40周年暨学术研讨会，负责校友联络和邀请工作，邀请近40名校友参会，为学校拓展合作领域提供助力支持。

⑦助力院系发展。全力配合自动化学院组织60周年院庆活动，在校友联络、捐赠对接、协议签订、活动组织等方面给予支持和协助。

（吕朝伟、杨志国）

【校友信息收集与整理】 校友会办公室不断拓展信息收集渠道，积极通过各地校友分会、校友会网站、微信公众号等渠道收集信息。实现校友信息的动态管理，充分利用校友返校、聚会等机会掌握校友信息变更情况，积极发挥群体力量，广泛动员教职工、校友积极为校友会提供最新校友信息。

①四维度搭建校友信息网格式收集体系。按照“时时、处处、人人”原则，经由各地校友分会、校友会网站、官微公众号、微信群、QQ群等多渠道收集整理校友信息，通过“经度、维度、密度、活度”四维度搭建“网格式”校友信息收集体系。

②分类梳理校友信息夯实校友信息基础。及时更新胡润、福布斯富豪榜、两会代表等知名校友信息，掌握知名校友的最新动态；年内更新校友库信息2万余条，目前校友信息库中校友人数已达到15万人；通过对校友信息筛查、分类、汇总，为校友服务和捐赠工作提供数据支持。

（杨志国、陈晔明）

【捐赠项目开发】 基金会2019年共接受捐赠资金2736万元，按照项目化管理规范要求，修订和完善45份协议、103笔公益捐赠，资助学校公益活动共计1907万元，涉及基金项目76个，组织、协办捐赠仪式和颁奖典礼近20场。争取教育部配比资金1314万元，为学校增加收入4000余万元。

（吕朝伟、李佳宁）

【基金运营与管理】 基金会确保基金项目在设立、预算、审批、发放和反馈等各个环节做到闭环管理。

①优化基金会项目管理，加强基金会管理科学规范。根据学校相关要求，做好基金会内控建设优化工作，完善基金会重大事项决策、筹资及入账、项目管理和财务报告编制四项流程，使管理更加规范、精准，有效防范管理漏洞。全面梳理各学院新增和持续性基金项目，加强与学院交流，随时查找问题，及时总结反思，更好的协助服务学院加强对基金项目的科学规范管理。重点关注涉及师生奖助学金类的基金项目，协调相关部门进行结果公示，并通过《基金项目评审工作报告》的方式向捐赠方汇报基金项目的评审和使用情况。

②多层次加强管理与监督，多角度防范和降低风险。基金会通过查看记账凭证等财务资料方式，定期抽查基金项目的财务使用情况，确保项目按照协议及相关规定执行，从根本上防范和降低风险。积极配合教育部、民政部等部门的检查工作，接受上级部门的监督和指导，完成2018年度审计工作和年度检查报告，获得2018年度第一批公益性社会团体捐赠税前扣除资格。加强基金会信息公开，拓展公开渠道和加大信息透明度，主动接受来自社会人士的监督，多角度防范和降低潜在风险。

（吕朝伟、李佳宁）

发展规划工作

【概况】 2019年是“双一流”建设稳步推进的一年。学校围绕“双一流”建设目标和学校重点工作，制定了“双一流”建设管理办法，按照教育部要求，开展了“双一流”建设中期自评工作，对学校“双一流”建设各项工作进行全面检查和深入总结，提出下一步改进措施，加快推进学校“双一流”建设。

（林　林）

【制定“双一流”建设管理办法】

2019年，《北京科技大学“双一流”建设管理办法（试行）》（以下简称“《管理办法》”）正式发布，这是学校为实现发展规划目标，提升学校整体实力和水平，全力推进“双一流”建设的重要举措和保障。《管理办法》共六章46条，包含总则、组织实施、项目管理、经费管理、监督检查与绩效评价、附则六部分内容。办法重点强调了坚持党对“双一流”建设的全面领导，强调了与北京市共建、服务北京发展的要求，提出了构建学校“双一流”建设保障体系，强化了建设经费执行进度力度和奖惩制度，强化了建设项目的考核和绩效评价等。

（胡晓军、鲁　晓）

【开展“双一流”建设中期自评】

按照教育部工作部署，制定“双一流”建设中期自评工作方案，以学科及主要任务自评、学校整体建设自评相结合的方式，组织协调各单位高质量完成了“双一流”中期自评工作。通过中期评估，认真梳理了学校“双一流”建设成效，查找了差距不足，提出了切实有效的改进措施，实现了“以评促改、以评促建”的自评目标，努力开创“双一流”建设新局面。10月份，完成“双一流”建设引导专项资金使用问题自查及整改报告。11月份，作为试点高校，完成“双一流”动态监测指标试填报工作。

（胡晓军、鲁 晓）

学术委员会工作

【概况】 北京科技大学学术委员会是由教授和专家代表组成的学术事务监督、评议、审议、论证和决策的最高学术权力机构，统筹行使学术事务的相关职权。学术委员会的宗旨是遵循学术规律、把握学术方向，尊重学术自由、学术平等，鼓励学术创新，弘扬学术道德，维护学术声誉，促进学术发展和人才培养，提高学术质量。

（林 林）

【健全学术管理体系和组织架构】 加强学术委员会制度体系建设，依据章程，制定出台了《第七届学术委员会工作细则》《预防与处理学术不端行为办法》等5项制度文件，为坚持依章治学，规范行使学术权力提供了基本依据和根本遵循。积极推进学术委员会组织架构建设，筹建成立了学术道德、科学研究、学科建设三个专门委员会和17个院级学术分委员会，标志着学术管理体系和组织架构基本理顺，为学校探索教授治学，构建以学术为基石的现代大学学术治理结构奠定了良好基础。

（金剑苞、张云仙）

【开展重大学术进展评选】 为加强学校重大学术研究进展传播，凝练卓越学术文化，促进学术交流与学科交叉，营造追求卓越、敢于争先的学术氛围，服务学校“双一流”建设，筹划组织“重大学术进展”评选活动，出台《重大学术进展评选办法》并启动了2019年度的评选工作。

（金剑苞、张云仙）

【推进学术诚信建设】 稳步推进学术诚信建设，一年来，承担“三全育人”综改专项课题《学术诚信体系建设的探索与实践》，受理学术不端行为举报5人次，及时进行了调查、处置和反馈，取得良好效果。修订《预防与处理学术不端行为办法（暂行）》，加强学术道德宣传，发放《高等学校科学技术学术规范指南》《高等学校哲学社会科学研究学术规范(试行)》等资料，推进学术诚信建设常态化、制度化，营造良好的学术氛围。

（金剑苞、张云仙）

【发挥学术委员会职能】 学术委员会先后在霍英东青年教师基金和青年教师奖、百千万工程国家级人才评选，宝钢优秀教师推荐人选校内评审、教育部国家前沿科学中心评审、长江学者奖励计划推荐工作校内评审过程中发挥评定和咨询职责，特别是青年教师学科交叉项目两轮评审中发挥了积极作用，为项目评选提供支持和保障。

（金剑苞、张云仙）

人事管理

【概况】 2019年，学校不断深化人事制度改革，创新人才体制机制，扩大二级单位人事自主权，充分调动各方面积极性，为学校各项事业发展提供了强有力的人才保障和智力支持。

2019年，学校入职220人，其中教师岗位124人（含引进的高水平拔尖人才及人才团队）、占

56.4%。入职人员中，具有博士学位141人、占64.1%，具有高级专业技术职务41人，具有海外留学经历22人，教师博士后69人。

至2019年底，学校在职职工总数为3389人，其中专任教师1861人、教辅人员293人、行政人员536人、工勤人员及其他人员699人。专任教师队伍中具有博士学位1484人，占79.7%。

（郭东旭、王泽汉、顾钟杰）

【专业技术职务评聘工作】 2019年，在保持政策连续性的基础上，进一步落实反"五唯"精神，坚持以工作业绩为导向，不唯资历和学历；更加强调分类管理和标志性成果，修订其他专技系列任职条件，突出各系列特点和工作实绩。2019年，学校共有199人晋升高一级专业技术职务，其中教学科研教师系列131人（正高57人、副高73人、中级1人）、思想政治教育教师系列22人（正高2人、副高4人、中级16人）、实验技术教师系列25人（正高2人、副高7人、中级16人）、其他专业技术系列21人（正高2人、副高5人、中级14人）。

（白云菲、于　群、韩　岱）

【高层次人才引进工作】 2019年，学校进一步实施人才强校战略和人才振兴工程，把目光瞄准海内外高层次人才，不断加大人才引进力度。年内，学校全职引进中国工程院院士毛新平，柔性引进中国工程院院士吴丰昌、加拿大工程院院士许谷，引进教授（特聘教授）马惠敏、尹晶、刘红敏、刘志杰、胡淑贤、姜乃生、骆鸿、梁晓晖，引进副教授（特聘副教授）邓世清、孙婷婷、李强、杨潍旭、肖立叶、吴宏辉、吴燕飞、邹尧、汪水泽、宋亚楠、张笑妍、陈名扬、周正青、段豪剑、徐诚、郭涛、曾新喜、赖念筑，访问教授王连洲、李猛、何健英、崔艺涛、曾开阳等高水平拔尖人才。

（韩宁宁）

【高层次人才推评工作】 2019年，学校进一步加强和规范各类人才工程推评工作，完善人才遴选办法及评审程序，坚持"公正公开、实事求是、宁缺毋滥"的原则，做好各类人才工程项目的推评和管理。年内，张跃当选"中国科学院院士"，刘新华获"国家杰出青年科学基金"资助，尹升华、刘新华、张立峰、罗海文、贺威、秦明礼、焦树强入选"万人计划"科技创新领军人才，陈坤龙入选"万人计划"青年拔尖人才，潜伟入选"长江学者"青年项目，王丽君、庞晓露、路新获"国家优秀青年科学基金"资助，王荣明入选"国家百千万人才工程"，范慧俐、姚琳获"北京市教学名师"，石志国、李娜获"北京市青年教学名师"，朱荣、张英华、赵志毅获2019年"宝钢优秀教师奖"。

（韩宁宁、白云菲）

【考核聘任工作】 ①聘用合同期满教师考核工作。2019年11月完成了2019年12月31日前聘用合同期满教师考核。参加考核人员共109人，其中首聘期80人（含引进人才20人）、二聘期29人（副高级及以上26人、中级3人）。学校经过讨论审定，105人续聘（其中首聘期9人给予业绩提醒），4人不再续聘。②教职工年度考核工作。按照学校相关规定及管理办法，组织实施并完成教职工（处级以下）年度考核工作。参加考核的教职工共计2752人，其中优秀193人、合格2529人、基本合格15人、不合格15人。③博士后考核工作。按照学校相关规定，2019年5月和11月分两批次组织并完成180人次各类博士后考核工作，其中教师博士考核127人，学科博士后及企业博士后考核53人；各类博士后中期考核83人，出站考核97人。④回国人员期满考核工作。按照留学人员签订的《出国留学协议书》要求，对回国教师进行综合考评，共计78人参加考核，均考核合格。

（郭东旭、白云菲、于　群、韩　岱、张　鑫）

【师资培养培训工作】 ①教师国际学术交流工作。学校做好教师队伍出国留学选派工作整体指导和规划，按照各单位出国人数比例进行总量控制，有层次、有步骤地进行选派。2019年入选各类国家公派项目69人（高级研究学者、访问学者项目35人，青年骨干教师出国研修项目23人，行管人员成班项目2人，孔子学院教师2人，其他项目7人）。以单位公派形式灵活选拔20人赴国外高水平大学或机构进行学术研修。年内，学校共派出访问学者76人，其中国家公派56人、单位公派20人；完成访学回国80人，其中国家公派54人、单位公派26人。②国内挂职进修工作。从政策上支持教师从事助课、挂职等工作，提高青年教师的教育教学能力和实践能力。2019年共有2人赴高水平大学从事助课、4人赴企业从事博士后研究、6人赴校外单位从事相关专业挂职。③新教师岗前培训工作。2019年，统筹相关资源，完善新教工培训体系，将培训分为集中培训和专业技能培训两个阶段，分类、分阶段开展培训，内容包含素质拓展、师德师风、职业礼仪等方面内容，加强培训针对性。年内，共264人（含校聘劳动合同制人员）参加新入校教师岗前培训并结业，其中教学科研岗位170人、实验岗位22人、党政管理岗位62人（含辅导员15人）、其他岗位10人。此外，学校组织15人参加北京市高校师资培训中心高等学校教师岗前培训，提高新教师教育教学能力和专业素养。④教师资格认定工作。2019年，学校继续组织北京市教师资格认定工作，共有135名教师进行了认定，同时按照北京市要求完成专任教师资格证检查，持续推进教师持证上岗制度。⑤学历学位进修工作。2019年申请在职进修人员21人、审批通过21人，2019年最终录取16人，在职学习毕业（获得博士学位）3人。⑥国内访问学者接收工作。按照教育部相关要求，认真做好国内访问学者相关工作。2019年实际接收国内访问学者11人（西部之光访问学者3人、中西部青年骨干访问学者3人，一般访问学者4人，少数民族特培访问学者1人），其中，正高级职务2人、副高级职务5人、中级职务4人。⑦教师兼职管理工作。2019年，学校在《北京科技大学教师兼职兼薪及离岗创业暂行办法》的基础上进一步优化服务流程，精简和规范办事程序，缩短办理时限，改进服务质量，全年共受理兼职申请34人次。⑧兼职教授聘请及管理工作。为充分发挥校外专家学者和杰出人才对学校学科建设、人才培养、教学科研等工作的指导和推动作用，全年新聘兼职教授14人，并颁发聘书。⑨教师荣誉体系建设工作。围绕“三全育人”综合改革，进一步统筹整合学校资源，在现有体系基础上，增设职业荣誉奖项，使每位教职工在其职业生涯的不同阶段，都能获得适当的荣誉奖励。2019年根据《北京科技大学教职工荣誉体系实施办法》，首次进行职业荣誉奖表彰，为从教十年、二十年、三十年的教职工颁发职业荣誉奖，为当年退休的教师颁发职业荣誉退休奖。共有211人获得奖励，其中88人获得职业荣誉金质奖、53人获得银质奖、70人获得铜质奖。另有72人获得职业荣誉退休奖，很好地发挥了奖励与表彰的导向作用。

（白云菲、于　群、韩　岱）

【研究生助教、助管岗位管理】 2019年，根据学校相关规定，开展研究生助教岗位设置、岗位职责制定、竞聘人员选拔、签约上岗及聘后管理等工作，共选拔博士研究生助教105名、硕士研究生助教174名、硕士研究生助管8名。

（郭东旭、顾钟杰）

【离退休工作】 2019年，按照学校退休工作规范，为76位老师办理退休手续，完成退休工资保留部分的核算和发放。为85名去世职工办理丧葬费抚恤金申领，做好申领资格审核和材料留存，共发放丧葬费抚恤金共计538余万元。同时，为老师们做好退休政策解读和咨询服务，规范离退休信息管理，为各单位提供离退休相关数据。

（郭东旭、顾钟杰）

【博士后科研流动站工作与博士后管理工作】 2019年，学校共招收博士后研究人员121人，其中学校流动站单独招收91人（含教师博士后71人、学科博士后20人）、与企业联合招收30人。办理博士后出站115人。截至2019年12月31日，在站博士后270人（教师博士后147人、学科博士后47人、企业博士后76人）。年内，博新计划招收5人，国际交流计划引进项目招收4人，国际交流计划派出项目招收1人，澳门学者计划招收1人。53人获中国博士后科学基金第65批和66批面上资助项目，其中5人获一等资助、48人获二等资助，资助总额413万元；9人获中国博士后科学基金特别资助站中及站前项目，资助总额162万元。能源与环境工程学院教师博士后徐钱被选为北京市博士后联谊会副秘书长。另经专家评审，曹帅等10名博士后入选2019年度北京科技大学优秀博士后。

（张　鑫）

【社会保障工作】 2019年，学校为事业编制人员、劳动合同人员共3985人进行了养老、失业、工伤、医疗、生育保险的征缴和管理工作，其中保险新增及转出手续380人次、保险补缴手续7人次、异地转接手续2人次、社保退休手续3人次、生育津贴及生育医疗保险报销手续30人次、变更定点医院等信息36人次，全年共收缴各部门保险相关费用2.17亿元。此外，办理工伤保险、生育保险及津贴申领30.3万元。

年内，继续做好待岗人员的日常管理工作。2019年初，待岗人员共有8人，其中安排消防值班岗4人、按产业方式管理2人、长期病假2人。年中，退休2人。学校时刻关注待岗人员状态，保障他们的基本权利，了解他们的思想、工作和生活情况，及时为他们排忧解难，认真做好人才交流中心工会小组工作。

（彭一真、李元坤）

【养老保险制度改革】 根据人社部、教育部关于在京中央直属高校、直属事业单位养老保险改革的工作安排，2019年是养老保险工作准备期情况的清算期，学校在时间紧任务重的情况下扎实开展多项工作。1月，开展准备期内的基础信息确认及基金收支结算工作，对2014年10月以来40余月2700余名在职人员、2500余名退休人员扣缴、发放的超过23万条数据信息进行了逐人逐月核对，高质高效地完成了任务，获得了央保中心通报表扬。3月，完成2019年度缴费工资的申报工作，并自4月份工资中依据新的缴费工资测算养老保险和职业年金个人缴存部分，完成1月至3月份的差额补扣。4月，开展补充采集事业单位养老保险缴费工资明细项目工作。7月底，开展准备期结算数据最终确认和归集准备期职业年金工作，完成2014年10月至2018年12月的职业年金本金归集2.13亿。11月，完成职业年金个人账户记账利息2625万元归集。此外，创新开展了养老保险转入、退休中人参加统筹外养老保险信息收集等工作。

（彭一真、李元坤）

【劳动合同制人员管理工作】 截至2019年底，学校劳动从业人员共1336人。2019年共办理劳动合同人员入职离职手续共115人，合同续签15人，全年累计发放劳动报酬为2445.83万元。年初，开展了劳动用工检查专项工作，规范了各二级单位自聘人员从入校到离校的全过程管理，帮助各用人单位合法规范用工，降低法律风险，重点在劳动合同、社会保险、每月工资等方面做好服务工作。

（彭一真、李元坤）

财务工作

【概况】 2019年，财务处深入开展“不忘初心、牢记使命”主题教育，对标对表找差距，聚焦聚力补短板，紧密围绕学校中心工作和重点任务，聚焦落实，注重实效，在扎实推进各项工作基础上，不断优化工作流程，创新服务模式，管理与服务水平显著提高。2019年财务处完成内部控制优化工作，上线财务档案影像化系统，全面推行电子收费业务，大力提升财政专项资金执行效率，进一步巩固“八项规定”成果。在中央教育经费拨款总体趋紧的情况下，努力增收节支、提质增效，为学校整体事业发展提供坚实保障。

（曹光远）

【总体财务状况】 2019年，学校收入总计329215万元，包括财政补助收入159020万元，占收入的48.30%，其中：教育补助收入115584万元，占收入的35.11%，科研补助收入7249万元，占收入的2.20%，其他补助收入36187万元，占收入的10.99%；事业收入113242万元，占收入的34.40%，其中：教育事业收入32328万元，占收入的9.82%，科研事业收入80914万元，占收入的24.58%；附属单位上缴收入494万元，占收入的0.15%；其他收入56459万元，占收入17.15%。2019年，学校支出总计315919万元，包括工资福利支出133215万元，占总支出的42.17%；商品和服务支出93321万元，占总支出的29.54%；对个人和家庭补助支出46079万元，占总支出的14.59%；基本建设经费支出14843万元，占总支出的4.70%；其他资本性支出28461万元，占总支出的9.00%。

2019年，学校基本建设完成投资18857万元，其中：国家拨款14842万元，自筹经费4015万元。

截至2019年底，学校拥有资产总值725088万元，比2018

年末减少155222万元，降低17.63%。其中：固定资产原值392992万元，比2018年末增加20063万元，增长5.38%。

学校负债总额为94380万元，比2018年末增加51640万元，增长了120.82%。资产负债率为13.02%，比上年增长了8.16个百分点。学校账面净资产630708万元，占资产总值的86.98%，比2018年末减少206862万元，降低24.70%。

（甘　露）

【财务管理】 ①强化学校经济活动内部控制体系建设，完成内部控制优化工作。为进一步加强学校内部控制建设，在2017年学校内部控制建设的基础上，完成了2019年学校内部控制建设优化工作，形成了《北京科技大学内部控制实施办法》《北京科技大学2019年内部控制风险评估报告》《北京科技大学内部控制缺陷汇总表》《北京科技大学2019内部控制管理建议报告》以及《北京科技大学内部控制管理手册》1个总册和14个分册等多项内部控制建设成果，涵盖了学校整体与业务层面主要经济活动领域，构成学校内部控制的总体框架和基本指引，为学校内部控制和财经管理的有序开展打下了坚实基础。

②创新服务理念，进一步提高信息化水平，全面提升服务质量和水平。上线财务档案影像化系统。为满足广大师生日益增长的财务查档需求，2019年12月，上线了财务档案影像化系统，实现足不出户就能网上查询财务档案，改变了目前财务档案管理的模式，节省了时间，提高了效率。为广大师生，特别是经常面对科研结题审计的老师提供了极大的便利。全面推行电子收费业务，上线电子票据系统。简化收费工作流程，强化资金管理，减少资金风险；2019年9月，完成了财政票据电子化改革，全面推行财政电子票系统，做到实时缴费实时开票，方便学生实时接收缴费凭证。推出“公费医疗网上申报模块”，彻底解决公费医疗报销排队难题。进一步完善在线咨询系统建设，提升政策宣传力度。

③努力增收节支、提质增效，为学校整体事业发展提供坚实保障。在中央教育经费拨款总体趋紧的情况下，财务处盘活存量资金、优化资源配置，加强收入管理、确保应收尽收等多种方式实现学校总体收入保持增长势头。同时，通过切实加强经费支出管理严控一般性支出。2019年，财务处紧密围绕学校教学科研、人才培养等中心工作，服务学校发展大局，在“三全育人”综合改革、“双一流”建设、本科生全程导师制、人才队伍建设等重点工作中，加大预算安排力度，强化经费保障，通过削减一般性公共经费支出，将有限经费资源向中心工作倾斜，为学校整体事业发展提供坚实保障。

④加大预算执行力度，全面提升财政专项资金执行效率。针对财政专项资金执行的共性问题和特殊难点，通过完善资金执行管理协调机制、召开项目启动会、预算执行促进会、建立预算执行约束措施等方式，通过提前启动项目、预拨项目资金以及实行项目调整等多种方式，推进预算执行，提高资金使用效益。

⑤切实加强财务管理，进一步巩固“八项规定”成果。继续深入开展收费管理和“小金库”治理，通过全面自查和重点检查相结合的方式，巩固工作成果，保持学校良好收费环境。进一步加强对二级单位财务人员业务指导，把二级单位财务人员全部纳入学校会计继续教育培训范围，通过做好二级单位财经政策宣传和业务沟通，不断提高二级单位财务管理水平。充分发挥委派会计职能，加强派驻单位财务基础工作，完善财务规章制度，确保派驻单位资金安全。加强公务卡管理，不断优化用卡环境，稳步提高办卡率。

⑥主动加强与各部门工作协同，全力支持学校各部门工作的顺利开展。重大项目申报、学科认证评审中，积极做好预算编制、经费筹划和数据统计等工作。配合学工部、教务处、招标办等多部门完善相关经费管理办法，并协同落实。加强财务数据的共享及系统互联互通。开发学宿费便捷查询入口，为教务处、研究生院、国际处等学生管理部门提供实时学宿费缴纳情况查询。协助后勤管理处完成网上收取电费及供暖费，提升缴纳费用的便捷性，提高学校电费管理规范性及供暖费收取的效率。配合校办、科研院、资产处、后勤处、图书馆等各职能部门，完成相关报表的统计上报工作。积极配合审计室完成各类审计工作。继续协同做好公车改革、“三公”经费监督和落实八项规定等工作，严格执行规定和标准。

⑦2019年，财务处继续加强党风廉政建设，认真履行从严治党主体责任，保障学校财经工作风清气正。加强党支部建设，贯彻落实党风廉政建设责任制要求，加强处内人员的意识形态教育、廉洁自律教育，打造廉洁高效的财务工作队伍。加强财经制度建设，制定《资金支付审批管理办法》《资金存放管理实施办法》《电子收费管理办法》《财政票据管理办法》等相关制度，协助制定相关制度12项，夯实学校廉政制度基础。完成学校2019内部控制建设优化工作，出台《内部控制实施办法》《内部控制管理手册》等制度文件，为学校内部控制和财经管理的有序开展打下了坚实基础。深入开展收费检查和“小金库”治理，大力推行电子收费和全面实行公务卡结算，在财务监督管理上为学校廉政保驾护航。按照“一岗双责”要求加强班子建设，完善层层落实的廉政建设责任体系，严格遵守八项规定、“三重一大”集体决策、信息公开等纪律规范，自觉接受内外监督。全力配合学校纪委、巡察工作安排，为学校推进党风廉政建设和反腐败工作提供专业支持。

（甘　露）

资产管理

【概况】 学校共有本科教学实验室67个，国家级实验教学示范中心2个，国家级虚拟仿真实验教学中心2个，北京市级实验教学示范中心8个，实验室及实习场所面积13.9万多平方米。全校实验技术人员245人，其中高级职称68人，中级职称154人，初级职称14人，工人9人。

（徐　宁、乔瑞鑫）

截至2019年底，学校各类在账仪器设备69613台（套），原值20.06亿元；家具49808件（套），价值0.76亿元；软件2994套，价值2.68亿元。学校土地面积共80.39万平方米（合1205.78亩），其中本部57.8万平方米（合867.06亩）、管庄校区5.69万平方米（合85.35亩）、西三旗中试基地3.53万平方米（合52.98亩）、昌平创新园13.36万平方米（合200.39亩），全校总建筑面积85.55万平方米。

（张鹏飞、姜　鹏）

【实验室管理】 ①虚拟仿真实验教学项目申报取得突破。组织完成虚拟仿真实验教学项目遴选、推荐，共遴选3项参加评审工作，均获北京市级虚拟仿真实验项目称号，并全部获得教育部评选推荐资格。②实验技术教师岗位准入培训全面启动。实施2019年实验技术教师岗位准入培训，设置专题培训、实践环节、考核评价等环节，组织开展13场次培训及参观活动；全程实行指导教师制，通过强化实验课程助课、试讲，仪器设备操作培训等考核内容对岗位准入资格予以认定，增进实验技术岗位认知、提升实验操作专业技能。③协助完成实验技术系列职称评聘。完善实验技术队伍职务晋升体系，完成实验技术教师系列任职条件修订。2019年实验技术教师系列晋升正高级2人，副高级7人。作为实验技术队伍归口部门，配合人事处做好新一轮实验技术岗位聘任工作。④全国高校工程应用教师大赛获优异成绩。积极组织实验技术教师参加专业技能大赛，通过校内遴选、推荐5人参加中国高等教育学会全国高校工程应用教师大赛，获得3D/VR/AR数字化虚拟仿真主题赛项全国总决赛一等奖2项、其他赛项二等奖3项。⑤协调推进“三全育人”综合改革工作。开展实验室开放项目调查统计，整合244项实验室开放资源；实施“实验室科技创新培育计划”，制定《实验室科技创新培育计划专项经费管理办法》，用于资助学生科技创新团队利用实验室资源开展科技创新实践活动，资助项目均在全国创新创业大赛中获优异成绩。⑥建立全方位多渠道的培养培训体系，持续推进并落实《关于进一步加强实验技术教师队伍建设的指导意见》，设立培训基金，组织“实验技术沙龙”3期。加强项目管理，组织开展2018年实验室工作研究项目结题评审，

24项全部通过结题，其中3项获得优秀。组织开展北京市高等教育学会技术物资研究分会研究项目征集及学术论文遴选工作，获最佳组织奖，16篇论文获奖。组织开展北京市高等教育学会实验室工作研究分会学术征文活动，获最佳组织奖，12篇论文获奖。⑦加强国家级实验教学示范中心、国家级虚拟仿真实验教学中心运行管理，顺利完成2019年度考核工作。⑧加强本科教学实验室建设。出台《实验室建设专项经费使用细则》，支持本科实验教学设备更新维护及大型仪器设备年度维保计划，保障各类设备的正常使用以及实验室建设的正常开展。2019年全校实验室建设及仪器设备维修申请44项，审批通过总金额399万元，其中示范中心建设经费100万，实验室专项建设经费170余万元，设备维修费129万元。

（徐　宁、乔瑞鑫）

【设备管理】 ①完善采购需求论证制度体系，推进落实采购需求前置论证。出台《北京科技大学货物与服务采购需求论证管理办法（试行）》（校发〔2019〕59号）；组织2020年实验室条件建设(修购计划)大型仪器设备集中前置论证工作，论证通过50万元（含）以上大型仪器设备采购需求7项，总金额736.50万元，论证通过20万元（含）到50万元（不含）大型仪器设备采购需求31项，总金额1259万元；实行采购需求论证分类管理，累计审核、归档各类采购需求论证报告310份，总金额32551.98万元；完成2020年新增资产配置预算报送工作。②高质量完成科技部开放共享考核，持续推进仪器设备开放共享。参加中央级高校和科研院所大型仪器设备开放共享考核评价工作，共有294台/套50万元（含）以上仪器设备参与考核，平均机时1312.76小时，学校考核成绩为良好，获科技部后补助经费奖励；开展校级开放共享平台建设调研工作，完成十余所高校、科研院所平台建设调研，完成校内化学分析领域实验检测需求调查，调研对象包含15个教学科研单位1100余名教师生；完善大型仪器设备巡检制度，建立及时反馈机制，共走访242台/套仪器设备；开展大型教学科研仪器设备开放共享评价考核不足800机时整改工作；面向全校统一发放《北京科技大学仪器设备运行日志》500余本；完成仪器设备开放共享服务收入收支专项核查；统一核定收费标准，制定《北京科技大学仪器设备开放共享服务目录及收费标准》（2019年版），涉及963台/套仪器设备1515项收费项目。截至2019年11月，共有946台/套仪器设备纳入仪器设备共享管理平台统一管理，价值6.97亿元，收入2174.08万元。③扎实做好合同审核、经费管理。完成资产管理处归口合同初审、复审，初审合同1000余份，复审合同200余份；规范管理设备（家具）购置费，2019年设备（家具）购置费审批通过49项，总金额200万元；按规定严格审核贵金属采购审批。

（裴晶莹、张珊珊、卢晓珅）

【国有资产管理】 ①完善规章制度。根据教育部放管服要求，制定《北京科技大学所属企业国有资产评估项目备案管理办法》，共完成企业资产评估备案项目7项。②核实公房使用情况，结合学校现有公房资源及部分单位实际需求，制定部分可利用空间的使用规划，推动其他用房向教学科研用房的功能转化，缓解部分教学科研单位房屋紧缺状况，初步形成教学科研单位公共用房管理思路。③稳步推进学校所属企业体制改革试点工作。学校纳入改革范围的企业共48家，根据各企业实际情况，一企一策，研究制定改革具体工作方案；组织召开改革工作推进会9次，确保改革工作按时推进；每月5日，20日定期梳理跟进各企业进展情况，并向教育部汇报，截至年底完成改革任务企业42家。④加强房屋出租出借管理。规范房屋出租出借管理，所有出租出借事项，均需按照规定程序报校长办公会讨论，通过资产评估的方式确定出租价格，共完成公房出租事项8项，房屋资产评估8项，并按规定报教育部审批或备案。⑤推进房屋确权相关工作。一是继续推进管庄校区房产证变更工作。二是继续推进昌平创新园东区、会议中心、铭德楼、体育馆等楼宇不动产登记测绘及办证项目。⑥资产处置工作。一是完成已达使用年限固定资产处置工作，共计11916台(套)，账面原值合计11,467.65万元，处置收入67.38万元。二是完成未达使用年限固定资产处置工作，共计3658台(套)，账面原值合计714.14万元，处置收入2.3万元。

（谭　豪、张鹏飞）

【人防及地下空间管理】 ①加强地下空间使用管理。一是按照使用规划及实施方案完成地下空间整理，并分配各使用单位；二是与各使用单位签订《领用协议》和《安全使用责任书》，明确使用单位和安全责任；三是完成地下空间的日常使用管理。②加强地下空间安全管理。一是组建安全巡查队伍，负责地下空间的日常性巡视、检查和设施维修、维护任务，全年共组织巡查1535小时。二是在两会、节假日等重点时期内，坚持做到24小时值班制。三是完成汛期地下空间入口处防汛沙袋（约2000袋）的布放，坚持雨天24小时值班，确保安全。

（王　波）

【环保与技术安全管理】 ①推进实验室安全环保制度建设，落实安全工作责任制。修订并实施《北京科技大学实验室技术安全管理规定》（校发〔2019〕85号）。代表学校与23个二级单位签订实验室安全责任书，要求二级单位与系所（中心）、实验用房责任教师、实验人员逐级签订安全责任书。②加强实验室安全环保设施建设。投入100余万完成实验楼通风净化系统改造，共改造排风系统14台、送风系统1台；投入20余万完成现有34台排风系统净化物质更新与监测工作；制定学校危险废弃物暂存集装箱建设方案，报2020年修购项目并获批复立项；联合后勤管理处、保卫保密处完成易制爆库房改造、验收及启用；投入38万为全校理工科实验室配置阻燃工作服套装1290套（含阻燃工作服、护目镜、防护口罩和防护手套）；完成全校14个理工科实验室集中楼宇67个应急喷淋器定期检修和65个急救箱季度补充工作；制发各类安全标识50000余个。③全面开展实验室安全教育培训。完成入校实验室安全培训，包括新生入校培训5场，新教职工安全培训2场；完成学校2019年实验室安全专项培训，发放培训证书130余册，涉及危险化学品安全管理及安全生产法规宣贯等内容；组织学院参加校外实验室安全培训4场，涉及主管领导、安全秘书等；完成实验室安全课程授课工作，涉及材料、冶金、化学等学科研究生新生及部分本科生1500余人；组织2019级全体新生7700余人参加校级实验室安全准入考试；完成辐射工作人员校外培训3场与校内培训1场；开展院系宣讲及专项培训10场。④持续加强实验室安全文化宣传。组织2019实验室安全文化月活动，围绕专题培训、安全检查、制度完善、主题参观、设施建设、宣传展示、应急演习、平台启动、安全会议等九个主题，开展包括文化月活动开幕式、危险化学品安全管理巡回宣讲、危险化学品泄漏应急疏散及消防演习、辐射安全事故应急演习、实验室安全宣传展、北京市劳动保护研究所实验室参观等系列活动；制成“贝壳里的安全”系列动画第二期，主题为危险废物安全；制发《实验室安全知识读本》（中英文版）3600余份，培训资料册150余册。⑤深入开展实验室安全检查督查。本年度学校季查及实验室安全督查共公示21次，涉及51个实验用房102个隐患点，复核隐患整改完成项100个，持续整改2个；完成18次专项检查督查工作，包括管制类危险化学品专项、特种设备专项、射线装置专项、昌平实验室安全专项、管庄校区实验室安全专项等；完成上级专项检查10次，包括教育部专项检查4次、北京市专项检查及调查6次。⑥加强重点危险源监管工作。实现学校化学品采购与管理平台全校上线（9月6日起正式运行）；完成平台日常运行与维护，组织开展平台供应商资格复审1次、综合评审2次；完成危险化学品日常审批，全年审核4865次；规范特种设备安全管理，指导使用单位进行注册登记、定期检验、建立安全技术档案及特种设备作业人员培训工作，要求不满足使用条件的特种设备进行报废。2019年完成3台特种设备注册登记，12名作业人员取得从业资格。⑦扎实做好环境保护工作。完成危险废弃物处理工作，全年共处理实验室废弃试剂、废液及废弃试剂瓶53.17吨，处理废弃气瓶77个；规范危险废物收集容器，为实验室提供25L废液桶960个，5L粉末桶800个；组织危险废物管理培训；推进辐射安全管理，完成辐射安全许可证重新申领、射线装置新增5台及15台辐射设备监测工作，完成涉辐人员的培训、体检、剂量监测工作；完成校园环境基本状况的监测，了解学校污染源分布情况与治理现状，形成校内监督监测响应机制，对锅炉房废气、食堂废气、实验楼宇废气、餐饮废水、校医院医疗废水等污染源排放进行监测；核实学校三废排放数据，协助环保税的申报工作。

（马　庆、赵雨霄）

【数据统计及报表】 ①根据国务

院机关事务管理局要求，完成2019年度中央行政事业单位资产决算报表编报；②根据财政部要求，完成2019年度行政事业单位资产管理信息系统报表编报；③根据教育部要求，完成2018—2019学年高等学校实验室信息统计数据报送工作。

（张鹏飞、张珊珊、乔瑞鑫）

【招标与采购管理】 ①改革采购工作体制。按照国家相关法律法规和财政部、教育部等上级部门对采购工作的最新要求，2019年4月成立招标与采购管理中心，并明确其作为采购工作的日常办事机构，在采购工作领导小组领导下统一负责全校的货物、服务、工程项目的采购组织与实施工作。采购工作从分散执行、归口管理变为实行统一领导（由采购工作领导小组全面领导学校采购工作）、项目管理（由职能部门对采购工作项目进行业务管理）、集中执行（由招标与采购管理中心对学校采购工作集中执行）、强化监督（由纪委监察部门、审计部门、财务部门对采购工作进行监督）的管理机制和按照限额分别执行统一采购和分散采购的工作机制。②完善采购管理制度体系。修订《北京科技大学采购管理办法》，起草并发布《北京科技大学货物与服务采购管理实施细则（试行）》《北京科技大学科研急需仪器设备采购管理实施细则（试行）》《北京科技大学基本建设项目采购管理实施细则（试行）》《北京科技大学修缮工程项目采购管理实施细则（试行）》《北京科技大学采购代理机构、外贸代理机构管理实施细则（试行）》《北京科技大学采购评审专家管理实施细则（试行）》《北京科技大学工程项目招标控制价、最高投标限价、招标拦标价确定办法（试行）》《北京科技大学工程项目企业入围管理实施细则（试行）》等文件。③统一采购情况。完成学校统一采购项目执行164批/次，成交金额合计人民币16237.6万元。其中：货物与服务类公开招标（竞争性谈判、竞争性磋商）57批/次，成交金额合计人民币11304万元；货物与服务类校级招标（谈判、磋商）4批/次，成交金额合计人民币1223万元；工程类完成校级招标采购2批/次，总值人民币129.6万元；货物与服务类单一来源采购67批/次，成交金额合计3595万元；④货物与服务政府集中采购情况。完成批量集中采购项目8批/次、协议供货项目2278项、电子卖场项目425项、定点采购项目39项，成交金额合计人民币1129万元。⑤进口设备及外贸免税情况。完成100万（含）以上进口仪器设备审批备案项目7个；完成外贸代理96批（次），共计设备119台（套）、软件4套，价值折合人民币约5835.88万元，节约税金约817万元。⑥合同审核情况。审核采购合同4898份，合同金额合计33298.6万元。其中：货物类合同3183份，合同金额24202万元；服务类合同1713份，合同金额8967万元；工程类合同2份，合同金额129.6万元。⑦初步完成采购评审专家库建设。面向全市范围开展第一批采购评审专家征集工作，截至2019年12月共有47人参与评审专家报名。⑧根据教育部要求，完成2019年度政府采购信息统计报表；根据海关要求，完成2019年减免税货物使用情况报告。

（何　勇、王　蒙、李鑫磊）

信息化建设与管理

【概况】 2019年，信息化建设与管理办公室全面负责校园网络及信息系统的安全，校园各级网站的管理和运维，业务应用系统的管理和技术维护，推进数据的整合和建设工作，以及信息化综合服务。信息化工作围绕学校的综合改革和“双一流”建设，以信息化顶层设计为依据，以解决痛点、难点、堵点为抓手，有序开展信息化工作，涵盖网络环境改善、数据治理体系、信息化公共服务提升、统一应用平台的生态化、网站统筹建设与安全管理等方面的工作。

（杨德斌）

【网络】 网络中心主要承担校园网络（含校园卡专网）基础设

施、核心机房软硬件服务保障的规划实施、运行维护和安全监控等技术支持工作，主要包括新增楼宇、校区间网络信息点增设的部署和上线，已有信息点的日常维护。峰值在线用户约20000人，校园网用户约30000人，在线终端峰值近40000。2019年组织实施了办公教学区网络改造。升级改造更新光缆约1100m、线缆200余公里，更换网络设备170余台，新增无线网络室内外点位，覆盖37个办公区楼宇；校园无线网启用Dot1x认证，同时支持IPv4与IPv6，满足师生对IPv6的需求。学生宿舍无线网开工建设。建设了高速、大容量的教工“USTB云盘”，为教学、科研提供共享空间。实现本部到广东顺德研究生院远程异地间的数字资源、身份认证互联互通。完成2019修购专项的建设和验收及2020年项目申报等工作。处置多起电子资源数据库恶意下载事件，维护了学校电子数据库的正常运行。

（钱大益）

【数据、业务】 ①继续推进统一身份认证系统建设，校内应用系统已接入28个，完成了原有的认证源到新认证源的切换。②加快了新购的单域名数字证书和原有的多域名数字证书在各应用系统的部署工作，提高校园网应用数据传输的安全性。③服务网正式运行。④数据集成平台已对接了人事、科研、教务、研究生、基建、档案、图书馆等系统的部分数据，开展数据交换业务，提供了数据共享服务。⑤数据中心虚拟平台完成部署，完成中心数据库、数据集成、数据加工、数据接口等相关服务器规划。启动数据治理，数据标准、数据模型、数据超市服务、数据比对服务逐项展开。⑥微认证与统一身份认证数据对接工作已逐步展开；微支付系统继续增加商户接入，与一卡通系统的业务融合逐步展开。⑦一卡通二期项目进入实施，体检预约等移动应用系统上线使用。

（雷雪梅）

【信息服务】 认真、有序为全校师生做好服务：①为学院、部门做好信息化资源配给、安全管理、技术支持等服务工作。②各二级网站、信息系统服务器的日常管理与服务工作。③圆满完成2019年迎新、离校各项工作；为学校的大型活动网络视频直播提供网络和平台保障。④信息推送平台，涵盖工作简报、会议通知、学术讲座等消息；通过校园网认证入口有效地延展校内各类社团活动的覆盖面和影响力，全年为各类活动宣传400余项。⑤按时完成新生集中制卡、发卡，开设网络账户、邮箱，毕业生销户、退费，财务报表统计等工作。制卡、发卡、补卡共计两万四千余张，接待师生用户近两万余次。⑥做好网络运维和巡检，对新生宿舍的端口统一检修。⑦充分发挥信息化技术的优势，多渠道利用客服邮箱、微信群等手段开展全方位线上服务，微信报修实现线上线下及时贯通。缩短响应时间，提高服务效率。

（何　敏）

【信息安全】 2019年面对严峻的网络信息安全形势，牢记责任，严防死守，全年未发生信息安全责任事故，有力维护了校园网络与信息系统的安全稳定运行。①将完善网络安全技术防护体系建设作为工作的重点。②建立起三级信息安全管理体系。调整“网络安全和信息化领导小组”为“信息化和网络安全领导小组”。进一步明确规定各级的安全职责，实施有效监管。③坚持每日“零报告”及敏感节点24小时值班制度。确保敏感节点的信息安全。④强化学习，全力筑牢网络安全防线。学校党委理论学习中心组，信息化和网络安全领导小组办公室组织了专题学习和研讨。⑤积极开展网络安全宣传周活动。⑥严格执行网络信息安全等级保护制度，对备案的二级系统开展等保测评。⑦完善网站网络与信息安全突发事件监测、预测、预警制度，定期组织开展网络安全自查，及时反馈。⑧规范网站建设。下发了《关于加强二级（及以下）网站安全管理的通知》，强化了各级、各类网站建设的管理；升级原有网站群平台，完成相关学院、部处等中英文网建设上线及向新网站群的迁移。加强网络安全培训，本年度组织相关责任人积极参加教育系统网络安全保障专业人员（ECSP）培训；组织信息办技术人员及相关部门信息管理员参加“教育信息化与网络安全专题网络培训”。⑨做好涉密计算机、信息系统管理，及保密审计工作，安排人员参加《国防科技工业保密管理人员》培训，并获得相关资质证书。

（钱大益）

招生与就业指导

【招生工作】 2019年学校共有21个本科招生专业（类），录取本科生3451人，其中普通类2988人，自主招生2人，高校专项计划66人，国家专项计划222人，视觉传达设计（艺术类）40人，高水平艺术团4人，高水平运动队26人，外语类保送生5人，新疆、西藏内地班学生38人，港澳台5人，少数民族预科生27人，新疆民考汉23人，北京民委专项5人。从录取新生情况看，男生2117人，占61.34%；女生1334人，占38.66%。城镇户口2317人，占67.14%；农村户口1134人，占32.86%。2019年，录取平均分与各省市的重点控制线之差为104.7（理工）和63.3（文科），理工科和文科录取分数保持在较高水平。

① 科学制定招生政策，积极应对高考制度改革。一是科学调整分省、分专业计划。冶金工程减少60人，矿业类减少30人，将减少的计划增加到理科试验班、自动化类、能源动力类、管理科学与工程类等热门或新增专业（类）计划中。将自主招生和高水平艺术团减少的计划，合理分配到相应分省分专业计划中。二是进一步完善特殊类型招生办法。自主招生和高校专项计划招生全部在教育部特殊类型招生报名平台报名，严格自主招生报名条件。增加“依据台湾地区学测成绩招收台湾高中毕业生”项目。高校专项计划不组织校考，根据初审合格情况划定公布分省分专业计划，审核合格的考生直接填报志愿，圆满完成高校专项计划招生任务。三是在北京继续实行“百分百满足考生专业志愿”政策，北京地区录取保持了较高水平。四是积极应对国家考试招生制度改革，稳步推动学校大类招生。2019年，面向全国共有21个本科招生专业（类），其中有13个大类招生专业；积极应对新高考，开展专项调研、研讨，科学制定招生政策，做好第二、三批高考改革省份的选考科目政策；顺利完成改革试点招生录取工作。

② 完善招生宣传工作机制，开展常态化、精准化招生宣传。一是注重传统媒体和新媒体的有效结合。跟央视、光明网、中国教育电视台、《中国教育报》、百度、北京城市广播、《北京考试报》等媒体合作，开展电台直播、电视直播、视频访谈录制、网络直播、专题宣传稿件等23项专题宣传，向全社会、广大考生发布招生信息、解读招生政策；在继续开展微信、微博宣传的基础上，开辟今日头条号宣传阵地，头条文章半年阅读量超过26万。二是广泛凝聚各方力量，开展常态精准宣传。从2015年开始推动“大学教授走进中学校园”公益科普讲座活动，截至2019年底累计进入全国重点优质中学开展讲座91场；充分调动学生积极性，开展“把我的大学带回母校”寒假招生宣传实践活动，2019年组织了1500名北科大学子进入895所中学；2018—2019学年，非高考志愿填报期间走进60所高中，举办了41场招生宣讲会、10场招生咨询会，与28所高中共建优质生源基地。三是加强招生宣传队伍建设，健全激励奖励制度。2019年高考志愿填报集中宣传期间，学校共派出349人次赴京外开展招生咨询，其中教职工284人，学生50人；副高及以上职称的教职工有156人，占教职工总人数的55.1%，参与比例较往年提高。四是加强专业宣传。选拔专业学习优秀的学生担任宣传大使，做专业代言人，开展丰富多样的宣传；录制院长访谈视频，由院长解读“专业是什么？学什么？学了干什么”；推出《师兄师姐说》视频，从学生的视角全面介绍专业；针对学校新增的机器人、人工智能、大数据专业开展专题宣传，并带动相关学科的宣传。

③严格招生政策执行，确保招生工作公平、公正、公开。一是规范招生过程。进一步明确招生工作责任，规范招生计划制定、招生录取、信息公开公示和新生入学复查等重要环节的过程操作。二是加强特殊类型招生工作管理。积极与校团委、体育部、机械工程学院、外国语学院等部门合作，对特殊类型招生的关键环节和重要节点进行梳理，明确具体责任，规范工作流程。三是严明纪律，

细化责任。修订招生工作手册，细化招生录取工作程序，组织网上录取人员认真学习教育部规范招生录取工作的系列文件，进一步强调工作纪律，明确工作责任。学校纪检部门进行专责监督，严格执行教育部提出的“六不准、十严禁、十公开”制度。

（王　进、王　彬）

【附表】

北京科技大学2019年录取分数统计表

理工科

省份	省重点线	最高分/最低分	平均分	省份	省重点线	最高分/最低分	平均分
北京	527	655/635	639	湖南	500	616/598	602
天津	551	646/629	634	广东	495	605/581	585
河北	502	644/624	630	广西	509	647/615	619
山西	507	603/582	589	海南	603	740/723	732
内蒙古	477	625/579	604	重庆	525	641/606	618
辽宁	512	640/616	625	四川	547	666/643	647
吉林	530	631/592	609	贵州	470	609/587	592
黑龙江	477	623/605	613	云南	535	649/626	632
江苏	345	388/383	384	陕西	468	616/600	604
安徽	496	629/608	613	甘肃	470	601/578	583
福建	493	609/588	595	青海	407	567/470	529
江西	522	623/603	608	宁夏	457	591/559	566
山东	514	641/619	625	新疆	450	605/577	584
河南	502	633/612	617	西藏（汉）	425	632/627	629
湖北	505	621/609	612	西藏（汉）	325	392/376	385

文科

省份	省重点线	最高分/最低分	平均分	省份	省重点线	最高分/最低分	平均分
北京	559	623/618	619	江西	558	607/603	605
天津	500	594/584	587	山东	542	612/601	605
河北	549	636/622	628	河南	536	605/598	601
山西	542	584/578	580	湖北	542	602/592	596
内蒙古	522	616/603	608	湖南	553	617/610	612
辽宁	564	623/616	619	重庆	545	604/597	600
吉林	544	601/585	591	四川	540	613/600	604
黑龙江	500	600/586	590	云南	560	624/621	622
江苏	339	375/367	370	陕西	518	615/609	611
安徽	550	614/609	611	甘肃	519	590/586	588

综合改革

省份	省重点线	最高分 / 最低分	平均分	省份	省重点线	最高分 / 最低分	平均分
浙江	595	656/642	648	上海	503	541/535	538

【就业工作】 2019 届学校共有毕业生 6117 人，其中博士生 395 人，硕士生 2429 人，本科生 3293 人。截至 10 月 31 日，整体就业率为 96.88%，本科生就业率为 94.90%，深造率为 57.42%，签约率为 70.27%；研究生就业率为 99.19%，签约率为 80.63%。从事钢铁材料等主体行业就业的毕业生比例有所提升，234 名毕业生响应国家号召，奔赴西部基层单位建功立业。

①加强制度建设，增强就业合力。学校领导高度重视就业工作，认真落实“一把手”工程，将就业工作纳入各级领导班子的考核体系。2019 年学校在“四到位”的基础上，深入推动招就、教学、人事、学工等相关部门协同做好就业工作机制建设和顶层设计，形成就业合力。一是进一步完善规章制度。调动各学院、各部门和广大教职工参与就业工作的积极性，征集多部门意见修订了《北京科技大学就业工作先进集体、先进个人评选办法》，在全校范围内营造全员关心参与就业工作的良好氛围。同时学校还修订了《用人单位进校举办双选会的管理办法》，确保工作操作规范以及校内多部门协调工作的高效推进和有序进行。二是强化队伍建设形成育人合力。学校号召专业教师了解生涯教育，融入生涯教育，开展三全育人活动。同时，学校继续加强就业教师的培训力度，参加 TTT、GCDF、生涯规划师、北京市教委专题化培训的就业教师人数累计 50 余人次，组织就业能力提升训练营，加强新老教师的交流、学习。三是健全就业反馈机制。学校不断健全招生—培养—就业的反馈机制，2019 年继续召开招生就业工作会，校党委书记、校长、主管校领导、各学院一把手及相关部处负责人参会，共同研讨就业工作。发布《招生就业状况白皮书》和《就业质量年报》，详细解读招生情况和毕业生就业状况，从招生、就业角度反馈人才培养过程中的问题。

②强化思想引领，服务国家需求。学校始终坚持以思想引领生涯教育，将思想政治教育贯穿于就业指导全过程，激励毕业生到西部、到祖国最需要的地方去奉献青春，成就梦想。一是以“三全育人”为契机，强化价值引领。学校调动学院领导、专业课教师、辅导员等多方力量，将全过程、全方位、全员育人的生涯教育理念融入人才培养中。修订《启航西部就业毕业生奖励办法》，提高奖励金额，大力宣传到部队、艰苦地区和行业、基层一线工作的典型事例，在全校形成示范引领效应。二是以“导师制”为抓手，提高专业认同。将生涯教育纳入班导师的工作职责中，提升学生的专业认同感。邀请 50 余名重点企业的专家和校友进校，开展“讲述专业好故事”等活动，帮助学生了解专业前沿和成长潜力。

③完善生涯教育，提升综合素质。学校不断前移生涯教育工作，丰富生涯教育内容，创新生涯教育形式，将生涯教育贯穿大学全程，帮助学生探索适合自身发展的成长路径。一是运用“互联网 + 就业”的新模式，丰富生涯教育形式。2019 年推进生涯教育课程改革，进行线上课程的慕课建设，邀请企业人力、优秀校友毕业生共同参与录制，将生涯教育的讲台从学校扩展到企业，从校园扩展到校外。二是利用线上平台，进行微课教育。学校开设了“职场星期二”线上分享微课，针对求职地域、北京户口、签约等学生关注的重点话题，每周二进行主题分享，收听观众累计超过 1000 人。继续打造“北科职日声”微信栏目，2019 年发布原创文章 10 余篇，点击量近万次，成为北科生涯教育的名片。三是科学设计第二课堂活动，完善生涯教育内容。学校深度开展分类指导、团体辅导和一对一生涯咨询。打造“求职季公开课”“求职训练营”等平台，开展“专题讲座、公开课、简历问诊日、求职集训营”等活动百余场，覆盖学生万余人次，有效将职业教育融入学生的日常学习和生活中，提升学生求职技能。同时开设“一对一生涯咨询室”，为学生提供个体化咨询，有效解决学生各种职业生涯规划问题。举办“企明星”

企业参观走访活动，带领学生走进他们心中的“明星企业”，搭建学生与企业的交流平台。

④深挖就业市场，拓宽就业渠道。学校积极主动对接国家战略性的新兴产业、先进制造业，为毕业生提供充分的就业机会，通过就业实习、校友双选会等方式，为学生创造精准就业的机会，提高学生求职效率。一是巩固传统的就业渠道，利用各方资源建设就业市场。保持学校传统优势行业企业进校招聘基本稳定，继续加强与材料、冶金、机械等传统行业重点企业的合作，大力开拓高端装备制造、新能源、新材料、航空航天、国防工业等新兴领域就业市场；持续推进校院两级就业市场建设，支持学院主动对接行业龙头企业与重点单位；做好就业前延工作，继续组织“实习生双选会”，2019 年实习生双选会为在校学生提供了实习岗位近 3000 个，吸引了 4000 余名学生参加。二是打开就业形态新天地，通过多种形式发展就业市场。创新工作思路，需求导向推动就业实习和教学实习结合，学校联合多部门与美的集团达成协议，集中推荐学生赴美的实习，极大地激发了学生的实习积极性，提升了企业的校招成功率。2019 年学校赴美的集团实习的学生中，获得工作 offer 的人数超过半数。三是积极创新就业渠道，加强与校友企业和地方政府的合作。2019 年继续举办校友企业双选会，包括中国五矿、中钢集团、神州优车、首钢集团、航天三院、河钢集团等知名企业在内的 200 余家单位参展，提供就业岗位 4000 余个，吸引毕业生 3000 余人，实现校友发展“传、帮、带”。加强和重点地区政府部门、人才部门的合作，为毕业生服务地区经济发展创造条件。2019 年，与京津冀区域、长三角经济带、粤港澳大湾区等重点区域的人才机构和企业达成合作协议，探索“产学研合作 + 人才招聘”的复合型校企、校地合作模式，建成 45 家区域性就业基地，为毕业生服务地区经济发展创造条件。2019 年，学校就业市场数量和质量有了明显提升，和 5 年前相比增长了 83%，供需比达到 1∶9 以上，进校招聘的世界和中国 500 强企业数量增长到 371 家。

⑤细化就业服务，满足个性需求。学校坚持关心关爱每个学生，细致贴心为学生做实事、解难事。一是分层分类帮扶。学校针对学生特点和需求，开展分层分类就业帮扶，积极为经济困难、就业困难等就业特殊群体毕业生提供就业帮扶和指导。向经济困难的学生，发放专项求职补贴 47 万余元；为求职能力和求职技巧较差的同学，重点进行笔试、面试“一对一”辅导，帮助学生提升就业能力。根据学生不同就业去向、求职时间特点和求职目标开展分类、分时、分需的精准服务，开展毕业生地域选择、留京政策、出国留学、户档政策、职业选择等专题交流，覆盖学生 3000 余人。二是个性服务精准到人。学校面向全体毕业生提供“三个一”服务：一次“一对一”深度辅导，修改一次简历，一次匹配度较高的职位推荐。建立完善的就业帮扶体系，实现“一生一策”，积极为毕业生提供更加精准的就业帮扶和个性化的就业指导。

（张　静）

【创新创业工作】 2019 年，学校进一步加强创新创业工作，把培育学生创新创业精神和实践能力作为学校人才培养目标和“双一流”大学建设重点内容，持续推进创新创业教育、实践、孵化以及基地建设工作。学校获评教育部“2019 年度全国创新创业典型经验高校”（全国 50 所），北京市“互联网 +”大学生创新创业大赛优秀组织奖。

①加强统筹，构建“校院两级”创新创业工作格局。学校充分发挥学科优势，推动专创融合，继续加强“创新创业分中心”建设，实施“有组织、有基地、有赛事、有教师、有课程、有活动”的“六有”运行机制，加强分中心创新基地与校级众创空间的有效协作。开展“创新创业分中心特色建设项目”立项，通过该项目实现 9 个学院创新创业分中心基地升级改造，新建 3 个学院创新创业实践基地，为学生创新创业提供了早期的场所和指导，直接服务常驻学生 200 余人，间接辐射学生 3000 余人。截至目前，学校建设“贝壳创空间 + 创新创业实践基地 + 学院创新创业分中心”为一体的双创基地群，面积累计 3000 余平，全面保障了学生创新创业实践需求。

②加强教育，充分发挥双创育人功能。学校继续加强创新创业课程建设，开设相关课程 36 门，邓立治老师的“商业计划书制作与演示”课程荣获全国工商管理专业学位研究生教育指导委

员会颁发的“优秀创新创业课程奖”。学校开展“创学堂”“创业体验日”“创业面对面”“贝壳上新”“创新创业成果展”等活动100余场，覆盖学生5000余人次，邀请了全国政协委员、真维斯董事长杨勋、晨兴资本创始人刘芹等知名企业家与学生分享创业故事，在全校范围内营造良好的创新创业氛围，激发学生创新创业热情。鼓励各学院创新创业分中心发挥专家、校友等资源优势，结合学科特点和学生需求，开展“年度创新论坛”“‘满井谷’互联网＋创新创业论坛”等差异性创新创业教育活动百余场。4月校庆周，成立“北科大青年创业家校友俱乐部”，共邀请40余名创业校友返校与学生分享创业故事，进一步发挥校友育人优势。建立了集“学科专家、企业家、优秀校友、专项辅导员”为一体的创新创业导师队伍，现有常驻导师200余人，为创业学生提供全方位创新创业指导。

③加强实践，培养学生创新创业实践能力。学校积极搭建“实践项目”“双创赛事”“训练营”等平台，着力培养学生创新创业实践能力。2019年，学校继续构建“校院两级”创新创业赛事实践平台，开展“摇篮杯”“机器人大赛”“智能车大赛”“节能减排大赛”等近30项综合性与学科性相结合的创新创业赛事，实现“一院一赛”，参与各类创新创业竞赛的学生累计7000余人。开展分层递进的创业训练营，举办“暑期创业训练营”，为期21天，招收学员400人，内容涵盖创业理论、创业实践、企业参观、创业辩论、公益扶贫和项目模拟等环节；开展“天使实战训练营”，覆盖100余人，主要面向已开展创业活动的学生，提供创业专项培训、项目指导、投资对接等，重点培养具有创业潜质人才。加强校企实践合作，与中国联通联合举办“天使实战营－黑客马拉松”技术创新大赛，与OPPO公司成立“OPPO学生创新营”，将企业平台与技术与学生创新有效结合。

④加强扶植，助力学生创业项目开花结果。学校依托“国家大学生创新创业训练计划”，重点培育大学生创业项目。2019年，共培育18支大学生创业训练计划项目，其中3个项目获批国家级大学生创新创业训练项目。面向在校生和毕业两年内校友，继续实施和完善“贝壳种子计划”，选拔优秀实体创业项目，为其提供启动资金、办公场地、注册地址、咨询指导等服务。2019年新选拔“种子计划”团队10支，建立种子计划“成长体系”，开展导师“一对一咨询”定期指导，为学生提供全过程、分领域、分专项精准服务，学生孵化满意度达到90%以上。积极挖掘和引入校外资源，与锡东创谷、清华启迪等机构建立孵化合作并设立校外“学生创新创业孵化基地”，为学生提供更多资源和空间。

学生创新创业项目稳健成长，创新创业工作取得一定成果。2019年，学校共孵化创业团队21支，4支团队完成工商注册，团队营业总额达到900余万元。“空气拨片”在美国成功完成众筹40万美元，创始人牛亚锋荣获“感动北科”新闻人物奖；“集聚科技”创业团队获得北京市优秀大学生创业团队二等奖；“幺零贰肆”团队创始人于宪元设计的“解魔方机器人”登陆央视“机智过人”节目。学生创新创业团队在“互联网＋”大学生创新创业大赛中荣获国家级1项、省部级53项，在“iCAN国际创新创业大赛中国总决赛”共斩获中国赛区五强、大赛特等奖1项，一等奖1项，二等奖2项，三等奖4项，刷新了学校在该项赛事上的历史最佳成绩。

学校学生创业团队受到人民网、《北京日报》、北京电视台等多家媒体报道，学校在中国高等教育学会发布的“2019年高校创新人才培养暨学科竞赛评估”中全国排名37位。

（邓张升）

2019年度“贝壳种子计划”入选团队名单

序号	项目名称	创始人姓名	学院
1	东莞市塑巢自动化有限责任公司	胡耀清	自动化学院
2	北京互动金课智能科技有限公司	王雪婷	机械工程学院

续表

序号	项目名称	创始人姓名	学院
3	沂新科技	刘盼盼	材料科学与工程学院
4	矿视科技团队	梁国栋	机械工程学院
5	泊悦科技	张　刚	机械工程学院
6	X-library 未来图书馆	黄国强	计算机与通信工程学院
7	铜仁看点科技有限公司	肖祥应	东凌经济管理学院
8	北京集聚创新科技有限公司	田　宙	东凌经济管理学院
9	USTBFITNESS	郑　宸	机械工程学院
10	烟台幺零二四电子科技有限公司	于宪元	机械工程学院

（邓张升）

序号	竞赛名称	级别	获奖等级	团队名称	负责人姓名	学院	指导教师
1	第五届中国“互联网+”大学生创新创业大赛	国家级	三等奖	Light Box——面向工业 4.0 的室内位置信息采集终端	陈丹阳	计算机与通信工程学院	陈宏尧　王建萍 王　鹏　邓张升
2	第五届中国“互联网+”大学生创新创业大赛北京赛区	省部级	一等奖	Light Box——面向工业 4.0 的室内位置信息采集终端	陈丹阳	计算机与通信工程学院	陈宏尧　王建萍 王　鹏　邓张升
3	第五届中国“互联网+”大学生创新创业大赛北京赛区	省部级	二等奖	猫芙创业扶贫项目	李建地	化学与生物工程学院	邓张升
4	第五届中国“互联网+”大学生创新创业大赛北京赛区	省部级	二等奖	便橙	张　彤	东凌经济管理学院	苏　烜　邓立治
5	第五届中国“互联网+”大学生创新创业大赛北京赛区	省部级	二等奖	基于三维视线追踪技术的可穿戴人机交互设备	杨慧杰	自动化学院	迟健男
6	第五届中国“互联网+”大学生创新创业大赛北京赛区	省部级	二等奖	贝创意念	张　润	东凌经济管理学院	王丽红
7	第五届中国“互联网+”大学生创新创业大赛北京赛区	省部级	二等奖	AirSun Shelter 安全智能发电帐篷	侯翊敏	化学与生物工程	樊百林　邓张升
8	第五届中国“互联网+”大学生创新创业大赛北京赛区	省部级	二等奖	新型智能仿生扑翼无人机系统的研发及产业化	穆新星	自动化学院	贺　威　付　强
9	第五届中国“互联网+”大学生创新创业大赛北京赛区	省部级	二等奖	睿羹——面向帕金森患者辅助防抖餐具	宋广轩	自动化学院	付冬梅
10	第五届中国“互联网+”大学生创新创业大赛北京赛区	省部级	二等奖	孟子居“一棵树”公益扶贫项目	杨国庆	东凌经济管理学院	王未卿　张文新 王　鹏
11	第五届中国“互联网+”大学生创新创业大赛北京赛区	省部级	二等奖	TrafficX	李铭鸿	计算机与通信工程学院	彭云峰　张　剑
12	第五届中国“互联网+”大学生创新创业大赛北京赛区	省部级	二等奖	智能全景记录仪	田　宙	东凌经济管理学院	邓张升　戴晓明
13	第五届中国“互联网+”大学生创新创业大赛北京赛区	省部级	二等奖	景承医疗：微创医疗器械头端工具制造商	李　进	东凌经济管理学院	邓立治
14	第五届中国“互联网+”大学生创新创业大赛北京赛区	省部级	二等奖	KT 智能运动	陈彦汝	东凌经济管理学院	苏　烜

续表

序号	竞赛名称	级别	获奖等级	团队名称	负责人姓名	学院	指导教师
15	第五届中国“互联网+”大学生创新创业大赛北京赛区	省部级	二等奖	盛世蔚蓝——国内领先污泥处理技术	马语峻	能源与环境工程学院	邢　奕　王　鹏
16	第五届中国“互联网+”大学生创新创业大赛北京赛区	省部级	二等奖	Parking-man 智能停车系统	张　刚	机械工程学院	韩泓冰　邓立治
17	第五届中国“互联网+”大学生创新创业大赛北京赛区	省部级	二等奖	海森 Health 空气净化器	刘庆超	东凌经济管理学院	李昕翌
18	第五届中国“互联网+”大学生创新创业大赛北京赛区	省部级	三等奖	Feeler 智能导盲系统	周昱臣	自动化学院	赵小燕
19	第五届中国“互联网+”大学生创新创业大赛北京赛区	省部级	三等奖	日晞研学	李业韬	机械工程学院	李晓静
20	第五届中国“互联网+”大学生创新创业大赛北京赛区	省部级	三等奖	Intellevator 智能高流量电梯	张　乐	自动化学院	李　擎　王粉花
21	第五届中国“互联网+”大学生创新创业大赛北京赛区	省部级	三等奖	基于物联网的智能晾衣系统	莫廷钰	自动化学院	王粉花
22	第五届中国“互联网+”大学生创新创业大赛北京赛区	省部级	三等奖	北京米优食品科技有限公司	冯忠滨	材料科学与工程	邓立治　李长麟 李　洲
23	第五届中国“互联网+”大学生创新创业大赛北京赛区	省部级	三等奖	Need U 动漫人力资源管理平台	张佳玮	东凌经济管理学院	曹　辉
24	第五届中国“互联网+”大学生创新创业大赛北京赛区	省部级	三等奖	基于 Arduino 的智能手语识别手套	刘广浩	自动化学院	杨雨谋
25	第五届中国“互联网+”大学生创新创业大赛北京赛区	省部级	三等奖	北京熊猫早餐食品公司	王　宽	东凌经济管理学院	冯　梅
26	第五届中国“互联网+”大学生创新创业大赛北京赛区	省部级	三等奖	Follotar 远程同感智能教学吉他	许添翼	机械工程学院	张俊海　郭馨蔚 邓张升
27	第五届中国“互联网+”大学生创新创业大赛北京赛区	省部级	三等奖	“遗歌”文创工作室	辛昱呈	自动化学院	杨雨谋
28	第五届中国“互联网+”大学生创新创业大赛北京赛区	省部级	三等奖	运输精灵	张家铭	能源与环境工程学院	肖文栋
29	第五届中国“互联网+”大学生创新创业大赛北京赛区	省部级	三等奖	Genius-list 智能统筹管理器	曹政修	文法学院	翟文洁
30	第五届中国“互联网+”大学生创新创业大赛北京赛区	省部级	三等奖	看点科技——专注贵州农特产的电商扶贫	肖祥应	东凌经济管理学院	邓张升　邓立治 王未卿　刘祥东
31	第五届中国“互联网+”大学生创新创业大赛北京赛区	省部级	三等奖	轻牛科技有限责任公司——即热型健康节能饮水机	温俊云	能源与环境工程学院	冯俊小
32	第五届中国“互联网+”大学生创新创业大赛北京赛区	省部级	三等奖	矿山远程监控系统	王玲玲	文法学院	王志鹏　邓立治
33	第五届中国“互联网+”大学生创新创业大赛北京赛区	省部级	三等奖	汇农宝	陈新旺	东凌经济管理学院	武　森
34	第五届中国“互联网+”大学生创新创业大赛北京赛区	省部级	三等奖	“简茶官”便携茶叶自动贩卖机	贾筱扬	东凌经济管理学院	张文新　邓张升
35	第五届中国“互联网+”大学生创新创业大赛北京赛区	省部级	三等奖	基于 OpenCV 和 iBeacon 的空车位室内导航小程序	龚小杰	机械工程学院	曹　辉　康翌婷

续表

序号	竞赛名称	级别	获奖等级	团队名称	负责人姓名	学院	指导教师
36	第五届中国“互联网+”大学生创新创业大赛北京赛区	省部级	三等奖	基于SAF原理制备新一代MRAM项目	方　悦	材料科学与工程学院	徐晓光
37	第五届中国“互联网+”大学生创新创业大赛北京赛区	省部级	三等奖	变螺距挤压与电磁感应耦合的泡沫塑料热解制油设备	赵　月	东凌经济管理学院	苏　烜　汪群慧
38	第五届中国“互联网+”大学生创新创业大赛北京赛区	省部级	三等奖	足下科技	董雪莹	东凌经济管理学院	李　擎　王未卿
39	第五届中国“互联网+”大学生创新创业大赛北京赛区	省部级	三等奖	趣编程少儿编程	宁悦茹	东凌经管学院	栗时锋
40	第五届中国“互联网+”大学生创新创业大赛北京赛区	省部级	三等奖	歪猫视觉	林存彤	机械工程学院	周晓光
41	第五届中国“互联网+”大学生创新创业大赛北京赛区	省部级	三等奖	北京科技大学澧泉行动	王　俊	计算机与通信工程学院	黄　凯　于林民
42	第五届中国“互联网+”大学生创新创业大赛北京赛区	省部级	三等奖	针对薄贴技术的地面自动铺砖机器人	胡耀清	自动化学院	苏　烜　杨雨谋 王　旭
43	第五届中国“互联网+”大学生创新创业大赛北京赛区	省部级	三等奖	音悦智能教学辅助设备	贾梦晗	东凌经济管理学院	苏烜
44	第五届中国“互联网+”大学生创新创业大赛北京赛区	省部级	三等奖	Jarvis 建筑爬架控制管家	庄希颉	东凌经济管理学院	赵鑫鑫
45	第五届中国“互联网+”大学生创新创业大赛北京赛区	省部级	三等奖	Advanced Baby-Car 智能婴儿车	徐　威	高等工程师学院	邵丽华　于宝库
46	第五届中国“互联网+”大学生创新创业大赛北京赛区	省部级	三等奖	和樱日语APP——您身边的线上AI日语学习专家	郑惠中	文法学院	王书玮　高西峰
47	第五届中国“互联网+”大学生创新创业大赛北京赛区	省部级	三等奖	Vehiclemaker 智造工坊	康朋瑞	机械工程学院	刘　立
48	第五届中国“互联网+”大学生创新创业大赛北京赛区	省部级	三等奖	电动未来	马俊宇	自动化学院	王国霞　杨雨谋
49	第五届中国“互联网+”大学生创新创业大赛北京赛区	省部级	三等奖	基于电磁感应和融熔再生原理的快递塑料包装袋回收利用装置	漆文辉	能源与环境工程学院	张曾莲　汪群慧
50	第五届中国“互联网+”大学生创新创业大赛北京赛区	省部级	三等奖	图书馆精灵	庄庆钧	自动化学院	杨雨谋
51	第五届中国“互联网+”大学生创新创业大赛北京赛区	省部级	三等奖	知建APP	赵子琪	土木与资源工程学院	苗胜军
52	第五届中国“互联网+”大学生创新创业大赛北京赛区	省部级	三等奖	赛格导航仪	潘淑琦	东凌经济管理学院	张俊光
53	第五届中国“互联网+”大学生创新创业大赛北京赛区	省部级	三等奖	镍科尔材料	韩吉财	土木与资源工程学院	孙体昌　栗时锋
54	第五届中国“互联网+”大学生创新创业大赛北京赛区	省部级	三等奖	小树科技	石家璇	机械工程学院	张文新　邵丽华
55	第十六届“挑战杯”全国大学生课外学术科技作品竞赛	国家级	三等奖	工业级高精度可见光室内定位终端	黄嘉成	计算机与通信工程学院	王建萍

续表

序号	竞赛名称	级别	获奖等级	团队名称	负责人姓名	学院	指导教师
56	第十六届“挑战杯”全国大学生课外学术科技作品竞赛	国家级	三等奖	基于磁分离及量子点 FRET 的地塞米松免疫层析试纸条	马荐信	化学与生物工程学院	时国庆
57	第十六届“挑战杯”全国大学生课外学术科技作品竞赛	国家级	三等奖	苗族地区基层扶贫干部胜任力研究——基于贵州省黔东南黄平县谷陇镇基层扶贫干部的经验研究	崔旖旎	文法学院	邢朝国
58	第十届“挑战杯”首都大学生课外学术科技作品竞赛	省部级	特等奖	苗族地区基层扶贫干部胜任力研究——基于贵州省黔东南黄平县谷陇镇基层扶贫干部的经验研究	崔旖旎	文法学院	邢朝国
59	第十届“挑战杯”首都大学生课外学术科技作品竞赛	省部级	一等奖	基于磁分离及量子点 FRET 的地塞米松免疫层析试纸条	马荐信	化学与生物工程学院	时国庆
60	第十届“挑战杯”首都大学生课外学术科技作品竞赛	省部级	一等奖	智能网球捡球机	薛　涵	自动化学院	李　擎
61	第十届“挑战杯”首都大学生课外学术科技作品竞赛	省部级	二等奖	电磁感应加热耦合多级密封的废泡沫塑料热解制油装置	马欣欣	能源与环境工程学院	吴川福
62	第十届“挑战杯”首都大学生课外学术科技作品竞赛	省部级	二等奖	新型柔性血氧探头	胡津铭	材料科学与工程学院	张　铮
63	第十届“挑战杯”首都大学生课外学术科技作品竞赛	省部级	二等奖	基于磁场的空间定位鼠标	徐博文	自动化学院	景　鹏
64	第十届“挑战杯”首都大学生课外学术科技作品竞赛	省部级	三等奖	倒置型有机太阳能电池器件的制备与表征	张彦哲	材料科学与工程学院	张　铮
65	第十届“挑战杯”首都大学生课外学术科技作品竞赛	省部级	三等奖	氮化硼粉体的合成研究	程娇杨	材料科学与工程学院	陈俊红
66	第十届“挑战杯”首都大学生课外学术科技作品竞赛	省部级	三等奖	自动铺砖机器人	吕瑞杰	数理学院	王　旭
67	第十届“挑战杯”首都大学生课外学术科技作品竞赛	省部级	三等奖	温度变化与电力需求的关系研究——基于 2000–2014 年中国城市面板数据的经验证据	李婉睿	东凌经济管理学院	杨志明
68	第十届“挑战杯”首都大学生课外学术科技作品竞赛	省部级	三等奖	一种带有目标识别功能的察打一体式无人机	谷浩林	机械工程学院	马　凯
69	第十届“挑战杯”首都大学生课外学术科技作品竞赛	省部级	三等奖	锂空气电池聚合物电解质与全环境可变形电池结构设计	叶宇宁	材料科学与工程学院	连　芳
70	2019 年北京地区高校大学生优秀创业团队评选	省部级	二等奖	Light Box——面向工业 4.0 的室内位置信息采集终端	陈丹阳	计算机与通信工程学院	陈宏尧、王建萍、邓张升
71	2019 年北京地区高校大学生优秀创业团队评选	省部级	二等奖	智能全景记录仪	田　宙	东凌经济管理学院	邓张升
72	2019 年北京地区高校大学生优秀创业团队评选	省部级	三等奖	Parking-man 智能停车系统	张　刚	机械工程学院	韩泓冰　邓立治
73	2019 年北京地区高校大学生优秀创业团队评选	省部级	三等奖	北京宇昕未名科技有限公司	李昕翌	机械工程学院	覃京燕　邓立治　邓张升

（苏　烜、邓张升）

审计工作

【概况】 2019年，审计室在学校党委和行政的领导下，根据年度工作要点和计划，紧紧围绕学校中心工作，严格落实中央和国务院关于审计工作的各项要求、中央审计委员会第一次会议精神、《审计署关于内部审计工作的规定》《教育部关于加强直属高等学校内部审计工作的意见》，以完善学校内部治理结构和健全权力约束机制为目标，切实履行审计监督职责，力度不断加大，成效逐步显现，在规范内部管理、防范财务风险、提高资金使用效益、加强反腐倡廉建设等方面发挥了重要作用。

（孙亚东）

【经济责任审计】 深化经济责任审计，规范领导干部的权力运行。作为每年审计监督的中心工作，在保障质量的基础上不断拓宽覆盖面，以立项为“龙头”，统筹和科学安排重点项目。充分定位和把握新时代内部审计的职能，从传统的审查和监督向评价和建议拓展。一方面充分发挥专业优势，对微观数据进行宏观分析，为领导决策提供数据支持，另一方面在揭示问题的同时，将重点放在促进整改、规范管理上，从对结果的关注转向对管理流程的关注，把事前防范、事中提醒结合起来，充分发挥审计免疫系统的功能。审计中对贯彻落实中央八项规定、厉行节约反对浪费和履行有关党风廉政建设第一责任人职责情况等进行了重点审计。

（孙亚东、肖雅珠、薛雨石、康　亢）

【工程审计】 以控制造价、规范管理为重点，不断加强建设工程跟踪审计。在造价审计基础上，更加侧重内控审计和管理审计，形成内部审计主导的工程跟踪审计方式。按照建设项目进度安排，通过关口前移，加大跟踪审计力度，加强对外委审计机构的监督，严格把控关键环节，保质保量地实施了昌平创新园西区和工程实践基地一期项目的过程跟踪审计工作。开展昌平创新园东区分包工程等项目的结算审计工作，提高建设资金使用效益。

（孙亚东、纪国东、高文义）

【预算执行与决算审计及专项审计】 扩大预算执行与决算审计范围，加强事业发展关键环节的监督。预算是事业计划的资金反映，对于这项每年必审的工作，重点关注财政资金使用的程序完整性和合法合规性，用心从细节中挖掘问题，为确保学校财务信息真实完整，防范舞弊和预防腐败提供监督、评价、建议。准确把握学校发展和管理大局，专项审计立项有高度。紧紧抓住事关学校发展全局的“经营风险点、管理薄弱点、效益流失点”进行科学立项，圆满完成会议中心专项审计。

（孙亚东、薛雨石）

【整改检查】 作为整改检查工作的学校联系人，积极做好组织协调、沟通联络、现场配合、督促落实、保障服务、资料收集、意见沟通反馈等工作。通过细化方案，落实责任主体、明确时间节点、召开部署动员会、督促协调会、汇报会等，层层传导压力，形成部门联动机制，圆满地完成了检查工作。努力促进审计意见落实到位，对上一年度有整改事项的二级单位进行了后续检查，始终强调监督与服务并重，在宣传引导上下功夫，向二级单位广泛宣传党和国家、教育部重大财经政策，采取看得懂、听得进、易理解的方式，让干部知规名矩，心中有戒。

（孙亚东、曹　勇、肖雅珠、薛雨石）

【联席会议】 2019年3月召开了学校经济责任审计工作联席会议，校党委副书记、纪委书记戴井岗以及组织部、纪委监察室、财务处、人事处、资产管理处、审计室6个经济责任审计联席会议成员单位负责人出席了会议。会上汇报了2018年经济责任审计情况，讨论拟定了2019年工作计划，戴井岗副书记在会上对内部审计工作提出了新要求、新指示。联席会议加强了相关部门之间的沟通交流，为经济责任审计工作提供了新思路，不断推进工作深化。

（孙亚东、康　亢）

交流与合作

【概况】 2019年，学校以“支撑学科建设、提升服务质量”为指导思想，聚焦学校学科建设目标，重点推进与统筹兼顾相协调，丰富学校建设内涵，积极助推学校高层次人才培养能力提升，促进学校的学科影响力和社会贡献力显著提高，构建并优化与新时代发展相适应的学校合作交流事务管理服务机制。在与国外和港澳台地区合作交流中，强化学校顶层设计，积极优化合作布局，加强学校形象建设，建设具有竞争优势的合作交流网络。

①扩大学术交流，拓展全球合作空间。本年度，进一步加强与国（境）外高水平院校的校际交流，拓展新的合作伙伴，积极落实实质性合作。年内，新增7个院校合作伙伴，其中包含慕尼黑大学、伊利诺伊大学香槟分校等4所排名全球前2%的高校；接待各类专家逾1150人次，教师短期因公出国（境）进行学术交流672人次，互访人数创历史新高。

②深化重点合作，加强服务国家战略能力。加强中乌两国“一带一路”科技合作，与乌克兰排名第三的国立技术大学达成共建材料科学及高新技术联合研究实验室的意向协议；组织策划“中国－德国高水平大学校际合作40周年纪念会暨北京科技大学－亚琛工业大学学术研讨会”活动；与北海道大学举办第16届双边研讨会，构建和拓展人才培养和科研合作等务实交流机制；举办第2届东亚创新推进论坛，助推东亚地区教育合作。

③推动出访交流，积极拓展学校影响力。推动校级领导出访美、英、德等国多所学校开展校际交流，协同使领馆、校友会举办校友联谊会、人才招聘会，大力吸引人才。组织高层次出访团参加TMS年会、美洲国际教育年会、第三届中墨大学校长论坛、中美大学校长研讨会等重要国际学术会议、论坛、展会等，提升学校知名度和影响力。

（章　靖、崔玉娟、李　贝、冯　强）

【与港澳台地区高校合作】 不断优化与港澳台地区高校的合作格局，与港澳台高校稳步开展务实高效的合作交流。

①深入开展学术交流。与台北科技大学联合开展15项科研项目，与台湾大学、香港科技大学等开展合作。年内，学校学生赴香港学习32人次、赴澳门学习3人次，赴台湾地区学习73人次，教师赴香港10人次、澳门3人次、台湾地区18人次；共计150余名港澳台地区师生来学校短期交流。

②以“城市发展”为主题举办两岸青年科学研习营，共11所台湾地区高校的79名师生参与。举办“新时代中美关系”等主题报告，400余名师生到场聆听。

③持续开展两岸高校交流合作。与台北科大、云林科大、高雄科大开展创新创业教育合作，协办2019两岸高等教育（北京）高峰论坛，与义守大学达成合作意向并签订校际合作协议。

（梁志扬、张天问、李　贝）

【二级单位自主开展交流合作】 深入推进“鼎新北科”学院合作平台建设计划，形成特色化的学院对外合作交流局面。创新推动选派计划，12个学院自主开展18个项目，共选派206人实习交流，同类项目人数较去年增长56%。

（章　靖、班晓娟、李　贝）

【对外交流合作管理服务机制】 以助力“双一流”建设为目标，深入开展调研与整改，推进管理服务提质增效。

①搭建多维宣传媒介，打响“USTB”品牌。全面改版和上线学校英文网站；大力推动院级英文网站建设，12家已经上线运行；制作学校英文宣传视频、画册、折页、PPT和纪念品等材料。

②立足制度创新，打造学校与国外和与港澳台地区事务经费报销一站式服务平台。为简化业务流程，提高办事效率，解决师生“少跑腿”及排队等候问题，推出“经费报销投递箱”服务，方便师生工作时间随时投递经费报销业务单；正式实行的一站式服务窗口累计服务师生逾千人次，实现师生“报销只跑一次”。

③因公出国（境）任务线上

报，任务审批“0”跑腿。进一步完善教师、学生因公出国（境）在线申报系统的功能建设，让信息多跑路，师生少跑腿，构建任务申报、在线审批、进度查询、数据统计、即时提醒等出国（境）服务系统，解决系统使用过程中的内部审批相关权限与信息共享等问题，最大程度地服务教师和学生，大大提高了工作效率。教师因公临时出国（境）线上申报系统于2019年3月正式运行，学生因公出国（境）线上申报系统于2019年6月正式运行。学校是首家经北京市外办批准电子审批的单位，真正实现校内审核、审批“0”跑腿，审批耗时从2~3周缩短至2~3天，为学校师生提供了切实便利。

④积极筹备、部署出国（境）审批权落地。2019年11月，根据教育部授予部分出国（境）审批权的相关通知，着手解读上级政策，研究已有审批权高校相关规定，搭建学校出国（境）管理规定及审批制度，制定《北京科技大学因公临时出国（境）管理规定（试行）》及实施细则。依托信息平台，积极部署审批权落地相关工作。

（李俊海、张青芸、陈诗琦、章　靖）

【学生交流培养】 优化高水平合作交流布局，加强学校学生交流项目顶层设计，争取国家政策和国家级项目资源支持。

①聚焦高精尖合作，建设具有竞争优势的合作平台，大力推动学生赴国（境）外经历拓展。共执行公派交流项目146项，项目数比去年增长10项；学生交流学习达996人次，人数较去年增长达20.9%。

②推进联合培养，增强高端人才培养项目培育能力。与剑桥大学、多伦多大学等顶尖高校联合申报获批4项国家创新型人才合作培养项目，获得本年度满额立项，超过历年之和，在全国高校中取得最佳成绩，实现“双一流”学科全覆盖。

③强化服务导向，拓展学生国（境）外项目覆盖范围，提升培养成效。切实从学生需求出发，推动全链条式过程管理，进一步规范项目运行，提升学生交流成效。“立体式”项目申请持续发挥作用，17名学生通过个人自主申请通道获得赴耶鲁大学、海德堡大学等全球百强高校的学习机会。

（梁志扬、张天问、班晓娟）

【引智工作】 优化整合资源，强化支撑带动，构建优势学科与其他学科协同发展的引智格局。

①做好政策解读与宣传。针对引智项目申报新规，开展专题调研，举办专场宣讲会、印制申报手册，指导教师申报项目。

②进一步优化专家聘请结构。聚焦国家重大战略需求和科技创新重点领域，加强基础研究和应用基础研究，加强一流学科建设，对接战略需求强化项目整合与申报。获批国家级引智项目20项，与5个国家级引智基地一起获国家经费支持逾千万，额度再创新高；自主支持校级项目10项，引智项目覆盖全校各学科。聘请高水平学者逾1150人次，重点建设了“高等学校学科创新引智计划”（“111计划”）基地5项（其中1项进入“2.0”阶段），新增获批“高等学校学科创新引智计划”（“111计划”）基地1项。

③举办国际会议19场，参会人数逾3000人次，会议数量和参会人数较往年成倍增长。其中“第二届材料基因工程高层论坛”是新材料领域品牌性学术会议之一，国内材料领域有40位专家参与了本次论坛，140余位国内外知名学者做论坛报告。

④完善引智人才工作服务机制。制订“名誉教授”“客座教授”的聘任条件；明确规定了“名誉教授”和“客座教授”的评聘程序和工作内容。实施“R签证办理绿色通道”，简化工作居留办理程序。年内，聘请长期专家47人（含高端人才6人），办理工作许可证相关手续36人次。

（王　洋、章　靖、班晓娟）

【孔子学院】 立足特色型孔院，大力推广汉语国际教育，深化合作交流，持续提升孔子学院发展的质量和效益。

①举办北京科技大学－德蒙福特大学孔子学院成立5周年庆祝仪式等活动。本年度，在孔子学院成立5周年之际，积极策划组织孔子学院成立5周年庆祝仪式及系列活动，推动学校与德蒙福特大学校级领导间的交流互访，为孔子学院可持续发展提供有力支撑。召开第五届孔子学院理事会会议，全面梳理了孔子学院成立5年来的发展成就，深入讨论了未来发展规划。

②稳步推进孔院教学成效，建设高质量师资队伍。2019年，孔子学院开设28个教学点，3个级别汉语课，学员79人次，同比

增长4人次；4个级别非学分课，学员604名，同比增长44.9%，使汉语在当地得到进一步的推广与应用。顺利完成孔子学院汉语教师及汉语教师志愿者的选拔和换任工作，2019年1月，杨英军院长接替刘亚明院长，完成孔子学院院长换届工作。目前共派有1名中方院长，2名汉语教师和4名汉语教师志愿者赴孔子学院开展管理和教学工作，保障了孔子学院日常办学对高水平师资的需求。

③打造特色品牌项目，推动两校多层次深度合作交流。2019年，两校高层互访和学术交流6次，共计16人次，研究生交流2批次，共计9人，沟通交流频繁。举办艺术设计展览暨论坛、2019英国德蒙福特大学暑期访华学生团等系列活动，增进了中英两国文化交流。与德蒙福特大学在5个专业签署“3+1”联合培养协议，推进优势学科合作，促进两校协同发展。

（王梦瑶、李　贝）

安全保卫与校园综合治理

【概况】 2019年，学校保卫保密、综合治理工作在学校党委行政的领导和上级主管部门的指导下，结合学校综合改革方案和“十三五”事业发展规划，以建设安全和谐稳定校园为目标，贯彻落实“三全育人”要求，全面深入实施“平安校园”建设提升工程，强化安全管理与服务，推动平安学院建设，提高学校安全管理与服务精细化、规范化水平，为学校“双一流”建设提供安全保障，圆满完成国庆70周年庆祝活动等校园重大安保任务。

（刘兴德）

【治安防范】 针对预防网络电信诈骗开展安全防范宣传教育，邀请公安民警来校共同开展预防电信诈骗宣传，针对高校诈骗案件特点，发放预防电信诈骗宣传品一万余份，张贴预防电信诈骗宣传页一千余张，通过平安北科大公众号推送防范电信诈骗原创文章近20篇；充分发挥“校园110”巡逻车流动服务功能，在执行巡逻任务同时，应老、弱、病、残、孕人员及师生需求提供服务；积极做好大型活动保障工作，督促落实各项安保工作措施，及时消除安全隐患；将人民调解与普法工作紧密结合，以调宣法、以法促调，并以各单位专项培训为载体，开展法制讲座；积极化解矛盾纠纷，2019年调解9起矛盾纠纷，调解成功9起，涉及金额达6.35万元。

加强校门管理和校园巡逻，合理安排巡逻力量，结合学校发案情况进行重点巡查检查；加强校园扫黑除恶、反恐防暴宣传与防范工作。2019年度协助公安机关查处案件300余起，涉案价值50余万，破案率较去年提升5.6%，抓获违法犯罪人员5人。

（刘晓勇）

【消防安全】 2019年按照学校及上级各主管部门工作要求，结合学校安全工作实际，坚持“安全第一、预防为主、综合治理”的方针，强化安全发展观念、完善安全工作制度、落实安全管理责任，丰富安全宣传形式，提高安全检查频次，处置安全生产事故，确保学校公共财产和师生生命财产安全。全年共组织各学院师生、后勤管理处职工等不同岗位、不同类型人员进行火灾等突发事件应急疏散演练19次，覆盖人数7000余人。以“512防灾减灾日”、安全生产月、“119消防安全宣传月”等重要时间节点为契机，充分利用学校各类媒体，广泛宣传、普及消防安全知识，共制作宣传签字墙板2块、各类宣传横幅33条、各类宣传展板92块，发放《安全生产手册》《消防宣传手册》10000余册、张贴《火灾风险指南》150余张，活动期间借助校园宣传屏幕播放消防安全宣传警示片，广大师生高度关注。为加强电动车充电安全管理，消除安全隐患，在主要充电区域张贴《加强电动自行车停放充电管理通知》，并设计制作7组漫画形式的充电安全宣传背景墙，以诙谐幽默的方式向师生普及充电安全知识。

按照年度工作计划依序开展

消防设施、设备、器材的维护保养工作。全年更新维修灭火器共计14000多具，维护保养室内消火栓2476个、室外消火栓及接合器144个，清洗烟感报警器共计14006个；同时为了保证全校消防、电气设施设备有效运行，组织专业检测公司对校内39栋楼宇建筑进行消防检测，对27栋重点楼宇建筑进行电气检测。

（王　晨）

【安全生产】 为保证学校每项施工项目安全开展，根据学校规章制度，严格审批每项施工项目，2019年共签订《施工安全责任书》75份、《临时动用明火审批表》120份，审批《危险化学品领用申请表》55份、通过危险化学品采购管理系统审批危化品采购单4800余份。

开展“616安全生产宣传咨询日”活动，以宣传贯彻安全生产法律法规、实验室安全规范为重点，集中通过设置咨询台、发放宣传品、展览展示、有奖竞答等方式，为广大师生提供安全法律法规及学校安全规章制度咨询服务，集中宣传普及安全法律法规，提高学校师生安全意识，推进各项安全标准规范顺利实施。

国庆70周年活动期间，为防范遏制各类事故，组织开展消防安全“三自活动”，悬挂“三自主两公开一承诺”公示牌，明确消防主体责任和责任人，按照上级有关文件精神及学校工作部署，制定以“防风险、保平安、迎大庆”为主题的工作方案，高频检查、滚动排查、网格清查相结合，将隐患当事故，严管严控安全风险，持续保持对安全隐患和各类违法行为高压整治态势，对存在隐患部门签发整改通知书共计75份，并督促落实整改，确保万无一失。

（王　晨）

【交通安全】 加强对校内送货、共享自行车、外卖及快递收发车辆的清理整治工作，对摩托车、电动摩托车安排指定路线、指定区域停放，有效遏制了车辆无序穿行行为、减少了教学区内行车安全隐患。加强交通安全宣传，联系各二级单位开展交通安全宣传活动，做好法定节假日、寒暑假及交通安全宣传日主题活动，制作宣传展板10个，主题条幅7条，宣传册7000份，依托校园网、保卫保密处及校团委微信公众号平台，累计推送交通安全信息10余条；全年共办理校园机动车通行证近4000个；化解临停车收费矛盾纠纷及协助调查车辆剐蹭案件10余起；协调校园施工车辆进出，办理临时出入证45张；进入教学区车辆审批2700余辆；因施工等原因通知车主挪车200余人次；处理违规电动车80余辆；北京科技大学车辆管理系统上线运行，为下一步校园智能交通管理系统的构建打下基础；投入经费约50万元，完善校园交通基础设施，新增、更换、维护校园交通设施50余处。

（张训超）

【校园综合治理】 完成2019年度教学区、学生宿舍区外来人员数据统计工作；对教学区违规丢弃化学实验用品、违规堆放建筑垃圾、公共设施是否完好进行日常巡查；督促有关单位清理建筑垃圾3次。2019年共为442名未迁入户口在校生及后勤工作人员办理了北京市居住证登记卡。加强大小型活动安保全方位监督管理，全年共审核备案大小型活动、出行活动共计200余次，保证各类活动顺利进行；规范商业摊点的经营行为，治理校园流动商贩、散发张贴小广告等违规行为，全年共查处无证游商20余人次。与政府部门配合拆除校内违法建设2处，改造彩钢板房顶1000余平方米，消除安全隐患。

（田　园）

【政保工作】 根据学校实际情况及时调整、变更各级国家安全人民防线建设组织机构组成人员，完善相关规章制度，确保各项工作措施落实到位；紧紧围绕学校中心工作，通过“线上线下”全方位安全教育体系，将理论培训和实践运用相结合，开展系列安全宣传教育与培训活动。依托学院路地区“校地警联盟”平台，联合国安、公安、消防及反恐等专业部门，举办“4.15全民国家安全教育日”系列活动，广泛深入开展国家安全宣传教育，进一步增强党政领导干部、全校师生的国家安全意识，做好内部安全防范工作；建立健全行前教育和回访制度，做好出国人员的安全防范工作；协助海淀区政法委开展“青春无邪、智破迷局”高校反邪教宣传；加强对各类重点人群的教育引导和校园巡逻检查工作，防止不法分子在校内进行破坏活动；强化校园信息安全管理力度，加强校园各种宣传舆论阵地巡查管控；做好重大政治活动、重大事件等敏感时期的安全稳定工作，确保校园安全稳定。

（刘　萍）

【保密工作】 根据新的《武器装备科研生产单位二级保密资格标准》要求，继续推进保密工作归口管理工作；构建非涉密计算机检测系统；进一步设计开发“北京科技大学保密宣传教育平台”，提升学校保密宣传教育信息化水平；进一步完善邮件安全防控系统，降低互联网邮件泄密风险；举办“保密安全宣传周”系列活动，提高师生、领导干部和涉密人员维护国家秘密安全的政治站位和大局意识；保密办、宣传部、国际处携手制定保密归口管理相关制度；表彰保密工作先进集体和先进个人；不断规范涉密载体登记收发管理；定期开展保密检查与自查，督促有关单位和人员认真整改存在问题。

（张江博）

【户籍管理】 完成2019年新生落户、毕业生户口迁出、身份证照片信息和指纹采集工作。共办理新生落户2268人；办理毕业生户口迁出2159人。补（初）办二代身份证478张；教工及家属迁入106人；退学、变更婚姻状况、丢失补办户口迁移证、更改迁移证时间、地址、毕业生改派、新生儿落户等事项共计411人次。全年共接待近万人次日常查阅、查询、户口借用等工作。加强了集体户口的日常管理、宣传、户籍档案的归档整理工作等项工作。配合公安机关完成户口信息核查等工作。

（付　华）

【安防建设】 加强学校安防系统规划建设，完成教学办公区（一期）及运动场、地下机动车库等区域安防监控系统、校门及重点楼宇出入口人脸识别系统建设与改造。根据工作需要，开展校东门、校北门单向通道建设、中控室UPS并联冗余改造、安防网络主干路由排查改造及家属区监控调整和补充；完善教学楼、化生楼、档案馆、校医院、昌平园区食堂及部分重点部位监控建设，提高覆盖率；配合做好教育部、市委教育工委高校维稳指挥中心的系统接入工作。启动昌平创新园东区安防监控（二期）及地库智能管理系统建设项目。坚持日常维修保养与重点集中维护相结合，组织专业维保力量对出现各类故障的技防设施设备及时维修，确保安全设施运行完好有效。为公安机关侦办案件、调查处置以及庆祝建国70周年群众游行、联欢活动训练等活动及大型考试技术保障提供服务，有力服务师生和校园安全，进一步推进“雪亮工程”建设，深化“平安校园”建设提升工程。

（田　斌、杨　健）

【重大活动应急管理】 围绕两会、重要敏感期、重大活动安保任务及社会热点问题，加强校门的管理、校园重点区域的巡查和重点人的管控，制定专项工作方案和应急预案，明确工作职责和任务，各部门积极协作配合，落实各项应急工作措施，维护特殊时期校园和谐安全稳定。国庆70周年庆祝活动期间，认真履行工作职责，起草制定《北京科技大学国庆70周年庆祝活动安全保卫工作方案》和《北京科技大学游行训练方阵应急处置预案》，根据工作方案，有效落实训练场地安保和保密工作措施，协助参与游行方阵安检工作，完成了共计8批次17800余人次的安检，训练期间共排查、处理安全隐患50余起，确保了国庆游行方阵的安全、有序。

（王　晨）

基建管理

【概况】 2019年，基建管理处围绕规划设计、前期手续、投资管理、施工管理等重点工作，圆满完成各项建设任务。如期完成昌平创新园西区地上三层主体结构建设任务；确定了工程实践基地二期项目建筑功能布置并顺利完成多规合一初审、复审的申报工作；不断推进附属小学改扩建工作，与海淀区规自委就本项目原则性问题达成一致意见；制定投资计划，重点管控投资进度，年内完成投资合计14809.1万元，国拨绩效执行率达到100%；持续开展“不忘初心、牢记使命”主题教育，用科学理论武装头脑，坚持理论联系实际，学用结合，知行合一。

（孟祥国）

【规划设计】①与高等工程师学院、资产管理处等相关部门沟通协调，确定工程实践基地二期项目建筑功能布置及水、暖、电、信息、安防等条件预留，完成本项目施工图设计工作。完成昌平创新园西区项目室外综合管线施工图设计及景观方案确定工作。②推进附属小学改扩建工作，配合附属小学、附属中学、海淀区教委与海淀区规自委就本项目原则性问题进行协商并达成一致意见。有关附属小学建设原则、建设规模、立项主体、资产归属等问题向海淀区政府进行请示，并获批复同意。③在北京市中心城区减量发展的新常态下，摸底西北角土地基本情况，提出契合国家战略、满足北京市总体规划、推动学校双一流学科建设的思路，着手突破路径，寻求西北角建设可能性。④助力学校发展，积极协助推进昌平创新园三期规划调整工作，全面核算建筑规模与容积率指标。沟通昌平区委区政府、昌平区规划、建设等部门寻求政策支持，提出规划方案与建设思路。

（孟祥国、朱文亮）

【前期手续】①完成昌平创新园西区施工许可证办理，推进绿建二星标识审查，并于3月底顺利开工建设。②工程实践基地（二期）项目顺利完成多规合一初审、复审的申报工作，同步通过了水务、园林、人防、消防部门的初步审查，取得多规合一会商阶段函。

（孟祥国、朱文亮）

【投资管理】①制定投资计划，重点管控投资进度，确保投资计划执行到位。2019年内完成投资合计14809.1万元，国拨绩效执行率100%。②在工程实践基地一期和昌平创新园西区项目中引入“重计量”，构建施工过程高效管理新机制。对于固定单价合同结算的工程，在项目实施过程中，同步对中标图纸进行工程量预结算。有效缩短结算周期，提高结算效率，为过程中投资控制及资金使用提供更为准确的基础数据。③加快实施投资管理信息化，树立工程造价管理新理念。造价人员紧跟建筑行业信息化的发展步伐，学习并应用工程算量软件，建立建筑物的计算模型，利用信息化手段快速、完整的计算工程量，提升工作效率。

（武绍杰）

【工程建设】多措并举，全力推进重点工程建设。①完成工程实践基地（一期）供电方案调整。与海淀区供电公司进行沟通，顺利完成工程实践基地（一期）供电方案调整并通过审核。同时克服学校地下管网复杂、电缆埋深不确定等多种危险因素，紧盯现场、及时组织参建方解决实施难点等方式，做到现场问题现场研讨解决，于今年11月完成配电室发电，为主体项目验收调试创造了有利条件。②鼎力配合，完善工程实践基地一期、昌平创新园西区基础设施需求。对部分实验室上下水、设备基础、冷却循环水等进行了增设，共计解决实验室功能调整需求80余处，为实验设备的投入使用提供了有力保障。③保障工程实践基地（一期）项目按计划完工。克服国家级大型活动、学校教学考试等诸多不利因素，解决场地受限、劳动力短缺等困难，通过技术协调会、发函、约谈等多种方式，调动参建各方积极性，确保项目按计划完成各项建设任务。同步推进室外综合管网建设，实现了供暖前楼内水通、暖通、电通，避免了已完管线冬季冻裂等隐患，为项目的竣工验收和整体交付奠定基础。④如期完成昌平创新园西区地上三层主体结构建设任务。项目于今年3月底开工建设，优化了原基坑支护设计方案，实现A、B、C区同步实施，按期完成了地上三层主体结构建设任务，且通过北京市绿色安全样板工地及结构“长城杯”验收初审，并于年内完成了局部主体结构封顶。

（武绍杰）

【党风廉政建设】①开展“不忘初心、牢记使命”主题教育。把学习教育、调查研究、检视问题、整改落实贯穿主题教育全过程，将习近平新时代中国特色社会主义思想列入学习计划，从内容、方式、时间、要求上规范提高，切实提高学习质量，坚持把理论学习、党规党纪教育与基建工作相结合，用科学理论武装头脑，坚持理论联系实际，学用结合，知行合一。②开展“党建和创”支部共建。与北京信息科技大学、北京振邦承基开发建设有限公司等五个支部联合开展共建活动，立足各方实际和特点，有效整合各方在党建、人力、智力、教育、科技、文化、信息、阵地、经费等不同方面的资源优势，开展理论同学、组织同建、品牌同筑、服务同行、成效同享等联合共建。③落实党风廉政建设责任。细化廉政责任，根据不同岗位和工作分工，分别签订个性化廉政建设责任书，构建横向到边、纵向到底、责任到人的党风廉政建设责任体系。重新梳理12个涉权事项和14个风险点，凡涉及项目规划、立项、工程招标、物资采购、工程建设、人事安排、工程款支付等重大事项均通过集体决策，按照公开、规定的工作程序规范进行。

（孟祥国、刘晓楠）

后勤服务保障

【概况】 后勤管理处（集团）下设科级建制机构15个，其中6个管理职能科室，包括处办公室、计划管理科、节能办公室、职工住房管理科、住房制度改革办公室、财务室；9个服务职能中心，包括人力资源中心、饮食中心、物业服务中心、运行保障中心、经营管理中心、车辆管理中心、会议中心、管庄后勤服务中心、昌平创新园后勤服务中心。主要工作内容包括制订后勤工作规划，编制后勤经费预算，基础设施改造工程项目的申报、实施、预决算审核，能源管理与节约型校园建设，职工住房管理和住房制度改革等后勤管理工作；承担餐饮、学生住宿、校园绿化、卫生养护、公共楼宇物业服务、水电暖运行保障、资产经营及学生生活、教学科研辅助类服务、管庄校区及昌平创新园的后勤服务。2019年底，根据学校工作需要，会议中心进行功能转换，停止营业并撤销。截至2019年12月，后勤管理处（集团）共有职工840人，其中事业编制职工128人，非事业编制职工712人。在2019年度年终考核中，后勤管理处（集团）连续第五年考核“优秀”。

（张文平）

【改革创新】 ①认真开展主题教育，出实招，见实效，全面落实“不忘初心、牢记使命”主题教育活动要求，把解决师生关注的热点、难点问题作为检验主题教育成果的标准，切实回应师生的所企所盼。学生宿舍臭虫问题一直困扰学院路地区高校，通过查阅文献资料、咨询有关专家、反复实验，熏蒸学生被褥、衣物，药物消杀公寓设施，一间一间治理，有效遏制了宿舍臭虫泛滥的状况。今年，猪肉等原材料价格暴涨，后勤部门挖潜降耗，妥善应对，保持了伙食价格、质量的稳定。立行立改，9斋西侧路灯、7斋周围路灯相继投入使用；后勤各中心例会对学生开放，设立学生座席，拓宽沟通渠道；学院关注的房屋漏雨问题已列入明年修缮计划；为青年教师住房困难想办法，寻找优质房源，引进推介房产项目12个。

②节能降耗，积极推进绿色校园建设。完成家属区智能电表改造、管理楼等公共区域照明节能光源更换、供暖区域热量预判控制和均衡分配系统等节能改造项目。全校年综合能耗同比下降4.23%（17385吨标煤），水耗下降6.97%。全年获批各类节能奖励资金、补贴共计261.28万元，节能项目效益104万元/年。荣获“海淀区节能先进单位”称号、国家节能中心“高校优秀节能项目建设方案”奖。

（张文平）

【后勤管理】 ①提高站位，圆满完成国庆群众游行保障任务。组建专职后勤保障队伍，明确职责分工，以高度的责任感和奉献精神，全方位、零差错完成服务保障工作，获得师生高度评价，并被学校授予“服务保障国庆70周年活动突出贡献集体”。

②统筹资源，顺利完成三校区迎新工作。加强三校区资源整合，完成校本部196间学生宿舍改造，增加博士床位196个。暑期抢工完成管庄校区10号楼屋面改造工作，完善昌平学生宿舍设施，通过多项措施保障学生顺利入住。

③服务大局，平稳推进会议中心功能转换。为缓解学生宿舍和教学科研用房紧张状况，会议中

心功能转换，人员分流安置是工作难点、稳定的风险点，全处动员，早准备，细谋划、依法操作，平稳、顺利完成84名员工合同解除、转岗安置工作。

④精心组织，顺利完成家属区物业改革。5月，物业公司正式进驻，协助物业公司熟悉家属区基础设施运行情况，了解服务项目中的重难点问题。

（张文平、张东平、张同华、马玉刚）

【服务育人】 ①育人为本，营造良好校园环境。一是完成36项改善办学条件项目。困扰多年的1、4、5栋及10斋屋面漏水问题得到解决；网球场、排球场、昌平创新园塑胶跑道改造，提升师生运动体验感；家属区1—8栋、39、41、42栋庭院绿化、道路改造，美化校园环境、完善生活配套设施。二是推进学生宿舍区垃圾分类工作。垃圾分类宿舍全覆盖，昌平校区、校本部10、11、12斋推行垃圾出楼，营造美好校园环境。三是学子路行道树绿化工程获师生肯定。以点植补种的方式完成学子路美化绿化工程一期75棵银杏树的种植工作，未来，学子路将成为继银杏灯光大道后，校园内又一靓丽风景。

②主动作为，拓宽育人工作平台。一是丰富校园文化载体。学生积极参与“宿舍文化节”“柿子文化节”“银杏景观文化节”“饺子节”，这些传统特色活动已成为学生爱校、荣校教育的有效载体。二是扩展实践育人途径。学生担当食堂值班经理、担任学生公寓楼层长；学生参与员工培训情景短视频拍摄；运行保障中心接待能动专业学生参观实习，让学生了解供热、供水、供电等系统运行情况，为实践教学和案例研究提供“实验室”，后勤多方位为学生成长成才提供服务。

③多措并举，全面提高服务质量。一是以竞赛促提升。开展“劳动竞赛月”“文明服务月”两大品牌活动，组织技能比赛、培训交流、服务创新等活动42项，着力提升员工综合素质、业务技能和文明服务水平。二是以培训促提升。全年开展各类培训48次，受训1085人次，创新培训形式，拍摄服务规范行为短剧、星级员工经验分享会、工作情景模拟比赛、业务知识竞赛等，极大提高了培训效果。三是抓细节促提升。开展学生衣物缝补服务、保洁进宿舍等活动，从细节入手，提供精准、精细服务。

④创新管理，着力提升服务水平。一是推动后勤机械化。昌平校区启用公寓人脸系统、学生公寓保洁推进专业化，引进电动洁厕刷、洗地机等机械设备。二是智慧后勤建设发力，提升师生生活获得感、幸福感。学生宿舍增加智能洗衣机；电费、供暖费网上支付平台开通，师生“足不出户”完成缴费充值；校本部点餐管理系统、房产电子档案，网上报修系统、食堂扫码支付、新生被服线上预订等或开始运行或已全面启动。三是应用现代技术，提升服务效率。校本部推广意见收集二维码，管庄、昌平校区以楼宇为单位建立微信群，第一时间收集、回应学生实际需求和意见建议。

（仇安兵、鲍　博、张同华、杨绮雯、张志民）

【安全管理】 ①强化党风廉政建设，全面推进从严治党。坚持落实“一岗双责”，签订各类（级）安全责任书65份；以主题教育学习为契机，加大党员干部经常性教育，坚持教育防范与警示相结合，强化党风带政风；加强修缮工程、物资采购、房屋出租等重要事项、重点岗位的制度建设，规范工作流程，强化监督监管。

②安稳工作常抓不懈，确保后勤安全运行。领导班子率先垂范，逐级签订责任书，抓好意识形态和安全稳定工作，加强对员工思想动态的关注与研判，确保后勤队伍稳定；坚持安全工作例会及检查制度，推进安全工作常态化、制度化；开展各类安全宣传培训20余次，在员工宿舍开展消防安全演习2次；完成危化品库房改造、审验工作；完善员工宿舍安防设施，安装室外充电桩。全年，学校修缮工程安全施工无事故，水、暖、电供应安全有序。

（孟兆磊）

图书馆

【概况】 图书馆设有资源建设部、书刊服务部、信息咨询部、技术支持部和办公室。至2019年底，拥有职工48人，其中，高级职称14名，中级职称19名，硕士及以上学位人员25人。当年新入职2人，退休3人，离职1人，返聘1人，非事业编转事业编3人，晋升中级专业技术职务2人，有14个岗位外包用工。

图书馆实行库室合一、借阅藏一体化的开放管理服务模式，日常开放11个阅览室、8个开架书库以及电子阅览室、多功能学习室、“摇篮书斋”等特色空间，为师生读者提供印本文献与电子文献、实体馆藏与虚拟馆藏、单馆保障与多馆互借传递相结合的全方位文献信息服务；同时设有教育部科技查新站、北京科技大学知识产权信息服务中心，提供科技查新、论文收录与引用、信息咨询与情报分析、学术研讨与交流、多媒体服务、读者咨询、读者主题活动等信息服务。

图书馆努力创造安全、和谐、融洽的书香环境，全力满足师生读者需求，除国家法定节假日闭馆外，全年开放330天，每周开放94.5小时。网上文献信息资源全天24小时对外开放。2019年3月，北京科技大学图书馆成为全国首批23家高校国家知识产权信息服务中心单位之一。

2019年，图书馆进一步压实党风建设、安全稳定、意识形态责任，完善并逐级签订各项责任书和承诺书，修订相关管理制度，实施发布归口审批管理，完成文献资源采购及服务外包招招投标工作。修订《图书馆部室负责人选任工作办法》，年内调整选用部室负责人3名。年底，按照学校部署如期启动新一轮岗位聘任工作。

2019年，图书馆接待华中科技大学、西北工业大学、大连理工大学等9所院校图书馆来访，并对南京理工、南京工业、清华大学、西北工业、西安交大、同济大学等图书馆实地调研，计有3人次参加境外同业交流。

（王　瑜、罗明书）

【文献资源建设】 到2019年底，图书馆实体馆藏文献总量236万册（件），共有115种数字资源、276个数据库。图书馆收藏学校博硕士学位论文印刷本5万余册，电子版4万余篇。2019年订购纸质图书5.2万种、6万册，接收赠书238种、265册，订购印本报刊1407种。图书馆规范严格的采访工作得到社会同行的认可，获得科学出版社“关注科学、社馆共建”优秀图书馆称号、化学工业出版社“万卷书香奖”。2019年馆际互借累计51人85册，完成原文传递97467篇论文、562231页图书。由于对北京地区高校的服务贡献，图书馆2019年获得BALIS原文传递先进集体三等奖、原文传递学科服务二等奖、馆际互借集体二等奖。

（王　瑜、刘恩涛）

【文献信息服务】 图书馆始终践行“读者第一、服务至上”的服务宗旨。①2019年接待读者128万余人次，门户访问量110万余次，图书借还阅览量达61.3万册。数字资源使用量大幅增长，2019年数字资源的使用量达1316.8万篇次，同比增加31%。②馆内自助综合服务体系运转良好，自助借还图书48.3万册、打印21.4万张、上机1.2万多人次，研修室预约9600人次，微信关注人数近3.2万人，总阅读数51万余次，移动图书馆访问达73.8万次。③2019年图书馆开设了2门信息素养课程，教学80学时、选课218人。全年举办300余场资源宣传培训活动，参加人数超过2万人次。④2019年图书馆荣获BALIS联合信息咨询服务先进集体。完成论文收录检索3923项（同比增长25.9%）、科技查新611项。⑤积极开展面向学科建设的学科信息服务与定量评价工作，2019完成学校学科评价报告、ESI学科排名快报、20所对标高校ESI学科排名报表、竞争力预警分析报告、专利分析报告、专利季报等共计40份，为学校学科发展以及科研管理提供科学、客观的决策支持。⑥走进学院部处，积极开展专题服务。走进经管、数理、新材院、昌平园区、人事处和国际学生中心等单位，举办文献资源专题讲座10余次，参加人数近千；走进材料、机械、土木等7个学院，开展“送书上门，服务到家”外文原版书展和“读者选书，图书馆买单”活动，师生挑选了所需的外文图书1000多册、港台图书930多册；积极开展微信荐读活动，推荐材料、冶金、计算机、能源、机械和心理学6个专业的借阅排行榜图书273种，点击量近万。为管庄和昌平校区1700多名学生提供在线文献资源服务，并成功实现实体图书的通借通还，共收发图书101次，2765册。⑦积极配合学院和部处工作，助力教学、科研与学科建设。为通信工程、车辆工程、材控和矿加4个专业提供专业认证所需相关文献数据支撑，为学校职务评聘、考核、奖励和科研项目、人才引进等提供检索报告。认真统计、填报2018年教育部事实数据库、本科教学质量年报、高基报表、高等教育质量监测国家数据平台、学校年鉴等各类数据。⑧做好文献资源统一归口建设与管理。年内为外语、经管、科技文明研究中心订购纸本期刊117种，协助订购数据库资源5种；为天津学院提供共享10万余册书刊文献。⑨加强图书馆中心机房的安全管理，使中心机房的日常管理规范化、制度化、科学化，保证各类软硬件系统的正常运转，确保全校读者365天7×24小时网上无障碍利用图书馆资源。

（王　瑜、刘恩涛）

【信息系统建设】 2019年完成图书馆门户网站二期建设，与图书馆微信公众号和馆内实体播控形成联动，形成图书馆的宣传推广全媒体阵地。完成学校成果库二期建设，并与学校数据中心成功对接，可为全校提供学术科研成果数据服务，集学术科研展示、传播、共享和支撑功能为一体，至2019年底收录学校学术成果166140条。完成博硕学位论文与离校系统对接，首次实现博硕毕业论文全收缴。升级贝壳搜索与书目信息检索平台，增强文献搜索发现能力。成功申请到2020年信息化建设修购项目1项。

（王　瑜、刘恩涛）

【全民阅读工作】 上半年举办的第九届读书文化节活动以4.23世界读书日为契机，开展了世界读书日、读经典学新知、书香飘过七十年和知识竞赛等26项系列主题活动，3000多人次参加；开展了毕业季系列主题活动，荣誉读者、那些年我们一起读过的书、大学读书记忆、毕业生爱心捐书、寄语心愿墙等活动都深受毕业生欢迎。下半年举办以“不忘初心，服务立馆；牢记使命，立德树人”为主题的第十六届读者服务月活动。结合“不忘初心 牢记使命”主题教育开展了线上线下多种活动，包括专利系列讲座、电子书宣传推荐、21天读书打卡、初心永在阅辩阅美、按图索骥大赛、微小说大赛、《百名摄影师聚焦新中国70年》照片展（《中国日报》《科技日报》作专门报道）等，各类活动33项、3300多人次参加，取得了很好的宣传与服务推广效果。

开创“一月一书·亦阅亦舒”阅读推广活动。通过图书馆微信每月推出1本书，全校师生共读，至2019年底已推出《习近平的七年知青岁月》《追风筝的人》等8本图书，举办线下分享会2次，发表原创书评120余篇，内容阅读近4万次；该活动获学校2019年文化建设项目立项，还获得教育部图工委全国高校信息文化与素养教育研讨会优秀案例一等奖。

（刘恩涛、路春梅）

【业务培训与学术研究】 图书馆加强馆员业务学习和培训，提升文化素养和职业素养。2019年全馆共开展业务培训与学术交流活动8次，派出人员参加各类培训、会议46人次、829小时，开拓了馆员的视野，极大地提高了馆员的学术水平与业务能力。发表第一作者论文8篇，核心期刊收录1篇，参编图书2部，承担校级及以上科研项目4项，13人获得先进个人称号及优秀论文与案例奖项。

（刘恩涛、路春梅）

【党建与工会工作】 2019年，图书馆党支部深入学习贯彻习近平新时代中国特色社会主义思想、党的十九大会议及十九届四中全会精神，认真开展“不忘初心、牢记使命”主题教育，以党建引领馆建，带动全馆扎实推动各项工作，党建工作与文献资源保障、学科服务、文化传播等中心工作同谋划、同部署、同推进，始终围绕学校人才培养、教学科研与师生需求，为学校“双一流”建设和“三全育人”综合改革工作提供支撑保障。

党支部注重政治和思想建设，狠抓作风和纪律建设，加强组织工作。年内召集支部委员会11次，全体党员组织生活8次，主题党日3次，主题活动多次，召开民主生活会2次，党员大会4次，加强了对积极分子的联系培养，2名积极分子转为发展对象。通过组织平谷区红谷党员教育基地主题党日活动，教师节、国庆节主题观影活动，新中国成立70周年“我和我的祖国”主题系列活动，“寻足迹，观伟绩，献良计”主题党日活动，参加五校八支部“不忘初心、牢记使命、加强合作、助推发展”主题调研和强国知识竞赛活动，不断激发党员馆员的爱国荣校热情。支部书记及委员认真参加学校和机关党委组织的各次会议和培训，不断提高政治站位。

党支部围绕“不忘初心、牢记使命”主题教育，认真组织党员开展理论学习和调查研究，广泛征求党员群众对领导班子及支部工作的意见建议，开展深入广泛的谈心谈话，认真梳理问题清单，把整改落实作为第一要务。图书馆党支部高度重视巡察工作，将巡察整改和主题教育工作结合起来，切实抓好整改落实工作，不断规范党内政治生活。

2019年，图书馆党支部获评机关党委先进党组织；“立足岗位树形象，服务师生创一流”获得机关党委党支部立项活动特等奖并推荐上报学校；“立足专利文献信息服务学校协同创新发展”获得机关党委工作创新奖。2人获评机关党委优秀共产党员，1人获评机关党委服务标兵特殊贡献奖，2人获得机关党委服务标兵提名奖。

2019年图书馆工会小组积极组织活动，同时积极参与校工会、机关党委分工会的活动。组织退休老同志新春茶话会，组织职工积极参加校运动会。关心职工身心健康，组织职工体检，为大家精心挑选医院、体检项目。鼓动职工积极参加“奋斗的我，最美的国”为主题的书画摄影作品比赛，多人作品被展览。在重阳节之际组织去看望了80岁以上老同志，为他们带去慰问与祝福。下半年积极组织职工参与机关党委趣味运动会，并配合机关党委工会组织羽毛球、健步走、两癌筛查等活动。举办的以“不忘初心，我爱祖国”为主题的书法、绘画比赛，增强职工的爱国热情。2019年5月在北京地区高校图书馆第十一届运动会中，图书馆工会小组经过精心组织、认真准备比赛项目，最终获得团体第八名的好成绩。

（罗明书、路春梅）

【承办中国冶金教育学会图书馆研究分会第38届学术年会】 2019年10月承办中国冶金教育学会图书馆研究分会第十届会员大会暨第38次学术年会，来自全国39所冶金行业院校的50余名代表参加会议。会议选举东北大学图书馆馆长张国联任理事长，北京科技大学图书馆馆长王瑜任常务副理事长兼秘书长。组织以“图书馆信息服务探索与实践”为主题的报告、讲演12场。

（罗明书、路春梅）

档案馆

【概况】 档案馆下设办公室、综合档案室、人事档案室和信息技术室，定编9人，在编9人，其中高级职称1人，中级职称7人，具有档案专业背景2人。2019年校内调入人员1人，新招聘人员2人。档案馆现有馆舍面积619平方米，库房面积436平方米，业务和技术用房面积约50平方米，通道面积133平方米，档案库房内装备密集架总容积610立方米。至2019年底，档案馆馆藏1952—2019年期间学校形成档案总计180323卷，其中综合档案12门类总计147827卷（占比81.9%）；教职工人事档案和学生档案总计32496卷（占比18.1%）。年内总计接收档案13433卷，移出档案6011卷；有记录的校内和校外档案利用2368人次、6183卷次，学历认证551人次，数字化档案4168卷，108G，核查基建档案543卷，梳理专利档案5672卷。

（杨　峰、徐亚伟）

【档案文化宣传与发掘】 2019年，档案馆将校史编研作为独立的一项工作设专人负责，加大档案文化与校史编研工作力度。借“6·9”国际档案日之际，开展为期一周的档案宣传活动，展出了建校以来的珍贵档案资料以及学生、人事档案组成材料，设置供学生合影留念的学籍卡，并通过展板、网站、公众号等多种形式开展档案知识宣传和荣校爱校教育。利用毕业季的机会，首次策划并举办了毕业生档案讲座暨毕业班级档案征集活动，接收班级档案142卷，以档案的形式为广大毕业生保留了在校期间的记忆，提高了广大师生的档案意识，发挥了档案在服务育人和文化育人方面的重要作用。以档案文化为依托，通过申请党建研究会课题、文化建设项目课题，积极参与土资学院土木学科文化史研究课题、教育部新中国档案故事投稿，组织馆员参加教育部直属高校青年档案工作者论坛等方式，对档案资源深度开发和利用。同时，校史档案研究征集工作也取得较大进展，建校前驱高芸生、张文奇、于学馥、宋维锡等老先生的部分珍贵档案电子版、实物原件均纳入馆藏，极大丰富了馆藏史料。

（杨　峰、纪　伟）

【综合档案管理】 2019年，档案馆按照《高等学校档案管理办法》有关规定，以规范化、标准化、信息化为工作目标，落实学校党群、行政、教学、科研、基建、设备、财会、产品、出版、外事、声像、实物等12门类档案的收集、整理、保管和利用工作。落实档案业务指导工作联系人制度，依据分工各自与相关部门沟通，对归档范围、立卷规范进行培训和指导。全年接收学校各部门归档综合档案6256卷，16100件。完成全部归档材料的整理、扫描、装订、装盒、上架及档案系统内数据导入。其中行政、党群类95卷、财务类1781卷、设备类档案129卷、科研类档案670卷、教学类3439卷、班级类142卷。全年共接待财会档案查阅接待814人次，查阅3341卷，借阅接待227人次，借出966卷。教学档案利用接待339人次，查阅669卷，复印784张；学历认证551人次。其他综合档案查阅接待308人次，查阅1409卷，复印2944张；借阅接待22人次，借出31卷；出具房产本复印件24份。数字化档案4168卷，108G。核查基建档案543卷，梳理专利档案5672卷。全年共完成5290卷档案的移架倒架工作。负责大项目档案的借出归还工作，共借出财会档案495卷，归还495卷，编写大项目档案外借登记表、工作备忘录。整理资深老教授的实物档案及电子数据2778个。完成2018年全国档案事业统计年报。编写综合档案室各类管理制度，参加行业内工作交流与培训，开展档案业务学习和调研。

（李　倩、范紫薇、赵君怡）

【教职工档案管理】 2019年，教职工档案管理实有1人，负责学校教职工人事档案的全面管理和服务。主要工作包括：①接收登记并归档教职工干部履历表、年度考核、学历学位、专业技术职务申报、奖励与处分等材料4201件，按照中组部文件要求，认真细致地进行鉴别，剔除不应归档的材料，保证归档材料真实可靠、手续完备，且在收到归档材料后1个月内装入本人档案。②接收新入校职工档案160卷，保管职工人事档案6496卷，转出职工档案30卷，为实现规范管理，教职工档案管理工作人员和馆长的人事档案交组织部保管，馆内其他工作人员的人事档案交馆长保管。③端正服务态度，本着积极为各部门利用档案提供方便的原则，提供干部人事档案利用837卷，接待组织部核查全部在职职工入党材料，初次查2897卷，二次查437卷，全年共提供职工档案利用4171卷。档案利用工作做到精准严密，优质高效提供服务。通过微信、电话等方式提供干部任免、出生时间、参加工作时间、履历等相关信息，提高查档效率。④年内已完成干部人事档案数字化工作。

（高　阳）

【学生档案管理】 2019年，学生档案管理实有2人，负责全日制统招学生的档案管理事项。主要工作包括：①接收当年入校学生档案7177卷(总体降幅2.65%)，其中本科生档案3347卷，研究生档案3830卷。②全年转递学生档案6011卷（总体增幅16.4%），其中本科生档案3175卷（应届生2158卷），研究生档案2836卷（应届生1759卷）。③年内日常接收登记并归档零散材料43597份(总体增幅11.2%)，其中各类本科生档案材料21400份，研究生档案材料22197份。④转出零散档案材料897份(总体降幅5.5%)，其中本科生材料508份，研究生材料389份。⑤指导学生完成新生档案的复查工作，更新并反馈核查结果，核查整理档案7458卷，其中本科生档案3281卷，研究生档案4177卷。⑥日常提供学生档案咨询、档案利用、档案查阅、政审和有关公证事项658人次764卷次。⑦登记学籍变动情况，对名册、存根、回执和查单等有序化处理，年内接收整理考（保）研调档函687份、档案转递存根6089张、回执235张，登记学籍变动678次，盘查遗留学生及博士后档案并完善检索工具19本。⑧改善和提升学生人事档案服务，增加对外服务操作平台，方便学生查询档案转递情况、EMS运单号等信息，为学生提供更加简捷化、规范化的查询服务。⑨组织毕业生档案专题讲座，为毕业生普及档案知识、讲解毕业后档案转递流程，并为毕业生做好档案转递各项咨询、服务。⑩参加学校迎新和毕业工作协调会，通过现场指导和培训会方式指导学院档案接转工作，全年及时转递学生档案，寒暑假集中派档。

（崔倩倩、徐亚伟）

【档案信息化建设】 2019年，新成立了档案信息技术室，管理人员实有1人。档案馆着力加强档案信息化工作，完成基建档案系统的搭建，基建图纸的扫描12160件，信息著录10148条，并顺利通过学校验收。完成档案馆网站建设和内容的填充，充分发挥门户网站的信息沟通和宣传功能。推动教学档案数字化工作，完成全部本科生学籍卡的扫描和注录、完成毕业生名册的整理和注录。正式启动人事档案信息化工作，完成干部档案数字化整理和加工71823页，存储容量达71GB。同时启动学生档案系统的需求论证和设计工作，为学生档案管理系统研发做好准备。

（全代勇）

【党建工作】 ①思想政治建设。深入贯彻学习习近平新时代中国特色社会主义思想和十九届四中全会精神，紧紧围绕“不忘初心、牢记使命”主题教育总要求，深入推进主题教育活动，整体谋划和制定主题教育活动方案，将主题教育与日常工作相融合，促进全体党员增强“四个意识”，坚定“四个自信”，做到“两个维护”。强化意识形态建设，严守意识形态阵地，营造良好的思想舆论氛围。②党员集体亮身份、兑承诺、守职责，制作了有照片、姓名、岗位职责和庄严承诺的党员示范岗标牌，摆放在每位党员的工位上，实现了共产党员“亮明身份”和岗位“摆放名签”，强化了党员模范意识。③党风廉政建设。坚决贯彻执行中央八项规定，积极落实“一岗双责”，坚持“双公开”制度。注重廉政风险防控和监管，坚持通过例会制度讨论决定重要工作、重大经济事项、大额资金使用等事宜。建立廉政建设责任体系，层层签订《党风廉政责任书》，及时组织馆员学习新修订的《中国共产党问责条例》，在重要节日、节点做好教育提醒工作，做到警钟长鸣。

（杨　峰、徐亚伟）

【安全工作】 档案馆馆舍面积619平方米，库房面积436平方米，档案库房内装备密集架总容积610立方米。为进一步确保档案馆库和档案资源安全，制订保卫保密工作制度，与每位馆员签订《档案馆保卫保密协议》。定期对馆内技防设施设备进行巡查，对地库档案存放地进行安全检查。对部分视频监控摄像头照射角度进行调整，实现馆内外周界无死角覆盖、档案库房超高清覆盖。2019年，全馆安装了新风系统，改善了档案库房的环境。定期对消防技防设备进行检查，确保消防设备工作状态良好。继续完善馆内安全值班制度，安排馆员轮流值班，确保库房及各种设备的安全。

（徐亚伟）

【专职队伍建设】 ①为打造适应档案工作要求的高素质队伍，档案馆始终重视思想建设、作风建设与业务建设深入结合，树立“以师生为中心”的服务理念，建立“零距离服务”新格局。2019年初，完成馆内功能分区改造，在大厅设立4个工位，实行服务首接制，把档案服务前移，提高了办事效率。服务大厅内外安装座椅和扶梯，使服务环境更加温馨、便利。②高度重视业务培训及交流，积极组织馆员参加各种培训、业务交流和学术研究工作，利用假期组织新入职馆员参加档案专题培训班，增强新馆员业务能力，助力早日适应工作角色；组织馆员赴中国地质大学、北京师范大学、北京语言大学、北京联合大学、北京邮电大学、北京市档案馆等兄弟院校或单位就学生档案派遣、人事档案及信息化、学生系统、馆库建设等相关问题进行实地走访、调研，开阔了视野，丰富了见识。组织馆员参加教育部直属高校青年档案工作者论坛，投稿三篇，获奖两篇，被评为教育部直属高校青年档案工作者论坛优秀组织奖；组织参加中国档案学会学术会议，投稿一篇，获奖一篇，提高了档案馆专业研究水平。③完善工作例会、内部安全值班、日常考勤等管理制度，结合支部立项、工会小家建设，开展政治生日、摄影比赛等丰富多彩的团建活动，着力激发队伍活力，努力建设一支政治强、业务精、作风正，与学校“双一流”建设需求相适应的高层次、创新型档案工作队伍。

（杨　峰）

现代教育技术中心

【概况】 2019 年，现代教育技术中心（简称“电教中心”）有在编工作人员 3 人、中级职称 3 人，返聘退休教职工 2 人。

电教中心拥有各类设备 1500 多台件，固定资产 2200 多万元，建有多个结构完整、功能齐备的教育信息化、网络化、数字化、可视化教学资源平台，主要有：①公共教学资源平台，包括教学资源管理与控制系统、互动教学研讨系统、教学评估系统、电子巡考系统、教学考试综合系统。②精品课程制作平台，包括精品课程录制系统、云录播系统、编辑制作系统、电视节目制作系统、课件格式转码系统、媒体资源存储系统。③教学综合信息发布平台，包括教学广播信息系统、无课教室信息发布系统、有课教室教学信息发布系统、数字化教学资源平台。④ RF 教学传输平台，包括用于播放教学课件的教学区有线电视系统、支持多种语言教学的卫星接收系统、家属区有线电视模转数系统、网络外语教学、教学研讨、教师备课 IPTV 直播系统。运行情况如下：教学广播信息系统实现了全校教室上课铃声时间的准时、统一，进行功能创新，应用于外语四级、六级听力考试等各类考试，实现了全校 200 余间多媒体教室在考试中同步播放相关音频资料和考场指令。无课教室信息发布系统为学校师生实时提供楼宇无课教室分布情况，方便找到教室进行答疑或自习。有课教室教学信息发布系统实现了面向教师、学生、督导老师的信息发布，作为全国第一个实现此功能的信息系统，系统可实现在教室门口对当前及之后课堂的课程名称、主讲教师、上课班级等信息的实时查看，进一步改善了教学环境，提升了教育信息化程度。新建智慧教学系统 4 间。强化在教学应用上的创新，在教室内安装了教师可视化操作控制终端，实现教师上课无培训操作，操作更合理，步骤更清楚，界面更通俗，教学更顺畅，课堂更活跃，有效解决了教师在教学设备使用上的困扰。强化在教学设施上的创新，经过考察及调研，结合教学改革需求，充分运用新型产品，安装了互动投影显示系统、纳米多功能书写屏、新型玻璃书写屏等设备，实现了学生讨论书写和教师板书、课件粘贴讲解、擦除等功能。强化在教学方法上的创新，实现了组与组之间互动研讨、师生互动研讨、异地互动、无线移动设备课件投屏、实时提问、测验、弹幕、智能语音互动等多项功能，实现了课堂教学活动全记录，为学生开辟第二课堂提供了学习资源。搭建的“数字化教学资源平台”得到师生们的广泛使用，“我的云盘”功能模块得到教师们的高度认可。教师完成在线注册后，上传的课件资料均存储在本地化大容量存储系统中，有效保障教师教学资料安全，完善任意地点访问功能，随时调用“我的云盘”中教师本人课件进行上课，解决教师课件存储在移动设备上的丢失、计算机不识别移动设备以及教学课件无法打开等问题。年内，71 间设施齐全的智能网络化多功能教室有力保障了全校公共课正常授课，为教学工作顺利开展打下了坚实基础。

学校现代化教学设施设计理念新颖、功能齐全、覆盖面大、管理规范、运行良好、故障率低，受到领导、教学督导组、教师、学生的好评，通过“互联网+”模式的运用，建立起多个教学信息化系统既相互独立、又互相依托的现代教学技术运用格局，促进了教育信息数据的应用，走在了高校建设前列。在教学管理方面，打造课堂教学活动全方位、全信息纪录应用新理念，在北京市高校乃至全国高校中名列前茅，众多高校来中心考察调研。

（段海涛）

【教学服务工作】 2019年，为保障教学顺利开展，电教中心对本科教学公共服务资源系统及教学设备进行排查、维护和维修。

多媒体教室按每学期开课课表0～16周计算，2018—2019学年使用多媒体设备教学讲台数为3044个，共计262992学时；小学期开设187个讲台，使用多媒体设备教学讲台数为187个，共计32674学时。学校数字化教学资源平台本年度上传精品课程、专题片、讲座等电视片182部，接收传输IPTV节目15套，利用多媒体课程点播系统，点播课程、专题片等音视频资料次数达241675人次。通过学校卫星地面站自行接收，向外国语学院提供BBC、CNN、NHK、DW、NGC、STARMOVIE等外国语类教学节目6套。电教中心积极搭建公共服务体系多媒体课件技术教学平台，为教学工作提供技术支持，完成教学素材编目20学时，为学校各部门复制、转录、刻录教学等课件40学时；完成各类国家级考试、北京市级考试等考试录像任务及设备保障40余次；应北京市考试办公室要求，统调英语四级、六级考试电子巡考系统；利用学校电子巡考系统为北京考试院统调研究生考试监控图像的正常传送提供技术保障。

2019年，利用中央级普通高校改善基本办学条件专项资金309万元下拨经费，顺利完成公共教学资源平台建设。①更新了教学扩声设备，实现教师“一师一麦”，保障了80人以上教室扩声教学效果，经与厂商合作，增加无线麦克音量默认标准值功能。教师开机即可使用，且音量大小已根据教室面积与功率放大器音量匹配，同时提供音量加减自主调节功能，旨在解决教师误操作或误调整无声现象影响上课，得到老师们的好评，使课堂更活跃、教师声音更清晰、学生听讲更专注，还增加了翻页笔功能。②更新教学楼、逸夫教学楼71间多媒体教室智慧教学中央控制器，功能更齐全，操作界面更直观，教师操作更简便，中英文操作界面有效解决外教使用困难，可编程、大屏幕显示为智慧教室功能升级提供了保障。③更新了部分教室投影机及投影幕，利用招标剩余经费改造了高等工程师学院3间电子实验室的教学设施。④对教学管理信息化系统进行设备升级，形成了包含多媒体控制系统、教学广播信息系统、教学信息发布系统、电子巡考系统、签到系统等于一体的综合教学考试系统平台，使教学信息化系统功能更加完善、使用范围更加广泛。2019年，维修维护多媒体教室900余次，安装各类教学软件百余次，保证了学校200余间多媒体教室设备正常运行，设备完好率达100%。

利用北京市教学专项经费，新建学院楼智慧教室4间，学校智慧教室建设始终聚集教师需求，走在高校的前列。利用研究生院专项经费，完成了昌平创新园区多媒体教室二期建设，扩充了学校研究生教学空间和资源，改善了研究生教学环境条件，保障了研究生教学活动正常开展。利用电子巡考系统为学校考试提供实时录像监看功能，为在考试中出现的纠纷、作弊等现象提供视频依据，考试结束后帮助相关部门下载考试录像、提供保存载体，便于查看及存档；配合保卫保密处做好安全保卫工作及学生在教室丢失物品等视频录像的查看工作，提供视频依据。

（段海涛）

【精品课程和电视片制作】 2019年，电教中心制作各种电视片及课件共计24部，录制各类精品课程114学时，相关课程课件均已上传到数字化资源教学平台，供教师及学生在线学习。①教学类电视片：录制《北京市特级名师》1人次，共计2学时（吴胜利）；《北京市名师》2人次（范慧俐，姚琳），共计4学时；录制《北京市青年名师》2人次（石志国、李娜），共计4学时；录制《高校数学微课比赛》5人次（白敬等），共计5学时，其中1人获得全国一等奖；录制《万人计划》（彭庆红）1人次；全程实时录制《青年骨干人才选拔》《青年教师基本功大赛》62人次，《青年教师创新论坛》5次，共计10学时；《全英文EMI授课培训》25人次，共计25学时；外语学院《第二届模拟国际学术会议》1部。②大型考试类视频采集：全程录制了《体育特长生招生考试》《团委艺术特长生招生考试》《本科生自主招生考试（包括笔试和面试）》《各学院研究生面试》《人事处招聘考试》《团委新教师面试》等等。③培训类课程：2019年，应教师教学发展中心要求，围绕课程制作、微课制作、微课软件的使用、课程编辑、案例分析等方面对新入职教师进行了培训，组织对精品课程录播教室和研讨型互动教室进行了考察，并实际上课进行了体验。④其他电视片：录制《2019年本科教学工作会》1部；《北京市教育工会交通安全培训》2部；经管学院《多情景无时限股票交易虚拟仿真实验》专题片1部；能源与环境工程学院《“十二五”国家水专项结题汇报片》1部；冶金学院《国家科学奖申报片》1部；摄制《2019年本科生全程导师制工作研讨会》1部；《一流本科课程建设》专题片2部；与招生就业处合作制作2019年招生宣传片14部。

（冀燕丽）

【信息化设施和有线电视网络运行】 2019年，电教中心为保障教育信息化设备正常运行，保障教育教学顺利开展，切实做好了机房设备运转维护。机房地点共计7处，分布在教学楼2楼、4楼、5楼和逸夫教学楼3楼、7楼，承担71间多媒体教室的控制、互联网访问、多媒体音视频采集等任务。其中，教学楼4楼的中心机房放置有为全校提供服务的防火墙、服务器、交换机、存储设备等26台套，其余包括音视频编码器、网络交换机等在内的100余台套设备分布在两座教学楼的设备间。电教中心，2019年度较好地维护了机房设备及机房运行环境，及时排除机房设备故障20余次，排除教学楼、逸夫楼网络环路故障30余次，有力保证了各个系统正常运行，避免了教学事故，使教学活动正常有序。

对有线电视网络前端系统故障设备进行了维修和设备更新，完成有线电视系统前端机房设备测试20余次，对卫星地面站检查、测试、调试与维修10余次，更换学生区、教学区、办公区光站3台，开展线路、器件维修80余次，保证了系统正常运行。2011年起学校家属区有线电视系统归属北京歌华有线公司进行管理、维护及维修，电教中心负责提供学校自办模拟电视节目源，经过对电视信号重新编码转换成数字电视节目信号后，融入学校有线电视系统内，供学校教职工收看。

（高玉峰）

【能力提升和对外交流】 教育信息化技术日新月异，电教中心着力把握教学改革方向，理解教育信息化2.0内容，提升教育信息化质量，不断学习新理念、新知识、新技术，不断提升履职能力。2019年，共组织技术类培训5次，参加新设备、新技术讲座13次，对外考察及调研5次，接待来中心考察交流高校10余次。

（冀燕丽）

【其他主要工作】 电教中心是学校重点防火、防盗部门，配合保卫保密处对本单位所有的电器开关、设备、线缆等进行了全面检查，协助完成避雷设施检测、消防设备的检测检修以及灭火器更换维修工作；配合资产管理处对不能使用的设备进行报废处理，完成国有固定资产清查工作，完成新购置设备的验收建账工作；配合教务处完成新生照相采集及数据信息整理工作；协助后勤集团完成多媒体教室相关工作任务；配合北京歌华有线公司来校对有线电视信号进行检查和测试；利用数字化教学资源平台直播学院晚会，实现场内场外实时互动等等。

（段海涛）

社区卫生服务中心

【概况】 北京科技大学社区卫生服务中心（医院）（简称校医院）始建于1954年，由医务室逐步发展为校医院。校医院现址于1989年建成，建筑面积3586平方米，业务用房2000平方米。1996年定为“一级甲等”医院。2002年4月通过北京市评审，挂牌“北京科技大学社区卫生服务中心”。2018年9月，昌平创新园区医务室建成并投入使用。2019年11月，管庄校区医务室纳入校医院统一管理。目前，校医院承担着学校3.5万余名师生员工及周边地区居民的预防、医疗、保健、健康教育、康复、计划生育技术指导等“六位一体”的医疗卫生服务任务。

校医院设有院办、全科（内科、外科）、专科（妇科、眼耳鼻喉科、口腔科）、健康管理科、精神科、心理咨询、中医科（中医、针灸按摩、理疗）、预防保健科、护理部、医技科（放射、检验、B超）、药剂科（中药房、西药房）、财务科及保安组、保洁组。校医院现有人员62人，其中事业编制41人、人事代理合同制21人；医生24人，护士12人，医技人员13人，财会人员5人，党政管理人员6人，保洁2人；正高级职称1人，副高级职称4人，中级职称32人，初级及以下职称25人。其中，昌平创新园区医务室4人，管庄校区医务室2人。

2019年，校医院根据《北京科技大学综合改革方案》和《北京科技大学“十三五”事业发展规划》要求，以“规范服务、和谐发展”为理念，以提高医疗卫生服务保障能力为目标，全面提升服务态度、服务质量和服务水平，明确自身定位，做好基本医疗及基本公共卫生服务，开展在医联体构架下的协同医疗，推进家医签约服务和健康管理，为师生员工和辖区居民提供优质、便捷的医疗保障，助力学校“双一流”建设。

（李素君）

【工作保障】 2019年，校医院进一步梳理规章制度，完善工作规范，强化内部管理，要求职责分明，有章可循。认真梳理《北京科技大学医院管理制度汇编》，修订《校医院岗位职责及聘期目标》《校医院教职工考勤和请销假管理规定》《校医院投诉管理办法》《校医院药剂科工作制度》《校医院临床危急值报告制度》等。加强基础设施建设。暑假期间，进行了1层整体装修和1—4层卫生间、水房改造。扩建了卫生间，扩大了候诊区域，完善了无障碍设施，增设了就医索引牌、指示吊牌、温馨提示等标识，营造安静舒适的就医环境和氛围。

合理规划功能分区，整合人力资源，解决人员紧缺的困难，进一步推进加强基本医疗的精细化建设。9月，按照北京市卫健委《社区卫生服务中心能力评价指南（2019年版）》中科室设置要求，结合校医院实际，整体装修后将全科内科诊室、护理部调至一层，增设了抢救室、预检分诊、咨询台等，健康管理科调至二层，财务室调至三层，为此校医院实现了全科诊疗区、专科诊疗区、功能检查区、预防保健区、行政办公区及中医康复区的功能区域划分，使校医院的科室布局更加合理，管理更加规范。

积极推进信息化建设，会同网络中心，研发了“智能体检系统”，让学生在移动终端上预约体检时段，有效解决了体检排长队现象，同时也解决了信息填报、数据录入等问题，2019年新生入学时正式推出，广受好评。

（李素君、刘明明、屈飞飞）

【基本医疗】 校医院以辖区服务人口为目标，以北医三院、北医六院医联体为载体，充分落实分级诊疗制度，形成基层首诊、双向转诊、急慢分治、上下联动的分级诊疗模式和科学合理的就医秩序。

2019年，校医院累计门（急）诊154182人次，比上年增加8%，次均门诊费用约182元，抗生素处方及静脉点滴处方比例均低于20%。累计肌肉注射3981人次，静脉输液3611人次，静脉采血18178人次（门诊3879人次、体检14299人次），换药4883人次，外出服务31次。合理运用中药、针灸、推拿、火罐、刮痧、牵引、理疗等多种中医药适宜技术为患者辩证治疗常见病、多发病，应用中医非药物疗法诊疗3833人次，开具中药饮片处方3018张，为65岁及以上老年人提供免费中医体质辨识服务。

全年共完成考试、会议、典礼、国际活动、学生活动、离退休人员活动等各种医疗保障50余次，圆满完成新生军训、70周年国庆医疗保障服务。积极支持秦安扶贫工作，两次派遣医务骨干人员奔赴秦安，开展医疗帮扶，并捐赠价值5万余元药品。

严抓实验室检测质量，认真做好实验室内各项质量控制，通过北京市临床检验中心室间质评考核。完成医联体成员单位检验互认、海淀区疾病预防控制中心HIV/梅毒快速检测等考核工作。

进一步规范和完善药事管理制度，全面执行阳光采购。全年采购药品509种。累计金额2299余万元，全部执行零差率政策。本年度调整药品120种，使药品结构更趋合理。按照上级卫生部门要求，落实药品集中采购和使用试点工作方案，积极推动“4+7”城市药品集中采购以及医耗联动综合改革工作，确保相关药品及耗材价格准确及时调整，与全市同步，切实保障广大患者的利益。2019年，校医院执行“4+7”城市药品集中采购药品 10 种。

临床医疗管理执行预检分诊制度、处方点评制度、危急值报告制度及院前急救制度等，不断提高临床医疗服务质量。完善转诊制度，加强师生员工与辖区居民的沟通协调，规范医疗行为，减少过度医疗，适度转诊。

加强医联体建设，完善北医三院预约挂号服务，建立北医三院肛肠专科联盟、北大六院精神科联盟，实现绿色通道就诊、住院，大大解决了百姓看病难的问题。2019 年校医院参加医联体会议 10 次、医联体远程培训 12 次、远程病历讨论 1 次，选派 2 人参加医联体社区岗位培训班、1 人进修，有效提高了医护人员的业务能力。邀请医联体知名专家及团队为广大师生开展义诊活动 4 次，接诊 200 余人次。聘请北医六院专家定期来校医院出诊，诊治患者 542 人次，为精神及心理疾病患者提供便捷、规范的诊疗服务。聘请西苑医院的中医专家来校医院出诊，诊治患者 130 人次，满足了患者对中医康复的需求。

（李素君、张　英、屈飞飞、黄　伟、魏承志、吴佳林）

【基本公共卫生】 根据《北京科技大学家庭医生签约服务工作实施方案》（校发〔2019〕36 号），全面推进学校家庭医生签约工作，为签约师生员工、居民建立个人健康档案，提供慢性病分级管理、北医三院预约挂号、长处方、中医体质辨识等服务。建立 17 个家医服务团队，以共建单位机械学院为试点，与各二级单位建立了家医服务群，签约 19170 人。家医服务团队走出医院，协同学生处、工会、老干处、居委会等部门，开展传染病防控、慢性病防治、体检报告解读、居民健康素养知识普及等宣传活动 20 余场，通过校医院闭路电视、健康教育宣传栏、健康指导折页、家医签约微信服务群等方式，多元化、全方位为广大师生员工及居民宣传健康知识及医药卫生政策。家医团队为签约的高龄老人、65 岁以上失能老人提供上门出诊巡诊服务，全年上门抽血、简单换药、注射及体检服务 30 余次，新增 80 岁以上一键式家医电话服务 3 户，电话咨询 446 人次。

管理在册重性精神疾病患者 58 人，免费服药患者 13 人，有心理疾患的学生 108 人。累计对精神病患者随访 176 人次，免费服药发放 122 人次 。为精神病患者体检 18 人次，五保户体检 15 人次。

儿童保健档案齐全完善，0~6 岁儿童健康管理率和 0~1 岁儿童神经心理发育筛查率均达到 100%，0~6 岁儿童系统管理率 99.6%，1~6 岁儿童听力筛查率 93.22%，0~6 月婴儿纯母乳喂养率 64.91%，免疫接种建卡建证率 100%。户籍孕产妇早孕建册率 93.2%，高危孕产妇系统管理率 100%，无孕产妇死亡。2019 年校医院获得“海淀区妇幼工作先进集体”荣誉。

（李素君、刘明明、宋　锐、黄　伟、张玲君）

【健康教育】 健康教育是社区卫生管理的一项重要任务。2019 年，校医院配合学校大学生教育，安排两批次医生共 30 人次，开设大学生卫生基础保健课 92 学时，受众学生 460 余人。在军训期间，为新入校全体学生开展传染病防控知识大型专题讲座。为社区居民定期开设高血压、糖尿病等慢性病健康教育讲座 12 次，组织义诊活动 6 次，积极开展世界卫生日、高血压日、糖尿病日、结核病日等宣传教育活动，累计受益群众 3200 余人次，发放宣传页 4000 余份。培养全民健康生活方式指导员 5 名，家庭保健员 30 人，组建老年防摔倒毛巾操团队和健骨操队，宣传科学健身。

（李素君、张　英、宋　锐、黄　伟）

【预防保健】 校医院承担着全校学生、教职工、流动人口、居民、散居儿童等的计划免疫工作，全年为各类人群接种疫苗 25113 人次，其中接种宫颈癌疫苗 2060 人次，为参加国庆 70 周年庆祝活动的师生接种流感疫苗 481 人次。

全年共完成大学生体检总检 11601 人次，教职工体检 1873 人，零散及入职人员体检 515 人次，体育生赛前体检 310 人次。组织 35~64 岁适龄女性教职工 705 人参加北京市“乳腺癌和宫颈癌筛查”项目，对筛查异常病例均进行了登记、上报及指导进一步治疗。

根据《学校领导班子主题教育问题清单》中“提升教职工体检标准”的问题，校医院作为牵头单位，积极开展调查研究，汇总并分析学校职工体检现状，并广泛地征求意见，向学校提交了《关于调整教职工体检标准的请示报告》，并获批。

对学校内的公共场所旅馆美发、医院感染、计划生育、餐饮卫生、饮用水卫生、非法行医和非法采血供血等现象进行监督巡查 239 次，宣传教育 119 次。完成大一新生结核菌素筛查3538人，组织开展肺结核知识宣传讲座 17 场，排查肺结核病人的密切接触者 678 人次。全年共发现肺结核 29 例、水痘 59 例、流感 42 例、手足口病 5 例、流行性腮腺炎 2 例、丙肝 2 例、细菌性痢疾 6 例和感染性腹泻 5 例等传染病，均为散发，无流行疫情发生。

（李素君、宋　锐）

【党建工作】 ①认真开展“不忘初心、牢记使命”主题教育，不断加强领导班子自身建设、党员队伍建设、医院文化建设和基层党支部建设。扎实开展理论中心组学习和支部内部集体学习，支部书记讲党课，运用学习强国 APP 加强理论学习；以“四个一”为载体，积极开展“我和我的祖国”主题党日活动；推进“两学一做”学习教育常态化、制度化。②落实全面从严治党主体责任，加强党风廉政建设。健全党政联席会议事规则、“三重一大”决策制度等规章制度，健全完善集体领导、党政分工合作、协调运行的工作机制，保证决策的民主化、科学化，提高议事决策水平和效率。③积极拓宽信息公开渠道，强化信息公开的时效性和准确性，将学校信息公开网、校园网、校医院网站、职工微信群、电子大屏幕、设计制作展板和学校年鉴等各类平台作为信息公开的重要渠道，对学院相关信息进行公示，做好师生建议与投诉、热点回应和信息服务等工作。④按照“三全育人”工作规划，积极营造“服务育人，争创一流”的工作氛围；设立“党员先锋模范岗”，选树服务育人先进典型，制定切实可行的育人工作标准和工作规范，形成服务育人工作长效机制；发挥优秀员工、党员的示范作用，在全院树立争做有理想信念、有道德情操、有扎实学识、有仁爱之心的精神风尚。

（李素君、刘明明）

体育馆

【概况】 体育馆管理中心 2019 年全年安全平稳运营，在满足校内使用的基础上，完成了软硬件设备设施的更新，按照年初制定的工作要点，圆满完成全年工作。体育馆连续十年获得“北京市优秀体育场馆”荣誉称号，连续三年获得北京市海淀区“体育项目经营单位先进集体”荣誉称号。

（邹华东）

【党风廉政建设】 全面从严治党，强化责任意识。根据学校关于“不忘初心，牢记使命”主题教育工作部署，第一时间召集党员、部门经理和主管、部分一线员工组织召开“不忘初心，牢记使命”专项工作讨论会，找差距，抓落实。结合体育馆实际工作，由党员干部带头组织开展赴北京建筑大学体育馆及广州大学城体育场馆群考察交流、观看《我和我的祖国》主题电影等活动，实践与理论相结合，调动一线员工的学习和思考的主动性。党员干部在岗期间须佩戴党徽，工作台位摆放“党员先锋示范岗”桌牌，在岗位工作中主动亮明身份，发挥党员干部模范先锋作用。强化主体责任监督落实，在日常工作中，严肃团队纪律，形成自上而下的清风正气，人人都是党风廉政建设工作的执行人和监督者。2019 年共组织召开领导小组会议四次，场馆例会 16 次，专项工作会议三次，并形成相关会议纪要，督促各部门落实执行会议内容。

今年，体育馆通过多平台、多渠道认真学习最新理论知识和思想动态。党员干部利用学习强国 APP、北京长城网、党员 E 先锋等微信公众号主动学习。体育馆全年无公务接待费用，未违规发放津补贴，全面查控“人－岗－责”落实情况；强调节假日期间廉洁自律，通过例会、馆内通知、微信工作群等多种形式发出提醒，严肃团队纪律。

（邹华东、鞠　洋）

【人事财务工作】 2019 年度，体育馆新入职员工 13 人，离职 7 人，员工人数维持在 60 人左右，组织架构和管理团队稳定。全年完成各类人员每月工资核算和发放 700 余人次，新入保险 13 人，退保险 7 人，定点医院变更 7 人次。7 月份核对并调整全馆非事业编制人员社会保险基数，根据北京市最低工资标准的调整政策制定相应的调薪办法。

持续做好电子支付服务工作，落实收支两条线财务制度，每日核对后台数据，每月制定财务报表，年中汇报财务工作落实进度，做到“笔笔有记录，条条可溯源”。2019年，体育馆营业收入连续七年突破千万元大关，保质保量完成了年初制定的财务工作计划。

（鞠　洋、卞　宁）

【校内服务】 将体育教学及代表队训练工作任务放首位，全年场地安排零失误。体育馆承担了学校大一、大二学生的羽毛球、乒乓球、篮球、高尔夫球、游泳、健美操、瑜伽、体育舞蹈、柔道、跆拳道、女子防身术、水中健身操12门课程共计97484人次在馆参与体育课程学习，承担了35%的体育教学任务。承担了附属小学546人次的游泳教学任务，及乒乓球课后1小时及乒乓球校队4350人次的训练任务。承担了学校篮球、羽毛球、跆拳道等运动代表队训练的任务；配合大学生体质监测等相关工作。

全力满足校内使用需求，顺利完成校内大型活动承办工作。全年体育馆承办了11项校内大型活动，共计23场次，接待师生总人数约56000人次。年内承办的校内大型活动包括：开学典礼，毕业典礼，校园大型双选会，校庆大会，学生表彰大会，大学生CUBA联赛，2019年新生羽毛球、乒乓球、游泳比赛等，除此以外还承担了建国七十周年国庆彩排用场和服务保障国庆活动总结表彰大会，体育馆为校内大型活动提供了优质的场地环境和专业的人员服务，圆满完成了本年度校内大型活动承办工作。在满足体育教学和代表队训练的基础上，尽最大程度对师生开放，持续开展校内离退休专场和节假日羽毛球优惠活动。

（郑　璐）

【安全运行工作】 2019年紧密联系学校保卫处，做好大型活动和日常运营的安全工作；配合公安文保处完成12次大型活动报备审核；配合卫生局完成2次游泳馆环境质量评价，1次空调通风系统卫生评价；完成体育馆、游泳馆安全生产责任险续保，体育馆公众责任险续保；完成体育设施注册证年检；接待3次海淀区体育局工作检查；接待6次北京市卫生局、海淀区卫生局、学院路卫生监督所对游泳馆卫生工作的检查。

2019年体育馆共组织开展了6次全馆安全检查、8次消防安全专项检查、3次火灾隐患专项排查、2次全馆消防安全知识培训；配合学校保卫保密处对全馆灭火器进行年检，完成年度电消检。开展消防中控室值班员专业技能培训，提高了消防中控室的运行效率和人员安全责任意识，从专业队伍和设备设施两方面有力地保障了体育馆安全平稳运营。

（李　龙）

【设备维护改造】 2019年体育馆对游泳馆进行专项升级工作。利用寒假假期，对游泳馆进行整体维修、维护。清理检修过滤砂缸以及循环设备；更换池水、安全护栏、救生椅；铺设全新防滑地垫；加固浅水区垫层隔板；清洗太阳能淋浴系统和空调冷却塔等大型设备，并通过相关检测要求；做好日常维修维护工作。定期巡视检查设备机房，保证场馆平稳运转。

（李小红、刘定贵）

【创建优质服务窗口】 2019年围绕立德树人根本任务，体育馆作为学校的服务窗口之一，做好服务工作是立馆之基。全面总结梳理场馆服务工作，制定“礼貌热情、用心服务；着装整洁、用语文明；环境清新、设施完善；尊重顾客、有问必答；规范操作、接收监督”服务公约并在馆内服务窗口展示。年内为体育部做好体育教学、代表队训练用场服务，配合相关部处完成校内大型活动承办工作，校内离退休游泳专场、周末羽毛球校内优惠时段满足广大师生的不同需求。

2019年体育馆上线了VR在线导览系统，通过采集体育馆26个场景近500张图片信息，按照场馆入口排序依次分门别类做好线路指引，实现在线浏览场馆全貌，点阅查看馆内布局。并增设地面线路投影灯、智能电子秤、移动充电宝等设施，开通办理校内师生会员卡，取消游泳馆学生记次卡有效期，全方位完善场馆服务设施，不断提升场馆服务细节。

（邹华东、鞠　洋）

基础教育管理中心

【概况】 基础教育管理中心成立于2016年5月31日，是学校直属单位，负责管理附属小学和附属幼儿园，以及联系与北京科技大学附属中学有关的共建工作。中心设主任1名（副处级），副主任3名，由附属小学校长、幼儿园园长、附属中学副校长兼任。中心承担着北京科技大学教职工子女及辖区范围内适龄儿童的义务教育工作。2019年，中心共有教职工145人，其中在编教职工45人，合同教职工75人，劳务派遣教职工13人，劳务协议教职工12人。

（张　娜、马翀云）

【管理工作】 切实改善教职工子女入园难问题，拟校内选址改建幼儿园。为改善教职工子女入园难问题，依据海淀区学前教育政策，结合对160余名校内青年教职工的调研结果，向大学党委报送工作方案。学校决定在校内选址改建一所幼儿园，与地处宝盛里的“北京科技大学幼儿园”同名，实现一园两址、统一管理。

持续推进附小附中改扩建工程，探索附中附小一体化发展。协助基建处持续推进附小改扩建工程初期规划，做好与海淀区政府、海淀区教委、学院路学区管理中心、学院路街道、科大附中等对外沟通协调工作，争取地方政府、教委、社区等各方对附小改扩建工作的支持。为落实北京科技大学和海淀教委的顶层设计，探索十二年人才贯通培养模式，中心通过“小升初衔接”模式探索科大附小与科大附中教学培养连贯发展。充分发挥党员教师的先锋模范作用，推动附小语文、数学、英语及科学等学科教师与附中学科教师对接。

联动大学学科及资源，助力附中附小教育教学全面提升。为推动大学支持附属小学教育教学发展，申报立项北京市教委“大支附”项目22个，投入经费约200万，附小与大学6个二级单位建立合作关系。除此之外，通过购买服务方式支持附小开设舞蹈、书法、无人机、创客、人工智能、计算机编程、无线电测向等素质教育课程，开发“人工智能”校本教材，开展教学改革项目。为推动大学支持附属中学申报立项17个，投入经费约200万，附中与大学6个二级单位建立合作关系。通过购买服务方式支持附中开展学生发展指导项目、诗词吟唱项目，引进足球外交，开展科技节，开设军班特色课程、机器人无人机平衡车课程。支持附中开展的无人机、机器人马球、机器人舞蹈等活动项目，深受学生喜爱，丰富了学生高端社团的种类，在全国竞赛中屡次获得佳绩。这些课程从人文、艺术、体育、科技等不同方面培养了附中附小学生的兴趣爱好，对提升学生综合素质起到了积极推动作用。

稳步提高教师待遇和职业荣誉感。提高幼儿园、附小全体教职工待遇，人均涨薪一万元。对幼儿园班长、附小班主任岗位津贴进行小幅上涨并在各类评奖评优中给予优先。

规范入学入园工作，大力争取外部经费。健全附小、幼儿园招生制度及流程，完善附小、幼儿园审核内容，与学区、教委建立良好沟通机制，平稳完成入学入园工作。在满足教职工二代、三代子女入学学位前提下，积极协助海淀教委解决学位以增加附小办学经费，本年度购买学位经费相比较去年上涨150余万。2019年，附小办学经费总额比2016年增长100%。

协助扶贫办落实扶贫秦安。协助扶贫办落实扶贫秦安中小学校长来京挂职培训事宜，协调1名秦安中学副校长到科大附中挂职，1名秦安小学德育主任到附小挂职。

协助工会解决青年教职工子女入英才幼儿园。协助工会解决学校40余位青年教职工子女入英才幼儿园事宜。

（张　娜）

【党风廉政和安全稳定】 开展党风廉政专题教育，层层落实一岗双责。全年共开展2次党风廉政建设专题教育活动。召开3次专题会议分析研究幼儿园、附小后勤物品采购，所有流程严格按照“三重一大”会议要求，大学相关规定流程执行。建立层层落实的责任体系，与附小、幼儿园部门负责人逐一签订党风廉政建设责任书。

健全和完善招生采购程序，防控廉政风险。附小、幼儿园学生学籍变动，均由部门、中心两级审批。后勤采购单笔超过2万以上均由基教中心办公会讨论通过。中心与财务处两部门联合进行对幼儿园招生进行财务审核，中心与人事处两部门联合对附小招生工作进行审核。

严格落实安全责任，做到留痕以鉴和风险防范。严格落实“管业务必须管安全”。认真落实岗位制，每个岗位都有安全负责人，安全工作人人有责任，事事有落实。附小校长、幼儿园园长均与班子所有成员、教职工层层签订安全责任书。在社会环境复杂多变和服务对象需求不断上涨的情况下，秉承“矛盾不上交”工作的态度，尽力化解家校、用工等问题，做好稳定防控。

（张　娜、马翀云）

【附属小学】 2019年，北京科技大学附属小学设置24个教学班，在校学生共827人，毕业学生150人，新招生143人。共有教职工66人，其中聘任制教职工37人、劳动合同制教职工20人、劳务派遣教职工9人。

附属小学坚持以习近平新时代中国特色社会主义思想为指导，贯彻落实全国和北京市教育大会精神，聚焦立德树人根本任务，坚持育人为本、育德为先，落实《义务学校办学标准》《深化五育并举人才培养模式改革的实施意见》，以提升学生核心素养为主线，推动德智体美劳“五育并举”，走内涵发展之路，努力提高教育教学质量，推动学校工作发展。

① 管理工作。一是落实依法依规办学，推动学校创新发展。按照《义务教育管理学校标准》推动学校建章立制及规范管理落实工作，完善学校章程和校务、安全、卫生、德育、人事等制度，落实党委领导下的校长负责制，提升校长依法科学治理学校能力，发挥党支部的政治核心和战斗堡垒作用，建立健全学校民主管理制度，为学校可持续发展提供制度保证。二是扎实开展规范管理，着力提升学校教育质量。扎实落实《义务教育学校管理标准》，秉承实事求是的作风，对学校6大管理职责、22项管理任务、88条具体内容进行完善。尤其在教学科研工作方面，形成“个人备课＋集体讨论＋二次修改＋课后反思”的集体备课制度及规范。三是强化师德素养，务实培育师德师风。为进一步强化学校教师的师德素养、深化师德师风建设，学校通过和全体教师签订师德师风承诺书、组织全体教职工大会集体学习《新时代中小学教师职业行为十项准则》等形式，将师德师风建设要求传递给每一位教师。四是重视校园安全建设，打造优质校园文化。扎实落实《北京市中小学校幼儿园安全管理规定（试行）》，持续完善安全制度和应急预案，严格门卫和值班制度。定期开展安全综合演练，增强师生避险、逃生、自救、自护能力。健全学生健康体检制度，落实卫生安全。按上级要求，学校开展干部陪餐制度，重视从业人员食品安全培训与监督指导，确保食品安全。通过更换校园提醒标识、增加校园读书角、教师读书室等，进一步改善校园文化环境。五是不断拓展招聘途径，规范人事管理工作。不断拓展招聘途径，网罗人才、招贤纳士。年内共招聘聘任制教师1人，劳动合同制教师1人，劳务派遣教师3人。完成4名新入职教师信息采集录入工作、社保参保及变更工作。完成10名合同期满、试用期满教师考核工作，续签劳动合同4人。六是提升教师素养，组织各类专题培训。为提升教师素养，分批组织新教师培训、班主任培训、业务能力专题培训、心理健康专题讲座、身心健康辅导、法制知识培训、安全教育培训等。七是提升支部政治功能，扎实推进“不忘初心，牢记使命”主题教育。根据学校要求，支部认真部署开展“不忘初心、牢记使命”主题教育工作，通过“寻足迹、观伟绩、献良计”，加深党员教师“不忘初心，牢记使命”信念，加强党性修养，提高政治站位。组织支部委员参与学校教职工评优评先、学生评优评先、大额经费支出、涨工资等与群众利益密切相关的重大决策讨论；支部书记与负责人事、基建、物资采购、财务管理、学生课外活动等重点岗位的领导干部进行重点谈心交心，与支部党员、群众进行不同程度的谈心，开展深入细致的思想政治工作，帮助解决思想问题和实际困难。

② 德育工作。以新中国成立70周年、“五四”运动100周年、少先队建队100周年等为契机，附属小学深入推进社会主义核心价值观教育，以行为养成教育为

核心，以加强班主任队伍建设为重点，以强化班级管理为突破口，以丰富多彩活动为抓手，开展理想信念教育、爱国主义教育、行为养成教育、法治宣传教育等，提高学生综合素养。一是发挥学科育人作用。各教研组结合学科特点，挖掘本学科教育资源，开展10%学科实践活动：语文学科加强传统文化教育；数学学科开展合作学习；音乐学科组织合唱、舞蹈、管乐和新年联欢的班级展演；美术学科动手制作美化教室；体育学科举行每天1小时的课外活动；科学学科举办科技嘉年华；英语学科创办英文小报和配音实践。学科实践活动丰富了学生教育内容，拓展了学生教育空间，提升了学生整体素养。学校合唱队在亚洲杯合唱比赛中获得金奖；舞蹈队在海淀区艺术节比赛中获得银奖；管乐团在六一庆典上绽放风采。二是加强班主任队伍建设。引进外部资源，全年举行4次班主任专业培训。坚持班主任例会制度，持续开展班主任工作专项培训。通过磨课评课、实践展示等方式，全方位、全学段开展班队会展示和交流活动，以“行为习惯养成”“安全在我心中”“心理健康”“法治教育”“劳动教育”“壮丽七十年 我和祖国共成长”等主题，全年开展48节开放主题班队会。三是夯实班级文化建设。班级文化建设重在日常管理，做到班班有板报、班训、班徽、班级公约。三至六年级16个班级学生承包走廊背景墙壁的美画工作，领养学校养殖箱。 四是社会主义核心价值观教育。把社会主义核心价值观落细落小落实，融入教育教学全过程，贯穿学生成长各阶段。开展“学规范、正行为、养习惯”主题教育月活动；加强法治、环保教育，聘请法治副校长开展法治教育讲座1次，邀请文法学院研究生开展2次普法活动，开展保护鸟类、垃圾回收绿色环保教育，开展全校师生“学宪法、讲宪法”系列教育活动；开展月度文明礼仪小标兵评比，全年评选出1000余人次文明礼仪小标兵；开展“写春联”“剪窗花”系列传统文化教育活动；构建安全教学体系，开展安全教育校本课程教研和交流，把安全教育贯穿于小学的各个年级，形成梯度，全面覆盖。五是构建家校合作育人共同体。实行开放教育，加强与家庭的有效衔接和沟通。举办毕业年级家长见面会、新生家长见面会、家长开放日活动，通过学校介绍、专家演讲和各学科教学观摩，主动把学校教育信息传递给家长；邀请家长参与学生大型活动；邀请家长观看社团汇报演出；邀请家长全程参与学生营养餐配送公司的选定和餐标的制定；邀请家长突击考察送餐公司工作情况，家校合力做好对送餐公司的监管工作。六是关注学生身心健康，提升学生综合素养。保健室成立总人数为100人的爱跑队，每天中午带领体重偏高、体型偏胖的学生加强锻炼，逐渐改善学生体质。3月12日，学校顺利通过海淀区中小学生身心健康联合督导。在海淀区《中小学生体质健康报告》中，附属小学学生的低近视眼发病率和低肥胖率，均居海淀区各学校前茅，获得督导团老师的充分肯定和好评。

③ 教学工作。提升师资队伍教学能力。一是落实集体备课制度，坚持推进“个人备课＋集体讨论＋二次修改＋课后反思”的集体备课模式。教学干部和学科组长参与集体备课教研。二是抓实课堂教学，开展课堂教学展示活动。每学期通过青年教师推门课、全体教师常态课、家长开放课以及语文数学专项研究展示课，观察教师对教材的解读、教学设计的实施、课堂常规的落实以及学生的学习状态。课后进行评课，在诊断研究中改进课堂，促进课堂质量提升。附属小学全年共组织5个年级20节家长开放课，涉及语文、数学、美术、体育、科学、音乐6个学科，家长在课堂上感受师生融洽学习氛围的同时了解学校和教师。三是专家引领主题式校本研修活动，提升教师研究能力。继续在三四年级展开合作学习的研究。通过观摩课引路、集体备课、试讲、再上课、专家评课指导、学科组研课等方式，学生积极性、自主性、互助性的主体地位不断彰显。四是关注青年教师成长。为青年教师成长搭台子，开展“青年教师优质课展示活动”，20名青年教师积极参加，学科专家听评课。常态教学中进行“如何备课上课”“开学第一课”“期末复习课”等培训交流，引导青年教师成长。五是培养骨干教师队伍。附属小学语文、数学、体育、科学、足球5个学科8名教师，分别被评选为海淀区学科带头人（2人）、海淀区骨干教师（5人）和海淀区班主任工作带头人（1人）。

加强日常教学管理，稳步提升教学成绩。一是扎实开展单元、期末验收，做好常规教学质量监控与分析。二是开展专项竞赛活动，促进学生学业成绩提升。开展期中语文“学习报”自主整理活动、“古诗词竞赛”“朗读比赛”“写字比赛”“百词比赛”等活动，鼓励和促进学生学习能力的提升；开展低年级学生“学习好习惯”月评比、中高年级学生“阅读之星”月评比工作，在评比中表彰、鼓励孩子们的习惯养成；数学学科在单元测试中增加附加题项目，根据附加题正确率颁发“数学之星”奖状，培养学生创新思维，提升学生核心素养；期中和期末阶段，分别开展计算专项验收和口算验收活动，夯实学生数学基础知识；英语学科开展英语朗读比赛、英语书法比赛、英语百词比赛，促进英语学习兴趣。三是开展丰富多彩的学科10%实践活动，促进综合素质提升。学校严格执行北京市、海淀区课程标准规定，语文、数学、英语、科学、品德学科开展10%的学科实践活动。各学科教师结合课程精心规划，认真落实，学生综合素养在实践活动中提升。四是开设第二课堂，发展学生兴趣爱好，助力学生全面发展。开设选修课、课后一小时课程以及专业社团课程约55门，涉及文学类、体育类、艺术类、科学类等多维度。五是已经毕业的127名学生参加海淀区2019级七年级学生学习水平调研和学习品质测评，学校处于学生个体品质与学习成效的双优区，两项成绩均在海淀区平均水平之上。

④ 少先队工作。学校少先队大队下设20个中队，正式聘任20名少先队中队辅导员，大队委员会由大队辅导员1人、12位大队委、国旗组6人、大队旗旗组6人、国旗方队8人、红领巾广播站6人、指挥2人共同构成。全校共有少先队员684名，中队干部108人，小队干部120人。

通过为期1个月的队前教育培训，经过学校少先队大队委员会的批准，2019年5月，在北京科技大学求实广场，学校为2018级学生举行了隆重的入队仪式，在海淀区少工委办公室主任章军、学院路学区办公室主任宋蕾老师的共同见证下，149名小朋友光荣地加入了“中国少年先锋队”。

2019年，少先队以国庆70周年、建队70周年澳门回归20周年为契机，分别开展了“我爱你中国”“红领巾 心向党 争做新时代好队员”“致敬红领巾”等主题教育活动，引导少年儿童践行社会主义核心价值观，不断提升少先队员的光荣感和组织归属感，进而培养队员朴素的爱家、爱国的情感；抓住春节、元宵、清明、端午、重阳、迎新年等中华传统文化节日开展“我们的节日”“传承·清明节祭英烈”等传统活动，鼓励队员全员参与，体验中华传统文化，弘扬中华传统美德。

少先队大队以《少先队改革方案》为着力点，全面落实少先队改革任务。依据少先队改革方案，构建形成月月有活动、月月有特色的少先队活动体系。以10月13日第70个少先队建队日为契机，深入开展“传承红色基因 争做新时代好队员”主题实践活动，做好新时代好队员的教育引导、德育渗透工作。特邀崔青慧老师为全体辅导员、大中队干部做“增强光荣感 激发先进性”主题讲座与少先队礼仪规范培训。组织中队辅导员积极申报海淀区第六届少先队活动课展示和优秀课（案）例评选活动，卜晓月老师活动课例荣获学区一等奖、海淀区三等奖，大队辅导员荣获优秀指导教师。深入学习《习近平总书记致中国少年先锋队建队70周年贺信》，书记、校长带头学，大队辅导员组织全体中队辅导员认真学。

通过少先队的引领使少先队员们在少先队组织中体会到光荣感和责任感，培养学生朴素的爱国主义情怀，使他们积极乐观、健康快乐地学习和成长。

⑤ 后勤工作。全力守护校园安全。强化平安校园管理，加强校园周边综合治理，强化师生安全意识，明确工作要求，提高处置能力。一是组织全体教职工及校外合作机构老师分批次学习《北京市中小学安全管理规定》，根据《规定》建立、健全学校安全领导小组，明确学校教职工各岗位安全责任，签订安全责任书。明确落实“一岗双责”，从上到下，层层落实、责任到人。二是规范学校安全管理，逐步完善安全管理制度。全面做好校门24小时封闭管理，严格贯彻校外人员及车辆进校管理规定和学生课间离校规定；上下学高峰期，每个校门由带班领导、值班教师和4名保安共同值守，严格对校门进行安全管控，实行小黄帽路队制，班级错峰有序放学，正副班主任亲自

带队，家长分区域接送，做好秩序和交通疏导，按规定配齐安防设施，确保学生上下学安全；明确上课期间任课教师安全职责；建立下课及午休期间楼内和操场教师轮流值班、带班领导定期检查护导制度；后勤、保安人员定期巡视校园，及时处理发现的安全隐患。通过细化管理，使学校安全管理网络覆盖到校园的每一个区域、每一个角落、每一个时段，使安全工作制度化、规范化、常态化。三是开展内容丰富、形式多样的安全宣传教育，不断提高全体师生的安全意识和防范意识。利用寒暑假、法定节假日及安全活动日等特殊时期，通过下发通知、微信公众号、校园广播、国旗下演讲、专题讲座、室外橱窗、展板宣传等方式对学生开展交通、防火、防溺水、防暴力侵害、食品安全等教育，加强学生社会实践活动前的安全教育。四是加强突发安全事件的预防和演练。对火灾、地震等突发公共事件，完善相应的应急预案，通过每月一次的应急演练，提高全体师生的应急反应和救援水平。五是加强安全隐患排查，建立安全检查台账制度。定期进行全校安全排查，出现问题和隐患及时记录、及时排除销账。2019 年排查处理了学校东小楼电力故障，更换维修东楼主电缆，避免了消防事故的发生。六是加强学校大型活动的安全防范，在六一、毕业典礼等大型活动期间加强安保力量。

做好卫生保健工作。一是组织家长志愿者通过资质审查、实地考察、集体决定的方式，公开、公正、公平地选定经海淀区教委招标认定的学生营养餐配送公司，并通过全校家长问卷方式确定用餐标准。二是健全食品安全规章制度，建立校领导每日陪餐制度，加强学生集体食用配送餐的日常安全监督管理工作。三是落实学生晨午检和因病缺勤登记与追查工作，在传染病高发期加强监测，加强班级通风和日常消毒，避免传染病和公共卫生事件暴发。四是完成全校学生健康体检、一至三年级预防龋齿口腔检查、四年级学生流脑 A+C 接种工作。五是加强慢性病高危学生建档，定期进行监测。六是做好健康宣教。通过班级宣教、绘制主题手抄报、发放宣传材料、指导培训等多种方式渗透健康常识，对“超重、肥胖学生”进行科学干预，请海淀区疾病预防控制中心专家对二年级学生进行预防传染病专题讲座，开展师生急救知识技能培训。

加强校园环境建设。完成校园室外多个花坛绿植的铺装和养护，完成小楼阅读角、教师讨论室、音乐办公室、一年级组办公室的装修和美化工作，在学生活动关键部位张贴了爱心安全提示标语，对学生安全和健康起到了潜移默化的宣传教育作用，使校园文化增添人文情怀。

⑥ 工会工作。组织教职工积极参加校工会和机关分工会举办的运动会、春游、健步走、羽毛球比赛、乒乓球比赛、扑克牌比赛、游泳、书画摄影展、趣味运动会、121 四季健步走，组织女教职工积极参加机关分工会举办的妇女节专题讲座，组织教职工积极参加学院路街道工会举办的大讲堂观摩、北京百年老店参观、现代科技展览、话剧欣赏、朗诵比赛。关心教职工身体健康，组织全体教职工参加健康体检、两癌筛查、爱心义诊活动，开展茶艺、花艺等提升教师综合素养的活动，组织老教师重返校园、回顾历史、憧憬未来，为工会会员领取发放上级工会下发的各种福利，为教职工联系产地直销农产品。2019 年，工会小组动员 2 名非事业编制职工入会，完成 17 份教职工代表提案的回复，关心慰问生病老师 1 人、结婚老师 1 人、生育老师 7 人，在重阳节慰问看望离退休老同志 4 人。

（刘建玲、王忠艳、马翀云、高　彦、唐明华、倪文悦、王　旭、吕　梅）

【幼儿园】 2019 年，北京科技大学幼儿园在园幼儿（截至 12 月）为 424 人，教学班 12 个，全园教职工 79 人（其中在编教师 8 人，合同教职工 55 人，其他 16 人为劳务，劳务中 4 人为劳务派遣、12 人为劳务协议），在编教师中小学高级教师 1 人，一级教师 4 人。

幼儿园进一步深化《3~6 岁儿童学习与发展指南》和《幼儿园工作规程》的学习，认真落实习近平总书记在全国教育工作大会上的重要讲话精神，落实市区教委的工作要求；按照市级示范标准继续落实“科学、规范、人本、有效性”管理；以加强目标与量化管理、自觉自律落实“规章制度—岗位职责与常规”为重点，严格部门与班级绩效考核力度管理，增强规范管理的实效性。深化幼儿园主题背景下的区域游戏特色课程的改革，以“主题背景下的区域游戏中，促进幼儿深度学习”教研活动为载体，提升各层级教师专业水平，推进幼儿深度学习与发展。稳步推进早教工作，提升对看护人科学育儿的指导水平与策略。进一步丰富和谐、温馨、生态化园所校园文化建设的内涵，办人民满意的幼儿园。

① 管理工作。坚持以人为本，落实规范化管理。一是加强制度培训，坚持制度管理和人本管理相结合，强化用制度管理规范服务行为。组织全体教职工学习幼儿园规章制度，将各岗位教师自觉遵守岗位职责、自觉落实工作常规作为重点，结合教师师德建设的实际需求及幼儿园工作需要，加强各岗位干部、员工培训，掌握本岗位工作职责与常规要求，自觉自律守底线。二是确保规范管理有效落实，提高各部门及班级规范管理水平。行政部门在落实规范管理过程中，严格履行管理职责，在日常检查、指导中，重点加强对个性化需求教师的“一对一”持续性指导，确保指导的“有效性”得到落实。行政部门在管理工作中坚持“一盘棋思想”，始终坚持“首问责任制”，有效解决问题，减少推诿。三是加强目标与量化考核相结合，落实各管理层级考核评价制度，提高管理质量。开展对行政部门工作质量的考核管理，强调“追责制”和“一票否定制”，强调结果的实效性和有效性；班长组织班级人员依据各岗位考核标准开展自评和他评，问题结果与考核挂钩，促进班级管理有效性的提高；加强园内考核小组对中心教学人才的考核管理，强化骨干作用。四是优化各岗位人员结构，实施竞聘上岗，形成人力资源合理配置。为建设一支素质高、业务强的职工队伍，充分调动全园职工的积极性和主动性，开展述职答辩，聘任小组根据所需岗位职责和条件进行评议，进行逐级聘任，促进幼儿园人力资源的合理配置与充分利用。六是支持国培项目，发挥示范园专业引领作用，为构建教育公平做贡献。3 月 20 日、21 日分批次接待北京市教委“国培计划”——内蒙古自治区普惠性民办幼儿园园长区外高级研修国培项目团 200 位园长来访观摩。9 月 5 日、11 月 20 日分别接待“新疆乡村幼儿园骨干教师访名校能力提升培训项目”及贵州省“国培计划（2019）”——幼师国培乡村幼儿园五大领域专项技能提升项目 2 个代表团 200 余位教师到访。六是组织开展海淀区“第五互助组教师艺术领域音乐活动的组织与实施”教师培训，提高互助组教师开展音乐教学的审美与能力。通过这种形式的培训活动与姊妹园的教师同携手、共发展，促进教师的专业化发展。七是接待美国教育专家来访，让幼儿园课程建设理念融入世界教育格局的发展。6 月 17 日，接待来自爱朗教育集团的美国教育专家 Rosemary Burton, Ph.D 一行的到来。园所的整体环境、幼儿的自主性游戏以及教师指导得到美国学者的高度赞扬与肯定。八是以区年度考核、区半日活动评优为契机，促进园所整体办园质量的提升。4 月 29 日、6 月 13 日分别迎接了海淀区考核工作小组年度工作考核暨海淀区幼儿教师半日活动展评指导与检查。九是党支部开展“不忘初心、牢记使命”主题教育工作，发挥支部在一线及管理工作中的先锋模范、战斗堡垒作用。根据上级要求，结合幼儿园实际，党支部制定了主题教育工作方案，并通过全体党员大会动员每个党员在主题教育中明确初心，带着使命在工作中发挥先锋模范带头作用。通过“寻足迹、观伟绩、献良计”系列活动，加深了党员、干部及全体团员“不忘初心，牢记使命”的信念，加强了党性修养，提高了政治站位。

强化师德建设，提高教职工综合职业素养。一是以“优质服务月竞赛活动”为载体，加强园所师德建设，提升整体教育服务质量，办人民满意的学前教育。二是继续开展“三赞美”（即“教师赞幼儿、教师赞家长、教师间互赞”）活动和丰富多彩的师德培训活动，促进园所各岗位党员干部教师敬业、乐业，并提升教育理念和教育行为，推动形成机制常态化。

② 教育教学工作。继续开展主题背景下区域游戏活动的研究，深化不同层次水平教师对于深度学习概念的理解和实践。通过理论与实践观摩的培训，提升各层级教师开展区域游戏活动的水平。一是开展各岗位教师专业培训活动，提高业务水平。二是完成北京市“十三五”幼儿园教师课区级专业必修课内容，制定幼儿园实施方案，有效提升幼儿园干部教师的思想政治素质和职业道德素养，更新教育观念，提高教育教学能力，打造一支师德高尚、

业务精湛和勇于创新的师资队伍。三是积极发挥教研组长的年级带头作用，提升年级副教研组长、班长解读游戏中幼儿深度学习的水平，提高新任教师、新任班长及骨干教师执教于游戏的能力。关注新教师专业成长，开展“手把手”帮扶。在各班新教师半日常规指导工作中，大教研组深入班级，手把手助力，发挥专业引领作用。

③ 家园共育。一是通过优质服务月家园主题活动，落实《3~6岁儿童学习与发展指南》，支持幼儿自主、自立、自信地成长，开展“幼儿安全自护教育，促进幼儿健康发展”安全教育活动，促进家园共育、形成家园合力。二是聘请专家作《防止小学化倾向，为儿童入学做好准备》专题讲座，引导家长关注幼儿的身心发展特点，杜绝小学化教育方式，提高家长科学育儿的水平。三是引导家长委员会成员参与不同形式的实地演练活动，提高幼儿、教师和家长对各类事件的安全防护意识和逃生能力。5月13日开展家园共同参与的消防疏散演练活动；6月18日上午开展教职工、家长代表、幼儿共同参与的反恐防暴演练活动。四是坚持每月“家长约谈”活动。通过约谈，促进教师提升家长指导策略，提高对个性化儿童的教育，帮助家长深入了解幼儿园教育，并形成了一致的教育观。五是家园配合共同帮助小班新入园幼儿及家长顺利度过“分离焦虑”期。六是召开各班级家长会，向家长介绍各年龄阶段社会性教育的目标、家园配合的活动内容，家园共同开展社会性教育，培养幼儿良好的社会性。

④ 早教工作。稳步推进早教工作，对周边社区婴幼儿看护人提供科学有效的育儿指导，提高育儿水平。开展《在亲子活动中创新对看护人个性化的有效育儿指导》的早教教研专题讲座，开展“入园前生活自理能力培养困惑问题”的早教公益活动问卷调查，举行“早教个性化有效指导”座谈会。

⑤ 后勤工作。做好后勤保障工作，为一线提供服务保障。一是重视从业人员食品安全培训，加强后勤工作指导和监督。按照海淀区食药监局的要求，完善和规范各种厨房记录。海淀教委委托第三方对厨房人员进行食品安全培训，每月对厨房进行2次抽查，每次成绩都在95分以上。继续开展“主、副食创新”教研活动。二是结合校园文化建设需求，及时更换厨房老旧设备设施，伙房更衣室添置整套不锈钢家具，新购置一台热水器，解决厨房洗碗热水供应等问题。三是增强师生安全意识，培养安全防护能力。对教职工、幼儿进行消防培训及演练。

重视日常保健工作管理，将保健工作落出实效。一是将日常检查与考核相对应，强调自觉自律完成保健各项任务，同时强化激励措施，奖罚分明。实行层级检查，强化对班级保健工作的检查指导。组织“防诺如病毒”演练，注重在突发状况下的实际处理能力。规范因病缺勤记录机制，填写《缺勤记录表（疾控版）》，对病假儿童追访一周，严把隔离关，预防聚集性发热及呕吐情况。二是邀请专家举办幼儿急救讲座，对于异物卡喉、高热惊厥等情况学会应急处置。三是将食品安全教育渗透到进餐环节、对幼儿肥胖率的控制起到了一定作用。

提高职工福利，调动职工的工作积极性。一是“三八”妇女节组织全体教职工到森林公园进行健步走活动，陶冶教师情操。二是陆续租赁6个青年教师宿舍，维修水管、电灯、水池等，为青年教师提供较舒适的居住环境。三是组织全体教师进行健康体检。四是为非事业编制职工上调公积金，增加福利待遇。

（宋玉梅、刘翠英）

【附表】

北京科技大学附属小学2019年学校、教师、学生获奖一览表

（校级及以上）

序号	获奖名称	获奖级别	获奖者	授奖单位
1	文明校园	市级	北京科技大学附属小学	北京市海淀区精神文明建设委员会

续表

序号	获奖名称	获奖级别	获奖者	授奖单位
2	海淀区“世纪杯”骨干教师论文评选一等奖	区级	唐明华	海淀区教师进修学校
3	2018—2019 学年度海淀区优秀班主任	区级	吕梅	海淀区教育委员会德育科
4	2018—2019 学年度海淀区优秀班主任	区级	王秀兰	海淀区教育委员会德育科
5	2018—2019 学年度北京市三好学生	市级	杨墨非、魏悦辰、刘睿琳、王子琦、毕正一、陈熙诺、周松涛、崔夏宁	北京市教育委员会
6	海淀区区级骨干教师，任期为 2019 年 1 月 1 日—2012 年 12 月 31 日	区级	段文琼、李瑞雪、周　喆、冯鑫鑫、倪文悦	海淀区教育委员会
7	海淀区班主任带头人，任期为 2019 年 1 月 1 日—2012 年 12 月 31 日	区级	王秀兰	海淀区教育委员会
8	海淀区区级学科带头人，任期为 2019 年 1 月 1 日—2012 年 12 月 31 日	区级	唐明华、许　宁	海淀区教育委员会
9	2018 年度海淀区教育系统青年岗位能手	区级	张丽丽	共青团海淀区委教育工作委员会
10	《与历史建立链接，初步探求小数的意义》获得海淀区第十六届教育科研优秀论文评审三等奖	区级	陈巍巍	海淀区教育科学研究院
11	《让学生经历“创造”小数过程——“小数的初步认识”教学新尝试》获得海淀区第十六届教育科研优秀论文评审三等奖	区级	陈　阳	海淀区教育科学研究院
12	《合作学习方式促进小学生能力均衡发展》获得海淀区第十六届教育科研优秀论文评审二等奖	区级	倪文悦	海淀区教育科学研究院
13	《经典名著阅读效果调研报告》获得海淀区第十六届教育科研优秀论文评审二等奖	区级	高　彦	海淀区教育科学研究院
14	《浅谈小学数学青年教师的专业成长》获得海淀区第十六届教育科研优秀论文评审三等奖	区级	唐明华	海淀区教育科学研究院
15	《用数学的眼光发现体育成绩的秘密——落实数据分析观念的尝试与思考》获北京市 2018—2019 学年度基础教育科学研究优秀论文三等奖	市级	信明慧	北京教育科学研究院基础教育科学研究所
16	海淀区“世纪杯”骨干教师论文评选二等奖	区级	周　哲、许　宁、冯鑫鑫、李瑞雪、倪文悦、段文琼	北京市教育学会中青年教育理论工作者研究会
17	《谈谈学以致用》获北京市 2018—2019 学年度基础教育科学研究优秀论文三等奖	市级	高　彦	北京市教育学会中青年教育理论工作者研究会、北京教育科学研究院、基础教育科学研究所
18	《做一名兼备专业性和多样性素养的未来教师》荣获第五届海淀区教育科研种子教师论坛征文二等奖	区级	倪文悦	海淀区教育科学研究院
19	在 2019 年北京市中小学生无线电测向竞赛中被评为“优秀辅导教师”	市级	周艳芬	北京市体育总会、北京市无线电运动协会
20	带领学生全国啦啦操比赛获得公开乙组花球动作第三的成绩，荣获优秀教练员	国家级	张甲香	全国啦啦操委员会

续表

序号	获奖名称	获奖级别	获奖者	授奖单位
21	荣获海淀区“世纪杯”骨干教师说课比赛二等奖	区级	冯鑫鑫	海淀区教师进修学校
22	荣获海淀区“世纪杯”骨干教师说课比赛二等奖	区级	唐明华	海淀区教师进修学校
23	在2019年海淀区小学区级学科带头人、骨干教师教师基本功展示活动荣获论文一等奖	区级	唐明华	海淀区教育委员会
24	在2019年海淀区小学区级学科带头人、骨干教师教师基本功展示活动荣获现场说课二等奖	区级	唐明华、冯鑫鑫	海淀区教育委员会
25	在2019年海淀区小学区级学科带头人、骨干教师教师基本功展示活动荣获论文二等奖	区级	倪文悦、李瑞雪、周　喆、许　宁、冯鑫鑫、段文琼	海淀区教育委员会
26	北京市第十三届“和谐杯”乒乓球比赛市小学组团体第三名	市级	北京科技大学附属小学（谢慧乔、冯加琳、崔筱霏、张凌语）	北京市体育局
27	2019—2020年全国啦啦操连赛（清华大学站）公开儿童乙组花球规定动作第三名	国家级	于知渝、花语锶、郭子晴、刘雨儿、王景萱、杨琳轩、张李雨彤、崔宝文、林凯利、蔡梓晗、张可歆、唐婧宜、何姝玥、王心洁、陈珏涵、雷　蕾、刘双儿、李若淳、徐涵婧	全国啦啦操委员会
28	第八届“兰亭杯”北京市中小学生书法大赛海淀区比赛一等奖	区级	梁楚涵	海淀区团工委、少工委、万寿路青少年活动中心
29	海淀区“优秀辅导员”	区级	卜晓月	海淀区少工委
30	海淀区“星星火炬”	区级	五（3）中队（辅导员：孟文）	海淀区少工委
31	《祖国我为你自豪》少先队活动课课例海淀区三等奖	区级	卜晓月	海淀区少工委
32	海淀区红领巾奖章	区级	高艺珊、吴景涵、郭佳晨	海淀区少工委
33	2019年职业荣誉金质奖	校级	刘建玲、王忠艳、徐永红	北京科技大学
34	2018—2019年度优秀党务工作者	校级	张　娜	北京科技大学机关党委
35	2018—2019年度优秀党员者	校级	曹　迎	北京科技大学机关党委
36	2019年度服务标兵	校级	倪文悦	北京科技大学机关党委

北京科技大学幼儿园2019年集体、个人获奖统计
（校级及以上）

序号	获奖名称	获奖级别	获奖者	授奖时间	授奖单位
1	2018年度推进实施《海淀区三期学前教育三年行动计划（2018—2020）》工作中做出积极贡献，特授予先进集体奖	区级	北京科技大学幼儿园	2019年1月	海淀区教育委员会学前教育科
2	在2018—2019年度托幼机构眼保健健康教育评比活动中荣获二等奖	区级	北京科技大学幼儿园	2019年6月	北京市海淀区妇幼保健院

续表

序号	获奖名称	获奖级别	获奖者	授奖时间	授奖单位
3	在2018—2019年度海淀区卫生保健工作中成绩突出被评为卫生保健示范园	区级	北京科技大学幼儿园	2019年12月	海淀区妇幼保健院
4	荣获2019年度托幼机构体验优秀组织奖	区级	北京科技大学幼儿园	2020年1月	海淀区妇幼保健院
5	基础教育管理中心幼儿园党支部先进党组织	校级	北京科技大学幼儿园	2019年7月	北京科技大学机关党委
6	中国北京科技大学幼儿教育中心周丽君宋玉梅撰写的《在“主题型”区域游戏中促进幼儿深度学习初探》获得海淀区“十三五”时期园本研修优秀案例	区级	宋玉梅 周丽君	2019年9月	北京市海淀区教育委员会教师继续教育办公室
7	撰写的《果园里的故事》在海淀区幼儿园优秀游戏活动案例评选选中荣获特等奖	区级	卢建颖	2019年9月	北京市海淀区教育委员会教师继续教育办公室
8	撰写的《神奇的叶脉》在海淀区幼儿园优秀游戏活动案例评选选中荣获二等奖	区级	贾迪	2019年9月	北京市海淀区教育委员会教师继续教育办公室
9	组织的艺术领域活动《可爱的小鸡》在海淀区幼儿园半日活动展评中荣获二等奖	区级	卢建颖	2019年10月	海淀区教育委员会学前教育科
10	组织的艺术领域活动《设计创意钟表》在海淀区幼儿园半日活动展评中荣获一等奖	区级	常俊利	2019年10月	海淀区教育委员会学前教育科
11	荣获北京科技大学职业荣誉金质奖	校级	冯雨新	2019年9月	北京科技大学

社区服务管理中心

【概况】 2019年，社区户籍居民2454户、7546人，居住3个月以上流动人口2680人，实际居住人口10226人。其中60岁以上老龄人3024人，80岁以上老龄人845人，90岁以上老龄人104人，100岁以上老龄人3人；残疾人147人；享受低保12户；孤寡老人13人；空巢老人918人；帮教对象7人。

（褚　洪）

【社区党建】 2019年，社区党委顺利完成第十届换届选举工作；紧紧围绕“不忘初心、牢记使命”这一主题，从抓好学习教育、践行党员标准、认真检视整改、建强基层组织、召开专题组织生活会等方面扎实开展工作；社区党建协调委员会聚焦区域协调，破解发展难题，为推进“共享、共管、共建、共治”的基层治理格局指明方向；为推进“双报到”活动深入开展，社区党委注重挖掘学院学科优势、列出需求清单、提出服务要求，有针对性地开展系列活动，切实发挥了在职党员主观能动性、专业技能及模范先锋作用，提高了服务水平和效果；积极落实党风廉政建设责任制，将党风廉政建设责任一抓到底，强化宣传教育，开展廉洁教育，加强党内监督，签订廉洁承诺书，贯彻执行监督执纪“四种形态”，牢牢树立“四个意识”；以“两室一报一栏”为平台，“两表一队一区”为载体，推进落实党支部规范化建设和党员教育管理工作。

（褚　洪）

【社区服务】 2019年，社区六大委员会及服务站积极发挥作用，各负其责，协同配合，为居民提供全方位服务。居委会规范社区服务管理，扎实推进各项工作，认真做好民政服务、人民调解、平安建设、公共卫生、计划生育、文化体育、残疾人服务等工作，全年为社区居民提供120余项服务项目，服务万余人次，切实将党的惠民政策不折不扣地落实到居民手中。坚持“走动式”工作法，密切联系居民，积极深入到社区伤残军人、困难家庭、特扶家庭、社区党员、百岁老人等特殊群体家中，了解和收集居民需求及困难，及时建立“社情民意日志”台账。

（褚　洪、谢　芳）

【平安建设】 2019年，社区综治委紧紧围绕学校和街道综治办的工作部署，扎实开展平安社区建设。为确保社区居民的生命财产安全，社区成立消防安全管理工作小组，定期对楼道内停放的电动车、堆积的杂物、地下空间安全隐患以及私接飞线充电等问题进行全方位清理整治，利用《美丽社区》报、居民微信群、宣传栏等，反复动员宣传。排除49栋地下空间的安全隐患多处，清理户外废弃自行车30余辆，杂物垃圾6车约0.5吨；联合物业、社区民警等有关部门先后4次夜查并清理楼道停放电动车96辆、堆物堆料18.1吨。增设充电桩10组。社区居民调解委员会依托“心桥室”“零距离倾谈室”等平台，依法依规公正调处，全年成功调解居民矛盾39起，努力把矛盾纠纷化解在社区内，做到矛盾不上交、不推诿，确保学校大后方的平安祥和。

（褚　洪）

【社区环境】 为了给居民提供舒适、美丽的居住环境，同时解决停车位不足等问题，社区积极申请资金，主持完成5—8栋绿地景观及地面停车位布局升级改造。对垃圾站周边环境进行清理整治，对路面进行硬化、平整。“五一”前夕，顺利完成与中朗物业公司人、财、物及工作的交接，加强对物业中心的管理和监督，敦促建立维修百分百回访及环境卫生管理等制度规范，环境治理再上新台阶。针对社区水站常年侵占绿地现象，会同学校后勤、保卫部门联合发力，责令整改，杜绝反复，持续跟踪监管，根治多年“顽疾”。对于社区内私搭乱建情况，多次入户与涉及居民充分沟通，争取居民理解，稳妥、有序拆除私搭乱建3处，实现环境治理“软着陆”。

（褚　洪、殷官朝）

【文化建设】 为响应建设文化自信社区的号召，丰富居民精神文化生活，传承家风家训美德教育，社区在开展新春联欢会、健步走、棋牌比赛等居民喜闻乐见的传统系列活动的基础上，新增“与国旗同框·为祖国比心”“祖国在我心·共颂社区情”等系列庆祝新中国成立70周年主题活动、“爱在母亲节”“知家国大事，扬正气之风”等特色主题活动，全年举办各类活动50余场，充分发挥了文化引领、凝聚和宣教作用。制作16斋文化墙，弘扬传统文化。打造社区“共享书屋”，实现社区服务前移。2019年共创办6期《美丽社区》报（2期特刊），发表各类稿件信息近百篇。

（谢　芳、倪　菲）

【创新工作】 社区通过打造“楼宇协理员”“三员三代（带）”“悦耆同行”“朝梦夕拾”等精品项目组群，强化项目品牌效应，盘活辖区内高校、共建单位及在职党员资源，以楼门建设、环境整治、平安建设、入户走访、慰问演出等多种形式为载体参与社区建设，形成多维度、立体化、高效益的志愿服务新模式，全年提供服务近千人次，吹响社区治理创新的集结号。

（褚　洪、倪　菲）

【工作成效】 ①专项工作扎实高效。居委会换届选举工作面广量大，为稳妥有序地做好第十届换届选举工作，社区选委会建立“三抓三确保”工作机制，成功登记选民2782人，户代表1402户，发出选票1237张，收回选票1237张，有效票1235张，投票率高达88.2%；为做好第四次全国经济普查工作，社区经普专项工作小组就辖区内3座大厦及院内四百多家中小企业和商户，拟定了有针对性的普查计划，最终顺利上报普查数据362家；在第三季度人口抽样调查工作中，社区被选为国家点位，工作组加班加点，逐一、多次入户调研，录入87户有效数据；全年办理“接诉即办”案件30余件，建立“居民诉求单单有回应，件件有反馈”的工作机制，响应率100%。②惠民项目进展顺利。年初，39、41、42三栋老楼12个单元楼门加装的外挂电梯全面竣工并投入运行，作为学院路地区首批加装外挂电梯的大院型社区，北京电视台、《北京日报》《北京晚报》等十余家媒体相继报道。第二批居民楼电梯加装工作积极有序进行，6栋共302户全部签约；社区积极申请经费，将自行车存车棚部分空间改造为社区便民服务网点，增设居家养老服务点、居民活动室、便民维修站，进一步规范了废品回收及其他服务网点。同时为“菜篮子”升级，增设了生鲜服务点，丰富百姓餐桌，让居民“近”享便利。③关爱特殊群体用心用情。举办重阳节系列活动，为7对80岁老人拍摄金婚照，组织150余位老年人参加趣味运动会；以居民需求为导向，全年为社区80岁以上老人免费发放理发票、菜票、洗衣票750余人次；为630位80岁以上老人购买居家养老服务卡；社区残协继续开展“康扶沙龙”系列活动，推出手工编织、读书分享会、厨艺讲座、歌舞会、运动会、讲座等活动。④2019年社区荣获“海淀区文明社区”称号。

（褚 洪）

昌平创新园区

【概况】 2019年，昌平创新园区在学校党政的领导下，结合各入驻单位的实际情况，丰富“延伸管理+属地管理”的工作体系，坚持园区各部门“一家亲”理念，淡化部门界限，积极统筹园区管委会办公室、学工组、保卫部门、后勤服务中心、医务室和食堂，激发园区发展的动力，保障园区平稳运行。本年3月29日，国家材料服役安全科学中心整体迁入园区。9月5日，冶金、材料、能源、环境“四大学科”9家单位研一学生入驻。园区现有的9个学院和研究生培养单位分别为：冶金与生态工程学院、材料科学与工程学院、能源与环境工程学院、新金属材料国家重点实验室、钢铁冶金新技术国家重点实验室、新材料技术研究院、工程技术研究院、国家材料服役安全科学中心、钢铁共性技术协同创新中心。园区目前共有师生员工1478人。

（宗燕兵、王志强）

【党建和学生工作】 ①截至2019年底，园区党委直管教师党支部3个，全部为正式党员共37人；直管学生党支部7个，学生正式党员81人，预备党员10人，年内共转正预备党员7人。包含入驻园区内全部9家单位的学生党支部全口径统计30个，学生正式党员348人，预备党员12人，年内共转正预备党员38人。②强化理论武装，加强党的全面领导。园区党委理论中心组全年集体学习11次，结合主题教育开展专题研讨10场，全体班子成员调研20余次，党委书记带头深入师生和园区各部门开展座谈20余场。③昌平创新园区党委自2019年9月24日召开主题教育动员部署大会启动以来，坚持“守初心、担使命，找差距、抓落实”，深化学习教育、深入调查研究、深刻检视问题、认真整改落实、积极评估成效等六大重点举措贯穿主题教育全过程，针对主题教育调研发现的10大项、109个小问题，迅速落实，立行立改。主题教育整改成效测评结果显示，选“好”的比例占到99.36%。④开展“领导讲党课”，由园区党委书记和管委会主任、国家科学中心总指挥带头，邀请校领导、园区领导和其他党建专家讲最新理论，班子成员讲党课7次，合计10余次。⑤成立“习近平新时代中国特色社会主义思想研习班”，由党委书记主讲，辅导员全程参与，全体学生党支部书记为成员，已开展6期，覆盖超200人次。⑥成立园区初级党校，学生积极分子与国科中心、保卫后勤等教职工学员合计300余人，共讲授党课4次。并聘请10名青年教师担任党校研究生成长导师。⑦在至美斋东门外、主楼A座一层制作展示主题教育宣传板；制作主题教育学习笔记本，党员人手一册；制作积极分子学习手册；制作“主题教育应知应会70问”宣传页。园区领导通过带领全体教职工党员及学生党支部骨干赴香山革命纪念地参观学习、国庆园区健步走等活动，营造爱党爱国、爱校爱园、爱人爱己的“大爱”文化。

学生工作方面：①完善新生入学教育体系。印发《昌平创新园区研究生新生手册》《致新生的一封信》，学生在园区开展入学体检，开通助学贷款快速办理、在园区进行入学体检和银行卡激活通道，让学生快速适应新生生活；组织新生代表参观园区，走访园区周边环境。②开展心理健康活动月，组织系列心理健康讲座3场，心理实践活动9场，覆盖园区全体研究生。③成立第二届园区研究生代表团，并组织成员参观后厨、与后勤服务中心座谈、宿舍安全卫生检查；成立昌平创新园区第一届研究生会。两个学生组织充分发挥研究生“四自”作用（自我教育、自我管理、自我服务和自我监督），服务学生全面成长成才，服务园区和谐稳定发展。④加强学生工作队伍建设。成立昌平创新园区团工委，任命崔巍任团工委书记，李正一、张茂航任副书记。完善《昌平创新园区辅导员职责规定》。选拔兼职辅导员3人，助理辅导员7人，学生助管46人，形成了一支适应多地办学背景的、可以全面保障、随叫随到、到则能战的“专、兼、助、代、管”学生思政工作队伍。⑤举办国家科学中心“学术三分钟”院赛、“e测试杯”北京科技大学第四届研究生“学术三分钟”演讲比赛半决赛；举办“满井初心 青春使命”主题文艺演出、“箐华北科梦 扬帆创新园”昌平创新园区2020年元旦晚会暨国家科学中心毕业典礼年终表彰会。⑥加强学风建设，组织开展科学论坛和人文讲座，邀请国内外知名专家学者举办讲座30余场，覆盖园区全部研究生。⑦探索多地办学背景下研究生培养模式，举办多地办学背景下研究生人才培养及发展论坛（2019）。⑧丰富学生课余活动。组织开展昌平创新园区第一届校庆杯、第二届创新杯篮球赛，“荧光夜跑”，组织学生参与轻体运动会，“一二·九”合唱比赛等活动。⑨积极统筹地方资源，借助地方政府和社区力量，拓展外部企业和社会资源。与奇点中心共建，奇点中心已成为园区学子课余消遣、饮食购物、观影和创业的一站式平台，丰富了园区学生的课余生活。参与昌平区“一校带一镇”战略。2019年园区获评昌平区“一校带一镇”先进工作单位，6人次获评支教先进个人。2019年获学校“学生日常管理与安全教育”学生工作专项奖和学校总就业率优胜奖。

学生安全治理方面：①坚持每日学生“晚点名”，针对多地办学下的新情况，每晚辅导员通过班级群、下宿舍等形式，开展全体学生晚点名，保证全体学生夜间安全。②坚持领导干部夜间值班制，值班领导与值班辅导员、园区医务室大夫等及时应对园区学生夜间突发状况。③更换LED 24小时安全监控屏，用信息化手段做到安全保障无死角。

（宗燕兵、张晓媛）

【保障服务工作】 2019年昌平创新园区后勤服务中心分为保洁、绿化、维修、学生公寓、办公室、专家公寓六个业务部门，共有员工近50人。中心以学生需求作为工作出发点，从细节入手，树立主动服务意识，提高服务质量。①2019年9月，学生公寓阳台封闭工作启动。后勤服务中心提前规划，积极配合项目施工。至11月初，学生公寓宿舍以及公共区域阳台共436间全部完成安装，确保了全体学生温暖过冬。②园区动力中心年内重点完成了锅炉及管线的各项改造和完善工作，推动完成了2台新建锅炉的检验和启用工作。供暖季根据每日气温变化以及供暖实际需求及时调整燃烧模式，合理设置燃烧温度，做好每日能源消耗的记录和分析，在确保供暖的同时实现了节能。与去年同期相比，每天节省燃气约2000立方。③本年2月，根据学校统一安排，园区的631名研一学生搬回本部，国科中心170名学生入住园区。有序完成了学生搬迁、宿舍清理、房间检修、公寓保洁等工作。为确保秋季学期迎新工作顺利进行，后勤服务中心从6月开始规划方案、梳理工作、制定任务、确定时限，各部门分工明确、共同协作。在各部门的通力协作下，1136名新生高效顺畅地入住新家，在园区开始了崭新的学习生活。④中心与管委会共同推动了园区专家公寓和博士后公寓的启用事宜，对用户进行了前期调研，制定了运行方案。目前，博士后公寓已有部分教工入住，专家公寓也在进行设施配备和人员配置工作，进一步完善了园区的配套设施。⑤为了营造学生公寓的文化氛围，提升文化育人功能，中心选取了体现学校及园区风貌的优秀摄影作品，配以校训、校史、学校及园区简介、散文诗歌等优美的文字，制作成画框安装在全部428间宿舍门前的电表箱上，打造出靓丽的文化长廊。⑥提供优质精准服务：为了避免学生冬季洗浴着凉，在浴室门口安装了防风门帘；为了照顾南方同学洗浴习惯，选取合适位置设置挂钩并提供浴帘供学生借用；为了提高洗浴舒适度和安全性，在更衣区域配置了防滑垫，增加长椅、排风扇各8个。为408间宿舍房门安装了防震条，减轻噪音影响，保证同学们的休息；购置室内晾衣竿、室外晾衣架共22个，解决了晾晒衣被不便的问题；在公寓部分楼层公共区域内安装了28台自助吹风机，并且设置使用时段；在公寓一层添置了体重秤和穿衣镜。园区学生有衣物缝补的需要，公寓值班员持续开展了“周末喜相缝”活动，帮助学生缝补衣服和开线的书包，有些女生还请值班员手把手地教授缝纫技巧。⑦本秋季在园学生达到1300人，维修部通过反复测试，将水箱水位在原有基础上提高20厘米，增加了4.5吨供水量。同时更换了浴室的78个花洒，在确保洗浴体验的同时节约用水约40%，从而增加了洗浴供水能力，保证了学生的洗浴需求。

（张卫冬、杨绮雯、王志强）

【园区安全治理工作】 全年保卫部门工作主线是：夯实基础、健全制度、创造环境、培养习惯，创建安全文明有序的创新园区。①根据园区使用功能的特点、按照人防技防结合的需要、在校领导的支持下，在园区公共部位新增、更换安防摄像头289个，整改了安防死角问题；为解决园区内停车、限速矛盾，本着服务园区、服务师生的原则，规划建设了地下车位121个、新能源电动汽车充电桩8个（建设4个，预留4个基础）、减速带3条、道路交通凸面镜1个，既服务了师生又排除了隐患；由于园区部分区域使用功能开放，整改安全隐患，园区管委会在专家楼外挂楼梯安装防盗门1个，达到了安全使用的目的。为提高园区消防、治安应急反应能力，新购买了消防车、巡逻车各一台，给园区的安全稳定提供了有力的设备保障。②为保证园区消防应急设备设施完好有效，整改维修日常巡检发现的问题，本年共检维护灭火器1700余具，更换消防水带200余条、软管120余根、消防主机蓄电池326块；在维保单位的配合下，对园区消防设施、安防设备、门禁系统、电磁门、电子围栏维护、维修50余次，确保了各类安全设备安全稳定运行。③园区成立了以党委书记、管委会主任等班子成员为组长、副组长，驻园区各单位领导参加的应急指挥小组，形成合力，集中力量处置突发事件；园区保安队、微型消防队，每周两次业务能力训练，提高了工作水平和应急处置能力；保卫干部在主管领导的带领下，学习党建理论、业务知识（网上学习），走访学习兄弟院校先进经验，提高理论修养和工作素质。④园区党委倡导“一家亲”工作理念，整合园区资源探讨园区安全稳定工作思路，形成合力共同完成安全稳定工作任务。制定园区网格化管理制度、修改完善7项园区应急预案、制定园区安全手册一本，为园区的安全稳定工作提供依据和抓手。⑤为园区教工、在校生办理居住证约1100张、继续保持校外巡逻（园区东小路），9月到12月夜间护送单独回园区学生6次、园区内接送外伤（运动外伤）学生3次、办理居住卡600余张、补办身份证7张，为园区大型活动悬挂条幅10次，特别是在老生搬家、新生入校时，不仅严格门禁管理、交通指挥、场地规划，更在人性化服务上着重考虑，帮助同学搬运较重物品，极大地拉近了安保队伍和师生的距离，促进了师生感情，为和谐管理奠定了坚实的前提基础。在“两会”“70周年国庆”及开学典礼、校运动会等重大安保期间动员园区所有单位参加维稳工作、交通安全，以网格化管理为基础划分责任区，各司其职落实各项工作任务。在日常安全生产管理过程中，加强监督检查，特别是实验室安全尤为重要，保持每学期至少2次对园区实验室、厂房安全检查；注重建设和使用单位共同管理，落实安全生产任务，全年签订56份《施工安全责任书》、办理221张施工进场证、核发150份动火证，有效防止了安全生产事故的发生。⑥全年组织安全知识讲座8次、安全主题活动8次、应急逃生演练3次、安全知识作品比赛1次、园区安全检查4次；通过园区公众号及时发布园区安全活动推送、安全提示，利用电子屏、展板、横幅等手段宣传安全知识，营造人人创安全，人人享安全的氛围，为创建“文明安全的创新园区”打下良好基础。2019年园区安全零事故，获评“2019年度海淀区交通安全先进单位”。⑦主管领导亲自带队与属地消防、公安、政府、街道、物业、居委会调研磋商，及时解决了园区周边的消防、交通安全隐患，并且在安全教育、消防演练、重大安保期间都得到了各部门大力支持，保证了园区的安全稳定。⑧保卫部门不仅是安全服务管理部门，也有育人的任务，把安全稳定工作与育人工作紧密结合，在工作的各个环节中注重培养习惯，教会大家安全技能的同时也引导大家做有用于社会的文明的园区人。部门干部通过参加园区“教师成长沙龙”“研究生代表团”“研究生成长导师”等园区组织宣传安全理念。

（宋燕兵、王文刚、王志强）

融合创新研究院

【概况】 为加快国内一流、国际知名的高水平研究型大学建设步伐，搭建高端人才自主创新平台，建设高端人才创新支持体系，完善高端人才保障服务系统，打造“人才特区”，集聚和培养更多优秀人才，着眼学校未来发展，依照学校科学研究和人才队伍建设规划，2016年1月学校发文成立北京科技大学融合创新研究院（简称：融创院）。2018年11月30日，任命杨仁树兼任院长，王荣明任常务副院长，孙景宏、何进兼任副院长；2019年3月，聘万向元、田建军为副院长。2019年7月，学校发文修订了融创院的实施意见，明确融创院由学校人才工作领导小组直接领导，以汇聚培养具有国际竞争力的高端人才和打造一流的多学科交叉融合学术发展平台为工作重点。融创院在科学研究、人才培养和自身发展上享有充分自主权，独立自主开展工作。并对融创院部分班子成员做了调整，臧勇兼任院长，何进兼职的副院长改由宁晓钧兼任，聘周贤伟为副院长。

融创院现有绿色创新中心、生物与农业研究中心、复合材料结构工程中心、电磁冶金研究室、新型磁性功能材料及应用研究室、光电功能材料与器件研究室和环境纳米与技术团队等7个研究团队。2019年成立“主要作物生物育种北京市工程实验室”。

研究院共有研究生134人，其中博士研究生66人，硕士研究生68人。

（王荣明）

【师资队伍】 融创院共有教职工54人，其中教授21人、副教授5人。师资队伍中，有加拿大工程院院士1人（刘焕明），国家杰出青年科学基金获得者1人（王守国），国家“万人计划”领军人才3人（万向元、李从举、安学丽），国家百千万人才工程入选者1人（王荣明），国家“千人计划”青年项目入选者2人（张新房、耿东生），教育部新世纪优秀人才计划入选者2人（王荣明、田建军）。

2019年，刘焕明教授当选加拿大工程院院士，安学丽教授获批国家“万人计划”创新创业领军人才称号，王荣明教授入选国家百千万人才工程，被授予“有突出贡献中青年专家”荣誉称号，万向元教授获第十三批北京市有突出贡献的科学、技术、管理人才奖。

融创院2019年共引进人才4人，其中教授1人，特聘教授1人，副教授1人，特聘副教授1人。现有师资队伍中，1人晋升教授，1人晋升副教授。

（王荣明、孙景宏、陈　兰）

【科学研究】 坚持创新驱动、学术至上理念，发挥融创院创新团队和交叉学科优势，承担国家重大、重点科研项目等近50项，取得了一系列重要创新成果。获批重点研发计划项目（课题）2项、国家自然科学基金国际合作组织间重点项目1项以及其他国家、省部级科研项目等44项，合同金额5555万元。以北京科技大学为第一单位发表SCI论文85篇，其中SCI一区文章43篇，影响因子IF大于10的论文13篇，包括田建军 *Energy Environ. Sci.* (IF=33.250) 论文1篇，*Adv. Funct. Mater.* (IF=15.621) 论文2篇；万向元 *Nat. Commun.* (IF=11.878) 论文1篇，*Mol. Plant.* (IF=10.812) 论文4篇；王宁 *Nano Energy* (IF=15.548) 论文2篇。授权国家发明专利25项，出版英文专著2部。

（万向元、陈　兰）

【学生人才培养】 融创院现有博士研究生66名，硕士研究生68名，2019年荣获各类奖项35人/次。其中北京市优秀毕业生1人，北京科技大学优秀毕业生1人和优秀毕业论文2篇，校级三好研究生和优秀干部12人，国家研究生奖学金5人等；郭瑞琪同学在第18届21世纪材料科学与工程国际研讨会（日本仙台）的报告荣获金奖，以及其他各类奖学金17人次。

（周贤伟、宁晓钧、曹雅涵）

【实验室工作】 融创院设有农业生物、化学、物理及材料等多学科交叉实验室，根据实验室类型制定了相关安全检查规章制度和实验室管理规定。依据学校平安校园管理制度和融创院实验室管理制度，坚持定期检查实验室，排除安全隐患，规范实验操作。全年未发生安全责任事故。融创院定期联系和安排实验室的废弃试剂、试剂瓶、废液等危险废物处理，并及时处理实验室遇到的问题，为融创院各研究团队顺利开展科研工作提供有力保障。

（田建军、陈　兰）

新校区筹建

【概况】 积极跟进并落实教育部关于新校区建设工作总体部署，赴昌平、顺义、房山、延庆、亦庄、雄安等地块实地考察，就异地办学的规划、建设、发展、管理和运行情况开展调研，做好相关调研报告，为学校决策提供了参考和依据。将新校区建设与服务北京全国科技创新中心工作相结合，积极筹划新校区建设。

（郭景文、林　林）

党建与思想政治工作

组织工作

【组织工作】 ①坚持以党的政治建设为统领。扎实开展党的政治建设专项整治，制定学校贯彻落实《中共北京市委关于加强高校党的政治建设的若干举措》的100条具体措施；完善基层党组织决策体系和“4+1+10”协作运行机制，完善把好政治关的内容、机制和办法，持续强化基层党组织的政治领导；结合“不忘初心、牢记使命”主题教育，深化习近平新时代中国特色社会主义思想的学习教育，强化“自学、导学、辩学、践学”四学机制，推进学习新思想往深里走、往心里走、往实里走，切实增强师生党员“为党育人、为国育才”的思想自觉和行动自觉，引导党员在新时代学校改革发展中建功立业。

②扎实推进基层党建工作质量创优。实施“一院一品”基层党建创新项目培育计划（13个）和“基层党组织书记工作室”创建（7个）；结合建党98周年，开展“两优一先”评选，评选表彰先进党组织40个和优秀党员、党务工作者147名；开展基层党组织立项，立项完成率达93.7%，评选优秀基层党组织活动一等奖8项，二、三等奖共32项；常态开展学生党员先锋工程，完善学生党员承诺践诺述诺评诺工作，获2019年北京市党员教育电视片观摩交流活动三等奖，深化“党建进宿舍”工作等品牌。“五维并举 五力并聚 有效提升院（系）党组织的组织力”工作成果获北京高校党的建设和思想政治工作优秀成果；计通学院党委“抓实抓常‘四个一’，切实提升组织力”基层党组织工作案例入选中共中央组织部党员教育中心、教育部思想政治工作司全国党员教育培训教材《基层党组织书记案例选编（高校版）》；新材料技术研究院粉末冶金材料加工党支部、计算机与通信工程学院研18级第六党支部2个支部入选全国党建工作样板支部创建名单。举办全国高校“互联网＋党建”研讨会，吸引国内30余所高校参加。

③持续提高基层党建规范化水平。持续加强党支部规范化建设，严格“三会一课”等组织生活制度，推进“两学一做”学习教育常态化制度化；排查整顿软弱涣散党支部10个，推进基层党组织全面进步、全面过硬；研究制定了《进一步严格党员教育管理工作的意见》，通过严格党员教育培训、严格党员日常管理、严格党员监督和组织处置等方面，加强顶层设计、明确任务要求，着力提高党员教育管理质量。采取征集推广党支部工作法、组织员列席、“四不两直”督导等形式，加强对党内政治生活的指导和过程督导；扎实做好组织关系排查清理，积极稳妥做好失联党员的组织处置工作。完成自动化学院党委、马克思主义学院党总支、后勤党委、东凌经济管理学院党委、科技产业集团党委、高等工程师学院党总支、新金属材料国家重点实验室党委、外国语学院党委、文法学院党委、体育部直属党支部等10个二级党组织换届工作；指导二级党组织发展党员1394名，连续4年获评“北京市委教育工委党内统计工作全优单位”。加强党建工作研究，年内立项学校党建课题18项（其中，重点课题9项，一般课题9项）。

【干部工作】 ①深入贯彻新时代党的组织路线，持续加强制度建设，不断完善干部选拔任用体系。坚持德才兼备、以德为先、任人唯贤的选人用人导向，研究制定了《北京科技大学干部队伍建设规划（2019—2023）》，进一步加强高素质专业化干部队伍建设的顶层设计，明确建设目标，细化任务措施，明晰方法路径；深入学习贯彻《党政领导干部选拔任用工作条例》，研究修订了《北京科技大学处级干部选拔任用工作规定》，健全完善以德为先、任人唯贤、人事相宜的选拔任用体系和机制办法，充分履行学校党委选人用人职责，发挥好领导把关作用。

②严格选育管用，加强优秀年轻干部发现培养使用。研究制定了《北京科技大学优秀年轻干部队伍建设规划（2019—2022）》《北京科技大学优秀年轻干部发现培养选拔工作实施办法》，进一步健全完善年轻干部选拔、培育、管理、使用的全链条机制。集中开展优秀年轻干部调研，建立优秀年轻干部人才库，作为干部选任的重要来源，为推进学校各项事业发展提供充足的干部储备和人才保证。按照高素质专业化要求，突出政治训练、政治历练，加强年轻干部的针对性培养和多岗位锻炼。年内以“点名调挂”方式安排16名优秀年轻干部进行机关学院的双向挂职；先后选派32名干部教师赴教育部、科技部等国家部委，北京市、甘肃省秦安县等地方政府，新疆工程学院、江西理工大学等高校进行挂职锻炼；选派2名干部赴境外高水平大学进行学习培训。

③激励干部担当作为，从严教育管理监督干部。强化正向激励，研究制定了《关于进一步激励广大干部新时代新担当新作为的实施意见》，从思想教育、用人导向、激励保障、保护提醒、组织领导等方面细化落实举措，充分调动和激发广大干部干事创业、担当作为的积极性主动性；强化结果运用，完善处级单位和处级干部年度考核办法和程序，抓好基层党组织书记抓党建述职评议考核工作，不断完善组织评价、群众评价、领导评价为一体的多维考核评价体系；坚持抓早抓小，从严从实加强干部管理监督，严格落实干部教育监督工作联席会议制度，做好领导干部个人有关事项抽查核实工作。

【党校工作】 ①深入开展习近平新时代中国特色社会主义思想学习教育。结合主题教育，邀请中央党校、社科院等高水平专家举办高质量专题报告4场，并采取分会场的形式，扩大覆盖面，并通过强化“自学、导学、辩学、践学”四学机制，推进学习新思想往深里走、往心里走、往实里走，着力提高学习教育针对性和实效性。将习近平新时代中国特色社会主义思想融入每月第四周党支部主题党日（组织生活）的学习安排，每月第三周对党支部书记进行专题培训，分类开展党支部书记集中轮训，加强过程指导督导，不断提高党支部学习质量。

②常态开展干部教育培训和党内培训。制定学校贯彻落实《2018—2022年全国干部教育培训规划》的实施方案，坚持问题导向和需求导向，突出培训供给质量，进一步完善培训内容体系、分类分级教育培训体系和教育培训保障体系，强化培训质量提升。依托中央党校优质教育资源举办中层正职干部示范培训班，全面带动提升中层正职干部队伍的政治素质和理论素养、创新意识和科学素养、领导能力和管理修养。举办党委部门和二级党组织书记培训班，就《习近平新时代中国特色社会主义思想学习纲要》、院（系）党组织会议和党政联席会议制度、统战工作等内容进行专题培训；分类开展党建组织员党务能力培训和师生党支部书记集中轮训。做好入党教育培训，完成入党积极分子党校22期，发展对象集中培训班9期，累计5000余人次。

（黄武南、史立伟、肖晓玲、杨明明、鞠　洋）

宣传教育工作

【概况】 学校党委宣传部、新闻中心设有办公室、校报编辑部、广播电视台、新媒体中心和校史馆，有专职工作人员11人。2019年，部门深入学习宣传习近平新时代中国特色社会主义思想和党的十九大、十九届四中全会精神，紧紧围绕学校中心工作，充分发挥宣传思想主渠道主阵地作用，着力体现宣传工作“举旗帜、聚民心、育新人、兴文化、展形象”的五项职能，以社会主义核心价值观为引领，着力推进理论学习、新闻宣传和文化建设工作，积极营造解放思想、凝聚力量、求实鼎新、科学发展的良好氛围，用有力的正面宣传更好的强信心、暖人心、聚民心，努力为学校改革发展提供强有力的思想基础、政治保证和舆论支持。

（于成文、高　龑）

【三全育人】 不断探索“三全育人”工作新路径，系统规划、整体推进，共召开4次推进会、多次专题研讨会，努力构建一体化育人体系，开创立德树人工作新局面。坚持问题导向，大力实施“共识攻坚”“融入攻坚”“协同攻坚”“评价攻坚”四个攻坚行动，依托课程、科研、管理、服务、文化、网络、实践、组织、心理、资助“十大育人”体系建设，《方案》中100项工作任务已基本完成81项，形成了一些特色做法。推行全程导师制，构建起“导师主导、授课教师主教、班主任和辅导员辅助、研究生协助、高年级本科生参与”的“六位一体”本科生全程导师制育人模式，已聘任由葛昌纯、蔡美峰、谢建新、张跃等院士领衔的1360名教师组成的本科生导师队伍，覆盖2017、2018和2019级10638名在校本科生。成立“课程思政研究中心”，全力打造课程思政“示范课程”，培育和选树了一批“课程思政”典型案例和“示范课堂”。加强“三全育人”工作经验总结和对外宣传，在《中国高等教育》《人民日报》《光明日报》《中国教育报》等主流媒体、期刊发表理论文章4篇，报道相关工作经验及典型人物20余次，北京市做典型经验介绍5次。瞄准各种体制机制顽瘴痼疾深化改革，立项28个课题进行项目化推进。

（于成文、李　洁、高　龑）

【理论学习】 坚持理论学习“六个纳入”，固化在主题教育中形成的“四学机制”。做好校院两级党委理论学习中心组学习组织和督促工作，全年组织校级中心组理论学习20次。认真执行领导干部上讲台制度，全体校领导和各学院党委书记、院长全部完成上讲台授课任务，受益学生5000余人次。为各二级党组织定向配备理论学习导师，切实解决基层党组织理论学习“最后一公里”的难题。编辑《北科大工作》10期。积极拓展理论学习和宣传覆盖面，组织全体党员在学习强国注册学习，学校理论学习相关工作获得120万人次点赞。全年校级层面开展理论宣讲24场，覆盖人数1.2万人次；院系层面组织各类宣讲100余场次。

（李　洁、高　龑）

【意识形态】 坚持校院两级意识形态工作责任制落实制度，注重层层分解、三级延伸，形成“每学期学院自查、每学年学校检查、日常专项督查”的工作检查和考核机制。加强阵地管理，严格落实“一会一报”“一事一报”审批制度，全年共审批学术讲座、主干道横幅、校园网登录界面等685次。建立常态化舆情监控制度，人防和技防相结合，不断加强对网络舆情的“网格化”管理。加强警示教育，深入学院开展意识形态工作政策宣讲。

（李　洁、高　龑）

【新闻宣传】 2019年，新闻宣传围绕中心工作、深入基层一线、突出典型示范、促进媒体融合，着力树立形象、凝聚人心、传播文化、促进发展，重点突出对重要成果、重大事件、典型人物、政策解读的新闻宣传。坚持新媒体和传统媒体优势互补、同向发声，着力打通外媒宣传渠道，打造全媒体宣传矩阵，获评“北京高校宣传工作先进单位”。

（邢华超、高　龑）

【校刊工作】 围绕学校工作重点，全年共出刊18期。坚持典型报道不断线，重点工作有专题，刊出“70周年大庆”“国奖背后的故事”“把我的大学带回母校”等专版6版，开设课程思政、感动北科人物、政策解读等专栏8个，全年共发布典型报道30余篇。梳理《校报》上近十年发表的典型人物和先进集体事迹，结集出版《师者风范（2019）》，全书共33万字。《校报》刊发的2部作品分别获评中国高校校报好新闻奖一等奖、三等奖。

（李　洁、李　伟、吴钰重）

【新闻网】 2019年，新闻网进一步落实外树形象、内聚人心的总要求，聚焦立德树人根本任务，紧紧围绕学校中心工作，深挖校内新闻资源，加大对教学、科研、思政等方面所取得成就和经验的跟踪报道，不断提升新闻网报道的广度和深度。进一步做好专项宣传工作，建设“不忘初心、牢记使命”主题教育专题网站，将学校在主题教育工作中的好做法、好经验及时发布。进一步优化新闻网页面，将《北科人物》专栏升级改造，大大提升了首页面可视效果。加强与各二级单位沟通，建立信息联动机制，协同策划，深入挖掘，提高各单位重要事件、重要人物、重要成果在新闻网的发布率。2019年，新闻网发布各类新闻共计1757篇（其中新闻导读674篇），新闻网阅读量近178万。

（邢华超、杜嘉庆）

【广播电视】 全年拍摄学校各类重要会议、重大活动等280余场，直播9场，摄影430余场，校园广播播放近300条，大屏幕播放200余小时，制作《北科大新闻》29期。牵头策划并制作学校《2019年度宣传片》、《我爱你中国》MV、《教师节表彰大会》短片、《亚琛合作40周年》纪实片等视频7部。新开设《新闻一分钟》栏目，平均两周一期，篇均阅读量5000+。完成校园公共广播系统升级改造工程，提升播出安全、改善播音质量、扩大播音范围。新开通抖音、快手等4个短视频官方平台，总粉丝达15万，播放量超千万2条，其中教师节短视频《青丝变白发，不变的是教书育人的初心》播放量超3800万、点赞量达到219万，被教育部微言教育、共青团中央抖音、人民网抖音等采用转发，在校园及社会引起极大反响，入选《2019教育政务新媒体年度优秀案例》。在第九届高视会作品评选中，1部作品获一等奖，10部作品获二等奖。

（邢华超、郝慧鹏）

【对外宣传】 对外宣传是学校彰显特色、展示成就、塑造形象和提升软实力的重要途径。2019年，围绕学校中心工作，对外宣传按照“请进来”和“推出去”的工作思路，主动邀请主流媒体进校园，主动策划重要新闻推出去，在国家主流媒体抢占先机，外宣新闻质量不断提升，数量较2018年提升15%。在外宣内容上，对庆祝新中国70华诞、中德高水平大学校际合作40周年、秦安脱贫攻坚、三全育人、本科生导师制、主题教育等做了重点策划和报道。获得社会各媒体报道653条次，其中中央电视台（新闻联播4条）、北京电视台等报道41条；新华社、《人民日报》《光明日报》（头版报道2条）等报道84条次。

（邢华超、孟　婍）

【新媒体宣传】 成立新媒体中心，健全了学校“新媒体联盟”定期选题会制度，在原有媒介平台基础上，构建起立体化宣传格局。规范新媒体中心运营，注重内容创新，精心选题、重点策划、贴近师生，新媒体传播影响力日渐增强，进入人民网评选的“2019年高校网络舆论影响力”TOP10，位列第6名。官方微信全年推送头条信息268条，阅读量335万，篇均阅读量较2018年提升85%，单条最高阅读量达28万，共4篇推送阅读量超10万，校庆推送作品入选“全国高校全媒体优秀案例”。官方微博加大对社会关注热点的回应，全年发布消息100余条，粉丝7.1万。短视频平台全年播放量超8000万，其中抖音播放量超6100万、点赞量达到82万、粉丝8万余名。

（邢华超、高　龑）

【校园文化建设】 按照中华优秀传统文化、社会主义先进文化、校本文化三个层次全面推进大学文化建设。开展第三届“礼敬中华·文溢满井”传统文化节和第二届“感动北科”新闻人物评选活动。着力加强以“馆、册、片、书、剧、景”等为主要内容的校本文化建设：校史馆开展“情系校史、共话北科”等活动，全年共接待参观人员10000余人；新制作《北科华章》《摇篮颂歌》两首校歌MV，并启动了口述史录制工作；更新、改版校园文化网；制作了中英文“全景校园”；编辑出版第三辑《校史资料——人物篇》和《北科印象》。启动校园文化展示工程，重建了宣传栏和道旗；发布了《新时代北京科技大学师生网络文明公约》，汇聚校园网络舆论正能量。依托“双一流”引导专项经费，着力建设了科学技术仿真与数字化展示平台、古代材料与工艺复原平台、校园文化传播平台、校史校情展示平台、学科文化网络展示平台和院系文化实体展示平台。

（李　洁、高　龑、孟　涛）

【附表】

北京科技大学2019年对外宣传情况统计表

（广播新闻）

序号	报道时间	报道媒体	报道内容
1	2019/6/4	中国国际广播电台	清华野村杯演讲大赛——中国的年轻人对20年后社会的构想

（视频新闻）

序号	日期	来源	栏目	标题
1	2019/1/5	北京卫视	北京新闻	聆听先锋故事感受改革精神 改革先锋进校园活动走进首都高校
2	2019/1/27	北京电视台	北京您早	2018 年高校毕业生就业情况发布
3	2019/2/24	中央电视台	对话	《对话》“互动科研”提供新动能
4	2019/3/1	北京卫视	特别关注	海淀北科大社区 12 部加装电梯投入使用 解决老人爬楼难题
5	2019/3/18	中央电视台	新闻联播	习近平主持召开学校思想政治理论课教师座谈会强调 用新时代中国特色社会主义思想铸魂育人 贯彻党的教育方针落实立德树人根本任务
6	2019/4/3	北京电视台	北京您早	北京科技大学团队发现玉米不育新基因 玉米产量有望提高
7	2019/4/3	中央电视台	朝闻天下	2019 年高校自主招生
8	2019/4/10	教育头条		“校地警”全面出击 多方位渗透安全意识
9	2019/4/13	北京电视台	都市晚高峰	“校地警”安全文化节启动 拓展安全教育广度和深度
10	2019/4/14	中国教育电视台	全国教育新闻联播	“校地警”联手 比拼安保技能 保障校园安全
11	2019/4/16	北京电视台		春天的课堂——第八届首都十大教育新闻人物公开课
12	2019/5/9	央视网	我的专业不太冷	《我的专业不太冷》之迎接 2019 高考：学习 + 心理大作战！
13	2019/5/13	中国教育电视台	e 视界	北京科技大学探索定点扶贫“秦安样本”
14	2019/5/13	中国教育电视台	全国教育新闻联播	打造新时代乡村振兴“秦安样本”
15	2019/5/14	中央电视台	新闻联播	汪洋出席全国政协“创新驱动发展”专题协商会
16	2019/5/16	中央电视台	东方时空	国际人工智能与教育大会今天开幕
17	2019/5/16	中央电视台	新闻直播间	国际人工智能与教育大会 人工智能 + 教育 赋能未来
18	2019/5/27	中国教育电视台	全国教育新闻联播	北科大援建甘肃秦安扶贫车间：小车间撬动大扶贫
19	2019/5/28	中国教育新闻网	高校直通车 2019	高校直通车 2019 系列访谈第十期——北京科技大学
20	2019/5/28	中国教育电视台	全国教育新闻联播	北科大设计系毕业展：让科技与颜值齐飞
21	2019/5/29	中国教育电视台	招办主任 @ 你	关注 2019 高考高招 北京科技大学招办主任 @ 你
22	2019/6/13	光明网		光明主播走进北京科技大学
23	2019/6/14	北京公交电视	首都教育	北京市学校促进与“一带一路”沿线国家交流互鉴
24	2019/6/14	北京公交电视	首都教育	北京科技大学师生唱响青春之歌 激发爱国情怀
25	2019/6/21	中央电视台	第一时间	高招进行时 北京科技大学
26	2019/6/23	中国教育电视台	新闻微博	招办主任请回答——北京科技大学
27	2019/7/9	中国教育电视台	全国教育新闻联播	北京科技大学：不忘初心 牢记使命 合力推进学校各项事业发展
28	2019/7/9	中国教育电视台	全国教育新闻联播	海峡两岸青年科学研习营开幕 聚焦“绿色人文智慧”城市
29	2019/7/12	微言教育		天南海北校友大合唱，北交大、北科大、甘肃政法来接力

续表

序号	日期	来源	栏目	标题
30	2019/7/31	中央电视台	东方时空	全国大学生金相技能大赛 培养新时代“工匠”精神
31	2019/8/16	中国教育电视台	我是辅导员	孙晓丹：用青春力量引导青年“向阳而生”
32	2019/8/24	中央电视台	机智过人	机智过人第三季——解魔方机器人挑战吉尼斯纪录
33	2019/9/17	中央电视台	朝闻天下	青春告白祖国 莘莘学子：为祖国点赞 为祖国奋斗
34	2019/9/19	中国教育电视台	全国教育新闻联播	献礼新时代“杰出工程师”走进北科大讲授思政课
35	2019/9/23	中国教育电视台	全国教育新闻联播	中德高校校际合作四十周年 共商钢铁行业低碳排放
36	2019/9/30	中央电视台	朝闻天下	庆祝新中国成立70周年，群众游行部分方阵训练向媒体开放
37	2019/10/2	中国教育电视台	全国教育新闻联播	北京科技大学：为祖国自豪 担民族重任
38	2019/10/8	中国教育电视台	读懂中国	我的高温材料中国梦
39	2019/10/9	中央电视台	新闻直播间	庆祝新中国成立70周年 青年学子：奋发有为 不负伟大时代
40	2019/10/12	中央电视台	新闻联播	青年学子：争做民族复兴追梦人
41	2019/10/15	新京报		胡正寰：“将先进技术转化为生产力，是我的毕生追求”
42	2019/10/19	中央电视台	朝闻天下	盛典有我·再出发 国庆盛典荣光继 首都师生再出发
43	2019/10/22	中央电视台	新闻联播	点滴汇聚辉煌 首都师生用行动告白祖国
44	2019/10/28	中国教育电视台	全国教育新闻联播	北京科技大学：功成不必在我 功成必定有我
45	2019/10/30	北京电视台	时代青年说	时代青年说：阿南 泰国女孩的中国情
46	2019/12/19	中国教育电视台	全国教育新闻联播	北京科技大学：全程导师为学生全面发展“保驾护航”
47	2019/12/23	中国教育电视台	加油吧考生	精准施教 铸魂育人

（文字新闻）

序号	日期	来源	标题	相关链接
1	2019/1/2	第1财经	追踪：迈瑞单方面解约三方就业协议，学校发话企业得来商量	3
2	2019/1/3	人民网	两岸融合 共创一流——2018京台高等教育发展论坛举行	6
3	2019/1/8	人民网	北京科技大学7项成果获2018年度国家科学技术奖	1
4	2019/1/8	新京报	平谷建农业科技创新示范区，打造北京农业“中关村”	1
5	2019/1/17	北京教育	三全育人：高校落实立德树人根本任务的有效路径	3
6	2019/2/1	中国科学报	明星学术造假的“三重门”	4
7	2019/2/2	教育部	北京科技大学建设“三桥三路”助力“一带一路”建设	9
8	2019/2/2	教育部	北京科技大学“三项行动”构建思想政治理论课育人新模式	3
9	2019/2/5	新华	这就是团聚的味道！	1
10	2019/2/13	中国科学报	北科大近现代建筑群：苏式建筑“遗脉”	4

续表

序号	日期	来源	标题	相关链接
11	2019/2/25	海外网	十分钟，和你在北科到白头	6
12	2019/2/25	教育部	北京科技大学以“四个融合”加强创新创业教育	2
13	2019/2/26	光明日报	奏响“三全育人”最强音	3
14	2019/2/28	北京晚报	北科大社区一气儿装了 12 部电梯	8
15	2019/3/1	千龙网	北京海淀北科大社区首批加装电梯正式投入使用	4
16	2019/3/4	北京青年报	海淀北科大社区完成 12 部老楼加装电梯工程	5
17	2019/3/20	环球时报	Xi highlights ideology class	1
18	2019/3/20	中国有色金属报	界首高新区举办主题企业家沙龙	3
19	2019/3/22	新华网	指望延期毕业拿文凭的研究生们，该醒醒了	4
20	2019/3/26	羊城晚报	北科大顺德研究生院正式启用	7
21	2019/3/29	北京头条 App	北京科技大学 2019 年本科新增人工智能、机器人工程、大数据管理与应用专业	3
22	2019/4/2	北京日报	四所在京高校首设人工智能专业	5
23	2019/4/8	中国有色金属报	中国恩菲与北京科技大学加强交流合作	1
24	2019/4/10	千龙网	打造“平安校园”海淀区“全民国家安全教育日”活动启动	1
25	2019/4/10	中国新闻网	“校地警”联盟联动展示安保技能	4
26	2019/4/10	千龙网	打造“平安校园”海淀区“全民国家安全教育日”活动启动	2
27	2019/4/10	北京晚报	北京学院路地区 6 高校进行安防比拼 提升师生应急素质能力	1
28	2019/4/10	北京时间	学院路地区“校地警”联盟第三届安全文化节盛大开幕	6
29	2019/4/10	中国教育在线	安全课程已成北科大必修课“校地警”联盟守护校园安全	2
30	2019/4/10	中国新闻网	“校地警”联盟联动展示安保技能	1
31	2019/4/10	人民网	海淀区学院路“校地警”联手 运动会比拼安全技能	2
32	2019/4/10	新京报	安保技能“校园赛”	4
33	2019/4/10	千龙网	“校警地”联动，这所高校打造“平安校园”	1
34	2019/4/11	新华网	“校地警”联盟拓展安全教育广度和深度	7
35	2019/4/11	科技日报	北京海淀区 4•15 全民国家安全教育日暨学院路地区“校地警”联盟第三届安全文化节开幕	5
36	2019/4/11	教育头条	“校地警”全面出击 多方位渗透安全意识 | 视频新闻	2
37	2019/4/11	中国网	北京市海淀区举行“校地警”联盟第三届安全文化节	5
38	2019/4/11	人民政协网	海淀区 4•15 全民国家安全教育日暨学院路地区“校地警”联盟第三届安全文化节盛大开幕	2
39	2019/4/11	新华网	“校地警”联盟拓展安全教育广度和深度	7
40	2019/4/11	北京日报	安保技能运动会举行	2

续表

序号	日期	来源	标题	相关链接
41	2019/4/11	劳动午报	学院路“校地警”联动展示安保技能	3
42	2019/4/11	新京报	安保技能“校园赛”	4
43	2019/4/11	央广网	北京海淀区举行 4•15 全民国家安全教育日活动	10
44	2019/4/12	中国教育在线	安全课程已成北科大必修课“校地警”联盟守护校园安全	1
45	2019/4/12	现代教育报	北京高校力推安全教育进课堂	1
46	2019/4/16	北京晚报	为 3 岁患儿带来生的希望	5
47	2019/4/16	教育部	北京科技大学积极开展国家安全教育工作	1
48	2019/4/17	北京考试报	35 所高校首设人工智能本科专业	7
49	2019/4/21	千龙网	北科大举办国际文化节增进“一带一路”国家交流	2
50	2019/4/22	中国教育报	北京科技大学：探索块体非晶合金的研究新坐标	2
51	2019/4/24	中国科学报	图片新闻	1
52	2019/4/25	千龙网	来自首都的支援合作 | 北科大 8 年“抗战”助力秦安县 14.47 万人脱贫	2
53	2019/4/26	中国青年报	助力“张衡一号”发射的韩静涛等获 2018 年度“感动北科”新闻人物	1
54	2019/4/26	人民网	“党建引领 • 乡村振兴”：北科大助力秦安县脱贫 14.47 万	3
55	2019/4/26	千龙网	来自首都的支援合作 | 北科大援建秦安县心理健康教育基地帮扶留守儿童	2
56	2019/4/27	千龙网	北科大寻根传统文化向新中国成立 70 周年献礼	6
57	2019/4/27	千龙网	十大感动北科人物出炉：助力“张衡一号”发射专家上榜	1
58	2019/4/27	中国新闻网	北科大举办传统文化节迎校庆	4
59	2019/4/28	北京头条	北科大传统文化节掀起“寻宝热”	4
60	2019/4/28	北京头条	2018 年度“感动北科”新闻人物受表彰	2
61	2019/4/28	人民网	北京科技大学第三届传统文化节掀起“寻宝热”	6
62	2019/4/28	人民网	2018 年度“感动北科”新闻人物表彰仪式举行	5
63	2019/4/29	北京青年报	世园会——志愿者日记	1
64	2019/4/30	人民网	北科大开展秦安县小寨村脱贫攻坚帮扶工作调研	5
65	2019/5/1	北京考试报	站 3 小时上完最后一课 86 岁首届校友感动北科大	2
66	2019/5/3	中国教育报	引导广大青年勇立潮头争做时代先锋	2
67	2019/5/6	北京商报	涉房贷款违规乱象仍存 前四月银监系统开出逾 80 张罚单	12
68	2019/5/8	人民网	纪念五四运动 100 周年大会引发热议 19 位大学书记校长这样说	5
69	2019/5/8	中国科学报	北科大表彰年度“感动北科”新闻人物	1
70	2019/5/13	中国日报网	USTB launches young entrepreneurs' club	3
71	2019/5/13	人民网	2019 年全国有机固废处理与资源化利用研讨会举行	10

续表

序号	日期	来源	标题	相关链接
72	2019/5/13	中国网	“共融机器人基础理论与关键技术研究”年度学术交流会顺利举行	6
73	2019/5/13	千龙网	第十一届北京市体育大会跆拳道比赛开幕 3000 余名跆拳道爱好者参赛	6
74	2019/5/14	人民日报	虎虎生风（动感 2019）	1
75	2019/5/15	中国科学报	北科大举办传统文化节	5
76	2019/5/16	中国网	国际人工智能与教育大会今日开幕	8
77	2019/5/16	新京报	北京 40 高校参与人工智能人才培养 在校生 41169 人	1
78	2019/5/16	北京日报	柜台售药不“解渴”店中店受青睐	5
79	2019/5/16	中国教育在线	国际人工智能与教育大会开幕 北京 40 所高校开设人工智能相关学科	1
80	2019/5/17	中国网	2019 高招 | 真硬核！这所大学可能是未来机器人的“摇篮”	0
81	2019/5/18	中国教育在线	北京高校第三届“爱我国防”大学生主题演讲比赛成功举办	2
82	2019/5/18	防城港日报	科技“春风”吹“铁树”开新花	2
83	2019/5/20	中国国际电视台	亚洲学生的亚细亚故事	1
84	2019/5/20	劳动午报	“燃”“深”“美”“飒”她的思政课时尚有内涵	1
85	2019/5/21	正义网	专家：新时代开展党内监督工作应明确四个问题	1
86	2019/5/23	中国网	青春励志电影《当我们海阔天空》北京首映 大学生表示帮助我们找寻了心目中的时代英雄	2
87	2019/5/23	新华网	电影《当我们海阔天空》北京首映 青春励志展现大学生敢闯会创	4
88	2019/5/23	北京商报	丹东银行面临逾期贷款危机	6
89	2019/5/24	新京报	海淀首家售药便利店北科大校园内“落户”	5
90	2019/5/24	21 经济网	人工智能专业首次独立招生 未来就业层次高低有别	4
91	2019/5/27	澎湃新闻	北科大牵头建设一中心全球招聘，诺奖得主年薪最高税前两百万	1
92	2019/5/27	新浪网	高校第三届跑射联项锦标赛 暂别鸟巢移师高校校园	1
93	2019/5/27	人民日报	思政课堂“动”起来（解码·思政课怎么讲）	2
94	2019/5/27	南方网	中国人工智能学会中小学工作委员会成立	4
95	2019/5/28	中国教育新闻网	北京科技大学：新增 5 大专业、零门槛转专业，给考生更多选择权	3
96	2019/5/28	新浪网	2019 北京科技周，果壳带你体验有意思的“科普盛宴”	2
97	2019/5/28	新华网	北京林业大学获第三届全国高校跑射联项锦标赛甲 A 组冠军	3
98	2019/5/28	人民网	“新国货”：老字号成为新网红 中国制造变中国质造	2
99	2019/5/29	北京青年报	漫画志愿者 温情线条间	6
100	2019/5/29	温州新闻网	瓯江口管委会赴天津大学和北京科技大学开展科技调研	1
101	2019/5/30	北京商报	躺枪“被接管”恒丰银行阴霾难扫	4
102	2019/5/30	南方都市报	四成受访者接受观影自费购买 3D 眼镜，前提是票价需更便宜	3

续表

序号	日期	来源	标题	相关链接
103	2019/5/31	温州网	瓯江口管委会赴天津大学和北京科技大学开展科技调研	1
104	2019/6/3	北欧时报	2019 年北京教育说明会在德国、瑞典、芬兰成功召开	3
105	2019/6/5	广西日报	柳钢 544 万元重奖科研人员	3
106	2019/6/6	北京日报	科技周上的“明星”	6
107	2019/6/6	中化新网	我国工业废水深度除盐回用技术获突破	9
108	2019/6/7	人民网	北京 24 家便利店可卖 OTC 药物	4
109	2019/6/8	中国教育在线	北京科技大学 2019 年新增人工智能等 5 个本科专业	3
110	2019/6/10	中国新闻网	身边事引发大触动 浙江 17 名干部主动投案	1
111	2019/6/11	新华网	北京科技大学成立科技法研究中心	8
112	2019/6/13	北京商报	赴港 IPO 贵州银行业务“偏科”难题待解	3
113	2019/6/13	中国科学报	“好刀”尚需“开锋”	2
114	2019/6/13	聊城日报	两家院士工作站落户茌平	3
115	2019/6/14	凤凰网	第六届活数据 + 万联网 + 融智能 + 创新设计展览暨论坛在京举行	3
116	2019/6/14	光明日报	光明大直播走进四川大学等九所大学	4
117	2019/6/14	中国新闻网	“双创周”京西创新论坛举行	6
118	2019/6/14	北京教育考试院	6 月 24 日北京科技大学将举办校园开放日暨高招咨询会活动	9
119	2019/6/19	中国科学报	年轻工业设计系的前沿育人经	1
120	2019/6/20	人民网	五所高校联合发布高招信息 学生转专业“零门槛”	8
121	2019/6/22	人民网	北京科技大学：计划招生 3450 人 新增五个专业	3
122	2019/6/26	人民网	“5•25”大学生心理健康教育月活动总结交流会举办	4
123	2019/6/26	新华网	大学生心理健康教育月以“筑梦青春，追梦成长”	2
124	2019/6/26	中国教育在线	大学生心理健康教育月 让大学生拥有健康心理	1
125	2019/6/26	千龙网	让青春充满正能量 关注大学生心理健康	1
126	2019/6/26	中国网	北京 24 万余名大学生参与“5•25”心理健康教育月	2
127	2019/6/27	人民网	北京科技大学校长杨仁树寄语 2019 届毕业生：爱国、奋斗、修身	1
128	2019/6/28	中国教育报	为了打赢全面振兴本科教育攻坚战	3
129	2019/7/3	光明网	海峡两岸青年科学研习营开幕 聚焦“绿色人文智慧”城市	4
130	2019/7/4	中国新闻网	海峡两岸青年科学研习营开幕 聚焦“绿色人文智慧”城市	8
131	2019/7/4	新华社	2019 北京科技大学海峡两岸青年科学研习营在京开幕	2
132	2019/7/4	36 氪	最前线丨瑞幸要去写字楼和大学开店卖咖啡，曲线对垒星巴克	5
133	2019/7/5	北京教育	坚持总体国家安全观 做好新时代大学生国家安全教育	4

续表

序号	日期	来源	标题	相关链接
134	2019/7/5	中国网	北京科技大学举办《习近平新时代中国特色社会主义思想学习纲要》辅导报告会暨校院两级中心组学习（扩大）会	2
135	2019/7/5	人民日报海外版	债转股推动市场优胜劣汰	8
136	2019/7/6	光明日报	北京科技大学：将思政元素融入专业课堂	7
137	2019/7/7	新华社	2019 北京科技大学海峡两岸青年科学研习营在京开幕	3
138	2019/7/8	中国网	第十八届全国高校青年德育工作者论坛在京召开 370 余位青年学者深入学习研讨《习近平新时代中国特色社会主义思想学习纲要》	4
139	2019/7/8	中国网	北京海淀区 4•15 全民国家安全教育日暨学院路地区“校地警”联盟第三届安全文化节开幕	5
140	2019/7/8	人民网	深入学习《习近平新时代中国特色社会主义思想学习纲要》研讨会 暨第十八届全国高校青年德育工作者论坛在京召开	1
141	2019/7/8	人民网	第十八届全国高校青年德育工作者论坛在京召开 370 余位青年学者深入学习研讨《习近平新时代中国特色社会主义思想学习纲要》	8
142	2019/7/9	北京头条	“中国冶金行业卓越工程师教育培养联盟”在北科开营	2
143	2019/7/10	中国科学报	冶金行业卓越工程师教育培养联盟工程营开营	7
144	2019/7/10	中国科学报	中国材料名师讲坛 100 讲举办	3
145	2019/7/10	中国科学报	海峡两岸青年科学研习营在京闭幕	3
146	2019/7/10	科技日报	“中国冶金行业卓越工程师教育培养联盟”第五届工程营开营	4
147	2019/7/10	中国网	“中国冶金行业卓越工程师教育培养联盟”第五届工程营开营	4
148	2019/7/10	千龙网	精选丨“校警地”联动，这所高校打造“平安校园”	1
149	2019/7/10	中国科学报	海峡两岸青年科学研习营在京闭幕	3
150	2019/7/10	中国科学报	中国材料名师讲坛 100 讲举办	1
151	2019/7/12	人民网	高校录取通知书哪家创意好？快来 Pick 你心中的“C 位”吧	5
152	2019/7/12	中国科学报	胡正寰：锲而不舍 金石可镂	1
153	2019/7/17	中国科学报	“走”出来的教育扶贫路	3
154	2019/8/7	中国妇女报	“九〇后”北京市优秀思想政治工作者孙晓丹 用“小清新”讲好“大道理”	1
155	2019/8/7	北京头条	全国大学生节能减排社会实践与科技竞赛在华北理工大学举办	5
156	2019/8/8	北京青年报	大学生“智”理垃圾新招频出	10
157	2019/8/12	环球时报	Guideline urges better ideology education	2
158	2019/8/15	北京青年报	首都大学生扶贫：从新知到心知	7
159	2019/8/19	北京日报	“00 后”来了 高校花样迎新	1
160	2019/8/30	教育部	北京科技大学构建“一面四点”产业扶贫体系 助力甘肃秦安脱贫攻坚	4
161	2019/9/3	北京晚报	“指尖迎新”让大学生少跑腿儿	3
162	2019/9/4	微言教育	照片里，有我和老师的故事 | 第 35 个教师节	5

续表

序号	日期	来源	标题	相关链接
163	2019/9/5	人民网	北京科技大学校长杨仁树：自律自强 熔基锻梁	4
164	2019/9/10	中国科学报	冶金工业节能减排北京市重点实验室：技术破解工业节能减排瓶颈性难题	5
165	2019/9/11	中国高等教育	北京科技大学校长杨仁树在2019级新生开学典礼上这样说！	1
166	2019/9/14	新京报	中德高校校际合作四十周年 共商钢铁行业低碳排放	4
167	2019/9/14	光明日报	胡正寰：创新无止境	4
168	2019/9/14	中国教育报	在立体扶贫中夯实立德树人	7
169	2019/9/18	北京日报	一次深刻的思想政治洗礼	6
170	2019/9/18	中国科学报	高校迎新中的别样记忆	4
171	2019/9/20	人民网	爱国奋斗！千万高校师生深情告白祖国	8
172	2019/9/21	光明网	中德高水平大学校际合作40周年纪念会举行	9
173	2019/9/21	中国新闻网	中德高水平大学共同纪念校际合作40年	10
174	2019/9/21	北京头条	北科大举办中国－德国高水平大学校际合作40周年纪念大会	8
175	2019/9/21	中国网	中德高水平大学校际合作40周年纪念大会举行	10
176	2019/9/21	光明网	中德高水平大学校际合作40周年纪念会举行	8
177	2019/9/21	光明日报	加强高校党建 保障“双一流”建设	4
178	2019/9/22	中国青年网	中国－德国高水平大学校际合作40周年纪念大会举行	10
179	2019/9/22	千龙网	中德高水平大学校际合作40周年纪念大会在北科大举行	7
180	2019/9/22	新华网	中德高水平大学共同纪念校际合作40周年	8
181	2019/9/23	新京报	国庆群众游行第10方阵完成最后一次集体训练	10
182	2019/9/23	北京头条	北科大举办中国－德国高水平大学校际合作40周年纪念大会	8
183	2019/9/25	千龙网	中德高水平大学校际合作40周年纪念大会在北科大举行	8
184	2019/9/29	中国之声微博	国庆群众游行第10方阵结束最后一次彩排，为新中国70华诞献上一片“希望的田野”	2
185	2019/9/29	人民日报	国庆群众游行队伍训练精益求精“所有的付出凝成一句话——我爱你中国”	5
186	2019/9/29	光明日报	探访国庆群众游行彩排	8
187	2019/9/30	中国新闻网	探访国庆群众游行彩排：“我第一次上长安街就热泪盈眶”	10
188	2019/9/30	经济日报	揭秘国庆游行第10方阵：群众游行里的那片“希望田野”	2
189	2019/9/30	人民网	北京科技大学：青春告白祖国 激扬奋斗情怀	5
190	2019/9/30	人民网	今天全国高校升国旗奏国歌，共祝祖国繁荣昌盛！	9
191	2019/9/30	中国网	北京科技大学党委理论学习中心组集体赴北京香山革命纪念地瞻仰学习	4
192	2019/10/1	人民网	新中国成立70周年庆祝活动引发热议 26位观礼师生这样说	1
193	2019/10/1	北京头条	北京科技大学师生热议庆祝中华人民共和国成立70周年盛典	1

续表

序号	日期	来源	标题	相关链接
194	2019/10/1	中国新闻网	国庆大典“希望田野”方阵经过天安门	1
195	2019/10/1	中国网	北京科技大学：始终与共和国同向同行	1
196	2019/10/1	中国教育报	阔步踏征程 勇敢担使命	3
197	2019/10/3	人民网	新中国成立 70 周年群众游行在即 第 10 方阵出征誓师	3
198	2019/10/8	北京考试报	礼赞 70 年：首都高校师生学习总书记重要讲话，书写奋斗新篇章	1
199	2019/10/9	人民日报	北京科大、兰州大学、陕西师大、扬州大学扎实开展第二批主题教育——紧扣根本任务 着力整改问题（守初心 担使命 找差距 抓落实·深入开展“不忘初心、牢记使命”主题教育）	1
200	2019/10/9	中国日报网	Forging on together	1
201	2019/10/11	千龙网	北京科技大学能源与环境工程学院开展“不忘初心 牢记使命”主题教育活动	5
202	2019/10/12	新华网	巩立姣：成功卫冕开心 渴望奥运夺冠	5
203	2019/10/14	中国冶金报社	2019 年国家人社部钢铁行业高级研修班在京成功举办	2
204	2019/10/16	中国网	树立文化自信，言传身教讲好中国故事	4
205	2019/10/17	光明日报	为党育人守初心 立德树人担使命	5
206	2019/10/19	中国新闻网	中国国家博物馆与北京科技大学签署战略合作协议	7
207	2019/10/24	新京报	见证祖国辉煌 见证匠心传承	3
208	2019/10/25	微言教育	在主题教育中厚植爱国主义情怀，这些高校的做法很“燃”！	1
209	2019/10/30	千龙网	百余名留学生齐聚北京科技大学 感受智能制造科技	1
210	2019/11/7	光明网	“感知中国——‘鼎’力科技”国际学生智能制造学术论坛举行	2
211	2019/11/7	科技日报	“2019·科技盛典”在京举行	5
212	2019/11/7	千龙网	高校学生事务管理国际研讨会在北京科技大学召开	5
213	2019/11/7	中国网	“鼎”力科技国际学生智能制造学术论坛成功举办	5
214	2019/11/7	海外网	高校学生事务管理国际研讨会在京召开	4
215	2019/11/7	中国大学生在线	北京科技大学、中国戏曲学院 1 0 名师生赴浙江省开展首都教育系统服务保障国庆活动宣讲	7
216	2019/11/7	教育之江	所有努力和付出都值得！听这些年轻人“揭秘”国庆保障背后的故事	1
217	2019/11/7	新华网	北京：校园秋色如画	10
218	2019/11/7	中国科学报	国际学生智能制造学术论坛召开	6
219	2019/11/7	中国钢铁新闻网	北京科技大学第五届“魏寿昆科技教育奖”颁奖典礼举行	5
220	2019/11/7	海外网	国际学生智能制造学术论坛召开	6
221	2019/11/7	中国新闻网	百余名来华留学生参与社会实践“感知中国”	7
222	2019/11/7	光明网	高校学生事务管理国际研讨会在京召开	6

续表

序号	日期	来源	标题	相关链接
223	2019/11/7	中国网	高校学生事务管理国际研讨会在京召开	6
224	2019/11/7	教育部	北京科技大学实施“三个加强”推进军训育人	1
225	2019/11/8	人民网	高校学生事务管理国际研讨会在京召开	1
226	2019/11/9	中国科学报	第五届“魏寿昆科技教育奖”颁奖	4
227	2019/11/9	北京青年报	多所高校将主题教育融入思政课堂	4
228	2019/11/11	北京头条	“感知中国——‘鼎’力科技”国际学生智能制造学术论坛在北科举办	2
229	2019/11/21	中国科学报	重大科研基础设施大型仪器开放共享考核结果发布	1
230	2019/11/25	新华网	专家呼吁全国材料学科跨领域跨高校跨地区合作	1
231	2019/11/30	新华网	北京科技大学推进智力扶贫 为脱贫插上“科技翅膀”	3
232	2019/11/30	人民网	人民网高校新闻宣传工作前沿经验分享沙龙第一期举办	3
233	2019/12/2	新京报	青春“无邪”海淀反邪教宣传走进高校	2
234	2019/12/3	人民网	北京科技大学：找准问题抓整改 立足实际解难题	3
235	2019/12/5	中国新闻网	继清华大学后，包头市北重三中又成为北科大优质生源基地	4
236	2019/12/5	新华网	石嘴山促进科技成果转化开花结果	1
237	2019/12/8	光明日报	蔡美峰：以赤子之心向岩层深处开掘	2
238	2019/12/12	北京日报	院士当导师，没错！北科大一万多本科生都有全程导师	1
239	2019/12/12	中国科学报	科研仪器共享效率提升三鉴	2
240	2019/12/13	光明网	北京科技大学“不忘初心、牢记使命”主题教育整改进行时	1
241	2019/12/16	中国教育报	零件轧制产业化的“神奇实验室”	1
242	2019/12/17	新华网	甘肃秦安：走出陶艺扶贫新路子	1
243	2019/12/18	北京考试报	北京科技大学全程导师制覆盖万名本科生	4
244	2019/12/22	北京日报	首批科创研发机构落户平谷，农业“金三角”京郊开花结果	1
245	2019/12/22	科技日报	中智生物农业国际研究院落户平谷农业科技创新示范区	5
246	2019/12/22	中国网	中智生物农业国际研究院落地平谷	5
247	2019/12/22	国际在线	中智生物农业国际研究院落地北京平谷农业科技创新示范区	5
248	2019/12/22	北京头条	中智生物农业国际研究院落地平谷	5
249	2019/12/22	科技日报	中智生物农业国际研究院落地平谷农业科技创新示范区	5
250	2019/12/22	劳动午报	中智生物农业国际研究院落地平谷	5
251	2019/12/22	农民日报	中智生物农业国际研究院落地平谷农业科技创新示范区	5
252	2019/12/24	光明日报	教育报国守初心 立足科技谱新篇	2
253	2019/12/30	中国青年报	多所高校试水本科生“导师制”	7

纪检监察工作、巡察工作

【概况】 2019年，在中央纪委国家监委驻教育部纪检监察组、北京市纪委监委和学校党委的领导下，学校纪委监察室、巡察工作办公室认真学习贯彻习近平新时代中国特色社会主义思想和党的十九大精神、十九届四中全会精神，落实十九届中央纪委三次全会精神、教育部全面从严治党会议精神以及教育部、北京市相关工作部署，结合“不忘初心、牢记使命”主题教育活动，紧紧围绕“构建不敢腐、不能腐、不想腐的体制机制”的工作目标，积极深化落实“三转”，进一步聚焦主责主业，强化政治监督，做细日常监督，创新重点领域监督，严肃执纪问责，保持惩治高压态势，深刻把握政治巡察定位，全面查找政治偏差，确保学校纪检监察工作、巡察工作高质量推进，为学校教育改革事业发展提供了坚强保障。

（吴豪伟、牛　珩、杜　伟）

【主题教育】 在主题教育活动中，积极做好“结合”文章。①协助开展主题教育活动。在方案设计、组织实施、指导督导等各环节，都与主题教育活动办公室密切配合。部门全体处级干部以及1/3工作人员均参与到了学校主题教育指导组工作，协助学校党委指导了17家二级单位的主题教育工作。②认真开展纪委主题教育活动。一是坚守职责定位，严格按照学校要求开展好主题教育活动。在纪委书记戴井岗的带领下，组织召开座谈会3场，发放收回调研问卷72份，形成调研报告4份，检视出工作中存在的问题9个，其中立行立改问题3个。二是将主题教育与学校纪检工作同步推进，进一步了解掌握各单位政治生态，分析确定下一步监督检查重点。

（吴豪伟、牛　珩、杜　伟、邓春秋、卜浩然、黄东旭）

【协助落实全面从严治党主体责任】 多措并举协助落实主体责任，不断推动全面从严治党工作向纵深发展。①抓分工明责。一是在年初梳理汇总监督执纪工作中发现的全面从严治党方面存在的问题，推动召开学校全面从严治党形势分析研判会。二是协助学校党委制定2019年全面从严治党工作任务分工，对7类36个方面工作细化落实到责任单位。三是协助召开全面从严治党工作会，对学校年度全面从严治党工作进行统一部署。②抓检查督责。年终牵头协调党办、组织部、宣传部、统战部等党的工作部门，结合责任落实情况检查，统筹安排党建检查工作，将管党治党主体责任层层落实到位，实现了学校党的建设相关检查1个通知、1份报告、1场汇报，切实为基层减负，提高了党建工作整体成效。

（吴豪伟、杜　伟、邓春秋、黄东旭）

【巡察工作】 学校党委高度重视巡察工作，多次召开常委会和巡察工作领导小组会，高质量推动巡察工作。①统筹部署，强化领导。学校党委牢牢扛起巡察工作主体责任，深刻把握政治巡察定位，紧盯被巡察党组织在“六围绕一加强”方面存在的突出问题，全面查找政治偏差，确保方向不跑偏、工作不虚化。2019年，共部署实施2轮次，对7个二级党组织、3个机关党支部开展了政治巡察。②完善机制，规范流程。制定巡察工作方案，修订《校内巡察工作规程》，完善《校内巡察工作手册》，通过修订细化巡察监督内容，加强对开展校内巡察工作的业务指导，不断提高巡察工作针对性和实效性。及时贯彻中央的新精神和新要求，修订校内巡察观测点，确保政治巡察与时俱进、紧跟中央要求。梳理汇总巡视巡察共性问题清单，下发至二级党组织，要求各单位根据实际情况深入开展自查自纠，做到未巡先改，堵塞制度漏洞，构建长效机制，提高巡察成果运用实效。③组建队伍，加强培训。从学校相关二级单位抽调精干力量进入巡察组，组织开展专题业务培训，有效提升巡察组人员的理论素养和业务水平。④认真履职，开展巡察。按照学校党委统一部署，4月启动2019年第一轮校内巡察工作，成立4个巡察组，对新金属材料国家重点实验室党委、东凌经济管理学院党委、工程技术研究院党委、自动化学院党委等4个二级党组织进行巡察；10月启动2019年第二轮校内巡察工作，成立3个巡察组，采用“一拖二”模式，对土木与资源工程学院党委、化学与生物工程学院党委、计算机与通信工程学院党委和机关党委招生就业处、创新创业中心党支部，科学技术研究院党支部、图书馆党支部等3个二级党组织和3个机关党委党支部进行巡察。通过巡察发现相关党组织8类114个问题，其中立行立改类问题8个、整改类问题93个、提交类问题13个、问题线索4个，移交纪委1个。

（吴豪伟、牛　珩、卜浩然）

【宣传教育】 坚持总体浸灌和精准滴灌相结合，坚持“抓合力、抓日常、抓重点、抓氛围”，深入开展党风廉政宣传教育系列活动，强化协作形成大宣教格局。①抓合力，建立“大宣教”工作格局。坚持廉政文化联席会议制度，牵头与成员单位共同讨论确定学校年度廉政教育主题和任务分工，开展多层次、多角度、全覆盖的廉政宣传教育、理想信念教育和诚信教育。②抓日常。定期对受理信访件进行分析研判，查找普遍性和规律性问题，结合上级相关工作部署和精神，编发电子刊物《廉政参考》10期、《清风镜鉴》9期，坚持每月定期发送至全校中层以上党员干部和重点岗位科级工作人员300余人，充分发挥思想引领作用，提供决策参考。③抓重点。主动开展送课到基层服务，针对各单位党组织对廉政教育的不同需求，纪委书记、副书记针对性开展了14场专题辅导讲座。④抓氛围。牵头相关职能部门合力开展廉政宣传月活动，开展清廉大讲堂、廉政基地参观等9类14项廉政教育活动，参与党员干部千余人次。

（吴豪伟、牛　珩、杜　伟、邓春秋、卜浩然、黄东旭）

【监督工作】 深入推进“三转”工作，坚守“监督的再监督、检查的再检查”工作定位。①不断强化政治监督，及时推进高校纪检体制改革。始终坚守政治定位，坚持把政治监督摆在工作首位，聚焦主责主业。贯彻落实上级文件精神，协助党委制定《关于落实教育部直属高校纪检工作改革相关规定的实施方案》，一揽子解决了纪委书记分工、纪委机构设置和人员编制、纪委单独年度考核、深化“三转”等9项改革内容，全面推进纪检体制改革。纪委书记不再分管工会、协管审计工作，进一步清查退出纪委及部门人员参与的18个议事协调机构，对原纪委监察室机构进行调整，成立纪委办公室和监督检查室两个党委工作部门，取消原监察室建制。②做实做细日常监督。一是将谈心谈话情况纳入检查内容，综合运用线索处置、约谈提醒、谈话函询等多种方式加强对行使权力情况的日常监督。二是加强部门合作形成监督合力，开展专项监督检查工作。参与组织部干部任命考察工作，配合人事处开展职工行政处分等相关工作。畅通与其他接访部门的沟通和转办机制。严把党风廉政意见回复关，答复中纪委、校组织部、校人事处等单位党风廉政意见71次，涉及人员1734人次，录入、查核干部个人事项120余份。三是持之以恒贯彻落实中央八项规定及其实施细则精神，巩固作风建设成效。紧盯元旦、春节等重要节点的宣传教育，发布廉政提醒通知和贺卡6套、警示教育视频近1000分钟，组织全校二级单位开展节日期间“四风”问题教育和自查工作，确保一个节点、一个节点坚守。③强化重点领域监督。一是将采购、招生等重点领域工作监督关口前移，提前介入到建章立制工作中，提出改进意见，强化主责单位的监管职责。二是再次进驻秦安县开展定点扶贫领域腐败和作风问题检查工作。三是结合信访办理深化监督，对信访核查中发现二级单位存在的7个方面问题下达监察建议书，并开展整改专项检查；对学校存在的上级检查整改落实不到位的情况，及时督促党委成立专项工作组全面督查整改。

（吴豪伟、杜　伟、邓春秋、黄东旭）

【纪律审查】 严肃规范开展执纪审查工作，践行监督执纪“四种形态”，持续释放从严治党、从严治校的强烈信号。①加大信访核查力度。做到件件有着落，事事有回应。②积极践行“四种形态”。执行学校践行“四种形态”实施办法等规章制度，突出强化各责任主体作用，要求各级领导干部认真开展谈心谈话工作，加强党员干部日常监管，坚持抓早抓小，坚持挺纪在前，切实立起批评教育、组织处理、纪律处分、立案审查四道防线。③严肃查办违纪案件。依规依纪、规范开展执纪审查，确保定性准确，处置恰当。

年内，共受理信访件38件，已了结36件，其中查办案件8件，结案7件、在办1件；给予党政纪双重重处分2人，党纪重处分2人，党纪轻处分3人，党内问责党组织1个、党员领导干部5人，组织处理1人，诫勉3人，谈话函询3人，谈话46人次，形成笔录5万余字。④注重发挥查信办案治本作用。及时将违规违纪案例在一定范围内予以通报，发挥案例警示教育作用，形成高压震慑。同时，深入分析信访反映问题、查找管理漏洞、提出工作建议，以信访分析报告的形式向学校党委汇报，发挥查信办案的治本作用。

（吴豪伟、牛　珩、杜　伟、邓春秋、卜浩然、黄东旭）

【队伍建设】 ①加强与上级机关业务联系。坚持“三为主、两报告”制度，积极配合上级机关工作，协助上级部门调查3件次，教育部巡视抽调1人次。②充实完善专兼职队伍。积极发挥由学校纪委书记、纪委委员、纪委办公室专职干部以及各基层党组织纪检委员组成的专兼职纪检队伍作用。③加强干部业务培训，提升监督执纪水平。加强对专兼职干部的教育培训，积极参加教育部、北京市纪委等部门组织的“技能提升大讲堂”、视频扩大会等各项培训，通过组织学校纪委扩大会、视频学习会、发放学习材料等形式，强化纪委委员以及二级党组织纪检委员业务能力，形成监督合力。④强化廉政纪律。要求纪检干部必须做遵守纪律的表率，依规依纪开展工作，确保监督执纪权力规范运行。坚持工作例会制度，集体讨论问题线索核查事项，集体决定部门事项。

（吴豪伟、牛　珩、杜　伟、邓春秋、卜浩然、黄东旭）

统战工作

【概况】 2019年，学校现有民主党派基层组织5个：民革支部、民盟支部、民进支部、致公党支部、九三学社支社。民主党派成员总计122人，其中，中国国民党革命委员会10人，中国民主同盟46人，中国民主建国会4人，中国民主促进会12人，中国农工民主党1人，中国致公党8人，九三学社41人。有侨联、党外知识分子联谊会2个统战团体。教职工中，党外高级知识分子396人，占全校高级知识分子总数的31%。教职工中，有归侨19人、侨眷116人；台属43人；定居台胞2人。港澳台侨全日制在校学生14人。少数民族教职工144人，占教职工总数的5%。少数民族学生2016人，占学生总数的8.4%。（待核实，需要与学校公开数据一致）有各级政协委员3名，其中，全国政协委员1名（谢建新），北京市政协委员1名（隆克平），海淀区政协委员1名（隆克平）。

（张　颖、郝　媛、吕晓丽）

【党委领导和政治学习】 ①统战工作领导小组发挥大统战格局主导作用，专门研究部署统战工作，就统战工作重要事项达成一致意见。学校党委理论学习中心组召开统战工作专题学习研讨会。校领导专题民主生活会讨论统战工作内容。②校领导与党外人士情况通报渠道畅通。定期召开党外人士、侨联情况通报会、校领导班子及校领导个人民主征求意见会；热情邀请党外人士参与监督学校的重要事项。③以主题教育为契机加强深入学习习近平新时代中国特色社会主义思想和理论。统战部领导干部聚焦初心和使命，在学校“不忘初心、牢记使命”主题教育总体部署下，深入学习贯彻落实党的统战工作相关理论、政策及要求，以讲授专题党课、交流学习心得、微党课为载体，做到理论学习融会贯通。

（张　颖、郝　媛、吕晓丽）

【党外知识分子工作】 ①以主题教育为契机加强深入学习习近平新时代中国特色社会主义思想和理论。制定《党委统战部支持各民主党派、无党派人士开展“不忘合作初心，继续携手前进”主题教育活动有关安排》校党统发〔2019〕3号。组织学校党外知识分子骨干培训工作和香山革命根据地参观学习。②推荐党外人士参加北京市教工委组织的党外代表人士研修班；第一时间组织党外知识分子学习两会精神、十九届四中全会精神。③在二级党委书记、新入职教师工培训、新辅导员培训中大力推进宣讲统战工作，让领导清晰工作责任，让教职工了解思想引导职责，让学生远离反动言论。组织二级党委书记代表参加北京市高校统战工作培训。

（张　颖、郝　媛、吕晓丽）

【党外代表人士工作】①成功推荐学校4名教师为北京党外高级知识分子联谊会第三届理事会理事。②向北京市推荐民主党派代表人士、高层次党外代表人士和优秀正科级党外干部。③作为北京市统战人才数据库的试点，完成前期试用、功能完善工作，向各学院党委、民主党派征集个人信息306人。完成市教工委统群处党外知识分子和少数民族学生统计软件。

（张　颖、郝　媛、吕晓丽）

【民主党派和无党派人士工作】①持续推进民主党派组织建设，加强无党派人士的思想政治引导和团结工作。本年度稳步发展民主党派成员6人。校知联会成员在北京市知联会积极发挥作用，12月5日，北京市知联会产业发展专委会在学校召开主题会议。②民主党派参政议政水平和成果突出。民革支部主委隆克平的提案“关于加强海淀区人才信息共享的建议”荣获海淀区政协2019年度优秀提案，隆克平荣获海淀区政协“优秀信息员”。民盟支部基层组织建设荣获北京市民盟“先进基层组织”荣誉称号；致公党支部主委郑裕东荣获“致公党北京市参政议政先进个人”；九三学社支社获“九三学社北京市海淀区组织管理工作先进集体二等奖”，“建档立志工作先进集体三等奖”等荣誉。学校侨联主席李立东成为北京市侨联第十五届委员会委员。

（张　颖、郝　媛、吕晓丽）

【民族宗教工作】①民族宗教工作宣传全覆盖，系统将政治理论学习、马克思主义宗教观纳入党支部学习计划，纳入各级干部、教师教育培训内容，将民族宗教政策的普及和培训做到了全员覆盖、分层分类、各有侧重。②首次与海淀区民宗委建立周边联防联控工作机制。协助上级做好宗教重点人员教育、引导和转化工作，抵御防范校园传教渗透。③做好教育管理工作，继续开设“宗教概览”公共选修课。开斋节为穆斯林师生加餐。全年无民族宗教突发事件发生。

（张　颖、郝　媛、吕晓丽）

【港澳台侨工作】①召开港澳台学校座谈会，调研北京市十几所高校港澳台学生培养情况，撰写港澳台学生调研分析报告，目前已对学校港澳台学生培养方案产生实质影响（港澳台学生的政治课和军事课作为必修课）；评定港澳台学生奖学金。②顺利完成学校侨联换届工作，李立东当选侨联主席。向北京市推荐学校8名归侨作为首都侨界代表人士。③得知学校能环学院聘请的来自台湾地区的教师患病手术，送上学校的一份暖心关怀。

（张　颖、郝　媛、吕晓丽）

【其他统战工作】①制定《党委统战部保密工作管理制度》《党委统战部意识形态管理工作计划》等文件，有效规范统战工作制度。②精心设计民主党派、统战团体办公室，突出党外人士文化引领的独特优势，为更好地统一思想、凝聚人心，发挥各民主党派参政议政作用创造条件。③下半年，统战部领导被抽调为学校巡查组组长，统战部领导干部担任党校办联合党支部委员会成员，在“不忘初心、牢记使命”主题教育中都被抽调成为指导组成员，在面临多项任务的高强度工作中，加班加点，牢记初心，践行使命，协调专题工作对应的各部门，如期高质量完成各项工作。④完成上级交办的其他工作任务。

（张　颖、郝　媛、吕晓丽）

教师思政工作

【概况】学校党委教师工作部主要负责学校教师思想政治工作和师德师风建设工作，截至2019年底共有专职工作人员4人。2019年，部门深入学习党的十九大精神和习近平总书记关于教育的重要论述，贯彻落实全国教育大会精神、全国高校思想政治工作会议精神和上级有关文件精神，将提高教师思想政治素质、提升师德师风建设水平摆在首要位置，突出全员、全方位、全过程的师德养成，引导广大教师以德立身、以德立学、以德施教、以德育德。

（于成文、赵立英）

【建章立制】 为进一步规范学校师德监督机制、强化师德师风宣传教育标准、严格落实师德考核评价机制，2019年6月，学校印发了《关于调整师德建设与监督委员会的通知》（校党发〔2019〕40号），调整了部分师德建设与监督委员会成员。结合实际情况修订了《北京科技大学师德建设长效机制实施细则（修订）》（校党发〔2019〕41号），明确了学校各部门和学院的工作分工，同时明确了各教学科研单位师德建设与监督工作组组长和师德工作具体负责人，进一步细化责任。修订了《新时代北京科技大学教师职业行为十项准则》和《北京科技大学师德失范行为处理和师德考核实施细则（试行）》（校党发〔2019〕42号），明确了学校教师职业行为准则，并进一步细化师德分档考核，在原有“合格”与“不合格”基础上，进一步划分了合格、基本合格和不合格三档。

（赵立英、韩　雪）

【理论学习】 出台《北京科技大学2019年上半年教职工理论学习安排意见》（校党发〔2019〕9号）和《北京科技大学2019年下半年教职工理论学习安排意见》（党办发〔2019〕4号），完善周四教职工理论学习制度，围绕师德师风建设、“不忘初心、牢记使命”主题教育以及“三全育人”综合改革等专题，结合教职工工作实际，以学院或系所为单位集中组织全体教职工进行政治理论学习，并做到理论学习有学习考勤、有学习主题、有重点发言、有讨论环节、有详细记录、有调查研究。

（赵立英、韩　雪）

【实践立行】 按照部党组、北京市委和学校党委关于“不忘初心、牢记使命”主题教育整体部署，创新实践和体验式学习方式，开展“满井之光”暑期学校，利用2019年暑假组织112名新入职教师集中约一周时间奔赴井冈山和本溪等革命老区进行实践和体验，相关优秀做法得到了《中国教育报》的报道。针对对口扶贫单位甘肃省秦安县教育资源贫乏的现象，开展“送教下乡”活动，组建由基础教育领域专家和数学、英语等专业教学名师构成的22人讲师团，围绕师德师风建设、教育改革发展新理念、教学设计与实践、小班化教学、教师专业成长等多个主题对秦安县196个教学点的近300位在岗教师进行培训，并开展教师座谈交流会、护林挂牌仪式、捐资助学、物资援助、文化交流等活动，在为秦安教育扶贫事业贡献力量的同时，进一步增强了广大教师落实立德树人根本任务的使命感和责任感。组织全校教职工集中观看《老师好》《一生只为一事来》《决胜时刻》《我和我的祖国》等电影，进一步激发和弘扬爱国主义主旋律。

（赵立英、杜嘉庆、韩　雪）

【思想引导】 2019年度，部门立足习近平总书记关于教育的重要论述，深入挖掘工作内涵，通过设计、实施各项教师思想政治教育工作，力求潜移默化地引导全校教职工遵守教师职业道德，不断推进学校治理体系和治理能力现代化。组织新入职教职工、学科带头人、教师党支部书记等群体参加线上和线下培训示范班，学出信念、学出使命、学出担当。在学校理论学习网上定期更新榜样教育者的先进事迹。全年四次组织名师面对面、师德大讲坛等品牌活动，邀请包括刘应书、储继迅、唐晓龙、张铮、陈章华等先进教师代表分享学术人生，讲述教学感悟，述说师德情怀；组织开展师德巡讲，覆盖全校各二级党组织，教育引导广大教师认识教职责任，主动承担使命。围绕庆祝中华人民共和国成立70周年这一思政大主题，邀请孔德雨、王鹏、谢锡善等参加群众游行方阵、广场联欢和离退休教师代表通过线下访谈和访问交流等方式，面向全校师生分享国庆盛况，畅谈祖国变化，讲述爱国情怀，鼓励和引导广大师生主动作为，勇担使命。按照“不忘初心、牢记使命”主题教育总体部署，结合自身工作实际开展全校范围师德师风建设情况大调研，面向各二级学院通过发放调查问卷（500份）、座谈会、访谈会等形式，对当前教职工思想状况、教职工对高校立德树人的观点、教职工对学校相关工作评价等方面加以综合性研判，形成分析报告，并提出了切实可行的思考与建议。按期完成教育部2019年教师滚动调查和北京市春秋两季思想动态调研。设计实施了师德先进上墙和师德制度上墙，在各院楼大厅、教学楼教室内张贴《新时代北京科技大学教师职业行为十项准则》、师德警句和北京科技大学师德榜样人物肖像。部门还选送马克思主义学院李艳艳老师申报教育部全国第三批“高校网络教育名师培育支持计划”，并顺利通过评审。李艳艳老师获得中宣部2019年宣传思想文化青年英才称号。此外，部门通过开展专题警示教育大会，不定期面向全校发布师德失范典型案例等途径，进一步加大警示教育力度，坚决杜绝少数教职工对师德失范行为边界认识模糊、存在侥幸心理的现象。

（赵立英、杜嘉庆、韩　雪）

学生工作

【概况】 2019年，学生工作部（处）、武装部以习近平新时代中国特色社会主义思想为指引，深入学习宣传党的十九大精神，进一步推动全国和北京市高校思想政治工作会议精神、全国和北京市教育大会精神落地生根，围绕立德树人根本任务，以理想信念教育为核心，以社会主义核心价值观为引领，以促进人才培养质量为关键，强化“精实化、精细化、精品化”的工作导向，结合学校全面推进“三全育人”综合改革试点和推行本科生全程导师制的工作实际，主动对标教育部“十大育人”示范中心、岗位和项目建设要求，加强顶层设计、注重入脑入心，坚持问题导向、贴近学生需求，深挖育人要素、提升服务质量，不断强化育人实效性，为促进学生德智体美劳全面发展和学校“双一流”建设提供扎实的服务保障。

（盛佳伟）

【服务保障国庆活动】 学校共承担群众游行“希望田野”方阵、“人类命运共同体”方阵、广场合唱、群众联欢、志愿服务五项任务，组织2271名师生和260余名服务保障工作人员参与到相关活动中。作为主责单位承担群众游行第10方阵“希望田野”组织训练任务，科学施训，受到中央电视台、《人民日报》《光明日报》等主流媒体的集中报道，方阵被授予“最佳纪律作风奖”“敬业用心奖”，工作简报获采13篇，位列分指挥部各方阵第1名，学生工作部被授予“北京市筹备和服务保障中华人民共和国成立70周年庆祝活动先进集体”称号。生动延伸国庆宝贵精神财富，举办总结表彰大会，组建校院宣讲团，赴浙江以及校内宣讲20余场，被新华社、《人民日报》、中央电视台等10余家中央主要媒体专题报道。

（盛佳伟、马　聪、陈大鹏、刘　震）

【学生党建】 ①优化学生党建工作模式。规范“起点前移，重心下移，过程控制”的党员发展模式，完善“两级建校，三级培训，线上线下”的学生业余党校培训管理机制，推动基层学生党组织建设、党员作用发挥以及党建工作品牌打造等工作取得明显成效。2019年，扎实开展本科生预备党员培训班、毕业生党员培训班、研究生党员网络培训班等学生业余党校培训，累计举办学生业余党校23期，培训学生党员和入党积极分子6000余人次，开展优秀学生党支部建设项目展示活动，评选出10个标兵党支部、15个优秀党支部。计通学院研18级第六党支部获评教育部第二批新时代高校党建示范创建和质量创优“1000个党建工作样板支部”。结合“两学一做”学习教育常态化制度化，加强党支部规范化建设，严格落实“三会一课”制度，定期开展“党员开讲了”“主讲主问”等多种形式的组织生活，每个月第三周的周四下午固定对学生党支部书记进行专题业务培训。②实施“成才表率”培育计划。推动学生党员网络述责测评系统改版，将学生党员作用发挥与学风校风相结合，开展学生党员“承诺、践诺、评诺”活动，在校3000余名学生党员全体参与。③推进“服务先锋”行动计划。2019年，完成红色“1+1”共建活动数量143个，位列北京高校首位；计通本17、18联合党支部获得北京市示范活动一等奖，保持学生党支部连续十年获此殊荣，48项获评北京市级奖项，学校也连续获评北京市优秀组织奖。着力推进助学零距离活动，在继续开展“学风引领活动”和“课程答疑活动”的基础上，创新开展“发展指导活动”，年内，累计2044名党员先后组成179个“学风引领团”，累计帮扶505名学业困难同学，挂科下降63%，300名同学实现零挂科；组建140个“课程答疑团”，累计开展500余场课程答疑和学习经验交流活动，覆盖学生4000余人次。组建110个“发展指导团”，累计指导社会实践、科技竞赛、志愿服务等第二课堂活动226次、2670余人次，获奖人数174人。④实施“求实培优”工程，瞄准党员入口，突出价值引领。通过高年级支部书记与低年级学生骨干结对开展集中理论学习与实践，发挥以老带新的领航作用。校级求实培优培训班联合寻访20余名北京科技大学获“庆祝中华人民共和国成立70周年”纪念章的退休干部，撰写印发“话初心 传使命”访谈册，以实际行动追寻初心、凝聚使命。⑤实施“组织聚力”工程，聚焦第二课堂，遵循育人规律，不断拓展学生党员发挥作用的平台，完善学校“三全育人”工作格局，党的组织力在学风建设、就业帮扶及志愿实践、创新创业等第二课堂平台中得到不断彰显。⑥实施“标杆领航”工程，坚持协同联动，强化典型培育，帮助学生党员树立自觉把实现自我价值与祖国的需要、新时代的要求结合起来的成才观，主动培育选树一批自愿扎根基层、一线，自愿到祖国最需要的地方、祖国最艰苦的地方去就业的党员标兵，建立北京科技大学近三年支援西部支边毕业生信息库，组织优秀毕业生返校座谈交流20余场，不断发挥榜样引领作用，引领学生党员树立正确的就业择业观，勇担时代责任。

（潘红涛、李钊源、杨志伟、朱禹承）

【日常教育】 坚持立德树人，强化精准引领，着力提升日常教育工作的针对性和实效性。

①日常思想政治教育。一是以学习宣传习近平新时代中国特色社会主义思想和党的十九大精神为主线，丰富教育内容，创新教育形式，扎实推进社会主义核心价值观培育和践行工作，推动构建思政大课课程体系，协同马克思主义学院，邀请学校领导班子、校外专家学者、社会模范、知名校友等上讲台讲思政课、讲“形势与政策”课。校党委书记、校长分别为新生讲授“开学第一课”、第一堂“思政课”，中国工程院院士李天初，中国人民解放军少将、国防大学战略教研部教授金一南，军事科学院姜春良少将，教育部高等学校社会科学发展研究中心主任王炳林，大国工匠、“蛟龙号”现场总指挥、杰出校友刘峰，中国电子总经理张冬辰、副总经理陈锡明等10余名领导专家相继受邀为学生讲授高水平的思政公开课。年内共计组织生动别样的思政课10余场，线上线下直接受益学生4000余人。在服务保障国庆活动中，以主题教育贯穿始终，并遴选成立服务保障国庆活动宣讲团赴浙江开展宣讲活动，组织校、院两级宣讲活动，全面推动宣讲团走进课堂、学生班级、团支部、党支部、实验室等，用服务保障国庆工作教育引导学生培养爱国之情、砥砺强国之志、实践报国之行。策划主题活动，加强宣传教育。精心设计以纪念“五四”运动100周年、新中国成立70周年为主线、不同阶段各有侧重的爱国主义主题教育活动，重点开展“沧桑百年——新时代青年说”“我和我的祖国”“壮丽70年•阔步新时代”“青春与价值对话”等主题宣讲、演讲以及论坛等系列宣传教育活动，响应教育部千万大学生“青春告白祖国”活动部署，组织学生开展“北科新青年•戎装述忠情”手绘板报活动、微党课授课大赛、歌咏比赛、“思建国历史，答工程知识”工程知识竞赛等丰富多彩的文体活动，组织6000余名学生参观“伟大历程 辉煌成就”庆祝中华人民共和国成立70周年大型成就展。培育和选树以“十佳辅导员”“校长奖章”等为代表的一批师生先进典型，发挥典型引领作用，营造崇德向善、见贤思齐的浓厚氛围。融入日常工作，努力落小落细落实。重点设计和推进“我和社会主义核心价值观”等主题班会，加强主题班会的过程指导，完善了以“思想成长为主体，价值引领和学业引航为两翼”的“一体两翼”型主题班会体系，年内共完成思想引领型主题班会1000余场次，覆盖学生26000余人次。积极推进励志、诚信、感恩、礼仪主题教育常态化，充分发挥各种典礼仪式的育人功能，做实新生教育、毕业生教育

等工作的全覆盖。二是扎实开展本科新生教育。做好入学前教育。自新生收到录取通知书后，即通过辅导员以QQ、微信等方式和学生建立联系，加强大学认知教育和爱校荣校教育，实现“高中后”教育与“大学前”教育的有效衔接。进一步整合教育资源，整合部门、学院的教育项目，整合第一、第二课堂的教育内容和教师、家长、校友等教育力量，形成教育合力。制定《北京科技大学本科新生教育工作方案》，将爱国主义教育贯穿新生教育始终，第一学期突出“认识”主题，第二学期突出“发展”主题。提升新生“六个一”教育体验活动质量，重点开展爱国荣校、党史国情教育。项目化指导、专项经费支持各学院实施新生引航工程，探索微课程、成长共同体等新的教育形式，年内共完成新生教育项目立项43个。提升“新生成长对话课”质量。以新生班级为教学单位，以交流研讨为教学形式，组织知名教授、班导师、优秀校友、高年级优秀学生与新生进行交流互动，帮助新生解疑答惑、适应大学。年内，全部本科生学院均开设该课程，新生满意度为98.46%。扎实推进新生适应小组工作在文法、土资、冶金、能环、化生等学院的开展。年内，学生工作部报送的《四育共进、四课并举，打造“成长对话”课程体系不断增强新生教育针对性和实效性》荣获第六届首都大学生思想政治工作实效奖一等奖。三是做好毕业生教育。重点打造了“追梦青春•初心依旧”为主题的毕业生教育系列活动，开展“抒校情•勿相忘”大学最后一次主题班会、“毕业生文化衫方案征集”“毕业生旧货交易市场”“写给学弟学妹的一封信”等形式新颖的活动，营造温馨和谐的毕业氛围，引导毕业生分享毕业情感，表达感恩母校之情。指导各学院开展丰富多彩的毕业季活动，增强学生爱校荣校意识和母校归属感，倡导毕业生文明、安全离校。

②国防教育与大学生参军入伍工作。一是理论教学。根据新大纲要求，对标完成军事课教学改革，实行学分制管理，军事技能训练和军事理论教学各记2学分；年内开设《大学生国家安全观》选修课。完成军事理论必修课、选修课共计600余学时的基础教学任务；组织全校开展国防教育专题课题研究23项。在教育部举办的全国军事课教学展示活动中1名军事课教师名列前茅，学校代表队获得多项殊荣。二是实践育人。以建国70周年为契机，创新学生军事技能训练内容，实现爱国教育与军事技能训练同步推进，切实发挥军训育人长效作用，以“青春告白祖国”为主题开展的系列教育活动被中央电视台、人民网等多家新闻媒体报道，教育部官网《一线采风》栏目刊登推广了学校军训育人模式。三是大学生参军入伍工作。认真落实大学生参军入伍各项政策，建立“全覆盖、多途径、网格化”的宣传动员体系，深入细致做好大学生参军入伍服务、保障和慰问工作。探索建立助力大学生士兵发展的全流程服务体系和奖励体系，组织首届北京科技大学“优秀在校退役大学生士兵”评选工作，9名学生被授予该荣誉称号，其中1人获评“北京市优秀在校退役大学生士兵”荣誉称号。2019年入伍学生38人；退伍学生46人，其中1人服役期间荣立“三等功”，1人被评为优秀共产党员，学校再次荣获“北京市征兵工作先进单位”。四是基础性国防教育活动。积极打造国防教育品牌活动，培育学生爱国情怀，举办“爱我国防”主题演讲比赛、“国庆节升旗仪式”，开展国防知识及征兵宣传外展8次，组织开展国防类大学生社会实践，组织学生定向越野代表队参加北京市和全国比赛并取得优异成绩，组建由非国防生组成的国旗护卫队，广泛开展国旗知识教育。学校国旗护卫队在北京市教委举办的第十届北京高校国旗护卫队检阅式获得三等奖。1人荣获北京市教委举办的北京高校第三届“爱我国防”大学生主题演讲比赛三等奖。学校代表队获得北京市教委举办的第五届“北京高校学生军事特训营”先进集体奖、组织奖、单项团体第三名。国防知识爱好者协会、国防体育协会在北京高校2019年国防类学生社团交流评比中荣获“一等奖”；国防体育协会、戎程研究会荣获“北京科技大学十佳社团”称号。五是参与上级单位国防教育工作。学校受邀作为世界军体大家庭成员观摩和调研武汉世界军人运动会。负责筹建中国大学生体育协会军事体育分会，完成相关单位走访、共同发起单位征集、相关申报材料撰写、召开筹备委员会等工作。经教育部、四川省教育厅邀请，学校负责全国军事课教学展示活动项目

设计工作。承办了2019年北京高校学生国防类社团展示评比活动。代表北京市高校国防教育协会参加与外地兄弟高校的军事课示范课展示。

（潘红涛、王小宁、李钊源、杨志伟、朱禹承、郭　南）

【学生管理】 ①家庭经济困难学生资助。2019年，围绕学校“三全育人”总体规划，继续推动保障型学生资助工作体系逐步向发展型资助工作体系转变。2019年学校认定家庭经济困难学生共计3108人，截至年底，学校各类资助覆盖家庭经济困难学生达到100%。一是规范落实助学金、补助评审发放工作。2019年，国家助学基准资助额度标准上调10%，补发春季学期国家助学金40.12万元，评审出2019—2020学年国家助学金一等获得者644名（4400元/人），二等获得者1298名（3300元/人），三等获得者752名（2200元/人），资助总金额877.14万元；评审出社会助学金获得者208名，资助总金额80万元；评审出年度家庭经济困难学生饮用水、洗澡和电话费用专项补贴获得者2707人，资助总金额50.08万元；发放26名学生特殊困难补助16.14万元、500余名毕业生就业补助73.1万元、208名学生献血补助6.24万元、3375名学生社会实践补助33.75万元。二是保障各类助学贷款服务。2019年，学校为2511名在校生办理了各类助学贷款，共计放款1877万元，其中校园地贷款累计办理608人，金额362.78万元；生源地贷款1903人，金额1514.22万元。学校为150余名学生办理了基层就业补偿代偿和参军入伍资助，共计资助金额200余万元。三是规范管理勤工助学工作，修订管理文件，出台《北京科技大学勤工助学活动实施办法》，固定岗位酬金标准由10元/小时上调至15元/小时。2019年，共设置校内勤工助学岗位2000余个，5443名学生参加了勤工助学（包括校内的固定岗位和临时岗位），其中本科生4022人，研究生1421人。勤工助学基金共执行1221.41万元，包括勤工助学补助918.14万元，其他补助303.27万元。设置校外岗位100余个，引入校友捐赠10万元；开展对口支持科大附中学业导师和成长导师勤工助学项目，选配80名本科生及研究生，对接科大附中初一至高三6个年级，服务近300名中学生；开展教室管理项目，全面负责教学楼、铭德楼和外语楼、机电信息楼等8个学院的教室清洁管理工作。四是继续落实和执行传统资助项目。2019年新生入学“绿色通道”共接待家庭经济困难本研学生900余人次，发放现金补贴470人共计17.87万元，发放贝壳迎新大礼包、爱心被褥等421人共计20余万元；“暖心家乡行”家访活动，全校57名老师走访18个省、直辖市、自治区的60余个乡镇的经济困难学生家庭，将学校关爱送到学生家中；“冬季送温暖”活动为2019级家庭经济困难新生发放羽绒服126件，运动鞋115双，图书134套，为2016级家庭经济困难考研学生发放文具214套，价值约14.3万元。五是积极做好资助宣传和育人工作，开展励志诚信感恩教育，树立朋辈榜样，实现育人与激励并行。在新生入学绿色通道、国家助学贷款申办、助学金评审、勤工助学开展等工作环节中以及在校友面对面、“校园乐淘 微爱筑梦”活动中，以网络和平面媒体为载体，宣讲、座谈、沉浸式体验为主要途径，多渠道宣传国家资助政策。同时，积极组织学生参与全国学生资助管理中心、社会基金会组织的资助育人活动和颁奖表彰大会。

②学风建设。全面加强、不断完善评奖评优规范化建设，修订《本科生国家奖学金评审办法》《学生评奖评优办法》，确保评审流程规范和结果公开公平公正。2019年，共设立本科生奖学金14项、研究生奖学金6项，6048人次获奖，本科生覆盖率达41.68%，奖励金额达1200余万元。评选出北京地区高等学校优秀毕业生291名（其中本科生159名，春季毕业研究生91名，夏季毕业研究生41名），北京市三好学生30名，第十三届“校长奖章”获得者10名，“87级校友基金”优秀学生干部20名，校三好毕业生656名，校优秀毕业研究生404名（其中春季毕业研究生277名，夏季毕业研究生127名），校优秀三好学生520名，校三好学生1041名，校优秀学生干部640名，校优秀三好研究生597名，校三好研究生1080名，校优秀研究生干部376名。三是加强学生基层组织建设。强化基层组织的建设引导、重点培育和过程管理，明确班级制度化规范化建设标准和评价指标，发挥精品班级示范效应，有针对性地开展班风、学风教育活动，有效激发学生创建优

秀集体的积极性。增设“十佳班长”荣誉，进一步加强基层组织建设，选树优秀基层学生骨干典型。2019年，297个本科生班级、216个研究生集体参与申优，本科生班级参评率达80%，共评选出北京市优秀班集体9个、北京高校“优秀基层组织”7个，北京科技大学“87级校友基金”最佳团队10个，本科生先进班集体、优秀团支部标兵35个，本科生先进班集体、优秀团支部70个，研究生标兵集体10个，研究生优秀集体25个，其中土木与资源工程学院安全1602班荣获北京高校“十佳示范班集体”称号。评选标兵宿舍65个，文明宿舍520个，标兵宿舍长102个，优秀宿舍长424个，宿舍达标率为99.99%。四是宣传先进典型。发挥学风引领和典型示范作用，共整理、宣传事迹近100人次，开展年度学生表彰大会等各类校级表彰活动5场，表彰先进典型，树立学生榜样，激励引导学生追求卓越、勇于争先、德智体美劳全面发展。开展“校长相约 共话成长”主题论坛活动，邀请前十二届校长奖章获得者返校，为学校发展献计献策，与学生分享成长故事，为学生成长励志导航。

③日常管理。一是编制、发放2019年《学生手册》，组织本科生新生开展校规校纪学习及集中考试、组织研究生新生签订《校规校纪承诺书》，强化学生对自身权利和义务的认识。二是组织2019届学生毕业典礼暨学位授予仪式和2019级新生开学典礼，共计7000余名学生及1000余名学生家长参加典礼。三是加强家校协同育人工作，组织辅导员主动联系家长，“传一份喜报、寄一封信件、通一次电话、送一份问候、做一次提醒”，不断丰富家校联系形式，加强与家长的互动、沟通和信任，落实全员育人理念。四是做好分校区研究生教育管理，落实学校部分研究生新生入住昌平创新园区、管庄校区要求，为昌平、管庄分校区研究生新生提供迎新接送及返校“搬家”服务，发放分校区学生补助127.08万元，为全体毕业研究生设计制作纪念尺，增强毕业教育及爱校荣校教育。

④安全稳定工作。一是做好安全教育。通过安全教育课（讲座）、宣传周、消防演习、反恐及防诈骗宣讲、发放《小贝壳金融风险防控警示手册》《实验室安全知识读本》、签订《预防网络电信诈骗和不良校园网贷安全提示书》、节假日安全提示等措施，确保学生安全教育全覆盖、不留死角。与保卫保密处、后勤服务集团、相关学院联合组织举行学生公寓火灾疏散演习，共计3000余名师生参加演习。二是做好危机应对。在学期开学、学生毕业及重大敏感时期开展学生思想动态研判，及时掌握学生思想动态。重要时间节点组织学工干部在岗值班值守，稳妥开展意识形态教育和重点学生事件处置工作，形成研究报告、实操手册和工作指南等成果，得到教育部、北京市相关领导肯定。严格执行校规校纪，2019年共处理违纪学生14人。向全体2019级本科生发放《本科生保险手册》，引导学生学习安全、保险及医疗相关规定，为3104名本科生、2750名研究生办理大学生人身意外伤害保险。2019年，本科生理赔130人次、金额26.53万元，研究生理赔69人次、金额12.36万元。

⑤少数民族学生培养和管理。全面落实党的教育方针和民族政策，坚持以爱党爱国教育以及民族团结为主题开展少数民族学生管理工作，完善少数民族学生尤其是新疆籍学生的管理服务工作机制，制定《少数民族学生教育管理服务工作方案》，扎实开展“一人一册”工作，做到动态管理、精准服务。2019年，有102人次获得“民考汉、内地班”学生奖学金，7名2019届少数民族本科毕业生获得免试攻读硕士学位研究生的资格。为146名少数民族学生发放开斋节餐券。

（马　聪、陈大鹏、王金蕊、张华文、刘　震、李勇威）

【研究生学术科研与实践】 ①建设学术交流平台。一是举办第十五届研究生学术论坛。结合学科特点和学生需求，组织诚信教育、前沿讲座、科研交流、写作指导等学术活动300余场，覆盖20000余人次，评选出100篇学术论坛优秀论文。二是定期举办贝壳学术汇。本年度与国家工程院士著作馆合作，以“交叉、争鸣、真知、创新”为主题，共同打造“贝壳学术汇”交流平台，开展“听一次院士讲座、开一场科研沙龙、赠一本学术书籍、做一次主题分享”为主的“四个一”系列活动，全年共举办7期，覆盖校内培养单位近20个，累计参与师生500余人次，通过跨学院、跨学科、跨专业交流，培养广大研究生的挑战精神和创新精神，营造学科交叉交流和勇于科研创新的良好氛围，引导学生爱国、励志、求真、力行。三是开展第四届科研最美瞬间摄影比赛，通过原创摄影作品反映研究生学术道路上的精彩瞬间，展现研究生的科研志趣，丰富研究生校园文化。②选树优秀学术典型。开展研究生“十佳学术之星”“学院学术之星”评选，评选出学校第十五届研究生十佳学术之星10名，十佳学术之星提名奖获得者10名，学院学术之星80名，有效激励全体研究生提升思想道德水平、激发学术科研兴趣、坚定成才报国志向，促进了优良学风校风建设。③打造校级精品项目。组织第四届研究生学术三分钟演讲比赛。研究生“学术三分钟”演讲比赛作为学术论坛系列活动的重要组成部分，通过“以演讲道学术”的方式提高研究生表达学术观点的水平，繁荣学校学术氛围、弘扬科学学术精神、促进学科交叉，是积极促进优良学风、展现研究生学术风采的重要举措。2019年，共凝聚21个学院和研究生培养单位的精心组织、近万名研究生的广泛关注、200余名选手的踊跃参与及其导师的悉心指导，其中半决赛最佳人气奖投票点击量达40万次，产生金奖10名、银奖12名以及单项奖若干。④开展研究生科技服务。积极响应新时代号召，遵循“培育基地、分类实践、结合专业、注重实效”精神，把研究生实践育人定位在服务社会及解决实际问题。本年度组建了由近900名研究生组成的78支团队奔赴祖国的大江南北、生产一线、田间地头，围绕科研攻关、校企合作、精准扶贫等发挥专业优势，解决实际问题，提高服务意识，推进产学研合作，实现了受教育、长才干、做贡献的目的，把论文“写”在了祖国的大地上。本年度共评出7支标兵团队、40支优秀团队和209名优秀个人，其中千里结对智力扶贫助力秦安县脱贫攻坚科技服务团获得“全国高校百个社会实践优秀团队”荣誉称号。

（马　聪、刘　震、李勇威）

【辅导员队伍建设】 ①完善四级培训体系。进一步完善初级、常规、专题、高级四级培训体系，优化辅导员全年培训安排。全年开展春秋季集中培训、日常专题培训、红色实践、挂职锻炼、国际互访等培训项目32个，培训辅导员625人次（人均3.4次），其中参加校外、京外和境外高水平培训项目95人次，进一步增强了辅导员马克思主义理论功底、工作技能、研究能力和国际化视野。②优化学生工作考评激励机制。开展学院学生工作及辅导员个人履职尽责自查评估整改工作，完善学院专项奖评选观测点，加强辅导员工作日志督导与检查，优化学生满意度、同行认可度等测评指标，多维度，较全面、客观了解辅导员的日常履职情况。开展“十佳辅导员”评选活动，强化基本履职能力考察，突出个人优点和重点工作，优化评选办法，完善事迹材料展示、答辩汇报和现场案例分析等综合评选形式，充分发挥“评选”指挥棒作用，提高评选工作的科学性。开展学生工作案例择优推广计划，面向全体辅导员征集学生思想政治工作案例，选取优秀工作案例100篇汇编成册。③创新辅导员队伍建设机制。优化辅导员年级组、志趣发展小组、工作室纵横结合的网格化业务平台，提升专业化水平。组织实施学生工作重难点攻关计划，设立10个重点项目，24个一般项目，全部完成结项，促进辅导员培育工作专长。年内，学校辅导员队伍公开发表论文10篇；1名辅导员获第十一届“全国高校辅导员年度人物”。

（潘红涛、杨志伟）

【信息化建设】 发挥网络新媒体育人功能，着力加强网络思想政治教育工作。进一步优化学生工作信息系统。不断完善以“贝壳学子在线”为主体的“微媒体”工作体系。深入建设“贝壳学子在线”微信平台，覆盖学校全体本科生和研究生，通过直接的议题设置和焦点讨论，进行全天候、全方位的思想引领。定期刊发原创性作品，打造新媒体精品栏目。制作“学子星光”系列推送24篇，发挥学生榜样引领作用；制作“2019贝壳生存指南”系列推送7篇，帮助新生认知、适应大学；制作“你的贝壳我的心”系列推送5期，诉说青年故事，传播青春正能量。紧抓关键节点，开展有力宣传。结合学校师生参加服务保障国庆70周年活动，制作6期推送内容，其中一篇推送点击量超过10万，引导全校师生回望与国同行的青春风采，掀起爱国奋斗热潮。依托辅导员队伍，创作辅导员网络思政优质作品。把握社会热点、学生需求及关注热点，创作8期《导员说》、4期辅导员脱口秀《智祯句酌》等原创网文和短视频，发挥辅导员对学生成长成才的示范引领、培养塑造、感染熏陶和“润物无声”的育人作用。发布“学子在线”新版网站，注重信息公开，实现学生工作部（处）、武装部门户网络平台动态更新。

（盛佳伟、潘红涛、朱禹承）

【学生工作调研与宣传】 ①做好大学生思想舆情调研工作。坚持思想动态调研，通过假期返校学生座谈会、社会热点座谈会、网络思想教育、调查问卷调研、学生业余党校等措施加强对学生的思想动态调查、舆情焦点掌握、热点话题分析。及时了解学生的思想状况和重要问题，加强工作的针对性和时效性。2019 年，共撰写报告 30 余篇。②做好新闻宣传工作。加强学生工作新闻队伍的建设，掌握宣传素材，充分利用校内外宣传平台将学生工作动态、经验、成绩进行准确及时的报道。年内，共编发学工快讯 5 期；国庆群众游行第 10 方阵受到《人民日报》《光明日报》《经济日报》《中国日报》《中国青年报》、新华社、中新社、人民网、中新网、光明网、央广新闻频道、中央电视台、北京电视台、《北京日报》《新京报》《北京周报》等 10 余家媒体采访报道，央视新闻频道以《青春告白祖国 莘莘学子：为祖国点赞 为祖国奋斗》为题报道学校新生爱国主义教育的创新做法，人民网以《北京科技大学：青春告白祖国 激扬奋斗情怀》为题专题报道学校新生教育工作，“杰出工程师”进校园、讲思政课首讲在学校举行，活动登上中国教育电视台；教育部官网《一线采风》栏目刊登推广了学校军训育人模式。

（潘红涛、李钊源）

【中国学位与研究生教育学会德育委员会工作】 本年度首次将学术年会优秀论文进行编纂，形成研究生专题特色工作简报 5 期，面向全体会员单位发布，针对研究生德育工作面临的新问题和工作中的新思路、新办法进行了广泛而深入的交流。学会积极参加总会召开的相关研究生专项研讨交流会，配合上级主管部门开展了专题工作调研，针对研究生德育工作的重点内容，围绕研究生导师和研究生关系开展调研，并积极申报总会研究生专项课题。参加京沪高校学工部长论坛，开展研究生辅导员专题培训等工作。充分发挥各个片区的带头示范作用，面向 8 个片区开展课题调研，发挥德育委员会的研究生思政工作平台交流功能，为全国研究生思想政治教育提供借鉴和指导。

（盛佳伟、马　聪、李勇威）

【学生学习与发展指导工作】 以按需供给、真帮实助、帮导结合、助力成长为原则，依托以需求满足为主体、辅导引领和发展引航为两翼的全员化、分众化、精致化的学业辅导工作体系，扎实推进学生学习与发展指导工作。一是按需供给，夯实学业辅导工作基础。将学生首考挂科频率前 5 位课程、全校本科上课率超过 50% 的课程以及本科理工类选课率超过 50% 的课程纳入学业辅导工作范畴，坚持个体和团体辅导结合、辅导讲座和答疑活动并重、网上和线下衔接来开展学业困难帮扶、学习方法辅导和学业发展指导工作。2019 年，学生学习与发展指导中心通过线上新媒体引领学风，利用“学在贝壳”微信平台向全校学生推送编发信息 98 篇，关注量累计 29 万左右，比去年增加一倍，开展对辅导意向、辅导内容、辅导方式的各类在线学风调研和分析工作 10 余次。二是三级联动，确保学业辅导无死角。建立了“校－院－班级”三级协同联动机制，即：校级学业辅导中心、院级学业辅导中心和学生班级互助小组。2019 年全年日常学业工作共接待预约个体学生 899 人次，学生团体 85 个；完成学业困难学生追踪 628 人，三星学业问题学生个体谈话 121 人次，基础类学科课程辅导 832 课时，各类讲座 42 场，参与人数 20000 余人次，线上活动参人数 10000 多人次。通过线上问卷形式完成各类反馈 1.2 万余人次，提供周一到周日早 8 点到晚 9 点半全天候咨询服务。三是建强队伍，筑牢学业辅导工作保障。组建了专家导师团、骨干教师为主的课程辅导团和以优秀学生骨干为主的朋辈讲师团三支队伍，并创建了“专家讲理念、校友讲励志、教师讲方法、学生讲心得”的“四类四讲”辅导模式。中心帮助“有能力学习”的高考佼佼者转变成“有学习能力的学习者”，由此开展了一系列的学习适应性辅导，开展“贝壳乐学大讲堂”课程学习方法指导讲座；通过“启航培训计划”组织新生学习委员培训，以学习委员为抓手，促班级学风。积极推广“小贝壳计划”线上活动。活动分为线上打卡和线上答疑两种，促进学生学习习惯养成，帮助学生日常学习。中心依据学业困难学生排查标准，实现精准干预。其次开展特困学生课程辅导，依托专业骨干教师帮助学生“炼制”知识，两学期共开设课程13门次，162人参加辅导，通过率87%，比去年高出10个百分点，其中有51人通过所有课程。中心的朋辈讲师的一对一、一对多基础课程预约辅导；每周开展的帮助同学课后复习的朋辈习题课在日常的学生课程学习提升中起到了很好的促进作用，中心陆续开展朋辈习题册编写工作，目前已经完成高等数学分册编写，中心老师带领朋辈讲师编写的《微积分习题册》也将正式出版。2019年中心统筹各学院学业中心，进行资源整合，开展四大板块的学业讲座等活动，丰富学生各类学习提升内容。年内，学业辅导工作顺利通过“北京市学业辅导示范中心”年检并继续得到北京市经费支持，微信预约小程序上线为学生日常学业辅导提供了更大的便利，中心下半年的预约率较上半年提高了50%。

（盛佳伟、景　鹏、潘佳奇）

【学生心理素质教育工作】 一是课程教学。开设必修课《大学生心理健康》，优化心理素质教育MOOC平台资源，积极探索翻转式课堂教学模式，为3500余名本科新生提供16学时网上理论学习与16学时课堂团体心理训练相结合的心理素质教育，课程内容涵盖自我认识、人际交往、情绪管理、恋爱心理、家庭理解、生命教育等心理健康知识。二是宣传教育。以“筑梦，追梦，圆梦”为主题开展第十九届心理健康节活动，开展心理情景剧大赛、心灵氧吧、心理素质拓展、心理健康快车、三行情书、心理知识竞赛、给母亲的一封亲笔信等多项活动，充分调动学生参与活动积极性，并积极与其他高校展开合作；开展以团体辅导为特色的第十九届“心理健康快车”活动，有效覆盖全体新生班级，活动满意度达98.31%；精心组织心理讲坛、心理沙龙、研究生阳光心理讲座等系列品牌活动。“北科心理”微信公众号年内发布40篇推文，阅读总量1万余人次。三是心理咨询规范化专业化建设。完善督导制度，规范淘汰机制，加强培训力度，大力提高咨询服务人员的工作技能。2019年总计开展各类督导、培训活动27次；建立咨询服务的保障机制，提高咨询服务水平与质量。年内，接待个体咨询3901人次，较2018年增长13.33%；为学生班级、宿舍楼层长以及不同类型问题的学生开展长程团体咨询110余场，短程团体活动200余场，网络咨询115人次。在危机预防与干预中，重点做好春秋两季学生排查及研判工作，对重点问题进行了研究和讨论，并提出了相应的干预对策；组织全校新生通过网络平台进行心理普查，回收有效问卷7159份（其中，本科新生3525份，研究生新生3634份），并邀请540余名学生约谈，到访率达88.6%。98.5%的学生对约谈表示满意，95.9%的学生表示当遇到烦恼或困难时愿意来中心进行求助。四是积极开展交流，深入研讨专业内容。2019年6月25日，学校承办教育部思政司与北京市教工委宣教处共同主办的“5•25大学生心理健康教育月”总结交流会，教育部思政司领导、北京市教工委领导及全国多所高校同仁参加这次会议，共同总结交流大学生心理健康教育工作。承办“如何规范有效开展初始访谈”主题的心理健康教育沙龙，与京内20余所高校心理教师共同探讨咨询人数增长过快及规范有效开展初始访谈问题。助力秦安扶贫工作，开展心理健康讲座，支持并指导对口中学心理健康教育工作的开展。心理素质教育中心年内新进2位专职教师，臧伟伟老师获得北京市教工委与北京高教学会心理素质教育研究会颁发的“高校心理健康教育优秀标兵”。

（景　鹏、王　艳）

工会工作

【概况】 2019年，校工会下属的学院、机关、后勤、产业分工会共24个，会员4089人，其中非事业编制会员1221人。校工会下设组宣部、文体部、生活福利部、工会办公室，负责协调学校各部门并承担教代会的工作，以及处理日常工会工作。工会有专兼职干部8人，工会主席由校党委副书记戴井岗兼任。常务副主席1人，专职副主席2人，兼职副主席1人，专职干部3人。

（马　特）

【教代会】 学校教代会在党委领导下，组织教职工行使民主权利，参与学校民主管理。①一级教代会制度完善、程序规范。3月组织召开八届六次教代会。校长杨仁树做专题报告，党委书记武贵龙发表讲话；各代表团讨论审议北京科技大学2018年工作报告、财务工作报告、教代会、工会工作报告和提案工作报告，审议通过《北京科技大学教职工申（投）诉处理办法（讨论稿）》，并结合学校发展提出意见和建议，形成教代会决议。11月20—25日，组织召开学校八届七次专题教代会，会议以各代表团深入讨论研究、举手表决的形式审议通过了《北京科技大学关于2019—2023聘期岗位聘任工作的原则意见》《北京科技大学各类岗位聘任指导意见（教代会审议稿）》。②二级教代会职权落到实处。学校党委明确规定，对涉及全体教职工切身利益的事情，要求二级单位须采取召开全体教职工大会或二级教代会的方式，征得教职工同意后方可报学校批准实施。保障了二级教代会开到实处，发挥实效。③高度重视提案工作。提案工作已成为教代会进一步促进学校决策和管理民主化、科学化的重要渠道。八届五次教代会共收到教代表提案22件，经提案工作委员会讨论审议，确定立案22件，学校领导和相关职能部门高度重视教代会提案的办理工作，加大对提案办理的落实力度。截至2019年3月中旬，八届五次教代会提案全部办理完毕，并将办理结果反馈提案人，22件提案中，提案人对学校各职能部门办理提案情况满意度为：满意19件，基本满意3件，提案满意率（含基本满意）满意率100%。

（黄爱霞、张　娟）

【申（投）诉处理和劳动人事争议调解】 结合学校工作实际，从顶层设计上对学校教职工各类申（投）诉工作进行梳理和研究，八届六次教代会审议《北京科技大学教职工申（投）诉处理办法（试行）》（校发〔2019〕24号）。学校教职工申（投）诉委员会涵盖学校教职工纪律处分（含师德处理）申诉委员会、岗位聘用申（投）诉受理委员会、专业技术职务评审申（投）诉受理委员会等各专门申（投）委员会，积极受理的教职工反映的各类问题，教职工申（投）诉委员会办公室（工会）按照受理流程，准确、规范地处理教职工申诉件，切实维护教职工利益，同时教育和引导教职工从学校整体利益出发，协调个人与学校、个人与单位、个人与同事之间的关系，将矛盾化解在基层，有效发挥组织育人的功效，促进和谐校园建设。继续加强与海淀区劳动人事争议仲裁院的合作与联系，提高学校基层调解的专业化水平。学校各单位兼职调解员在实际工作中科学化、专业化、人性化水平不断提高。

（张　娟）

【教学基本功比赛】 ①3月9—10日举办北京科技大学第十一届青年教师教学基本功比赛。由学校14个教学单位推选出的62名优秀选手参加校级比赛，设置理科组、工科组和文科组三个组别，评选出一等奖10名，二等奖20名，三等奖20名。②选拔推荐优秀青年教师参加北京高校第十一届青教赛并获佳绩。6名参赛教师中数理学院刘白羽荣获理科类A组一等奖（第一名），取得代表北京市理科组参加明年第五届全国高校青年教师教学竞赛的资格，数理学院曹丽梅荣获理科类A组一等奖（第三名）、外国语学院张丹丹荣获人文类A组一等奖（第二名）、文法学院王钰荣获人文类A组一等奖（第六名）、材料学院石章智荣获工科类A组一等奖（第八名）、材料学院张铮荣获工科类

A 组三等奖。另外由教工委选拔推荐 3 名马克思主义学院思政课教师强光美荣获社科思政类 A 组二等奖、毕丞和吴宁宁荣获三等奖。学校高度重视青年教师教学工作，大力支持和推动青教赛工作的开展。通过工会搭建平台，青年教师广泛参赛，各级工会精心组织，形成系所、学院、学校三级培训和选拔机制，在引导和助力青年教师潜心立德树人、悉心教书育人、聚焦课堂教学，提升教学技能方面起到了积极作用。

（黄爱霞）

【青年教师创新沙龙】 2019 年举办 5 期青年教师创新沙龙活动，邀请到“中组部青年千人”、学校材料科学与工程学部主任、材料科学与工程学院院长王鲁宁教授，万人计划领军人才、国家优青尹升华教授，北京市科技新星计划、教育部新世纪优秀人才计划、国家优秀青年科学基金资助、国家重点研发计划项目首席科学家董超芳教授等校内研究成果突出的青年学者、知名专家讲授学科前沿发展动态、本人及其研究团队的代表性成果，与青年教师分享并探讨学科交叉的创新发展趋势。通过活动青年教师了解不同学科、开阔视野、碰撞思想火花；工会等部门精心组织，充分发挥青年教师工作委员会的作用，群策群力，更好地服务青年教师的成长和发展。

（马　特、黄爱霞）

【师德建设】 宣传先进典型，弘扬师德师风。①宣传先进典型。2019 年组织推荐学校数学教研工作室荣获北京市工人先锋号称号，并对他们的先进事迹进行了大力宣传。②开展教师节庆祝活动。对近一年来涌现出的受到校级以上奖励的业绩优秀的教师进行集中表彰奖励。③组织学校优秀先进教职工赴北戴河疗养院开展疗休养活动。④组织新入职青年教师赴北京市昌平烈士陵园瞻仰烈士纪念碑，参观革命纪念馆，接受革命传统教育和爱国主义教育。

（黄爱霞、张　娟）

【调研宣传工作】 校工会继续做好理论研究，增强工会工作科学化。2019 年申报工会理论重点课题 7 项，内容涉及教职工思想状况调研、职工小家建设等。重视宣传报道和网络宣传。2019 年向市教育工会网站投稿 80 余篇；积极推广北京工会 12351 和“健步 121”APP。

（张　娟）

【服务教工】 2019 年，继续发挥工会作为党联系群众的桥梁和纽带作用，全力为教职工办实事，关爱困难教职工。①做好“京卡”推广，学校会员已完成“京卡•服务卡”办理比例近 88%。②推广“在职职工互助保障计划”，2019 年继续集中为全校 45 岁以上教职工办理重大疾病保险，办理“女职工大病保险、职工意外伤害保险、职工重大疾病保险、职工住院保险”。③普惠全员做好慰问品发放工作和全校教职工生日蛋糕慰问。④继续做好“两节送温暖”“三八关爱女职工”“五一关爱劳模”“教师节关心一线困难教师”和上半年、下半年定期发放困难补助以及日常慰问工作。2019 年度发放困难慰问金额 32 余万元，涉及在职职工 360 多人次。⑤扎实做好劳模工作。及时更新劳模数据库、组织劳模慰问、体检和疗休养等工作。⑥继续做好各类生活服务平台的搭建工作。⑦继续做好暑期学车和寒暑假自费旅游工作，涉及教职工 150 余人次。

（王宇同）

【承办上级工会活动】 ①组织参加“京师缘”单身青年教师联谊活动。2019 年北京市教育工会成功举办九届青年联谊活动，其中三届活动由学校提供场地和服务工作，帮助青年单身教职工扩大交际范围，积极解决青年教职工生活难题。②承办北京教育系统汽车兴趣汇活动。承办以“保护生命、平安出行”为主题的北京市教育系统汽车基础知识及交通安全宣传教育活动，来自首都教育系统近 200 位教职工参加活动。③承办北京市教育系统新任主席培训内容，工会常务副主席贾水库应邀做“习近平新时代特色社会主义思想与新时期高校工会工作”报告，并参观和交流学校教职工小家建设。

（黄爱霞）

【文体活动】 工会始终以“健康身心，愉快工作”为主题，组织教职工开展全民健身活动，2019 年主要开展：①组织 350 余名教职工春游神堂峪自然风景区。②组织第 41 届师生运动会，将竞技体育和趣味项目相结合，2000 余人次参加。③组织教职工羽毛球代表队参加 2019 年首都高校李宁杯羽毛球锦标赛，获第五名。④组织教职工羽毛球赛，参赛 240 余人次。⑤组织 430 余名会员“拖拉机”扑克牌比赛。⑥庆祝新中国成立 70 周年教职工文艺汇演隆重举行，近700人次参加。⑦组织代表队在2019年第六届“协会杯”扑克牌锦标赛暨2019年北京市高校扑克牌（双升）联赛中荣获亚军。⑧12月份组织教职工环校园冬季长走活动。

（张　娟、于海荣）

【人口和计划生育办公室工作】 2019年，人口和计划生育办公室有专职干部2人，由各学院、机关部处基层干部38人组成计生宣传员队伍。计生办围绕学校中心工作，宣传全面两孩政策，加强大学生青春健康教育，全心全意为全校师生提供优质服务，独生子女家庭各项奖励兑现率100%，教职工子女托儿困补发放率100%。此外，计生办接受学院路地区属地管理，承担政府部门部分职能。

①做好人口计生管理与服务。坚持计划生育基本国策，贯彻落实全面两孩政策，推进计划生育服务管理改革，增强服务意识，促进家庭幸福和人口均衡发展。坚持党政一把手亲自抓、负总责和计划生育“一票否决”制度。为师生办理各种计生证件、手续；对国家政策法规及学校规定进行耐心细致的解释，及时解决师生遇到的问题。做好计生宣传员专业知识培训，建设高水平服务队伍。

②举办各种活动为教职工办实事。组织全校教职工参加计划生育家庭意外伤害保险，共91户家庭参保；组织教职工参加中国人寿意外安康保险，共167人参保；“六一”儿童节为近1400名教职工子女送去节日慰问品；征集“我爱我家”教职工子女书画作品，丰富教职工亲子活动，营造和谐家庭氛围，共收到作品二百多幅，评选出优秀作品并展出。

③开展大学生青春健康教育，助力学生成长。参加中国计划生育协会、北京市计划生育协会高校青春健康教育项目，组织指导计生办下属学生社团青春健康同伴社具体实施该项目。同伴社秉持“青年参与服务青年”理念，开展了一系列青春健康教育活动：在数理学院、冶金与生态工程学院、化学与生物工程学院、自动化学院、东凌经济管理学院、机械学院、土木与资源工程学院和计算机与通信工程学院的大二学生中开展同伴教育25场，600多名学生参加培训；6月9日参加北京市计划生育协会举办的“健康向前冲”定向越野比赛，取得优异成绩；9月26日举办世界避孕日“避孕 我要科学的”主题外展宣传，增强大学生安全避孕意识，减少意外怀孕，提高大学生生殖健康水平；11月3日参加学院路街道办事处举办的“呵护青春健康 共筑美好梦想”主题演讲比赛，学校2名选手获得三等奖；举办二场“我青春 我健康”主题知识讲座，150名研究生及400多名大一新生参加；12月1日世界艾滋病日，携手学院路街道民生保障办公室共同举办以“社区动员同防艾，健康中国我行动”为主题的外展宣传，与政府部门一起共同防控艾滋病，推进“健康中国行动”；12月8日承办北京市计划生育协会2019年北京高校青春健康同伴教育主持人风采大赛。比赛取得圆满成功，学校选手获得大赛一等奖一名、二等奖一名。

④加强政策理论学习，注重沟通协作。积极参加中国计划生育协会、北京市卫生和计划生育委员会组织的政策法规培训，准确把握全面两孩政策及法律法规，提升管理水平和服务师生能力，保证依法行政。参加中国计划生育协会举办的管理培训班，交流学习高校青春健康教育工作经验，提升青春健康工作管理水平。与学工部、校团委及各学院合作开展大学生青春健康教育，直接受益人1500多人，间接受益人约6000人，不断提高学校大学生生殖健康水平及艾滋病预防能力，打造学校大学生青春健康教育优质品牌。注重与各学院、部处主管领导、宣传员加强联系，出现问题及时解决，使学校人口和计生各项工作顺利开展。

（曹红丽、黄爱霞）

共青团工作

【概况】 2019年，学校共青团组织高举中国特色社会主义伟大旗帜，坚持以习近平新时代中国特色社会主义思想为指导，深入学习贯彻习近平总书记关于教育、青年工作的重要论述和有关会议精神，坚持围绕中心、服务大局，深入落实立德树人根本任务，狠抓基层组织建设，科学设计第二课堂育人体系，积极构建与第一课堂互融互促的协同育人格局，圆满完成服务和保障新中国成立70周年庆祝活动相关工作，切实提升和发挥了共青团组织的引领力、组织力、服务力。截至2019年底，共有共青团员23104人，学生社团87个。

（苏　栋、王　鹏、于宝库、尹传举）

【思想政治引领与组织建设】 学校团委牢牢把握思想引领的根本任务，加强和改进团员青年的思想政治教育，提高广大团员青年的思想政治素质和道德素质。围绕中国梦、社会主义核心价值观和新中国成立70周年、五四运动100周年等重大主题和契机，根据教育教学规律和青年成长规律，分层次开展解读大学、爱乐传习、走进科技、体验创业、走进专业、深入职业、考研就业、毕业感恩等8个覆盖本科四年的“学期式”主题教育活动，全年共组织961个团支部、20000余人次开展主题班团日活动。2019年10月24日，教育部党组书记、部长陈宝生莅临学校调研，充分肯定了“青春告白祖国——大学生社会实践”主题教育工作的育人成果。

着力提升学校共青团的组织力。①开展面向校团委、院团委、团支部和全体团员的“对标强心”组织力提升工程，以制度化举措推动团的组织和各项工作强起来。②抓规范化建设，出台《团代会指导手册》，指导二级单位团组织团代会工作有序开展，选齐配强专、兼、挂相结合的共青团干部队伍。③实施基层团组织“细胞工程”，着力激发基层团支部活力。全面推进“班团一体化”机制建设，从建立组织架构、完善运行机制、加强队伍和平台建设、制定评价指标与体系等方面提出改进方案和创新模式。④以“智慧团建”为基石，规范团组织关系转接流程。依托“北京共青团”系统逐步实现基层组织规范管理、组织关系有序转接，确保各学院各支部按隶属关系将组织信息100%录入“北京共青团”系统，各支部团员100%录入系统。

着力扩大学校共青团的组织覆盖。在全国高校中率先成立校院两级青年教师团工委，切实履行组织、联系、服务和凝聚青年教职工的职责。①推进工作机制创新，做好服务青年教师发展的“创新源”。以制度建设为抓手，通过政策引导、组织建设和经费支持，形成学校统筹规划、部门分工合作、院系全力支持、教师广泛参与的教师发展联动体系，目前16个二级学院相继成立了院级青年教师团工委。②坚持思想引领创新，做好服务青年教师发展的“思想库”。通过专题党课、团校培训、红色教育基地学习等平台，开展师德师风论坛等活动，加强青年教师的思想政治引领。同时，创新工作方式创建集“北科青椒”等微信公众平台于一体的“微媒体”体系，做到思想引领的全天候、全方位和全覆盖。③推动成长服务创新，做好服务青年教师发展的“助推器”。整合校内外资源，联合教师工作部、教务处、科研院等多家单位，建立了讲座、研讨、沙龙、工作坊“四位一体”的服务模式，共举办讲座17场，研讨及沙龙32场。与发展规划处联合举办青年教师学科交叉项目申报评选工作，111项申请中的30项获得资助，总资助金额为300万元。④创新开展生活关心，做好服务青年教师发展的“青年友”。针对青年教师关心的子女入托入学等方面问题开展专题讲座，组织赴附幼、附小参观。切实推进“青椒”风采系列活动的开展，组织策划为100余名青年教师拍摄证件照、230名教师制作专属名片。关注青年教师的身心健康，积极策划足球、篮球比赛、趣味运动会和轻沙龙等活动。定期开展交流联谊活动，丰富青年教师文化生活，营造人文关怀氛围。

着力完善学校共青团骨干培养体系。①深入实施青年马克思主义者培养工程，制定“三维五级”团校培养方案，针对团员、团干部、专职教师等群体构建“全方位、多维度、立体式”培养体系，每年举办团校20余期，近千学时，覆盖青年学生骨干4000余人次。②坚持实施“励志计划”“求实计划”“鼎新计划”等青马工程试点班，引入校友及社会资源，深入推进特色人才培养计划，累计培养学员300余人，成为学校创新型人才培养的高产试验田。③以挂职锻炼为手段，增强校院两级联系。选拔学习成绩优异，具有坚定的政治立场，较好的思想政治素质和道德品质，具备丰富学生工作经历的优秀学生骨干到校团委挂职锻炼，发挥团组织的育人功能，为优秀学生骨干提供实践锻炼平台。

着力规范推优入党的程序。坚持党建带团建，严格遵守“全团一盘棋，院系齐步走”的思路格局，统一规划、明确分工，实现“校、院、团支部”三级联动，切实发挥好推优入党工作的思想引领作用，进一步巩固了“时间灵活、程序规范、形式生动、内容丰富”的全校一体化推优格局。各级团组织共举行推优大会600余场，累计推荐2000余名优秀团员成为党的重点培养和发展对象。此外，实行学院团委100%、校团委抽取30%对团支部推优大会进行督查，确保工作标准严格、流程规范。

（于宝库、邵丽华、张朝磊、李　凯、李奕明）

【新闻宣传与网络新媒体】 2019年，校团委根据青年师生网络信息获取、意见表达的特点，首次举办青年师生网络文化节活动，评选10名“宣传之星”，推选展示一批校园网络育人优秀作品，举办团学组织网络新媒体交流研讨活动，特别是与学校党委宣传部、信息化建设与管理办公室联合发布《新时代北京科技大学青年师生网络文明公约》，明确提出“自觉遵纪守法，不造谣、不传谣。坚守文明理性，不诋毁、不攻击。明辨是非善恶，不盲从、不沉溺。维护国家安全，不破坏、不窃取。汇聚清朗正气，不低俗、不功利。传承北科精神，不空洞、不浮躁”的72字要求，为清朗网络空间提供制度保障。

落实共青团中央“青春心向党 • 建功新时代”主题宣传教育实践活动要求，扎实组织开展“青年大学习”，举办共青团宣传骨干培训班，深入学习习近平总书记关于青年工作、教育工作等的重要讲话论述；编发舆情播报《满井说》五期，引领师生正确认识当下新闻热点。

围绕“百年五四，传承有我”主题，举办图片展，制作“青春心向党，报国勇担当”纪念画册，开展“我与国旗合个影”摄影比赛，推出《吾肆青年》MV、《为中华之崛起》说唱作品，与中央电视台军事频道密切协作，组织开展“歌唱祖国”“军歌进校园”快闪演出，制作《北科情，强国志》快闪纪实片，与杨利伟、阎维文等共话青春梦，共唱爱国情；围绕庆祝新中国成立70周年，以“青春告白祖国”为主题，制作完成国庆联欢表演、合唱方阵、支教团、社会实践四个篇章原创视频，举办祖国成就图片展，制作“青春心向党，建功新时代”国庆纪念画册，推出手绘漫画、微故事等系列多形式推文，弘扬爱国主义精神。

重点培育“北科小博士融媒体工作室”，打造精品网上栏目与网络文化产品，依托“北科大青年”微信公众平台开展线上思想引领，全年发出原创推送500余篇，总阅读量近140万人次，线上累计覆盖师生突破11万人次，荣获“2019年全市团属微信公众号优秀运维单位”，综合影响力稳居北京高校共青团系统前3名，获得单周第1名1次，其中《杨利伟来了！阎维文来了！快闪来了！亲爱的祖国：北科大青年来了！》获得近6万阅读量，《以国之名，祭奠亡灵 | 82年，我们从未忘记！》获得近7万阅读量，被“学校共青团”及五所高校转载，在师生校友中引发强烈反响。

（于林民、杨润初）

【学生成长助力工程】 围绕学校中心工作，深入推广实施“第二课堂成绩单”制度，充分发挥第二课堂在思想引领和实践育人方面的作用，利用有特色的“第二课堂”活动教育学生、引导学生，提升综合素质，构建第一课堂与第二课堂协同育人体系，助力学校“三全育人”综合改革。①推广“到梦空间”系统。面向全校各学院、社团学生会等开展培训，确保负责人熟练使用系统。通过微信公众平台普及系统使用技巧、表彰活跃于第二课堂的同学。将研究生新生账号与学生社会实践信息导入系统，满足学生参与活动的需求，提升第二课堂数据的完整性。截止年底，学校共创建部落1590个，发布活动18595场，参与活动达426761人次，第二课堂活动在系统上全面发布。②搭建体验交流平台。以第二课堂展示体验中心为核心，推进第二课堂展示教育基地的建设，助力复合型人才的培养。共组织3000余名新生参观体验，接待团中央、北京团市委和近1000所高校领导同仁参观。③编写专业培养方案。联合化学与生物工程学院，充分借鉴第一课堂优秀经验，结合专业人才培养目标，出台专业培养方案，为学生系统规划第二课堂活动提供参考，充分发挥第二课堂提升学生综合素质的作用。积极开展学院调研座谈会，推进“第二课堂成绩单”制度落实。④深化数据研究分析。建立大数据平台，以第二课堂数据为支撑，编写《第二课堂蓝皮书》，精准反馈各单位活动开展情况、活动评价情况和学生参与情况，研究“第二课堂成绩单”制度的运行情况、普遍特点和实践特色，全面提升第二课堂活动的质量与育人效果。同时，为各学院提供内容客观详实的第二课堂数据周报与学期报。

（于宝库、高　融）

【社会实践与志愿服务】 坚持“大学生社会实践”课程化长效育人机制，持续发扬“学风严谨，崇尚实践”的传统，注重提升实践育人实效，以“实践绘就最美青春——砥砺奋进七十载，青年建功新时代”为主题，重点围绕“强国之路青年体验行动”“美丽中国绿色发展行动”“乡村振兴青年作为行动”“区域协调发展调研行动”“校友引航生涯规划行动”“社会主义先进文化繁荣发展行动”“创新驱动发展体验行动”“改善民生公益服务行动”“两岸四地青年交流行动”等内容开展九大专题行动，共组织2061名在校学生，组成187支社会实践团队，实践足迹遍及祖国30个省、市、自治区以及美国洛杉矶、日本福冈等海外地区，实践总时长超过4167小时，举办各类活动428场，活动覆盖人数超过35万人。活动中，募捐图书4295册，筹集善款及捐赠物品所值超过90000元，学校收到实践单位反馈意见和感谢信311份；实践事迹受到中国教育网、中青网、《北京青年报》等媒体报道445次，具有广泛的社会影响力。

学校“新时代大学生社会实践'五位一体'模式质量提升工程”获教育部首批高校思想政治工作精品项目。CSSCI核心刊物《思想教育研究》于9月第二期封面报道《北京科技大学实践育人精品项目建设》，全国高校思想政治工作网于11月在头版发布《熔铸思政课实践教学“北科大模式”——北京科技大学实践育人专栏》，校团委获得2019年首都大中专学生暑期社会实践先进单位称号。

“大学生志愿服务”工作秉持“一直坚定、一点轻快”的惊叹号精神，坚持奉行“奉献、友爱、互助、进步”的准则，推动志愿服务成为北科大实践育人的特色环节。专业化发展助力志愿服务“精准滴灌”，纵深化推进塑造志愿服务“新高度”，引领学生为社会发展做出积极贡献。①劳动教育展长卷，永葆常态化奉献底色。以劳动教育为“牛鼻子”深化课程建设，推进以“到梦空间”为平台的志愿课程机制，持续发挥志愿服务在思政建设中的重要作用。2019年，修订《北京科技大学志愿服务课程管理办法》，推出新版《北京科技大学研究生支教团管理实施办法》，编写《北京科技大学研究生支教团培训计划》。强化项目管理，制定长期项目考核表及志愿服务基地服务情况调查问卷，与17个团组织结对社区对接，重点开展志愿活动。全年志愿服务累计工时数达369213小时，人均工时45.7小时，累计调研160次，开展志愿服务精品项目81个，建立第二课堂展示教育基地25个。②立足学科描轮廓，塑造专业化服务特色。加强项目设计，发挥学科专长。孟子居创业团队荣获第十二届中国青年志愿者优秀组织奖，心路家教志愿服务项目首次入围海淀区志愿服务创意大赛决赛，第二十一届研究生支教团甘肃分团助力秦安脱贫攻坚，献礼新中国成立70周年，其事迹被“中国青年网”报道。③打造品牌绘七彩，凝练体系化育人特色。“3•5”学雷锋日发布全新“学雷锋”志愿服务七彩行动，“12•5”国际志愿者日推出年度志愿服务系列展览，发布《2019北京科技大学志愿服务工作巡礼》视频，着力营造浓厚的志愿服务校园文化氛围。主动投身服务国家重大赛会，组织197名志愿者服务北京世界园艺博览会，分布于15个岗位，累计时长达12128小时，收到了来自上海游客的感谢信，服务事迹被“北京青年报”报道。组织199名志愿者参与亚洲文明对话大会开幕式——亚洲文化嘉年华中《风与花的边界》《光耀亚洲》两个节目的演出，服务事迹被CCTV1等主流媒体报道。通过志愿服务，打造生动的爱国主义教育课，弘扬青年志愿精神，助力学生成长成才。

（于林民、李斯文）

【学术科技与创新创业】 2019年，学术科技与创新创业工作以提升大学生创新能力、创业意识为目标，把握学生需求、提升活动质量。①组织3347人次参加创新创业类竞赛，举办学校第二十届“摇篮杯”大学生创新创业竞赛，共302个项目、1604人次参赛；举办学校“互联网+”创新创业竞赛，共301个项目、1208人次参赛。推荐16个项目参加“挑战杯”首都大学生课外学术科技作品竞赛，获得特等奖1个、一等奖2个、二等奖3个、三等奖6个，并获“首都优胜杯”集体荣誉奖；推荐54个项目参加中国“互联网+”大学生创业大赛北京赛区比赛，获得一等奖1项、二等奖15项、三等奖37项，学校获得“优秀组织奖”，在全国赛上获得铜奖1项。依托“鼎新计划”开展竞赛指导，全年邀请专家100余人次，开展评审、指导活动50余次，极大提升了校内竞赛水平和创新创业项目质量。②举办各类讲座，邀请国家一级演员濮存昕、神州泰岳人工智能研究院首席分析师刘大双等来校讲座，举办“名家讲坛”2期、“校友讲坛”2期、“鼎新讲堂”8讲。严格审批创新学分，负责创新学分讲座打卡100余场，累计服务学生逾8000人次。组织开展“创新创业主题团日”，覆盖大二所有团支部共3000余名团员；举办创新创业成果展，助力学校成为本年度北京唯一一所、全国50所“全国创新创业典型经验高校”之一；在教育部部长陈宝生来校调研之际，举办青年学子创新成果展，提升学校人才培养显示度。承办2019年青少年高校科学营全国开营式，教育部副部长钟登华、中国科协副主席孟庆海等20余名部委、北京市领导出席活动，来自北京11所高校科学营的3000余名师生参与活动，开营式受到中央电视台、《人民日报》、新华网等二十余家电视新闻媒体报道。承办科学营北科大分营，获得全国“优秀组织单位”。

（苏　烜、韩　月）

【文化艺术与学生社团】 秉承“科学与艺术共融，人文与创新并存”的教育理念，紧紧围绕庆祝新中国成立70周年、纪念五四运动100周年等主题，积极打造“高雅艺术、群众艺术、原创艺术”三元并举的工作格局，统筹学校文化活动，推进美育教育，普及艺术教育，极大地发挥文化育人的功能，提升学生文化艺术素质，营造良好的校园文化氛围。①打造精品团队，推进高雅艺术。加强艺术团的建设，围绕庆祝新中国成立70周年共举办系列高水平演出10余场，“青春之歌”管乐专场音乐会、“向Young而声”男声小合唱专场音乐会、“片刻好戏”话剧专场演出、“鎏音新语”民族室内乐专场音乐会、“我想给您跳支舞”舞蹈专场演出、“国韵风华”民乐专场音乐会、“我们都是追梦人”管乐专场音乐会、《师兄的透镜》话剧专场演出等，共5000余人次观演，广受师生校友的好评。精心打造“学院路30号”歌唱组合参加全国“青春中国”全国歌唱展示活动获得亚军。②大力推进群众艺术，提升学生艺术修养。举办“贝壳青年艺术节”“校园歌手大赛”“主持人大赛”“名家讲坛”等特色活动。开展演出放票、进校园演出及歌剧电影放映活动25次，共覆盖师生一千余人；开展“赞美丽青春 颂时代新歌”文艺主题团日活动，覆盖2018级125个团支部，3700余人，参与艺术赏析课授课的学生讲师52位，授课共计135个学时。③挖掘校史校情，积极打造原创艺术。原创第四部校园话剧《师兄的透镜》，原创民族室内乐作品《鎏金》《钢之魂》、管乐合奏校园歌曲《银杏树》，原创舞蹈《破晓》《有一片天空》等系列文化作品。④举办“青春心向党、建功新时代”五四歌会，组织开展全校师生“歌唱祖国”快闪活动，制作的MV荣获第九届“视友杯”中国高校电视奖综艺类二等奖；与中央电视台军事频道合作《军歌进校园》活动，在央视及多个媒体播出并报道。

深入推进改革，加强对学生社团的思想引领与服务管理。①改革管理深入推进。修订《学生社团挂靠单位指导意见》《学生社团指导教师意见》，强化挂靠单位、指导教师的责任，加大对指导教师的激励保障。建立社团信息专员专线联系机制，畅通信息沟通。推进学生社团团支部建设，定期举行团支部会议，强化思想引领，引导社团成员不忘初心、牢记使命。组织学生社团骨干培训班，坚持重点突破、以点带面，重视对骨干的思想教育、专项技能培训，发掘并培养出一批思想觉悟高、能力过硬的社团骨干。②社团活动精彩纷呈。学校87个学生社团开展社团品牌活动项目800余项，举办社团文化节、“百团大战”社团招新、五四贝壳音乐节、“十佳社团”评选等大型社团活动。打造“兴趣爱好、健身运动、学习求知、志向行动”四维社团培养体系，培育“传统文化节”“街舞舞台剧”“相声专场”“三好杯篮球赛”“定向越野普及赛”“传感器大赛”“校园辩论赛”“营销大赛”“快递盒回收活动”“心理健康快车”“急救培训”等精品项目。2019年，管理协会获评“全国五四红旗团委（团支部）”，街舞团获第四届北京高等院校健身舞蹈大赛街舞规定套路locking小集体第一名，羽毛球协会获首都高校李宁杯羽毛球锦标赛混合团体（乙A）第一名，国防体育协会获北京高校“北斗杯”高校男子组团体第四名、女子组团体第一名、总团体第二名等奖项与荣誉。

（王　鹂、闫奎铭、王　璠、王开清）

【全国学校共青团研究中心】 组织开展全国学校共青团研究课题（543项）结题评审工作，全年结题514项。承接2019共青团中央“青少年发展研究”重大课题“‘学校共青团员先进性’评价指标体系研究”。牵头开展全国大学生“返家乡”社会实践、全国大中专学生暑期“三下乡”社会实践调查研究，研究成果《坚持问题导向，补齐工作短板，推进“三下乡”社会实践活动高质量发展——“三下乡”社会实践工作专题调研报告》报送团中央书记处。组织开展高校共青团“第二课堂成绩单”制度实施情况调查研究，研究成果《高校共青团“第二课堂成绩单”制度建设的现状分析和推进策略》成为教育部、人社部、团中央专项推进会会议材料。编写出版《让信仰点亮人生——高校党委书记的“青马课”》，出版发行《高校共青团研究》辑刊3辑，牵头编制《“挑战筑梦 科创报国”——纪念“挑战杯”竞赛30周年主题画册。组织开展全国学校共青团2019年学术年会论文评选工作，共计187篇论文获奖。“到梦空间”网络管理系统使用高校达到362所，服务学生603余万名。完成对全国200余个区县“返家乡”社会实践试点工作的全程指导；完成“三下乡”“深度贫困地区青春行”全国大学生暑期社会实践专项活动，共计组织143支团队深入全国117个贫困县开展社会实践活动。公开遴选两期共7名研修挂职干部。2019年10月31日团中央书记处书记吴刚来研究中心调研指导。

（秦　涛、王丽莉）

【学生会与研究生会】 2019年，按照《关于推动高校学生会（研究生会）深化改革的若干意见》政策文件要求进行改革，进一步明确学生会组织的基本职能定位，努力做学校联系广大同学的桥梁和纽带。指导学生会加强“代表性、服务型”职能建设，坚持“强化引领、提升影响、开拓平台、加强建设”的工作方针，广泛关注学生学业发展、身心健康、社会融入和权益维护四大方面的需求，切实做好服务同学的各项工作。结合五四运动100周年举办“纪念五四运动一百周年主题歌会”，结合新中国成立70周年组织“答题吧少年”百科知识争霸赛，引导广大学子不忘初心、牢记使命；举办第四届青年之声模拟政协提案大赛，从学生自主维权的角度出发，通过权益委员和日常提案工作，完善学生维权机制；开展“我爱我师”评选、“四、六级模考”“名师面对面”等活动；创新完善早操制度，推出“阳光晨跑”“爱心鸡蛋”项目；顺利完成2019级新生报到志愿服务。

指导研究生会加强“代表性、学术型”职能建设，着力打造“学术之窗、学生之家”。以学术交流和科技创新为己任，开展“学术人生”访谈栏目、“研师亦友”评选、学术沙龙讲座、研究生英语演讲比赛等形式多样的学术交流活动，进一步完善研究生科研交流平台；丰富校园文化建设，举办纪念“一二•九”运动——研究生合唱比赛、第十四届轻体运动会等文艺体育活动。

（邵丽华、李晓彤、刘　昊、浦绍韬）

【青春告白祖国】 组织914名师生圆满完成庆祝新中国成立70周年庆祝活动的广场合唱、广场联欢、志愿者服务三大模块任务，成立3个临时党支部、24个临时团支部，积极引领青年学生以青春告白祖国，擦亮爱国奋斗的时代底色。其中，从12个学院选拔92名师生（最终参演82人）组成的广场合唱方阵，国庆当天全程站立于天安门广场，与军乐团合作为庆祝大会相关环节演唱歌曲；由5个单位420名师生（最终400人）组成的广场联欢方阵，于国庆当晚在天安门广场完成100分钟歌舞表演，为共和国献上最生动的生日祝福；来自13个学院的432名志愿者承担集结候场、餐饮保障两个岗位，共43个服务点位的工作，贡献突出，收到北京市庆祝活动领导小组志愿者指挥部的“感谢信”。

①高标准严要求，做好训练工作。三大模块共组织学生训练147次，累计训练时长达773小时，训练安排井然有序，效果明显，学校多次被各分指表扬。广场合唱全体成员放弃暑假，7月1日开始集训，共组织训练70余次，累计训练时长近400小时；广场联欢方阵共组织训练67次，累计训练时长273小时；志愿者们进行了理论学习、技能培训和体能训练，培训及服务10次，累计训练时长近100小时，岗位修改20余次。

②突出思想引领，提升育人时效。参训师生群策群力，邀请参与国庆60周年相关活动的专家、老师开展心得分享、交流座谈，邀请学校思政课教师、北京市先锋志愿者共同开展“我和我的祖国”“不忘初心、牢记使命”主题教育活动，用真人真事激励青年师生，让榜样精神入脑入心；充分发挥先锋模范作用，注重挖掘宣传参演师生感人事迹；注重仪式育人，9月2日，学校举行三项任务誓师大会，校党委书记武贵龙勉励学生不忘初心、献礼祖国，真正将参与国庆服务保障工作打造成一堂学生真心喜爱、终身受益、毕生难忘的思想政治课。

③聚焦“三个到位”，强化服务保障。指导沟通到位：进入队伍的老师身先士卒，与学生同训练共奋斗，加强沟通交流，关注学生思想动态，了解真实需求；后勤保障到位：学校提供时代凌宇报告厅、多功能排练厅、教职工礼堂、体育馆供训练使用，为参训学生购置训练服、遮阳帽、小马扎、功能性饮料、随身餐包等物品，通过合练日提前开饭、延长热水供应时间与门禁时间等方式，积极保障学生的饮食起居；文化建设到位：组织观看男篮世界杯、影片《烈火英雄》、集体庆祝生日，开放体育馆资源，鼓励学生以团支部为单位开展体育活动。

（王　鹏、邵丽华、于宝库、尹传举、苏　烜、于林民）

离退休职工工作

【概况】 2019年，学校离退休职工人数为2632人（校本部2438人，管庄校区194人），其中离休干部77人，退休干部1865人，退休工人690人。离退休职工党委共有20个支部（离休支部4个，退休支部15个，在职支部1个），997名党员；管庄校区离退休党总支共有4个支部（离休支部1个，退休支部3个），79名党员。离退休职工工作处有8名在职工作人员。

（乔　哲、杨　喆）

【党建工作】 2019年离退休职工工作处（党委）深入学习贯彻习近平新时代中国特色社会主义思想、十九届二中、三中、四中全会精神，认真开展“不忘初心、牢记使命”主题教育，加强离退休职工党的建设。

①认真开展“不忘初心、牢记使命”主题教育。每月一个主题，开展主题教育。9月开展“我和我的祖国”主题党日活动，组织“奋斗的我，最美的国”摄影展、书画展、文艺汇演等大型活动；到大操场慰问学校参加国庆游行的学生，通过讲述老同志当年国庆游行的经历，为学生们诵诗《我爱我的祖国》，高歌《我和我的祖国》等给学生们鼓劲儿加油，提振士气；五个支部联合邀请专家做“‘天眼’基础开挖系统及核心人物南仁东”报告。10月开展“不忘初心、牢记使命”主题党日活动，组织广大党员参观“伟大历程辉煌成就——庆祝中华人民共和国成立70周年大型成就展”、香山革命纪念馆和双清别墅，并观看《我和我的祖国》影片。各支部积极组织重温入党誓词等“四个一”活动，重温70年来中

国共产党带领中国人民发愤图强、艰苦奋斗的伟大历程和辉煌成就。在职支部利用午休时间，捡拾操场垃圾，为身边学生、群众做好事。11月组织各支部重点围绕“十八个是否”召开专题组织生活会，查找自身的差距。12月组织各支部召开党员大会，紧扣“不忘初心、牢记使命”主题进行批评与自我批评。通过主题教育，党委和支部进一步擦亮了初心、坚定了使命；党员们理论学习有收获、思想政治受洗礼；班子成员干事创业敢担当、为民服务解难题、清正廉洁做表率；工作人员爱岗敬业讲奉献。

②加强政治建设。严明党的政治纪律和政治规矩，使老同志自觉在政治上、思想上、行动上同以习近平为核心的党中央保持高度一致。积极推进各离退休支部的政治功能建设。通过学习《中共中央关于加强党的政治建设的意见》等提高广大党员的政治意识、党员意识和党性意识，牢固树立“四个意识”、坚定“四个自信”、做到“两个维护”。严格管理各种微信群，要求党员要有大局观念、党员意识，严禁转发各种消极、负面的信息，要传播正能量。

③加强思想建设。把贯彻落实习近平新时代中国特色社会主义思想和十九届四中全会精神作为首要政治任务，发放学习书籍，播放辅导报告，邮寄学习资料，讲好专题党课，学习领会思想，贯彻会议精神。以分类指导为原则，为校外党员（尤其是80岁以上高龄党员）每月邮寄内部学习刊物《金色园地》，鼓励投稿交流学习体会。对于80岁以下党员，进一步推进“两学一做”学习教育常态化制度化，定期给80岁以下党员发送短消息，提高党性意识、组织意识和规矩意识；每年七一前慰问看望困难党员，并送学上门。

④加强党支部建设。加强支部书记培训，提高支部书记政治能力和工作能力，联合北交大、中财共同举办支部书记培训，期间邀请杰出校友蛟龙号载人潜水器原总指挥刘峰校友做报告。加强支部间的交流，每学期为支部书记组织一次交流会。支持鼓励各支部依据自身特色积极开展主题党日活动，以“三会一课”为依托，严格组织生活。提高支部生活质量，借鉴清华大学“六连环”形式，突出“书记领学、重点发言、集体交流”环节。

⑤三全育人。发挥老同志独特优势，讲好中国故事。成立“庆祝中华人民共和国成立70周年纪念章获得者”宣讲团，与相关学院的学生党支部对接，开展座谈交流工作。以支部为单位充分挖掘广大老同志的自身优势，鼓励老同志们积极参与“读懂中国”活动，《我的‘高温材料中国梦’》获最佳微视频。参与学校“口述历史”项目，传承北科文化，弘扬北科精神。

⑥宣传正能量。3—4月迎接校庆期间，每日为老同志们播放校歌，组织快闪喜迎校庆活动，提升爱校荣校之心。5月份开始播放《我和我的祖国》，积极动员老同志提供老照片举办“我们那些年的事”大型图片展，为新中国成立70周年烘托气氛。改版网站，《金色园地》新增“展示阳光心态、体验美好生活、畅谈发展变化”和“身边的人，不凡的事”版块，围绕新时代新气象新作为，唱响主旋律。四位老同志的文章入选《畅谈改革开放40周年新成就、争做“四新老人”》主题征文活动。《我在高温材料领域奋战60余年》被“北京教育老干部工作”微信公众号《北京教育系统老同志“我与新中国的故事”》栏目收录。

（乔　哲、刘淑红、杨　燕、高晓森）

【服务管理工作】 统筹各方资源，切实做好离退休职工服务管理工作，积极组织引导老同志发挥优势和作用。

①协作配合。与校办、保卫保密部（处）、人事处、基建管理处、后勤管理处一起做好每月校领导接待工作。跟校医院密切合作，推进签约家庭医生服务。紧急救助突发状况的老同志，帮助稀有血型老同志联系血液。与后勤管理处和社区服务管理中心合作，推进校内家属楼电梯安装工作。与原单位一起做好老同志慰问和后事工作。

②居家养老。为离休干部采购居家养老日常生活用品配送到家，为有需要的离休干部安装上下楼扶手；引导老同志转变观念，引进“田园之家”，体验新型居家养老服务模式；帮助老同志学习使用智能手机便利生活；邀请专业人员上门为老同志修脚，免去劳碌之苦。

③社会养老。为老同志发放《北京养老地图》，帮助老同志多渠道了解社会养老政策信息、养老机构情况等，结合实际工作安

排养老机构宣讲活动。

④困难帮扶。帮扶特殊困难职工，走访慰问送关怀793人次，做好72名去世职工后事工作。帮助3位独身老人住院治疗以及入住养老院等。根据文件落实一位去世离休干部无工作配偶生活困难补助。

⑤条件建设。升级改造楼宇相关设施设备，改善活动中心环境与条件。为方便老同志学习和接收通知，将一楼大厅单色显示屏升级为彩色屏幕；通过重新布网改造铭德楼无线网络，解决换房间就断网的问题；更换各活动室空调，消除空调老化带来的安全隐患；通过为铭德楼前门安装两处门帘和修缮后门，提升大厅温度和老同志活动时的舒适度；对三个活动室进行吸音板改造；维修铭德楼东侧外墙保障行人通行安全。

⑥文化养老。以“展示阳光心态、体验美好生活、畅谈发展变化”为主题开展相关活动，营造积极健康向上的氛围。组织春秋游、“春花香，换新装”女神节购物一日游、参观世园会、秋季运动会、重阳节健步走、校庆闪演等活动；组织庆祝新中国成立70周年系列活动“我们那些年的事儿”和“我和我的祖国”摄影展、“奋发图强七十年，盛世华章中国梦”书画展。组织“我和我的祖国”北科大离退休职工庆祝新中国成立七十周年文艺演出。参加“增添正能量•健身乐晚年”北京高校老同志健康项目展示活动，获得阳光风采奖，并且应邀返场表演。承办《教育部人口老龄化国情教育大讲堂活动》，邀请专家进行心理健康讲座。

⑦老有所学。在老年大学开设英语口语，太极推手等课程，本年度结业学员500余人次。英语口语课程实现外教授课，并组织英语口语学员与学校留学生座谈、与英国德蒙福特大学夏令营学生进行文化交流；智能手机应用课程学员掌握了微信、支付宝、淘宝等手机APP的使用。

⑧扶贫工作。引导老同志一对一资助学校对口扶贫的甘肃省秦安县贫困学生137名，每年每个学生资助500元，已资助两年。加大扶贫宣传力度，鼓励老同志消费扶贫购买秦安扶贫大礼包。

（李霞飞、张　薇、侯　佳、杨　喆）

【制度建设】 加强党委对离退休工作的领导，召开专题会议，制定实施细则。学校党委高度重视《北京市离退休干部工作领导责任制》的落实工作。工作处认真起草《北京科技大学离退休职工工作领导责任制实施细则（讨论稿）》，5月份召开学校离退休职工工作领导小组工作会重点讨论，老同志代表就文件提出了意见和建议，各成员单位领导就本部门的工作也都提出完善修改意见。王维才副校长指出各单位对离退休工作十分重视，并针对《北京科技大学离退休职工工作领导责任制实施细则（讨论稿）》提出了很多宝贵的建议。之后，经学校党委会讨论通过并于2019年5月27日发布《关于印发<北京科技大学离退休职工工作领导责任制实施细则>的通知》（校党发〔2019〕33号）文件。

（乔　哲、刘淑红）

【关心下一代工作委员会】 2019年，关工委深入落实立德树人根本任务，着力加强学生思想政治工作，积极培育和践行社会主义核心价值观。坚持新发展理念，珍惜荣誉，开拓进取，推动关工委工作创新发展，取得新成绩，赢得新荣誉。

①年度主要荣誉。2019年3月20日，北京教育系统关工委举办的学习贯彻全国和北京教育大会精神培训班暨工作会上，学校关工委工作受到表彰：学校党委书记武贵龙被授予“重视支持关工委工作的好领导”荣誉称号；学校关工委党建工作指导组、校园文化组分别被授予“北京教育系统关工委先进集体”荣誉称号；学校关工委被授予“北京高校军训服装捐赠工作先进集体”荣誉称号和“北京教育系统关工委信息宣传工作先进单位”；关工委本科教育教学督导组副组长范玉妹、“大学生之友”工作组老干部辅导员刘勤被授予“北京教育系统关心下一代先进个人”荣誉称号；关工委秘书处许炳春被授予“北京教育系统关心下一代工作先进工作者”荣誉称号；关工委秘书长刘淑红被授予“北京教育系统关工委信息宣传工作先进个人”荣誉称号。

②年度工作会议。2019年5月8日上午9点，学校关工委2019年工作会议在办公楼三楼建龙报告厅举行。党委书记、关工委主任武贵龙，党委副书记、副校长、主管校领导薛庆国，关工委委员，关工委各工作组正副组长，学院二级关工委正副主任出席会议。离退休职工党委书记、

关工委副主任乔哲主持会议。武贵龙讲话。

③“读懂中国”活动。3月至6月组织开展“读懂中国”活动，13个学院参与活动，受访德高望重的老教授14人，参加学生人数280人，收集征文18篇，微视频14部，评出微视频特等奖3个，一等奖2个，二等奖8个；征文特等奖3个，一等奖2个，二等奖8个。

④“杰出校友回母校”活动。邀请杰出校友蛟龙号载人潜水器原总指挥刘峰、中宣部时代楷模河钢塞钢总经理赵军回母校，深受学生欢迎。

⑤军训服装捐赠。2019年全校新生共捐赠军训服装1800套，集中运送到北京物资学院北京教育系统关工委军训服装捐赠集中点。

⑥工作组。关工委本科教育教学督导组13位老同志，全年听课达900多门次，编印简报13期，论文《创新督导工作，助力学校内涵式发展》被第十届北京地区高等院校教育教学督导交流会大会组委会收录进入论文集。学生党建工作指导组协助各学院党委发展新党员1175人。《大学生之友》组6位老干部辅导员积极配合学工部和各学院党委开展社会主义核心价值观等主题教育活动。校园文化组8位老同志为加强学校文化建设做出了重要贡献。

（孙　铁、许炳春）

【处务工作】 离退休职工工作处2019年组织22个老同志兴趣团队，973人次参加兴趣团队活动；举办形势报告、情况通报会、理论辅导报告等38场，960人次听取报告通报；举办老同志学习班、读书班190期，4737人次参加；组织6次专题参观，369人次参观学习；组织外出春秋游等活动7次，513人次参加。目前，共有专、兼职离退休工作人员24人，其中专职工作人员10人；工作人员参加工作业务培训6人次，开展了一项发挥高校离退休干部作用的工作机制研究的调研；向上级报送信息39条。

在铭德楼一楼大厅悬挂部门工作人员展示栏，标明工作职责，亮明党员身份。从11月份开始，集中办公日在一楼大厅开放办公，深入到老同志当中，为老同志答疑解惑，倾情服务。建立工作首问负责制闭环机制，认真接待老同志，工作人员多付出，老同志少跑路。

（乔　哲、李霞飞）

人　物

知名专家学者

一、中国科学院院士（8 人）

魏寿昆　柯　俊　肖纪美　高庆狮　周国治☆　陈难先☆　葛昌纯☆　张　跃

二、中国工程院院士（9 人）

陈先霖　胡正寰☆　陈国良　王一德（双聘）☆　王海舟（双聘）☆　蔡美峰☆　谢建新　毛新平
吴丰昌（双聘）

三、国务院学位委员会学科评议组成员（5 人）

张欣欣　吴爱祥　张　跃　邢献然　潜　伟

四、北京市学位委员会委员（1 人）

吴爱祥

五、国家级突出贡献专家（17 人）

周国治☆　刘庆国☆　张公绪　高庆狮　胡正寰☆　李连诗☆　钟廷珍☆　傅　杰☆　葛昌纯☆　冯铭瀚☆
朱允言☆　褚武扬☆　高泽标☆　杨天钧☆　王燕斌☆　高征铠☆　何学秋

六、省部级突出贡献专家（14 人）

谢锡善☆　陈国良　陈景榕☆　李承基☆　林　实☆　管克智☆　周纪华☆　邹家祥☆　陈难先☆　张圣弼☆
周寿增☆　田乃媛☆　赵立合☆　王新华☆

七、国家“973”（含国家重大科学研究计划）、IETR 项目首席科学家（5 人）

谢建新　林均品　张欣欣　张　跃　燕青芝

八、“国家杰出青年科学基金”获得者（27 人）

乔利杰　何学秋　曲选辉　谢建新　张　跃　吴爱祥　郭占成　王习东 *　姜建壮　陈龙庆 *
李庆峰 *　邢献然　乔　红　隆克平　吕昭平　王沿东　姚　俊 *　杨　槐 *　李正平　孙长银 *
姜　勇　党智敏 *　王守国　张立峰　焦树强　陈　骏　刘新华

九、“万人计划”科技创新、哲学社会科学、百千万工程领军人才（14 人）

姜建壮　吕昭平　万向元　郭　宏　刘雪峰　李从举　邢　奕　罗海文　张立峰　秦明礼　刘新华　焦树强　尹升华　贺　威

十、“万人计划”青年拔尖人才（4 人）

白　洋　陈　骏　吴　渊　陈坤龙

十一、国家优秀青年科学基金资助（18 人）

董超芳　焦树强　陈　骏　吴　渊　冯妍卉　贺　威　侯新梅　查俊伟　尹升华　夏志国　廖庆亮　从道永　王　飞　杨树峰　张海君　王丽君　路　新　庞晓露

十二、国家级教学名师（2 人）

余永宁☆　蔡美峰☆

十三、北京市教学名师（35 人）

余永宁☆　郗安民☆　高学东　吴　平　尹常治☆　张欣欣　杨　平　戴淑芬　蔡美峰☆　周国治☆　张　群☆　张敬源　邱　宏　强文江　李长洪　马星桥　彭庆红　彭　漪☆　杨炳儒　吴胜利　陈红薇　林　海　郭汉杰　郑连存　刘　立　金龙哲　申亚男　夏德宏　梁晓晖　张朝晖　孙　莹　付冬梅　张英华　姚　琳☆　范慧俐

十四、国家百千万人才工程入选者（21 人）

毛卫民　曲选辉　吴爱祥　谢建新　何学秋　姜福兴　张欣欣　郭占成　孙冬柏 *　邢献然　高永涛　乔　红　王习东 *　吴顺川 *　王沿东　王　戈　姜建壮　王成彦　吕昭平　刘凤琴　王荣明

十五、中国青年科技奖（5 人）

王　立　曲选辉　吴爱祥　高永涛　张清东

十六、享受政府特殊津贴专家（2000 年以后）（58 人）

曹国辉☆　范玉妹☆　何知礼☆　高永涛　李　阳 *　李华德☆　郭志猛　谢建新　王　立　李谋渭☆　张文明　唐　荻　刘应书　孙加林　乔　兰　孙冬柏 *　隆克平　邢献然　林均品　纪洪广　王习东 *　臧　勇　康永林☆　郗安民☆　朱鸿民　金龙哲　高学东　惠希东　姜建壮　吕昭平　王金安　王志良　李仲学　郭占成　高俊山☆　李晓刚　尹常治☆　蔡嗣经☆　王　京☆　罗维东　刘雅政☆　马星桥　梅建军　吴顺川 *　陈　曦☆　王　戈　林　海　强文江　朱维耀　王成彦　王荣明　张建良　张深根　朱　荣　刘雪峰　李长洪　夏德宏　张学记 *

十七、高等学校优秀青年教师教学和科研奖励基金（简称“青年教师奖”）（3 人）

董建新　邢献然　何富连 *

十八、教育部“跨世纪优秀人才培养计划”入选者（13 人）

毛卫民　何学秋　徐金梧☆　刘国权☆　田文怀　曲选辉　张　跃　张欣欣　孙冬柏 *　倪　文　惠希东
姜建壮　吴爱祥

十九、教育部“新世纪优秀人才支持计划”入选者（97 人）

何维达　王新东　林均品　张波萍　宋卫东　于广华　隆克平　王沿东　高学东　谢谟文　宿彦京
高克玮　李　威　姜　勇　王西涛 *　张　勇　张深根　王　戈　顾　强　彭庆红　吴顺川 *　冯　强
耿文通　刘泉林　何新波　刘雪峰　袁文霞　于然波　王荣明　党智敏 *　梅建军　赵海雷　黄运华
王洪江　刘　青　马　飞　张　梅　曹文斌　常永勤　冯妍卉　王坤鹏 *　郭　敏　范丽珍　李立东
徐　科　李延祥　张晓冬　李晓岑 *　高学绪　李希胜　黄晓霞　何　伟 *　叶　丰　刘杰民　李建玲
闫小琴　阳小龙　李翠平　边永忠　何安瑞　班晓娟　秦明礼　张海龙　金　莹　张敬源　刘　洋
陈　骏　潜　伟　焦树强　贺　芳 *　王国杰　李晓理 *　陈艳萍　时国庆　魏　钧　董超芳　温永强
何　枫　杜宏武　张中山 *　冯志鹏　易红宏　廖庆亮　曹江利　侯新梅　白　洋　夏志国　曹　霞
丁大伟　刘雄军　刘　宇　苗　君　覃京燕　唐晓龙　田建军　尹升华　董文钧

二十、霍英东教育基金（29 人）

年度	课题资助	青年教师奖		
		教学奖		科研奖
1987	赵建国 *　李育苗 *			
1989		刘国权☆（一等）	李维佳 *（三等）	
1991	吕雪山 *			王　立（三等）
1993			廖福成（三等）	乔利杰（二等）
1995			翟启杰 *（三等）	
1997			夏　新 *（三等）	温　治（三等）
2001	李江涛 *		于　文 *（三等）	
2004	高克玮			
2006	王　戈　顾　强　于　浩		袁文霞（三等）	
2009	金爱兵　范丽珍　秦明礼 苗　君　冯妍卉			
2012	陈　骏　庞晓露	董超芳（三等）		
2014	郑　磊	石志国 *（二等）		
2016		廖庆亮（三等）		

二十一、宝钢教育基金优秀教师奖（75 人）

年度	特等奖	特等奖提名奖	优秀奖
1994	刘国权☆		马星桥 申亚男 许世静*
1995	苍大强☆		闵乐泉☆ 张　健 彭　漪☆
1996	王燕斌☆		吴　平 卢晋福 贾建华☆
1997	陈先霖		温美娟☆ 杨世成* 许纪倩☆
1998	邹家祥☆		佟玉兰☆ 管荻华☆ 王维才
1999			李　杰 王新华☆ 王小萍* 桂玮珍☆
2000			潘礼庆* 许三星☆ 王志明 蔡美峰☆
2001			李文军 瞿国忠☆ 康永林☆
2002			汪飞星☆ 张敬源 王　立
2003			郗安民☆ 高俊山☆ 陆　俊
2004			邱　宏 于晓红☆ 张志刚
2005			郗安民☆ 戴淑芬 左　鹏*
2006	吴　平		袁文霞 周贤伟
2007			张欣欣 张　群☆ 郑雪峰☆
2008			郭汉杰 尹常治☆ 范玉妹☆
2009			罗　胜☆ 金龙哲 杨　平
2010	蔡美峰☆		杜振民 陈红薇
2011			张　群☆ 强文江 彭庆红
2012		张欣欣	吴胜利 李长洪
2013	吴爱祥		赵海雷 魏　钧
2014	曲选辉		夏德宏 郑连存
2015		王　戈	林　海 何　伟*
2016			于广华 冯妍卉 廖福成
2017			弓爱君 王凤平 刘杰民
2018			李　擎 王建萍 卫鸿儒
2019			朱　荣 张英华 赵志毅

注：带"*"者已离校，带"☆"者已退休，带"□"者已去世

二十二、2018年在岗博士生指导教师名单（494）

学院	姓名
土木与资源工程学院（54）	蔡美峰 李仲学 汪旭光 胡乃联 倪 文 孙传尧 魏复盛 高 谦 乔 兰 杨 鹏 孙体昌 高永涛 蒋仲安 王金安 宋波T 李长洪 吴宗之 纪洪广 金龙哲 姜福兴 朱维耀 谢玉玲 宋卫东 谢谟文 吴爱祥 李成江 谭卓英 冯雅丽 龚 敏 孙春宝 牟在根 李克庆 韩大匡 刘娟红 张英华 赵铁锤 杨慧芬 杜翠凤 周晓敏T 潘旦光 王洪江 李 铁 黄昌富 尹升华 杨志强 何学秋 金爱兵 李翠平 苗胜军 刘 洋 吴顺川 李国清 宋洪庆 杨仁树
冶金与生态工程学院（42）	殷瑞钰 吴胜利 王新东 王福明 安胜利 邱定蕃 张建良 邢献然 李京社 宋波Y 郭兴敏 程树森 薛济来 朱 荣 张家泉 张立峰 郭汉杰 李 宏 朱立光 崔 健 张梅Y 于然波 郭 敏 陈 骏 李建玲 李素芹 白 皓 李 梅 杨 健 徐安军 闫柏军 罗海文 王成彦 张新房 刘凤琴 曹战民 贺东风 刘晓明 杨树峰 刘征建 黄 焜 Alberto N.Conejo
材料科学与工程学院（77）	康永林 张 跃 韩静涛 龙 毅 万发荣 李长荣 黄继华 毛卫民B 杜振民 田文怀 李惠东 张 弘 王自东 孙加林 奚廷斐 王中林 杨 平 任学平 董建新 张波萍 高克玮 赵海雷 于广华 孙建林 姜 勇 徐滨士 李红霞 刘泉林 周 成 曹文斌 刘雪峰 郑裕东 王 戈 官月平 李立东 张迎春 韩恩厚 赵志毅 强文江 王开坤 徐桂英 于 浩 燕青芝 闫小琴 杨 洲 詹 倩 朱思泉 朱国辉 卢世壁 卢云峰 王一德 周张健 宋仁伯 李静媛 连 芳 陈 冷 常永勤 齐俊杰 徐晓光 李 勇 苗 君 王国杰 王鲁宁 夏志国 董文钧 王丽萍 杨 穆 王守国 沈保根 牛康民 顾有松 曹 晖 郑 磊 陈俊红 庞晓露 廖庆亮 李应红
机械工程学院（33）	殷晓静 张文明 董绍华 臧 勇 张 杰 刘建平 罗维东 李苏剑 张清东 林建国 石博强 韩建友 王宝雨 战 凯 马 飞 杨德斌 李 威 冯 明 曹建国 刘 立 杨海波 闫晓强 覃京燕 冯志鹏 阳建宏 孙朝阳 乔 红 李 疆 Andrew Charles Cllop 邱丽芳 赵 宁 陈 平 王晓玲
能源与环境工程学院（26）	张欣欣 王 立 温 治 刘应书 冯俊小 汪群慧 林 海 苏庆泉 李子富 冯妍卉 周北海 刘向军 季宏兵 易红宏 唐晓龙 林 林 姜泽毅 乐 恺 邢 奕 Ruth Elaine Blake 段小丽 童莉葛 李天昕 刘训良 李从举 丁玉龙
自动化学院（18）	童朝南 尹怡欣 张朝晖 徐正光 李希胜 付冬梅 陈先中 蓝金辉 李 擎 肖文栋 彭开香 贺 威 张维存 丁大伟 杨 旭 王 恒 侯增广 Okyay Kaynak
计算机与通信工程学院（30）	杨 扬 王志良 胡长军 周贤伟 曾广平 郇贺铨 王昭顺 谢 毅 班晓娟 张晓彤 王建萍 张德政 解 仑 隆克平 阳小龙 彭云峰 罗 熊 殷绪成 朱 岩 单志广 刘 明 陈月云 宁焕生 毛凌锋 孙昌爱 戴晓明 张海君 吕 兴 王 睿 李 宁
数理学院（29）	陈难先 尚新春 吴 平 郑连存 王凤平 马星桥 顾 强 陈龙庆 巩馥洲 陈章华 巨 新 廖福成 魏培君 马万彪 林 平 陈明文 陈艳萍 钱 萍 郑新和 宋玉军 王荣明 陈 娣 耿东生 冯元平 刘焕明 孙萌涛 王 宁 马力 刘宇
化学与生物工程学院（22）	李文军 刘杰民 闫 海 袁文霞 弓爱君 边永忠 陈飞武 杨运旭 姜建壮 胡继业 常志东 温永强 侯剑辉 李新学 王天宇 万向元 李正平 杜宏武 王东瑞 查俊伟 王海龙 张学记
东凌经济管理学院（31）	高学东 李铁克 何维达 王道平 刘 澄 周天勇 白津夫 王维才 武德昆 肖 明 戴淑芬 杨建华 武 森 魏 钧 张 剑 何 枫 张晓冬 刘明忠 黄晓霞 杨 青 冯 梅 杨 武 李志民 罗乾宜 胡 枫 闫相斌 甘明鑫 张俊光 张曾莲 周晓光 王兴芬
文法学院（4）	时立荣 曲绍卫 冯 英 徐家力
马克思主义学院（6）	陆 俊 彭庆红 李晓光 左 鹏 张红霞 潘建红
外国语学院（6）	陈红薇 张敬源 黄国文 Dominic Shellard 官 群 薛 锦

续表

学 院	姓 名
新金属材料国家重点实验室（20）	张济山 林均品 惠希东 朱 洁 张 勇 叶 丰 冯 强 吕昭平 高学绪 宋西平 王艳丽 庄林忠 张来启 张海龙 王沿东 何战兵 从道永 黄进峰 李 默 吴 渊
钢铁冶金新技术国家重点实验室（17）	包燕平 成国光 薛庆国 郭占成 王中丙 刘 青 李 晶 张炯明 王建中 焦树强 王静松 张延玲 胡晓军 左海滨 张国华 王明涌 朱鸿民
工程技术研究院（7）	杨 荃 何安瑞 刘建华 米振莉 江海涛 张勇军 余 伟
新材料技术研究院(33)	谢建新 乔利杰 李晓刚 吴春京 郭志猛 唐伟忠 曲选辉 张统一 路民旭 孟惠民 张深根 宿彦京 李成明 何新波 秦明礼 张 津 李金许 杜翠薇 李 平 郝俊杰 黄运华 范丽珍 董超芳 柳 伟 白 洋 周 廉 田建军 张达威 刘新华 吴俊升 肖 葵 岩 雨 岩田修一
国家材料服役安全科学中心（9）	陆永浩 汪林兵 金 莹 张卫冬 庄子哲雄 李 惠 王海舟 郑文跃 栾本利
钢铁共性技术协同创新中心（19）	徐金梧 唐 荻 杨 滨 赵爱民 蔡庆伍 尚成嘉 王西涛 杨善武 徐 科 孙彦辉 尹海清 吕志民 王学敏 赵征志 武会宾 孙蓟泉 侯新梅 袁章福 黎 敏
生物工程与传感技术研究中心（5）	董海峰 曹 霞 苏 磊 许利苹 张美芹
科技史与文化遗产研究院（6）	李延祥 梅建军 潜 伟 魏书亚 马清林 郭 宏

党代表、人大代表、政协委员

党代表

中共北京第十二次代表大会　　武贵龙　班晓娟

人大代表

北京市第十五届人大代表　　金龙哲

海淀区第十六届人大代表　　王维才　左　鹏　申亚男

政协委员

第十三届全国政协委员　　谢建新

北京市第十三届政协常委　　隆克平

第十届海淀区政协委员　　隆克平

校友风采

一、在北京科技大学学习和工作过的中国科学院院士

姓 名	工作单位 / 职务	毕业学校
魏寿昆	北京科技大学教授	北洋大学
吴自良	中科院上海微系统与信息技术研究所研究员	北洋大学
柯 俊	北京科技大学教授	武汉大学
张兴钤	中国工程物理研究院研究员	武汉大学
肖纪美	北京科技大学教授	唐山交大
邹世昌	中科院上海微系统与信息技术研究所研究员	唐山交大
王崇愚	钢铁研究总院教授	北京钢院相 54 届
徐祖耀	上海交通大学教授	唐山交大
高庆狮	北京科技大学教授	北京大学
陈难先	北京科技大学教授	北京大学
李依依	中科院金属研究所研究员	北京钢院铁 57 届
周国治	北京科技大学教授	北京钢院冶 60 届
叶恒强	中科院金属研究所研究员	北京钢院金物 62 届
葛昌纯	北京科技大学教授	唐山交大
张统一	香港科技大学教授	北京钢院金物研 79 级、博 82 级
雒建斌	清华大学教授	北京科大压加研 85 级
张 跃	北京科技大学教授	北科大材料物理硕 87 级、博 89 级

二、在北京科技大学学习和工作过的中国工程院院士

姓 名	工作单位 / 职务	毕业学校
范维唐	中国煤炭工业协会名誉会长	北京钢院矿 56 届
徐匡迪	十五届、十六届中共中央委员，十届全国政协副主席，中国工程院原院长、党组书记	北京钢院冶 59 届
殷瑞钰	钢铁研究总院名誉院长	北京钢院钢 57 届
陈先霖	北京科技大学教授	上海交大
周邦新	上海大学研究员	北京钢院相 56 届
涂铭旌	四川大学教授	北京钢院 55 研究生班
崔 昆	华中科技大学教授	北京钢院 54 研究生班

续表

姓　名	工作单位 / 职务	毕业学校
雷廷权	哈尔滨工业大学教授	北京钢院 55 研究生班
胡正寰	北京科技大学教授	北京钢院机 56 届
陈国良	北京科技大学教授	北京钢院相 55 届
柯　伟	中科院金属研究所研究员	北京钢院相 57 届
钟　掘	中南大学教授	北京钢院机 60 届
关　杰	西安重型机械研究所高级工程师	北京钢院机 63 届
刘　玠	十五届、十六届中共中央候补委员，中国科协副主席，鞍山钢铁集团公司原董事长、总经理、党委书记	北京钢院机 64 届
才鸿年	中国兵器装备集团公司顾问	北京钢院钢 62 届
何季麟	宁夏东方有色金属集团公司原董事长、总工程师	北京钢院物化 69 届
王一德	山西省政府决策咨询委员会专家	北京钢院轧 61、轧（硕）68 届
张玉卓	第十九届中央候补委员，天津市委常委、滨海新区区委书记，中国（天津）自由贸易试验区管理委员会主任	北科大采矿博 86 级
蔡美峰	北京科技大学教授	北京钢院采矿研 78 级
费爱国	空军研究院某所高级工程师	北科大自控博 00 级
谢建新	北京科技大学教授	中南大学压加 78 级
毛新平	北京科技大学教授	北科大冶金博 02 级

三、曾任和现任省部级以上党政领导的部分校友

姓　名	职　务	在校专业
罗　干	十六届中共中央政治局常委、中央政法委原书记	轧 57 届
刘　淇	十六届、十七届中共中央政治局委员，北京市委原书记	铁 64 届、冶研 68 届
徐匡迪	十五届、十六届中共中央委员，十届全国政协副主席，中国工程院原院长、党组书记	冶 59 届
黄孟复	全国工商联名誉主席，十届、十一届全国政协副主席，全国工商联原主席	铁 67 届
范长龙	十八届中央政治局委员、中共中央军事委员会原副主席、中华人民共和国中央军事委员会原副主席	信息国防 00 级
郭声琨	中央政治局委员、中央书记处书记，中央政法委员会书记，中央全面依法治国委员会办公室主任	管理博 03 级
刘晓峰	十二届全国政协副主席	金物 78 级
孙安民	第十二届全国政协常委委员，全国人大法律委员会副主任，全国工商联原专职副主席	机 72 级
殷晓静	十三届全国政协教科卫体委员会副主任，中央政府驻港联络办原副主任	炉 77 级
袁　隐	国务院参事、国务院办公厅原局长	金相 69、金物研 79

续表

姓　名	职　务	在校专业
付双建	第十二届全国人民代表大会财政经济委员会委员、国家工商行政管理局原副局长	管工 91 级
曹文虎	青海省人大常委会原副主任	
史和平	江苏省人大常委会原常务副主任、党组副书记	思政 91 级
高小玫	十三届全国政协社会和法制委员会副主任，民革中央副主席、上海市主委，上海市人大常委会副主任，市科协副主席	材研 83 级
郝　远	甘肃省政协副主席，全国工商联常委、省工商联主席	冶研 86 届
陈建华	广州市人大常委会主任、党组书记，流溪河河长	机 78 级
孙瑞彬	河北省政协副主席、党组成员	管工 91 级
马国强	湖北省委副书记，武汉市委书记，武汉市人大常委会主任	管研 84 级
黄楚平	湖北省委常委，省政府常务副省长、党组副书记，省行政学院院长	思政研 88 级
王　可	山东省委常委、组织部部长、省委党校校长	相 77 级
刘　捷	贵州省委常委、省委秘书长	冶 88 级
姜　军	辽宁省政协副主席，民进中央常委、辽宁省主委、沈阳市主委	制氧 78 级
张广宁	广东省人大常委会原副主任、原党组副书记	管工 81 级
陈国猛	中央纪委案件审理室主任（副部长级）	工管 98 级
李晓波	十九届中央候补委员，山西省政协党组成员、副主席，太原市委副书记、市长，市政府党组书记	轧 80 级
胡玉亭	山西省委常委、省政府党组副书记、副省长	冶 82 级
艾丽华	内蒙古自治区副主席、政府党组成员	公共管理 11 级硕
张玉卓	第十九届中央候补委员，天津市委常委、滨海新区区委书记，中国（天津）自由贸易试验区管理委员会主任	采矿博 86 级
郑新立	中国国际经济交流中心常务副理事长，中央政策研究室原副主任	矿 69 届
刘振江	中国钢铁工业协会党委书记兼副会长、法人代表	相 73 级
邢书成	第十三届全国政协港澳台侨委员会委员	01 级工硕班
方凌江	中国人民解放军原济南军区联勤部自动化站站长、少将	军队班
费爱国	空军研究院某所高级工程师，中国指挥与控制学会理事长	自控博 00 级
高德福	中国人民解放军吉林省军区参谋长、少将	工硕 01 级
张吾乐	十五届中纪委委员，国家有色工业局原局长，甘肃省原省长	机 60 届
刘　玠	十五届、十六届中共中央候补委员，中国工程院院士，中国科协原副主席，鞍山钢铁集团公司原董事长、总经理、党委书记	机研 68 届
李登柱	十五届中纪委常委、中央国家机关纪工委原书记	轧 59 届
张义全	人力资源和社会保障部副部长	机 82 级
吴溪淳	原冶金工业部副部长，中国钢铁工业协会原会长	铁 55 届

续表

姓　名	职　务	在校专业
赵公卿	重庆市人民政府原副市长、党组成员	相 68 届
李敏宽	八届、九届全国政协委员，九届全国政协副秘书长，十届全国政协常委、副秘书长，第七届台盟中央副主席	矿机 63 届
桂中岳	陕西省人大常委会原副主任，民盟陕西省委原主委	矿 61 届
哈斯巴根	内蒙古自治区人大常委会副主任，第十一届全国人大常委会委员、民族委员会副主任委员	物化 72 级
王永明	浙江省人大常委会原党组书记、副主任	机 72 级
靳善忠	山西省人大常委会原副主任	矿机 78 级、管研 92 级
龚世萍	辽宁省人大常委会原副主任，民革辽宁省委原主委，第十届全国政协常委	相 69 届
冯炯华	宁夏回族自治区人大常委会原副主任	粉 68 届
王汀明	湖南省政协原副主席	铁 70 届
贾锡太	福建省人民政府原副省长	轧 67 届
马锡广	宁夏回族自治区原常务副主席	轧 68 届
沈国俊	十五届中纪委委员、四川省原纪委书记	钢 62 届
郝振贤	四川省政协原常务副主席	相 65 届
应文华	大型企业监事会原主席，原国内贸易部副部长	机 62 届
陆　江	原国内贸易部党组副书记、副部长	轧 63 届
范维唐	原煤炭工业部副部长	矿 56 届
殷瑞钰	钢铁研究总院名誉院长，钢铁研究总院原院长	钢 57 届
陆叙生	原国家物资部副部长	钢 57 届
朱新均	国家语言文字工作委员会原党组书记	铸 60 届
周荣昌	内蒙古自治区人大常委会原副主任	轧 55 届
朱宗葆	上海市委原副市长	机 61 届
马仲才	山东省委原副书记，山东省人大常委会原副主任	机 60 届
王宏民	江苏省人大常委会原副主任，南京市委原市长，江苏省扶贫领导小组原副组长	铁 64 届
朱志辉	云南省委原副书记	铁 56 届
王四连	湖南省人大常委会原副主任、党组成员	稀有 70 届
刘　沛	中国驻联合国军事参谋代表团原团长、少将	政治师资 78 级
单亦和	保利集团原董事长、党委书记，大型企业监事会原主席	冶 68 届
李克诚	中国石油天然气集团总公司监事会原主席	相 66 届
彭华岗	国务院国有资产监督管理委员会党委委员、秘书长	机 79 级
汪子章	国家开发银行行务委员	管研 85 级

四、担任司、局和地、市级正局级领导的部分校友

姓　名	职　务	在校专业
巴建光	内蒙古自治区纪律检查委员会副书记，内蒙古十三届人大常委会代表资格审查委员会委员	行政 92 级
卜劲松	广东省地质勘查局巡视员、原局长	机 70 级
贾银松	工业和信息化部原材料司巡视员兼稀土办主任	铁 79 级
江　光	环境保护部辐射源安全监管司司长	腐蚀 81 级、材研 88 级
孔东风	河南省人民政府国有资产监督管理委员会巡视员	铸造 77 级
李　放	中国社保基金理事会秘书长	金物 76 级
李惠东	政协第十三届全国委员会副秘书长（兼职），民革中央副主席兼秘书长，全国人大代表、内务司法委员会委员	腐蚀博 90 级
李瑞阳	上海市教育卫生工作委员会巡视员	热能工程 77 级
李新中	国务院新闻中心舆情研究所所长	在校工作
刘　伟	北京市人大常委会副主任、党组副书记，北京市总工会主席	精密合金 77 级
苗治民	辽宁省沈阳市人民政府党组成员、副市长	冶金硕 85
罗兆慈	广东省广州市南沙区人大常委会主任	管工博 05 级
马燕合	科技部社会发展科技司司长	采矿 87 级
彭学增	河北省邯郸市人大常委会主任	社科 91 级（函）
邵蜀望	中央统战部指导组副组长、第一指导组组长、机关纪委副书记	英研 85 级
苏　靖	科技部国家科技基础条件平台中心主任	矿业工程博士后
汪　韧	安徽省民政厅党组成员、副厅长（正厅级）	钢 79 级
王顶岐	山东省十二届人大教育科学文化卫生委员会副主任委员	压加 77 级
王民忠	中共北京市委党校（北京行政学院）常务副校（院）长	铸 81 级
王　伟	财政部关税司司长	电 77 级
王中丙	广东省应急管理厅党组书记、厅长	冶博 98 级
闫立刚	北京市商务局局长	电 80 级
杨　璐	国家土地督察西安局局长、党组书记	选矿 78 级
余龙武	天津银监局局长	相 85 级
袁　春	中央纪委副秘书长、机关党委副书记	电 77 级
张汉东	国家发展改革委价监局局长	冶博 02 级
赵光华	民进中央常委、秘书长，第十一届全国政协委员	社科系进修 86—88
赵金生	中国电池工业协会理事长、国资委轻工离退休干部局原局长	电 72 级

续表

姓 名	职 务	在校专业
周维现	中央和国家机关工委委员、基层组织建设指导部部长	矿机 86 级、思政双学位 91 级
司永涛	内蒙古自治区政府国资委副主任、党委委员	轧 76 级
张长富	中国冶金科工集团有限公司外部董事，中国钢铁工业协会副会长	机 68 届
于言良	辽宁省人大常委会秘书长、党组成员	思政研 89 级
耿识博	中央文史研究馆文史业务司司长	压加 87 级
马 锐	国家安全监管总局安全监督管理四司司长	金属学及钢铁热处理专业 80 级
武德昆	教育部经费监管事务中心主任	钢 79 级
王青海	北京市人大常委会副秘书长	冶 79 级
徐 风	北京市国有企业监事会主席	电 77 级
曹慧泉	湖南省工业和信息化厅党组书记、厅长、省国防科技工业局局长	金物 88 硕
单志广	国家信息中心信息化和产业发展部主任（正局级）	电 93 级
杨 忠	青海省工业和信息化厅巡视员、副厅长、党组成员，省招商局副局长	压加 87 级
王子亮	河南省管国有企业监事会主席	冶博 01 级
丁传锡	中国冶金地质总局副局长	管工 82 级
余俊生	北京广播电视台党组书记、台长	热能 87 级
雷朝滋	教育部科学技术司司长	管博 02 级
俞亚东	教育部思想政治工作司一级巡视员	矿 81 级
刘宇南	国家信息中心主任	仪表 81 级
石新明	中国光华科技基金会党委副书记、秘书长（正局级）	铸造 92 级
潘临珠	北京市密云区委书记	在校工作
刘明轩	河北省石家庄市政协主席、党组书记	机制 78 级
董 可	广东省广州市南沙区委副书记、南沙区人民政府区长，南沙开发区（自贸区南沙片区）党工委委员、副书记、管委会常务副主任	管博 05 级
孔祥彬	教育部办公厅二级巡视员	轧 84 级
骆铁军	国家工信部原材料工业司巡视员	轧 82 级
夏 农	国家发展改革委产业发展司一级巡视员	采矿 80 级
陈家昌	中国科学技术交流中心主任兼党委副书记	相 81 级
苗长兴	工信部产业政策司巡视员	冶硕 88 级
殷 浩	中国科技馆党委书记、副馆长	材料 84 级
孙 杰	北京市人大常委会民宗侨办党支部书记、主任	EMBA

五、部分曾任正局级领导职务现已离退休或调动的校友

姓 名	职 务	在校专业
楼大鹏	国际田联副主席、亚田联原主席、国家体委原司长	机 59 届
梁 才	中国钢铁协会秘书长	轧 65 届
孙本先	四川省攀枝花市人大常委会主任	矿 65 届
张泽宇	山西省省长助理、山西省信息化领导小组办公室主任	矿 68 届
孙建群	河北省廊坊市委书记	机 70 届
赵禄祥	河北省人事厅厅长	轧 68 届
高盈民	陕西省企业工委常务副主任、陕西省政协常委	冶 70 届
程 光	上海市虹口区区长	管研 88 届
许华忠	国家经贸委市场流通司司长	铁 65 届
师建平	山西省晋城市委常委、秘书长	钢 74 级
孙耀唯	国家能源局法制和体制改革司原巡视员	管研 85 级
王守祯	山西省人大财政经济委员会副主任，运城市委原市长	采矿 73 级
徐金堃	国家自然科学基金委综合计划局局长	金物 66 届
李国栋	黑龙江省齐齐哈尔市政法委书记	铸 70 届
闫承宗	北京市经委主任	轧 54 届
余宗森	冶金工业部外事司司长	轧 54 届
谢汝煊	广西南宁市市长	铸 62 届
谷向阳	青海省重工业厅厅长	冶 65 届
于瀛洪	河北省冶金工业厅厅长	铁 65 届
乔致奇	原国家环保总局监督管理司司长	铁 64 届
何泽民	河南省洛阳市人大常委会主任	相 61 届
冯治益	中纪委北京培训中心主任	轧 60 届
李其世	上海市冶金工业局局长	函授冶 61 届
李腊望	四川省黄金管理局局长	轧 64 届
雷秀祥	四川省建材工业局局长	机 64 届
王大名	河北省秦皇岛市委书记	机 61 届
姜文韬	江苏省冶金工业厅厅长	铁 67 届
王克昌	天津市冶金工业局局长	轧 60 届
吕耘方	黑龙江省冶金工业厅厅长	金物 66 届

续表

姓　名	职　务	在校专业
汪同建	甘肃省建材工业局局长	矿机 64 届
王乃立	上海市旅游局局长	轧 57 届
刘树和	外国专家局经济技术专家司司长	机 76 级
王世民	最高人民法院司法行政装备管理局局长	稀 72 级
武高山	北京西站地区管理委员会党组书记、主任	选 77 级
董晓民	中国烟草实业发展中心原党组书记、总经理	管工博 06 级
王增明	河北省石家庄市人大常委会原主任、党组书记	铸造 74 级
邰　展	重庆市人民政府原副秘书长	成教
宋春婴	河北省环境保护厅原巡视员、环保局原副局长	冶金 77 级
陈明德	广州市政协原党组副书记、副主席	工业工程硕 01 级
韩宝柱	九三学社中央研究室原副主任	政教师资 78 级
侯宝珠	国资委有色金属离退休干部局原党委副书记、局长	高温 76 级
陈　石	政协贵阳市第十届委员会主席、党组书记	化学工程在职硕士 03 级

六、部分在高等学校、科研院所、文化部门担任主要职务的校友

姓　名	职　务	在校专业
谢　辉	北京工业大学党委书记	机械 86 级
孔留安	河南科技大学党委副书记、校长	安全工程博 03 级
雷平喜	中国冶金矿山企业协会总工程师	矿 86 级
安胜利	内蒙古科技大学校长	物化 83
李丰生	南京师范大学党委委员、党委、书记	思政双学位 86 级
李新创	冶金工业规划研究院院长兼党委书记	采矿硕 88 级
任雁秋	包头轻工职业技术学院党委副书记、院长	炉 78 级
杨　帆	北京物资学院附属商务科技学校事务委员会常务副会长	数学师资班 78 级
张少明	中国钢研科技集团有限公司党委书记、董事长	相 80 级
雷朝滋	教育部科学技术司司长	管理博 06 级
倪红卫	武汉科技大学党委副书记、校长	冶金博 94 级
熊晓梅	东北大学党委书记	思政 84 级
孙冬柏	中山大学党委常委、常务副校长（正厅级）	北京科技大学调出

七、曾任高等学校、科研院所、文化部门主要领导，现已离退休的部分校友

姓　名	职　务	在校专业
刘建平	天津大学党委书记	机 73 级
仇春霖	北方工业大学校长	轧 57 届
王起桢	北方工业大学党委书记	机 57 届
吴晚云	北方工业大学党委书记	机 77 级
张先青	北京工业设计院院长	轧 63 届
韩景春	钢铁研究总院党委书记	思政 84 级
张　挺	北京农学院党委书记	铁 59 届
王希周	北京电子信息工程学院党委书记	轧 59 届
杨静云	北京市委党校党委书记、常务副校长	机 61 届
许　秀	北京建工学院党委书记	铸 61 届
齐鸿恩	江西冶金学院院长	机 59 届
刘正义	华南理工大学党委书记、校长	金物进修
刘景云	广东机械学院院长	北京科技大学调出
黎樵燊	广东工业大学校长	相 57 届
霍银海	冶金自动化研究院党委书记	机 62 届
朱耀中	冶金部情报研究所党委书记	北京科技大学调出
张成吉	钢铁研究总院党委书记	铁 57 届
樊源兴	中国冶金报社党委书记	矿 57 届
张训毅	中国冶金报社社长	铁 61 届
江仲圣	北京冶金设备研究院院长	机 59 届
严圣祥	北京钢铁设计研究总院院长	轧 64 届
董元篪	安徽工业大学校长	物化博 80 级
高兆祖	北京有色金属研究总院党委书记	粉 66 届
王志强	电子科技大学党委书记	炼钢 77 级
王萍辉	福建信息职业技术学院院长	矿机 84 级
张宇春	冶金工业信息标准研究院院长	金物 81 级
闫拓时	中国音乐学院党委书记	粉末冶金 77 级
曹胜利	冶金工业出版社社长	选 72 级
李家新	安徽工业大学校长	冶博 02 级

续表

姓　名	职　务	在校专业
卢振洋	北京联合大学校长	思政双学位 84 级
张玉柱	华北理工大学党委书记	炼铁研 85
王建中	辽宁工业大学党委书记	冶研 88 届
马宪平	北京教育学院党委书记	选矿 76 级
常跃峰	河北钢铁技术研究总院院长	轧钢 78 级

八、在企业中担任主要职务的部分校友

姓　名	职　务	在校专业
陈德荣	中国宝武钢铁集团有限公司董事长、党委书记	炼铁 77 级
唐复平	中国五矿集团有限公司董事长、党组书记	冶博 00 级
姚　林	中国铝业集团董事长、党组书记	机械博 01 级
王义栋	鞍钢集团公司党委常委、副总经理	工业工程硕 02 级
段向东	鞍钢集团公司党委常委、副总经理	材料 86 级
赵民革	首钢集团有限公司党委副书记、总经理	冶 82 级
韩　庆	首钢集团有限公司副总经理	钢冶 84 级
刘明忠	中国第一重型机械集团公司董事长、党委书记	冶博 01 级
罗乾宜	国家电网有限公司总会计师、党组成员	管博 05 级
冯贵权	中国铝业集团有限公司副总经理、党组成员	机 81 级
刘安栋	中钢集团有限公司党委副书记、董事、总经理	EMBA00 级
张少明	中国钢研科技集团有限公司党委书记、董事长	相 80 级
王　臣	中国钢研科技集团公司党委常委、副总经理	化学研 85 级
张克利	中国有色矿业集团公司党委书记、总经理	采矿 77 级
陶星虎	中国有色矿业集团有限公司副总经理，兼赞比亚中国经济贸易合作区发展有限公司总经理	采矿 77 级
熊柏青	有研科技集团有限公司总经理、党委副书记、董事	金物 81 级
夏晓鸥	北京矿冶科技集团有限公司党委书记、董事长	工程力学博 03 级
于　勇	河钢集团有限公司党委书记、董事长	冶博 00 级
陶登奎	山东钢铁集团有限公司董事、副董事长	机 81 级
黎立璋	福建省三钢（集团）有限责任公司董事长、法人代表	轧 79 级
徐和谊	北京汽车集团有限公司党委书记、董事长	铁 78 级
韩永贵	北京汽车集团有限公司党委副书记	电 81 级
宋　鑫	中国节能环保集团有限公司党委书记、董事长	采矿工程博 03 级

续表

姓　名	职　务	在校专业
陆志方	中国有色工程有限公司执行董事、总经理、法定代表人、党委书记，中国恩菲工程技术有限公司董事长、总经理、法定代表人	热能 80 级
康　典	新华人寿保险股份有限公司董事长、执行董事	机械 77 级
姜德义	北京金隅集团有限责任公司（北京金隅股份有限公司）党委书记、董事长	钢铁冶金博 09 级
谢克海	北大方正集团总裁兼 CEO	管 82 级
王锐兵	群星集团公司总经理	化 88 级
李　琦	太平洋证券股份有限公司党委书记	热能 87 级
高祥明	太原钢铁（集团）有限公司党委书记、董事长	机 79 级
李贵阳	金汇集团总裁	冶博 03 级
张　海	河北钢铁集团宣钢公司董事长	轧 78 级
迟桂友	河钢集团有限公司副总经理	冶博 05 级
曹志强	湖南华菱钢铁集团有限责任公司党委书记、董事长	冶博 09 级
郭长波	青岛特殊钢铁有限公司总经理	钢 79 级
刘　安	宝钢股份党委常委、副总经理，武汉钢铁有限公司执行董事、总经理	压加 83 级
李士才	上海慧安科技股份有限公司董事长，河北新武安钢铁集团烘熔钢铁有限公司总经理	冶 88 级
黄一新	南京钢铁集团董事长，南京钢铁联合有限公司董事长，南京钢铁股份有限公司董事长	轧 84 级
丁　毅	马钢（集团）控股有限公司党委副书记、总经理	自动化硕 87 级
孙国龙	包钢集团公司董事，总经理、党委副书记	冶博 02 级
张晋军	中国有色矿业集团有限公司党委委员、副总经理	采矿硕 12 级
黄　斌	西宁特殊钢集团股份有限公司总经理	压加 90 级
张　虎	成都钢矾有限公司党委书记、执行董事	冶金 86 级
周　灿	重庆钢铁集团建设公司董事长	热工 84 级
张若生	广州钢铁股份有限公司董事长、党委书记	管博 05 级
钱　刚	中信泰富特钢集团总裁	冶博 02 级
高国华	国投创新投资管理有限公司董事长	机 87 级
刘建辉	北京首钢股份有限公司党委书记、董事、总经理	冶研 86 级
何汝迎	江苏德龙镍业有限公司副董事长	机 81 级
陆志新	浙江联鑫集团有限公司总裁	冶博 00 级
杜东兴	陕钢集团总经理助理	冶 90 级
白　刚	鞍钢集团工程技术发展有限公司董事、总经理	管工博 02 级
尹小鹏	武汉钢铁集团矿业责任有限公司总经理	矿 85 届

续表

姓　名	职　务	在校专业
刘明东	海南矿业股份有限公司董事长	管工 85 级
黄宝利	本钢机械制造有限责任公司党委书记、董事长	制氧 80 级
路朝晖	新兴铸管（新疆）资源发展有限公司董事长	钢 77 级
王开力	中科创新园高新技术有限公司董事长	金物研 87 级
陈　喆	中国兵器工业集团中兵矿业公司董事长	国贸 93 级
李京北	中房集团城市房地产投资有限公司总经理	热能 82 级、管研 86 级
宋占江	中国一冶集团有限公司董事长、党委书记	机 82 级
廖世波	中钢集团金信咨询有限责任公司总经理	冶研 87 级
范文胜	中钢集团物业管理有限公司总经理	电 83 级
连民杰	中钢矿业开发有限公司总经理	采矿工程博 02 级
陆鹏程	中钢集团有限公司副总经理	压加 92 届
王定洪	中冶东方工程技术有限公司党委副书记、纪委书记	冶 80 级
赖宁昌	广东东凌控股集团董事长	管工博 05 级
吴晓松	平安普惠企业管理有限公司北京分公司总经理	矿机 87 级
赵宇峰	清华紫光股份有限公司总经理	轧 82 级
陈玉民	山东黄金集团党委书记，董事长	采矿工程博 03 级
毕荣福	上海液压气动总公司经济发展公司总经理	机 73 级
肖　鹏	中冶赛迪集团有限公司董事、总经理、党委副书记	冶 93 级
张　晔	中冶集团暨中国中冶党委常委，中国中冶副总裁	MBA 99 级
梁铁山	中国平煤神马能源化工集团有限责任公司董事长、党委书记	安全工程博 05 级
刘庆宾	中国仪器仪表行业协会副理事长、重庆材料研究院有限公司董事长	相 85 级
王宝桐	浙江九仁资本管理有限公司董事长，万华化学集团股份有限公司独立董事	管工研 84 级
李连平	河北建设投资集团有限责任公司董事长、党委书记	材料博 00 级
任亚光	北京京城机电控股有限责任公司党委书记、董事长	铸 78 级
黄孝斌	北京时代凌宇科技有限公司董事长	自动化 90 级
杜凤超	北京市华远集团有限公司董事长	管工硕 94 级
吴　平	迁安钢铁公司党委书记	数学师资 78 级
束国刚	中国联合重型燃气轮机技术有限公司董事长、党委书记	相 80 级
高本业	大连电机集团董事长	材研 85 级
邵　军	陕西宝钛新金属有限责任公司总经理	相 87 级
胡　刚	四川长虹电子系统有限公司总经理	相 87 级
张晗亮	中国石油技术开发公司党委书记、执行董事、总经理	机研 87 级

续表

姓　名	职　务	在校专业
熊万平	首钢京唐钢铁联合有限责任公司监事	冶 89 级
张战波	中国冶金科工集团有限公司审计部部长北京中冶设备研究设计总院有限公司总经理	思政 01 级
郑剑辉	中冶南方连铸技术工程有限责任公司总经理	热能 97 级
仇建平	杭州巨星科技股份有限公司董事长、总裁	铸造 78 级
周方洁	宁波理工监测科技股份有限公司董事长	仪表 81 级
任美成	华蒙通物流控股（集团）有限公司董事长	计 86 级
彭　原	北京华深中色科技发展有限公司名誉董事长	机 85 级
张晓峰	北京桓裕投资（集团）有限公司董事长	机 88 级
陆正耀	神州优车董事长兼 CEO，神州租车董事局主席，瑞幸咖啡董事长	自动化 87
胡庆周	深圳英唐智能控股有限公司董事长	轧 87 级
周惠敏	山东慧敏科技开发有限公司董事长、总经理	相 77 级
王满元	包头市液压机械有限公司董事长	机 84 级
张荣明	爱慕股份有限公司董事长	物化 80 级
俞　兵	亚信联想集团有限公司董事，联想亚信科技有限公司董事长兼 CEO	电 84 级
郝伟亚	北京市基础建设投资有限公司常委副书记、董事、总经理，京津冀城际铁路投资有限公司董事长	化学 88 级
彭存根	太原钢铁(集团）有限公司副总经理	冶金 84 级

九、曾在企业担任主要领导职务现已离退休或调动的部分校友

姓　名	职　务	在校专业
刘　玠	鞍山钢铁集团公司董事长、总经理	机 64 届
张晓刚	鞍山钢铁集团公司总经理	冶博 00 级
余自甦	鞍钢集团公司原党委常委、副总经理	冶研 91 届
蔡登楼	鞍山钢铁集团公司副董事长	机 67 届
林滋泉	鞍山钢铁集团公司副总经理	轧 68 届
李　成	太原钢铁公司总经理	轧 54 届
林企增	太原钢铁公司副董事长	冶 62 届
杨盘铭	太原钢铁公司副总经理	矿 70 届
刘　琦	中国钢铁工贸集团公司党委书记	铁 61 届
白葆华	中国钢铁工贸集团公司总裁	轧 65 届
崔锡武	中国黄金总公司总经理	矿 66 届
杭永益	马鞍山钢铁公司总经理	铁 64 届

续表

姓　名	职　务	在校专业
王满仓	成都飞机发动机公司党委书记	稀 63 届
马俊才	济南钢铁公司总经理	机 59 届
沈克林	中国重型机械总公司总经理	机 57 届
刁海章	鲁中冶金矿山公司党委书记	矿机 65 届
李成群	中国冶金矿业总公司党委书记	冶 72 级
张振纲	天津钢管公司董事长	钢 63 届
张建平	天津钢管公司党委书记	函授管理
陈守勋	湘潭钢铁公司总经理	冶 61 届
林承模	舞阳钢铁公司总经理	相 65 届
侯树庭	上海第五钢铁厂厂长	函授冶 62 届
陈英栋	新余钢铁总厂党委书记	函授冶 64 届
王鸿锷	上海第一钢铁厂党委书记	成教管 89 级
田锡恩	唐山钢铁公司总经理	钢 63 届
王国兴	邯郸钢铁公司党委书记	函授铁 64 届
李前煦	南京钢铁公司总经理	钢 61 届
刘建功	武汉钢铁公司总工程师	相 65 届
刘炳南	武汉钢铁公司副总经理	机 64 届
王跃祖	首钢总公司党委副书记	夜大 58 届
谢有润	首钢总公司副总经理	机 64 届
王宪固	西宁特殊钢公司党委书记	相 66 届
罗忠琳	陕西精密合金公司总经理	金物 66 届
董稼祥	中国冶金矿业总公司总经理	矿 61 届
吕聿信	长城特殊钢公司总经理	轧 66 届
孙公权	上海一钢集团总经理	冶 66 届
汪铁钢	上海矽钢片厂厂长	轧 57 届
潘世良	邯邢冶金矿山管理局党委书记	矿 65 届
赵如月	宝山钢铁集团公司纪委书记	铁 66 届
吴松春	浙江省中旅集团公司总经理	铁 67 届
冯国熙	北京自来水公司董事长	矿 66 届
吴玉林	石家庄钢铁有限责任公司党委书记	铁 67 届
高成涛	洛阳铜加工厂厂长	机 61 届
刘本仁	武钢集团公司董事长、总经理	自动化 73 级

续表

姓　名	职　务	在校专业
张永昌	唐山钢铁公司党委书记	铸69届
施嘉良	新余钢铁公司董事长	机70届
顾强圻	邯郸纵横钢铁集团总经理	冶70届
赵占华	陕西钢厂党委书记	铸69届
杨复强	合肥钢铁集团有限公司董事长	轧68届
王庐嘉	合肥钢铁集团有限公司总经理	机75级
何建昌	华北冶金建设公司经理	矿70届
杨福国	宁夏石咀山钢铁厂党委书记	轧67届
吴建民	吉林铁合金集团公司总经理	相68届
金树安	峨嵋铁合金集团公司总经理	冶74级
张心健	锦州铁合金集团公司党委书记	高温70届
陈　明	上海宝冶党委书记、董事长	机64届
王绍成	十九冶金建设公司党委书记	炉68届
程敏直	西安冶金机械厂党委书记	铸70届
鞠祖荣	扬州冶金机械有限公司总工及常务副总	轧69届
胡梓清	乐山冶金机械轧辊厂党委书记	铸66届
杨东升	邢台机械轧辊公司副董事长、总经理	冶66届
张勇钢	（无锡）西姆莱斯钢管公司总经理	相73级
宋　力	福建省烟草总公司总经理	机制75级
梁相钦	深圳自来水集团公司总经理	自68届
张清富	中国光大国际经济技术合作公司总经理	机73级
周伟坪	中国青年旅行社控股股份有限公司总经理	政教78级
朱昌逑	马鞍山钢铁股份有限公司总经理	机70届
郭洪成	包头第一机械集团公司董事长	冶67届
朱津秋	上海有色集团公司总经理	机76级
秘增信	中信集团常务董事、副总经理	压加78级
韩永义	乌鲁木齐铁路局党委书记	铸69届
阎胜科	石家庄钢铁有限责任公司董事长、党委书记	轧70届
胡玉亭	太原钢铁（集团）有限公司总经理	冶82级
党　歌	长治钢铁公司董事长、党委书记	钢78级
沈　伟	陕西精密合金股份有限公司总经理	钢77级
刘克忠	承德钢铁公司董事长	铁63届

续表

姓　名	职　务	在校专业
司永涛	包头钢铁（集团）有限责任公司董事长、党委副书记	轧 76 级
汪声娟	北京佰能电气技术有限公司董事长	机 64 届
王义芳	河北钢铁集团有限公司董事长、总经理	冶博 00 级
吕　鹏	南京钢铁联合有限公司总经理	钢 78 级
周伟坪	中青旅控股股份有限公司总经理	政师 78 级
任　浩	山东钢铁集团董事长、党委书记	轧 78 级
陈启祥	山东钢铁集团总经理	轧 77 级
刘如军	河北钢铁集团有限公司原党委书记、副董事长	铁 73 级
韩巍强	中国国际金融有限公司监事会主席	政师 78 级
秘增信	中信资源控股有限公司董事会主席	轧 78 级
杨志强	金川集团有限公司董事长、党委书记	工程力学博 04 级
朱津秋	上海有色集团公司总经理	机 76 级
丁传锡	正元国际矿业有限公司董事长	管工 82 级
梁津源	中色镍业有限公司总经理	冶研 87
王树琪	中条山有色金属集团有限公司党委书记、董事长	采矿 77 级
郝树华	首钢矿业公司总经理	采矿工程博 03 级
张槐祥	中国水钢集团公司总经理	机制 77 级
葛红林	中国铝业集团公司董事长、党组书记（副部长级）	材博 86 级
郭士进	新兴际华集团有限公司副总经理、党委常委	炉 78 级

十、荣获全国劳动模范称号的部分校友

姓　名	获奖时工作单位	在校专业
邓　键	上海斯米克焊材公司	物化 66 届
常纯哲	上海钢铁工艺技术研究所	机 60 届
单亦和	西宁特殊钢厂	冶 68 届
周惠敏	山东冶金科学研究院	材料 77 级
马俊才	济南钢铁集团公司	机 59 届
张长富	中国第十九冶金建设公司	机 68 届
胡正寰	北京科技大学教授	北京钢院机 56 届
苍大强	北京科技大学教授	热能硕 79 级、冶金博 86 级
康永林	北京科技大学教授	压加硕 82 级

续表

姓 名	获奖时工作单位	在校专业
张玉卓	煤炭科学研究总院党委副书记、院长，中煤科技集团公司党委副书记、董事长	北科大采矿博 86 级
毛新平	广州珠江钢铁有限责任公司副总经理、总工程师	北科大冶金博 02 级
刘如军	邯郸钢铁集团有限责任公司董事长	铁 73 级
丁立国	德龙钢铁实业有限公司	管理 MBA 班
李龙珍	鞍钢设计研究院院长	矿机 68 届
徐和谊	北京汽车工业控股有限责任公司党委书记、董事长	铁 78 级
刘明忠	新兴铸管集团有限公司董事长	冶博 01 级
黄昌富	中铁十六局集团有限公司北京工程指挥部项目经理	采矿硕 95 级
姚 伟	中国石油天然气股份有限公司	安全博 06 级
张 海	河北钢铁集团宣化钢铁集团有限责任公司董事长、党委书记	轧 78 级
马 祥	包头钢铁（集团）有限责任公司炼铁厂高级技术主管	冶研 99 级
陈 列	西宁特殊钢股份有限公司	冶金 86 级
赵千里	金川集团股份有限公司	工程力学博 04 级
迟桂友	河北钢铁集团宣化钢铁集团有限责任公司董事长、党委书记	冶金博士 05 级
唐复平	鞍山钢铁集团公司总经理	冶博 00 级
李国保	宝钢集团中央研究院首席研究院	物理 82 级
程朝辉	马钢一铁总厂炼铁分厂车间副主任	冶金 88 级
王云平	甘肃酒钢集团宏兴钢铁股份有限公司碳钢薄板厂技术质量科责任工程师	压加 90 级
王德兴	哈尔滨锅炉厂有限责任公司董事长	高温合金 78 级
王玉玲	山西太钢不锈钢股份有限公司技术中心高级工程师	材料研 89 级
张翀宇	内蒙古金宇集团股份有限公司董事长兼总裁、党委书记	高温 76 届
张荣明	北京爱慕内衣有限公司董事长兼总经理	物化 80 级
邹金文	中国航发北京航空材料研究院研究员	粉末 85
雒国清	中色（宁夏）东方集团有限公司宁夏东方钽业股份有限公司钽铌材料分厂技术专家	化学 95 级
刘李斌	首钢技术研究院镀锌工艺研究专业首席工程师	材料 99 级
苗建印	中国航天科技集团公司五院首席研究员、总体部热控产品总工程师	热能 88 级
李 娜	北京科技大学信技系教师	数 97 级
赵松山	北京首钢股份有限公司硅钢事业部技术一贯室副主任	材控 01 级、材控硕 05 级

注：1. 所列校友排名不分先后；

2. 以上统计情况定有差错和疏漏，敬希广大校友补充、指正。

附　录

2019 年北京科技大学党发文件目录

校党发〔2019〕1 号	关于同意中共北京科技大学化学与生物工程学院党员大会选举结果的批复
校党发〔2019〕2 号	关于同意中共北京科技大学自动化学院党员大会选举结果的批复
校党发〔2019〕3 号	关于张甜等同志职务任免的通知
校党发〔2019〕4 号	北京科技大学关于认真学习贯彻习近平总书记在庆祝改革开放 40 周年大会上重要讲话精神的通知
校党发〔2019〕5 号	关于同意中共北京科技大学马克思主义学院党员大会选举结果的批复
校党发〔2019〕6 号	关于孙景宏等同志职务任免的通知
校党发〔2019〕7 号	北京科技大学 2019 年全国“两会”期间安全稳定工作方案
校党发〔2019〕8 号	北京科技大学 2019 年上半年党委理论学习中心组学习安排意见
校党发〔2019〕9 号	北京科技大学 2019 年上半年教职工理论学习安排意见
校党发〔2019〕10 号	关于张毅等同志职务任免的通知
校党发〔2019〕11 号	北京科技大学 2019 年工作要点
校党发〔2019〕12 号	关于沈崴等同志免职的通知
校党发〔2019〕13 号	北京科技大学保密管理工作总则
校党发〔2019〕14 号	北京科技大学 2019 年安全稳定工作方案
校党发〔2019〕15 号	关于吴春京等同志职务任免的通知
校党发〔2019〕16 号	北京科技大学 2019 年全面从严治党工作主要任务分工
校党发〔2019〕17 号	北京科技大学庆祝新中国成立 70 周年爱国主义教育活动方案
校党发〔2019〕18 号	关于张晓媛等同志职务任免的通知
校党发〔2019〕19 号	关于同意中共北京科技大学后勤党员大会选举结果的批复
校党发〔2019〕20 号	关于同意给予一名教职工开除党籍处分的批复
校党发〔2019〕21 号	关于同意给予一名教职工开除党籍处分的批复
校党发〔2019〕22 号	关于李芊等同志职务任免的通知
校党发〔2019〕23 号	关于同意中共北京科技大学东凌经济管理学院代表大会选举结果的批复
校党发〔2019〕24 号	关于评选表彰 2018—2019 年度先进党支部、优秀共产党员及优秀党务工作者的通知
校党发〔2019〕25 号	北京科技大学 2019 年党建工作要点
校党发〔2019〕26 号	关于同意中共北京科技大学科技产业集团党员大会选举结果的批复
校党发〔2019〕27 号	关于同意给予一名教职工开除党籍处分的批复
校党发〔2019〕28 号	北京科技大学关于领导干部深入基层联系学生工作的实施方案
校党发〔2019〕29 号	关于组织开展 2019 年廉政文化建设宣传教育月活动的通知
校党发〔2019〕30 号	北京科技大学关于加强 2019 年意识形态管理工作的通知
校党发〔2019〕31 号	关于同意中共北京科技大学高等工程师学院党员大会选举结果的批复

校党发〔2019〕32 号　关于同意中共北京科技大学新金属材料国家重点实验室党员大会选举结果的批复
校党发〔2019〕33 号　北京科技大学离退休职工工作领导责任制实施细则
校党发〔2019〕34 号　北京科技大学关于认真学习贯彻习近平总书记在纪念五四运动 100 周年大会上的重要讲话精神的通知
校党发〔2019〕35 号　北京科技大学深化“平安校园”建设提升工程网格化安全管理工作方案
校党发〔2019〕36 号　北京科技大学干部、教师校外挂职管理办法
校党发〔2019〕37 号　关于宁晓钧等同志任职的通知
校党发〔2019〕38 号　中共北京科技大学委员会关于表彰 2018—2019 年度先进党组织、优秀共产党员和优秀党务工作者的决定
校党发〔2019〕39 号　关于同意中共北京科技大学外国语学院党员大会选举结果的批复
校党发〔2019〕40 号　关于调整师德建设与监督委员会的通知
校党发〔2019〕41 号　北京科技大学师德建设长效机制实施细则（修订）
校党发〔2019〕42 号　新时代北京科技大学教师职业行为十项准则和北京科技大学师德失范行为处理和师德考核实施细则（试行）
校党发〔2019〕43 号　关于史立伟等同志职务任免的通知
校党发〔2019〕44 号　关于进一步规范学校党政公文处理的实施意见
校党发〔2019〕45 号　关于学校领导班子成员分工调整的通知
校党发〔2019〕46 号　北京科技大学开展“不忘初心、牢记使命”主题教育工作方案
校党发〔2019〕47 号　北京科技大学关于贯彻落实《2018—2022 年全国干部教育培训规划》的实施方案
校党发〔2019〕48 号　北京科技大学贯彻落实《中共北京市委关于加强高校党的政治建设的若干举措》的任务清单
校党发〔2019〕49 号　关于同意给予一名教职工开除党籍处分的批复
校党发〔2019〕50 号　北京科技大学处级干部选拔任用工作规定（修订）
校党发〔2019〕51 号　北京科技大学领导人员参加各类研讨会和论坛管理办法
校党发〔2019〕52 号　北京科技大学关于认真学习贯彻党的十九届四中全会精神的通知
校党发〔2019〕53 号　北京科技大学贯彻落实一线规则工作方案
校党发〔2019〕54 号　关于同意中共北京科技大学文法学院党员大会选举结果的批复
校党发〔2019〕55 号　关于同意中共北京科技大学体育部直属支部党员大会选举结果的批复
校党发〔2019〕56 号　关于废止学校若干规章制度的通知
校党发〔2019〕57 号　关于加强党委联系服务专家工作的实施意见
校党发〔2019〕58 号　关于人工智能研究院实体化的通知
校党发〔2019〕59 号　北京科技大学干部队伍建设规划（2019—2023）
校党发〔2019〕60 号　关于进一步激励广大干部新时代新担当新作为的实施意见
校党发〔2019〕61 号　2019 年北京科技大学基层党组织书记抓基层党建述职评议考核工作实施方案
校党发〔2019〕62 号　北京科技大学关于深入开展“平安学院”创建工作的实施意见
校党发〔2019〕63 号　关于机构调整的通知
校党发〔2019〕64 号　北京科技大学总值班工作管理办法
校党发〔2019〕65 号　北京科技大学机构设置、干部职数管理办法（试行）
校党发〔2019〕66 号　关于进一步严格党员教育管理工作的意见
校党发〔2019〕67 号　关于同意给予一名教职工党内严重警告处分的批复
校党发〔2019〕68 号　关于同意给予一名教职工党内警告处分的批复

2019年北京科技大学校发文件目录

校发〔2019〕1号　关于做好2019年寒假春节期间安全保卫工作的通知
校发〔2019〕2号　关于王成彦等职务任免的通知
校发〔2019〕3号　北京科技大学关于进一步加强青年教师队伍建设的若干意见
校发〔2019〕4号　关于给予一名学生记过处分的决定
校发〔2019〕5号　关于调整北京科技大学第十届学位评定委员会、学位评定分委员会成员名单的通知
校发〔2019〕6号　关于郭占成等职务任免的通知
校发〔2019〕7号　北京科技大学青年骨干教师出国研修项目选拔评审办法
校发〔2019〕8号　北京科技大学专业技术职务评聘实施办法
校发〔2019〕9号　北京科技大学“项目导师”遴选办法（试行）
校发〔2019〕10号　关于万向元等聘任的通知
校发〔2019〕11号　关于给予一名学生留校察看处分的决定
校发〔2019〕12号　北京科技大学学生危机处理规定（试行）
校发〔2019〕13号　关于2019年专业技术职务评聘工作和对专业技术职务评聘工作进行抽查的通知
校发〔2019〕14号　关于沈崴等职务任免的通知
校发〔2019〕15号　关于公布北京科技大学第十一届青年教师教学基本功比赛结果的通知
校发〔2019〕16号　北京科技大学2019年校庆文化周工作方案
校发〔2019〕17号　北京科技大学优秀博士、硕士学位论文评选和奖励办法（试行）
校发〔2019〕18号　北京科技大学2019年硕士研究生招生复试与录取工作办法
校发〔2019〕19号　关于成立招标与采购管理中心的通知
校发〔2019〕20号　关于金仁东等职务任免的通知
校发〔2019〕21号　北京科技大学教学研究经费管理办法（试行）
校发〔2019〕22号　关于赵鲁涛等职务任免的通知
校发〔2019〕23号　北京科技大学“双一流”建设管理办法（试行）
校发〔2019〕24号　北京科技大学教职工申（投）诉处理办法（试行）
校发〔2019〕25号　关于解除一名教职工警告处分的决定
校发〔2019〕26号　关于成立北京科技大学语言文字工作办公室的通知
校发〔2019〕27号　北京科技大学矿冶学科本硕贯通人才培养实施方案（试行）
校发〔2019〕28号　关于陈艳萍等职务任免的通知
校发〔2019〕29号　关于张晓彤等聘任的通知
校发〔2019〕30号　关于进一步加强“形势与政策”课教育教学的实施意见（修订）
校发〔2019〕31号　关于给予一名教职工降低岗位等级处分的决定
校发〔2019〕32号　关于对一名教职工进行师德“一票否决”处理的决定
校发〔2019〕33号　北京科技大学2019年博士学位研究生招生录取工作办法
校发〔2019〕34号　关于增设材料科学与工程学部学位评定分委员会的通知
校发〔2019〕35号　北京科技大学所属企业国有资产评估项目备案管理办法

校发〔2019〕36 号	北京科技大学家庭医生签约服务工作实施方案
校发〔2019〕37 号	关于解除一名教职工警告处分的决定
校发〔2019〕38 号	北京科技大学 2019 年“安全生产月”和“安全生产万里行”暨“实验室安全文化月”活动方案
校发〔2019〕39 号	关于宁晓钧等职务任免的通知
校发〔2019〕40 号	关于成立钢铁产业政策与管理研究中心和高校思想政治工作队伍培训研修中心（北京科技大学）的通知
校发〔2019〕41 号	关于机构更名的通知
校发〔2019〕42 号	北京科技大学本科教育教学改革重大项目管理办法（试行）
校发〔2019〕43 号	关于薛庆国等职务任免的通知
校发〔2019〕44 号	关于给予一名学生留校察看处分的决定
校发〔2019〕45 号	北京科技大学理科试验班人才培养实施方案
校发〔2019〕46 号	关于调整北京科技大学第十届学位评定委员会、学位评定分委员会成员名单的通知
校发〔2019〕47 号	北京科技大学青年教师学科交叉研究培育项目立项实施方案（试行）
校发〔2019〕48 号	关于开展“双一流”建设中期自评工作的通知
校发〔2019〕49 号	北京科技大学基础课教师赴高水平学校管理办法（试行）
校发〔2019〕50 号	关于刘冰等任职的通知
校发〔2019〕51 号	北京科技大学关于违背科研诚信涉及科研经费使用问题的信访举报的处理办法
校发〔2019〕52 号	关于调整 2019 年度住房公积金的通知
校发〔2019〕53 号	关于建设北京科技大学融合创新研究院的实施意见（修订）
校发〔2019〕54 号	北京科技大学资金支付审批管理办法
校发〔2019〕55 号	关于解除一名学生留校察看处分的决定
校发〔2019〕56 号	关于网络安全和信息化领导小组更名及成员调整的通知
校发〔2019〕57 号	北京科技大学质量管理体系文件
校发〔2019〕58 号	关于解除一名教职工降低岗位等级处分的决定
校发〔2019〕59 号	北京科技大学货物与服务采购需求论证管理办法
校发〔2019〕60 号	北京科技大学采购管理办法（修订）
校发〔2019〕61 号	北京科技大学采购相关实施细则、办法
校发〔2019〕62 号	北京科技大学建设一流本科教育行动计划
校发〔2019〕63 号	北京科技大学涉外非办学类科研项目管理办法（试行）
校发〔2019〕64 号	北京科技大学本科生国家奖学金评审办法
校发〔2019〕65 号	北京科技大学硕士研究生招生考试自命题工作规定
校发〔2019〕66 号	关于调整北京科技大学研究生招生工作领导小组的通知
校发〔2019〕67 号	关于给予两名学生违纪处分的决定
校发〔2019〕68 号	北京科技大学本科招生工作补贴和绩效奖励发放办法
校发〔2019〕69 号	北京科技大学就业工作先进集体、先进个人评选办法
校发〔2019〕70 号	关于给予一名学生退学处理的决定
校发〔2019〕71 号	北京科技大学诉讼和仲裁事务管理办法
校发〔2019〕72 号	北京科技大学预防与处理学术不端行为办法（暂行）
校发〔2019〕73 号	北京科技大学年度重大学术进展评选办法（试行）

校发〔2019〕74 号	关于成立北京科技大学金属冶炼重大事故防控技术支撑基地筹建工作组织机构的通知
校发〔2019〕75 号	北京科技大学博士研究生招生计划分配办法
校发〔2019〕76 号	北京科技大学硕士研究生招生计划分配办法
校发〔2019〕77 号	关于进一步加强本科生导师、班主任、辅导员育人工作的实施意见
校发〔2019〕78 号	北京科技大学学生评奖评优办法（修订）
校发〔2019〕79 号	北京科技大学各类人员编制管理规定
校发〔2019〕80 号	北京科技大学各类岗位聘任指导意见
校发〔2019〕81 号	北京科技大学资金存放管理实施办法
校发〔2019〕82 号	北京科技大学本科生规范课评定实施办法
校发〔2019〕83 号	关于成立国庆 70 周年彩车运维工作机构的通知
校发〔2019〕84 号	北京科技大学关于海（境）外名誉教授、客座教授的聘任办法（试行）
校发〔2019〕85 号	北京科技大学实验室技术安全管理规定
校发〔2019〕86 号	北京科技大学科技园发展规划（2020—2024 年）
校发〔2019〕87 号	北京科技大学关于促进大学科技园创新发展的若干意见
校发〔2019〕88 号	北京科技大学因公临时出国（境）管理规定（试行）及实施细则

2019 届本科毕业生名单

土木与环境工程学院（235 名）

李帅 齐明珠 丁立运 丁安 马州 王中秋 付循伟 李亚东 李佳颖
何明波 沈晓雪 张乐 张金建 张瀚 阿尔曼·赛力克 季子薇 赵英琦
郝萧斌 洪菲 宾凤姣 陶喆 甄昕源 樊艺 杨澈玉 赵阳 胡厚举
张宗琪 王旭东 王欢 冯凯 边策 关宇 安学皓 李子一 李本晓
李浩瀚 杨立休 杨志博 杨港华 杨灏楠 肖楠 吴允权 张宽 张斌
张瑞希 张静乔 陈杰 陈卓 郑举元 赵国臣 徐震乾 曹安男 常宁东
敬元旭 王旭 应一阳 段永 王中帅 王梓钧 尹紫微 旦增曲丹 吕秉泽
乔锋 刘长清 刘伟 刘旭 刘泽京 汤博元 孙腾 李双全 李金哲
李诺帏 杨雅钧 吴忠鑫 张文飞 张乐涛 张逸云 范维莹 黄汉辕
迪里亚尔·迪里木拉提 傅民 熊晓蓉 赵晓红 陈英 王亚欣 王志辰
王怡萱 龙荣 旦增塔杰 田小芳 刘倩影 刘智超 孙小宸 李佑鑫 肖升辉
张志嘉 张芙蓉 阿卜杜热则克·奥布力艾散 武好文 侯文渊 徐玉川 黄皓轩
黄镇苹 彭建国 曾煜焱 谢侠 雷子竞 翟生军 蒋章程 巴合卓力·克孜尔开勒迪
张润东 马鑫 王天翔 王辰阳 王玲 邓志超 石电华 付文辉 邢哲宁
吕松睿 刘畅畅 李欣 杨可 邸赫东 张梦茹 陈鹏晖 周子皓 康静
盖晓萍 景永峰 鲜春 张安琪 林琳 赵芹 徐一菲 蒋宜宸 李沛琳
黄阳 董士铭 王祎澄 王晓天 韦宽 邓萌 付小华 刘洋 达纳·艾尼瓦尔
刘霍亮 许强 李正浩 李可心 李金洋 李晨晞 杨璐 吴丹 辛文禹
张卓勋 张曼曼 张壹泓 陈小龙 赵路昊 郭文卓 郭宏轩 黄梦妍 锁治荣
程肖禾 蔡灿 廖振东 線睿璿 马梅 李博 郇森 劳胜 李扬
李至瑜 陈奕局 黄麦琪 章爽 锁冰斌 漆子奇 王彬泽 车敦仁 朱栗锋
牟欣丽 何苏恋 徐嘉诚 梁国燕 梁建国 琚永健 董硕 游宇 魏欣蕾
吴杰 周志鹏 田博文 刘阳 赵雨旸 韩博怡 郑雅弦 丁翰 田东民
刘丹瑀 刘孟丹 黄枭雄 马安琪 马慧敏 牛子昂 申晓东 白昱国 杨文文
郝玉珍 曾俊江 王家伦 牛新雨 刘伟 刘嘉珺 李程 杨宏 宋庆
陈柯屹 赵家和 胡才富 胡云轩 唐瑜杰 程攀宇 刘志伟 马波 王艳超
巨有 龙鸿浩 甫尔卡特 张诚 殷苑文 唐坤林 傅翰韬 普少昌

冶金与生态工程学院（146 名）

王粤 李海楠 马诚 田儒良 白彬丞 任昶宇 刘川阳 李凯凯 李洁馨
李海国 李海洋 杨洋 张胜 范龄元 金俊腾 庞雪鹭 郑跃华 洪佳麒
袁瑞鸿 钱宝 郭皓宇 蒋香归 王一鸣 王甜雨 王焕臣 亢少华 卢欣彤
朱培 刘勋 李家俊 李琪蓝 杨旭 张开斌 张雨 张晓栋 陈遥
郑迎娜 胡耕辅 袁思远 黄贤彬 谢屹桐 路永斌 樊超 孙瑞峰 齐洪

王振　王浩　王舜铎　王强　王巍　冯奔　刘建邦　刘颖　李泽友
李洋　杨世旭　杨富仲　时婧芸　张亚菲　陈元园　骆骧驰　夏柳　程占明
黎洪位　王惠　王鹏　兰禹弈　孙义伟　芦瑞珍　李龙　李立卓　杨晖
张佩曦　陈雅敏　易坤　金晟宇　周林林　周昊　胡蒙　盛炜　薛梦宇
霍传瑞　马钰　马嘉玮　韦杰　刘怡然　刘城城　杜依诺　李正韬　李江涛
李潇旸　杨航　吴俊飞　张娅　张乾钧　罗文斌　罗卓尔　罗钘水　侯大鑫
顾柳欣　唐大慰　梁杏红　马炳　马剑兰　王亚雪　田中耀　史丙丁　吕克轩
吕奇晟　朱德超　安世林　孙晨　李腾　吴松杰　张阳　张康达　张强
陈文兴　胡妍　侯嘉伟　秦子杭　莫模均　夏尉根　黄鑫　彭希炜　彭斌
傅泓源　曾溢彬　潘凌峰　王亚欢　王鑫　乌云塔娜　石全　龙朝明　刘子群
刘欢欢　刘柱　刘鹏鑫　许香帅　陈羽石　祝子健　莫嵘臻　彭善龙　董继斌
童锡来　温昕

材料科学与工程学院（407 名）

刘妍辉　马月婷　孙雪兆　孙瑜　张海静　饶显慧　王玲　石程　杨鑫
郑焱　祝太洋　高雅琦　马萌萌　陈晓东　黎玫霖　张嘉媛　李鸿鹄　宋少康
张越　谭婷　苏杨　周赟　姚娜娜　温玉颖　蒲浩　张友源　曾世鹏
章立轩　傅盛洁　朱依欣　刘文文　赵艳芸　吴沛芳　陈超　胡有衡　殷雄
梁锦旋　薛杉杉　马瑞　杜松墨　吴思颖　邹港　张月颖　陈晨　侯子敬
曹丹丹　蒋瑞　熊一庭　雷承辉　余华斌　李隋意　成姝锦　胡桦　李禹风
陈鹏　高梦杰　温世居　杨凤霞　余梦蝶　周杰明　庞雅洁　高涵　龚晨晨
刘胜楠　李泽超　郑俊卿　徐天祺　蒋羽婷　潘孝勤　王利静　王紫丹　代思美
丛雨洁　苏寅　邹啸然　张昊　陈昊　罗进威　高蕴畅　黄英婷　窦学铮
刘子萌　刘斯奇　李子安　张越　罗洁雅　柳昌涛　崔晓宇　陈荣　丁佳洛
于泽浩　邓栩璐　刘硕　杨雨菲　泮壹标　王浩新　石硕　伍玲梅　牟秋琴
李修远　杨宁　杨虹　黄浩伦　程鸣潇　孙宇　李佳芳　张旭丹　保金映
高荣升　王宇鹏　李长越　杨娜　高晴　黄茹颖　杜佳晟　吴疑难　欧阳明希
秦诣　高一格　吴迪　杨惠仪　山庆功　朱津葶　尹青松　黄冠勇　林财杰
李佳慧　王昕　李浩东　陈纪航　罗颖　刘玉琛　刘堃　张政航
娜迪拉·艾尼瓦尔　杨德民　吴伟　陆张凯　陈王璋　林子杰　周凡杰　周文奇
赵燕琼　祝亚亮　梁书涵　朱泽升　张一鸣　张朋　韩钊　楚建伟　李晓天
雍维　李博文　姜一帆　鲜小科　周鹏　邓惠青　周焱　祁明群　张能
崔晨　付祎磊　毕泽龙　宫嘉男　田雨　刘晓潼　刘晗　张港回　赵帅
夏开伟　郭旭　黑鸿福　邓馨　赵灵光　夏钊　梁晨　蔡海峰　朱淇
孙艳云　张柯　梅杨　于潇　孙宇　吾奇坤·亚力坤　高博航　邱彬
万祥睿　李继尧　蔡玲玲　王旭冉　王家祎　王琨　孔令豪　吕杰晟　李子昂
李享　杨启盟　张会柠　张祺　张鹏　纳菲斯·阿布都赛买提　郑旭
项超宇　赵畅　胡亚昕　桂子玙　殷一丹　高一诺　高子原　唐叶辰　桑潇
康杰栋　梁文豪　梁孟琪　韩志高　谢云飞　鄢峰波　黄嘉炜　杨洋　吕林泽
文倩　孙光耀　周家士　曹金鹏　邓洪伟　任浩　宋文涛　彭翀　胡超群
卢义然　熊朗轲　于笑博　卢乐然　史苑　金慧莹　章其暄　曾庆航　王一涵

代福龙 郧博宇 安琳琳 沈洁 熊赵赵 王可汗 石贤 姚粟曦 耿殿程
杨涵 张特 张越轩 胡高阳 马丽莎 毛梁泽 向学强 孙韩博文 张铭远
郭日思 闵泰杰 陈锦帅 李佳民 陈前 吴志强 周彦泉 赵世宇 刘俊杰
孙磊 何嘉麒 陈匡磊 陈鹏 朱兴亚 塔轩宇 姚蕴嘉 詹芳媛 李博文
吴楠 余华 汪涵 张桐 欧阳衡 聂翠 郭恩博 陶曦玥 韩尚伟
曾正 李子巍 贾雨薇 田怡然 李敏 崔杰 裴浩辰 王一诺 王建文
许宝文 李梦琳 张宇盟 刘昕岳 张欣 周鑫 赵琪 上官丽 马俊达
王小菡 王利诚 叶恭呈 冯瑞楦 朱星宇 李昊东 李强华 张晓伦 陈镜元
蔺永杰 邓丽莎 邓裘阳 石辅仟 李旻希 陈佳男 陈质彬 侯辰锦 李澍
朱锐雪 马骋 王君名 刘璇 谢亮军 王润港 刘文龙 江兆炎 李潘
胡泊 曹晨星 常艺馨 邓涵之 卢文宇 朱羲乐 刘洁 刘琦 钱昂
曹煜 蔡晨 石行健 祁恺中 辛怡 张濒泽 庞思敏 贺茵茵 高婕敏
程佳惠子 王何欣 陈昊璋 蔡永森 王金琳 谢永节 孔祥远 卢静玉 邢原铭
张茂才 赵志远 贾晓敏 涂思佳 董诗鹏 于淼 马婷婷 王博雅 杨泽森
肖志高 张宇 陈思宇 王鹏玉 冯启航 陈晶 戴俊杰 黄超 崔吉哲
程小涵 闫雪艳 谷怡菲 陶永健 王远东 王梓阳 王嘉融 王融 刘依依
刘继琛 刘静怡 李昕亭 李炤中 李新蕊 连菲 吴梦若 汪昕晔 汪晋
张羽葳 张倩 陈晓璇 陈朝燕 罗晴 赵昀琪 柯锦涛 袁书瑶 贾雄辉
徐康杰 黄严 常煜昕 覃维都 虞新可 谭语慧 薛雅文

机械工程学院（401 名）

杨伯达 綦磊 王婉瑶 王慧君 卢思含 田晔 代馨怡 任泓泽 闫文振
李双旭 李昕翌 初梦迪 张少焕 陈雨露 陈鸽 郑韵臻 赵凯旋 徐慧
唐敏 章宝强 罗飞 刘语嫣 曾美涵 付柳源 蒋均 田恩泽 魏恺寰
王静祎 巩诗航 刘森 李冲 李知颖 李晓燕 李婉莹 何沁茹 余洋杨
张凌宇 张瑛博 畅敏丞 易珍瑞 胡孝鑫 徐巧 唐倩茹 章睿 淮一彬
储丹红 李再鑫 李向东 张义 于铭洋 王文杰 王彬 王福兴 方平
田士辉 田雨 刘瀚文 孙为彬 李瑞杰 吴先提 何京玮 余天宇 张晓
范鑫宇 郝李子翼 侯彦朋 谌能杰 韩梓腾 曾智康 谢浩然 褚伟成 戴深远
刘松 安庆 晏威 金也栋 钱经纬 景洲徽 王妲 陈海军 刘效飞
胡朔 廖梁贵 王雷雷 田文君 刘帅 何伟 郑耀毅 王彬权 孔德坤
占伟 旦增晋扎 宁彬 关伊哲 李明亮 杨远翔 张晴 张嘉东 陈玉婷
武敏 祝宁 徐英豪 奚先进 解昊川 樊江鑫 谢天宜 路霄鹏 陈帆
袁文辉 王值 李昶宪 罗垚 徐德明 王涛 朱子青 许仕杰 李方时
李知桓 李泽捷 吴林桐 汪广 张灯 邵洪帅 范秋澂 郑淇 钟文豪
夏胜超 郭佳琦 董良玉 雍晟一 尹佳琦 肖欢 汪鑫 马夏生 吴亚雄
王闻默 黄城宣 巴光明 刘宇 连博 赵云宝 朱家庆 尚锦奇 蔡旺
魏凯 王飞 王俊峰 叶靖宇 刘建泽 刘梦甜 刘鹏 沈宏达 张帅
张松 张敬涛 陆维明 陈育成 林佳巍 郑香君 凌志威 崔北洋 王泺评
陈世杰 周梓锟 赵崇深 王鹏皓 光浩然 刘钊 孙处城 孙前进 王程允
付怡宁 吕长怀 刘连星 刘铁柱 刘磊 江菡 李玉峰 李清 杨康

别钰涛 宋翔宇 张月阳 张正祺 范人杰 金康宁 周远清 周昭丞 周碧宁
郑植 聂昆 高思远 谢劲松 廖宇 侯朝阳 吴海瑞 马晓平 林少镔
刘志高 汤亿鹏 李腾 徐志辉 曾崇年 于海亮 王广鑫 王子明 王喆灏
计彩银 刘思哲 孙鹏 李子继 李加桉 杨高原 张艺 郑嘉琪 荆培渊
钟赫赫 贾爱斌 贾朝翔 徐柯 黄泳诚 符志谋 蓝必忠 德聪俐 李佳霖
杨子腾 王茂安 王笛 王辉 田世文 刘跃龙 齐冠恒 孙培然 孙慧宇
李浩 吴志佳 吴忌 何致勋 张百清 张驰 张志伟 陈云龙 陈瑶瑶
罗智杰 周兴宇 赵俊鹏 徐龙圆 黄月鑫 常小宝 程子冲 刘安宜 王雅迪
王煜 叶得力·吐尔逊江 冯汝琛 阿尔法提·阿不拉江 吕学谦 任思源 刘永淳
刘雅涵 阮若凡 苏琬茵 李彦霖 杨阳 陈子豪 贾梦蕾 徐精聪 曹婵媛
崔珂成 蒋佩书 韩慧稚 傅宝谊 曾瀚萱 甄晓阳 潘家豪 刘大群 王皓晴
竹益 仲可欣 伊丽达娜·安尼瓦尔 刘家铭 苏碧·毛力提 李梦泽 吴越
佟延武 汪和瑞 张竣博 邵仕奇 金天龙 周映雪 庞亚茹 赵锡园 胡华清
姚轶溥 郭陆 曹铮 曾昕 曾妮 谭锐轩 谢子润 孙瑞 卜祥非
王若岩 王晨阳 王媛 文珂 成晟慧航 全烘辰 庄宏美 刘子暄 张淼
林存彤 赵元成 赵泽维 康家宁 董佳运 喻凡卉 焦阳 谭欢 王艺诺
王新磊 牛轩 甘林梓 朱婧玥 刘泽振 米若兰 李佳鑫 杨延 杨硕
何逸舟 余美霖 张文 张宇璇 张欣岩 张思琦 贾稀荃 曹晋 隋雪飞
葛鲁月 魏有杰 周蕾 陶洪达 蒋帅 岳琪东 魏鹏程 郭永杰 江敏
李子涵 李帅 钱程 杨斯奇 邱维强 张凌钰 郭旭 郁映伟 罗聪
图力古尔 柳朝阳 王俊 刘懿德 衣睿学 李刚 李涵 杨江飞 张堃
孟凌霄 石昆宏 李盛 张杰 武俊雪 李航宇 周涛 凌晨 余启
张达 张延 陈泽龙 陈璇琪 邵子豪 焦倩 刘畅 刘思远 阳志
杨瑞恒 何小增 沈晓飞 胡孟杰 袁陪钜 席玮航 韩志琦 王宏轩 卢施颖
白文杰 刘昊钧 汤明阳 李存福 李桂鹏 张豪杰 贾荣浩 赖薪宇 柳鹏飞

能源与环境工程学院（190 名）

马博远 王琳 牛明爽 仝婧婧 孙文瑾 杜昱樊 何淼 张兆衡
沙尔呼巴·甫拉提 武文宇 周泽宇 宛勇 屈元昊 孟鑫 姚振铎 陶雨枫
黄心眉 黄雅慧 曹腾心 隗云飞 越丫 谢栋 蔡乐怡 张明妍 陈都
马基铭 于露 王雨晴 王铭涵 尤晓 田晨昕 次旺久美 关伟杰 孙婷
杜可枫 李成龙 吴莉君 吴悦荣 张中苇 张泽茜 张德鑫 阿依博塔·吐尔逊别克
陈巧 陈萌 金润文 凌鸣 高菲 郭咏晴 陶韬 黄德书 满青霞
谭鑫悦 张奔 马若菲 马梦皎 王一帆 王峭 王康 尹承琪 左克清
卢风雄 吉天成 朱庆春 任庆晔 刘爽 闫晓彤 字德云 李东东 杨成博
杨耀德济 张晓阳 张璇 陈建强 陈保志 陈嘉玮 周荣博 郑良威 郑婷婷
黄子淳 黄振兴 隆耀成 邱楠 张东旺 禹云星 施冉 姚浩 张森
胡一歌 丁恒 王乾宇 王翼 占安涛 卢星宇 吕慧欣 刘传志 刘苏熳
苏曙光 李如名 李松 杨柳岸 杨越亚 别豪男 宋成 张杨杨 陆阳
陈辉 孟苑 赵梓澄 胡伟 胡辉标 黄泽清 景昕 谢俊行 蒲长宇
薛梓尧 丁家熙 李宁 李虎 李建男 李铮 杨宽 耿书阳 白加发

乔腾飞 陈家雷 赵延涛 乃再尔·阿布都卡哈尔 刘水 刘晓宏 李丞侃
丁晓萱 马子逸 王昊 王景芳 朱润州 邬雨帆 刘嘱勇 闫晓鑫 许坤
严开新 张坤鹏 张惠黎 林秋惠 赵杰 贾梦涵 黄宁 黄壮壮 崔阳
康鹏 彭亮 彭浚峰 韩林甫 喻颖睿 谢亮星 解阳 潘润 张元英
邢泽溶 吕浩翔 朱亚军 刘子晗 刘建峰 刘思聪 杜宇航 李光健 李禹澎
杨东泰 杨畅畅 杨娜 杨彭宇 肖润 吴慧 张艺阐 张博 武琪
郑妍 赵垅钘 洪铭岚 韩飞洋 阙衍聪 潘然 霍谊 王帅 王军翔
王黔 白洋洋 刘佳欣 刘晨鹏 韩旭 曾彪

自动化学院（301 名）

巩通 何鹏州 张苒 田昊 王雪璇 李佳乐 何岳滨 鲜于流连 王远航
王彦博 卢静怡 吕绪泉 刘正宇 刘志辉 衣丹羽 闫翔 孙登博
买如甫白克·卡得尔汗 严由齐 何翔 张朋朋 张珈铭 张瑶伟 郑文豪
赵哲惟 赵祯 郝昕 贾芳妍 徐萌悦 黄铭梁 黄鹏 薛颖异 魏文博
黄金鹏 谭晓杰 陈铖 刘天恒 王威 胡涛 张良 肖九宏 王俊通
韦书冲 玉岩 孙鹏飞 苏子雄 李成蹊 李汤睿 李宇凡 李培源 吴晨瑶
沙凯伦 张越 陈波昊 苟建中 罗杨 周青昱 赵建宇 胡新越 秦德聪
高琦 唐威振 董恒禹 温新平 谭志勇 魏子杰 魏思凡 廖廷雄 张玉婷
王明建 王金鑫 王思齐 王献民 王鹏 毛祥汀 田媛 刘晨 李润泽
李强强 何双双 余怡然 张开 张翰文 周莹 柴家乐 徐博文 郭露露
黄兴平 崔汉岐 梁思源 董之南 蒋丹阳 曾瀚 马菊香 荆明 丁陈
马越标 王爱玲 王颖 邓昭楚 包渌 邢宇昕 吕凝 邬奕欣 许书钰
杜铭钰 李志猛 李明轩 杨昆翰 杨越 吴静宁 汪涛 周大伟 郑国立
胡浚灏 徐一帆 徐伟栋 徐昊 彭奕豪 程财 程昱 路安 张浩楠
姜灵之 陈璇 赵权 宣凌飞 陈玖霖 马军 王月坤 王晓郁 龙伟
叶帆 成儒婷 祁航 麦润恒 严钢 李子璠 李玉琳 李春秋 杨开泰
张思贤 张钧溪 张俊杰 陈克胜 郑娜 赵逸超 查森 柴凌云 徐平海
徐志勇 徐港 高正平 高江江 唐亮 董文凯 廖源初 薛点点 李子龙
蒋智博 游春春 马宝忠 王雅琦 王璠 支媛 田震松 刘宏星 刘明亮
刘凌 孙天宇 李国卿 李恬 李莎莎 何翊翀 余锦奎 张红超 张建兴
旺玛央坚 郑松旻 胡绍富 修海鑫 俞洪 姜仪 徐莹影 高亚鹏 宿登钊
绳浩兵 富建波 赖本山 朱贺 钱一萍 齐欣婧 魏宇鹏 刘尧 张航峰
陈帅 朱皓同 尹旭阳 任旭倩 念诚 刘海志 赵翔宇 王化雄 王诚鹏
王媛 吕凯帆 许晋豪 阳博 严如岩 李彬 杨子豪 杨文富 杨益民
辛照洲 陆顺 罗辉 赵寓 胡昭霞 洪海艺 秦乐垚 袁若殊 徐越
高申绪 郭颖颐 康柳 蒋亚军 韩志冀 解佳鑫 裴梦彤 梁嘉伟 齐婧雯
陈兆通 杨兰江 全威 刘书林 王运昌 王思远 毛安宁 叶尔那尔·叶然
叶斌鹏 闫宇鹏 阮江艇 孙文宇 李元刚 李升 李鑫 何林达 汪淳枫
张子敏 张美霞 陈婷婷 陈楚楠 孟德君 练思永 赵云飞 赵鼎 胡思博
姚赤云 郭杨 董小飞 覃思豪 漆志敏 樊梦涵 滕云志 尹兴 刘元龙
陈许彬 谢路祥 吴淦毓 尧昊天 杨迪 陈启白 田思雨 加央俊美 邢淳

吕权修	刘彦汝	闫 旭	孙子杨	李志硕	李苏瑞	李 威	李 曦	欧华锋
周云奕	郑章雄	姚邦锐	贺林夕	敖雪聪	徐可钦	徐佳鹏	徐泽鹏	高文强
郭安硕	郭希良	郭鑫宇	唐洪军	龚 霄	梁 鹏	韩世成	缪海斌	

计算机与通信工程学院（431 名）

熊佳艺	王晟典	王舒妍	劳中杰	曾凯东	白松灵	王 迪	王泳璨	王 霄
朱星宇	任 珮	刘英达	刘曼姝	产子健	汝 灿	李东烨	邹紫娇	汪 念
张天昊	张伟豪	张浩鹏	张 药	张 超	张 篷	陈南枫	林舒婷	欧阳海颖
季幸卓	金 睿	赵经纶	赵雅婷	胡嘉欣	袁 杨	钱 祺	蒲应元	蔡润霖
魏浩来	许 兵	田江园	王礼伟	程子威	张家豪	薛淦元	袁 敏	姜 涛
刘子健	刘禹含	江雨森	李玉冰	李昱蓉	李晓倪	李 添	李 蓉	杨浩宇
张 博	陈丹妮	陈昶宇	陈桂忱	陈晓阳	邵亚文	孟泽远	袁 泉	贾明明
倪芷暄	高鸣飞	黄 潇	曹英杰	曹梦雨	蒋茜茜	简川杰	颜慧燃	李琪乐
李绪昆	郭志涛	王 强	戈洪岩	方慧婷	周星航	马嘉遥	王帅杰	王伟杰
王继隆	王紫薇	亓东林	方承炀	白 晨	边 浩	刘子杰	刘冬雨	刘宇轩
刘潇潇	闫云龙	孙昱彤	孙晓娟	李九龙	杨彦青	汪可慧	张心弛	陈昌恒
尚子昂	翁清华	郭梓敬	龚 俊	董诗泉	韩思怡	靳紫薇	鲍祎楠	张志鹏
张 磊	徐薇怡	楼 威	徐涵韬	郝琳霰	杨 硕	于小汐	马泽宇	马晓雅
马新宇	丰志鹏	牛 康	石 琳	刘春邑	刘思扬	孙业天	李晓东	宋 杰
宋知豪	张婉婷	张 超	陈 勇	赵婧喆	茹之钮	段子敬	柴国杰	徐香琴
黄国强	黄悦骅	章宝月	曾 程	甄启源	路明馨	樊晓冀	董善琪	张晨润
邢晓超	周 靖	周佳城	郑子仪	江方舟	王晓慧	王璐瑶	石芮萌	龙逸莲
旦真次旦	白宗平	刘一志	刘雨汀	孙天宇	杜飞龙	李 佳	李培宁	杨立佳
邹子寒	张 皓	张慧杰	阿不都沙拉木·阿不拉			陈柳玲	邵瑞航	武健宇
金 慧	赵吉彤	胡秀军	俞智健	姜伟宾	洪国栋	高玉立	黄青山	尉增杰
蒋源源	游强志	胡育玮	杨 雪	朱子暄	冉 昊	李欣蓓	范欣欣	宋建成
张 硕	薛佳豪	陈笑天	王泽铭	王宸昊	石家林	白泽琛	朱 亚	朱 迎
刘小菱	刘卫卫	刘 硕	孙嬴宇	李欣杰	李经纬	李 哲	杨 阳	肖关云
何 叶	张文硕	张正羽	阿尔达克·巴依吐尔逊			罗洪武	周鸿杨	赵冰玉
赵 宇	胡 平	修 妍	顾 松	郭睿妍	唐载钏	黄振南	彭景奇	易超群
李振嘉	唐誉源	杨博铭	李海虎	许浩天	叶浩楠	白景文	谢赛华	卢 旭
刘桐伯	刘 峰	刘家营	李 甲	李品岸	李 超	杨 伊	吴立钊	汪 流
张国栋	张明珠	张 YAN 华		张洁琼	张银成	纳尔娜尔·夏力哈尔		罗 云
赵雪松	赵锡豪	夏 天	郭 杨	陶 浒	梅若恒	董玲玉	蒋晓桐	储华珍
禄继鑫	谢天朔	雷万鑫	路青霖	蔡 迪	徐经纬	段 旭	董晋坤	冯婷婷
孙纯宇	潘莎莎	何晨涛	陈思展	王 涵	胡航诚	王志陶	王 婧	王翠华
冯文霓	朱柯佳	伊布拉音江·玉素甫		刘良安	孙长麟	李作维	李 凯	李佳亮
李鸿卓	李雅妍	杨志颖	杨聂华	张 培	张清瑜	阿 琼	孟 珣	赵晓松
姚在航	秦海波	袁 威	莫晓锋	贾思喆	顾鲁晖	曹 敏	梁小明	雷若风
张 晨	吕翔宇	刘 伟	徐晓晗	丁 松	马子文	王子豪	孔 耀	邓韬玉
白亚莉	吕俊纬	朱 力	朱博轩	任永华	刘 帆	刘 亮	刘 美	刘彧聪

刘琦　次仁多吉　孙逸凡　牟科津　李旭辉　李胤通　李鹏程　张雨轩　罗裕全
周天雨　周恒　郑晓康　高铭　韩树莹　曾冰怡　虞鸿桦　穆学堂　李志
刘向南　丁本根　马国圆　王汝意　王纪尧　王春雷　王铁敬　叶芬　朱增宝
伍元　任禹　刘皓达　闫菁泉　孙晔　孙韶鑫　李卓珩　杨泽圯　杨曼琪
肖玮龙　张如飞　张瑾瑜　周悦　相钰　袁梦　夏荣吾　高远　高泽青
黄文驰　韩玮　韩梁俭　惠峥　勾凯峰　聂梦楚　于润羽　邢旺　卫桃桃
王康宁　王锦涛　王翌蕙　尤昕阳　叶健臻　吕欣蔚　刘启瑞　刘定铭　刘艳强
刘桂生　江村罗布　苏捷　李兆鹏　李佳纯　李家旺　李朝闻　李靖豪　宋杰
陆家祺　陈柯宇　陈健融　孟庆森　胡洁　侯垚羽　郭权锐　桑丽敏　彭念一
谭淋　王健　孙岩武　任昕宇　王广　王佩龙　云丹朗加　尹铭浩　朱菁菡
刘梦　刘超见　刘慧　李丹　李雨萌　李浩　杨济睿　杨浩　吴钰博
张子毅　陈相　季天成　庞文静　郑雪琪　赵平方　高文鹏　黄世雪　彭宝莉
蒋奇　韩树莹　曾盛　温翔楠　潘聪晗　薛杰

数理学院（213 名）

陈瑀柔　马旭鹏　王一博　王占民　王包山　王匡宇　王泽羽　王楚君　王静
甘宗才　朱旻宇　朱景浩　刘芳林　刘京伯　李贻仓　李超慧　杨亮丽　杨濯
何大伟　何连操　应壮松　张泽薇　张健升　张锦楠　邵一帆　罗紫婷　金锐
郑玉　柴鑫　高姝洁　曹子璇　管磊　谭张杰　亓宗帅　杨钰坤　李富连
王浩　牛奔　吕瑞杰　朱欢　朱洪利　刘邦国　刘坤　刘祺　许瑞来
李子璇　李淑萍　李惠玲　杨培雨　何芝芝　张哲　陈华炎　陈彦睿　陈骞
荀瑶　罗昊　赵艺　胡辉　徐凯　唐云鹏　黄星钢　寇欣宇　韩佳宁
童钒　刘明升　刘司钰　代雷嘉　王子奕　陈桐桐　蔡金金　马菁悦　王茄源
王佳琪　王雅麟　全子傲　刘丽雯　许旭粮　牟晏宁　苏心迪　李晓东　杨宜锴
何子轩　宋得阳　陈彦祺　陈静　武家帆　罗翼昊　胡盛　钱亿元　陶海强
董慧珠　蒋英杰　程翔　谭朝　宋林遥　杨洋　徐乐园　李雨桐　谢聪
王昕怡　王浩　王腾　方浩　史仓州　任涛　刘淦　许浩　苏怡然
李邓宇卉　李姗姗　杨镇涛　沈稼霁　张全昊　张姣姣　张静　宗甜心　孟圆
赵津垚　胡珊珊　柳博丹　唐宇轩　黄忠　龚幻　韩承臻　谢莫涵　谭雄恺
薛景晟　鞠天贺　鲁智德　吴学志　张仁木　蒋文贵　丁章昊　王培贤　邓奔
甘振华　卢振用　旦增土美　吕思远　朱利龙　任帅阳　刘沛媛　刘金鑫　齐宝华
祁玉梅　李伟　李猛　杨文静　杨冰彦　吴帆　张梦伟　张超　张鹏飞
赵斌　赵韬　董凯锋　许昊　黄烁源　丁怀键　王泽源　王娅巽　叶庭枫
田仲韬　朱润玉　刘浩　阳昊　杜进博　李中港　李智　何昀　邹梦婷
张海洋　张翠文　陈龙　邵洋　罗恒　周小舟　贺家电　徐哲昊　郭玟畅
郭鑫　焦翔　翟继鹏　魏云浩　曹浩天　陈聪　孙阳天　肖宇　王健
孙宏利　朱荣培　王亮　刘文立　魏磊　王耀平　曲常鸣　黄宇龙　胡潇
陈泽权　张俊杰　赵家鑫　段彰　翟鲲鹏　朱宏宏　谭志阳　冉亚亭　杨熙航
包怡迪　曹凯　马云飞　王拓　王天放　李彦星

化学与生物工程学院（104 名）

马小虎　杨月萌　裴权炳　万　林　王开清　毛瓔珞　方　良　田　野　付　豪
吕芳霞　朱金城　朱　皓　苏颖薇　李贝嘉　吴柏华　张傲萱　陈灿灿　陈晓东
陈　婧　洪思程　贾　耀　黄志远　黄淑钧　鲁春浩　李克勤　陈子豪　王冠皓
邓希斌　卢映竹　权朝青　吕文博　任轶凡　刘铂薇　许余建　孙理科　孙燕平
李鹏飞　杨博文　邹浩林　张苓鹤　张馨元　段湛健　郭英杰　黄敏君　梁凯军
梁颖琪　彭　聪　董　超　韩　月　温家骏　蜂伟雄　蔡凌鸿　管凯雯　施恩杰
于冰儿　王　琳　扎西旺拉　毛心怡　方佳昱　白　雪　许　启　李　晓　李　琪
张天野　张文武　张舒媛　阿卜杜穆柯依提·艾柯木　陈思思　武纤雨　罗　程
赵　男　胡政伟　钟金今　贺　华　郭书凝　郭彦南　程晓鋆　李孟楠　韦玉婷
扎　西　尹凡峥　史　坤　吕贝乐　江易林　孙芷琪　苏路瑛　李　伟　李若同
李　蕾　杨　光　汪文俊　张圣昭　张爱萍　武文霞　庞　煜　赵子希　姚舜禹
桂子郁　徐岁平　翁潇睿　曾飞凤　熊　亮　潘香兰　薛田天

东凌经济管理学院（366 名）

常鸿辉　廖希敏　李　远　郭莹莹　王筱钰　王　颖　兰苑源　朱舒颖　刘思琪
汤子为　李书妍　李燕君　杨媛棋　张天虹　张伊宁　陈守宽　陈瀚东　高梦媛
郭怡临　董　超　程　敏　童梦露　熊梦圆　王选蒙　付飞翔　朱紫妍　齐文卿
杨润琪　肖静璇　陈若琳　赵子健　徐　兰　刘蕴瑶　李佳玲　刘少婧　陈思琦
万婷钰　肖沛桐　赵鑫杰　王丽雅　王路瑶　关　军　李东蔚　余小月　张金楠
陈龙泽　徐　畅　鲍卓希　樊扬林　王文宇　王　辰　王　铭　卢再冉　毕　成
朱元梦　杜佳鑫　李月朋　李崇瑞　杨昊天　邱靖淋　宋晓敏　欧阳帆　罗安胜
赵呈龙　赵晓雨　高云昊　郭百环　韩昊然　韩　越　余利景　张素洁　韩昱颖
王咏春　朱庭瑞　李昊宇　杨润初　杨紫淇　林富霖　周　杰　钱　婷　彭昌健
薛馥伊　王　娜　戈誉阳　朱俊锦　刘　爽　李思毅　张彦影　晏冬琼　葛暖暖
韩　玥　薄　云　丁玉洁　田一为　张玉娟　陈　红　禹梓菲　黄雅铃　商雪华
韩雨廷　谭　维　樊启迪　丁相宁　王怡凡　卢　镭　安梦瑶　苏怡瑞　吴思琪
张敏明　陈　瑾　赵田明娣　黄　悦　黄培辉　戴欣宇　朱志先　顾欣蓬　王改霞
王金招　刘　敏　杨国威　宋建伟　陈珏铮　赵　景　徐　蕾　王晓倩　毛佳妮
杨　阳　邹粮平　易刚建　宗晓艳　赵文捷　郭雅芳　谢家健　潘瑞彬　周方泉
王　柱　李振天　陈紫萱　季姝含　曾小桐　马欢欢　申姝璇　李　京　李　燕
肖　淼　吴梦瑶　闵粤鸿　宋晓哲　赵子璇　赵书琳　赵　渊　胡子微　柳欣萌
徐坤亮　程卢程　温　浩　王　珂　王　典　刘佳林　王亚卓　王玛珏瑶　王　恒
文兆杰　刘功铎　刘耘壮飞　刘熙悦　闫家政　关亚欣　孙一博　李淑婷　杨荔瑶
杨　嵩　吴以頔　张雪琳　周王志鹏　郑蕴格　侯　朔　耿子健　徐春颖　唐征帆
詹潮晖　魏　南　帕丽代·帕尔哈提　李红杰　扎西卓玛　牛方妍　师　涵　衣芳青
陈芷宁　胡月涵　琚　珉　樊有志　王天龙　王楚涵　李　硕　杨　鑫　张　旭
张雪薇　陆旭宇　查鑫鑫　徐子扬　焦圣峰　蔡曙玉　潘顺开　王思杰　曹智耀
王永涛　王若茜　刘诗琪　李红霞　陈舒雯　周于茛　赵　曼　胡　倩　徐嘉睿
甘新伍　邢　月　杜美松　李国成　杨　澜　余　伟　张春葆　常明星　曾　妮

谢显梓 张徐涵 王竣渝 符悦辰 宁可 石健 刘弘历 刘淞 李丹阳
李梦琪 何倩诗 陈立东 陈珊 陈璐 欧阳蓓 赵雨薇 高竟洋 梁俊诚
梁鑫 谢世琳 蔡姗嫩 谭彩萍 潘日尧 卢宇洁 田雨 付思嘉 吕桃
刘月 许蓉蓉 吴昕彤 吴学飞 吴恒 张珑丹 罗子健 钟冰洁 张俊川
宋宗达 杨志颖 田由 王艺菲 吴昊 刘羽珊 吴倩雯 何慧霞 张金强
张洪榛 张海平 张鸿淦 赵思祺 梁思涵 董雅贤 窦安 霍燕超 瞿彦
于宁 马杰夫 王凤仪 李思睿 何佩聪 陈晓琪 陈晨 周子旌 浦震
曹玲 陈卓 郭嘉伟 陈昌杰 雷涵 何韵琪 袁一纯 史妍昕 郭宁
王怡 王晨 田梦 伍瑜 庄东达 刘师玮 闫瑶 孙文远 李嘉成
杨荟 吴雪馨 吴婉笛 陈彦宇 徐缘 高融 全超 刘浩楠 刘瑾
汤心萌 李昊博 李雯婷 庞泳键 赵钰杰 胡籽昂 倪鑫 徐诗媛 郭亚莎
唐甜甜 彭奕霏 葛俊杰 陈维勤 江兆祺 耿欣 谭庆 赵天月 李婉睿
谢黎澎 陈大有 龙子琪 曲天琪 鹿瑶 吴迪 袁寿悦 丁磊 王振兴
刘迎珠 刘晓玥 李万通 李诗云 杨颖斌 宋子瑶 陈嘉俊 周苏冰霓 郑呈怡
段茵乔 郭玲玲 马展泽 王珺璞 王梦珂 边璟 朱远 刘楚涵 李艳茹
肖勇贵 张永嘉 赵静 胡浪 黄璜 李婧文 高婧怡

文法学院（195 名）

扎西 丁厚淦 王晓 王婷 尹嘉希 左惠源 申欣冉 田家瑜 仝子薇
刘香琪 刘媛 孙艺方 孙晓彤 李宗谕 肖舒月 何娅仙 张文君 张琳
张影 陈悦 陈竟 罗素素 赵小慧 姜子佳 徐青荷 郭逸菲 唐巧巧
崔巧丹 梁若瑜 韩鑫宇 谢雪 魏思雅 郭长轩 郭承润 冯铮
阿力扎提·阿不来提 赵娜 马思雨 王凡 王子琨 王骁然 王珽 王豫蒙
田天顺 白鑫雅 朱润泽 刘耶辰 刘清旖 刘毅迪 孙德钢 李佳同 李宗远
杨梦迪 吴晓玉 何佳霖 张娟 张缤鹤 金潇 赵帅 胡泽源 倪伟博
唐小娜 黄欣宇 黄婕 曹珂璇 康旭 韩衡许 李旻卿 陈向 陆超
李伟铭 王泽林 王桢颜 石雪玲 龙诗林 由嘉琳 白煜姣 向晚婷 刘晓
孙通 李世晨 李念 李翊铭 张瑜 陈迎港 陈禹舟 陈婷 邵琳子
拉巴琼达 尚雨 侯仕敏 姜一凡 钱雨薇 栾铭泽 桑杰措姆 黄雨卉 曹辰冰
李小真 刘宜玮 尹书山 张一诺 吴用 桑吉卓玛 巴决卓玛 马伊璇 马昭文
马巍 王涛 王瑜佳 王璐 扎拥 石晓男 石雪瑶 邢佳旭 向湘源
刘扬 刘若安 刘晓庐 刘璐 余紫晴 宋璨 陆楷文 陈宁馨 陈思懿
易雪娇 岳伯轩 郑寒玲 俞歌洋 顾俊 高琦 王莎莎 华昀 马玉茜
王国萃 白玉 刘慧莉 许吕峰 李彤 杨凤琦 吴旭笛 陈佳鹏 武霞
苗旭琳 和亚昶 胡荣华 施芮 贾春桐 徐艺铭 郭美鳞 唐志强 黄婷
梁晶晶 彭青青 董新雨 傅柳莺 曾惠美 谭文喆 熊逸洋 杨紫淇 王姝
闻世婷 王栋逸 马萱 马一鑫 王子林 旦增曲尼 孙浩依 李佳阳 李承坤
杨云清 杨壮 杨枝 杨雨晴 邹璐漪 张玉婷 张雪源 陈菩 范翔宇
欧阳超男 胡砚含 胡淇 柯禹 施艺 施栩婕 柴资贻 高语晨 高磊
黄雯俊 焦克龙 德吉措姆 薛婷婷 魏珍 张道泽 郑帅 肖斯文

外国语学院（137 名）

孟杨　张诗惠　石鑫　冯婷婷　刘昕哲　刘莹　刘璐　苏颖　李玉瑄
李泽慧　李秋宏　李斯文　吴笑铭　沙玥　张可一　张加怡　陈佳琦　陈诗卉
苗佳漪　林彤　金慧婧　周子豪　赵梓辰　贺澍寰　郭禹辰　曹冰　湛丽丽
谢安琪　翟天玥　马茜滢　王欢　牛昕　甘洪嘉　吕博远　朱东红　任泰龙
刘吟秋　刘雨萌　刘瑞琪　齐丹彤　孙润芊　孙嘉颖　杜娜　李佩龙　李梦云
杨怡童　陈心怡　陈波桥　武田真　周睿娴　赵秀慧　秦子迎　高博涵　海多特
彭安琪　魏然　万美君　马艺硕　王一妮　王艺璇　王雅雯　王富　王慧卓
吕晨悦　刘儒弘　李运　杨若雪　张玉琪　张若楠　张晓萱　张晓婷　张琦
金美贤　赵雪榕　赵琪　钟明佳　秦爽　高之恒　黄欢　薛欣泓　张颖
安宇　丁新　万芸茁　王曼茜　王睿　叶俊宜　田然　朱茹菲　刘奇
刘霖霖　江雯祺　许嘉怡　孙金杏　李莹　邱家慧　张安莉　张佳雯　张闻嘉
张雅琪　陈宗维　陈路　周锦珊　胡梦赟　徐京　席蓓园　黄镜源　颜晶
戴梦瑜　唐然　程傲寒　马芳媛　田玥　田若曦　毕艺彦　刘子君　刘嘉
许鹤仪　孙天琦　孙艺芸　孙露宁　杨璐宇　宋景　张天莹　张若琪　张欣
张倩楠　张梓琦　张彭文蕙　果燕华　周文蝶　孟祥鸿　赵纯莹　夏照然　焦烨泠
裴琪惠　潘洵峤

高等工程师学院（170 名）

顾润东　郭淦清　王川　王钟议　郭艺琨　滕天帅　刘畅　韩平　于良机
夏正　万泽宇　马千里　付帅　李梓晨　张东旭　陈佳伟　邵鹏松　高同鑫
吕锦铭　华晨　张晏齐　陈培豪　赵宇伦　高瑞　丁明路　李广凝　李业韬
李熙民　鄂益坤　于博瑞　俞志峰　邓徐宜　何媛琦　梁文奎　葛雨菲　刘子源
李宇峰　张力　陈青松　陈嘉琪　袁俞哲　贾文义　马红莲　邓正川　庄祥宇
刘昱东　刘清茹　陈少华　赵光辉　袁铁衡　梁佳纯　葛慧林　韩玉杰　彭欣晨
刘畅　许鹏　何宇晖　郑志航　徐柏杨　高晨星　王优　王雪　邬泽超
刘逸群　严悝　张迈　张茂航　陈御川　赵依凡　姚凯俊　郭佳龙　程惠娜
魏培远　王九鼎　李锡滨　陈薪钢　尚进　周昊宇　马泽天　贺铂昌　曾寒雪
于荣辉　李清华　杨敏　陈兆宇　胡昊　段垚　高正峰　魏学源　王重阳
刘魏魏　李佳康　周于　龚斌　韩相和　邢国光　李彤　赵明璐　胡治平
熊瑶　许苏程　赵紫薇　侯往昕　鲍碧珂　赵秀芳　廖锦涛　张瑞　杨明远
张彦　崔天洋　韩重阳　于卓艺　马胜勇　王洋　江雨洁　杨焘　周璞进平
黄浩岩　叶昌键　何敬健　李鑫杰　王涛　叶阳　刘晓晴　李东旭　吴维
张隆跃　高胤峰　涂亚男　黄琦越　王新　李栋辉　杨维繁　张扬彪　郭宇航
解同良　王迪迪　朱旭　刘霄雨　齐儒赞　苏航　杜雅平　陈帅阳　赵桂昊
栗伟松　黎哲希　王开君　田琳　李昕怡　李琳　陈博雯　欧阳欢　郎鹏雪
赵宇　徐浩联　崔嘉鹏　丁子豪　王全策　孙杭　杨婕　邹茜茜　张文政
赵晟霖　赵雪娜　费玥姣　张新晓　陈志钊　郑子亮　荆星昱　黄智榕

2019年毕业并获得博士学位的研究生名单

学科、专业	博士研究生	导师	博士研究生	导师	博士研究生	导师
安全技术及工程	刘 刚	吴宗之				
安全科学与工程	边梦龙	杜翠凤	曹 杨	纪洪广	陈 雅	蒋仲安
	邓权龙	蒋仲安	靳文波	杜翠凤	李柯萱	李 铁
	王 远	杜翠凤				
材料科学与工程	阿贝贝	姜 勇	安 康	李成明	白立雄	孙加林
	蔡玉珍	姜 勇	曹 迪	吕昭平	陈 斌	唐 荻
	陈当家	王 戈	陈 龙	范丽珍	陈 晓	王 戈
	陈 铮	秦明礼	程 芳	林均品	程 磊	蔡庆伍
	程 帅	王开坤	崔景毅	田文怀	底巴罗	王 戈
	丁云集	张深根	丁志义	朱 洁	董博闻	姜 勇
	杜玉峰	万发荣	范云强	谢建新	峰 山	葛昌纯
	冯佃臣	王西涛	付 超	冯 强	傅 凯	田文怀
	高春辉	尹海清	高 翔	庄林忠	高志强	李晓刚
	郜俊震	康永林	古思勇	秦明礼	桂万元	林均品
	郭姝萌	杨 槐	何明涛	孟惠民	侯 杰	董建新
	纪 阳	姜 勇	贾丹丹	王 戈	江 慧	朱 洁
	姜 凯	田文怀	瞿玉海	从道永	雷智锋	吕昭平
	李 昂	卢云峰	李 波	田建军	李 峰	齐俊杰
	李慧心	白 洋	李明华	闫小琴	李亚琴	李 平
	李 跃	庄林忠	梁江涛	赵征志	梁驹华	赵征志
	林 利	康永林	刘 超	李晓刚	刘李斌	康永林
	刘 敏	金 莹	刘 奇	姜 勇	刘同华	强文江
	刘小浪	刘泉林	刘阳文	何新波	刘再旺	康永林
	柳 冈	徐桂英	龙梦龙	孙加林	陆亮亮	刘雪峰
	孟 晔	强文江	潘彦鹏	何新波	裴 俊	张波萍
	彭晓文	陈 冷	皮自强	曲选辉	钱鸿昌	杜翠薇
	秦海霞	李 勇	秦润之	路民旭	邱小明	范丽珍
	沈 婷	田建军	沈文波	杨 洲	石存兰	孙加林
	史家兴	朱 洁	宋成浩	于 浩	宋温丽	吕昭平

续表

学科、专业	博士研究生	导师	博士研究生	导师	博士研究生	导师
材料科学与工程	孙绍恒	赵爱民	孙胜英	周张健	孙小明	从道永
	王保光	田文怀	王　贝	路民旭	王家毅	米振莉
	王金华	杨　平	王　凯	徐晓光	王丽娜	毛卫民 A
	王鲁华	张海龙	王少阳	于　浩	王　拓	惠希东
	王雪姣	强文江	吴华林	张　跃	吴　萌	刘雅政
	吴一栋	惠希东	武元元	龙　毅	席烨廷	高克玮
	邢秋玮	张　勇	徐呈亮	李长荣	徐　帅	林均品
	许立雄	武会宾	闫雄伯	李成明	杨　波	杜振民
	杨　栩	林均品	杨艳岭	徐晓光	杨　勇	任学平
	杨　语	李立东	姚纪政	董超芳	姚　瑶	张波萍
	叶　航	孙加林	叶育伟	柳　伟	叶　政	黄继华
	殷利涛	金　莹	尹衍军	孙蓟泉	喻智晨	王一德
	张　诚	宋西平	张地伟	夏志国	张慧敏	朱思泉
	张　婕	姜　勇	张丽南	乔利杰	张咪娜	周香林
	张　明	刘国权	张明赫	王沿东	张淑凯	杨裕生
	张先坤	张　跃	张晓冬	郝俊杰	张欣悦	郭志猛
	张　源	李静媛	张子佳	赵海雷	张自利	秦明礼
	赵丹丹	王西涛	赵　帆	谢建新	赵丽娜	赵海雷
	赵亚陇	高学绪	郑海燕	王　戈	郑明月	毛卫民 B
	郑晓飞	康永林	周　珺	夏志国	朱兆玮	王沿东
	邹　磊	杜振民				
材料物理与化学	孙根班	张　跃				
采矿工程	董　越	杨志强	侯　杰	胡乃联	兰文涛	王洪江
	李　东	姜福兴	李公成	王洪江	李　腾	谢玉玲
	吕　鹏	蔡美峰	马朝阳	谢玉玲	舒凑先	姜福兴
	孙　浩	高永涛	王　昆	杨　鹏	王轶峤	李克庆
	王颖维	徐九华	杨光宇	姜福兴	杨忠民	高永涛
	于少峰	王洪江	张爱卿	蔡嗣经	张　聪	李仲学
	朱鹏瑞	宋卫东				
动力工程及工程热物理	何　坤	王　立	贾　超	王　立		
防灾减灾工程及防护工程	鲁明星	纪洪广				
钢铁冶金	彭著刚	苍大强				

续表

学科、专业	博士研究生	导师	博士研究生	导师	博士研究生	导师
工程力学	郭　君	汪旭光	任鹏召	王金安		
固体力学	焦凤瑀	魏培君	于俊红	尚新春	周雅红	魏培君
管理科学与工程	阿普顿	杨建华	董秉坤	张　群	傅立伟	武　森
	汉　姆	黄晓霞	萨希亚	黄晓霞	尚庆雨	王道平
	杨明瀚	高学东				
化学	曹　宇	张学记	陈艳霞	张学记	陈宇祥	姜建壮
	代文浩	董海峰	杜　曼	刘杰民	侯赛因	杜宏武
	胡　威	陈飞武	李付凯	弓爱君	李宏达	李文军
	李延生	张学记	林宏芳	胡继业	刘聪慧	张学记
	路　广	姜建壮	孟祥丹	张学记	潘厚合	姜建壮
	秦云朋	侯剑辉	孙晓慧	温永强	王冬冬	张学记
	王　芳	温永强	王健行	张学记	吴婷婷	张学记
	张冬丽	温永强	赵　玉	温永强	朱孟良	边永忠
环境工程	田海军	宋存义				
环境科学与工程	刘　佳	林　海	刘建丽	李子富	玛莎尔	汪群慧
	欧　力	李子富	普地安斯	季宏兵	王　亮	林　海
	王雪梅	李子富	王志强	邢　奕	杨仲禹	易红宏
	于　淼	汪群慧	张　弛	季宏兵	张　丹	段小丽
机械工程	陈　丹	徐金梧	陈一镖	郗安民	董　峰	杨　荃
	耿晓光	马　飞	郭祥如	孙朝阳	黄　旭	王宝雨
	李俊玲	王宝雨	李　升	罗维东	李晓萌	阳建宏
	刘佳骏	罗维东	罗　彪	李　威	慕延宏	王宝雨
	任威平	徐　科	宋光义	杨　荃	田思洋	徐　科
	王　磊	徐　科	王　尚	杨　荃	王鑫鑫	闫晓强
	吴　荻	战　凯	徐　涛	张文明	张　卫	张文明
	张赵宁	张　杰	赵　翔	李　威		
计算机科学与技术	穆罕默德	殷绪成	冉祥栋	单志广	泰　季	宁焕生
	徐　诚	张晓彤	徐　钢	张晓彤	徐丽媛	王　沁
	亚　伦	王昭顺	杨领芝	班晓娟	张博文	殷绪成
计算机系统结构	黄建一	张晓彤				
计算机应用技术	武丹凤	曾广平	赵海春	郑雪峰		
技术经济及管理	孙守恒	王维才	田雪姣	杨　武	杨大飞	杨　武

续表

学科、专业	博士研究生	导师	博士研究生	导师	博士研究生	导师
科技与教育管理	柏　豪	曲绍卫	殷　蕾	许　放		
科学技术史	刘　勇	梅建军	王　璐	梅建军	王显国	李延祥
	王颖竹	李晓岑				
控制科学与工程	高玉峰	童朝南	郭玲利	徐正光	金增旺	孙长银
	李鹏威	王　京	李　强	谷　宇	李艳姣	尹怡欣
	刘爱志	孙长银	刘亚强	忻　欣	马　亮	彭开香
	石　岗	李希胜	王目树	徐正光	杨晨星	童朝南
	张　杰	肖文栋	张天尧	张朝晖	张玉振	李　擎
	支元杰	付冬梅				
矿山地质工程	王明格	徐九华				
矿物加工工程	曹志成	孙体昌	陈　超	孙体昌	邓祥意	冯雅丽
	龚道振	孙春宝	康金星	冯雅丽	劳德平	倪　文
	王晓平	孙体昌				
矿业工程	陈绍杰	金龙哲	窦培谦	孙春宝	张永强	孙体昌
流体力学	马东旭	朱维耀				
凝聚态物理	胡建玲	王凤平				
企业管理	皇甫玉婷	刘　澄	金春华	高俊山	李慧忠	王维才
	王建建	何　枫	泽　曼	杨　青	张　莹	张　剑
	张　羽	刘　澄				
软件工程	董　超	赵冲冲	方明哲	胡长军	胡　颖	胡长军
思想政治教育	齐　勇	李晓光				
通信与信息系统	安星硕	邬贺铨	霍佳皓	隆克平	克希夫	张中山
	赖晓阳	邬贺铨	李伟泽	解　仑	马兴民	周贤伟
	苗　莉	周贤伟	全　力	王志良	萨达夫	宁焕生
	苏敬涛	周贤伟	孙　鉴	张中山	王　子	周贤伟
土木工程	安　邦	谢谟文	陈　璐	乔　兰	冯国俊	宋波T
	郭浩然	乔　兰	黄智德	谢谟文	李　群	黄昌富
	李志鹏	吴顺川	孟令健	汪林兵	仝鑫隆	汪林兵
	吴昊燕	吴顺川	席　迅	蔡美峰	徐　俊	高永涛
	叶周景	汪林兵	张诗淮	吴顺川		
外国语言文学	王文峰	张敬源	魏　榕	黄国文	魏银霞	何　伟
	乌　楠	张敬源				

续表

学科、专业	博士研究生	导师	博士研究生	导师	博士研究生	导师
物理学	成海霞	钱　萍	霍晋荣	钱　萍	李　莉	吴　平
	麦　蒂	马星桥	孟宪赫	巨　新	张伟伟	宋玉军
物流工程	刘金辉	董绍华	朱艳新	李苏剑		
岩土工程	陈建强	纪洪广				
冶金工程	阿　齐	张立峰	卞刘振	周国治	蔡泽云	宋波 Y
	曹玲玲	刘　青	陈良军	陈伟庆	陈　亮	朱鸿民
	陈　明	王新东	邓　勇	张建良	段豪剑	张立峰
	高其龙	陈　骏	顾　超	包燕平	郭　徽	郭兴敏
	郭建龙	包燕平	何　杨	刘建华	胡绍岩	朱　荣
	冀云卿	王新华	焦汉东	焦树强	李凤善	张延玲
	李　明	张立峰	李　强	邢献然	李战雨	李建玲
	刘仕元	周国治	刘文娜	周国治	刘占宁	邢献然
	卢光华	张梅 Y	吕延春	王新华	罗乙娲	郭汉杰
	毛明涛	郭汉杰	孟　龙	郭占成	穆斯林	张立峰
	裴德健	苍大强	祁永峰	李　晶	宋腾飞	张建良
	王宝华	朱　荣	王恩会	侯新梅	王海洋	张建良
	王　昊	李　晶	王来信	吴胜利	王　萌	王新东
	王　朋	周国治	王　帅	焦树强	王晓辉	罗海文
	王　云	李　宏	魏光升	朱　荣	魏延泽	于然波
	巫圣喜	张立峰	吴　拓	张延玲	吴跃东	周国治
	郗俊懋	吴胜利	闫奇操	郭兴敏	燕春培	邢献然
	杨　楠	郭兴敏	张昌泉	李素芹	张环宇	郭　敏
	张利文	宋波 Y	张　旭	白　皓	张旭彬	张立峰
	张　莹	张立峰	张媛媛	王静松	赵　强	薛济来
	郑安阳	苍大强	郑建超	周国治	郑亚玲	邢献然
	郑亚旭	王福明	朱　贺	邢献然	朱　利	吴　铿
	朱利斌	李京社	朱勤天	李　晶		
一般力学与力学基础	王　伟	马万彪	于　晓	廖福成		

2019年学术型硕士毕业并获得学位的研究生名单

学科、专业	硕士研究生	导师	硕士研究生	导师	硕士研究生	导师
安全科学与工程	段志博	蒋仲安	高金鑫	刘　建	高康宁	蒋仲安
	韩　晶	刘　建	胡玉勤	杜翠凤	汲银凤	杜翠凤
	姜莉文	黄国忠	兰　桂	蒋仲安	李晨晨	何学秋
	李　萌	龚　敏	刘　晴	刘　建	钱熙熙	黄志安
	沈栩杰	张英华	田兴华	金龙哲	王菲菲	刘双跃
	王京京	刘　建	王树祎	张英华	王　洋	金龙哲
	燕立凯	黄志安	张　浩	金龙哲	张建芳	李　铁
	张笑飞	李　铁	朱洪民	金龙哲	朱娟花	杜翠凤
材料科学与工程	柏慧凝	纪　箴	拜小凤	郭翠萍	毕　鹏	金　莹
	毕思聪	高学绪	蔡　昊	刘泉林	曹嘉明	武会宾
	曹米丹	耿文通	曹荣华	赵征志	陈芳芳	曲选辉
	陈宏伟	陈树海	陈　凯	董建新	陈利红	肖　葵
	陈　强	陈树海	陈　新	张　津	陈　旭	蔡庆伍
	陈玉红	任淑彬	陈肇翼	刘　靖	程晓琴	闫小琴
	程　瑶	崔倩玲	褚少旗	何战兵	崔立莹	李晓刚
	崔　清	俞宏英	邓　枫	何积铨	丁俊凯	张深根
	董　唱	孙建林	董　建	郑　磊	杜少楠	孙建林
	范海燕	董建新	方节军	赵海雷	方　旭	李静媛
	冯菲菲	王海舟	冯靖轩	郑裕东	付　胜	夏志国
	付　文	王开坤	傅　豪	纪　箴	顾　晨	杨　平
	官亮亮	连　芳	郭斐斐	高　瑾	郭慧杰	何战兵
	海　潮	杜翠薇	韩文敏	宿彦京	郝磊磊	康永林
	郝　园	李明华	何　勇	王西涛	胡海洋	陈吉堃
	胡　娇	王自东	胡　鹏	李金许	胡荣俊	张海龙
	黄　瑾	郑　磊	黄　康	吴俊升	黄　淋	张瑞杰
	黄一君	张麦仓	纪庆竹	常永勤	纪若男	吴俊升
	纪志平	江海涛	贾　皓	任学平	贾红星	李金许
	贾梦依	王　戈	贾淑帆	张波萍	蒋　聪	金　莹
	康春辉	董超芳	孔宇威	刘泉林	赖慧颖	李静媛

续表

学科、专业	硕士研究生	导师	硕士研究生	导师	硕士研究生	导师
材料科学与工程	兰雪影	张深根	雷红红	蒋　朋	李昌林	黄继华
	李　帆	高克玮	李富强	从道永	李高洁	郭明星
	李丽丽	隋延力	李利利	吴俊升	李林彬	曹文斌
	李　玲	孙加林	李　玲	王鲁宁	李　龙	米振莉
	李　强	韩静涛	李　婷	王鲁宁	李宛桐	姜　勇
	李　霞	杨　平	李昕彤	赵志毅	李　轩	宋仁伯
	李雪瑞	任学平	李亚迪	连　芳	李　宜	宋仁伯
	李义彤	陈雨来	李　远	曾燕屏	李子玉	李晓刚
	练海文	罗　骥	梁鹏程	高学绪	梁思远	张来启
	廖露海	康永林	廖　志	刘智勇	刘梦迪	林均品
	刘倩男	王学敏	刘倩倩	卢　琳	刘青阳	宿彦京
	刘尚宇	李晓刚	刘　烁	李晓刚	刘万博	黄海友
	刘文艳	王　冬	刘晓婧	王沿东	刘晓彤	郑裕东
	刘鑫鑫	齐俊杰	刘信乐	王沿东	刘熠昆	孙冬柏
	柳超敏	江海涛	卢年慧	周张健	鹿星晨	齐俊杰
	吕志威	黄继华	罗丽莎	于广华	马保水	王西涛
	马成龙	何新波	梅星圆	曹　备	孟令旭	何积铨
	孟　瑶	王鲁宁	聂东旭	冯　强	聂　熙	李　勇
	牛　苇	范丽珍	欧　影	董文钧	潘梦秋	张达威
	潘　权	赵志毅	潘　跃	刘雪峰	潘志立	李　平
	彭文彩	闫小琴	平林军	海明潭	钱学海	姜　勇
	乔　磊	孙冬柏	邱婷婷	吴　茂	任育宇	常永勤
	戎马屹飞	薛文东	尚园园	吕昭平	邵佳敏	刘智勇
	盛安健	王海舟	盛治慧	王鲁宁	史建英	顾有松
	史振龙	冯　强	束俊洲	孙建林	宋娟娟	王德仁
	宋丽娟	廖庆亮	宋章其	孙冬柏	孙宝壮	刘智勇
	孙　奖	杨　滨	孙雅兵	于　浩	孙燕妮	路民旭
	谭　娇	何新波	唐春梅	张波萍	唐亮珍	李立东
	陶　昕	赵海雷	汪李祥	宋仁伯	王　彬	张瑞杰
	王道宽	章　林	王凡凡	范丽珍	王佳丽	任学冲
	王京璇	庄林忠	王　晶	宋西平	王俊姿	郝俊杰
	王　龙	姜　勇	王　曼	张迎春	王美成	田建军
	王　孟	张来启	王梦茹	田建军	王明硕	王　戈

续表

学科、专业	硕士研究生	导师	硕士研究生	导师	硕士研究生	导师
材料科学与工程	王　鹏	王　戈	王　睿	高　瑾	王莎莎	于广华
	王圣岚	强文江	王思佳	王　辉	王天成	王艳丽
	王兴宇	孙加林	王亚彬	柳　伟	王一笑	刘新华
	王颖涛	谢建新	王　勇	赵爱民	王　宇	庄林忠
	王泽宇	杜艳霞	王张柯	刘雪峰	王征远	叶　丰
	王志成	王　浩	温佳慧	杨　洲	文泽宙	张　雷
	毋健飞	曹　晖	吴海林	闫小琴	吴　航	韩静涛
	吴梦涓	张迎春	吴　铭	朱　洁	吴　宇	滕　蛟
	武平伟	张　跃	夏俊涵	李立东	夏　洋	吕昭平
	肖　飞	张志豪	肖仕琪	路　新	肖亚宁	张　虎
	谢　晨	周香林	谢浩然	郝俊杰	谢丝莉	杜艳霞
	邢成芬	张　虎	邢德胜	赵兴科	徐德兴	张济山
	徐海峰	韩静涛	徐萌森	姜　勇	徐庆磊	陆永浩
	徐　涛	赵海雷	许汉风	任学平	薛少伟	叶　丰
	寻梦华	郑为为	杨　兵	黄进峰	杨丙涛	张　鸿
	杨　静	董建新	杨美偲	赵志毅	杨星波	林均品
	杨　杨	任学平	杨　译	吴　渊	杨卓灵	谢建新
	姚培胜	黄海友	叶启哲	李龙飞	衣　凤	梁永锋
	尹　巧	张　鸿	于浩男	宋仁伯	于　静	石章智
	于　阳	卢　琳	余子权	于　浩	俞　波	刘雪峰
	俞瑞华	黄继华	袁关杰	冯　强	袁佳昀	林　涛
	袁孝民	张　津	张博晨	范丽珍	张博文	张来启
	张　超	赵爱民	张　弛	黄进峰	张　聪	唐伟忠
	张公桢	任淑彬	张红男	连　芳	张　慧	杜艳霞
	张慧娟	张　雷	张建兴	朱　洁	张　凯	宋仁伯
	张立恒	刘雄军	张　敏	张　勇	张　平	陈树海
	张文一	张　雷	张　杏	杨　平	张雪娇	包小倩
	张　越	曹　备	张志超	夏志国	张志文	孙蓟泉
	赵　博	赵志毅	赵慧敏	谢建新	赵　晋	周　成
	赵兴通	韩静涛	郑才慧	庄林忠	钟岩松	万发荣
	周丽鑫	张　跃	周宁波	吴春京	周彦凯	王丽萍
	周雨钤	邵慧萍	朱　亮	张济山	朱青青	范丽珍
	朱叶明	苗　君	卓世伟	王艳丽	左晓梅	杜翠薇

续表

学科、专业	硕士研究生	导师	硕士研究生	导师	硕士研究生	导师
采矿工程	曹 哲	李国清	富园园	高永涛	韩 悦	王贻明
	侯贺子	李翠平	胡亚飞	韩 斌	李 冲	高永涛
	李 根	王贻明	李露露	高永涛	李阳阳	高 谦
	梁向阳	杜翠凤	刘丹君	王洪江	刘圣秋	韩 斌
	刘艳广	王洪江	马晶晶	李翠平	倪振原	金爱兵
	祁赟朴	王洪江	齐 炎	尹升华	唐 舟	赵怡晴
	特雷沃	王贻明	万 飞	宋卫东	王 博	王贻明
	王 航	宋卫东	王 倩	金爱兵	王瑞鹏	高永涛
	王玉丁	谭卓英	温 楷	高 谦	熊韶运	尹升华
	张 峰	李翠平	张 俊	孙春宝	张 敏	璩世杰
	张永芳	李国清	赵 革	宋卫东	周 超	姜福兴
	诸利一	吕文生				
产业经济学	陈 妤	何维达	韩紫璇	何维达	郝研岩	冯 梅
	刘欢欢	冯 梅	刘星熠	何维达	祁 莹	邓立治
	全 荣	张满银	任妩迪	何维达	杨 桑	冯 梅
	赵愫情	邓立治				
地质资源与地质工程	胡志刚	李克庆	王燚钊	於晓晋	夏加明	谢玉玲
	张 衡	李克庆				
电子科学与技术	董 璞	王先梅	谷雪葳	石志国	李洪刚	石志国
	李 杰	李 刚	刘 璇	石志国	刘振宗	解 仑
	时佳伟	王先梅	张安琪	解 仑	张 雪	石志国
	郑占刚	李 刚				
动力工程及工程热物理	白子琦	冯俊小	柏 硕	王 立	蔡汶杰	于 帆
	陈江伟	刘应书	崔天宇	楼国锋	古思思	夏德宏
	郭 浩	夏德宏	郭 佩	刘应书	何城炽	冯妍卉
	何 莹	尹少武	侯 业	刘向军	胡金月	冯俊小
	胡 亮	苏庆泉	吉尔伯特	冯俊小	金修丞	乐 恺
	李晓颖	冯妍卉	刘恋至	姜泽毅	刘 洋	冯俊小
	浦碧露	王 立	史文俊	冯俊小	魏海康	温 治
	吴 玮	苏庆泉	薛飞扬	尹少武	张贵贤	楼国锋
	张荣钊	温 治	张巍文	刘传平	张 哲	刘柏谦
	张中礼	林 林	赵 雅	夏德宏	周俊杰	冯妍卉
	朱成会	苏庆泉				

续表

学科、专业	硕士研究生	导师	硕士研究生	导师	硕士研究生	导师
公共管理	阿　莱	杨晓明	蔡维明	吴群芳	陈素素	崔　英
	付明月	黄耀杰	葛　力	汪淑珍	黄宁宁	冯　英
	荆椿贺	冯　英	李梦娜	杨志云	李　贤	杨晓明
	刘俊好	曲绍卫	刘姝君	唐德龙	朴光淑	崔　英
	秦　敏	张学艺	任前仲	李　梅	时嘉琪	曲绍卫
	特雷莎	李　梅	弯盈月	俞文华	王　超	杨晓明
	王　皓	曲绍卫	魏庆庆	陈闽红	乌　莹	杨志云
	杨　华	李　梅	叶　问	曲绍卫	张　一	吴群芳
	张永宾	杨晓明	朱萌萌	唐德龙	朱　倩	郭德侠
供热、供燃气、通风及空调工程	陈美含	曲世琳	郭占闯	吴延鹏	韩金权	曲世琳
	李慧勇	曲世琳	李　妍	张　舸	陆禹名	吴延鹏
	罗丞朝	柳　靖	牛旸旸	柳　靖	剡婧婧	柳　靖
	孙凡卓	范慧方	王　赫	谢　慧	王志华	吴延鹏
	远　美	谢　慧				
固体力学	刘　炳	魏培君	刘世杰	肖久梅	梅江雯	陈学军
	卫晨曦	尚新春	邢　敏	魏培君		
管理科学与工程	爱格里姆	武　森	巴威尔	杨建华	车梦然	崔健双
	陈冬梅	武　森	陈　华	王道平	陈慧文	张晓冬
	方　悦	李群霞	冯国明	张晓冬	亨利迪	武　森
	黄泽南	闫相斌	蒋中杨	王道平	焦晶晶	武　森
	可　库	王道平	李晓赐	张晓冬	凌　慧	武　森
	刘金月	张晓冬	孟升辉	闫相斌	南　米	武　森
	欧麦尔	张晓冬	彭博文	高学东	烁　彬	葛泽慧
	宋雨情	王道平	苏飞扬	崔健双	孙　曦	甘明鑫
	汀　兰	杨建华	王雨萌	闫相斌	王　云	高学东
	吴浪涛	闫相斌	肖克峻	甘明鑫	徐良越	王道平
	许　娇	甘明鑫	尹　鹏	李群霞	占鑫豪	张晓冬
	张永继	张文新	赵　潇	高学东	周婷婷	高学东
	朱晓彤	武　森				
国际贸易学	伯　特	马建峰	布兰可	王　凯	辰　阳	马建峰
	陈雪婷	王　凯	大　卫	孙　莹	高炳灿	何维达
	高枭婷	范小华	金荣昶	何　枫	金渊升	王　凯
	黎明梦莹	马建峰	黎山松	冯　梅	李　拉	孙　莹

续表

学科、专业	硕士研究生	导师	硕士研究生	导师	硕士研究生	导师
国际贸易学	李　响	王　凯	刘凤宇	何　枫	刘明涛	范小华
	卢　莎	王　凯	马苏静	孙　莹	马正宇	孙　莹
	米　欧	王　凯	米　雪	孙　莹	莫妮卡	马建峰
	盼　达	孙　莹	赛　卡	冯　梅	思　凡	王　凯
	苏　娜	王　凯	王　硕	马建峰	王巍颖	范小华
	夏　夏	冯　梅	邢　晓	何　枫	杨鸿飞	何　枫
	杨若琳	孙　莹	伊丽娜	何　枫	俞　婕	邓立治
	张　琳	邵燕敏	张子敬	何　枫	郑睿玉	邓立治
化学	白　雪	杨运旭	毕文珍	弓爱君	蔡寒梅	刘杰民
	董　琪	李文军	耿　靓	刘世香	耿清华	边永忠
	海红莲	李建强	姜　哲	邓金侠	来亚茹	杨运旭
	李华杰	姜建壮	李同同	闫红亮	李霞玉	曹　霞
	李　渊	车　平	连　暾	李旭琴	刘　洪	周花蕾
	刘　敏	臧丽坤	刘振阳	叶亚平	吕正珂	王明文
	马　庆	叶亚平	孟倩倩	王碧燕	乔　越	范慧俐
	桑永珠	刘杰民	石俊鹏	苏　磊	孙栋明	肖军平
	孙茹艳	李正平	孙玮玮	姜建壮	孙营利	常志东
	田胜侨	韦美菊	王变变	袁文霞	王　超	弓爱君
	王红娟	张美芹	王丽茹	陈飞武	王　荣	王天宇
	吴　仪	范慧俐	武蒙蒙	王东瑞	谢　磊	柴成文
	徐　盼	李新学	许龙龙	王东瑞	轩晓腻	杜　鑫
	杨晨熠	原小涛	杨　阳	李正平	杨艺璇	曹　霞
	于莹莹	范慧俐	喻　璇	陈飞武	翟近涛	查俊伟
	张海娇	边永忠	张　迈	李正平	张　敏	孙长艳
	张冉冉	李建强	张晓妍	温永强	赵　欣	董　彬
化学工程与技术	晁文冉	曹艳秋	陈　强	李新学	郭嘉慧	常志东
	麦哈姆德	闫　海	莫　里	叶亚平	杨慧琳	李新学
	张　玥	许利苹				
环境科学与工程	阿瑶乐·赛肯	宋　波	安镝霏	李天昕	奥　巴	张玲玲
	蔡怡清	林　海	常艺琳	常雁红	发　妮	马鸿志
	根　念	段小丽	侯荣荣	陈月芳	吉　姆	段小丽
	靳晓娜	林　海	雷思雨	宋　波	李　涵	倪　文
	李　阳	林　海	力	李天昕	刘　婷	李子富

续表

学科、专业	硕士研究生	导师	硕士研究生	导师	硕士研究生	导师
环境科学与工程	马鸿坤	张玲玲	马晓宇	汪群慧	孟婧轩	唐晓龙
	孟小谜	唐晓龙	米　勒	张玲玲	莫　拉	宋　波
	任媛媛	汪群慧	赛　伊	李子富	孙嘉臣	李子富
	王巧晌	周北海	武佳敏	易红宏	小　龙	宋　波
	徐亚田	杨慧芬	许丹丹	周北海	许佳丽	易红宏
	闫　浩	唐晓龙	严义昌	李子富	张娜娜	邢　奕
	张　瑜	季宏兵	赵芙蓉	王　飞	赵　秀	段小丽
会计学	鲍　宇	刘亚莉	盖亚洁	崔文娟	管西婷	何民庆
	郝佳赫	崔文娟	黄紫嫣	刘亚莉	刘　博	张曾莲
	刘丽璇	肖　明	木　德	崔文娟	穆　林	肖　明
	宁昂琦	崔文娟	其其格	何民庆	孙　慧	胡志颖
	武梦妍	胡志颖	亚哈尔	崔文娟	杨子钰	李晓静
	于　函	李晓静	张虹霞	寇明婷	张芮杳	肖　明
机械工程	艾　蕊	王晓晨	白雪松	王文瑞	查向云	樊百林
	陈　超	郜志英	陈文斌	黄明吉	陈　远	闫晓强
	程亚明	何安瑞	崔振东	巩宪锋	单　研	黄明吉
	邓俊超	秦　勤	范大卫	马祥华	方文奇	宋　勇
	费振南	范让林	冯程程	范让林	冯智猛	刘北英
	高　铭	林建国	顾钊旭	何安瑞	何　凯	张清东
	侯　冲	冯　明	黄建霖	秦　勤	黄俊忠	郑莉芳
	黄敏敏	刘鸿飞	霍力溧	马　飞	江　军	曹建国
	姜小宇	李　疆	靳腾飞	刘　江	李　丹	杨耀东
	李广东	孙朝阳	李康佳	冯　明	李　宁	孙朝阳
	李　肖	冯志鹏	刘国权	冯　明	刘　凯	章立军
	刘克东	杨　荃	刘宁宁	邱丽芳	刘朋帅	郗安民
	刘　欣	周晓敏 J	刘章龙	李　疆	卢日星	马祥华
	马卫平	王宝雨	马星宇	张　杰	莫　特	李　威
	莫　威	陈　兵	牟忠强	章立军	牛　影	黄效国
	齐孟宗	张清东	秦　然	刘鸿飞	邱　澜	王晓玲
	任晓文	黄明吉	撒莹莹	曹建国	石国宁	张文明
	书　伦	马　飞	苏晨璐	阳建宏	苏明宇	张文明
	孙　文	周晓敏 J	唐　静	杨　珏	王　强	巩宪锋
	王卫军	马　飞	王亚南	张清东	王志豪	杨　荃

续表

学科、专业	硕士研究生	导师	硕士研究生	导师	硕士研究生	导师
机械工程	王志鹏	冯志鹏	吴天然	阳建宏	吴文昊	马祥华
	吴友炜	邱丽芳	相照洋	唐　英	肖小凤	孟　宇
	谢华都	李　威	谢锦程	申焱华	颜志成	徐　科
	殷　芳	范让林	尹　芳	石博强	岳　晖	杨海波
	翟鹏飞	李　威	张　初	徐　科	张楚源	范让林
	张广旭	黄重国	张浩然	韩　天	张佳康	周晓敏 J
	张　坤	冯　明	张利杰	陈　兵	张亚斌	贾志新
	张彦辉	臧　勇	张　艺	刘国勇	张中豪	闫晓强
	赵建伟	曹建国	赵久良	刘北英	赵晓燕	张文明
	钟智颖	马祥华	周　键	刘北英	周强强	孟　宇
	周卓异	冯志鹏	朱世新	杨　竞	朱维帅	吴迪平
	庄　璐	阳建宏	邹　柠	马　飞		
计算机科学与技术	毕建中	罗　熊	常　飞	王　睿	陈冬冬	陈红松
	陈敏捷	周　芳	陈玉莲	班晓娟	达拉诗卡	阿孜古丽
	邓　静	罗　熊	方　帆	殷绪成	冯　超	雷雪梅
	耿艳玲	王昭顺	郭　佳	姚宣霞	韩志帅	班晓娟
	金戈愉	张桃红	冷　月	王昭顺	李丹宁	胡长军
	李婷婷	支瑞聪	李　文	班晓娟	李晓霞	王宗杰
	李　莹	罗　熊	李志强	时　鹏	林　晓	王昭顺
	刘　喆	张晓彤	刘知洋	张晓彤	吕晴晴	胡长军
	蒙丽宇	殷绪成	庞正飞	班晓娟	钱彦璇	谢永红
	任红萍	殷绪成	沈冰阳	班晓娟	施耐尔	殷绪成
	石飞飞	宁焕生	田可娜	王洪泊	汪丽梅	胡长军
	王美琪	王卫苹	王志涵	王昭顺	吴京京	宁焕生
	武　伟	王成耀	徐　颜	阿孜古丽	闫毓洋	孙　义
	杨玲玉	胡长军	杨　攀	张德政	杨耀东	宁焕生
	杨　叶	周　芳	姚　翠	段世红	尹桂烂	王忠民
	于晓爽	宁焕生	余伟伟	张晓彤	张德恩	张晓彤
	张　彤	王志明 J	赵弼东	姚宣霞	周　欢	王成耀
	周文文	罗　熊				
技术经济及管理	段翔瀚	刘明珠	季　飞	张俊光	姜　睿	王震勤
	李佳慧	杨　青	李　婧	张俊光	刘晓蕾	刘明珠
	王慧娟	杨　青	王　敏	戴淑芬	王　瑶	朱晓宁

续表

学科、专业	硕士研究生	导师	硕士研究生	导师	硕士研究生	导师
技术经济及管理	王雨昕	杨　武	许天星	朱晓宁	曾　俐	王震勤
金融学	艾宛欣	刘　澄	杜海亮	张　燃	付佳俊	王未卿
	付娃妮达	黄晓霞	官　玥	周晓光	郭莉娅	周晓光
	黄　娟	刘　澄	李奥林	刘　澄	李晨萌	王立民
	刘　浩	王立民	刘　洁	王立民	刘璐萍	张　燃
	刘如旭	黄晓霞	马　笛	张　燃	唐　尧	王未卿
	王佳宁	周晓光	肖　喻	周晓光	杨　玲	张　燃
	杨　瑶	王未卿	袁　静	黄晓霞		
经济法学	陈鑫兰	魏增产	孟　美	郑瑞琨	王新颖	张武军
	王梓铭	温耀原	张唯玮	徐家力	郑立群	魏增产
	郑雨声	石　雁				
科学技术史	蔡秋彤	陈坤龙	高　鑫	魏书亚	胡映芝	章梅芳
	马燕洋	章梅芳	谭晓龙	李延祥	王　京	潜　伟
	王全福	李秀辉	魏强兵	李秀辉	徐莉娜	陈坤龙
	徐振磊	何积铨	严弼宸	李延祥	杨自然	魏书亚
	张智博	李延祥	周瑞娟	潜　伟		
科学技术哲学	康　振	潘建红	李云翻	宋　琳	宋子铃	钱振华
	辛　洋	刘文霞				
控制科学与工程	白　羽	刘冀伟	蔡记恒	陈先中	邓玉恺	孙长银
	狄　艳	赵宝永	段　楠	郭　强	段影影	袁　立
	段勇勇	刘　涛	范　琦	刘　丽	冯晓明	李　果
	古鹏飞	孙长银	郝　文	董　洁	侯佳序	刘德荣
	侯　捷	李　擎	候秀林	石中锁	黄雪娇	尹怡欣
	黄至钺	付冬梅	吉宇飞	尹怡欣	纪　辉	李　擎
	贾　静	刘冀伟	姜政富	李希胜	解浩周	杨　旭
	李候强	张朝晖	李　杰	付冬梅	李俊飞	王　玲
	李媛媛	张卫冬	梁喜旺	付冬梅	刘　凯	彭开香
	刘　庆	穆志纯	刘伟俊	魏清阳	刘　政	张　森
	柳　杨	付冬梅	龙杰敏	刘冀伟	马永亮	陈先中
	聂臻霖	陈先中	牛亚锋	乔　红	庞可心	李　静
	任起锐	童朝南	任志豪	彭开香	申宇林	刘冀伟
	史秋月	王丽君	史新立	李　擎	苏振锋	童朝南
	田　锟	张卫冬	王道辉	张朝晖	王国防	潘月斗

续表

学科、专业	硕士研究生	导师	硕士研究生	导师	硕士研究生	导师
控制科学与工程	王　杰	徐正光	王　琦	曾　慧	王雪娆	孙长银
	王雅卿	孙长银	王云凯	蓝金辉	谢　斌	王粉花
	徐培培	王　玲	薛　珊	刘德荣	杨乐天	刘　丽
	杨柳祎	杨淑华	杨天行	丁大伟	张　丹	王丽君
	张　杰	李江昀	张俊宝	高　海	张扬帆	邵立珍
	张　悦	童朝南	张正正	李　擎	赵栋樑	肖文栋
	朱　辽	宋睿卓	朱永波	张勇军		
矿物加工工程	阿萨都	孙体昌	陈子豪	傅平丰	仇云飞	冯雅丽
	李召春	孙体昌	刘令传	段旭琴	毛申星	孙春宝
	潘涛涛	王化军	邱　群	王化军	王　琦	倪　文
	王　硕	李正要	王　媛	冯雅丽	吴　俣	王化军
	杨思敏	孙春宝	伊利亚斯	孙春宝	于　莲	冯雅丽
矿物学、岩石学、矿床学	高广军	倪　文	贾盼亚	陈德平	姜文平	谢玉玲
	邵志明	谢玉玲	王一杰	李克庆	谢丽辉	刘保顺
	赵　爽	刘保顺				
力学	毕　乾	李长洪	刘　青	朱维耀	谭金强	宋洪庆
	王　雪	朱维耀	王亚震	朱维耀	徐国栋	周晓敏 T
	张晓勇	蔡美峰				
流体力学	杨西一	朱维耀				
马克思主义理论	邓浩迪	左　鹏	董小沙	韩　强	高丽娜	于成文
	郝丽媛	刘丽敏	黄秀芳	彭庆红	康　健	刘　莉
	李瑞源	许　峰	李学华	赵　锋	李艳梅	王蓉霞
	梁超锋	彭庆红	梁　梦	潘建红	罗　珣	彭庆红
	马璐瑶	王志明 W	牛晴苇	韩　强	冉依田	鲁春霞
	汤文颖	张北根	王金波	李晓光	王名姝	宋　伟
	王　榕	赵　静	王玉立	左　鹏	张　达	王志明 W
	张会云	周　鑫	张　倩	李艳艳	张　霞	张　欢
	张小云	马晓燕	张雪丹	杨彦强	张宇晶	左　鹏
	赵　金	张红霞	赵亚宁	陆　俊	朱惠丽	蒋宏潮
民商法学	丁成媛	徐家力	杜　淼	张武军	龚　娟	张武军
	韩雨彤	张卫英	洪礼滨	徐家力	李圆圆	张卫英
	娄　爽	侯登华	孙　超	郑瑞琨	田小雨	侯登华
	杨　展	李婉平	朱思怡	张卫英	朱晏玮	张卫英

续表

学科、专业	硕士研究生	导师	硕士研究生	导师	硕士研究生	导师
企业管理	阿皮希	姚　卿	阿西丽	胡　玲	阿兹特	魏　钧
	艾蒂莎	胡　玲	艾格瑞姆	胡　枫	芭芭拉	胡　玲
	白鹏莎	胡　枫	崔国东	张　剑	丁思羽	姚　卿
	段瑞雪	贾振全	冯　琳	谷　炜	付　宁	李晓静
	高　健	张　剑	韩洁玉	隋　杨	韩学娟	胡　玲
	韩悦心	胡　玲	郝雪晶	隋　杨	何晓芝	姚　卿
	荆一凡	魏　钧	凯　文	贾振全	李俐瑶	张　剑
	李　娜	苏　玲	李怡霖	楼　园	林英丽	胡　枫
	刘　金	魏　钧	刘真曦	隋　杨	罗佳伟	姚　卿
	罗美花	谷　炜	罗小梅	胡　玲	美　丽	谷　炜
	米　娜	吕殿平	母亚雪	贾振全	妮　娅	姚　卿
	潘氏如亚	裴利芳	裴茜亚	隋　杨	琦　琦	裴利芳
	邱建梅	胡　玲	如　娜	苏　玲	瑞　娜	贾振全
	赛义德	胡　玲	宋晓康	姚　卿	孙雅美	张　剑
	王　丹	胡　玲	王　洁	胡　玲	吴双飞	姚　卿
	徐　杰	张　剑	张　萌	张　剑	张田田	张　剑
	张雪童	张　剑	张　政	楼　园	郑旭相	张　剑
	朱丽娟	隋　杨				
软件工程	国　靖	孙昌爱	金　佩	张德政	李　盟	孙昌爱
	刘　浩	曾广平	刘书雨	陈红松	刘苏萍	赵冲冲
	么增琨	张德政	宋晓旭	朱　岩	王延永	赵冲冲
设计艺术学	陈晓彤	陈　键	程民超	陈　键	杜悦萌	覃京燕
	郭文惠	陶　晋	韩　旭	郑　阳	刘会芳	魏　东
	刘运非	李　淳	马晓驰	覃京燕	宋　立	魏　东
	王　硕	覃京燕	王熙童	陶　晋	王雪君	郑　阳
	温　馨	李　淳	肖　珺	陶　晋	张安琪	魏　东
	张婧婵	魏　东	张姝婧	覃京燕	张　悦	郑　阳
社会学	阿里甫江·阿不来提	时立荣	董倞乔	邢朝国	杜婷婷	郇建立
	李偲宸	时立荣	刘　慧	刘向英	马钰宸	邢朝国
	唐　琛	许　斌	田沁兰	时立荣	王晓颖	郇建立
	王子琛	许　斌	吴　珺	张瑞凯	周　芹	时立荣
	周延星	时立荣				

续表

学科、专业	硕士研究生	导师	硕士研究生	导师	硕士研究生	导师
生物化学与分子生物学	董金红	董海峰	范金辉	闫　海	高　菲	许利苹
	郝得厚	王海鸥	李　奇	刘丽琴	李颖娴	杜宏武
	刘　华	杜宏武	吕慧新	罗　晖	吕雪亮	尹春华
	马烨炜	尹春华	孙晓静	安学丽	陶文静	宋　青
	汪　庆	闫　海	王洪源	万向元	王婉懿	时国庆
	王　叶	刘晓璐	王重阳	宋　青	巫兴玲	胡继业
	修继冬	张学记	杨丽丽	时国庆	云　超	胡继业
	张泽龙	许利苹				
数学	陈宁杨	魏海瑞	陈永刚	刘白羽	邓　峰	张晓丹
	丁　宁	赵向奎	丁姗姗	刘　宇	范　帅	司新辉
	高雪丽	王　辉	郭　曼	徐　尔	韩　翔	朱　婧
	洪延捷	马万彪	胡　楠	刘　宇	金雨轩	赵金玲
	李林忆	陈明文	李　娜	赵向奎	李祥全	孙玉华
	李兴燕	牛　敏	李亚莉	巩馥洲	李　艳	赵志红
	李　震	孟　艳	刘豪玉	赵东红	刘　兰	苏永美
	刘丽娜	赵鲁涛	孟　雅	谢铁军	强　荣	马万彪
	孙萌苑	廖福成	王　贺	刘　宇	王　颖	赵立英
	邢学清	陈艳萍	袁琳玲	申亚男	张晶晶	胡志兴
	张　力	陈艳萍	张　丽	卫宏儒	张孟鑫	林　平
	张　韬	沈政伟	张艳儒	赵立英	张　瑜	胡志兴
	张卓玉	陈艳萍	赵瑞卿	张晓丹		
统计学	胡　筱	张志刚	李冰秀	刘秀芹	倪登伟	赵立英
	聂翠华	卫宏儒	潘鸿飞	艾冬梅	王　卒	徐　岩
	杨　刚	徐　岩	杨影茜	徐　岩	曾冠荣	赵鲁涛
土木工程	陈俊心	李长洪	陈小根	谭卓英	陈亚丽	牟在根
	代　博	任奋华	樊　猛	刘　洋	付双双	李　远
	高超伟	吴顺川	高　兴	高永涛	郭向阳	苗胜军
	黄　舜	刘娟红	黎伟佳	王金安	李　剑	宋波 T
	李雪菊	潘旦光	卢　蕾	谢谟文	罗统权	谢谟文
	马鑫炎	施建俊	马　勇	宋波 T	木辉提・吐尔汗	兰成明
	桑托斯	张举兵	石发才	龚　敏	石家瑞	吴顺川
	孙　铮	高永涛	王　婷	汪林兵	王志强	谢谟文
	韦杉杉	潘旦光	魏志栋	刘彩平	肖　洒	刘　洋

续表

学科、专业	硕士研究生	导师	硕士研究生	导师	硕士研究生	导师
土木工程	谢明雷	宋波 T	杨春波	王树和	翟清秀	王金安
	张晓强	谢谟文	张宗才	许　镇	章　亮	任奋华
	赵振龙	周晓敏 T				
外国语言文学	常　啸	陈红薇	崔玉静	薛　锦	高　硕	杨　子
	郭　倩	梁雅梦	哈　希	范一亭	姜　瑶	李　涛
	李小雨	李　琳	李一菲	官　群	罗　绮	张敬源
	马金芝	范一亭	王　宁	王　娜	徐文昭	李　涛
	薛若晴	陈红薇	杨洪霖	范一亭	杨梦涛	何中清
	曾瑞麒	何中清	张　帅	张敬源	赵卫玲	李　涛
	郑丽妍	薛　锦				
文艺学	倪　楠	张梅 W	吴　蔓	张　健	张怡馨	王立群
物理电子学	贺　勋	赵雪丹	王焕焕	陈　娣	张　新	吴　平
物理学	安运来	彭铭曾	白　旭	陈　娣	崔　晓	马星桥
	杜　哲	王荣明	耿圣博	李　杰	胡成浩	王鹿霞
	黄贤洋	郝亚江	李　丹	王云良	李剑云	陈　娣
	李新月	吴　平	刘皓伟	邱红梅	刘丽娟	孟凡研
	刘培珠	刘丽华	芦　玙	刘焕明	墨颖恬	王荣明
	欧阳宁	李　杰	任小莲	巨　新	孙守法	顾　强
	孙雪剑	王云良	陶　伟	顾　强	田冲冲	耿东生
	王冬雪	邱　宏	王晓英	秦吉红	魏泽民	丁红胜
	邢会会	吴　平	邢彤彤	巨　新	徐大睿	丁红胜
	徐雪风	孙萌涛	薛莉萍	王　宁	杨　楠	巨　新
	于子浩	田付阳	张贝贝	阴津华	张春尧	倪晓东
	张广清	宋玉军	张　丽	张国华	张强强	柳祝红
	赵翠翠	宋玉军	赵艳婷	邱　宏	郑　鑫	巨　新
	周雅婷	钱　萍				
物流工程	陈俊伶	董绍华	何翠云	董绍华	李春媛	程国全
	林莹璐	李苏剑	刘夏晶	吴秀丽	孙　琳	吴秀丽
	孙　跃	赵　宁	唐　宁	杜彦华	王　建	张庆华
	王雪莲	董绍华	杨艳楠	吕志民	余　凯	程国全
	张舰云	王　转	赵　雪	贺可太	赵　震	李苏剑
	郑艳玲	钮建伟	周洪宇	王　转		
信息与通信工程	达　汗	彭云峰	迪　迪	王丽娜	董　瑞	杜利平

续表

学科、专业	硕士研究生	导师	硕士研究生	导师	硕士研究生	导师
信息与通信工程	段兆磊	马忠贵	菲尔莫	马忠贵	格芮斯	安建伟
	郭　乾	张中山	韩　帅	阳小龙	贺　文	杜利平
	黄鹤林	皇甫伟	黄瑞尧	周贤伟	黄晓珊	王建萍
	贾魏德	周贤伟	景苏龙	姚　琳	柯　索	戴晓明
	李　堃	阳小龙	李林林	王丽娜	李昕冉	王丽娜
	李　洋	周贤伟	梁　晨	戴晓明	梁小雨	张中山
	廖荣森	杨　扬	马源满	张中山	孟雪涵	张中山
	倪　泓	王建萍	诺　曼	杜利平	乔瑟夫	张中山
	宋佳倩	马忠贵	宋　爽	刘　健	田思源	黄旗明
	王婵娟	安建伟	王　晶	阳小龙	王梦媛	杨裕亮
	翁　航	隆克平	夏延庆	陈月云	亚　当	黄旗明
	燕江宝	杨　扬	伊斯拉姆	张中山	俞小慧	王建萍
	袁亚林	刘　健	曾　卓	陈月云	张竞文	孙奇福
	张梦娟	周　娴	祝月兵	孙奇福		
冶金工程	邦嘉文	程树森	伯飞虎	张宗旺	常治宇	宁晓钧
	陈　尚	刘　青	陈　婷	郭　敏	陈　兴	黄　凯
	从　容	张梅Y	崔红兵	王新东	邓　泽	张立峰
	刁子饶	邹　兴	冯永山	成国光	付朝阳	程树森
	付忠旺	宋波Y	甘　鹏	包燕平	高俊杨	张新房
	耿　豪	张家泉	顾　凯	吴胜利	韩　谦	于然波
	韩帅帅	李素芹	韩振超	焦树强	和丽川	徐安军
	胡　伟	程树森	黄　笑	闫柏军	焦创伟	于然波
	孔庆毛	沈少波	李吉康	李京社	梁丙炎	王新东
	刘道绪	李京社	刘平泽	贺东风	刘　帅	邹　兴
	刘　扬	成国光	刘羿翔	闫柏军	柳仕宏	唐惠庆
	鲁　俊	张立峰	骆　昶	侯新梅	马璐明	张立峰
	苗志奇	成国光	牛棒棒	李建玲	钱晓明	杨丽韫
	曲晓健	杨占兵	田东宇	白　皓	童为硕	李　晶
	汪　澜	王福明	王大航	张国华	王　璐	孙彦辉
	王榕榕	李　宏	王　喆	吴华杰	温婷婷	杨丽韫
	吴博威	刘建华	武文超	陈永强	熊　略	黄　凯
	颜　凡	宋波Y	杨　涛	杨占兵	姚苏哲	侯新梅
	余相灼	刘　青	曾　磊	王成彦	张　驰	包燕平

续表

学科、专业	硕士研究生	导师	硕士研究生	导师	硕士研究生	导师
冶金工程	张贯旭	杨世山	张　恒	张建良	张建涛	王新东
	张金鑫	李　宏	张　凯	孙彦辉	张康晖	张延玲
	张晓宇	曹战民	赵　冲	张立峰	赵春龙	张延玲
	赵艺伟	王静松	郑宏波	李京社	周雪麟	束奇峰
	周宇涛	李京社				
仪器科学与技术	符东旭	肖文栋	高世浩	肖文栋	苟伟伟	迟健男
	李建勇	蓝金辉	卢　宁	迟健男	毛冠乔	张朝晖
	齐华华	张朝晖	王　佐	陈先中	张　蒙	侯庆文

2019 年专业学位硕士毕业并获得学位的研究生名单

学科、专业	硕士研究生	导师	硕士研究生	导师	硕士研究生	导师
安全工程	安　迪	龚　敏	蔡佳然	黄国忠	林浩宇	蒋仲安
	马珍珍	黄志安	苗雨加	杜翠凤	彭孟轲	李　铁
	史　昕	刘双跃	宋子鸣	李　铁	孙　冉	何学秋
	唐　韬	张英华	田晴晴	刘双跃	王皓宇	刘双跃
	王　楠	张俊燕	杨　锐	张英华	张　波	贾水库
	张　歌	张英华	赵英杰	宋大钊	赵元辰	黄国忠
	周安伍	黄国忠				
材料工程	巴奇楠	宋仁伯	白东亮	赵志毅	班晓瑶	陈　宁
	曹晓萌	燕青芝	陈承承	张深根	陈贵贤	高学绪
	陈　浩	张　鸿	陈俊鹏	任学平	陈　琦	王　冬
	谌贻豹	夏志国	程　林	柳　伟	程永建	陈晓华
	仇泉泉	康永林	丁　璇	张达威	董　师	黄继华
	杜吉康	詹　倩	杜智渊	吴　茂	段春光	万发荣
	段帅兵	刘　靖	范青乾	官月平	范伟利	齐俊杰
	范章帅	许立宁	方　帅	李明华	高　丽	廖庆亮
	巩晋东	柳　伟	官　杰	王金伟	郭嘉祥	杜翠薇
	郭彦召	李成明	郭子豪	李成明	海旭升	赵兴科
	韩　城	曹　晖	韩建昭	苗　君	何国宁	洪慧平

续表

学科、专业	硕士研究生	导师	硕士研究生	导师	硕士研究生	导师
材料工程	何建壮	邵慧萍	何云飞	孟惠民	和思亮	冯　强
	侯先杰	曹文斌	胡　凯	孙加林	胡康泽	杨　穆
	胡乐勇	王德仁	黄晨阳	胡水平	黄　旭	王德仁
	黄志成	张波萍	姬忠硕	张麦仓	计美阳	孟惠民
	贾皓东	周张健	贾红媛	俞宏英	贾陆营	张　津
	贾巧燕	路民旭	蒋茂林	余　伟	蒋　蕊	程知松
	蒋睿婷	米振莉	靳卫超	庞晓露	靳心蝶	曹文斌
	孔文慧	李　妍	李　奥	黄海友	李宝顺	康永林
	李晨程	孙爱芝	李　铖	赵征志	李东来	何积铨
	李二力	曹　晖	李高杰	王开坤	李　慧	顾有松
	李佳冰	樊自栓	李佳乐	周　成	李江山	王树明
	李铭璐	郑裕东	李　琪	张　跃	李　涛	毛卫民 B
	李伟男	樊自栓	李吴铭	常永勤	李晓鹤	林均品
	廖军华	秦明礼	林　雪	王旭东	林玉彤	高克玮
	刘春冬	黄冰心	刘东权	唐　获	刘　欢	张　鸿
	刘军强	龙　毅	刘俊明	王　浩	刘　坤	林国标
	刘　敏	王　纯	刘清贤	杨　滨	刘珊珊	庞晓露
	刘胜明	陈　宁	刘祥祥	徐桂英	刘晓霞	叶荣昌
	刘阳春	王　冬	刘玉坤	余万华	刘媛媛	庞晓露
	刘泽盛	陈银莉	柳子凡	尚成嘉	罗　晶	刘雪峰
	穆超英	赵志毅	倪　嘉	张志豪	潘　鹏	王自东
	彭善超	海明潭	漆露平	廖庆亮	秦　恬	纪　箴
	任虹婷	许立宁	任　帅	尚成嘉	任奕宣	周香林
	邵银龙	王　浩	沈　超	乔利杰	施兵兵	刘新华
	宋佳锡	程学群	孙　健	牛康民	谭成通	许立宁
	唐　燕	郑　磊	陶　媛	王　冬	田高山	燕青芝
	田一彤	林　涛	田振亚	孙爱芝	涂蕴超	陈　冷
	宛　磊	王旭东	万新宇	杨善武	汪宏玉	顾有松
	汪　鹏	葛昌纯	汪志龙	牛康民	王　博	陈　宁
	王成龙	孙建林	王　刚	毛卫民 B	王健星	柳　伟
	王　磊	王自东	王　蕾	叶荣昌	王丽环	李成明
	王林伟	林国标	王铭阳	程知松	王　宁	杨　平
	王　宁	俞宏英	王朋飞	林国标	王　强	王丽萍

续表

学科、专业	硕士研究生	导师	硕士研究生	导师	硕士研究生	导师
材料工程	王少林	詹　倩	王世如	冯　春	王鑫田	武会宾
	王学倩	白　洋	王应敏	李　妍	王玉田	薛文东
	王玉烨	王金伟	王　越	任学冲	王云龙	陈银莉
	魏　炜	王海成	吴　昊	郭　晖	吴晓宁	海明潭
	吴壮壮	连　芳	夏　辉	郑　磊	肖　宇	赵兴科
	修　旗	米振莉	徐　健	刘泉林	徐志锋	尹海清
	薛　渊	张麦仓	杨　栋	王开坤	杨家宝	燕青芝
	杨景智	张达威	杨理航	杨会生	杨灵伟	陈雨来
	杨晓明	于　浩	杨玉通	黄海友	杨宗林	齐俊杰
	姚明可	冯　春	尤梓沣	李金许	于永波	杨　洲
	余程巍	郝俊杰	余兆凤	杨　洲	喻高扬	陈树海
	袁　睿	武会宾	曾伟杰	张济山	张　冰	赵爱民
	张丹丹	刘雪峰	张　娣	杜艳霞	张宏博	周张健
	张宏飞	王　浩	张娟荣	曹　晖	张俊龙	李静媛
	张凯琦	尹海清	张柯宇	王　戈	张　黎	杜翠薇
	张　琳	王丽萍	张　铭	王旭东	张鹏程	张永军
	张　琪	张麦仓	张汝晓	闫小琴	张世颖	王丽萍
	张晓方	王树明	张星爽	董超芳	张雄波	陈　冷
	张学华	曾燕屏	张雪伟	李金许	张　恂	孙爱芝
	张运超	赵海雷	张泽宇	余　伟	张　哲	韩恩厚
	张振威	郭志猛	张　震	张　迪	张　志	高　瑾
	张子如	张　雷	章雨峰	秦明礼	赵　健	栾　奕
	赵靖霄	尚成嘉	赵俊杰	程学群	赵立会	徐桂英
	赵鹏振	王　冬	赵学彬	林　涛	赵宜娜	余　伟
	赵勇智	秦明礼	郑清瑶	李　勇	周　洋	郭志猛
	周义森	何新波	周　游	周　成	周占明	唐　荻
	周兆垣	蔡庆伍	朱祥剑	路民旭	朱翔宇	张海龙
	朱晓坤	王　浩	庄思濛	曹文斌	庄　涛	董文钧
电子与通信工程	鲍天宇	胡四泉	曹　策	解　仑	陈　勋	阳小龙
	程远洋	陈月云	代思凡	王志良	单莹娇	杨　扬
	党　帅	杨裕亮	高天宇	周　娴	郝若晶	解　仑
	侯宇明	米振强	李佳轩	皇甫伟	林久智	周贤伟
	林振业	胡四泉	刘彩凤	周　娴	刘明忠	冯莉芳

续表

学科、专业	硕士研究生	导师	硕士研究生	导师	硕士研究生	导师
电子与通信工程	刘祖捷	彭云峰	鲁 帅	王志良	吕 宁	黄旗明
	马凡舒	隆克平	申晓杰	隆克平	宋 萌	彭云峰
	滕明凤	安建伟	汪文秀	姚 琳	王国勇	王志良
	王浩彬	皇甫伟	王 赫	王志良	王 蕾	刘 健
	王耀莹	李 刚	夏志强	胡四泉	薛 慧	杜利平
	杨 超	马忠贵	阴笑笑	戴晓明	张 芳	安建伟
	张 航	王丽娜	张晶晶	李 刚	张 静	周贤伟
	张文强	冯莉芳	张子豪	王先梅	赵贝贝	冯莉芳
	赵 爽	戴晓明	周 衡	黄旗明		
动力工程	陈旭东	童莉葛	丁子益	岳献芳	贺丹娜	任 玲
	贾艺帆	刘双科	姜 锴	刘训良	李 东	张 辉
	李鸿坤	尹少武	李石琨	岳献芳	李相澎	刘训良
	李晓健	刘向军	林雪枫	王 立	刘 鑫	包 成
	孙 颖	包 成	佟新宇	孙淑凤	童云宇	刘双科
	王镝鸣	刘应书	王 磊	于 帆	王萌琦	刘柏谦
	王欣宇	姜泽毅	卫禹辰	任 玲	徐晓霞	孙淑凤
	杨 超	乐 恺	杨 昊	童莉葛	张 楠	冯俊小
	张宜凯	张 辉	张育逢	林 林	赵 健	冯俊小
	周春霄	刘柏谦	朱晓玉	刘向军		
化学工程	陈建霞	路丽英	陈姣姣	常志东	崔 涛	范慧俐
	段亚伟	李文军	梁 涛	查俊伟	蔺佳伟	袁文霞
	刘 滢	姜建壮	马思航	范慧俐	邱 妍	查俊伟
	吴海波	叶亚平	张魏肖	王天宇	张 旭	李建强
	郑开顺	王天宇	周烨秋	陈飞武		
环境工程	安梦宇	林 海	贺拴玲	汪 莉	李红艾	马鸿志
	李洁芯	施春红	李 倩	易红宏	李 旭	季宏兵
	李 勇	王 飞	林丽娟	林 海	凌郡鸿	周北海
	刘成琛	周北海	刘 凯	汪群慧	刘 悦	董颖博
	马思路	邢 奕	彭 程	马鸿志	彭焕玲	陈月芳
	申 康	杨慧芬	宋 爽	唐晓龙	田智祥	周北海
	仝双明	常雁红	王 杰	汪 莉	王梦思	邢 奕
	王永林	汪群慧	王 源	林 海	徐伊莎	夏 新
	杨 朔	陈辉伦	杨越晴	董颖博	阴紫荷	汪群慧

续表

学科、专业	硕士研究生	导师	硕士研究生	导师	硕士研究生	导师
环境工程	尹丽鲲	邢 奕	于 桐	季宏兵	岳会芳	苏 伟
	张新飞	施春红	张钊溪	张玲玲		
机械工程	安元卜	黎 敏	蔡晓强	唐 英	蔡营疆	韩建友
	陈 晨	李洪波	陈俊峰	张锁梅	代振洋	杨 荃
	邓黎明	孙凤艳	丁 峰	朱冬梅	丁 瑞	臧 勇
	段永强	尹忠俊	樊柠松	张 杰	冯道方	黎 敏
	高兆庆	李 威	管一臣	冯志鹏	韩鹏飞	吕卫阳
	韩月林	杨光辉	韩中奇	刘 江	何 兵	巩宪锋
	胡 鹏	杨海波	胡文笑	贾志新	胡忠阳	周晓敏 J
	贾 梦	黄效国	贾星斗	闫晓强	姜兴武	申焱华
	蒋诚心	刘晋平	蒋坤坤	黄重国	焦亚南	刘北英
	康 磊	刘北英	李宝鑫	杨 荃	李含珍	张锁梅
	李红宇	樊百林	李晋昌	章立军	李立彬	闫晓强
	李梦迪	阳建宏	李苗苗	边新孝	李世林	王宝雨
	李彤彤	刘 江	李晓杰	刘国勇	李炫辰	杨德斌
	李艳慧	吕卫阳	李 晔	吕卫阳	李 昭	王文瑞
	李之南	杨 斌	林 城	张锁梅	蔺佳玉	黄明吉
	刘 昌	陈 兵	刘世德	张大志	刘淑壮	李 瑞
	刘亚冲	郜志英	刘增强	杨 竞	卢明华	韩 天
	孟睿智	杨 珏	史桂鹏	张大志	史开元	杨 斌
	宋博瀚	唐 英	宋成刚	李 瑞	宋思艺	吴迪平
	宋小伟	孙凤艳	宋晓宇	尹忠俊	孙长福	刘国勇
	孙若灿	孟 宇	孙笑林	吕卫阳	陶小康	黄重国
	万清文	黄效国	王东升	贾志新	王 航	郜志英
	王 健	刘 立	王俊朋	罗维东	王朋飞	陈 平
	王朋凯	李 疆	王世伟	李 瑞	王晓鹏	何安瑞
	王亚敏	石博强	王兆中	郑莉芳	温晓东	王文瑞
	吴孟杰	王宝雨	吴延伸	黄效国	武 奇	杨 珏
	武晓旭	王晓玲	夏炳乾	何安瑞	肖佳乐	王晓晨
	肖伟东	尹忠俊	谢会法	王文瑞	谢 玄	杨德斌
	邢国柱	杨 竞	徐勤达	李 疆	杨景宇	韩 天
	杨 亮	杨海波	杨庆良	刘 江	杨晓莹	秦 勤
	于 霞	张锁梅	余 泳	冯志鹏	张爱斌	何安瑞

续表

学科、专业	硕士研究生	导师	硕士研究生	导师	硕士研究生	导师
机械工程	张斌健	孟　宇	张　朝	宋　勇	张高尚	杨光辉
	张光圆	罗维东	张京旭	杨耀东	张　炼	刘　立
	张　帅	孙朝阳	张砚宣	石博强	张　雨	郑莉芳
	张玉涛	杨光辉	张玉争	刘　立	张煜东	张清东
	赵宏宪	罗维东	赵　凯	王晓玲	赵　倩	申焱华
	赵贞伟	李洪波	郑永刚	宋　勇	钟明鹏	石博强
	周道谋	秦　勤	周飞虎	杨耀东	周冠禹	何安瑞
	周晓雨	曹　彤	周杨松	张　杰	朱书祺	徐　科
	朱晓亮	黄明吉				
计算机技术	白东良	王宗杰	白　蕊	吕志民	蔡仕娇	王　睿
	陈文会	班晓娟	程昌新	班晓娟	崔景超	王昭顺
	冯宇璐	王洪泊	高丽园	汪红兵	郭　举	王宗杰
	哈　爽	谢永红	侯佳惠	王志明 J	黄　蓉	汪红兵
	叩玉茹	王成耀	李彩虹	王昭顺	刘　璐	时　鹏
	刘　茜	王洪泊	刘姗姗	张　敏	刘　翔	王庆梅
	刘燕忠	段世红	刘宇昕	张晓彤	马　瑞	张桃红
	潘政宇	毛凌锋	齐宇馨	阿孜古丽	齐玉营	毛凌锋
	秦伟明	姚宣霞	秦　瑶	朱　岩	司佳灿	何　杰
	宋宇璐	毛凌锋	孙晓玉	曾广平	王东骅	吕志民
	王　杰	李建江	王　菁	王成耀	王琪琪	王志明 J
	王瑞来	王忠民	王仲候	徐　科	魏汉华	张冬艳
	魏　鹏	李建江	吴建伟	周　芳	吴彦飞	胡长军
	徐国祥	齐　悦	徐　玥	毛凌锋	许东梅	阿孜古丽
	严　畅	刘宏岚	杨　荣	王昭顺	姚宗宝	宁焕生
	于　新	王卫苹	张　凯	李建江	张　铮	张德政
	周　黎	曾广平	周永军	阿孜古丽		
建筑与土木工程	艾祖斌	高永涛	鲍占博	潘旦光	蔡　进	李长洪
	曹　磊	陈德平	成培上	高永涛	迟大祥	黄昌富
	方珍平	吴顺川	付　皡	高永涛	高　硕	王　媛
	郭万红	高永涛	韩旭博	刘　洋	侯宗彬	汪林兵
	黄　君	王　媛	黄　羽	兰成明	姜世超	吴顺川
	蒋一波	吴顺川	金延超	张举兵	孔长青	苗胜军
	李阿蒙	高永涛	廉虎山	高永涛	刘景军	谭文辉

续表

学科、专业	硕士研究生	导师	硕士研究生	导师	硕士研究生	导师
建筑与土木工程	刘向阳	高永涛	刘子斌	李　远	娄　凯	李长洪
	马成金	杨润林	宁　宁	刘娟红	任文娟	汪林兵
	宋元方	任奋华	田　岳	张举兵	王佼佼	谭卓英
	王　可	牟在根	王　黎	周晓敏 T	王　茜	李　远
	王　尧	王金安	王　怡	刘彩平	王　元	吴顺川
	武立岐	谭卓英	武洋帆	谭文辉	肖云扬	乔　兰
	杨　林	高永涛	杨　晓	宋波 T	易淑华	牟在根
	张欢欢	刘　洋	张普锦	乔　兰	张天宝	纪洪广
	张月月	刘娟红	郑孝婷	谢谟文	郑　彦	杨润林
	周仕瑜	周晓敏 T	朱尚毅	兰成明	邹　健	蔡美峰
控制工程	白天睿	张卫冬	班帅印	高　海	陈静亚	蓝金辉
	陈通瀚	乔　红	储若慧	彭开香	狄桂雨	王　莉
	丁　明	彭开香	段景初	张维存	方　赛	刘德荣
	房玲玉	刘冀伟	冯　程	尤　佳	冯振华	丁大伟
	耿佳慧	童朝南	哈明鸣	刘德荣	何梦中	张朝晖
	黄楚秦	郭　强	惠远哲	尹怡欣	纪冬晗	丁大伟
	贾孟奇	董　洁	金　颜	张　森	康业猛	贺　威
	孔魏建	徐正光	李俊松	宋睿卓	李　民	徐正光
	刘　非	张勇军	刘　贺	迟健男	刘鸥鸣	刘　涛
	刘鹏宣	肖文栋	刘　帅	徐正光	刘旭东	杨　旭
	刘艳荣	曾　慧	鲁晋杰	曾　慧	逯　飞	袁　立
	马洪顺	张　崎	孟祥钰	孙长银	孟　琰	刘　涛
	潘纪情	刘磊明	庞衍庆	刘　丽	任少洁	伍春洪
	石一飞	李　擎	孙家琦	杨淑华	田国樽	张　兰
	万贵山	刘德荣	王　超	邵立珍	王超超	李　静
	王　丹	郭　强	王华涛	王粉花	王健翔	张勇军
	王　凯	刘蕴络	王璐瑶	徐正光	王婷婷	李希胜
	王耀平	李江昀	谢文珍	贺　威	谢玉龙	宋睿卓
	徐龙腾	刘冀伟	徐治纬	彭开香	闫千倩	王　莉
	杨涵宇	李　擎	杨建民	李　果	尹培旭	张　崎
	于　磊	蓝金辉	张慧杰	付冬梅	张　凯	尹怡欣
	张立中	潘月斗	张起凡	赵宝永	张月琴	肖文栋
	张政伟	崔家瑞	赵浩男	袁　立	赵龙飞	陈先中
	郅　韬	蓝金辉	左　磊	李江昀		

续表

学科、专业	硕士研究生	导师	硕士研究生	导师	硕士研究生	导师
矿业工程	安文杰	高　谦	白广勇	尹升华	白新宇	胡乃联
	鲍亚豪	王进强	陈昱光	高　谦	陈仲杰	吴爱祥
	邓　枭	姜福兴	冯　贺	金爱兵	冯艳成	李正要
	郭建鹏	杨　鹏	郭杰超	王德胜	胡勇跃	李长洪
	姬　智	宋卫东	贾穆承	毛市龙	蒋　超	姜福兴
	瞿　亮	高　谦	寇永渊	王贻明	雷　炜	李仲学
	李　博	李国清	李道奎	孙春宝	李乾坤	王洪江
	李新杰	王进强	李振宇	傅平丰	梁　磊	刘保顺
	廖圣德	冯雅丽	刘　阔	段旭琴	刘　鹏	李长洪
	刘书浩	李翠平	刘相相	璩世杰	刘新宇	王化军
	柳　强	高永涛	马浩吉	王贻明	马　龙	李翠平
	芒　来	吕文生	苗勇刚	谭卓英	邱叶红	杨慧芬
	商宗亮	王德胜	史力平	韩　斌	孙文杰	尹升华
	檀胜应	倪　文	田　宇	孙体昌	王　斌	宋卫东
	王方正	王洪江	王　虎	吴爱祥	王志凯	王贻明
	吴　凯	璩世杰	武拴军	吴爱祥	肖向阳	孙春宝
	熊陆锦	毛市龙	鄢琪慧	倪　文	杨　巧	李仲学
	杨亚平	尹升华	杨　宗	赵怡晴	余　辉	李正要
	张东亮	郝红英	张　光	吴顺川	张　恒	冯雅丽
	张化进	吴顺川	张　力	高永涛	张席芝	高　谦
	张　翔	姜福兴	赵婧琳	郝红英	郑雪松	杨　鹏
	邹　龙	吴爱祥				
软件工程	丁瑞东	孙　义	高鸣旋	支瑞聪	龚天宇	陈红松
	李鹏伟	曾广平	李然然	赵冲冲	孟祥初	赵冲冲
	王士超	刘宏岚	王向锋	张冬艳	薛显斌	朱　岩
	赵海鑫	李　莉				
生物工程	郭　宁	罗　晖	刘季芸	闫　海	宋　戈	宣劲松
	苏　悦	刘晓璐	张晓霜	杜宏武	朱庆麟	许利苹
物流工程	耿　赫	钮建伟	郭佳鹏	赵　宁	何　宇	程国全
	李文英	赵　宁	梁倩倩	丁文英	刘海笑	钮建伟
	吕小丹	张庆华	穆格格	杜彦华	裴泽平	王　转
	孙自建	杜彦华	王本尚	丁文英	杨金潮	李苏剑
	张　钧	贺可太	张万松	贺可太	张小青	冯爱兰

续表

学科、专业	硕士研究生	导师	硕士研究生	导师	硕士研究生	导师
	鲍善词	李素芹	曹腾飞	程树森	常贺强	张国华
	陈国良	杨丽韫	陈文慧	宗燕兵	陈　杨	沈少波
	邓　波	杨世山	窦炳胜	孙彦辉	杜诚波	李　宏
	高　崇	贺东风	高　帅	刘晓明	高　霞	张梅Y
	耿赛赛	王新东	郭路召	唐海燕	韩少伟	郭汉杰
	韩玉召	白　皓	郝卫星	王安仁	季小飞	张梅Y
	焦　楷	刘建华	靳　宇	崔　衡	李东升	刘晓明
	李俊峰	焦树强	李牧明	白　皓	李强奇	束奇峰
	李巧琦	吴华杰	李　庆	邹　兴	李世杰	张国华
	李志刚	胡晓军	李志辉	朱　荣	林青山	王静松
	刘贝贝	马瑞新	刘学兵	张新房	刘子艺	包燕平
	路美妙	薛济来	吕喜庆	郭　敏	马浩冉	朱　荣
	马洪修	宁晓钧	马佳旺	马瑞新	马腾飞	薛庆国
	马梓瑞	马瑞新	孟小涛	罗海文	苗　星	李素芹
	牛阿朋	王丽君	欧阳安宝	胡晓军	邱秋根	闫柏军
	邱鑫乐	郭占成	任育鹏	李　宇	阮　威	贺东风
冶金工程	盛红健	李　宇	时振领	于然波	宋鹤锴	吴胜利
	苏　航	左海滨	随　晖	周国治	孙建刚	黄　凯
	孙晓伟	刘凤琴	汤　磊	张炯明	唐书杰	郭　敏
	唐天平	朱　荣	田金龙	沈少波	涂凯路	朱　荣
	王韩祥	郭兴敏	王锦楠	王安仁	王　晶	于然波
	王凯迪	张建良	王　其	薛济来	王　伟	刘建华
	王一杰	宁晓钧	尉迟鹤鹏	王安仁	文冰洁	吴胜利
	文　坤	孙彦辉	吴俊明	薛庆国	吴森然	张宗旺
	徐海坤	张立峰	徐　慧	张新房	许振南	徐安军
	杨　波	刘晓明	杨四伟	闫柏军	杨　旭	陈永强
	伊耀东	李　宇	殷天颖	王福明	尤朝戈	束奇峰
	余　阚	张延玲	俞赛健	刘建华	贠志伟	唐惠庆
	翟明智	张炯明	张建伟	崔　衡	张　萌	岳　峰
	张诗瀚	薛庆国	张　帅	沈少波	张万龙	左海滨
	张晓萌	张家泉	张学东	宗燕兵	张　阳	王福明
	张勇杰	李建玲	张　壮	刘　青	赵　贺	白　皓
	赵　潇	唐海燕	赵　振	曹战民	朱袁申	罗海文

续表

学科、专业	硕士研究生	导师	硕士研究生	导师	硕士研究生	导师
仪器仪表工程	庇沛华	李希胜	段冲磊	康瑞清	胡智凯	李希胜
	李怀铭	赵小燕	李泽一	左 昉	彭 程	赵小燕
	杨昊龙	侯庆文	张慧敏	赵小燕	张 琪	康瑞清
文物与博物馆	马婧婕	魏书亚	唐小红	陈坤龙	童 心	潜 伟
	杨 钰	章梅芳	张天杰	李延祥		
法律（法学）	曹泽鹏	侯登华	丛 卉	郑瑞琨	高瑜洁	徐家力
	耿高风	张卫英	郝 雨	李婉平	胡亚楠	张卫英
	胡燕燕	张卫英	胡自然	魏增产	贾婷婷	王竹青
	金 亮	徐清梅	金 薇	徐家力	李世悦	徐家力
	李松泽	温耀原	连 城	侯登华	梁艳敏	张卫英
	刘 畅	徐清梅	刘 欢	董 梅	罗艳茹	徐家力
	马典典	徐家力	马若宇	石 雁	钱媛媛	徐家力
	曲秀杰	王竹青	荣嘉乐	魏增产	孙良武	徐家力
	孙天琪	范小华	王安达	李婉平	王 冰	魏增产
	王瑞娜	王霁霞	王彦霖	魏增产	王一珂	魏增产
	张辉春	温耀原	张 明	温耀原	张若辰	魏增产
	张宗博	温耀原	赵 莹	徐家力	赵宇潇	侯登华
	赵 玥	石 雁	周 洁	郑瑞琨		
法律（非法学）	艾 静	王竹青	包玉坤	温耀原	曹依扬	王霁霞
	丁邦政	魏增产	丁田苗	魏增产	谷乐兰	王竹青
	韩雨桐	李婉平	胡亦龙	魏增产	江 珊	侯登华
	李秉寅	侯登华	隆淇卉	温耀原	吕雪姣	郑瑞琨
	马恺阳	侯登华	美依尔·阿斯哈尔	张卫英	莎日娜	王霁霞
	汤 萌	李婉平	文天佑	李婉平	向 巍	王竹青
	张未时	徐清梅	朱 荣	魏增产		
翻译	崔丽丽	满海霞	邓云馨	王 琰	董萌杰	范一亭
	高 杨	范玉梅	郭 楠	梁雅梦	郭 旭	赵秋荣
	李 凡	满海霞	李文双	赵秋荣	李云鹏	王书玮
	刘彬鑫	赵 亮	刘 丹	满海霞	鲁雪平	满海霞
	罗丹娜	王书玮	马心仪	赵秋荣	明玉凤	满海霞
	宁 瑞	范玉梅	牛凯茜	杨 子	宋振奎	满海霞
	孙金凤	高西峰	孙宇光	赵 亮	王超锦	王 琰
	王 杜	满海霞	文晓洁	高西峰	张 丹	满海霞

续表

学科、专业	硕士研究生	导师	硕士研究生	导师	硕士研究生	导师
翻译	张号炀	王书玮	张　晶	满海霞	张文馨	边　静
	张玥琪	边　静	朱珂漫	满海霞	祖丽娅·卡哈尔	满海霞
工商管理	安丽霞	隋　杨	白凤霞	张文新	比　力	苏　玲
	比沙哈	王道平	卞天舒	王未卿	曹　蕊	魏　钧
	柴华泽	张俊光	常万金	李铁克	陈　康	李晓辉
	陈庆珩	何维达	陈素芹	贾振全	陈　勇	黄晓霞
	陈志娟	高学东	丛圣炜	刘　澄	崔冰冰	刘祥东
	崔　磊	张　剑	地亚哥	贾振全	刁志强	刘　澄
	刁智娟	冯　梅	丁佳钧	冯　梅	丁　洁	崔健双
	杜　雨	何维达	段　伟	胡　玲	范　璐	王震勤
	范斯瑶	闫相斌	冯　倩	胡　玲	高小凡	魏　钧
	高　原	吕殿平	葛子雪	闫相斌	耿　直	楼　园
	顾　菲	魏桂英	顾　乡	马风才	郭　浩	张文新
	郭　静	高俊山	郭鑫宇	楼　园	郭志远	阚　宏
	韩　磊	王震勤	韩严强	魏桂英	郝冬妮	王道平
	郝明月	闫相斌	郝文琪	张　剑	何　静	张　燃
	何　山	裴利芳	何松运	楼　园	侯杰杰	张晓冬
	胡东伟	王道平	胡　文	甘明鑫	胡　夏	姚　卿
	黄　芳	崔健双	黄金鹏	杨建华	贾晨晰	肖　明
	贾　霞	何　枫	贾泽江	刘明珠	姜　龙	甘明鑫
	姜小莉	魏　钧	焦艳萌	苏　玲	鞠　航	武　森
	鞠　冉	刘　澄	库　帕	王道平	李宝菊	吕殿平
	李　丹	何润宇	李海亮	李铁克	李海庆	甘明鑫
	李宏伟	刘亚莉	李宏晔	甘明鑫	李华阳	刘祥东
	李　季	崔文娟	李建华	孙　莹	李　健	王道平
	李梦锜	孙　莹	李　茗	黄晓霞	李倩倩	戴淑芬
	李朔丞	王道平	李　硕	张晓冬	李威志	张俊光
	李晓东	裴利芳	李欣宇	王道平	李秀娟	崔文娟
	李　阳	魏桂英	李智霖	刘　澄	林柳菲	武　森
	林柳梦	张　剑	刘大永	李晓辉	刘芳义	闫相斌
	刘国超	冯　梅	刘慧敏	阚　宏	刘慧园	王未卿
	刘　娟	崔文娟	刘立木	李晓静	刘丽媛	何维达
	刘燕燕	葛泽慧	刘宇翾	杨　武	刘云鹏	武　森

续表

学科、专业	硕士研究生	导师	硕士研究生	导师	硕士研究生	导师
工商管理	刘　泽	闫相斌	刘志远	黄晓霞	卢德军	孙　莹
	卢贺元	李晓静	路景尧	隋　杨	吕　靖	崔健双
	吕　良	范小华	吕晓玉	何维达	罗文俊	杨建华
	马　辉	姚　卿	马骥武	苏　玲	马　婧	杨　青
	马廷利	李晓静	马晓菲	高学东	马　艳	王道平
	麦　迪	谷　炜	孟秀娟	姚　卿	穆　彪	魏　钧
	宁丹荃	王未卿	牛　磊	张　燃	潘　沛	朱晓宁
	潘振兴	王维才	庞官清	王震勤	彭赐敏	何润宇
	彭晓丹	朱晓宁	浦雪丽	李晓辉	曲　楠	冯　梅
	屈秋维	李晓辉	任　鑫	刘祥东	任钟秀	冯　梅
	茹漫蕾	冯　梅	桑英硕	刘　澄	申璐璐	苏　玲
	石　涛	隋　杨	石文瀚	高学东	石彦红	马风才
	史建锋	胡　玲	史　杰	魏桂英	司晨阳	武　森
	宋军钊	王未卿	宋　昆	贾振全	宋　琳	何维达
	宋一洋	裴利芳	孙　超	邓立治	汤鋆铭	王震勤
	唐亮亮	贾振全	提继龙	马风才	田　宙	魏　钧
	王大明	胡　枫	王凤艳	何　枫	王　刚	甘明鑫
	王晶晶	魏　钧	王静芬	姚　卿	王　宁	王维才
	王　强	李群霞	王　涛	刘　澄	王　玮	胡　玲
	王小娟	何润宇	王晓芳	贾振全	王秀梅	王道平
	卫诗南	何民庆	魏　杰	张俊光	魏晓伟	周晓光
	魏　星	戴淑芬	温　韬	杨　青	吴　迪	谷　炜
	吴继东	贾振全	吴晓光	胡　玲	吴永华	裴利芳
	吴　姿	葛泽慧	武　峰	阚　宏	武　慧	张曾莲
	夏　奥	崔文娟	夏　君	贾振全	项兰倩	李晓辉
	肖艳杰	杨　武	辛一辰	刘　澄	徐　磊	贾振全
	娅　璐	胡　玲	闫　哲	王未卿	颜　刊	张文新
	杨佳铭	陈雪松	杨立文	崔健双	杨欣瑶	楼　园
	姚　琳	范小华	姚雪亮	肖　明	殷冠军	李铁克
	尹晓龙	杨　武	于　倩	王未卿	袁丹丹	刘　澄
	袁　宏	马建峰	约　翰	张　剑	张　丛	黄晓霞
	张　迪	何　枫	张东刚	陈雪松	张　帆	刘祥东
	张　力	胡　波	张亮校	阚　宏	张　萌	杨建华

续表

学科、专业	硕士研究生	导师	硕士研究生	导师	硕士研究生	导师
工商管理	张梦云	孙 莹	张 宁	隋 杨	张 清	李铁克
	张荣强	张俊光	张 锐	贾振全	张祎彤	谷 炜
	张正尉	刘 澄	赵 欢	张 燃	赵金金	隋 杨
	赵俊强	姚 卿	赵兰天	王未卿	赵 明	闫相斌
	赵文静	何维达	赵艳苹	杨 青	周世铭	魏桂英
	朱陈程	裴利芳	朱小培	马风才	禚 毅	杨 武
	邹昕迪	冯 梅				
公共管理	白晓宇	张学艺	陈 思	崔 英	陈 涛	吴群芳
	程振宇	吴群芳	邓福洲	吴群芳	董 斌	唐德龙
	冯亚楠	陈闽红	付永涛	何晓前	傅黎莉	俞文华
	高显若	陆 俊	高 忆	吴群芳	葛颖婷	吴群芳
	纪 静	许 斌	纪文明	张武军	金 言	冯 英
	康 茜	陆 俊	匡健敏	张武军	李超群	俞文华
	李忱阳	俞文华	李红柳	刘向英	李鲁鹏	汪淑珍
	李其然	汪淑珍	李晓东	冯 英	李 艳	陆 俊
	李 杨	冯 英	李咏梅	吴群芳	路金戈	许 斌
	马修芬	吴群芳	马延荣	吴群芳	石兆琪	张学艺
	孙玉龙	杨志云	田 婧	冯 英	田 星	吴群芳
	王慧谞	曲绍卫	王 健	郇建立	王 凯	黄耀杰
	王秀娟	唐德龙	王 雨	唐德龙	王 钊	郭德侠
	王正云	杨志云	吴双丹	俞文华	武一玄	孙雍君
	谢 聪	张学艺	谢志国	郭德侠	许洁玮	俞文华
	杨 婷	唐德龙	于启明	魏增产	于瑞凤	张学艺
	于颜瑞	唐德龙	俞 慧	吴群芳	岳 轩	陆 俊
	张航宇	唐德龙	张梦洋	俞文华	张文正	殷培红
	周丹丹	张武军	周 源	唐德龙	邹蕙遥	唐德龙
社会工作	包冬子	时立荣	蔡旭莹	郇建立	崔 茜	杨志云
	丁子博	章东辉	董显尊	郭德侠	康 坤	唐德龙
	郤雨珂	时立荣	李 箫	许 斌	李依珊	张瑞凯
	马 静	刘向英	邱伟娜	杨志云	史 臣	邢朝国
	宋丹黎	章东辉	田雪艳	唐德龙	薛 莹	郭德侠
	姚 然	张瑞凯	原心洁	邢朝国	张君琳	时立荣
	张钰璇	杨志云	张 颖	许 斌	张越森	唐德龙
	张增琳	刘向英	赵欣迪	郭德侠		

2019 年获得硕士专业学位的在职研究生名单

学位类别	专业、领域	姓名	导师	姓名	导师	姓名	导师
工程硕士	安全工程	陈梦娜	蒋仲安	程良玉	刘　建	范熙君	蒋仲安
		高　娜	刘双跃	暨　业	张英华	荆　爽	蒋仲安
		雷志风	刘　建	王　锐	蒋仲安	魏夕原	刘　建
		杨　威	杜翠凤	于震东	金龙哲	张春源	纪洪广
		张建华	刘　建	张庆林	蒋仲安	赵　娅	刘　建
		郑　峥	蒋仲安	钟建峰	蒋仲安	朱建华	蒋仲安
		邹积文	蒋仲安				
	材料工程	陈甚超	赵志毅	范　斌	吴春京	方进有	宋仁伯
		付　祎	王鲁宁	高　伟	李静媛	郭洪宇	吴春京
		韩健哲	孙建林	贺小国	杨　平	霍利强	薛文东
		姜东友	刘　靖	孔加伟	杨　平	孔胜国	董建新
		李彩云	刘　靖	李　伟	于　浩	李玉鹏	任学平
		刘飞宇	柳　伟	刘海超	朱国明	刘晓强	余万华
		陆凤慧	王　浩	吕宝锋	康永林	南　宁	于　浩
		乔文远	李静媛	商光鹏	康永林	沈军火	陈　冷
		石少朋	张朝磊	宿忠山	毛卫民 B	王　佳	孙建林
		王守金	王鲁宁	王晓飞	韩静涛	吴春涛	宋仁伯
		武　煜	周　成	夏碧峰	杜振民	夏　虎	李成明
		肖辉明	康永林	肖运昌	洪慧平	谢　宇	毛卫民 B
		邢俊芳	李静媛	玄鹏程	刘　靖	姚海东	王　浩
		姚雯楸	韩静涛	于　晨	宋仁伯	张建军	李成明
		张敬蕊	柳　伟	张　涛	杜振民	张誉公	宋仁伯
		张云鹤	周　成	赵　权	朱国明		
	工业工程	李　鑫	戴淑芬	肖　颖	冯爱兰	张笑冰	冯爱兰
	化学工程	常　诚	弓爱君	付志宏	刘杰民	郭　昱	李建强
		李　佳	范慧俐	李晓亮	弓爱君	袁卫星	范慧俐
		张　敏	弓爱君	朱悦然	李文军		
	机械工程	查丛文	李　瑞	柴小明	郑莉芳	崔金栋	杨海波
		戴玉芝	邱丽芳	丁　剑	孙淑凤	冯　栓	张庆华

续表

学位类别	专业、领域	姓名	导师	姓名	导师	姓名	导师
工程硕士	机械工程	高利军	吴迪平	巩飞宇	李　威	李　涛	李　威
		李一心	朱超甫	么春辉	冯俊小	宿振鹏	张　杰
		唐何俊	杨海波	汪　成	贾志新	王春雷	刘国勇
		王丽远	曹建国	王明瑞	朱超甫	王　伟	郗安民
		王伟业	贺可太	徐　升	朱超甫	许　根	孙朝阳
		闫川川	朱超甫	杨　滋	孙志辉	姚　威	刘国勇
		张　波	朱超甫	张庆超	周晓敏 J	张　停	郗安民
		郑　圆	李洪波				
	建筑与土木工程	曹振生	吴顺川	李　冰	高永涛	李美华	纪洪广
		刘桐宇	纪洪广	骆萧颉	高永涛	张　超	吴顺川
	控制工程	安　臣	张朝晖	姜志伟	李希胜	李月欣	邵立珍
		刘东旭	尤　佳	刘晓朋	李江昀	邱洪涛	李　擎
		孙浩博	彭开香	杨　佳	尹怡欣	张亮亮	董　洁
	矿业工程	曹　伟	李国清	陈　腾	王进强	戴泽正	胡乃联
		封文华	金爱兵	冯天然	李正要	葛海涛	孙春宝
		郭小宾	李国清	郭玉杰	金爱兵	何世玉	杜翠凤
		黄德龙	李国清	李红立	孙春宝	李　涛	王化军
		梁元伍	李克庆	柳振宇	韩　斌	吕　俊	高　谦
		马宏鸽	高永涛	毛瑞坤	胡乃联	秦利斌	尹升华
		屈良嘉	宋卫东	任大鹏	孙春宝	王凌云	李长洪
		魏静波	杜翠凤	徐　冲	金爱兵	闫学冰	王化军
		严振湘	吴爱祥	殷立勇	吴顺川	余麟飞	金爱兵
		岳立炜	孙春宝	张英杰	赵怡晴	张志超	吕文生
		赵树林	高永涛	郑忠莹	李正要		
	软件工程	安绍晨	王昭顺	白　钰	臧鸿雁	包　健	艾冬梅
		曹成博	艾冬梅	曹　勇	王昭顺	常艳荣	丁红胜
		陈　城	刘　宇	陈　锐	王昭顺	戴　星	卫宏儒
		窦新春	曹丽梅	范俊一	田付阳	范志勇	田付阳
		方　云	张晓丹	冯庆晓	陈明文	付印鹏	陈明文
		付正伟	陈明文	高　磊	魏海瑞	高　明	张晓丹
		高　众	徐　尔	郝　明	明春英	何　丽	班晓娟
		侯海佳	丁文英	侯　鹏	王　辉	侯帅臣	罗　熊
		华俊豪	徐　尔	姜海清	班晓娟	库永刚	赵鲁涛

续表

学位类别	专业、领域	姓名	导师	姓名	导师	姓名	导师
工程硕士	软件工程	匡晓栋	廖福成	李　波	张晓丹	李俐澄	王　辉
		李　明	王　辉	李忻蔚	赵金玲	李玉杰	赵金玲
		林雪原	刘　宇	刘　超	徐　尔	刘力石	张志刚
		刘　玲	班晓娟	刘　璐	赵鲁涛	刘朔帆	赵鲁涛
		刘文蔚	罗　熊	刘雪莹	徐　尔	刘玉荣	艾冬梅
		马光存	徐　尔	茅　兰	李明芳	梅子鹤	王昭顺
		孟　静	魏海瑞	莫路芳	魏海瑞	庞军涛	张志刚
		邱　力	陈章华	权海琦	陈章华	史项超	陈章华
		宋春然	陈章华	宋晓冬	胡志兴	孙鸣泽	王成耀
		孙　彤	王成耀	孙毅方	王成耀	唐　昊	艾冬梅
		田　丰	张晓丹	王安江	徐　尔	王　帆	丁红胜
		王福禄	丁红胜	王鹤融	丁红胜	王　恒	丁红胜
		王　杰	卫宏儒	王丽婷	沈政伟	王旖旎	卫宏儒
		王　智	赵鲁涛	魏　东	魏海瑞	吴　磊	陈章华
		谢宇霖	班晓娟	徐凌杰	徐　尔	徐晓成	沈政伟
		许长经	班晓娟	杨　楠	李　擎	杨雪峰	尚新春
		余达维	李　擎	曾钦智	丁文英	曾　天	李　擎
		翟海琴	王成耀	张恩泽	魏培君	张丰超	张志刚
		张　琰	陈学慧	张　燕	刘　建	赵佳骐	刘　建
		赵　青	刘　建	赵　佟	刘　建	郑　航	张志刚
		郑　伟	张志刚	周　寻	魏培君	朱明哲	丁文英
		左　超	刘　宇				
	项目管理	孔令宁	马风才	邵　昆	戴淑芬	宋　洋	张　剑
		闫　琳	张俊光				
	冶金工程	白银舰	朱　荣	陈党杰	张建良	陈　曦	任　英
		陈旭军	王成彦	崔少为	张建良	杜　平	李京社
		郭　寂	张建良	郝庆然	白　皓	何英志	邹　兴
		姜海燕	刘风琴	李从发	宋波Y	李　洋	朱　荣
		李一瑾	张立峰	李再旺	张建良	梁日栋	罗海文
		刘　纯	刘征建	刘晓峰	薛济来	吕　刚	刘风琴
		罗　冰	张家泉	彭加霖	朱　荣	丘　健	王福明

续表

学位类别	专业、领域	姓名	导师	姓名	导师	姓名	导师
工程硕士	冶金工程	宋永涛	张梅Y	王　江	马保中	王　倩	束奇峰
		王士伟	李素芹	王文鹏	刘风琴	王震宇	王成彦
		温福林	杨世山	徐彩龙	李京社	于英东	张立峰
		张博学	杨　文	张　磊	朱　荣	张学辉	程树森
		赵　亮	李素芹	赵　敏	程树森	郑希全	杨世山
		周远祥	刘征建	朱维生	刘润藻	朱学东	王成彦
		朱振国	于　浩	庄倩男	吴胜利	邹剑勋	于　浩
工商管理硕士	高级管理人员（EMBA）	白　亮	张　剑	陈美灵	张俊光	董传恺	黄晓霞
		房怀军	王维才	高　静	孙　莹	郭素粉	李晓辉
		郝春利	李晓静	胡译丹	刘明珠	胡玉倩	王宾容
		黄大勇	魏　钧	纪合现	杨　武	江　为	王道平
		蒋荣卫	张晓冬	李　燃	范小华	梁耀杰	李晓辉
		刘　浏	戴淑芬	刘迎春	孙　莹	刘之茵	冯　梅
		刘忠礼	何维达	毛瑞林	黄晓霞	梅　华	何　枫
		裴皓珺	张晓冬	钱　诚	刘明珠	乔　欣	裴利芳
		秦明亮	冯　梅	邱东楠	周晓光	尚世谛	黄晓霞
		苏　伟	王维才	孙　静	杨建华	孙世峰	刘　澄
		万恒军	何　枫	万祖艳	闫相斌	王　娜	张　剑
		王晓玮	范小华	王　岩	胡　枫	王　元	李晓辉
		吴昊芳	魏　钧	吴　艳	何维达	武一竹	张曾莲
		辛玉麟	张俊光	杨　晨	刘　澄	杨　洁	何维达
		于立民	何润宇	翟建春	武　森	张丽丽	冯　梅
		张同超	张俊光	张雪松	王道平	赵钧羡	李铁克
		赵　岍	张　剑	朱　铭	王未卿		
	工商管理	任寒峰	李晓辉				
公共管理硕士	公共管理	范锦秀	俞文华	冯向杰	吴群芳	胡　汉	郇建立
		刘东琴	唐德龙	刘冬梅	陈闽红	刘　莉	张武军
		马美娜	孙雍君	宋　波	吴群芳	王义文	陈闽红
		徐　鹏	俞文华	袁佳希	吴群芳	张　问	吴群芳

2019年以同等学力获得硕士学位的在职人员名单

学科、专业	姓名	导师
冶金工程	梁　宁	吴　铿

2019年获得学位的研究生或毕业的研究生名单

姓名	导师	学科、专业	备注
陈　钒	吴顺川	土木工程	博士学位
高凯烨	闫相斌	管理科学与工程	博士学位
桂　涛	宋波Y	冶金工程	博士学位
郝溥俊	何安瑞	机械工程	博士学位
卢赐福	朱　洁	材料科学与工程	博士学位
隋筱玥	杨　荃	机械工程	博士学位
韦丹凤	李晓岑	科学技术史	博士学位
闫振雄	蔡美峰	采矿工程	博士学位
张展展	高克玮	材料科学与工程	博士学位
赵海花	张深根	材料科学与工程	博士学位
廖明杰	林　平	一般力学与力学基础	博士毕业
特法拉	阳小龙	通信与信息系统	博士毕业
王　宇	班晓娟	计算机科学与技术	博士毕业
杨　宇	温永强	化学	博士毕业
易　江	陈飞武	化学	博士毕业
赵　勇	吴　铿	冶金工程	博士毕业
郑　伟	何新波	材料科学与工程	博士毕业

北京科技大学第三届董事会名单
（以当选职务为准）

名誉主席：

刘　淇　中共中央政治局委员、北京市委书记
徐匡迪　十届全国政协副主席、中国工程院原院长
黄孟复　全国政协副主席、全国工商联主席

主　　席：

徐匡迪（兼）　十届全国政协副主席、中国工程院原院长

副 主 席：（13 人）

徐乐江　宝钢集团有限公司董事长
张晓刚　鞍山钢铁集团公司总经理
王青海　首钢总公司董事长
刘明忠　新兴际华集团有限公司董事长
于　勇　河北钢铁集团有限公司董事长
邹仲琛　山东钢铁集团有限公司董事长
贾宝军　中国中钢（集团）公司总裁
王为民　中国冶金科工集团有限公司党委副书记、总经理
刘振江　中国钢铁工业协会党委书记
赖宁昌　东凌集团有限公司董事长
罗维东　北京科技大学党委书记
张欣欣　北京科技大学校长

董　　事：（以姓氏笔画为序）（87 人）

丁立国　德龙控股有限公司董事局主席
于　勇　河北钢铁集团唐钢公司董事长
才　让　中国钢研科技集团有限公司董事长、党委书记
才鸿年　中国工程院院士、中国兵器装备集团公司科技委副主任
王一德　中国工程院院士、太原钢铁（集团）有限公司董事会规划委员会副主任
王中丙　广东省湛江市市长
王为民　中国冶金科工集团有限公司党委副书记、总经理
王汀明　湖南省政协原副主席
王青海　首钢总公司董事长
王崇愚　中国科学院院士、清华大学教授

仇瑜峰　中崇集团董事长
叶恒强　中国科学院院士、中国科学院金属研究所研究员
冯炯华　宁夏回族自治区人大常委会副主任、农工党中央常委
邢书成　原广州军区副司令员、中将
朱小复　福建省三钢（集团）有限责任公司副总经理
朱孟依　合生创展集团有限公司董事局主席
任美成　北京泰略投资咨询有限公司董事长
刘　捷　江西省新余市委副书记、市长
刘明东　海南矿业股份有限公司总经理
刘明忠　新兴际华集团有限公司董事长
刘建平　天津大学党委书记
刘振江　中国钢铁工业协会党委书记
刘晓峰　十一届全国政协常务委员、副秘书长，农工党中央专职副主席
关　杰　中国工程院院士、西安重型机械研究所高级工程师
孙安民　全国工商联常务副主席、十一届全国人大常委、全国人大法律委员会副主任
孙纪木　新华联合冶金投资集团有限公司董事长
苏鉴钢　马钢集团公司总经理
李　琦　深圳易讯天空网络有限公司执行董事
李连平　河北建设投资集团有限责任公司董事长
李贵阳　河北钢铁集团邯钢公司董事长
李晓波　太原钢铁（集团）有限公司董事长
杨志强　金川集团股份有限公司董事长
肖　峰　成都昊特新能源技术有限公司董事长、总经理
何季麟　中国工程院院士、宁夏东方有色金属集团公司原董事长
余自甦　鞍钢集团公司党委常委、副总经理
邹仲琛　山东钢铁集团有限公司董事长
汪海涛　西部矿业股份公司董事长
沈文荣　沙钢集团董事局主席
沈健生　银邦金属复合材料股份有限公司董事长
张　海　河北钢铁集团宣钢公司董事长
张　彬　山西昌大公司总经理
张志祥　北京建龙重工集团有限公司董事长
张克利　中国有色矿业集团有限公司党委书记
张战波　北京中冶设备研究设计总院有限公司院长（总经理）
张荣明　北京爱慕内衣有限公司董事长
张晓刚　鞍山钢铁集团公司总经理
张晓峰　桓裕投资（集团）有限公司董事长
陆正耀　神州租车（中国）有限公司 CEO
陆志方　中国恩菲工程技术有限公司董事长
陈　喆　北京宝来易投资管理有限公司董事长、总经理
陈启祥　莱芜钢铁集团有限公司董事长、总经理

陈建华　广东省广州市委副书记、市长
罗维东　北京科技大学党委书记
周荣昌　内蒙古自治区人大常委会原副主任
郑新立　中国国际经济交流中心常务副理事长、中共中央政策研究室原副主任
赵公卿　重庆市原副市长、重庆市人大常委会原副主任
赵世庆　重庆钢铁（集团）有限责任公司副董事长、总经理
郝　远　甘肃省副省长
哈斯巴根　十一届全国人大常委、民族委员会副主任，内蒙古自治区人大常委会副主任
钟　掘　中国工程院院士、中南大学教授
施　设　中冶京诚工程技术有限公司董事长
姜德义　北京金隅集团有限责任公司执行董事兼总裁
贾国生　河北钢铁集团舞钢公司副董事长、总经理
贾宝军　中国中钢（集团）公司总裁
徐乐江　宝钢集团有限公司董事长
徐匡迪　十届全国政协副主席、中国工程院原院长
张欣欣　北京科技大学校长
殷晓静　中央政府驻港联络办公室副主任
殷瑞钰　中国工程院院士、钢铁研究总院名誉院长
郭长波　青岛钢铁控股集团有限责任公司总经理
唐飞来　新余钢铁有限责任公司副董事长
黄一新　南京钢铁联合有限公司副总经理
黄孝斌　北京时代凌宇科技有限公司董事长
曹建军　山西汇丰兴业集团董事长
曹慧泉　湖南华菱钢铁集团有限责任公司董事长
彭　原　北京国源金汇投资有限公司董事长
董　事　本钢集团有限公司副总经理
董晓民　内蒙古自治区烟草专卖局（公司）局长、总经理
蒋开喜　北京矿冶研究总院院长
靳善忠　山西省人大常委会副主任
赖宁昌　东凌集团有限公司董事长
褚建东　河北钢铁集团承钢公司董事长

秘 书 长：

王维才　北京科技大学副校长

北京科技大学校友会组织机构及人员组成

名誉会长：魏寿昆　王　润　李静波　杨天钧　李宝林
会　　长：徐金梧
副 会 长：权良柱　王维才　赵续生　李宝林
秘 书 长：王维才
校友会办公室主任：吕朝伟
副 主 任：杨志国
工作人员：常馨悦　陈晔明　李佳宁

北京科技大学教育发展基金会组成

名誉理事长：徐匡迪
名誉理事：徐乐江（宝钢集团有限公司董事长）
张晓刚（鞍山钢铁集团公司总经理）
朱继民（首钢总公司党委书记、董事长）
理 事 长：罗维东
副理事长：徐金梧　王维才
理　　事：罗维东　徐金梧　权良柱　武德昆　王维才　何民庆　于成文
秘 书 长：王维才
监　　事：涂纪明
基金会办公室主任：吕朝伟

与北京科技大学建立合作关系的国外及港澳台地区学校、研究机构

Worldwide Partner Universities and Institutions of USTB (1979~2019)

序号	学校 / 科研机构	国家 / 地区	建立时间
1	亚琛工业大学	德国	1979
2	东京工业大学	日本	1980
3	麦克马斯特大学	加拿大	1982
4	里海大学	美国	1982
5	宾夕法尼亚大学	美国	1982
6	九州工业大学	日本	1984
7	皇家理工学院	瑞典	1984
8	吕勒奥大学	瑞典	1984
9	伍伦贡大学	澳大利亚	1985
10	神奈川大学	日本	1985
11	西里西亚工业大学	波兰	1986
12	保尔·萨巴蒂大学（图卢兹第三大学）	法国	1986
13	北海道大学	日本	1986
14	多特蒙德大学	德国	1987
15	蒙特利尔工学院	加拿大	1987
16	加利福尼亚大学	美国	1987
17	冈山理科大学	日本	1987
18	玛丽皇后学院	英国	1988
19	利物浦大学	英国	1988
20	莫斯科国立钢铁合金学院 / 俄罗斯国家科学技术大学（原莫斯科钢与合金学院）	俄罗斯	1989
21	密西根工业大学	美国	1989
22	顺天国立大学	韩国	1993
23	密德塞斯大学	英国	1994
24	河内百科大学	越南	1996
25	台北科技大学（原台北技术学院）	中国台湾	1996
26	巴拉那联邦大学	巴西	1997

续表

序号	学校 / 科研机构	国家 / 地区	建立时间
27	鲁汶工程大学	比利时	1997
28	弗赖贝格矿业技术大学	德国	1997
29	昌原国立大学	韩国	1997
30	九州大学	日本	1997
31	拉塞雷纳大学	智利	1997
32	皇家墨尔本理工学院	澳大利亚	1998
33	国立塔什干理工大学	乌兹别克斯坦	1998
34	南洋理工大学	新加坡	1998
35	朝阳科技大学	中国台湾	2001
36	国际卓越学术论坛	国际组织	2002
37	得克萨斯大学阿灵顿分校	美国	2002
38	东北大学	日本	2002
39	昆山科技大学	中国台湾	2002
40	浦项科技大学	韩国	2004
41	韩国浦项产业科学研究院	韩国	2004
42	橡树岭国家实验室	美国	2004
43	室兰工业大学	日本	2004
44	乌迪内大学	意大利	2004
45	维多利亚大学	澳大利亚	2005
46	汉诺威大学	德国	2005
47	凯斯西储大学	美国	2005
48	杜维嘉大学	意大利	2005
49	牛津大学	英国	2005
50	香港科技大学	中国香港	2005
51	澳大利亚塔斯马尼亚大学	澳大利亚	2006
52	德国考古研究所	德国	2006
53	斯图加特应用技术大学	德国	2006
54	德国马普学会	德国	2006
55	布莱京理工学院	瑞典	2006
56	剑桥大学	英国	2006
57	台湾成功大学	中国台湾	2006
58	台湾屏东科技大学	中国台湾	2006

续表

序号	学校 / 科研机构	国家 / 地区	建立时间
59	塔林理工大学	爱沙尼亚	2007
60	东盟－中国学术联盟	国际组织	2007
61	北京－坎帕尼亚科技联盟	国际组织	2007
62	莱特州立大学	美国	2007
63	美国田纳西大学	美国	2007
64	蒙哥马利奥本大学	美国	2007
65	乌克兰国立航空大学	乌克兰	2007
66	克里特大学	希腊	2007
67	斯旺西大学	英国	2007
68	台南大学	中国台湾	2007
69	龙华科技大学	中国台湾	2007
70	都柏林格里菲斯学院	爱尔兰	2008
71	天主教鲁汶大学	比利时	2008
72	布鲁塞尔自由大学	比利时	2008
73	蒙特利尔大学	加拿大	2008
74	底特律大学	美国	2008
75	巴尔的摩大学	美国	2008
76	阿拉斯加大学	美国	2008
77	东京理科大学	日本	2008
78	东京电机大学	日本	2008
79	天主教辅仁大学	中国台湾	2008
80	金门大学	中国台湾	2008
81	台湾科技大学	中国台湾	2008
82	利莫瑞克大学	爱尔兰	2009
83	蒙纳什大学	澳大利亚	2009
84	多特蒙德工业大学	德国	2009
85	图尔大学	法国	2009
86	法国巴黎 HEC 商学院	法国	2009
87	赫尔辛基工业大学	芬兰	2009
88	中国－西班牙高校联盟	国际组织	2009
89	滑铁卢大学	加拿大	2009
90	海外学习基金组织	美国	2009

续表

序号	学校 / 科研机构	国家 / 地区	建立时间
91	电气通信大学	日本	2009
92	城西国际大学	日本	2009
93	加泰罗尼亚理工大学	西班牙	2009
94	兰卡斯特大学	英国	2009
95	邓迪大学	英国	2009
96	台湾大学	中国台湾	2009
97	逢甲大学	中国台湾	2009
98	静宜大学	中国台湾	2009
99	明志科技大学	中国台湾	2009
100	大叶大学	中国台湾	2009
101	华梵大学	中国台湾	2009
102	塔尔图大学	爱沙尼亚	2010
103	昆士兰大学	澳大利亚	2010
104	中欧工程教育联盟	国际组织	2010
105	产业技术大学	韩国	2010
106	阿尔伯塔大学	加拿大	2010
107	肯特州立大学	美国	2010
108	加州大学河滨分校	美国	2010
109	加州州立大学富丽通分校	美国	2010
110	爱达荷大学	美国	2010
111	加州大学董事会	美国	2010
112	劳伦斯伯克利国家实验室	美国	2010
113	UT 斯达康巴特尔有限责任公司	美国	2010
114	橡树岭国家实验室	美国	2010
115	中央大学	日本	2010
116	京都产业大学	日本	2010
117	德蒙福特大学	英国	2010
118	中兴大学	中国台湾	2010
119	岭东科技大学	中国台湾	2010
120	澳门大学	中国澳门	2010
121	佛罗里达大学	美国	2011
122	加州大学圣地亚哥分校	美国	2011

续表

序号	学校 / 科研机构	国家 / 地区	建立时间
123	普利茅斯州立大学	美国	2011
124	弗吉尼亚理工大学	美国	2011
125	密苏里大学哥伦比亚分校	美国	2011
126	美国益学教育科技集团有限公司	美国	2011
127	博客拉大学	尼泊尔	2011
128	挪威科技大学	挪威	2011
129	东海大学	中国台湾	2011
130	巴黎第十三大学	法国	2012
131	巴黎第十一大学	法国	2012
132	奥尔良大学工程师学院	法国	2012
133	罗阿约应用技术大学	芬兰	2012
134	加州大学伯克利分校	美国	2012
135	美国国际教育联盟	美国	2012
136	普渡大学盖莱默校区	美国	2012
137	青山学院大学	日本	2012
138	卡塔尼亚大学	意大利	2012
139	曼彻斯特城市大学	英国	2012
140	中国文化大学	中国台湾	2012
141	AGH 科技大学	波兰	2013
142	图卢兹第一大学	法国	2013
143	托马斯巴塔大学	捷克	2013
144	罗马尼亚国家电气工程研究与发展研究所	罗马尼亚	2013
145	韦恩州立大学	美国	2013
146	福特汽车公司	美国	2013
147	法政大学	日本	2013
148	朱拉隆功大学	泰国	2013
149	马德里理工大学	西班牙	2013
150	以色列里雄莱锡安商管学院	以色列	2013
151	万隆理工大学	印尼	2013
152	华威大学	英国	2013
153	高雄科技大学	中国台湾	2013
154	东华大学	中国台湾	2013

续表

序号	学校 / 科研机构	国家 / 地区	建立时间
155	南台科技大学	中国台湾	2013
156	暨南国际大学	中国台湾	2013
157	上奥地利应用科技大学	奥地利	2014
158	德国中型企业应用技术大学	德国	2014
159	法国巴黎高科高等工程师学校	法国	2014
160	塔塔钢铁集团	荷兰	2014
161	捷克生命科学大学布拉格	捷克	2014
162	美国伊利诺伊大学芝加哥分校	美国	2014
163	横滨国立大学	日本	2014
164	以色列希伯来大学	以色列	2014
165	雷奥本矿业大学	奥地利	2015
166	中巴新能环国际投资有限公司	巴西	2015
167	圣彼得堡国立信息技术、机械学与光学研究型大学	俄罗斯	2015
168	锡根大学	德国	2015
169	法国亚眠高等电子与电工技术工程师学院	法国	2015
170	两岸创新创业大学联盟	国际组织	2015
171	全球工程教育促进协会	国际组织	2015
172	英属哥伦比亚大学	加拿大	2015
173	康奈尔大学威尔康奈尔医学院	美国	2015
174	密歇根大学	美国	2015
175	蒙古科技大学	蒙古	2015
176	上智大学	日本	2015
177	早稻田大学	日本	2015
178	舍夫德大学	瑞典	2015
179	伯明翰大学	英国	2015
180	牛津大学奥利尔学院	英国	2015
181	云林科技大学	中国台湾	2015
182	东吴大学	中国台湾	2015
183	马各尼托戈尔斯克国立工业大学	俄罗斯	2016
184	法国高等前沿工业技术学校	法国	2016
185	莫尔豪斯学院	美国	2016
186	塞基诺谷州立大学	美国	2016

续表

序号	学校 / 科研机构	国家 / 地区	建立时间
187	岛根大学	日本	2016
188	中原大学	中国台湾	2016
189	新南威尔士大学	澳大利亚	2017
190	比亚威斯托克技术大学	波兰	2017
191	汉阳大学	韩国	2017
192	布尔诺科技大学	捷克	2017
193	辛辛那提大学	美国	2017
194	普渡大学西北校区	美国	2017
195	亚利桑那大学	美国	2017
196	俄克拉荷马州立大学	美国	2017
197	泰国农业大学	泰国	2017
198	雅典科技教育学院	希腊	2017
199	台北大学	中国台湾	2017
200	都柏林圣三一学院	爱尔兰	2018
201	西悉尼大学	澳大利亚	2018
202	阿德莱德大学	澳大利亚	2018
203	奥卢大学	芬兰	2018
204	欧亚太平洋大学联盟	国际组织	2018
205	中俄工科大学联盟	国际组织	2018
206	纽约州立大学奥尔巴尼分校	美国	2018
207	密苏里大学堪萨斯分校	美国	2018
208	罗德岛大学	美国	2018
209	纽约市立大学巴鲁克分校 Zicklin 商学院	美国	2018
210	广岛大学	日本	2018
211	泰国艺术大学考古学院	泰国	2018
212	埃塞克斯大学	英国	2018
213	慕尼黑大学	德国	2019
214	北卡罗来纳大学	美国	2019
215	伊利诺伊理工大学	美国	2019
216	乌克兰国立技术大学	乌克兰	2019
217	新加坡国立大学	新加坡	2019
218	义守大学	中国台湾	2019
219	多伦多大学	加拿大	2019

与北京科技大学建立全面合作关系的国内政府机关、企事业单位（截至 2019 年 12 月）

序号	单位名称	合作内容	签订时间
1	上虞市人民政府	科技开发与成果转化、技术咨询与服务、人才培养等	1999.10
2	北京市宣武区	科技、经济、社会诸方面开展全面合作	2000.01
3	江苏华西集团公司	建立华西集团－北科大冶金工程技术冶金所；建立人才培训基地；共同申报科研课题及成果等	2000.05
4	包头钢铁公司	技术合作、科技攻关、人才培养等	2000.06
5	青海省人民政府	科技开发与成果转化、技术咨询与服务、干部培训和人才培养等	2000.06
6	宁夏回族自治区人民政府	科技开发与成果转化、技术咨询与服务干部培训和人才培养等	2000.06
7	青海大学	学科建设、人才培养、学术与工作交流等	2000.10
8	北京有色金属研究总院	科技开发、成果转化、人才培养、信息交流等	2000.12
9	包头钢铁学院	学科建设、科技攻关、人才培养等	2001
10	二重机械（集团）公司	技术合作、科技攻关、人才培养等	2001
11	济南钢铁（集团）公司	技术合作、科技攻关、人才培养等	2001
12	江苏八菱集团公司	技术合作、科技攻关、人才培养等	2001
13	长治钢铁（集团）有限公司	科技攻关、教学实习、人才培养等	2003.01
14	唐山建龙实业有限公司	厂方在学校设立建龙奖学金并提供教学实习、实践基地；学校为厂方提供人才培养、技术支持、进行科技合作等	2003.04
15	海南力气大实业投资有限公司	双方共同组建稀土超磁致伸缩材料有限责任公司	2003.06
16	山东墨龙特钢有限公司	技术合作、人才交流、教学实习等	2003.06
17	石家庄钢铁有限责任公司	双方共同建立汽车用钢（棒材）研究中心	2003.07
18	邯郸纵横钢铁有限公司	资金、人才、技术等方面的交流与合作	2003.10
19	中国工商银行北京市分行	银行为学校提供贷款，学校为银行提供科技开发、人才培训、技术支持等	2003.12
20	黄冈源昌石政石材有限公司	共同组建公司推进“各向异性粘结钕铁硼技术”产业化	2003.12
21	抚顺罕王实业集团有限公司	人才培养、新技术应用和新产品开发等	2004.02
22	武警北京指挥学院	人才培养、教学实习等	2004.03
23	教育部	教育部与四大钢铁公司共建北京科技大学	2004.03
24	上海宝钢集团公司		
25	鞍山钢铁集团公司		
26	武汉钢铁集团公司		
27	首钢集团总公司		

续表

序号	单位名称	合作内容	签订时间
28	安徽省马鞍山市政府	共建新材料产业化基地	2004.04
29	苏州建兴置业有限公司	共同组建公司推进“金属粉末注射成形技术”产业化	2004.04
30	第二炮兵	学校每年为第二炮兵输送优秀毕业生；第二炮兵在学校设立国防奖学金，并对学校的有关教学科研工作和国防教育给予支持	2004.05
31	广州南沙开发区建设指挥部	共建研究生教育培养基地	2004.07
32	北京伟豪集团公司	共同组建公司推进“智能玻璃制备技术”产业化	2004.06
33	贵州省贵阳市人民政府	共建研究生教育培养基地	2004.09
34	厦门市湖里区人民政府	科技合作、人才交流等	2004.10
35	中国银行北京市分行	银行为学校提供贷款，学校为银行提供科技开发、人才培训、技术支持等	2004.12
36	深圳市东恒投资发展有限公司	共同组建公司推进“电容器用纳米钽粉制备技术”产业化	2004.12
37	河南纳士科技股份有限公司	共同组建公司推进“纳米复合稀土特种功能材料制备技术”产业化	2005.03
38	太原钢铁（集团）公司	技术合作、科技攻关、人才培养等	2005.04
39	北京冠亚时代科技研发中心	共同组建公司推进“高海拔变压吸附制氧技术”产业化	2005.04
40	邯郸钢铁集团有限责任公司	共建研究生教育科研基地	2005.04
41	中钢集团洛阳耐火材料研究院	共建研究生教育科研基地	2005.04
42	首钢总公司	共建研究生教育科研基地	2005.04
43	江阴兴澄特种钢铁有限公司	共建研究生教育科研基地	2005.05
44	宁波市北仑区人民政府	联合培养冶金材料专业工程硕士学位研究生	2005.06
45	包钢（集团）公司	共建研究生教育科研基地	2005.09
46	首钢总公司	科学研究、技术开发、教学实习、人才培养、科技公共、成果转化等；共同建设汽车用钢联合研发中心；联合培养研究生	2005.09
47	北京市顺义区人民政府	科技合作、技术支持、成果转化、学生实习、挂职锻炼等	2005.10
48	重庆科技学院	人员交流、人才培养、科研帮扶等	2005.11
49	金隅通达耐火技术公司	共建研究生教育科研基地	2005.12
50	唐山建龙实业有限公司	设立“北京科技大学建龙基金”、人才培养、学术交流和科研合作	2005.12
51	武汉钢铁（集团）公司	科研开发、人才培养、人员交流等。双方还将联合成立“产学研合作委员会”	2006.01
52	邯郸钢铁集团有限公司	科学研究、新产品和新技术开发、成果转让、人才培养和教学实习等	2006.05
53	中国铝业集团	铝型材加工、铝冶炼技术、综合节能、铝轧制工艺设备等	2006.07
54	香港科技大学	建立“北京－香港科大联合研究中心”，就技术成果转化、技术开发、企业孵化、资讯交流与技术服务以及人才培养等五个方面开展工作	2006.08
55	广州中科院工研院	建立材料与加工技术研究中心，围绕珠三角企业需要的材料制备加工技术开展研究，探索产学研合作。	2006.10
56	宝山钢铁股份有限公司	科研开发，博士生、硕士生培养，毕业生培养和选拔等	2006.10

续表

序号	单位名称	合作内容	签订时间
57	广州钢铁集团有限公司	建立联合研发中心。针对高技术含量、高附加值的新一代集装箱板、家电板、汽车板等进行联合开发，培养人才	2006.11
58	佛山市政府	合作建设创新平台，实施合作项目，培养人才	2006.11
59	中国兵器装备集团公司	材料科学与技术、腐蚀与防护、先进制造、车辆动力、信息化技术方面的基础与应用研究	2006.12
60	兵器第 59 所	成立“大气环境效应与防护联合实验室”	2006.12
61	河南省巩义市人民政府	科技合作、人才培养	2007.09
62	莱芜钢铁公司	板带钢联合研发中心、特殊钢联合研发中心、转底炉联合研发中心	2007.04
63	河南通宇冶材集团有限公司	耐火材料、连铸配件技术联合研发中心	2007.04
64	建龙钢铁控股有限公司	特殊钢技术联合研发中心	2007.04
65	江苏万泰集团	气体研究与应用联合研发中心	2007.04
66	中国海洋石油总公司海油（北京）能源投资有限公司	科技合作	2007.11
67	佛山市石湾镇人民政府	共建华南不锈钢创新中心	2008.01
68	佛山南海区人民政府	产学研战略联盟	2008.03
69	佛山高明区杨和镇人民政府	产学研战略联盟	2008.03
70	佛山市生产力促进中心，禅城区生产力促进中心，石湾街道科技办	技术创新与应用型人才培训网络平台	2008.03
71	莱芜钢铁集团有限公司	转底炉联合研发中心、特殊钢联合研发中心、带钢联合研发中心	2008.03
72	卢龙县人民政府	共建绿色冶金试验示范基地	2008.05
73	本溪钢铁（集团）有限责任公司	汽车板用户技术联合实验室	2008.06
74	通化钢铁集团股份有限公司	联合共建合作实体	2008.06
75	广东省佛山市高明区	与高明区签署全面产学研战略合作	2009.04
76	广东省佛山市高明区更合镇人民政府	共建“不锈钢成果转化基地”	2009.04
77	江苏省无锡市锡山区人民政府	产学研创新联盟	2009.05
78	中国有色金属协会	“金属铅锌产业联盟”成立，谢建新副校长当选为联盟理事	2009.05
79	北京市科委	“首都钢铁服务产学研联盟”成员单位;“首都新能源产业技术联盟”光伏、光热和核能三个联盟理事单位;“首都新农村建设科技创新服务联盟”理事单位	2009.06—07
80	广西桂东电力股份有限公司	共建“桂东电子－北科大新材料技术联合研发中心”	2009.07
81	广东三 A 不锈钢制品集团有限公司	联合组建科技创新服务平台——“广东三 A 集团与北京科技大学产学研基地”	2009.08
82	广州冶金工业研究所	成立北京科技大学材料先进制备技术教育部重点实验室广东分实验室	2009.09
83	广东省梅州市	学校加盟“梅州市铜产业产学研创新联盟”	2009.11
84	河北钢铁集团	战略合作	2009.12
85	中国绝热节能材料协会	建筑用酚醛泡沫产业技术创新战略联盟	2010.01

续表

序号	单位名称	合作内容	签订时间
86	中国资源综合利用协会	尾矿综合利用产业技术创新战略联盟	2010.01
87	三门峡化工机械有限公司	车载式热泵流化床谷物干燥技术及装置产业化开发	2010.02
88	常州三鑫轧辊有限公司	特种钢与轧辊冶金技术科技合作	2010.03
89	常州三鑫轧辊有限公司	常州三鑫轧辊－北科大校企产学研合作基地建设	2010.03
90	丹阳市政府等五方共建	共建江苏高性能合金材料研究院	2010.04
91	菏泽广源铜带股份有限公司	菏泽广源铜带股份有限公司－北科大年产 5000 吨高精电子压延铜箔工程技术合作	2010.04
92	四川省盐边县人民政府	盐边县人民政府－北科大钒钛磁铁矿综合利用战略合作	2010.05
93	北京高技术创业服务中心	共建本科生实践教学基地	2010.05
94	北京希克斯科技有限公司	共建本科生实践教学基地	2010.05
95	北京青云联合空调设备有限公司	共建本科生实践教学基地	2010.06
96	北京同方人工环境有限公司	共建本科生实践教学基地	2010.06
97	北京振利高新技术有限公司	共建本科生实践教学基地	2010.06
98	国家室内环境与室内环保产品质量监督检验中心	共建本科生实践教学基地	2010.06
99	蒙特空气处理设备（北京）有限公司	共建本科生实践教学基地	2010.06
100	北京九阳实业公司	共建实践教学基地	2010.06
101	聊城市中级人民法院	共建本科生实践教学基地	2010.06
102	承德钢铁集团有限公司	共建研究生教育科研基地	2010.06
103	京东方科技集团股份有限公司	共建北京科技大学－京东方新型显示技术联合实验室	2010.10
104	扬州龙川钢管有限公司	建设海洋工程管线管防腐技术开发应用企业院士工作站	2010.10
105	贵州省黔南州科学技术和知识产权局	北京科技大学－贵州省黔南州科学技术和知识产权局科技合作	2010.12
106	济钢集团有限公司、中科院工程热物理研究所	成立“钢铁企业节能减排战略合作同盟”	2011.01
107	天津百利机电控股集团股份有限公司	金属材料应用研发平台建设	2011.03
108	杭州钢铁集团公司	汽车零部件（钢质）产业技术创新战略联盟	2011.03
109	天立环保工程有限公司	北京科技大学－天立环保联合研发中心	2011.03
110	无锡惠山区职教园	北京科技大学－无锡职教园管理委员会联合共建技术转移中心	2011.03
111	铜山区人民政府	战略合作	2011.04
112	邑山集团	战略合作	2011.04
113	河北津西钢铁有限公司	战略合作	2011.04
114	广州机械科学研究院	产学研合作	2011.04
115	中科新越投资（北京）有限公司	战略合作	2011.04
116	康明斯（中国）投资有限公司	共建“康明斯电传动实验室”	2011.05

续表

序号	单位名称	合作内容	签订时间
117	北京装备制造和新材料科技成果承接与转化平台	战略合作	2011.05
118	首钢长治钢铁有限公司	战略合作	2011.05
119	重庆钢铁集团公司	船舶及海洋工程用钢产业集成创新服务联盟	2011.05
120	淮北市人民政府	战略合作	2011.05
121	德国卡尔蔡司公司	北京科技大学－德国卡尔蔡司公司电子显微镜合作实验室	2011.05
122	新兴重工新兴能源装备股份有限公司、盛泽能源技术有限公司	新兴际华集团－北科大“能源装备新技术研发中心”	2011.06
123	西部矿业集团有限公司	青藏高原有色金属矿产资源开发与综合利用产业技术创新战略联盟	2011.06
124	玉柴重工总公司	战略合作	2011.06
125	山东钢铁集团有限公司	战略合作	2011.06
126	徐州铜山科技局、吉林大学、浙江大学等	工程机械产业产学研联盟	2011.06
127	徐州大屯工贸实业公司	北京科技大学矿井避险研究技术中心	2011.07
128	中钢设备有限公司	“先进冶金装备及工艺技术研发”合作	2011.08
129	山东龙泉管道工程股份有限公司	联合成立“山东龙泉新材料工程技术研究院”	2011.09
130	普天物流技术有限公司	共建“物流中心自动化装备及系统产业技术创新战略联盟”	2011.10
131	锡山鹅湖镇	产学研合作	2011.10
132	临沂市人民政府	战略合作	2011.11
133	山东齐星铁塔科技股份有限公司、新霓空太阳能（中国）有限公司、无锡安飞纤维材料科技有限公司、中科院宁波材料技术与工程研究所	复合材料研究与应用产业技术创新战略示范联盟	2011.11
134	香港维新集团	产学研合作	2011.11
135	宝钢集团有限公司	科研合作	2011.12
136	中国有色矿业集团	全面合作	2011.12
137	中国冶金科工集团有限公司	全面合作	2011.12
138	首钢集团总公司	首钢－北科大战略合作协议	2012.02
139	湛江市人民政府	北京科技大学湛江工业研究院框架协议	2012.03
140	天津钢管集团公司	天津钢管集团公司－北京科技大学战略合作协议	2012.04
141	德龙集团	北京科技大学－德龙产学研合作平台	2012.04
142	联盟包括中国汽车工程学会等 35 家单位，成立于 2007 年 12 月，学校为联盟伙伴单位	汽车轻量化技术创新战略联盟	2012.05
143	广西科技厅	广西壮族自治区科学技术厅－北京科技大学科技合作协议	2012.05
144	承德路桥建设总公司	承德路桥建设总公司与北京科技大学校企科技合作协议	2012.05
145	郑州市人民政府	郑州市人民政府－北京科技大学科技合作框架协议	2012.05

续表

序号	单位名称	合作内容	签订时间
146	龙岩市人民政府	龙岩市政府–北京科技大学共建硬质合金行业技术转移中心	2012.06
147	西藏昊泰纸样设备科技有限公司、北京科技大学、青海省高原医学研究院、空军航空医学研究所、中科院大连化学物理研究所	西藏昊泰高原富氧工程产学研合作技术研发中心合作协议	2012.06
148	京微雅格（北京）科技有限公司	北京科技大学–京微雅格（北京）科技有限公司校企战略合作框架协议	2012.08
149	中节能工业节能有限公司	中节能工业节能有限公司–北京科技大学产学研合作协议	2012.08
150	广西盛隆冶金有限公司	广西盛隆冶金有限公司–北京科技大学产学研战略合作协议	2012.08
151	广西长龙冶金有限公司	广西长龙冶金有限公司–北京科技大学产学研合作协议	2012.08
152	北京爱尔斯环保工程有限责任公司	北京爱尔斯环保工程有限责任公司–北京科技大学“北京水质净化生态技术研发中心”	2012.09
153	信丰县包钢新利稀土有限责任公司	北京科技大学–信丰县包钢新利稀土有限责任公司产学研合作协议	2012.12
154	德庆康纳国兴有限公司	北京科技大学–康纳国兴新材料联合研发中心	2012.12
155	中国黄金协会、中国黄金集团公司	黄金产业技术创新战略联盟	2012.12
156	北超伺服技术有限公司	首钢–北科大战略合作协议	2013.01
157	温州市政府	北京科技大学–温州市政府科技合作协议	2013.01
158	中国职业健康协会	中国智慧矿山产业技术创新战略联盟	2013.01
159	江苏金陵特种涂料有限公司	防腐涂层新材料技术与产品产业化基地	2013.02
160	河北承德市人民政府	河北承德市人民政府–北京科技大学战略合作框架协议	2013.04
161	云南冶金集团股份有限公司	云南冶金集团股份有限公司–北京科技大学全面战略合作协议	2013.04
162	哈密红石矿业有限公司	哈密红石矿业有限公司–北京科技大学共建校企技术创新联盟	2013.09
163	企业专家工作站、教学实习基地	武安市运丰冶金工业有限公司	2013.10
164	扬中市政府	北京科技大学–扬中市政府战略合作协议	2013.10
165	青岛钢铁集团	青钢新品种开发与关键共性技术集成研究项目计划协议	2013.11
166	金诚信矿业管理股份有限公司	北京科技大学–金诚信矿业管理股份有限公司合作协议	2013.11
167	福建武平县人民政府	北科大–武平县科技合作协议	2013.11
168	中特首诺（北京）冶金科技有限公司	中特首诺（北京）冶金科技有限公司–北京科技大学联合成立中国工业固废粉体再造技术研究院合作协议	2013.11
169	钢研总院牵头	海洋工程用钢产业技术创新战略联盟	2014.03
170	安庆市振发汽车锻件有限责任公司	中国轴类零件轧制（楔横轧）产业技术创新战略联盟	2014.03
171	新疆有色集团	新疆有色金属产业技术创新战略联盟	2014.03
172	鞍钢集团公司	耐蚀钢产业技术创新战略联盟	2014.04
173	四川省自贡市云帆锦绣新型建材有限公司	联合成立高新建材研究所合作协议	2014.04
174	吉林滕泰重型机械集团有限公司	新材料技术研究联合实验室	2014.05

续表

序号	单位名称	合作内容	签订时间
175	北京碧瑞能科技发展有限公司	产学研合作协议	2014.07
176	广西柳州钢铁（集团）公司	科技创新战略合作协议	2014.08
177	飞亚达（集团）股份有限公司	金属材料联合研究室	2014.09
178	北京中远通科技有限公司	国家智能检测与过程控制产业技术创新战略联盟	2014.09
179	衡水工业高新区	北京科技大学衡水工作站	2014.10
180	首钢京唐公司	北京科技大学与首钢京唐公司签订合作协议 ［联合人才培养、技术开发（合作）、合作编写教材三个协议］	2014.11
181	北京市经信委应急中心	北京市经信委应急中心 – 北京科技大学产学研联合协议	2014.11
182	中科招商投资集团股份有限公司	中科招商投资集团股份有限公司 – 北京科技大学战略合作协议	2014.12
183	北京科技大学设计研究院有限公司	北京市流程工业大数据工程技术研究中心共建框架协议	2014.12
184	塔塔钢铁集团公司	北京科技大学 – 塔塔钢铁公司联合研究中心	2014.12
185	首都高校科技信息网	济南高新区 – 首都高校科技信息网合作协议	2014.12
186	北京世纪国瑞环境工程技术有限公司	国家城镇粪便餐厨垃圾处理产业技术创新战略联盟	2014.12
187	公主岭市人民政府	公主岭市人民政府 – 北京科技大学合作协议	2015.03
188	金泰成环境资源股份有限公司	金泰成环境资源股份有限公司 – 北京科技大学科技合作战略合作协议	2015.03
189	钢研晟华工程技术有限公司	钢研晟华工程技术有限公司 – 北京科技大学战略合作协议	2015.03
190	深圳飞亚达公司、上海表业有限公司、烟台北极星国有控股有限公司牵头（深圳市政府标准化主管部门指导）	钟表标准化技术联盟	2015.04
191	河北宏润重工股份有限公司	河北宏润重工股份有限公司 – 北京科技大学“大型厚壁无缝管热挤压技术”联合研发中心协议	2015.04
192	北矿机电科技有限责任公司	北矿机电科技有限责任公司 – 北京科技大学产学研合作协议	2015.05
193	冀东发展集团有限责任公司	冀东发展集团有限责任公司 – 北京科技大学科技合作战略框架协议	2015.05
194	东莞宜安科技股份有限公司、北京科技大学、广州有色金属研究院、中国科学院金属研究所	共建宜安科技新材料研究院	2015.05
195	天津钢研海德科技有限公司	北京科技大学 – 天津钢研海德科技有限公司产学研合作协议	2015.06
196	包头市北科鼎峰检测技术有限公司	包头市北科鼎峰检测技术有限公司 – 北京科技大学产学研合作协议	2015.06
197	廊坊市盛世建设投资有限公司	中国宏泰 – 北京科技大学共建“宏泰 – 北科大新材料联合研究中心”	2015.07
198	黑龙江建龙钢铁有限公司	黑龙江建龙钢铁有限公司 – 北京科技大学校企合作意向书	2015.07
199	中国汽车技术研究中心	智能车辆产业技术创新战略联盟	2015.09
200	北京天宜上佳新材料有限公司	北京天宜上佳新材料有限公司 – 北京科技大学产学研合作协议	2015.09
201	北京超同步伺服股份有限公司	共建超同步智能装备协同创新中心	2015.10
202	迁安市人民政府	迁安市人民政府 – 北科大战略合作协议	2015.11
203	土木与环境工程学院	土木与环境工程学院与徐州市泉山区人民政府签订战略合作协议	2015.11
204	新乡市人民政府	新乡市与北京科技大学技术转移战略合作协议	2015.12

续表

序号	单位名称	合作内容	签订时间
205	无锡市明杨电池有限公司	共建企业技术研究院	2015.12
206	河北海天建设有限公司	河北海天建设有限公司－北京科技大学科技合作战略框架协议	2015.12
207	安庆市政府	北京科技大学－安庆技术转移中心	2015.12
208	山东盛阳金属科技股份有限公司	盛阳金属－北科大金属层状复合材料联合研究中心	2016.01
209	南京钢铁联合有限公司	南京钢铁联合有限公司－北京科技大学战略合作协议	2016.02
210	赣州福尔特电子股份有限公司	北京科技大学－赣州福尔特电子股份有限公司合作框架协议	2016.04
211	故宫博物院	故宫博物院－北京科技大学签订战略合作协议	2016.04
212	兰州科天投资控股股份有限公司	北京科技大学生物工程与传感技术研究中心－科天联合实验室	2016.04
213	肇庆市大正铝业有限公司	北京科技大学－肇庆市大正铝业有限公司科研合作协议	2016.05
214	天物众强高科精密管业有限公司	北京科技大学－天物众强工业技术研发中心	2016.06
215	宁波长振铜业有限公司	宁波长振铜业－北京科技大学战略合作协议	2016.06
216	山东银光钰源轻金属精密成形有限公司	山东银光钰源轻金属精密成形有限公司－北京科技大学产学研合作协议	2016.06
217	山东胜通钢帘线有限公司	山东胜通钢帘线有限公司与北京科技大学产学研合作协议	2016.06
218	江苏博际喷雾系统股份有限公司	江苏博际喷雾系统股份有限公司－北京科技大学共建江苏省工程技术研究中心（喷雾射流系统设备工程技术研究中心）	2016.08
219	山东莱钢永锋钢铁有限公司	山东莱钢永锋钢铁有限公司与北京科技大学钢铁冶金新技术国家重点实验室合作协议	2016.08
220	新疆工程学院	北京科技大学支持新疆工程学院发展合作协议	2016.08
221	兴化市东昌合金钢有限公司	国家特种合金钢产业技术创新战略联盟	2016.09
222	上海富驰高科技有限公司	上海富驰高科技有限公司－北京科技大学产学研合作协议	2016.09
223	东北特钢集团北满特钢有限公司	黑龙江金属材料产业技术创新战略联盟	2016.12
224	承德钛能轧钢有限公司	承德钛能轧钢有限公司－北京科技大学产学研合作协议	2016.12
225	中国铝业公司	中国铝业公司－北京科技大学技术创新合作暨组建“联合工程研究中心”协议	2016.12
226	靖江市新桥镇人民政府、靖江市科学技术和知识产权局	北京科技大学、靖江市新桥镇人民政府、靖江市科学技术和知识产权局科技孵化合作协议	2017.01
227	中天钢铁集团有限公司	北科大－中天钢铁集团有限公司战略合作协议	2017.01
228	汉广天工机械设备（北京）有限公司	汉广天工机械设备（北京）有限公司－北京科技大学产学研合作协议	2017.02
229	河北一然生物科技有限公司	河北一然生物科技有限公司－北京科技大学产学研基地	2017.02
230	依托中国科技产业化促进会、北京中矿东方矿业有限公司发起成立	中国矿业增值服务联盟	2017.03
231	中国皮革和制鞋工业研究院	制鞋产业技术创新战略联盟	2017.03
232	北京天仁道和新材料有限公司	北京天仁道和新材料有限公司－北京科技大学产学研合作协议	2017.03
233	北京天宜上佳新材料股份有限公司	北京天宜上佳新材料股份有限公司－北京科技大学共建现代交通金属材料与加工技术北京实验室	2017.03

续表

序号	单位名称	合作内容	签订时间
234	中国矿业科学协同创新产业联盟发起	中国矿业知识产权联盟	2017.03
235	无锡新三洲特钢有限公司	无锡新三洲特钢有限公司 – 北京科技大学战略合作协议（科技开发、科技成果转化、科技咨询与培训）	2017.04
236	北京中拓光电科技有限公司	北京科技大学 – 北京中拓光电科技有限公司产学研校企合作协议	2017.04
237	同光科技有限公司	同光科技有限公司 – 北京科技大学产学研合作协议	2017.04
238	武汉天生绿城科技有限公司	武汉天生绿城科技有限公司 – 北京科技大学产学研合作协议	2017.04
239	南通联源机电科技股份有限公司	南通联源机电科技股份有限公司 – 北京科技大学产学研基地建设合作协议	2017.05
240	南通云创金属材料研究院有限公司	南通云创金属材料研究院有限公司 – 北京科技大学产学研合作协议	2017.05
241	江苏荣鑫伟业新材料有限公司	北京科技大学 – 江苏荣鑫伟业新材料有限公司产学研合作协议	2017.05
242	唐山金杰实业有限公司	北京科技大学 – 唐山金杰实业有限公司产学研合作协议	2017.05
243	唐山博全实业有限公司	北京科技大学 – 唐山博全实业有限公司产学研合作协议	2017.05
244	北海诚德镍业有限公司	北海诚德镍业有限公司 – 北京科技大学战略合作协议	2017.06
245	中铝东南材料院（福建）科技有限公司	中铝东南材料院（福建）科技有限公司 – 北京科技大学战略合作协议	2017.06
246	中广核研究院有限公司	中广核研究院有限公司 – 北京科技大学先进材料联合实验室组建协议	2017.06
247	宿迁市飞鹰模具开发科技有限公司	宿迁市飞鹰模具开发科技有限公司 – 北京科技大学产学研合作协议	2017.07
248	辛集市人民政府	辛集市人民政府 – 北京科技大学政产学研用战略合作框架协议	2017.07
249	河北卓达建材研究院有限公司	河北卓达建材研究院有限公司 – 北京科技大学科技合作战略合作框架协议	2017.09
250	鑫鹏源智能装备集团有限公司	北京科技大学 – 鑫鹏源智能装备集团有限公司战略合作协议	2017.09
251	兰州理工大学	北京科技大学对口支援兰州理工大学框架协议	2017.09
252	甘肃省教育厅	甘肃省教育厅 – 北京科技大学战略合作协议书	2017.09
253	中钢构冷弯型钢分会、曹妃甸区政府	中钢构冷弯型钢分会、北京科技大学、曹妃甸区政府关于联合组建“中国冷弯型钢产业研究院”的合作协议	2017.10
254	贵州省经信委	贵州省经信委 – 北京科技大学产学研战略合作协议	2017.10
255	甘肃钢铁职业技术学院	北京科技大学与甘肃钢铁职业技术学院帮扶合作框架协议	2017.10
256	酒钢集团（有限）责任公司	北京科技大学 – 酒钢集团（有限）责任公司校企合作框架协议	2017.10
257	中国航天科技集团公司第九研究院第十三所研究所	北京科技大学 – 中国航天科技集团公司第九研究院第十三所研究所全面战略合作协议	2017.11
258	平谷区人民政府	平谷区人民政府 – 北京科技大学战略合作协议书	2017.12
259	山东钢铁集团有限公司	科学研究、人才培养、成果转化全面合作	2018.01
260	抚顺市人民政府	科技、经济、教育等方面全面合作	2018.01
261	攀枝花市人民政府	科技、经济、教育等方面全面合作	2018.03
262	唐山鑫联环保科技有限公司	节能环保领域科技研发、人才培养、项目合作	2018.03
263	北京市科学技术研究院	共同服务北京国家科创中心建设	2018.04

续表

序号	单位名称	合作内容	签订时间
264	江苏永钢集团	结合永钢技术需求，开展科研合作	2018.04
265	北京燕山华龙建筑工程有限公司	合作建设产学研合作基地	2018.05
266	北京北科亿力科技有限公司	合作建设产学研合作基地	2018.05
267	中航试金石检测科技（大厂）有限公司	合作建设产学研合作基地	2018.05
268	河北钢铁集团有限公司	针对河钢集团技术需求，进行全面科研合作	2018.05
269	北京二七机车工业有限责任公司	建设厕所创新技术及废物资源化处理工程研发中心	2018.06
270	江苏沙钢集团淮钢特钢股份有限公司	进行全面战略合作	2018.06
271	有色金属研究总院	加入中国稀有金属绿色制造技术创新战略联盟	2018.06
272	广西柳州钢铁（集团）有限公司	建设柳钢－北京科技大学冶金技术研究中心	2018.06
273	遵义同兴源建材有限公司	建设产学研合作基地	2018.06
274	河北远大中正生物科技有限公司	从事生物领域项目研发及新产品开发	2018.07
275	武钢集团研究院	加入海洋材料产业技术创新联盟	2018.07
276	河北冀中能源井矿集团	共建“先进材料制备技术联合研究实验室”	2018.09
277	西王金属科技有限公司、营口中车型钢新材料有限公司	应用纳米冶金新技术提升铁路高速重载车制动梁新材料	2018.09
278	西安华鼎信息科技有限公司	进行相关产学研合作	2018.09
279	安徽濉溪经济开发区管委会	建设濉溪铝材料产业基地平台（研究院）	2018.09
280	北京华科兴盛电力工程技术有限公司	进行相关产学研合作	2018.09
281	石嘴山市人民政府	在科学研究、人才培养、学术交流、社会服务方面全面合作	2018.09
282	浙江九路泊车设备股份有限公司	进行相关产学研合作	2018.09
283	江苏久华环保科技股份有限公司	联合建设江苏飞达电炉炼钢联合研发中心	2018.10
284	北京金隅集团	在科学研究、人才培养、社会服务方面全面合作	2018.10
285	内蒙古察右前旗蒙发铁合金有限责任公司	就相关方向，开展科研合作	2018.10
286	深圳万泽中南研究院有限公司	共同进行科研项目攻关	2018.11
287	枣庄市山亭区人民政府	共建院士工作站	2018.12
288	武威市锦范工贸有限责任公司	院士专家工作站	2019.01
289	北京精冶源新材料股份有限公司	研发平台项目	2019.01
290	泰尔重工股份有限公司	智能装备研究院研发平台项目	2019.01
291	德龙钢铁有限公司	产学研合作协议	2019.01
292	江苏美特林科特殊合金股份有限公司	共建研发中心	2019.02
293	江苏美特林科特殊合金股份有限公司	共建联合研发中心	2019.02
294	北京天行远景科技股份有限公司	研发平台项目	2019.03

续表

序号	单位名称	合作内容	签订时间
295	北京博汇特环保科技股份有限公司	战略合作协议	2019.03
296	广青金属集团	战略合作协议	2019.04
297	江苏利淮钢铁有限公司	战略合作框架协议	2019.04
298	北京博汇特环保科技股份有限公司	学研发平台项目	2019.05
299	华林特钢集团有限公司	研发平台项目	2019.05
300	内蒙古包钢钢联股份有限公司	战略合作协议	2019.05
301	广东宝盛兴实业有限公司	共建省级工程技术研究中心研发平台项目	2019.06
302	中投（天津）智能管道股份有限公司	研发平台项目	2019.09
303	北京 ABB 电气传动系统有限公司	研发平台项目	2019.11
304	中国有色工程有限公司	战略合作协议	2019.11
305	宝山钢铁股份有限公司	战略合作协议	2019.11
306	国机集团科学技术研究院有限公司	战略合作协议	2019.12

索　引

A

B

C

D

F

G

H

J

K

L

M

N

P

R

Z

数字

附表